# DAS GROSSE GARTENBUCH

Der umfassende Ratgeber für alle Hobbygärtner

Peter Himmelhuber (Hrsg.)

compact via

## Die Symbole in den Pflanzenporträts:

heller oder sonniger Standort; Achtung! Viele Pflanzen mögen es sehr hell, vertragen aber keine pralle Sonne. Genauere Angaben können dem jeweiligen Porträt entnommen werden

halbschattiger Standort

schattiger Standort

geringer Wasserbedarf

mittlerer Wasserbedarf

hoher Wasserbedarf

Blütezeit

Erntezeit

compact via ist ein Imprint der Compact Verlag GmbH


Baierbrunner Straße 27, 81379 München
Ausgabe 2014
4. Auflage



Text: Peter Himmelhuber (S. 6–373), Beate Martin (S. 374–461)
chefredaktion: Dr. Matthias Feldbaum
Redaktion: Lea Schmid
Produktion: Frank Speicher
Abbildungen: siehe Bildnachweis S. 479 f.
Titelabbildungen: mauritius images (U1 gr.); Pixelio.de: Claus Schuhmann (U1 1. v. li.); ifa Bilderteam (U1 2. v. li.; U1 u.); Pixelio.de: Sieglinde Bauknecht (U1 3. v. li.); Blumenbüro Holland (U1 4. v. li.); pflanzenliebe. de: Annette Launer (U4 1. v. li.); Peter Himmelhuber (U4 2. v. li., 4. v. li.); Pixelio.de: Dieter Wendelken (U4 3. v. li.)
Layout: Axel Ganguin
Umschlaggestaltung: Regina Rechter

ISBN 978-3-8174-6172-1
5161721/4

www.compactverlag.de

# DIE GRÜNE OASE – DER EIGENE GARTEN

# ANLAGE UND GESTALTUNG

Wie ein Garten angelegt wird, das bestimmen seine Lage sowie die Wünsche, Bedürfnisse und die Fantasie seines Besitzers. Ob Ihr Garten ein reiner Ziergarten wird oder auch leckeres Obst und Gemüse liefert, ob es lauschige Ecken gibt oder gar einen Badeteich – Sie haben viele Möglichkeiten!

Geometrisch angelegter Barockgarten

Barockgärten kombinieren große, offene Flächen mit lauschigen kleinen Ruheplätzen. Oft wurden sie in der Barockzeit für ausgelassene Hoffeste genutzt.

# GESCHICHTE DER GÄRTEN

Die Anlage von Gärten mit ausgewählten Pflanzen hat eine lange Geschichte. Schon die ägyptischen Pharaonen ließen die Pyramiden mit üppigen Gartenanlagen umgeben und weiträumige Tempelgärten mit einer vielfältigen Flora anlegen.

Im alten Rom trennten reiche Villenbesitzer den Nutzgarten vom Zier- oder Lustgarten ab und statteten diesen zum Schutz vor der Sommerhitze großzügig mit Pergolen aus. Formschnittgehölze unterstrichen den strengen Charakter der Gartengestaltung.

## GÄRTEN FRÜHER ...

Schon in diesen alten Zeiten mussten sich allerdings die gewöhnlichen Bürger mit kleinen Besitztümern und entsprechend eingeschränkten Gärten zufrieden geben, die zum Teil für die Selbstversorgung mit Obst, Gemüse und Kräutern dienten. Gleichermaßen waren die bäuerlichen Landhäuser mehr mit Nutzpflanzen ausgestattet als mit Zierpflanzen.

Parallel zu den europäischen Gärten entstanden im asiatischen Raum kunstvolle Gartenanlagen. Sie waren bekannt für ihre durch traditionellen Schnitt streng geformten Gehölze, die Verwendung von Steinen als Gestaltungselemente und für ihre ausgedehnten Wasserbecken.

Während der Renaissance schufen Gartenarchitekten in Frankreich streng geordnete Anlagen, während englische Gartenplaner der Natur wieder mehr Freiräume ließen und Laubbäume zur Schaffung großer Anlagen mit naturnahem Charakter nutzten.

Die Gestaltung von Ziergärten blieb in der Regel den Herrschenden vorbehalten. Das Volk und auch die Klöster legten ihre verfügbaren Grundstücke als Nutzgärten zur Versorgung mit Nahrung an.

## ... UND HEUTE

Sowohl streng geordnete barocke Anlagen und Renaissancegärten, als auch typische Englische Gärten sind heute weltweit zu finden.

Reisende Botaniker und Mönche trugen ganz wesentlich zur Ansiedlung fremdländischer Gewächse in Europa bei. Sie brachten aus Ostasien und Übersee Pflanzen oder Saatgut mit und versuchten, ihre wertvollen Entdeckungen in den Klostergärten zu kultivieren. Von hier aus gelangten viele Arten, die sich bewährt hatten, auch an die umliegenden Bauernhöfe und Privatgärten.

Reine Nutzgärten mit Obst und Gemüse sind heute aber eher selten geworden. Vielmehr zeichnen sich moderne Hausgärten durch eine Fülle an verschiedenen Gestaltungselementen und interessanten Pflanzenarten aus.
Dazu gehören Bäume und Sträucher, die einen Rahmen bilden, sowie eine Rasenfläche, die zum Spielen und Ausruhen dient und den Blick auf die Staudenbeete und Blumenrabatten frei gibt. Des Weiteren haben sich Teiche, Wasserbecken, Rosenrabatten, Pergolen und Terrassen als Gestaltungselemente etabliert.

Bachlauf mit Rhododendronbüschen

# DER WEG ZUM SCHÖNEN GARTEN

## GEGEBENE VORAUSSETZUNGEN

Der erste Schritt der Gartengestaltung ist schon mit dem Grundstückskauf getan. Das Gelände legt die Grenzen fest und gibt den Rahmen vor. Grundstücksgröße und Lage wirken sich maßgeblich auf die Gestaltung aus.
Ein großes Grundstück lässt sich selbstverständlich großzügiger anlegen als ein schmaler Reihenhausgarten. Auch sind beispielsweise bei einer Nordhanglage andere Überlegungen nötig als bei einer sonnigen Südlage.
In vielen Wohnsiedlungen sind zudem im Bebauungsplan Richtlinien vorgegeben, die eine willkürliche Gestaltung nach eigenen Vorstellungen einschränken. So müssen bei Baumpflanzungen ausreichende Grenzabstände eingehalten werden oder es dürfen nur charakteristische Einfriedungen entstehen, die das Ortsbild nicht stören.
Darüber hinaus ist die Gartengestaltung wesentlich von bereits bestehenden Elementen abhängig – etwa von alten Baumgruppen, natürlichen Gewässern oder umliegenden Straßen.

Dekoelemente verschönern den Garten

## WÜNSCHE UND BEDÜRFNISSE

Bei der Anlage eines Hausgartens ist es wichtig, die Wünsche und Bedürfnisse aller Mitbewohner „unter einen Hut zu bringen". So soll die Blumenliebhaberin ihr Staudenbeet mit bunten Sorten bekommen und der Hobbykoch seinen Küchengarten. Die Kinder wünschen sich

einen Spielplatz, der natürlich frei von allen Gefahren sein muss.
Am besten halten Sie alle Vorschläge schriftlich fest und tragen sie in eine Kopie des Lageplans ein.

### PLANUNG SCHRITT FÜR SCHRITT

Die Planung soll nicht zu hastig erfolgen, denn gute Ideen müssen oft erst reifen. Anhand des Plans oder einer einfachen Skizze ist die zukünftige Gartenanlage schon recht deutlich vorstellbar. Die Vorlage auf Papier ist Gestaltungshilfe und dient zudem zur Berechnung der Material- und Pflanzenkosten.
Ein Fachmann in Sachen Gartengestaltung kann zu diesem Zeitpunkt schon Empfehlungen geben. In der Planungsphase sind Änderungen noch ohne Schwierigkeiten möglich. In die Zeichnung können natürlich mehr Elemente aufgenommen werden als zunächst zu verwirklichen sind. Den wichtigen und grundlegenden Elementen wie Rasenfläche, Gehölzbestand, Beete usw. können die weniger wichtigen wie Kinderspielhütte, Gewächshaus oder Gartenlaube später immer noch folgen.

Die Beratung bei der Gartenplanung durch einen Fachmann ist gerade für Unerfahrene sehr wichtig. Zudem bekommen Sie zusätzliche Tipps und Ideen, die den Garten einzigartig machen.

## PLANUNG, KOSTEN UND MÖGLICHKEITEN

Die Anlage des Gartens kommt gewöhnlich nach dem Hausbau an die Reihe. Wenn die Gebäude stehen und eingerichtet sind, ist allerdings oft auch das Geld verbraucht. Dann bleiben für die Außenanlagen nur beschränkte Möglichkeiten. Dennoch können selbst mit geringen Mitteln durchaus schöne und nützliche Gärten geschaffen werden.

Gelbe Gladiole

### VORAUSSCHAUEND PLANEN

Ein Garten wird niemals fertig – sagt der Volksmund. Er muss aber dennoch mit Blick in die Zukunft geplant werden. Sonst fallen etwa Bäume, die nicht unter Beachtung ihrer Vitalität und zu erwartenden Größe gewählt und gepflanzt wurden, früher oder später der Säge zum Opfer. Die Pflanzenauswahl und damit natürlich auch die Gartengestaltung setzt also gewisse Kenntnisse voraus.

### BERATUNG IN ANSPRUCH NEHMEN

Wenn Sie unsicher sind, so ist auf jeden Fall die Beratung durch einen Fachmann empfehlenswert. Das hilft, Fehler zu vermeiden und sichert eine langfristig gute Entwicklung der Anpflanzung. Fachberater der Gartenämter helfen hier gerne weiter.
Auch bei der Pflanzenwahl können Berater hilfreich sein, die die regionalen Wachstumsbedingungen berücksichtigen und geeignete Sorten kennen. Fragen Sie

Gerade Gehölze wie z. B. Rosen sind recht langlebige Gewächse. Daher sollte bei der Standortwahl unbedingt auf ausreichend Platz geachtet werden. So können sich die Pflanzen ungehindert entwickeln.

Ein grüner Eingang zum Garten

dabei ruhig mehrere Berater. Die Fachleute haben nämlich oft eigene Vorlieben und unterschiedliche Erfahrungen.
Normalerweise ist die Beratung durch die Gärtner einer Baumschule oder eines Landschaftsbaubetriebs kostenlos, wenn Sie anschließend die Pflanzen von dort beziehen.

## KOSTENBEWUSST PLANEN

Es ist leider bedauerlich, dass die Anlage des Gartens – im Gegensatz zu Hausbau und Inneneinrichtung – oft nur als Nebensache betrachtet wird. Dabei sind die Außenanlagen ebenso wichtig wie die Wohnräume. Immerhin nimmt der Garten einen großen Teil der Grundstücksfläche ein und dient im Sommer selbst als Wohnraum im Grünen. Für Kinder und Erwachsene ist der Garten ein wertvoller Lebensraum. Es lohnt sich also, richtig zu planen und zu gestalten.
Für die Gartenanlage sollten etwa zehn Prozent der gesamten Baukosten veranschlagt werden.

Beim Kauf von Pflanzen ist es aber in jedem Fall empfehlenswert, die Preise zu vergleichen, wobei die Kosten der Pflanzen mit zunehmender Größe ganz wesentlich steigen. Das bedeutet gleichzeitig, dass Einsparungen ohne Qualitätsverluste möglich sind: indem Sie vorzugsweise junge Pflanzen kaufen.
Natürlich ist bei der Pflanzung von jungen Gehölzen mehr Geduld nötig, als wenn bereits große Exemplare gekauft und eingesetzt werden. Allerdings holen die kleineren Jungpflanzen den Vorsprung in wenigen Jahren auf, zumal sie sich leichter eingewöhnen.

Manchmal besteht übrigens die Möglichkeit, dass im Rahmen einer Gartenschau, einer Dorfverschönerungsmaßnahme oder einer Siedlungsrenaturierung ein Teil der Kosten übernommen oder aber Material zur Verfügung gestellt wird.
Grundsätzlich lohnt es sich deshalb, vor der Gartenanlage Auskünfte bei den zuständigen Behörden einzuholen.

# RAUMAUFTEILUNG

Bislang musste sich die Außenanlage mehr oder weniger nach den Bauvorgaben richten. Beim weiteren Ausbau darf schon freier gestaltet werden. So lassen sich rund ums Haus viele Wünsche verwirklichen und in der Anlage von Nutz-, Zier- und Spielflächen realisieren. Die vorhandene Gartenfläche bietet jede Menge Gestaltungsmöglichkeiten. Selbst kleine Reihenhausgärten lassen sich abwechslungsreich anlegen. Hierbei ist jedoch einiges zu beachten.

Meist gibt die Grundstückslage schon bestimmte Strukturen vor. Keinesfalls darf beispielsweise der Gemüsegarten an einer lebhaften Straße angelegt werden. Ebenso wenig darf die gewünschte Kräuterecke an der schattigen Nordseite liegen oder ein Feuchtbiotop für Tiere neben der Hausterrasse. So schränken die Lage und natürlich auch eigene Vorstellungen die Gartengestaltung ein und legen die Raumaufteilung in groben Zügen fest. Manche Wünsche können vielleicht nicht verwirklicht werden. Die Gegebenheiten verringern aber auch die Qual der Wahl oder geben neue Anregungen.

## FREIFLÄCHEN EINFRIEDEN

Der häufigste Fehler, der bei der Anlage eines Gartens gemacht wird, ist die willkürliche Pflanzung von Gehölzen, denn daraus entwickeln sich oft große Bäume, die zu viel des an sich schon begrenzten Raums beanspruchen.

Nadelgehölze können allerdings bei der Einfriedung wertvoll sein. Während der Garten möglichst großzügige Freiflächen bieten soll, darf es rundherum üppig wachsen. Der Garten soll ja ein Ort der Ruhe und nach außen dicht abgeschirmt sein, der Blick von der Terrasse in den Garten aber frei bleiben. Beiden Aspekten können Sie nur durch die großzügige Anlage im Inneren und eine dichte Einfriedung gerecht werden.

## NUTZ-, ZIER- ODER SPIELGARTEN?

Strenge Unterteilungen in bestimmte Gartentypen sind meist kaum machbar und auch nicht nötig. Kräuter im Rosenbeet sind sowohl schön als auch nützlich.

Eine Mischung verschiedener Gartentypen ist meist kein Problem. Selbst in kleinen Gärten können beispielsweise Blumen und Gemüse gut kombiniert werden.

Ein Ruheplatz im Naturgarten

Schattiges Plätzchen unter Bäumen

Das gilt ebenso für Buschtomaten in der Sommerblumenrabatte oder Rosenstämmchen im Gemüsegarten sowie für viele andere Pflanzenkombinationen.
Dennoch ist eine gewisse Raumaufteilung durchaus wünschenswert. Sie wird im Wesentlichen nach den persönlichen Ansprüchen der Wohngemeinschaft vorgenommen und der Lage und Fläche angepasst. Wer gerne im Garten arbeitet, möchte sicherlich mehr Gemüse-, Stauden- und Blumenbeete haben, als jemand, der lieber in der Sonne liegt.
Wenn der eigene Garten möglichst viel Obst und Gemüse hervorbringen soll, darf der Nutzgarten nicht zu klein bemessen werden. Gemüse brauchen zur Reife reichlich Sonne. Die Lage des Gemüsegartens ist damit schon vorgegeben. Auch Rosen und Sommerblumen sollen sonnig stehen. Der Ziergarten kann sich aber auch auf schattige Ecken erstrecken. Denn beispielsweise Rhododendren, Farne und wintergrüne Stauden kommen mit weniger Licht zurecht, sie können an vollsonnigen Stellen sogar kümmern.
Dem Rasen, der nach wie vor ein wichtiges Gestaltungselement im Garten darstellt, kommt wiederum eine sonnige Lage sehr zugute. Er liegt am besten an der Südterrasse oder breitet sich flächig rund ums Haus aus. Soll er auch als Spielrasen für Kinder genutzt werden, so kann man Jungpflanzen und empfindliche Beete durch kleine Barrieren schützen, etwa mit kleinen Buchs- oder Berberitzenhecken.

### LANG- UND KURZFRISTIGE LÖSUNGEN

Während sich Stauden, Blumen- oder Gemüsebeete umsiedeln lassen, wenn sie stören oder verbraucht sind, werden Obstbäume und Ziergehölze auf Lebenszeit eingeplant und müssen feste Standplätze bekommen. Gehölze zählen zu den endgültigen Einrichtungen im Garten. Ihre Auswahl bedarf daher einer gründlichen Planung und Pflanzung.
Ideale „Verlegenheitslösungen" sind dagegen Rasenflächen. Sie wachsen fast überall, bilden in wenigen Wochen ansehnliche Grünflächen und sind recht einfach zu pflegen. Darüber hinaus lassen sie sich leicht wieder umgestalten, wenn etwa ein neues Gemüse- oder Blumenbeet entstehen soll oder Platzbedarf für ein Gartenhäuschen oder einen Teich besteht.

## VORARBEITEN BEI DER GARTENANLAGE

Unter ausdauernden Pflanzen versteht man Gewächse, die nicht bereits nach ein oder zwei Jahren absterben, sondern zum Teil viele Jahre wachsen. Sie werden auch mehrjährige Pflanzen genannt.

Nach der Fertigstellung des Gebäudes umgibt meistens eine Wüste das Wohnhaus. Baumaschinen haben den Boden verdichtet und Baustoffreste liegen verstreut herum. Aus diesem Ödland soll bald ein üppiger Garten erwachsen?

### DER RICHTIGE BODEN

Der Boden ist die Wachstumsgrundlage für alle Gartenpflanzen. Die Qualität wirkt sich ganz entscheidend auf ihre Entwicklung aus. Auf geeignetem Boden gedeihen die Pflanzen prächtig. Wenn er jedoch unzureichend ist, kümmern die Pflanzen.
Natürlich sind ausdauernde Pflanzen, vor allem Gehölze und Stauden, wesentlich langfristiger von den Standortbedingungen abhängig als einjährige Sommerblumen oder Gemüse, die nur eine Saison gedeihen. Gehölze brauchen auch mehr Substrat, zumal die Wurzeln von Bäumen und Sträuchern weitaus tiefer reichen als die von Blütenstauden, Gräsern oder Gemüse. Pflanzflächen für Gehölze

Blühende Yucca flamentosa mit Lavendel

müssen deshalb auch anders vorbereitet werden als etwa Rasenflächen oder Gemüsebeete.
Grundsätzlich ist es immer von Nutzen, wenn die Bodenschicht dicker ist als nötig. Am besten werden die Unterschiede deutlich, wenn dieselben Pflanzen in verschiedenen Böden verglichen werden. So kümmern Kiefern auf felsigem Gelände dahin und entwickeln nur mannshohe Büsche, während sie in tiefgründigem Boden mächtige Exemplare bilden. Recht anschaulich zeigen auch Bonsaibäumchen, denen vorsätzlich nur ein geringer Wurzelraum zur Verfügung gestellt wird, welchen großen Einfluss ausreichender Boden hat.
Selbstverständlich reagieren die verschiedenen Pflanzenarten unterschiedlich auf die Standortbedingungen. So brauchen Obstgehölze eine tiefgründige und nährstoffreiche Wachstumsgrundlage, damit sie reichlich fruchten. Rhododendren und andere Moorbeetpflanzen sind wiederum von saurem Boden abhängig, der aber nicht tief gründen muss. Rasengräser bevorzugen durchlässige Böden mit gutem Wasserabzug. So sollten alle Arten ihr optimales Substrat bekommen, damit sie sich auf Dauer zufriedenstellend entwickeln. Allerdings sind die meisten Arten tolerant und kommen mit durchschnittlichen Bedingungen zurecht. Immerhin finden sie ja auch in der Natur verschiedene Böden vor.

## MUTTERBODEN

Die oberste Bodenschicht ist am fruchtbarsten. Sie wird deshalb auch Mutterboden genannt. Diese mehr oder weniger dicke Schicht enthält neben mineralischen Bestandteilen wie Lehm, Sand und Steinen auch organische Stoffe, die durch die Umwandlung von Pflanzenteilen und die Zersetzung von Bodenlebewesen entstanden sind.
Die Gesamtheit der organischen Bestandteile setzt sich aus reifen Humusstoffen sowie unzähligen Mikroorganismen zusammen. Zudem sind jede Menge Regenwürmer, Asseln und andere Bodentierchen aktiv. Diese fruchtbare Bodenschicht gilt es zu erhalten. Sie sollte vor dem Hausbau abgetragen und abseits zwischengelagert werden. Andernfalls verkommt die wertvolle Humusfläche beim Hausbau leicht zur Müllkippe. Am besten wird der gelagerte Humushaufen mit Gründüngerpflanzen eingesät. Das sieht gut aus und schützt vor Missbrauch und Erosion.

Gartenpavillon

Humus entsteht durch die Zersetzung von Pflanzenteilen durch Pilze, Asseln, Würmer und andere Bodenlebewesen. Eine reine Humusform ist beispielsweise Waldboden oder reifer Gartenkompost. Der Mutterboden im Garten kann zudem mineralische Bestandteile, wie Sand oder Lehm, enthalten.

Vor der Anlage eines Gartens ist es ratsam, den für die Siedlung geltenden Grünordnungsplan zu begutachten. Oft ist in Neubaugebieten die Art der Bepflanzung vorgeschrieben. So dürfen gelegentlich keine Großgehölze oder Koniferen in Hausgärten eingesetzt werden.

Bei Zäunen und Toren ist es wichtig, auf rechtliche Bestimmungen zu achten

# LEBEN UND LEBEN LASSEN

Die Freiheit des Einzelnen endet dort, wo sie die Freiheit anderer einschränkt. Diese Volksweisheit gilt auch für Gartenbesitzer. Deshalb wurden auch in diesem Bereich gesetzliche Regelungen getroffen.

## EINHEITLICHE REGELUNGEN

Die einfachste Regel ergibt sich eigentlich von selbst: Jeder kann machen, was er will, solange er niemanden stört. Der Besitzer eines Einödhofs wird gewiss niemanden stören, wenn er in den Mittagsstunden den Rasen mäht. Anders sieht es verständlicherweise in einem Wohngebiet aus.
Spezielle Vorschriften, die den Garten betreffen, sind je nach Bundesland in eigenen Verordnungen festgelegt. In Buchform gibt es die Zusammenfassung dieser Rechtsvorschriften in den Bauordnungen der Bundesländer, etwa in der Bayerischen Bauordnung (BayBO). Diese Gesetzestexte sind im Buchhandel zu bekommen. Zudem gelten für die Wohnsiedlungen der Gemeinden und Städte eigene Regelungen, die im jeweiligen Bebauungsplan und im Grünordnungsplan festgeschrieben sind. Auskünfte können die Stadt- und Gemeindeverwaltungen erteilen.

## WO KEIN KLÄGER, DA KEIN RICHTER

Viele Streitigkeiten vor Gericht blieben erspart, wenn sich die Bewohner einer Siedlung einerseits rücksichtsvoller verhalten und andererseits mehr miteinander reden würden.
Ein Beispiel: Das Rasenmähen sollte aus Rücksicht auf die Nachbarn auf bestimmte Stunden des Tags beschränkt bleiben. Muss es aber in einem Ausnahmefall doch einmal am Abend oder am Sonntagvormittag sein, so sollte man die umliegenden Bewohner rechtzeitig darüber informieren, die Sachlage erklären und um Verständnis bitten. Dann wird sich auch niemand darüber beklagen oder gar mit Polizei und Gericht drohen.

## EIN RUHIGES GEWISSEN …

… ist ein sanftes Ruhekissen – das gilt auch bei Rechtslagen im Garten. Wer sich nach den geltenden Vorschriften etwa

bezüglich des Grenzabstands, der Zaunhöhe oder der Gebäudegröße bei Gartenhäusern richtet, der wird langfristig in Ruhe leben können.
Er wird kaum mit den Nachbarn in Streit geraten, und wenn doch, dann wird er in der Regel Recht bekommen.

## DIE WICHTIGSTEN REGELN

### Grenzabstände

Mit am häufigsten gibt es Konflikte wegen störender Bäume und Sträucher. Deshalb wurden die Grenzabstände in den Gesetzbüchern der Bundesländer festgeschrieben. So gelten beispielsweise in Bayern die folgenden Vorschriften:

- Bäume, die höher als zwei Meter werden: es müssen zwei Meter Abstand zur Grundstücksgrenze eingehalten werden.
- Sträucher unter zwei Meter Höhe: Sie dürfen bis 50 Zentimeter an die Grenze gepflanzt werden.
- Hecken aus hochwachsenden Bäumen (z. B. Buchen, Hainbuchen, Feldahorn): Es muss ein Abstand von 50 Zentimetern zur Grundstücksgrenze eingehalten werden und die Hecke muss regelmäßig beschnitten werden, sodass sie nicht höher als zwei Meter wird.

### Störende Baumäste

Anders als junge Exemplare, die zu nahe an die Grundstücksgrenze gepflanzt wurden, dürfen bereits vorhandene alte Bäume, die näher als zwei Meter an der Grenze stehen, erhalten bleiben.
Wer solche Bäume als störend empfindet, kann die Beseitigung in der Regel nicht erwirken. Er darf auch keinesfalls einfach selbst zur Säge greifen und störende Äste entfernen. Wer dem Baum eines Nachbarn Schaden zufügt, macht sich strafbar.

Das mutwillige Abschütteln ist übrigens gleichermaßen eine Straftat wie das Pflücken.

### Obst aus Nachbars Garten

Bei alten Obstbäumen, deren Äste über die Grenze hinweg in den Nachbargarten ragen, ist selbst das Abpflücken der Früchte verboten. Sie gehören, solange sie am Ast hängen, dem Besitzer des Baums. Erst wenn sie zu Boden fallen, dürfen sie aufgesammelt werden.

### Gerätelärm

Der Betrieb von Motorsensen, Kettensägen, Laubsaugern, Häckslern ist auf kurze Zeiten an Werktagen zu beschränken. An Sonn- und Feiertagen sowie an Werktagen von 19.00 bis 7.00 Uhr dürfen sie nicht zum Einsatz kommen. Über örtlich geltende Ruhezeiten kann die Gemeindeverwaltung Auskunft geben.

Entsorgen Sie extreme Krachmacher: Alte Motormäher entsprechen oft ohnehin nicht mehr den Sicherheitsvorschriften und sollten im eigenen Interesse durch neue Geräte ersetzt werden.

Blumenbeet am Haus

## BODEN BESCHAFFEN UND VERBESSERN

Was eigener Mutterboden oder Humus wert ist wird erst deutlich, wenn er fehlt und gekauft werden muss. Wenn kein eigener Humus abgetragen und gelagert wurde, muss er zugekauft werden. Fündig werden Sie bei Transportfirmen, die beispielsweise den Erdaushub beim öffentlichen Straßenbau beseitigen, sowie bei Bauzentren und Bodenbörsen.

### Kompost

Eine besondere Humusform ist Kompost. Bei diesem wertvollen Bodenverbesserungsmittel handelt es sich fast ausschließlich um organische Bestandteile, die durch die Verrottung von Pflanzenteilen entstanden sind.
Wenn eigener Kompost in einer noch jungen Gartenanlage fehlt, kann gutes Material von einer Kompostieranlage besorgt werden. Bei der Gartenneuanlage lohnt es sich, gleich große Mengen zu beschaffen, zumal loser Kompost meistens preiswerter zu bekommen ist als verpackte Ware.
Kompost eignet sich beispielsweise zur Lockerung schwerer Böden etwa bei der Pflanzung von Gehölzen, zur Verbesserung schlechter Gemüsegärten oder auch zur Humusversorgung der zukünftigen Rasenfläche sowie der Stauden- und Rosenrabatten.

Selbstverständlich sollten Sie sofort nach dem Einzug ins neue Haus und noch während der Gartengestaltung einen Kompostplatz anlegen. Abfälle zum Kompostieren fallen ja in nächster Zeit genügend an.

Blüte der Mignon-Dahlie

### Sand

Neben Kompost können je nach vorhandener Bodenart auch andere Bodenverbesserungsmittel wirksam sein. Äußerst wirkungsvoll, insbesondere bei schweren Lehm- oder Tonböden, ist Sand. Er macht solche Böden krümelig, was wiederum der Durchlüftung, der Erwärmung und der Dränage und nicht zuletzt der Bearbeitungsfähigkeit zugutekommt. Gewöhnlicher Bausand ist billig und einfach in Baustoffhandlungen zu bekommen.

### Lehm

Leichte Sandböden, die gelegentlich in Niederungen vorliegen, lassen sich durch das Einarbeiten von Lehm bindiger machen. Das fördert die Wasser- und Nährstoffspeicherfähigkeit.
Lehmboden ist per Lkw von Transporteuren zu bekommen.

## DRÄNAGE

Vor oder während der Erdarbeiten kann eine tiefgründige Bodenbearbeitung von Nutzen sein. So lohnt es sich etwa, stark verdichteten Boden mit einem Tiefenlockerer aufzureißen. Das muss geschehen, bevor der Humus verteilt wird.
Besonders bei schweren Ton- oder Lehmböden macht sich die tiefgründige Lockerung zur Dränage positiv bemerkbar. Andernfalls kann später leicht das Wasser auf der Oberfläche stehen bleiben.

### ERDARBEITEN FRÜHZEITIG ORGANISIEREN!

Die Beschaffung von Bodenverbesserungsmitteln sollte unbedingt gleich nach der Hausfertigstellung und vor der Anlage des Gartens organisiert werden. Alle groben Erdarbeiten müssen jetzt erledigt werden.
Zu diesem Zeitpunkt ist das Grundstück problemlos befahrbar und es stehen noch die nötigen Fahrzeuge zur Verfügung, die das gelieferte Material im Nu verteilen. Später macht die Zufahrt meistens Umstände. Das Grundstück ist bereits eingefriedet, Pflasterer und Gärtner wollen mit der Arbeit beginnen …

Selbstverständlich richtet sich die Reihenfolge auch nach der Art der Anlage, nach dem verfügbaren Budget und nach der Jahreszeit und dem Wetter.

Pfeifenstrauch (Philadelphus-Hybride)

Zäune, Mauern und Hecken können den Garten zu einem wahren Schmuckstück machen. Mit blühenden (oder immergrünen) Kletterpflanzen berankte Zäune oder eine Hecke aus verschiedensten Gehölzen machen den Sichtschutz zum Blickfang.

# GRUNDSTÜCK EINFRIEDEN

Ursprünglich waren Grundstücke zum Schutz vor wilden Tieren mit Flechtzäunen eingefriedet. Heute dienen Mauern, Zäune und Hecken weniger als Schutzvorrichtungen als vielmehr zur Gestaltung.

Natürlich ist die Art der Einfriedung von der Lage abhängig. Beachten Sie bei der Anlage einer Hecke, dem Bau einer Mauer oder der Anfertigung eines Zauns die ortsüblichen Bauvorschriften. So sind etwa die Höhe und die Grenzabstände festgelegt. Ein Blick in den Bauplan oder ein Anruf bei der Stadt- oder Gemeindeverwaltung erspart unnötigen Ärger.

## MAUERN

Den besten Schutz bieten massive Mauern. Sie stellen wirksame Barrieren dar und dämpfen, anders als Zäune oder Hecken, den Straßenlärm. Mauern sind feststehende Gebäude und stets genehmigungspflichtig.

Sie müssen auf einem massiven Fundament verankert sein, das etwa 70 Zentimeter tief gründen sollte.

Zum Aufbau des Sichtmauerwerks können frostsichere Klinker, Kalksandsteine oder handbehauene Natursteine dienen. Mauern aus Betonsteinen oder gewöhnlichen Ziegeln bekommen einen wetterfesten Verputz.

## ZÄUNE

Leichter als Mauern wirken Zäune. Die Baustoffe dafür sind vielfältig. So können natürliche Zäune aus rohen Rundhölzern oder aus Weidenflechtwerk zur Abgrenzung zwischen Nachbargrundstücken dienen. Zur Straße hin passen normalerweise einheitliche Konstruktionen aus Holz oder Metall besser.

Selbstverständlich muss der Kosten-Nutzen-Faktor im Auge behalten werden. Als wohl einfachster Zauntyp hat sich der Maschendrahtzaun bewährt. Dieses kunststoffummantelte oder verzinkte Metallgeflecht wird an Pfosten befestigt und mit Spanndrähten in Form gebracht. Dekorativer und dennoch günstig ist der Zaunbau mit Dachlatten.

## HECKEN

Neben einem Zaun ist oft noch genügend Platz für einen Gehölzstreifen. Blüten- oder Wildstrauchhecken brauchen keine besondere Pflege und sehen doch gut aus. Wenn sie mit verschiedenen Arten angelegt werden, wirken Hecken zu jeder Jahreszeit dekorativ. Damit sind sie ein schönes Gestaltungselement, ein guter Sichtschutz und für viele Tiere ein willkommener Unterschlupf.

Mehr Pflege brauchen Formschnitthecken. Sie müssen nach der Pflanzung wenigstens ein Mal im Jahr getrimmt werden. Ausgenommen sind spezielle Züchtungen, die schlank wachsen, wie etwa Säulenthujen oder Säulenwacholder.

# PFLANZENAUSWAHL

Ein Obstbaum ist während des ganzen Jahrs eine Zierde für den Garten. Er ist im Frühjahr mit Blüten übersät und spendet im Sommer wohltuenden Schatten. Im Herbst ist er mit leuchtenden Früchten behangen und auch im Winter sehen seine schneebedeckten Zweige wunderschön aus.

Wer die Wahl hat, hat die Qual. Das Sortiment an Gehölzen, Stauden und Blumen ist unüberschaubar. Allerdings schränkt das verfügbare Gelände die Auswahl ganz wesentlich ein.

Bei einem Rundgang durch eine Baumschule oder ein großes Gartencenter wird – mit ein wenig fachlicher Beratung – aber meist schnell deutlich, welche der angebotenen Pflanzen für den eigenen Garten infrage kommen.

Sobald die ausgewählten Gewächse eingepflanzt werden, beginnen sie mit der Wurzelbildung. Ballenpflanzen dürfen nicht unnötig lange transportiert und gelagert werden, das schadet dem Wurzelwerk. Dennoch ist es ratsam, nach dem ersten Verteilen einen genauen Blick auf die Anordnung zu werfen und diese gegebenenfalls zu ändern.

Diese Begutachtung sollte immer von bestimmten Fixpunkten wie etwa von der Terrasse oder vom Wohnzimmerfenster aus geschehen.

Änderungen oder Umpflanzungen sollten durch umsichtige Planung vermieden werden.

Hier sei darauf hingewiesen, dass Nutzgehölze stets zur engeren Wahl gehören sollten. Immerhin sind sie doppelt wertvoll: Sie dienen gleichermaßen als Obstlieferanten und als schöne Gestaltungselemente.

Wem ein Baum zu groß erscheint, kann auf spezielle kleine Züchtungen zurückgreifen. So gibt es kleinwüchsige praktische Obstbaumsorten, die in jedem Garten Platz finden können und sich auch für die Verwendung als Hecke oder Spalierbaum eignen.

Ziergehölze (→ S. 204) gehören natürlich ebenfalls in einen modernen Hausgarten. Wer möchte schon auf Frühblüher wie die

## GEHÖLZE

In einen Garten von durchschnittlicher Größe können nur wenige Gehölze aufgenommen werden. Bäume und Sträucher sind normalerweise Anschaffungen fürs Leben.

Dekorativer und praktischer Sichtschutz

Forsythie verzichten oder auf Sommerflieder oder Jasmin?
Am schönsten ist die Kombination von Zier- und Nutzgehölzen. Sie können auch in Hecken Verwendung finden. Allerdings sollte man immer darauf achten, die Gehölze nicht zu eng zu pflanzen!

## ROSEN UND BLÜTENSTAUDEN

Edelrosen und Blütenstauden beanspruchen weit weniger Platz als Bäume und Sträucher. Sie sind auch weniger langlebig, sodass Änderungen durchaus möglich werden bzw. sogar nötig sind.
Edelrosen bleiben gewöhnlich nur wenige Jahre am selben Ort vital. Sie müssen früher oder später, wenn sich Krankheiten breit machen, durch neue Pflanzen ersetzt werden. Dann ist auch ein Ortswechsel nötig. Grundsätzlich gedeihen diese wunderbaren Gartenpflanzen nur an vollsonnigen Plätzen auf tiefgründigem und nährstoffreichem Boden.
Einfacher sind Blütenstauden kultivierbar. Deren Fülle lässt keine Wünsche offen. Das Sortiment bietet für jeden Garten und jeden Geschmack etwas. Manche Arten sind dabei durchaus langlebig. So können etwa Pfingstrosen sehr alt werden, wenn sie ungestört am richtigen Platz wachsen dürfen. Andere Arten bleiben nur dann gesund und wüchsig, wenn sie gelegentlich geteilt und umgesetzt werden.
Natürlich müssen auch die Blütenstauden ihren passenden Standort bekommen: Schattenstauden brauchen den Schutz größerer Gehölze. Polsterstauden gehören auf vollsonnige Plätze. Beachten Sie dazu die Pflegeanweisungen zu den einzelnen Arten (→ S. 254).

## WELCHE PFLANZEN KOMMEN INFRAGE?

### Auswahlkriterium Pflegebedürftigkeit

Die Pflanzenauswahl muss sich nicht zuletzt danach richten, wie viel Zeit und Muße Sie für die Pflege aufwenden können und wollen. Pflegebedürftige Pflanzen kommen nur dann infrage, wenn Sie ihnen auch wirklich genügend Zuwendung und Aufmerksamkeit widmen können. Andernfalls würden sie bald verkümmern.

### Auswahlkriterium Klima

Eine weitere Einschränkung bei der Pflanzenauswahl stellen die klimatischen Verhältnisse dar. In rauen Regionen haben nur robuste Arten und Sorten Bestand. Frostempfindliche Gewächse wie echte Mandelbäumchen, Feigen oder Rosmarin-

Blühendes Ziermandelbäumchen (*Prunus triloba*)

Bedenken Sie, dass die Blütezeit der meisten Pflanzen sehr begrenzt ist und vorwiegend das Blattwerk zur Geltung kommt. Schaffen Sie deshalb günstige Arrangements und pflanzen Sie so, dass das ganze Jahr über immer etwas blüht, durch besonderes Laub sehenswert wirkt oder Fruchtschmuck hervorbringt. Denken Sie bei der Pflanzenwahl auch an Kinder! Giftige Pflanzen, besonders deren Früchte, können gefährlich werden.

büsche fallen früher oder später einem strengen Winter zum Opfer. Sie lassen sich deshalb langfristig nur als Kübelpflanzen kultivieren.

### Auswahlkriterium Preis

Der Preis für Pflanzen richtet sich unter anderem nach der Vermehrungstechnik und der Größe.
Pflanzen, die sich einfach vermehren lassen, wie etwa Thujen, Hainbuchen oder Haselbüsche, kosten wesentlich weniger als etwa Veredelungen von Apfelsorten oder Zierkirschen. Auch sind die Preisunterschiede zwischen Jungpflanzen und großen Exemplaren ganz erheblich. Am stärksten machen sie sich bei langsam wachsenden Arten wie etwa Buchsbäumchen oder Eiben bemerkbar.

Wenn Sie für wenig Geld besondere Pflanzen im Garten haben möchten, sind Sie mit Jungpflanzen also besser bedient.

Die Funkie: ein grüner Blickfang

### GEBÄUDESCHÄDEN DURCH PFLANZEN?

Gesundes Mauerwerk kann Kletterpflanzen ohne Schaden vertragen. Efeu, Jungfernreben und andere Selbstklimmer, die mit Haftwurzeln auf Mauern klettern, halten sich nur oberflächlich an der Außenhaut fest. Sie dringen nur bei maroden Wänden in Ritzen ein. Ein maroder Putz ist aber ohnehin gefährdet und sollte saniert werden.

Vorsicht ist jedoch beim Knöterich geboten. Dieser Wucherer kann zwar einer Wand nichts anhaben. Er kann aber der Eindeckung schaden, wenn er unters Dach kriecht. Vom Wurzelwerk der Pflanzen bleiben Gebäude normalerweise verschont. Selbst starke Bäume neben einem Wohnhaus verursachen keine Schäden am Fundament. Neue Gebäude sind ohnehin wurzelsicher, da die Fundamente aus Beton gegossen und zudem mit Mauersperrbahnen gesichert werden.

# WASSER IM GARTEN

Wasser erfrischt und belebt, es macht den Garten lebendig. Eine Wasserstelle sollte deshalb in keinem Garten fehlen. Das kann ein kleiner Seerosenteich sein, ein Regenwassersammelbecken oder aber ein Schwimmteich mit Grüngürtel.

Teiche, Bäche und andere Wasserstellen haben sich seit Jahren in vielen Gärten etabliert. Es gibt mehr als 20 Jahre alte Teichanlagen, die immer noch schön anzusehen sind. Selbst Folienteiche überdauern die garantierte Haltbarkeit um ein Vielfaches, wenn sie richtig angelegt wurden.

## RECHTZEITIG PLANEN

Denken Sie schon bei der Gartenplanung an Wasserstellen und suchen Sie den passenden Standort rechtzeitig aus. Soll ein Teich angelegt werden, können die Erdarbeiten gleich im Zuge der Gartenanlage mit den vorhandenen Maschinen erledigt werden, das spart Zeit und Geld.

Denken Sie auch rechtzeitig an erforderliche Genehmigungen: Für einen Springbrunnen oder den Bau eines Bachlaufs ist in der Regel keine Genehmigung nötig. Ein großes Kneippbecken aus Beton, ein Schwimmteich mit Kaskaden oder eine Springbrunnenanlage muss unter Umständen jedoch erst vom Bauamt zugelassen werden. Vor umfangreichen Bauarbeiten sollten Sie deshalb die Bauvorschriften beim zuständigen Bauamt erfragen.

## MÖGLICHKEITEN

Durch die gezielte Anlage und eine geschickte Bepflanzung entstehen Wassergärten, die den Lebensraum Garten wertvoller machen. Das können große Teiche mit oder ohne kleinem Bachlauf sein, die das ganze Grundstück ausfüllen oder nur kleine Becken, die sogar auf Balkonen und Terrassen Platz finden.
Aber auch, wenn Sie nur eine kleine Wasserstelle schaffen möchten, gibt es Möglichkeiten. Besonders dekorativ wirken beispielsweise Natursteintröge, mit Wasser befüllt und einigen wenigen Wasserpflanzen bestückt.

Munterer Bachlauf

## LAGE

Grundsätzlich lässt sich ein Wassergarten überall schaffen. Allerdings sind bei der Gartengestaltung schon gezielte Richtlinien vorgegeben und verschiedene Grundsätze zu beachten.
Der beste Platz für eine Wasserstelle ist nicht nur von den verfügbaren Freiräumen abhängig, sondern auch von der Art der Wasserstelle. Ein Sprudelbecken gehört an die Terrasse, ein kleines Feuchtbiotop mit Bachlauf hingegen braucht einen geschützten Platz abseits vom Trubel.
Natürlich ist die Lage auch hinsichtlich der Bodenbeschaffenheit zu wählen. Auf felsigem Untergrund macht das Auskoffern des Bodens für ein Springbrunnenbecken unnötige Mühe. Manchmal erleichtert eine geringe Verlagerung die Anlage. Auch unter Bäumen ist das Beckenbauen keine einfache Sache, zumal beim Ausgraben mit Sicherheit Wurzeln auftauchen.

Wenn Kinder zur Familie gehören, steht deren Sicherheit an erster Stelle. Die Lage des Teichs muss besonders gut bedacht, Maßnahmen wie Schutzgitter oder -zäune müssen einkalkuliert werden.
Auch die Nachbarn dürfen nicht außer Acht gelassen werden. Ein Naturteich im Garten etwa darf keine Belästigung (z. B. durch quakende Frösche, Mücken) darstellen.
Nicht zuletzt müssen Gebäudeschäden durch umsichtige Planung ausgeschlossen werden. Eine Wasserstelle darf auch im Fall einer Undichtigkeit keine Gefährdung etwa für Kellerräume darstellen.
Bei der Wahl der Lage sind grundsätzlich folgende Punkte zu bedenken:

- Je sonniger die Lage, umso stärker ist die Erwärmung des Wassers und damit auch die Algenbildung.
- Je schattiger die Lage, umso geringer ist die Pflanzenentwicklung – typische Schattenpflanzen ausgenommen.
- Je unzugänglicher der Wassergarten liegt, umso geschützter können sich Fauna und Flora entwickeln.

Für Tiere ist Wasser genauso wichtig wie für uns Menschen. Eine oder besser mehrere Wasserstellen im Garten begünstigen die Lebensbedingungen von Vögeln, Insekten und anderen Nützlingen wesentlich.

Regenwasser sammeln lohnt sich für Gartenbesitzer: Es ist allgemein gut zum Gießen von Pflanzen geeignet, auch für empfindliche Kulturen, weil es keinen Kalk enthält. Darüber hinaus bedeutet es in einem durchschnittlichen Garten eine nicht unerhebliche Ersparnis von Leitungswasser.

# GARTENTYPEN

Blühende Obstbäume im Mai, ein duftender, von der Julisonne erhitzter Steingarten, bunte Prachtstauden und Gehölze mit leuchtendem Herbstlaub, immergrüne Hecken, die auch im Winter Farbe in den Garten bringen – die Vielfalt an Gartentypen bietet dem Hobbygärtner zahlreiche Gestaltungs- und Kombinationsmöglichkeiten.

Blühende Obsthecke

# OBSTGARTEN

Knackige Äpfel, saftige Birnen oder süße Kirschen aus eigener Ernte – auch in kleinen Hausgärten lässt sich der Traum eines Nutzgartens verwirklichen. Neben den Früchten entwickeln diese Bäume im Frühjahr aber auch schmuckvolle Blüten. Obstgewächse dienen deshalb nicht nur als reine Nutzpflanzen im Garten, sondern kommen immer auch als dekoratives Gestaltungsmittel zur Geltung.
Anders als Gemüse, das ohne regelmäßige Pflege bald verkommt und zugrunde geht, sind Obstgehölze weit weniger auf eine künstliche Versorgung angewiesen. So bedürfen Obstbäume außer den wenigen Eingriffen in die Krone (→ S. 151) keiner besonderen Pflege, da sie Nährstoffe und Wasser selbst aus dem Boden holen und normalerweise auch mit Krankheiten und Schädlingen ohne Hilfe fertig werden. Manche empfindliche Arten (z. B. Pfirsichbaum) müssen allerdings im Winter vor Frost geschützt werden.

## GESTALTUNG

Bei sorgfältiger Auswahl der Pflanzen und unter Beachtung der richtigen Standortverhältnisse machen Obstgehölze eine vielfältige Gestaltung in jedem Garten möglich. So kann ein stark wachsender Baum (z. B. Walnuss oder Süßkirsche) als frei stehender Hausbaum im Wohngarten dienen oder eine kleine Obsthecke aus verschiedenen Spindelbuschbäumchen (→ S. 176) einen Sichtschutz zur Nachbargrenze bilden. Im „klassischen" Obstgarten bilden ausgewählte Exemplare verschiedener Obstarten eine Baumgruppe.
Grundsätzlich lassen sich Obstgehölze auch als Spalierpflanzen ziehen. Zur Begrünung von gewöhnlichen Hauswänden oder Gartenmauern eignen sich kleinkronige Züchtungen am besten (z. B. Spindelbuschbäumchen vom Apfel).

Birnensorte 'Conference'

Auf tiefgründigem Boden können die Pflanzen besonders tief wurzeln und gedeihen besser.

Auch mittels kletternder Obstgehölze wie Weinrebe oder Kiwi lassen sich die Hausfassade oder eine Pergola begrünen. Und selbst auf Balkonen und Terrassen können Obstgehölze in Form von Topfpflanzen zur Gestaltung dienen.

## STANDORT

Kernobstbäume (→ S. 175) wie Apfel- und Quittenbäume sind hinsichtlich der Lage wenig empfindlich und können auch auf der schattigen Nordseite wachsen. Am besten gedeihen sie aber auf unbeschatteten Plätzen. Der ideale Standort ist hierbei immer auch abhängig von der jeweiligen Apfel- bzw. Quittensorte.
Weinreben und Birn- sowie Pfirsichbäume und andere Steinobstarten (→ S. 175) benötigen unbedingt sonnige Plätze für ein gutes Wachstum.
Beerenobstbüsche (→ S. 175) sind bezüglich des Standorts genügsamer als Kern- und Steinobstbäume. Schon allein durch die geringe Größe genügt ihnen oft ein kleiner Platz im Garten. Zudem nehmen sie auch weniger günstige Plätze hin, etwa in Lücken unter Bäumen oder an weniger zugänglichen Stellen. So lassen sich z. B. Böschungen mit Brombeerbüschen begrünen, Himbeeren können zur Unterpflanzung von Baumgruppen dienen und Erdbeeren breiten sich als Bodendecker unter lichten Hecken aus.
Bei allen Obstgehölzen sollte der Boden möglichst tiefgründig, nährstoffreich und wasserführend sein.

### QUALITÄTSMERKMAL

Achten Sie beim Kauf auf Gütesiegel. Jeder Baum aus einer Qualitätsbaumschule hat ein Papieretikett, auf dem die Sorte (z. B. Jonagold), die Veredelungsunterlage (z. B. Typ M 11) und weitere Eigenschaften (z. B. virusgeprüft) abgedruckt sind. Schon allein das BdB-Siegel bürgt für eine gewisse Qualität. Denn nur berechtigte Baumschulen dürfen ihre Gehölze damit kennzeichnen.

Apfelsorte 'Ingol'

Rote Johannisbeere

Veredelte Bäume bestehen aus zwei Teilen: aus der sogenannten Unterlage, das ist der Wurzelstock, und der darauf veredelten Krone.

## PFLANZENAUSWAHL

Gehölze sind sehr langlebig, weshalb man vor dem Kauf unbedingt die Standortbedingungen im eigenen Garten prüfen sollte. Denn mit der Entscheidung für bestimmte Obstgehölze legt man sich langfristiger fest als z. B. beim Kauf von einjährigen Sommerblumen.
Die Stamm- und Baumformen der einzelnen Obstarten sind entscheidend für das Wachstum, die Größe und die Lebenserwartung der Pflanze (→ S. 175). Je nach Art und Typ tragen die Bäume schon zwei bis drei Jahre nach der Pflanzung die ersten Früchte.
Schwach wachsende Gehölze lassen sich langfristig in Obsthecken oder gemischte Hecken integrieren. Kleinbleibende Züchtungen (z. B. Apfel- und Birnenbuschbäume auf schwach wachsenden Unterlagen;

Blühender Apfelbaum im Mai

Die beste Gewähr für einen erfolgreichen Obstanbau ist eine gute Sortenwahl und Sortenmischung.

(→ S. 177) ermöglichen außerdem die Pflanzung verschiedener Sorten. Hierdurch kann z. B. der Ertrag verlängert werden und man hat einen Großteil des Jahrs frisches Obst.

Die Anzahl der Pflanzen richtet sich natürlich nach der Gartengröße. Einige Obstgehölze haben in jedem Garten Platz, zumal sich Spalierbäume sogar an Wänden ziehen lassen. Keinesfalls dürfen stark wachsende Exemplare in eine kleine Anlage gepflanzt werden. Sie lassen sich nicht durch den Schnitt klein halten, sondern treiben immer wieder kräftig aus, je stärker sie zurückgeschnitten werden.

Es gibt Obstbäume, die sich selbst befruchten (z. B. Quitte, Aprikose, Pfirsich) und Bäume, die für die Befruchtung einen passenden Partner benötigen (sogenannter Pollenspender, z. B. Apfel, Birne, Süßkirsche). Deshalb ist es wichtig, im Garten günstige Kombinationen zu schaffen und Sorten zusammen zu pflanzen, die sich gegenseitig bestäuben. Selbstverständlich können sich nur solche Sorten gegenseitig befruchten, die zur gleichen Zeit blühen. Deshalb dürfen die Entfernungen zwischen den Bäumen nicht zu groß sein, denn die meisten Obstgehölze werden von Insekten, insbesondere von Bienen, bestäubt.

Anhand von Befruchtungstabellen (z. B. vom Bund deutscher Baumschulen, BdB) lässt sich feststellen, welche Sorten zueinander passen. Eine günstige Kombination verschiedener Apfelbäume besteht z. B. aus Cox Orange Renette, Golden Delicious und James Grieve. Berlepsch und Cox Orange Renette eignen sich außerdem als Befruchter für viele andere Sorten.

### Befruchtungstabelle für Äpfel (nach BdB)

| Nr. | Sorte | Befruchtersorten |
|---|---|---|
| 1 | Berlepsch | 2, 10 |
| 2 | Cox Orange Renette | 1, 3, 6, 10 |
| 3 | Elstar | 2, 5, 10 |
| 4 | Gala | 2, 10, 13 |
| 5 | Gloster | 2, 6 |
| 6 | Golden Delicious | 2, 3, 5, 10 |
| 7 | Grahams Jubiläumsapfel | 5 |
| 8 | Gravensteiner | 1, 2, 10, 13 |
| 9 | Granny Smith | 5, 6, 14 |
| 10 | James Grieve | 1, 2 |
| 11 | Jonagold | 2, 3, 5, 10 |
| 12 | Jonathan | 1, 2, 6 |
| 13 | Klarapfel | 2, 10 |
| 14 | Red Delicious | 2, 6 |
| 15 | Roter Boskop | 1, 2, 5, 10 |

Wenn ein bereits vorhandener Obstbaum in Ihrem Garten blüht, aber nicht fruchtet, ist die Ursache meistens eine fehlende Befruchtersorte oder sehr regnerisches Wetter während der Blütezeit. Denn können die Insekten nicht fliegen, findet auch keine Befruchtung statt.

Im April erscheinen die ersten Kirschblüten

Grundsätzlich gibt es beim Obst keine besonderen Unverträglichkeiten, man kann also verschiedene Obstsorten nebeneinander pflanzen, solange genügend Abstand besteht und der geeignete Standort bezüglich Licht und Sonne berücksichtigt wird. Allerdings können ungünstige Nachpflanzungen schlechte Auswirkungen haben. Keinesfalls sollte z.B. nach der Rodung eines Apfelbaums wieder ein Apfelbaum nachgepflanzt werden. Da der Boden einseitig ausgezehrt und belastet ist, muss er entweder ausgetauscht oder mit einer anderen Obstart bepflanzt werden.

# GEMÜSE- UND KRÄUTERGARTEN

Die pflegeaufwendigsten Gärten sind solche Anlagen, die eine Menge an kurzlebigen Kulturpflanzen beherbergen.

Kopfsalatbeete und Staudenbeet als Nachbarn

Dazu gehören insbesondere Gemüsegärten. Wer sich beispielsweise im Frühjahr vornimmt, einen großen Gemüsegarten anzulegen, kann sich auf einen arbeitsreichen Sommer gefasst machen. In den Beeten gibt es ständig etwas zu pflanzen, hacken, gießen, auszuputzen und zu ernten. Mischkulturen (→ S. 140) erleichtern zwar die Pflege, sie ersparen aber nicht die regelmäßige Versorgung mit Wasser und Nährstoffen.

Trotzdem lohnt sich der Aufwand, einen Gemüsegarten anzulegen. Denn ebenso wie die Ernte aus dem eigenen Obstgarten ist auch das selbst angebaute Gemüse besonders schmackhaft, nicht zuletzt weil man weiß, dass weder giftige Spritzmittel und Dünger verwendet wurden noch die Ernte im Warenlager nachgereift ist – vielmehr kommen Gurken, Tomaten und Co. frisch auf den Tisch, mit allen ihren wichtigen Vitaminen und Inhaltsstoffen.
Mit einem eigenen Kräutergarten stehen immer frisches Kraut und heilsame Wurzeln für die Küche oder die Hausapotheke zur Verfügung. Gleichzeitig bietet er schöne Gestaltungsmöglichkeiten.

## GESTALTUNG

Der Gemüsegarten kann in der Nähe des Hauses liegen, was den Vorteil bietet, dass der Weg zur Küche nicht weit ist. Aber auch in einer kleinen sonnigen Ecke am Rande des Gartens bietet dieser Nutzgarten ein schönes Bild, insbesondere bei einer Mischung von Nutz- und Zierpflanzen.
Ideal ist z. B. die Kombination von fruchtenden Gemüsezüchtungen wie Buschtomaten, Buschbohnen und Gurken sowie Kräutern wie Basilikum, Schnittlauch und Salbei und dazu farbigen Dauerblühern wie Tagetes oder Geranien, die dem Grün der Kräuter und den verschiedenen Gemüsepflanzen Farbe verleihen.
Mit einer Hecke aus Liguster oder Hainbuche wird der Gemüsegarten an der Nordseite vor Wind geschützt. Der Beetrand kann mit einer Reihe von Buchsbäumchen bepflanzt und so von der Spielwiese oder der Rasenfläche abgegrenzt werden. Aber auch eine Beeteinfassung aus Blumen, Kräutern oder Polsterstauden bietet ein schönes Bild.
Bei der Anlage eines Gemüsegartens sollten unbedingt auch Wege mit eingeplant werden, damit man stets Zugang zu den Pflanzen hat und die Pflege und Ernte jederzeit möglich ist. Die Wege zwischen den Beeten werden leicht befestigt (z. B. mit Trittsteinen oder Brettern) oder mit Rindenmulch bedeckt.
Der Kräutergarten kann z. B. als Rondell, als Quadrat mit Kreuzweg oder als Kräuterschnecke angelegt werden. Eine Kräuterschnecke oder Kräuterspirale ist im Prinzip eine Trockenmauer (→ S. 35) mit spiralförmig zusammengefügten Steinen. Zum Bepflanzen eignen sich vorzugsweise in Töpfen herangezogene Kräuter, die schon kräftige Wurzelballen entwickelt haben und in freie Fugen zwischen den Steinen gedrückt werden.

### ANLAGE DES KRÄUTERGARTENS

Den Kräutergarten sollten Sie am besten im Frühjahr anlegen, da die Pflanzen bald anwachsen und schon bis zum Sommer üppige Büsche hervorbringen. Je nach Bedarf stehen dann stets frische Triebe für die Ernte bereit. Den Pflanzen schadet das Abpflücken nicht, vielmehr werden sie dadurch sogar zur Verzweigung und buschigem Wuchs angeregt.

Blühende Kamille

Jeder kennt die wohltuende Wirkung von Salbei, Kamille oder Rosmarin, sei es als Tee, in Form von Salben oder als Badezusatz. Ihr Wert für die Gesundheit ist Grund genug, diese und andere Heilpflanzen im Garten zu kultivieren.

Mischkultur aus Blumen und Gemüse

## STANDORT

Der Großteil der Gemüsesorten gedeiht am besten an einem warmen, sonnigen und windgeschützten Platz. So sind Flächen unter großen Bäumen oder nahe an schattenwerfenden Gebäuden für den Anbau von Gemüse ungeeignet. Durch eine Nord-Süd-Ausrichtung der Beete wird eine gleichmäßige Sonneneinwirkung garantiert.

Auch viele Kräuter benötigen volle Sonne und trockenen mineralischen Boden (z.B. Salbei, Lavendel oder Thymian), andere gedeihen am besten im Halbschatten und im frischen Humusboden (z.B. Baldrian, Kalmus oder Pfefferminze). Staunässe und schweren Boden vertragen die meisten Kräuter schlecht. Deshalb sollte sehr lehmiger Gartenboden mit gewöhnlichem Bausand gelockert werden. Mit der Beigabe von Kompost kann man die Nährstoffversorgung fördern.

Grundsätzlich lassen sich alle krautigen Arten von Arnika bis Zitronenmelisse auch in Pflanzgefäßen kultivieren. Sie benötigen der Art entsprechend große Töpfe und lockere Erde.

Kleiner Kräutergarten in Töpfen

Reife Tomaten am Strauch

## PFLANZENAUSWAHL

Gemüsegärten sind relativ pflegeaufwendig. Aber auch hier sind Arbeitserleichterungen möglich. Sie beginnen schon bei der Pflanzenauswahl, indem pflegeleichte Arten wie Kürbis, Knoblauch und Karotten den pflegebedürftigen wie Gurken, Tomaten und Auberginen vorgezogen werden.

Bei kleinen Gärten sollte man sich natürlich auf Gemüsesorten beschränken, die nur wenig Platz benötigen. Ob der begrenzte Raum eher mit gängigen Sorten wie Kohlrabi, Rettich und Kopfsalat bepflanzt wird oder seltenere Pflanzen wie Spargel oder Melonen in den Beeten gezogen werden, richtet sich nach dem Geschmack des Gartenbesitzers.

Steht mehr Raum zur Verfügung, ist z.B. der Anbau von Stangenbohnen oder Kartoffeln möglich.

Beim Pflanzenkauf kann man natürlich auch berücksichtigen, dass Gemüse nicht nur Nutz-, sondern auch Zierpflanzen sind, wie z.B. der Kürbis, dessen Blüten einen farbigen Akzent im Beet setzen.

Wird das Gemüse als Mischkultur angebaut, muss man Sorten wählen, die zusammenpassen und miteinander verträglich sind.

Nicht zuletzt sollte man bei der Auswahl der Pflanzen die Erntezeit mit einbeziehen – sonst ist zur Urlaubszeit das Gemüse reif und verfault in den Beeten.

### DER BIOGARTEN

Dieser Gartentyp zeichnet sich durch eine besondere Fülle an verschiedenartigen Pflanzen aus. Monokulturen sind im Biogarten zu vermeiden. Zudem wird die Ansiedlung von Nützlingen gefördert. Die Verwendung von künstlichem Dünger oder künstlichen Pflanzenschutzmitteln ist nicht erlaubt.

Bei der Anlage und Pflege des Gartens werden die Regeln der Mischkultur und des Fruchtwechsels (→ S. 169) beachtet. Im Biogarten wird außerdem auf eine den Boden schonende und energiesparende Arbeitsweise geachtet, z.B. durch Kompostwirtschaft und Auswahl geeigneter Gartengeräte.

# BLUMENGARTEN

Während Gartengehölze im Wesentlichen durch ihre Wuchsformen zur Gestaltung beitragen, bringen Blumen Farbe in die Anlage. Es gibt sowohl Blumen, die nur ein oder maximal zwei Jahre leben, als auch mehrjährige Stauden, deren Blüten und Blätter viele Jahre für Abwechslung im Garten sorgen.

## EIN- UND ZWEIJÄHRIGE BLUMEN

Einjährige Blumen durchlaufen noch im Jahr der Aussaat ihre volle Entwicklung und kommen zur Samenreife. Diese Blumen (z. B. Nelke, Ringelblume, Petunie) blühen nur ein Jahr und sterben danach ab. Zweijährige Blumen hingegen entwickeln in dem Jahr nach der Aussaat zunächst nur Blattwerk und bilden erst im zweiten Jahr Blüten. Danach sterben auch sie ab. So müssen diese Pflanzen alle ein bzw. zwei Jahre neu ausgesät oder gepflanzt werden.

### BEGRIFFSKLÄRUNG

**Einjährige/Zweijährige Blumen:** Blühende Pflanzen; Blüte im ersten bzw. zweiten Jahr nach dem Aussäen; Absterben nach der Samenreife
**Stauden:** Mehrjährige, krautige Pflanzen; bei manchen Arten sterben oberirdische Pflanzenteile im Winter ab (überdauern unter der Erde in Zwiebeln, Knollen oder Wurzelstock), andere sind winter- bzw. immergrün
**Gehölze:** Mehrjährige Pflanzen (Bäume, Sträucher, Hecken- und Kletterpflanzen), deren Triebe verholzen

## STAUDEN

Stauden sind mehrjährige krautige Gewächse, deren Triebe im Unterschied zu Gehölzen nicht oder allenfalls teilweise verholzen.

Anders als typische einjährige Pflanzen, die im Herbst völlig zugrunde gehen, sterben die meisten Stauden nur teilweise ab, wobei sie im Wurzelstock (Rhizome, siehe Glossar) bis zum neuen Austrieb im nächsten Frühjahr überdauern (z. B. Lupine, Rittersporn, Margerite). Nach dem Winter verjüngen sie sich wieder und treiben erneut aus.
Die Zwiebel- (z. B. Tulpe, Narzisse) und Knollenblumen (z. B. Dahlie, Gladiole) gehören ebenfalls zur Gruppe der Stauden. Die Blätter und Blüten dieser Pflanzen entwickeln sich jedes Jahr von Neuem aus Zwiebeln bzw. Knollen.
Manche Stauden, wie z. B. Bergenie, Fetthenne und Hauswurz, bleiben das ganze Jahr hindurch vital (immergrün).
Auch unter den Stauden gibt es neben reinen Schmuckstauden zahlreiche nützliche Arten. Insbesondere zählen etliche Kräuter und Heilpflanzen zu dieser Pflanzenkategorie (z. B. Pfefferminze, Thymian, Roter Sonnenhut). Viele dieser Nutzstauden stehen den reinen Schmuckstauden

Nicht winterharte Stauden sollten entweder gut durch Laub oder Mulch vor Frost geschützt oder aus der Erde genommen und im Keller gelagert werden.

Bei wintergrünen Stauden (z. B. Goldnessel) verwelkt das Laub erst im Winter – insbesondere bei strengem Frost. Immergrüne sind völlig frosthart (z. B. Hauswurz).

Rittersporn (Delphinium)

Sommerblumen benötigen viel Sonne

Raritäten wie z. B. Enzian oder Scheinmohn haben spezielle Bedürfnisse und müssen sorgsam gepflegt werden. Vor allem sind sie auf einen speziellen Boden angewiesen (z. B. sauer oder alkalisch).

im dekorativen Wert keinesfalls nach. Auch weniger bekannte oder seltene Stauden mit heilsamer Wirkung können im Garten einen Platz bekommen, wie beispielsweise Arnika, Seifenkraut oder auch der Gelbe Enzian.

## GESTALTUNG

Blumen und Stauden werden in einer großen Vielfalt und in unzähligen prächtigen Farben und Formen angeboten. Mit geschickten Arrangements lassen sich

Wildtulpen sind besonders aparte Frühlingsblüher

deshalb fast das ganze Jahr über farbige Akzente im Garten setzen. Blumen können in einfachen Rabatten mitten im Garten gepflanzt werden oder als farbiger Streifen entlang des Zauns. Als Unterpflanzung von Gehölzen oder als Beipflanzung im Gemüsebeet fungieren bestimmte Blumen nicht nur zur Zierde, sondern bieten gleichzeitig Schutz vor Schädlingen (z. B. Tagetes, Ringelblumen).

Zahlreiche Pflanzen können in unseren Breitengraden nur einjährig kultiviert werden, weshalb jedes Jahr neue Blumen angepflanzt werden müssen. Allerdings macht gerade dies auch den Charme eines Blumengartens aus, da er so ein abwechslungsreiches und reichhaltiges Erscheinungsbild hat und jedes Jahr die Möglichkeit besteht, mit neuen Sorten und Kombinationen zu experimentieren.

## STANDORT

So vielfältig die verschiedenen Blumensorten sind, so unterschiedlich sind auch die Standortbedingungen der einzelnen Pflanzen (→ ab S. 235). Das bedeutet aber auch, dass Sie für jeden Garten die richtigen Blumen finden können.

Zahlreiche Pflanzen benötigen einen sonnigen Platz (z. B. Blaues Gänseblümchen, Fächerblume), wobei natürlich das Gießen nicht vergessen werden darf, denn diese Pflanzen benötigen mehr Wasser.

Halbschattig mögen es z. B. Begonie, Lampionblume oder Löwenmaul, die aber auch in sonniger Lage gedeihen, sofern sie genügend Wasser bekommen.

Typische Schattenpflanzen, die in der Natur in Wäldern wachsen, lassen sich auch im Garten an schattigen Plätzen ansiedeln. Dazu gehören auch Blütenpflanzen wie die Goldnessel oder der Waldstorchschnabel.

# ROSENGARTEN

Rosen sind Gehölze, die sich von anderen Gehölzen durch die späte Blüte unterscheiden. Während der Großteil der Sträucher und Bäume schon im Frühjahr blüht, lassen sich die meisten Rosenarten bis zum Juni Zeit.
Von Natur aus blühen Rosen einmal für kurze Zeit, es gibt aber auch öfter blühende Züchtungen, die den ganzen Sommer hindurch neue Blüten entfalten. Rosen sind relativ anspruchsvoll und benötigen mehr Pflege als andere Sträucher.

## ROSENTYPEN

Die verschiedenen Rosen werden je nach Wuchsform in unterschiedliche Gruppen eingeteilt. Es gibt Strauchrosen, Kletterrosen, Beetrosen und Hochstammrosen. Alle diese Rosen sind im Prinzip Edelrosen, denn sie werden durch Veredelung (→ S. 178) vermehrt. Bodendeckerrosen und Zwergrosen werden gewöhnlich nicht veredelt, sondern durch Stecklinge (→ S. 108) gewonnen. Außerdem gibt es Wildrosen.

### Strauch- und Kletterrosen

Strauchrosen lassen sich entweder frei wachsend in Einzelstellung pflanzen, wo sie üppige, ein bis drei Meter hohe Büsche mit überhängenden Trieben entwickeln, oder wie Kletterrosen an Spalieren ziehen. Kletterrosen, die besonders lange Triebe entwickeln, sind keine echten Kletterpflanzen, da sie sich nicht mit speziellen Haftorganen festhalten, sondern sich mit ihren stacheligen Trieben an der Kletterhilfe einspreizen.
Strauch- und Kletterrosen sind in der Regel langlebiger als Beetrosen. Besonders im Regenschatten unter einem Dachvorsprung bleiben Strauch- und Kletterrosen gesund und blühfähig.

Bei der Pflanzung ist eine tiefgründige Bodenlockerung wichtig, damit die Rosen kräftige Wurzeln bilden und tief in den Boden eindringen können. Das erleichtert ihnen die Selbstversorgung mit Wasser und Nährstoffen.

Kletterrose 'Seven Sisters'

Rosen haben keine Dornen, sondern Stacheln. Während Dornen fest im Holz verwachsen sind bzw. aus den Trieben hervorsprießen, sind Stacheln auf der Rinde aufsitzende Pflanzenteile, die sich leicht abknicken lassen. Dornen bilden beispielsweise der Feuerdorn, der Schlehdorn oder der Weißdorn.

### Beetrosen

Zu den Beetrosen gehören alle strauchförmig wachsenden Sorten mit 40 bis 100 Zentimeter Höhe, deren Blüten zahlreich an einzelnen Trieben stehen.

### Hochstammrosen

Hochstammrosen können Beet- oder Kletterrosen sein, die auf Stämmchen veredelt wurden.

### Bodendeckerrosen

Bodendeckerrosen bilden lange, kriechende Triebe und dienen zur flächigen Bepflanzung von Beeten. Im Vergleich mit anderen Bodendeckern, wie etwa

Rosenblüte 'Gloria Dei'

Stammrose

der niedrigen Felsenmispel oder dem Fünffingerkraut, bilden Bodendeckerrosen einen weniger dichten Bewuchs. Wenn genügend Fläche zur Verfügung steht, insbesondere an einem Südhang oder in einem sonnigen Terrassenbeet, können die Bodendeckerrosen gut mit starkwüchsigen Beetrosen oder Strauchrosen kombiniert werden.

### Zwergrosen

Zwergrosen in Töpfen, die es oft schon im Winter zu kaufen gibt, sind keine Zimmerpflanzen und sollten nur für kurze Zeit in warmen Räumen stehen. Im Sommer benötigen sie einen Ruheplatz im Freien. Zur Überwinterung ist ein kühles, aber frostfreies Quartier zu empfehlen.

### Wildrosen

Weltweit gibt es mehr als 80 verschiedene Wildrosenarten. Die Ursache für ihren geringen Einsatz in Hausgärten – im Vergleich zu den Edelrosen – besteht darin, dass sie alle nur einmal blühen.

Wildrosen sind in ihren Eigenschaften den Wildobststräuchern, wie etwa dem Schlehdorn, dem Weißdorn oder den sommergrünen Felsenmispeln ähnlich. Sie bilden aus dem Wurzelwerk eine Vielzahl an kräftigen Trieben, die sich reichlich verzweigen und dichte Büsche bilden. Sie haben sich dadurch gut in Wildstrauchhecken bewährt. Als Gartengehölze für den freien Stand, etwa auf Trockenmauern und in Steingärten (→ S. 35) oder in Rosenrabatten, sind besonders kleine Wildrosen geeignet.

## STANDORT

Rosen sind Sonnenpflanzen. Sie bevorzugen schattenfreie, luftige Plätze auf tiefgründigen, wasserführenden Böden mit reichlichem Nährstoffgehalt. Auf unpassenden Plätzen, etwa im Schatten von Gebäuden, auf ständig feuchten Böden oder neben starkwüchsigen Nachbarpflanzen, können sie sich nicht richtig entwickeln und haben immer wieder mit Krankheiten zu kämpfen.

Das Handbuch der Rosen vom Bund deutscher Baumschulen (BdB) kann bei der Auswahl von Duftrosen für den Garten eine wertvolle Hilfe sein.

### DUFTROSEN

Eine Zeit lang wurden Edelrosen nur wegen ihrer auffälligen Blüten gezüchtet. Mittlerweile legen Rosenzüchter aber auch immer mehr Wert auf den Duft der Blumen. Im Handel sind mittlerweile etliche Duftrosen zu bekommen (z. B. 'Duftwolke', 'Burgund', 'Berolina', 'Papa Meilland'). Vor allem die sogenannten Englischen Rosen zeichnen sich durch intensiv duftende Blüten aus.

Rose 'Burgund'

Wenn sie einen ausreichenden Wurzelraum bekommen, lassen sich Rosen auch in Pflanzgefäßen kultivieren. Dazu dienen große Kübel mit mindestens 50 Zentimeter Tiefe. Zu beachten ist, dass Topfrosen allgemein frostempfindlicher sind als Gartenrosen, zumal der Wurzelballen völlig durchfrieren kann. Sie benötigen deshalb im Herbst einen ausreichenden Frostschutz, etwa durch das Einpacken der Töpfe in einen dicken Jutemantel oder durch das Zusammenrücken in eine geschützte Ecke und das Anhäufeln mit Laub oder ähnlichem luftigem Material.

### GÜNSTIGE BEGLEITER

Bewährte Begleitpflanzen von Rosen sind z. B. Tagetes und Katzenminze: Zum einen füllen sie die Lücken, bedecken den Boden und blühen üppig, zum anderen vertreiben sie Blattläuse und andere Schädlinge.

Sehr gut geeignet für die Bepflanzung von Rosenbeeten sind außerdem Lavendel- oder Salbeibüsche und geschnittene Buchsbäumchen. Diese immergrünen Pflanzen sorgen dafür, dass das Rosenbeet auch im Winter nicht ganz leblos wirkt.

**„Rosenkavaliere" – Begleiter für Rosen**

- Lavendel
- Salbei
- Katzenminze
- Schleierkraut
- Buchs
- Tagetes
- Ziest

# STEINGARTEN

Gärten bestehen nicht nur aus Pflanzen. Vielmehr tragen zu deren Gestaltung viele verschiedene Baustoffe bei, darunter auch Gestein.

### GESTALTUNG

Steingärten, Trockenmauern und Kiesbeete sind sowohl als eigenständige Gestaltungselemente, z. B. in Form von Freiflächen an der Terrasse, als Stützwände am Hang oder als pflegeleichte Beete am Haus einsetzbar, lassen sich aber auch vorzüglich mit anderen Projekten kombinieren. So kann ein Gartenteich (→ ab S. 64) direkt an einen Steingarten angrenzen, der als Quelle für einen Bach geschaffen wird. Gleichermaßen bietet sich ein Kiesbeet als Einfassung für einen Teich an – die Kieselsteine bilden eine schöne und gleichzeitig wirksame Abdeckung der Folie.

Ein Alpinum ist ein naturgetreuer Nachbau einer bestimmten Gebirgsregion im Kleinformat mit den entsprechenden Gesteinsarten, deren naturnaher Anordnung und den dazugehörigen Pflanzen.

Polsterflammenblume als Farbtupfer im Steingarten

Interessante Steingartengewächse

Für die meisten Gehölze, Stauden, Gräser und Kräuter eignet sich eine Erdmischung aus ⅓ lehmiger Gartenerde, ⅓ Sand und ⅓ Kompost. Manche Pflanzen benötigen ein eigenes Substrat (z. B. Alpenrose saure Erde, alpine Steingartenpflanzen magere, mineralische Erde).

Ein besonderes Mauerwerk stellt die Trockenmauer dar. Sie wird aus möglichst kantigen Steinen aufgeschichtet und zwar so, dass Fugen bleiben, die sich mit Erde füllen lassen. In diese Fugen werden Polsterstauden gepflanzt, die der Mauer ihren typischen natürlichen Charakter geben.

## STANDORT

Für einen Steingarten bietet sich eine Südlage an, zumal die meisten Pflanzen viel Licht benötigen. Steingärten, Trockenmauern oder Kiesbeete passen aber auch an absonnige Plätze, wo sie dann vorwiegend mit Immergrünen bepflanzt werden.

## AUSWAHL DER STEINE UND PFLANZEN

Gehölze, die von Natur aus besonders gut in Steingärten gedeihen, sind z. B. Zirbelkiefer, Felsenmispel, Felsenbirne, Bergkiefer, Alpenrose, Seidelbast, Salbei und Lavendel.
Von den ausdauernden Stauden bieten sich unter anderem Blaukissen, Steinkraut, Mauerpfeffer, Hauswurz, Küchenschelle, Primeln, Akelei, Steinbrech oder Glockenblumen an. Aber auch Gräser (z. B. Bärenfellgras, Perlgras) und Wildzwiebelblumen (z. B. Wildtulpe, Traubenhyazinthe, Herbstzeitlose, Schneeglöckchen, Zwergiris) kann man im Steingarten anpflanzen.
Kalkgestein, Granit, Schiefer oder Sandstein sind in zahlreichen Formen erhältlich (große Quader, flache Platten, geschliffene Kiesel etc.). Für einen einfachen Steingarten genügen unbehandelte Bruchsteine. Es eignen sich aber auch Ziegel oder Steine von einem Gebäudeabriss, die sonst entsorgt werden müssten.
Beim Bau einer massiven Trockenmauer, die als Stützwand dient, kommen vorzugsweise frostsichere, kantige Steine zum Einsatz.
Brüchiges Kalkgestein, das für Stützmauern ungeeignet ist, kann für die Anlage einer kleinen Trockenmauer, etwa für die Einfassung des Gemüsegartens, dienen. Steine, die bei Frost brüchig werden und zerbröckeln, bieten den Kräutern auf der Mauer eine Möglichkeit zum Einwurzeln.
Bei der Anlage eines Kiesbeets kann als Baustoff gewöhnlicher Rollkies benutzt werden, der sonst beim Hausbau zur Dränage dient.

Trockenmauer als Gestaltungselement

Die Steine lässt man am besten durch einen Transporteur aus der Umgebung oder den Steinbruchbetrieb selbst heranschaffen (siehe Telefonbranchenbuch „Transporte" oder „Steinbrüche"). Findlinge in freier Landschaft dürfen selbstverständlich nicht einfach abtransportiert werden.

Am meisten Mühe beim Bau eines Steingartens kostet die Beschaffung und Aufschichtung der Steine. Deshalb sollte die Anlage des Steingartens schon im Vorhinein so genau wie möglich geplant werden, besonders, wenn dieser an einer abgelegenen Stelle des Gartens entstehen soll, die nicht mit Maschinen, sondern nur mit der Schubkarre erreichbar ist.
Bruchsteine sind in Gebirgsregionen recht preisgünstig von Steinbrüchen zu bekommen. Große Kiesel, die sich vorzüglich für die Gartengestaltung eignen, fallen gelegentlich beim Ausbaggern von Kiesgruben an. Natursteine können auf Äckern in der Umgebung gefunden werden.

Hauswurzen (Sempervivum)

## AUFBAU DER STEINE

Steingärten benötigen keinen besonderen Unterbau. Die Errichtung einer kleinen Trockenmauer aus lose aufgeschichteten Steinbrocken, etwa als Einfassung des Gemüsegartens, ist direkt auf dem Boden möglich. Allerdings sollten massive Steingärten, insbesondere Stützmauern, auf einer soliden Basis ruhen. Beim Aufbau ist es deshalb empfehlenswert, ein Fundament für die unterste Steinlage auszukoffern, also die lockere Mutterbodenschicht bis zum tragfähigen Untergrund abzugraben. In den ausgekofferten Graben wird zunächst eine Schicht Frostschutzmaterial gefüllt. Dazu dient grober Schotter. Nach dem Verdichten, das heißt dem Feststampfen, dieser Schicht kann dann mit Bruchsteinen aufgebaut werden.
Um bei Bodenverdichtungen oder bei schwerem Lehmboden vorbeugend Staunässe zu vermeiden, werden stellenweise Dränagelöcher ausgekoffert und mit Roll-

**Auskoffern:** Abgraben des Bodens bis zur benötigten Tiefe für den Unterbau
**Verdichten:** Verfestigung des Unterbodens mithilfe von speziellen Maschinen (Walze, Rüttelplatte)

Bei der Gestaltung des Japangartens kommen die grundlegenden Ideen der chinesischen Philosophie, Yin und Yang, zum Ausdruck, die für Gleichgewicht und Harmonie stehen. Diese Prinzipien sind Gegenstücke, die sich aber nicht bekämpfen, sondern ergänzen.

Japangarten mit eingefasstem Wasserbecken

# EIN HAUCH FERNOST

Obwohl Gärten im japanischen Stil seit mehr als 1.000 Jahren bekannt sind, erfreuen sie sich gerade in der modernen hektischen Zeit zunehmender Beliebtheit, da immer mehr Menschen ihren Garten als Ort der Ruhe und Erholung genießen möchten.

Japangärten sind geprägt von einer Beschränkung auf das Wesentliche und einer Einfachheit in Form, Linie und Material, wodurch ein Eindruck der Harmonie entsteht. Durch Schlichtheit und die Beschränkung auf nur wenige Pflanzen und Gestaltungselemente haben diese Gärten eine ganz eigene Ausstrahlung. Der Wechsel zwischen Ruhe und Bewegung – fließendes Wasser und Stein, runde Formschnittpflanzen und steile Hänge – macht den besonderen Reiz dieser Gärten aus. Gleichzeitig soll in ihnen eine natürliche Landschaft in Miniaturform abgebildet werden, wobei einzelne Materialien bestimmte natürliche Gegebenheiten symbolisieren (Steine stehen für Gebirge, geharkte Kieswege für Wasser, kleine Steinlaternen für Tempel etc.).

Japanische Zierkirsche

Die Kombination von Gesteinsformationen mit fließendem Wasser und Formschnittpflanzen ist typisch für diesen Gartenstil, Grün- und Blühpflanzen spielen nur eine untergeordnete Rolle.

## PLANUNG

Eine vollkommene Umgestaltung des eigenen Gartens im japanischen Stil ist oft nicht möglich, da hierfür viel Platz benötigt wird und häufig hohe Kosten entstehen. Beispielsweise sind für einen rauschenden Wasserfall umfangreiche Bauarbeiten erforderlich und es entstehen Betriebskosten für eine leistungsfähige Pumpe. Auch die Beschaffung großer Natursteinfindlinge ist nur mit Baumaschinen und einem entsprechend großen Zugang zum Garten machbar.

### Mustergärten

Ein Hauch von Fernost lässt sich aber auch auf kleiner Fläche mit wenigen Mitteln verwirklichen. Natürlich muss das exotisch anmutende Gestaltungselement zum

Gesamtbild des Gartens passen. Es lohnt sich deshalb, vor der Planung zunächst einige gut gelungene Japangärten in Gartenschauanlagen zu besuchen. Schöne Mustergärten in diesem Stil gibt es vor allem in großen Städten, die eine Partnerschaft mit einer japanischen Stadt pflegen.

### Skizze und Kostenaufstellung

Wer sich für die Gestaltung entschieden und eine passende Gartenecke gefunden hat, sollte das Projekt zunächst auf Papier planen. Die Skizze lässt sich falls nötig leicht ausbessern, wenn sich etwa die Lage von Findlingen oder der Standort für Pflanzen als ungünstig erweisen sollte.

Ein genauer Plan und die Materialliste machen auch eine detaillierte Kostenaufstellung möglich. Große Granitfindlinge, ein stabiles Wasserbecken, streng geformte Kugelbäumchen und andere Elemente des Japangartens können unerwartete Kosten verursachen! So lässt sich die Projektplanung noch ändern, bevor die Baustoffe und Pflanzen geliefert werden.

## ANLAGE

Der Japangarten ist ein sehr schlichter und regelmäßig gestalteter Gartentyp. Wasser in jeglicher Form ist ein wesentlicher Bestandteil dieser Gartenanlagen – ob als Teich, als Bach, als Brunnen oder als kleiner Springbrunnen. Wer keine Wasserstelle im Garten möchte, kann dieses Element aber auch ersetzen und z. B. durch ein wellenförmig geharktes Kiesbeet symbolisieren. Zwar werden im Japangarten auch ausgewählte Gehölze, Stauden und Gräser eingesetzt, die Anlage wird aber dominiert von großen Freiflächen ohne Bepflanzung.

### Wasser und Stein

Als Zentrum bietet sich ein symmetrisches Wasserbecken mit Sprudelsteinen oder mit einem kleinen Wasserfall an. Der Ausbau der Uferzone erfolgt mit Granitfindlingen. Seinen typischen Charakter erhält der Garten durch ein ebenes Beet aus kleinformatigen Steinen, die farblich zu den Granitfindlingen passen sollten. Gut geeignet ist Granitsplitt, der flächig verteilt wird. Zur Pflegeerleichterung empfiehlt sich vorher die Ausbreitung einer Unkrautschutzfolie. Es verhindert die Keimung störender Wildpflanzen in der Splittfläche. Zwischen den Steinen können Bodendecker oder Moos gepflanzt werden.

### Pflanzen

Seine endgültige Form erhält der Japangarten durch den Einsatz ausgewählter Pflanzen. Dazu gehören insbesondere die Kiefer, die eine strenge Gestalt hat, sowie Eibe, Ilex oder Buchs, die kugelförmig geschnitten werden. Die Formschnittpflanzen vermitteln durch ihre strenge aber gleichzeitig weiche, runde Form eine Atmosphäre der Gelassenheit. Auch Bambus und andere Gräser sowie Farne dürfen nicht fehlen.

Die wenigen farbigen Elemente können typische Pflanzen aus Ostasien wie der Japanische Ahorn mit seinem leuchtend gelben Herbstlaub, Rhododendron, Kalmie und Zierkirsche sein, die in Gruppen verteilt und eingepflanzt werden. So wird die beruhigende und harmonische Atmosphäre der verschiedenen Grüntöne durch die einzelnen Farbtupfer noch verstärkt.

Steinbänke oder andere Sitzgelegenheiten sowie Figuren im japanischen Stil vervollständigen den Garten.

Kies kann Wasser symbolisieren

Sehenswerte Japangärten gibt es z. B. im Botanischen Garten Augsburg, im ehemaligen Gartenschaugelände in Würzburg am Marienberg oder beim Technischen Rathaus in Freiburg.

Der Kirschbaum ist ein sehr wichtiges Gehölz in Japan. Deshalb sollte man auf jeden Fall auch ein solches Exemplar in seinen Japangarten pflanzen. Bei kleinen Gärten empfiehlt sich der Kauf einer schwachwüchsigen Sorte.

Ein kleiner Steingarten für die Terrasse lässt sich auch in einer schönen frostsicheren Schale anlegen.

### KRÄUTER IM STEINGARTEN

Für ausdauernde Kräuter wie Lavendel, Thymian und Salbei ist am besten ein Platz in der Sonne geeignet. Wie im Mittelmeerraum lassen sie sich in eigenen Steingärten ansiedeln, z. B. in Form einer Kräuterschnecke oder auf Trockenmauern.

kies oder Schotter gefüllt. Hier kann später überschüssiges Regenwasser nach unten abfließen und versickern. Eine Auflage mit Vlies oder Mulchfolie verhindert das Verschlämmen der Dränagelöcher.

Ein konischer Aufbau ist grundsätzlich bei jedem Steingartentyp wichtig (ein Schotter- oder Kiesbeet ausgenommen). Die Seiten müssen also von unten nach oben schmaler werden, damit die Steine fest sitzen und nicht abrutschen.

Damit die Steine fest im Fundament sitzen, sollten Sie stets die flache Seite des Steins nach oben drehen, damit die nächsten Steinlagen gut aufliegen. Wenn nötig, müssen unpassende Steine ersetzt oder mit Substrat unterfüllt werden. Zwischen den Steinen müssen außerdem immer ausreichende Zwischenräume für das Erdsubstrat erhalten bleiben. Die Oberfläche jedes Steines sollte leicht schräg nach innen geneigt sein, damit sich Nischen zur Bepflanzung bilden und die Erde nicht ausgewaschen wird.

## BEPFLANZUNG

Die Bepflanzung kann entweder schon während dem Aufbau erfolgen oder erst wenn die Trockenmauer steht bzw. der Steinaufbau vollendet ist. Bereits beim Aufschichten der Steine werden die Fugen mit Erde gefüllt.

Sobald der Steingarten angelegt ist, sollten Sie die Pflanzen langsam mit Wasser einschlämmen, ohne Erde auszuspülen. Bei Trockenheit muss auch während der Saison gewässert werden, bis die Pflanzen richtig festgewurzelt sind.

Später beschränkt sich die Pflege auf das Unkrautjäten und die Eindämmung zu üppig wuchernder Polsterstauden. Am Ende der Saison bekommen die kälteempfindlichen Arten einen Frostschutz (→ S. 191).

Steingartenpflanzen (Sempervivum) im Topf

Bunte Wacholder in verschiedenen Formen

Immergrüne wechseln ihr Laub- oder Nadelkleid im mehrjährigen Turnus.

# IMMERGRÜNER GARTEN

Eine Vielzahl von Pflanzen bereichert den Garten ganzjährig und erfreut auch im Winter mit frischem Grün. Von diesen sogenannten Immergrünen gibt es Bäume, Sträucher, Kletterpflanzen, Bodendecker, Stauden und Gräser, die sowohl mit unterschiedlichen Blattformen und -größen als auch mit verschiedenen Farben Akzente setzen.

## GESTALTUNG

Gehölzstreifen lassen sich abwechslungsreich gestalten, wenn immergrüne Laubgehölze mit Nadelbäumen und sommergrünen Gehölzen kombiniert werden. Hieraus entstehen dichte Inseln, die während des ganzen Jahres Schutz bieten. So lassen sich beispielsweise immergrüne Eiben mit sommergrünen Blütensträuchern und immergrünen Laubgehölzen wie Rhododendron, Buchsbaum oder Mahonie zu undurchdringlichen, schmucken Pflanzstreifen arrangieren.

## STANDORT

Die meisten Immergrünen sind für schattige Plätze geeignet. Viele Arten zeichnen sich auch durch ihre Frosthärte aus. Sollte ein extremer Winter einen Teil der Substanz angreifen, treiben die Gehölze nach scharfem Schnitt im Frühjahr kräftig durch, um schon im Sommer wieder einen dunkelgrünen Hintergrund für die Sommerblüher zu bilden.

### DIE KLETTERSPINDEL

Der immergrünen Kletterspindel kann der Frost kaum etwas anhaben. Die rein grüne oder gelb-grün panaschierte Pflanze aus West-China hält auch strenger Kälte Stand. Es gibt etliche Züchtungen dieser kleinblättrigen Selbstklimmer, die sich alle für schattige oder halbschattige Plätze oder auch zur Begrünung von kahlen Bäumen eignen.

Mit Immergrünen Heckenkirschen, Dickmännchen oder Efeu kann man selbst dunkle kahle Böden unter Buchen dauerhaft begrünen.

Stechpalme mit Fruchtschmuck

Immergrüne Gehölze kommen wie ihre verwandten sommergrünen Arten auf jedem guten Gartenboden zurecht. Böden, bei denen das Wasser nicht ablaufen kann (Staunässe), z. B. weil der Boden zu sehr verdichtet ist, sind jedoch ungeeignet. Nur für die Spezialisten wie Rhododendron und andere Moorbeetpflanzen bleiben umfassende Bodenvorbereitungen nicht aus.

Sommergrüne Arten wie Lärche, Urweltbaum oder Sumpfzypresse verlieren ihre Nadeln im Herbst.

## PFLANZENAUSWAHL

Es gibt ein großes Angebot an immergrünen Laubgehölzen, z. B. Stechpalme, Buchsbaum oder Kirschlorbeer. Als Kletterpflanze kommt neben dem weitverbreiteten wilden Efeu das Immergrüne Geißblatt gelegentlich zum Einsatz sowie der Spindelstrauch. Während der Efeu als typischer Selbstklimmer keine Kletterhilfe benötigt und das ganze Jahr vorzugsweise Wände dicht begrünt, kommt das Geißblatt nur mithilfe von Drähten, Schnüren oder Spalieren nach oben.

Keinesfalls dürfen Jungpflanzen des Buchses in freier Natur ausgegraben werden. Der Buchs ist eine nach der Bundesartenschutzverordnung geschützte heimische, europäische und außereuropäische Art.

Die meisten Nadelgehölze sind immergrün. Allerdings wechseln auch diese während des Jahres ihre Farbe. Die frischen Frühjahrstriebe wirken heller als die reifen Sommer- oder Wintertriebe. Besonders auffällig ist die Farbveränderung bei Thujen, die im Winter fast braun aussehen können, im Frühjahr aber wieder grün werden.

In der kargen Winterzeit verschönern Schalen mit blühenden Pflanzen wie Heidekraut oder Christrose die immergrünen Pflanzgruppen. Sie können nach der Blüte wieder in den Garten umgesetzt werden. Neben staudenartigen Pflanzen und Zwergsträuchern blühen auch einige größere Gehölze im Winterhalbjahr auf (z. B. Winterschneeball). Die Stechpalme und die Felsenmispel tragen im Winter leuchtend rote Beeren.

Am einfachsten ist es, wenn Immergrüne als Containerpflanzen gekauft werden. Diese Pflanzen werden im Containertopf gezogen und sind beim Erwerb schon intensiv durchwurzelt, wodurch sie nach dem Austopfen und Einpflanzen rasch anwachsen. Sie benötigen auch keinen Pflanzschnitt und stellen sofort nach dem Verteilen im Garten einen schönen, dekorativen Blickfang dar.

Immergrüne Gartenanlage

# BALKON- UND TERRASSENGARTEN

Die Terrasse am Haus ist ein Lebensraum im Freien und steht besonders in den warmen Sommermonaten als Wohnzimmer im Grünen zur Verfügung. Pflanzen, ob in Kübeln und Kästen oder als Schlingpflanzen an einer Pergola, machen eine Terrasse oder einen Balkon erst richtig gemütlich. Sie schirmen ab, verbessern das Kleinklima und erfreuen mit Blüten. Allerdings benötigen Kübelpflanzen mehr Pflege als Gartengewächse, zumal sie völlig auf die Wasser- und Nährstoffversorgung angewiesen sind.

## GESTALTUNG

Bei der Gestaltung der Terrasse oder des Balkons sind der Fantasie keine Grenzen gesetzt. Neben einer dauerhaften Bepflanzung mit Stauden, Halbsträuchern, kleinwüchsigen und bodendeckenden Gehölzen und Kletterpflanzen bieten sich natürlich auch einjährige Sommerblumen in Kästen und Kübeln an oder exotische Pflanzen, die in der kalten Jahreszeit im Haus überwintern.
So können Sie auch auf Ihrer Terrasse jedes Jahr neue farbliche Höhepunkte setzen. Für die sonnige Seite eignen sich Pflanzkästen mit Geranien, Ziertabak und Petunien. Im Schatten gedeihen Fuchsien, Knollenbegonien und Fleißige Lieschen. Eine bunte Mischung kann beispielsweise aus Pantoffelblumen (gelb), Zwergmargeriten (weiß), Feuersalbei (rot) und Fächerblumen (blau) entstehen.
Besonders beliebt und begehrt auf Balkon und Terrasse sind mediterrane Pflanzen, die in unseren Breiten nur in Kübeln gehalten werden können, da sie im Winter an einen frostfreien Platz gebracht werden müssen. Sie verbreiten eine südländische Atmosphäre, auch dann, wenn bei uns der Sommer mal wieder eine Pause einlegt.

### WANDBEGRÜNUNG

Sehr gut machen sich Kletterpflanzen, die vom Boden an der Wand entlang nach oben gelenkt werden. Sie benötigen keine Pflege, weil sie ihr Wasser und die Nährstoffe selbst aus der Erde holen können. Sehr schön und vital sind z. B. Feuerbohne und Prunkwinde. Immergrüne Kletterpflanzen wie Efeu, Immergrünes Geißblatt oder Spindelstrauch erreichen Balkone im ersten Stockwerk in wenigen Jahren.
Sie müssen in tiefgründigen Boden gepflanzt und falls nötig gezielt nach oben gelenkt werden.

Die Kosten für die Pflanzgefäße übersteigen oft die der Pflanzen selbst. Immerhin wirken aber schöne Terrakotta-Kübel dekorativer als Plastikbehälter. Zur Verschönerung können Sie Plastiktöpfe z. B. mit Strohmatten ummanteln.

Sitzplatz im Grünen

Ein besonderer Blickfang sind dabei nicht nur die farbenprächtigen Blüten von Oleander, Bougainvillee und Co., sondern auch die schönen Kübel aus Terrakotta, Steinzeug und Holz, in denen die Pflanzen kultiviert werden.
Im Winter zeigen sich Balkone und Terrassen häufig kahl und wenig attraktiv.

Die meisten Pflanzen sind relativ widerstandsfähig und nehmen zeitweise auch nicht ideale Bedingungen hin. Immerhin müssen südländische Sommerblumen in manchen Jahren auch längere Regenperioden ertragen oder Schattenpflanzen, die es gern kühl haben, gelegentlich trockene Sommerhitze.

Bunte Balkonbepflanzung

Deshalb sollte man von Beginn an winterharte immergrüne Pflanzen mit in die Planung einbeziehen.
Besonders gut sind Gehölze für die winterliche Terrassengestaltung geeignet, die im Winter grünen oder sogar blühen. Das können winterharte Laub- oder Nadelgehölze sein, die das ganze Jahr über attraktiv sind (z. B. Rhododendron, Buchsbaum, Kirschlorbeer, Mahonie sowie Zwergkiefer, Zwergfichte, kleine Scheinzypresse oder Zwergwacholder). Wichtig ist, dass die gewünschten Arten langfristig in Pflanzgefäßen gedeihen können. Sie können auch verschiedene Wuchsformen kombinieren und beispielweise eine säulenförmige Thuja mit einem Bodendecker unterpflanzen.

Blauregen als Terrassenbegrünung

## STANDORT

Wer mediterranen Kübelpflanzen gute Lebensbedingungen bieten will, dessen Terrasse oder Balkon sollte zumindest einen Teil des Tags sonnig sein. Auch viele beliebte Sommerblüher wie Geranie, Gazanie und Petunie benötigen einen vollsonnigen Standort.
Es gibt jedoch einige Pflanzen, die auch an einem halbschattigen Standort gut gedeihen, manche sogar an einem schattigen. Die idealen Bedingungen für die einzelnen Arten finden Sie ab S. 352.

## PFLANZENAUSWAHL

Das Sortiment an Balkon- und Kübelpflanzen ist riesig, zumal eigentlich fast alle Pflanzen in Gefäßen kultivierbar sind. Selbst Bäume und Sträucher vertragen den beengten Wurzelraum, vorausgesetzt, sie werden richtig versorgt.
Hauptanwärter für einen Platz auf Terrasse und Balkon sind in erster Linie ein- und mehrjährige Blühpflanzen sowie mediterrane Kübelpflanzen. Aber auch Kletterpflanzen wie Blauregen, Geißblatt und Wilder Wein, Kräuterpflanzen und sogar spezielle, schwach wachsende Obstbaumzüchtungen sind eine Bereicherung für das „Sommerzimmer im Freien".
Bei der Auswahl sollten Sie die jeweiligen Standortbedürfnisse berücksichtigen (sonnig oder schattig, feucht oder trocken, Bodenbeschaffenheit etc.). Vergessen Sie auch nicht, dass viele Pflanzen im Winter ein passendes Quartier benötigen.

# BESONDERE GEGEBENHEITEN

Ein Garten gliedert sich in viele Teilstücke. Neben den Gemüsebeeten, den Obstgehölzen und den Sitzplätzen sind weitere Flächen zu gestalten.
Besondere Beachtung erfordert der Vorgarten, der immer im Blickfeld liegt. Weiterhin sind je nach Lage und Nutzung die Eigenheiten des Grundstücks zu berücksichtigen. So muss beispielsweise ein sonniger Garten anders geplant und gestaltet werden als ein Grundstück in schattiger Lage. Ebenso bedarf ein Hanggarten einer Sonderbehandlung, etwa durch Stützmauern oder eine Böschungsbefestigung. Unterschiede sind auch hinsichtlich der Wohngemeinschaft nötig. So erhält ein Familiengarten eine andere Struktur als ein Garten ohne Kinder.

Buntes Staudenbeet in voller Blüte

## SONNIGER GARTEN

In sonnigen Gärten haben sich besonders Rosen bewährt. Diese Sommerblüher bleiben an vollsonnigen Plätzen gesund und blühfähig. Das gilt auch für Kräuter, die ihre ätherischen Öle an heißen Sommertagen entwickeln. Ebenso kommt das Gros der Gemüse vorzugsweise in sonnigen Beeten gut zurecht, insbesondere Fruchtgemüse wie Tomate, Melone, Aubergine und Zucchini.
Weiterhin sind die meisten Steingartenbewohner auf viel Licht angewiesen. Hauswurzen, Mauerpfeffer oder Steinbrecharten gedeihen in der Natur in südseitigen Felsformationen.
Von Natur aus benötigen auch viele Blütenstauden einen sonnigen Stand. Vor allem solche Arten, deren Eltern in der Prärie zu Hause sind. Dazu gehören z. B. Sonnenbraut und Sonnenblumen. Die meisten Sommerblumen und Kübelpflanzen lassen sich ohnehin nur an sonnigen Plätzen kultivieren, denn die meisten Arten stammen aus dem Mittelmeerraum oder aus Südafrika. Nicht zuletzt wächst selbst der Rasen auf sonnigen Plätzen besser als im Schatten. Zumindest sollten Rasenflächen zeitweise sonnig liegen.

Roter Sonnenhut im Staudenbeet

An heißen Sommertagen kann die direkte Sonneneinstrahlung manchen Pflanzen aber auch Schwierigkeiten bereiten. So bleiben beispielsweise bei Rhododendren und anderen typischen Schattenpflanzen Verbrennungen an den Blättern nicht aus, wenn sie im Hochsommer ganztägig in direkter Sonne stehen. Kurzfristig ist die

Stark gefährdet sind Pflanzen im Gewächshaus durch einen Hitzeschock. Im Sommer darf das Lüften und Schattieren nicht vergessen werden!

Schattierung etwa mit Schilfrohrmatten eine Möglichkeit, solche Pflanzen vor Schäden zu bewahren. Langfristig ist es besser, für einen günstigeren Standort zu sorgen. Die Umpflanzung erfolgt dann im Herbst oder im Frühjahr. Anzeichen für Schwierigkeiten durch zu viel Sonne bzw. durch Trockenheit sind braune Flecken auf den Blättern (z. B. bei Rhododendron), das Einrollen der Blätter (z. B. beim Gartenbambus) oder das Erschlaffen der Blätter (z. B. bei Ligularien und anderen Stauden mit großen Blättern). Bei Anzeichen von Trockenschäden ist unverzüglich für ausreichend Gießwasser zu sorgen.

Selbst solche Pflanzen, die volle Sonne brauchen, können an heißen Sommertagen Schwierigkeiten bekommen. Besonders auf durchlässigen Sandböden oder in Pflanzgefäßen trocknen die Wurzeln leicht aus. Vorbeugend schützt das Mulchen (→ S. 133) des Bodens mit Grasschnitt, Rindenmulch oder anderen Materialien die feinen Faserwurzeln und erhält die Bodenfeuchtigkeit.

Schattiger Garten mit dekorativen Kübelpflanzen

## SCHATTIGER GARTEN

Gärten mit altem Baumbestand oder neben hohen Gebäuden können auch für erfahrene Gärtner ein Problem darstellen, da die Bedingungen für viele Pflanzen ungeeignet sind. So bekommen lichtbedürftige Arten langfristig Schwierigkeiten im Schatten. Sie bilden schwache Triebe und bekommen „Gelbsucht", das heißt mangels Licht fehlt ihnen das Blattgrün. Zudem sind sie anfälliger für Pilzkrankheiten, da das Regenwasser nicht abtrocknet. In diesen Gärten können nur Pflanzen gedeihen, die auch in der Natur in schattigen Wäldern wachsen oder die ihren Lebenszyklus an dem der Bäume orientieren. So bringen beispielsweise Primeln, Buschwindröschen oder Winterlinge ihre Blüten und Blätter im zeitigen Frühjahr hervor, wenn die Laubbäume noch keine Blätter haben. Danach ziehen sie wieder in den Boden ein und ruhen bis zum nächsten Frühjahr.

Ähnlich verhalten sich viele immergrüne Pflanzen. Rhododendron, Kirschlorbeer, Eiben und andere Gehölze sowie Immergrün, Bergenie, Hirschzungenfarn und andere Stauden und krautige Pflanzen nutzen den Winter, um ihren Lichtbedarf zu decken. Im Sommer kommen sie mit dem geringen Licht zurecht, das durch das Blattwerk der Bäume bis zum Boden durchdringt.

Selbst manche Sommerblumen können in schattigen Gärten und Innenhöfen gedeihen. Bekannte Schattenpflanzen sind beispielsweise die Fuchsie, das Fleißige Lieschen und die Buntnessel, aber auch der Fingerhut, die Herbstanemone oder der Rote Nelkenwurz.

Außerdem gibt es Pflanzen, die nicht aufgrund ihrer Blüten, sondern wegen ihres Blätterwerks den schattigen Platz unter den Bäumen verschönern (z. B. Japansegge, Schaublatt, Purpurglöckchen).

Rosen, Sommerflieder, Salbei und andere Gehölze oder auch Stauden wie Mauerpfeffer, Hauswurzen oder Phlox benötigen einen sonnigen Standort und sind nicht für schattige Plätze geeignet. Sie sollten rechtzeitig umgepflanzt werden, solange dies möglich ist.

Auch Rasenflächen benötigen viel Sonne, denn im Schatten breitet sich Moos aus und verdrängt Stück für Stück die Gräser. Falls nötig, lassen sich jedoch spezielle Rasenmischungen an zeitweise schattigen Plätzen erfolgreich ansäen.

## KLEINER GARTEN

Der Wert eines Gartens richtet sich nicht unbedingt nach seiner Größe. Natürlich lassen große Grundstücke mehr Spielraum zu als kleine Parzellen. Entscheidend ist aber eine gelungene Gestaltung.
So kann eine verhältnismäßig große Fläche rund ums Haus ihren großzügigen Charakter verlieren, wenn sie beispielsweise mit Blaufichten bepflanzt wird. Dagegen bietet ein kleiner „Handtuchgarten" unter Umständen mehr Möglichkeiten, wenn er eine geschickte Ausstattung mit Gestaltungselementen und eine wirkungsvolle Begrünung bekommt.
Kleine Gärten haben auch Vorteile: Wo ein großes Grundstück eher zur Last werden kann, da großflächige Rasenflächen gemäht, Gehölze geschnitten und Stauden gepflegt werden müssen, lässt sich ein kleiner Garten unter Umständen leichter instand halten, wenn seine Pflege schon im Zuge der Planung Beachtung bekommt. Bei der Gestaltung eines kleinen Gartens sollte man sich auf wenige Ideen beschränken, damit der Garten nicht überfüllt und gedrängt wirkt.

### Platzsparende Einfriedung

Im engen Rahmen kleiner Gartenanlagen haben sich als Einfriedung besonders Ranker, Schlinger und Klimmer oder auch Spalierbäume bewährt. Denn während die Fläche wenig Ausbreitungsmöglichkeiten für wuchernde Gewächse bietet, gibt es in den meisten Anlagen nach oben genügend Raum zur Entfaltung. Als Kletterhilfen für Kletterrose, Clematis und Blauregen dienen Metall- oder Holzgerüste, die an der Wand oder frei stehend auf Punktfundamenten montiert werden. Solche berankten Klettergerüste bieten sich auch zur Abschirmung von Terrassen und Sitzplätzen an.

### Kleine Gehölze

Als Gehölzbepflanzung sind für kleine Gärten vor allem kleine Hausbäume zu empfehlen, die im Sommer einen Sonnenschutz geben (z.B. Kugelahorn, Hängebirke, Säulenzierkirsche).
Im Winterjahr, wenn das geringe Tageslicht ungehindert in den Garten eindringen soll, stören solche kleinen Laubbäume kaum.

Auch im kleinen Garten kann man Rückzugsräume schaffen

### Bepflanzung

Eine freie Rasenfläche, die fast den ganzen Raum einnimmt und nur am Rand mit schmalen Beeten eingefasst ist, kann großzügiger wirken als eine Bepflanzung mit Bäumen und Sträuchern. Zu bedenken ist aber, dass ein Rasen seine Wirkungskraft vor allem durch Weitläufigkeit entfaltet. Es kann deshalb sinnvoll sein, in kleinen Gärten ganz auf den grünen Teppich zu verzichten. Stattdessen können z.B. bunte Pflastersteine für einen kleinen Sitzplatz und kiesbestreute Wege zwischen den einfachen, geometrischen Beeten angelegt werden.
Natürlich richtet sich die Gestaltung immer nach den Nutzungswünschen. Wer

Gemütliche Terrasse für lauschige Sommerabende

# DER GARTEN ALS WOHNRAUM IM FREIEN

Ruheplatz im Garten

Vor allem ist es wichtig, den Freiraum vor der Haustüre ganz nach seinen persönlichen Ansprüchen zu gestalten. Denn nicht alles, was gerade modern oder zeitgemäß ist, entspricht auch dem individuellen Wohlgefühl.

Ein Trend, der in den letzten Jahren auch bei der Gartengestaltung eine immer größere Rolle spielt, kann unter dem Stichwort „Cocooning" („Einhüllen") zusammengefasst werden. Unter diesem aus dem Englischen stammenden Begriff versteht man den Rückzug der Menschen in die eigenen vier Wände. Hierbei wird auch der Garten zum erweiterten Wohnbereich, zur Oase der Ruhe, in der man sich vom Alltagsstress entspannt.

Um ein Wellness-Paradies im Grünen zu schaffen, muss man nicht unbedingt den ganzen Garten umwandeln. So kann beispielsweise schon ein kleiner, lauschiger Platz in einer Ecke des Gartens, die vor fremden Blicken geschützt ist, zum Ausruhen und Träumen unter freiem Himmel einladen.

## PLANUNG

Wie jeder andere Gartentyp muss auch ein Wohlfühlgarten richtig geplant werden. Wenn etwa die ständige Pflege eines aufwendig gestalteten Ziergartens als lästig empfunden wird, kommt auf Dauer kein Wohlgefühl auf. In diesem Sinne sollten insbesondere frischgebackene Gartenbesitzer zunächst ihre Ansprüche, Wünsche und Möglichkeiten bei Beachtung der Zeit, die sie zukünftig im Garten verbringen, prüfen. Dazu gehören auch Überlegungen, wie:

- Soll der Garten, insbesondere der Wohnraum im Freien, sonnig sein oder besser im Schatten liegen?
- Ist eine Geräuschkulisse (z. B. durch Wassersprudel oder Springbrunnen) erwünscht?
- Sollte der Platz für Regentage teilweise überdacht werden?
- Könnte eine kleine Gartenküche oder ein Grillplatz am Ort zum Wohlbefinden beitragen?

Sicher ist es selten machbar, das gesamte Grundstück als „Wohlfühlgarten" zu gestalten. Es gilt also, zunächst den künftigen Wohlfühlgarten zu inspizieren und geeignete Orte für Ruheräume zu finden. Als Plätze zum Relaxen bieten sich sowohl die gemütliche Terrasse am Haus als auch Zweitsitzplätze abseits des Gebäudes an. So wird z. B. ein Platz unter alten Bäumen, zwischen denen eine Hängematte gespannt wird, zum Lesezimmer oder eine gepflasterte Sitzecke zum Ort für gemütliche Kaffeekränzchen mit der besten Freundin. Selbst wenn an anderen Gartenplätzen, etwa auf der Hausterrasse oder im Vorgarten, reges Treiben herrscht, bleibt man in diesen Räumen ungestört.

## SICHT- UND LÄRMSCHUTZ

Beim Relaxen unter freiem Himmel sollte es möglichst wenige Störungen geben. Ein Wohlgefühl kommt kaum auf, wenn ständig Nachbarn oder Passanten in den Ruheraum „eindringen" – sei es nur dadurch, dass sie einen freien Einblick in den Garten haben.
Deshalb sollte man, sobald man einen geeigneten Ort für die Wohlfühlecke gefunden hat, den Platz mit Sicht- und Lärmschutzwänden versehen. Hierfür bieten sich z. B. Hecken (→ S. 85) an oder Kletterpflanzen, die an einem Gitter oder einer Pergola hochranken (→ S. 74). Neben dem Schutz vor Geräuschen und Blicken haben diese Trennwände außerdem den Vorteil, dass sie den Eindruck eines Raums im Freien vermitteln.

## PFLANZEN, BÖDEN UND WEGE

Das wichtigste bei der Pflanzenauswahl für einen Wohlfühlgarten ist, dass diese nach den eigenen Bedürfnissen und Gewohnheiten vorgenommen wird. Während der eine Freude an der Pflege seiner Pflanzen hat und sich nur dann wohlfühlt, wenn er jeden Tag etwas zu tun hat, bereitet es einem anderen mehr Vergnügen, einfach im Liegestuhl zu dösen. Dementsprechend wird Ersterer den Garten mit seinen Lieblingspflanzen ausstatten, wo er nach Lust und Laune seiner Leidenschaft frönen kann. Der Liegestuhl-Typ wird dagegen möglichst anspruchslose Pflanzen wählen, um viel Zeit zum Entspannen zu haben.
In einem Wohlfühlgarten gibt es auch keine Vorgaben, mit welchen Materialien die Wege und Plätze gestaltet werden sollen. Je nach Vorliebe besteht der Terrassenboden aus Holzbohlen, am Sitzplatz wird buntes Pflaster verlegt und die Wege sind mit feinem Kies bestreut. An warmen Sommertagen erwärmen sich Steine bzw. Holzbalken und die Ferien zu Hause werden zum Genuss.

## MÖBEL

Ein besonderer Aspekt ist die Ausstattung mit Möbeln. Es lohnt sich, seine Wohlfühlplätze mit bequemen Gartenmöbeln einzurichten. Mit farbenfrohen, großen Kissen wird der Sitzplatz zur gemütlichen Faulenzerecke.
Insbesondere ist die Anschaffung wetterfester Möbel von Nutzen, wenn der Sitzplatz im Grünen jederzeit – also auch an milden Herbst- oder Wintertagen – zur Verfügung stehen soll.

In einem Wohlfühlgarten können sowohl farbenfrohe Stauden, die durch ihre Leuchtkraft eine schöne Stimmung vermitteln, als auch Duftpflanzen wie z. B. Flieder, Jasmin oder Lavendel, zu einer Atmosphäre der Ruhe und Entspannung beitragen.

Blick von der Terrasse ins Grüne

Blühende Zierkirsche

gern Obst, Gemüse und Kräuter ernten möchte, wird statt der Rasenfläche lieber seine Nutzpflanzen kultivieren. In diesem Fall sollte das Grundstück klar gegliedert werden. Statt kletternder Zierpflanzen werden am Zaun z. B. Weinrebe und Kiwi in verschiedenen Sorten gepflanzt, die das Grundstück einfrieden. Als kleiner Hausbaum kann z. B. ein Quittenbaum zum Einsatz kommen. Die Gemüsepflanzen werden in streng gegliederten Beeten angelegt. Und die Kräuterreihen können als kleine Einfassungshecken neben den Gemüsebeeten gestaltet werden.

Wächst eine Pflanze horstartig, dann kommen die Triebe dicht gedrängt aus einem Punkt.

### Großzügiges Kiesbeet

Die Gestaltung mit einheitlichen Baustoffen lässt kleine Gärten großzügiger wirken. So schafft ein flächiges Beet mit niedrigen Pflanzen viel Raum. Das kann ein Kiesbeet sein, in dem einige streng geschnittene Pflanzen kleine Akzente setzen oder ein Steppenbeet mit Splitt oder Schotter, in dem Zwiebelpflanzen kleine Horste bilden.

### Wege

Auch die Planung der Wege kann dazu beitragen, dass ein Mini-Garten größer wirkt. Weiße Wege, z. B. mit einem Belag aus kleinen weißen Kieseln, wirken weitläufig. Der Wegverlauf sollte geradlinig – etwa von der Terrasse am Haus bis zur Gartentür – durch das Grundstück führen. Der lange gerade Weg „streckt" das Grundstück. Verstärkt wird dieser Effekt durch zwei niedrige Buchshecken, die den Weg beiderseits einfassen.
Man muss allerdings aufpassen, dass der Weg nicht zu schmal ist und dadurch das Grundstück „zerschneidet" – behoben wird dieses optische Problem z. B. durch eine Wegrandbepflanzung mit Stauden.
Bei langen, schmalen Gärten bietet es sich an, den Weg in sanften Kurven verlaufen zu lassen.

### Versetzte Ebenen

Mehr Raum lässt sich weiterhin durch das Anlegen von Plateaus schaffen. So kann beispielsweise eine Holzterrasse am Haus erhöht gebaut werden. Von dieser Position aus ist der Überblick in den abgesenkten Garten aus höherer Warte möglich. Er bekommt dadurch mehr Weite, besonders wenn der Blick in eine unverbaute Landschaft schweifen kann.

### Innenhofcharakter

Ein kleiner Garten, der mit Mauern eingefasst ist, wirkt wie ein Innenhof. Dieser Charakter lässt sich durch eine gezielte Einrichtung verstärken. So kann beispielsweise ein Wandbrunnen einen Blickfang bilden oder ein zentrales Wasserbecken mit Springbrunnen eine angenehme Atmosphäre schaffen. Das Geräusch von plätscherndem Wasser wirkt besonders an heißen Sommertagen erfrischend. Ein Sonnensegel trägt zudem zur Verbesserung des Kleinklimas bei.

### GESTALTUNGSIDEEN

Bei der Planung eines kleinen Gartens sollten bestimmte Grundprinzipien beachtet werden. So gibt es einige optische Tricks, durch die der begrenzte Raum großzügiger wirkt.
Klare geometrische Formen (sowohl in der Wegeführung als auch bei der Beetgestaltung) spielen hier ebenso eine Rolle wie die räumliche Untergliederung (z. B. mit Pergola, Gehölzgruppen) des Gartens.

## GARTEN MIT HANGLAGE

Viele Gärten oder Gartenteile liegen auf Hanggrundstücken. Ihre Gestaltung und Nutzung erfordert mehr Aufwand und Mühe als auf ebenen Flächen. Hierbei helfen sowohl Pflanzen als auch Natursteine, Betonformteile und andere Gestaltungselemente. Manchmal haben Hanggrundstücke sogar Vorteile gegenüber einem flachen Gelände: Beispielsweise ist hier die Anlage eines Bachs mit Kaskaden oder eines naturnahen Steingartens (→ S. 35) möglich.

### Hangbefestigung

Oft lässt sich die Befestigung eines Hangs mit der Gestaltung verbinden. Nach dem Hausbau auf einem Hanggrundstück ist es häufig nötig, die Aushuberde vor dem Abrutschen zu sichern, vor allem, wenn sie zu einer Erdterrasse aufgeschüttet wurde. Anders als gewachsener Boden, der aus Gestein oder verdichtetem Lehm besteht, gibt frischer Humus noch nach, das heißt, er sackt zusammen.

Vor der Begrünung müssen frische Böschungen deshalb verdichtet und falls nötig zusätzlich gestützt werden. Das geschieht auf größeren Flächen bereits beim Verteilen der Erde mit dem Radlader, der durch mehrmaliges Befahren das lose Auffüllmaterial festigt.

Zum Abstützen steiler Stellen neben Wegen, Plätzen und Terrassen bieten sich Natursteine, Betonformteile oder auch Holzpalisaden an. Natursteine wirken natürlich und geben dem Garten bzw. den Stützwänden einen alpinen Charakter. Vor allem aber sind sie völlig wetterfest und unverrottbar – anders als Holzpalisaden, die zwar auch sehr schön wirken, aber, trotz häufig giftiger Imprägniermittel, nur begrenzt haltbar sind. Holzwände sind deshalb nur als Stützen für eine beschränkte Zeit zu empfehlen, etwa bis die Bepflanzung dicht und gut im Hang verankert ist und die Wand überflüssig wird.

#### GENEHMIGUNG

Eine Stützmauer oder -wand ist ein Bauobjekt und erfordert einen genehmigten Plan. Sie darf deshalb nur von einem Fachmann wie beispielsweise einem Maurermeister oder Ingenieur geplant werden. Trockenmauern oder Palisadenwände sind in der Regel genehmigungsfrei.

Erkundigen Sie sich beim zuständigen Bauamt (es gibt verschiedene Baubestimmungenin den Bundesländern und den einzelnen Ortschaften ).

Hanggarten mit Trockenmauer

Eine Mauer aus Ziegeln, Betonsteinen oder Natursteinen muss ein frostsicheres Fundament haben. Dazu gräbt man am Hang entlang einen schmalen, etwa 80 Zentimeter tiefen Graben aus und füllt Beton ein. Nach dem Aushärten dieses Streifenfundaments kann die Mauer aufgebaut und bepflanzt werden.

Im Baustoffhandel sind außerdem verschiedene Betonformteile erhältlich, die sich zur Hangbefestigung eignen und Stück für Stück in den Boden eingesenkt und bis zur gewünschten Höhe aufgebaut werden. Das ist nur mit Maschinen möglich, da die Betonteile ein enormes Gewicht haben. Sie sitzen dann aber unverrückbar und stützen den Hang sicher ab.

Trockenmauer mit Staudenbeet

Auch diese Betonstützwände können bepflanzt werden. Das kann von unten mit selbstklimmenden Kletterpflanzen (z. B. Efeu, Wilder Wein) geschehen oder von oben mit Felsenmispeln, die den Beton nach und nach mit einem grünen Teppich überziehen.

Terrassengärten sollten schon bei der Anlage eines Hanggrundstücks geplant und angelegt werden, denn während der Bauphase stehen noch die nötigen Fahrzeuge zur Verfügung. Ohne Maschinen ist der Ausbau von Terrassen eine mühsame, langwierige Angelegenheit.

### Bepflanzung eines flachen Hangs

Wenn der Hang von Natur aus nur ein geringes Gefälle hat oder nach dem Hausbau flach mit Erde angeböscht wurde, ist keine zusätzliche Abstützung nötig. Es genügt, den Boden mit Pflanzen vor der Auswaschung und Abtragung zu sichern. Je nach Gefälle, Lage und Nutzung geschieht dies durch eine Rasen- oder Wiesenanlage oder durch die Pflanzung ausgewählter Stauden und Gehölze. Rasengräser bilden in wenigen Wochen eine dichte Grasnarbe. Sie wurzeln nicht tief und können nur die oberste Erdkrume befestigen, was auf flachen Böschungen, besonders, wenn der Garten zusätzlich mit Bäumen und Sträuchern bepflanzt wurde, aber ausreicht.

Kleines Spielhäuschen für Kinder

### Bepflanzung eines steilen Hangs

Auf steilen Hängen mit aufgefüllter Erde geben Gräser keinen sicheren Halt. Hier sollten Pflanzen mit viel verzweigtem, tiefreichendem Wurzelwerk gepflanzt werden, die sich fest im Boden verankern und ein dichtes Geflecht entwickeln. Geeignet sind hierfür z. B. Felsenmispel, Bergkiefer und Wacholder oder Wildrosen, Sanddorn und Schlehe, die sich allerdings stark ausbreiten und deshalb eingedämmt werden müssen. Bodendeckerrosen, Feuerdorn und Schneebeere sind bei einer sonnigen Hanglage eine gute Wahl.
Zugängliche, sonnige Böschungen bieten beste Bedingungen für den Anbau von Nutzpflanzen wie z. B. Weinrebe, Obstspalier und Himbeere sowie Gemüse aller Art. In Kübeln können auch Feigenbäume, Zitruspflanzen und andere mediterrane Pflanzen kultiviert werden. Dazu ist jedoch die Terrassierung und die Erschließung durch Wege und Treppen nötig, was sehr aufwendig ist.

## KINDERFREUNDLICHER GARTEN

Kinder brauchen Platz. Was liegt also näher, als einen Teil des Gartens als Spielplatz zu gestalten, in dem sie klettern, turnen und toben können. Gleichzeitig kann man auch Rückzugsräume für die Kleinen schaffen, wo sie sich ohne Beaufsichtigung der Eltern aufhalten können.
Eine wichtige Voraussetzung für einen kinderfreundlichen Garten ist ein strapazierfähiger Rasen, der auch mal ein Ballspiel mit den Nachbarskindern, eine größere Geburtstagsparty oder mehrere Übernachtungen im Zelt relativ unbeschadet übersteht.

### Spielgeräte

Befindet sich kein Spielplatz in der Nähe, kann man Schaukel, Wippe oder Rutsche im eigenen Garten aufstellen – häufig bilden solche Gärten eine Attraktion für die Kinder der ganzen Nachbarschaft!
Natürlich darf auch ein Sandkasten nicht fehlen. Dieser gibt vor allem den Kleinkin-

dern Gelegenheit zum Buddeln, Bauen und Spielen. Sie können einen fertigen Kunststoffkasten verwenden oder selbst einen Rahmen aus Holz bauen. Verwenden Sie dazu gehobeltes Holz, um Verletzungen auszuschließen. Die Bretter oder Balken sollten mindestens 40 Millimeter dick sein, damit sie auf Dauer strapazierfähig bleiben. Der Kasten wird unten am besten offen gelassen, damit das Regenwasser ablaufen kann.
Die Blumenbeete können mit kleinen Hecken, z. B. aus Buchs, vor fliegenden Bällen geschützt werden. Die Verwendung kleiner Zäune aus Holz oder Metall sollte vermieden werden, damit sich die Kinder beim Spielen nicht verletzen.

### Aufenthaltsort für Kinder

Neben den Spielgeräten kann man für die Kleinen auch eine geheimnisvolle, wilde Ecke im Garten reservieren, wo sie ungestört sind. Das kann eine durch Büsche oder Bäume (z. B. Hängeweide) abgeschirmte Stelle des Gartens sein, ein kleines Spielhäuschen aus Holz oder, für ältere Kinder, ein Baumhaus. Baustoffe wie Kiesel, Bausand und Holz regen zur Gestaltung eigener Projekte an.

### Vorsichtsmaßnahmen

Insbesondere Familien mit Kleinkindern sollten bei der Planung des Gartens gewisse Schutzmaßnahmen nicht vergessen:

- keine Pflanzung giftiger Gewächse im Garten (z.B. Eibe, Pfaffenhütchen, Liguster)
- Gartenteich oder sonstige Wasserstellen im Garten abgrenzen
- Dünger, Pflanzenschutzmittel und Gartengeräte außerhalb der Reichweite der Kinder aufbewahren, am besten in einem kleinen, abschließbaren Schuppen

## VORGARTEN

Das Haus schließt mit dem Vorgarten an die Straße an. Dieser meist kleine Gartenraum wird häufig von Bewohnern und Besuchern betreten und sollte je nach Lage und Verkehr entweder als geschlossene, grüne Schutzzone oder als offener, angenehmer Aufenthaltsort gestaltet werden.
Vorgärten sind häufig relativ klein, weshalb hier natürlich auch die unter dem Kapitel „Kleiner Garten" (→ S. 47) genannten Punkte zu beachten sind. Beim Vorgarten kommt noch hinzu, dass dieser meistens an der schattigen Nord- oder Ostseite liegt (siehe auch S. 46) und zusätz-lich notwendige Elemente wie Stellplatz oder Müllbox berücksichtigt werden müssen.

### Halboffener und offener Vorgarten

Ein ruhig liegender, z.B. an eine Spielstraße angrenzender Vorgarten lässt sich offen oder halboffen gestalten. Dies wirkt großzügiger und freundlicher als ein schmaler Grundstücksstreifen mit hoher Einfriedung. Im offenen Vorgarten gedeihen am besten niedrige Pflanzen, die den Blick zur Straße freigeben, wie z.B. halbhohe Gehölz-, Stauden-, Gräser- und Kräuterarrangements. Zudem können Sie mit schlanken Gehölzen (z. B. Säulenhain-

Alle Spielgeräte werden am besten übersichtlich und geschützt aufgestellt, damit vor allem die Kleinkinder stets beaufsichtigt werden können. Ein idealer Ort ist die ruhige, sonnige Südseite in Hausnähe, wo keine Gefahr von einer Straße droht.

In einem familienfreundlichen Garten darf eine Schaukel nicht fehlen

buche, Säulenzierkirsche) oder kleinen Kugelbäumen (z. B. Kugelahorn, Kugelakazie) Akzente setzen.

Kugelahorn (Acer platanoides 'Globosum') im Vorgarten

### Eingegrenzter Vorgarten

Liegt der Vorgarten an einer größeren Straße, kann man ihn z. B. mit einem dekorativen Metallzaun begrenzen. Die Einfriedung dient zugleich als Spalier für Kletterpflanzen, die eine streng wirkende Konstruktion mit Blüten und Blättern auflockern. Eine Beipflanzung aus Lavendel, Katzenminze, Bodendeckerrosen und Zwiebelblumen bildet einen pflegeleichten Übergang zur Rasenfläche. Pflasterwege aus einfarbigem Gestein kann man z. B. mit bunten Keramikklötzchen lebendiger gestalten.

Auch viele immergrüne Arten kommen mit den Standortverhältnissen zwischen Haus und Straße, einem oft als „Pufferzone" genutzten Raum gegen Lärm und Staub, gut zurecht. Deshalb bietet sich auch eine grüne Hecke als Einfriedung und Sichtschutz an (z. B. Eibe, Kirschlorbeerbusch oder Buchsbaum).

Am Boden breitet sich Efeu aus, der selbst im Schatten noch dichte Bestände bildet. Damit die grüne Pflanzendecke nicht zu eintönig wirkt, können einige Zwiebelpflanzen (z. B. Wildtulpe, Krokus) und niedrige Blütensträucher (z. B. Seidelbast, Potentilla, Bartblume) dazwischen gepflanzt werden, die sich vom Frühjahr bis zum Herbst mit der Blüte ablösen.

Auch Stauden und Sommerblumen können in Beeten, Schalen oder Ampeln die begrenzten Räume im Vorgarten auflockern. Im Schatten gedeihen Begonie, Fuchsie oder Fleißiges Lieschen, in sonnigen Lagen Petunie, Pelargonie und viele andere Sommerblüher.

Immergrüner Efeu

Efeu ist ein Selbstklimmer und lässt sich zur Begrünung von Mauern nutzen, da er keine Kletterhilfe benötigt.

## PFLEGELEICHTER GARTEN

Entspannung und Wellness liegen im Trend, und auch beim Thema Garten spielen diese beiden Aspekte eine wichtige Rolle. Denn immer mehr Menschen wünschen sich ihren Garten als erholsame Oase, in der sie ihre Freizeit genießen und sich erholen können (→ S. 48). Gleichzeitig soll damit aber möglichst wenig Arbeit verbunden sein.

Um ein pflegeleichtes Blütenparadies zu realisieren, sollte man zum einen bei der Pflanzenauswahl auf robuste, anspruchslose Gewächse zurückgreifen, zum anderen bestimmte Arbeits- und Pflegemethoden anwenden, die den Arbeitsaufwand reduzieren und gleichzeitig die Bodenbedingungen verbessern.

Natürlich müssen Sie auch in einem solchen Garten verblühte Pflanzenteile abschneiden und die Pflanzen gießen – wenn Sie dies aber als Teil eines genussvollen Abendspaziergangs sehen und sich währenddessen an der Blütenpracht freuen, werden Sie diese wenigen Tätigkeiten keine Mühe kosten.

### HEIDEGARTEN

Wenn der Vorgarten nicht ganz schattig, sondern stellenweise sonnig liegt (z. B. bei einer Ostlage), bietet er sich für die Anlage eines Heidegartens an.

Das vom Heidekraut benötigte Moorbeetsubstrat kann man selbst mischen aus gehäckselten Zweigen, Nadelstreu und Laubhumus.

### Pflanzenauswahl

Die Auswahl der Pflanzen wirkt sich ganz wesentlich auf die Intensität der Pflege und damit auf den Arbeitsaufwand aus. So lässt sich dieser durch dichte Gehölzstreifen am Grundstücksrand erheblich vermindern. Lockere Hecken aus Blütensträuchern und Wildgehölzen benötigen nach der Pflanzung nur noch gelegentlich einen Auslichtungsschnitt, der an einem Wintertag erledigt ist. Sie bilden dennoch schöne, dichte Grüngürtel, die jahrelang vital bleiben.

Die Fläche im Garten kann ebenfalls attraktiv und dennoch pflegeleicht gestaltet werden, wenn ausdauernde und genügsame Gewächse wie Wildstauden, Gräser und Farne zum Einsatz kommen.

Mithilfe von pflegeleichten Dauerblühern, die mit immergrünen Gehölzen kombiniert und geschickt arrangiert werden, entsteht ein dicht bewachsenes Beet, das nach der Anwachszeit keine besondere Pflege mehr benötigt und dennoch rund ums Jahr attraktiv aussieht. Für ein Beet mit niedrigem Bewuchs eignen sich beispielsweise Bodendeckerrosen, die in dichten Verbänden mit Fünffingersträuchern, kleinen Spiersträuchern und Buchsbäumchen zusammenstehen. In den Lücken ist noch Platz für Lavendel und Salbei, die das ganze Jahr ein silbrig blaues Blattwerk tragen und im Sommer blaue Blüten hervorbringen.

Die Pflege dieser Dichtpflanzung beschränkt sich auf den Rückschnitt der Blütensträucher jeweils im Frühjahr. Sie bleiben dadurch vital und entwickeln wieder üppige Büsche, die im Sommer blühen.

### Kulturmethoden

Arbeitserleichterungen sind neben der Auswahl pflegeleichter Pflanzen aber auch durch spezielle Kulturmethoden und Techniken möglich.

Das Mulchen (→ S. 133) des Bodens wirkt sich förderlich auf den Wasserhaushalt aus und reduziert das nötige Gießen. Ein dichter Rindenmulchbelag auf den Beeten (eine zehn Zentimeter dicke Schicht bleibt einige Jahre erhalten) sorgt auch dafür, dass keine störenden Kräuter aufkommen. Das Bedecken der Freiflächen erspart außerdem das ständige Hacken. Auch auf das Säubern und Freiräumen der Beete im Herbst können Sie getrost verzichten – das Laub und die abgestorbenen Pflanzenteile bilden eine perfekte Mulchschicht, die im Frühjahr nur noch mit dem Rechen entfernt wird.

Bewährt hat sich weiterhin das Einsäen von Freiflächen mit Gründüngerpflanzen, die zu einer Bodenverbesserung beitragen (→ S. 128).

Um das Unkrautjäten auf den Gartenwegen zu vermeiden, können diese mit einer dünnen, dekorativen Kiesschicht bedeckt werden.

### Baustoffe

Im Sinne der Pflegeerleichterung sollten vorzugsweise verrottungsfeste Baustoffe zum Einsatz kommen. Natursteine, Pflasterklinker und verzinkte Metallbauteile sind nach vielen Jahren noch schön und beständig. Holz hat dagegen eine eher geringe Haltbarkeit. Selbst an imprägnierten Balken nagt früher oder später der Zahn der Zeit. Es lohnt sich, wenigstens Bodenbeläge, Treppen, Zaunpfosten und andere Elemente, die lange Zeit halten sollen, aus verwitterungsbeständigen Materialien zu erstellen.

Pflegeleichte Gestaltungselemente wie Trockenmauern, Steingärten oder naturnahe Teiche reduzieren den Arbeitsaufwand im Garten.

Lavendel verströmt einen angenehmen Duft im Garten

# GESTALTUNGS- UND DEKOELEMENTE

In einen Garten gehören neben den Pflanzen auch viele nötige und nützliche Gestaltungselemente zur Einrichtung. So müssen Einfriedungen, Wege und Treppen richtig geplant und integriert werden. Zudem tragen Terrassen, Pergolen oder Wasserstellen zur Gestaltung bei und machen den Garten zum Erholungsraum. Und die richtige Beleuchtung sorgt nachts für Sicherheit und Atmosphäre.

Dekorativer, ausdrucksstarker Metallzaun

Weitere Informationen zum Bau von Zäunen finden Sie auch unter www.davidia.de.

# MAUERN UND ZÄUNE

Grundstückseinfriedungen schützen, schirmen ab und können gleichzeitig dekorative Elemente sein. Wichtig ist hierbei jedoch, dass sich Zäune, Mauern oder Hecken (→ S. 85 f.) in Form, Farbe und Gestaltung gut in das Gesamterscheinungsbild von Haus und Umgebung einfügen.

## MAUERN

Eine Gartenmauer ist die massivste Einfriedung, weshalb die Konstruktion einer solchen Barriere am meisten Mühe und Zeit erfordert. Mauern – ausgenommen Trockenmauern – benötigen ein frostsicheres, etwa 80 Zentimeter tiefes Fundament, andernfalls kann der Frost Risse verursachen.

### Materialwahl

Mauern sind hinsichtlich Schalldämmung und Sichtschutz anderen Zauntypen überlegen und je mächtiger eine Mauer gebaut ist, umso stärker sind ihre Dämm- und Schutzwirkung.
Aber auch schmale Mauern dämmen gut, wenn sie beispielsweise aus Kalksandstein oder einem anderen Material mit hoher Dichte gebaut sind, so etwa Betonwände, die in eine vorgefertigte Schalung gegossen oder aus Betonfertigteilen erstellt werden.

Trockenmauer am Haus

Beim Jägerzaun werden halbrunde Holzstäbe kreuzweise übereinandergelegt. Er wird auch Scheren- oder Kreuzzaun genannt.
Staketenzäune bestehen aus runden Holzstäben, die senkrecht zwischen zwei waagerechten Trägern angebracht werden.

### Gestaltungsmöglichkeiten

Mithilfe von Farbe oder Kletterpflanzen können Mauern zu einer schmucken Grundstückseinfriedung umgestaltet werden. Ein Dach aus Ziegeln oder Blech schützt sie vor Wasser und Frostrissen.

Sehr dekorativ sind Mauern aus frostsicherem Naturstein. Allerdings erfordert es Mühe und Zeit, die handbehauenen Steine zu drehen und zu wenden, bis sie richtig liegen und einen stabilen, festen Verbund bilden.

Einfacher lassen sich gebrannte Ziegel zu einer Mauer aufschichten. Sie müssen jedoch verputzt werden, weil sie nicht frostfest sind.

Besonders geeignet für eine Gartenmauer, weil frostsicher, sind spezielle Klinker, die bei sehr hohen Temperaturen gebrannt werden. Eine Klinkerwand benötigt außerdem weder Putz noch Farbe und ist immer ansehnlich.

## ZÄUNE

Auch Zäune dienen vorrangig als Abgrenzung des Grundstücks nach außen und erfüllen eine Schutzfunktion, können aber gleichzeitig auch dekorative Gestaltungselemente darstellen. Sie wirken bedeutend leichter als Mauern und vermitteln durch ihre meist transparente Konstruktion (außer bei geschlossenen Holzzäunen) eine ansprechende Offenheit.

Zäune gibt es in den unterschiedlichsten Formen und Materialien – im Handel sind Bausätze aus Kunststoff, Holz oder Metall erhältlich –, am häufigsten wird jedoch Holz verwendet.

### Holzzäune

Zäune aus Staketen, Latten, Brettern und anderen Hölzern sind die gebräuchlichsten Grundstückseinfassungen. Der Handel bietet ein umfangreiches Sortiment der verschiedensten Typen, vom Jägerzaun bis zum rustikalen Bauerngartenzaun. Preiswerte Holzzäune können aber auch problemlos selbst gebaut werden.

Holzzäune halten viele Jahre, wenn beim Bau auf einen konstruktiven Holzschutz (→ S. 72) geachtet wurde. Bei einem Zaun muss jeder Pfosten fest im Boden verankert sein. Entweder man schafft dazu einzelne Punktfundamente aus Beton oder man senkt jeden Pfosten tief in den Boden

Bei einem Holzzaun sollten die Latten oben abgeschrägt werden, damit das Regenwasser zügig ablaufen kann.

Hortensien am Gartenzaun

Clematis an einer Sichtschutzwand

ein – die für Frostsicherheit notwendige Tiefe des Fundaments berücksichtigen. Holzpfosten müssen vorher z. B. mit Bitumen imprägniert werden.

Die Höhe richtet sich im Wesentlichen nach den Bauvorschriften in der Siedlung. In der Regel sind bis zu 125 Zentimeter hohe Zäune zulässig.

Holzzäune können mit Farbe verschönert, mit Kletterpflanzen berankt oder durch Aussparungen (z. B. quadratischer Ausschnitt auf halber Höhe) abwechslungsreicher gestaltet werden.

Wo schnell ein hoher Sichtschutz erwünscht ist, beispielsweise an der Terrasse oder zum Abschirmen einer Sitzgruppe im Reihenhausgarten, bieten sich Holzlamellenwände an, die in Baumärkten erhältlich sind. Diese hohen Elemente lassen sich einfach aufstellen (z. B. auf Metallwinkel schrauben oder an vorhandene Zäune montieren) und beliebig erweitern. Sie eignen sich auch sehr gut als Spaliere für Kletterpflanzen (→ S. 228) – ein dekorativer Sichtschutz.

### Maschendrahtzäune

Die einfachste und billigste Eingrenzung ist handelsüblicher Maschendraht. Dieses kunststoffummantelte oder verzinkte Geflecht von der Rolle ist in verschiedenen Höhen bei Zaunbaufirmen oder Baumärkten erhältlich. Zudem sind für den Aufbau des Zauns Spanndrähte und die dazugehörigen Spanner nötig sowie Zaunpfähle.

Ein Maschendrahtzaun bietet den Vorteil, dass er relativ schnell und problemlos aufgestellt werden kann, sobald die Pfosten in Beton gesetzt sind (Pfosten sind ca. alle zwei Meter notwendig).

Das Drahtgeflecht ist allerdings nicht sehr stabil und nach optischen Gesichtspunkten nicht unbedingt die erste Wahl. Mit Kletterpflanzen lässt sich dieser einfache, platzsparende Zauntyp aber durchaus dekorativ gestalten und dient als wirkungsvoller Sichtschutz.

### Metallzäune

Eine stabilere Variante als ein Maschendrahtzaun sind massive Metallzäune. Auch diese gibt es in allen möglichen

Blüten am Maschendrahtzaun

Wichtig bei Metallzäunen ist die regelmäßige Behandlung mit Rostschutzmitteln bzw. der Kauf von verzinktem oder mit Kunststoff ummanteltem Material.

Ausgefallener Metallzaun

In der Regel ist eine maximale Zaunhöhe vorgeschrieben. Erkundigen Sie sich also vor der Eingrenzung bzw. vor der Sichtschutzpflanzung beim Ordnungsamt (Stadt- oder Gemeindeverwaltung) nach den genauen Vorgaben.

Variationen meist als fertige Bauteile zu kaufen: von einfachen Metallgitterzäunen, über zierliche Konstruktionen mit verspielten Ornamenten bis hin zu kunstvoll verzierten, beeindruckenden schmiedeeisernen Einfriedungen.
Auch diese Zäune können durch Kletterpflanzen aufgewertet werden.

Ein schwerer Metallzaun erfordert einen massiven Sockel. Dieser kann mithilfe einer Schalung aus frischem Beton konstruiert werden. Ebenso eignen sich Fertigteile, die sich in den Boden einsenken lassen. Solche Betonformteile werden auf Bestellung vom Baustoffhandel geliefert und in den vorbereiteten Graben gehoben. Sie ersparen die Trocknungszeit und machen sofort den weiteren Aufbau des Metallzauns möglich.

## LEBENDE ZÄUNE AUS WEIDEN

Zäune und Sichtschutzwände kann man auch aus den langen, elastischen Ruten der Weide herstellen. Das Besondere: Lebendes Weidenholz bleibt auch ohne Imprägnierung haltbar. Die Stämme und Pflöcke treiben bei Bodenberührung Wurzeln und wachsen am Boden an. Das Material (vorzugsweise Korbweide, Silberweide, Salweide oder Reifweide) gibt es in speziellen Weidenzuchtbetrieben zu kaufen. Hängekätzchenweiden, die in Hausgärten häufiger zum Einsatz kommen, eignen sich kaum zur Schnittgutgewinnung.

## EINSATZMÖGLICHKEITEN

Natürlich lassen sich verschiedene Einfriedungsarten rund ums Grundstück verbinden oder auch miteinander kombinieren. So passt etwa als Windschutz an der Nordseite eine dichte Hecke, während zur Straße hin eine Mauer abschirmt, angrenzende unbebaute Flächen hingegen nur mit einem leichten Zaun optisch abgetrennt werden.
Verschiedene Eingrenzungen bieten sich auch innerhalb des Gartens zur Raumaufteilung an; so kann etwa eine kleine Beerenobsthecke zur Abschirmung des Gemüsegartens dienen, eine kniehohe Buchsbaumhecke zur Einrahmung der Kräuterbeete oder ein frei stehendes Spalier zur Abschirmung eines Sitzplatzes vom übrigen Garten.
Eingeschränkt werden die Gestaltungsmöglichkeiten durch bauliche Auflagen sowie die Grundstückgröße und damit verbundene Kosten. Manchmal kann man auf einen Zaun verzichten, wenn etwa der Garten an eine ruhige Straße angrenzt. Eventuell lässt sich ein abseitiges Gartengrundstück auch mit einem einfachen Drahtzaun einfassen, während zur Straße ein schöner Sichtzaun gebaut wird.

Dekorativer Metallzaun

# TREPPEN UND WEGE

Ebenso wie Zäune haben auch Treppen und Wege im Garten zwei Funktionen, eine praktische und eine gestalterische: Zum einen schaffen Treppen einen Ausgleich von Höhenunterschieden im Gelände; auf sinnvoll angelegten Wegen lässt sich jeder Teil des Gartens problemlos erreichen. Zum anderen stellen beide aber auch wichtige dekorative Elemente dar, mit denen der Garten gegliedert und interessant gestaltet werden kann.

## TREPPEN

Anders als beim Hausbau, wo die Treppe exakt nach dem vorgegebenen Treppenhaus zu berechnen und zu bauen ist, kann man im Garten freier gestalten und die Treppe dem Gelände anpassen. So lässt sich z. B. ein Hang unter Umständen problemlos flacher gestalten, wenn er für eine Treppe zu steil ist.

### Höhe der Treppe und Stufen

Die Treppenhöhe errechnet man mithilfe eines Stabs, der am Fußpunkt in den Boden gesteckt wird und einer Richtlatte oder Richtschnur, die man genau waagerecht zur obersten Stelle am Hang führt.
Für die Berechnung der Stufentiefe und -höhe kann man auf eine Formel zurückgreifen. Sie hat allgemein beim Treppenbau Gültigkeit und richtet sich nach dem Schrittmaß eines Erwachsenen von etwa 67 Zentimeter.

Treppenformel: 2 x Stufenhöhe + Stufentiefe = 67 Zentimeter.

Beispielsweise kommt bei einer gewünschten Stufenhöhe von 15 Zentimeter eine Stufentiefe, das heißt, eine Trittlänge von 37 Zentimeter zustande (2 x 15 + 37 = 67).
Das Stufenmaß steht natürlich immer in Bezug zur Gesamthöhe der Treppe. Je kürzer und höher eine Treppe wird, umso höher werden die einzelnen Stufen und umso steiler ist natürlich auch der Anstieg. Je steiler aber der Anstieg ist, umso unangenehmer ist die Begehung. Bei einer Stufentiefe von weniger als 30 Zentimetern ist die Benutzung sehr schwierig, weil die Füße kaum noch Platz haben. Bei mehr als 15 Zentimetern Stufenhöhe ist der Auf- und Abstieg mühevoll und unangenehm.

Jede Stufe muss dieselbe Höhe haben. Denn eine oder mehrere uneinheitliche Stufen sind unweigerlich Stolperfallen.

Bunte Treppenbepflanzung mit Katzenminze (Nepeta faassenii)

### Treppenformen

**Blockstufen:** Bei der Verwendung von Holzschwellen oder Granitquadern als Stufen ist die Stufenhöhe vorgegeben. Die Stufentiefe muss dem Hang bzw. der Gesamttiefe angepasst werden. Den Aufbau beginnt man von unten nach oben, indem eine Stufe nach der anderen gelegt wird, wobei die obere Stufe jeweils ein Stück auf der unteren aufliegt.
**Legstufen:** Hierfür bieten sich z. B. Pflasterklinker, Natursteinplatten oder andere flache Materialien an. Sie werden gleichermaßen wie Blockstufen berechnet und von unten aufgebaut. Zunächst entsteht jeweils die Front der Stufe, die sogenannte Stellstufe. Diese wird z. B. mit Erde hinterfüllt. Darauf kommt der Belag aus demselben Stein oder einem anderen Material.
**Stellstufen:** Eine Treppe aus Stellstufen lässt sich auch ohne festen Belag bauen und bietet sich in weniger benutzten Gartenteilen an. Die Stufen werden nach-

Bei einem sehr steilen Hang sollte die Treppe nicht direkt nach oben bzw. nach unten führen, sondern schräg in den Hang gebaut werden, um die Steigung zu verringern.

einander in den Hang gegraben und jeweils an der Front z.B. mit einem Holzbrett oder einer Betonplatte gestützt. Die Stellbretter oder -platten bekommen ihrerseits Halt durch zwei Pflöcke. Als Belag eignet sich z. B. eine Rindenschüttung, Kalksplitt oder Pflastersteine.

Weitere Informationen zum Bau von Treppen finden Sie unter www.davidia.de

### Unterbau

Für Gartentreppen, die auf „gewachsenem" Boden gebaut werden, ist gewöhnlich kein tiefes Betonfundament nötig. Hier genügt z.B. ein Bett aus gerütteltem Schotter. Treppen am Haus oder auf lockerem, aufgeschüttetem Boden benötigen jedoch ein etwa 80 Zentimeter tiefes Fundament, damit sie frostsicher liegen.

### Treppen als Gestaltungselemente

Für den Treppenbau auf gewachsenem Boden haben sich Natursteine bestens bewährt. Sie fügen sich sehr gut in das Gesamtbild eines blühenden, grünen Gartens ein und stellen damit selbst dekorative Elemente dar. Die Treppen können seitlich auch mit kleinen Sträuchern oder Stauden eingefasst werden.

Treppen aus Beton oder anderen wenig dekorativen Materialien lassen sich mit Pflanzen, insbesondere mit Polsterstauden, ansehnlicher gestalten. Auch durch Mörtelfarbe, die es in verschiedenen Tönungen gibt, wirkt der sonst graue Beton freundlicher.

Natursteinstufen sind – anders als Holzstufen – völlig verrottungsfest. Wesentlich billiger als Natursteinblockstufen, aber ebenso haltbar, sind Betonblockstufen. Sie lassen sich mithilfe von Holzschalungen selbst herstellen.

Mit Platten befestigter Gartenweg

## WEGE

Damit die Wege sicher und angenehm zum Eingang, zur Terrasse oder zum Sitzplatz führen, sollten sie gezielt angelegt und richtig gestaltet sein. Was für den Vorgarten gilt, muss jedoch im Wohngarten nicht richtig sein, das heißt, die Hauptwege am Haus können nach anderen Gestaltungsprinzipien geplant werden als die Nebenwege durch den Garten.

### Hauptwege

Hauptwege sind am besten kurze und breite Wege. Sie verbinden zwei Punkte – etwa das Gartentor mit der Haustür – geradlinig. Die Breite richtet sich natürlich nach der Lage und der Nutzung. Es sollten aber immer zwei Personen ungehindert nebeneinander gehen können. Ebenso muss der Transport von Gütern (Möbel, Baustoffe etc.) leicht möglich sein.

Hauptwege müssen gut befestigt sein, sodass sie jederzeit sicher begehbar sind und falls nötig einfach vom Schnee befreit werden können. Dazu bedarf es eines tragfähigen Unterbaus, in der Regel eine zehn bis 20 Zentimeter dicke Schotterschicht, und eines wetterfesten, rutschsicheren Belags. Für den Unterbau muss ein ausreichend tiefes Bett ausgehoben werden, in dem der Schotter verteilt wird. Diese Schicht gibt dem weiteren Aufbau festen Halt und ist dennoch wasserdurchlässig. Damit sich die Schottersteine gut verkeilen, müssen sie mit einer Rüttelplatte verdichtet (das heißt fest gestampft) werden. Dieses Gerät kann bei einer Baufirma oder bei einem Baustofftransporteur ausgeliehen werden.

Auf den Schotter kommt eine dünne Splitt- oder Sandschicht. Darauf lassen sich Granit- und andere Natursteine sowie Betonsteine oder Pflasterklinker legen. Das Befestigen von Wegen erfordert einige Übung im Pflasterbau, da diese Wege häufig im Blickfeld liegen und ständig benutzt werden. Sie sollten deshalb sowohl widerstandsfähig als auch dekorativ sein .

Die Wege- und Treppenbeläge sollten natürlich zum Haus und zu anderen Belägen passen. Verschiedene Steine lassen die Gestaltung von geometrischen Figuren im Pflaster zu. Am besten ist es, „zeitlose“ Produkte zu verwenden, die auch noch nach Jahren zum Garten passen.

### Nebenwege

Die Anlage von Nebenwegen erfordert für gewöhnlich keine Planung. Sie sind leicht gebaut und benötigen keinen besonders tragfähigen Unterbau. Wege zum Kompostsilo oder zum Gerätehäuschen sollten aber jederzeit, also auch im Winter oder bei Nässe, begehbar sein.
Während Hauptwege in der Regel kurz und gerade sein sollten, dürfen Nebenwege gern durch den Garten schweifen und sich in ihrem Verlauf der Form des Geländes anpassen – insbesondere bei Spazierwegen durch die Rosenrabatten, Blumenbeete oder Kräuterpflanzungen.

Kiesweg zum Gartentor

#### NACHTEILE VON HOLZ

Bei Holzbelägen für Wege ist Vorsicht geboten. Sie sind zwar anfangs durchaus trittfest und sehen auch schön und natürlich aus. Doch leider ist ihre Haltbarkeit sehr begrenzt. Besonders bei Bodenberührung wird das Holz ziemlich schnell morsch, selbst imprägnierte Bohlen halten nur wenige Jahre. Wege und Plätze aus Granit sind dagegen zeitlos und nahezu unverrottbar.

Für den Belag von Gartenwegen oder Nebenplätzen eignet sich am besten feiner Schotter oder Rollkies, der beim Baustoffhandel zu bekommen ist. Er wird nach dem Einfüllen und Verteilen gerüttelt, wodurch sich die kleinen Steinchen zu einer festen Schicht verkeilen.
Eine weitere Möglichkeit sind Plattenwege, die einfach anzulegen sind und keinen Unterbau benötigen. Die Platten werden in einem günstigen Schrittmaß direkt in den Boden gelegt. Ist die Erde schon mit Rasen bewachsen, muss man die Rasensoden ausstechen und durch Platten ersetzen. Die Platten müssen bündig zur Erdoberfläche liegen, damit sie beim Mähen nicht stören. Sie wachsen bald nach dem Einsetzen in die Rasenfläche ein. Als Platten kann man Natursteinplatten mit glatter Oberfläche oder flache Bruchsteine verwenden.

Nebenwege mit Platten- oder Steinbelag bedürfen keiner Randbefestigung. Die Steine oder Platten werden einfach in das entsprechend tief und breit ausgehobene Bett gelegt. Zum Verfugen eignen sich Erde oder Sand.
Während Platten und Steine relativ fest liegen, rieseln lose Beläge etwa aus Sand oder Kies leicht in die anliegenden Beete oder sie werden ausgewaschen. Mithilfe von Einfassungen aus Betonfertigteilen (z. B. Gehsteigplatten), aus Natursteinen (z. B. Granit) oder aus Pflasterklinkern, die hochkantig eingesenkt werden, lässt sich dies verhindern. Bei Rindenbelägen sind natürlich auch Holzbalken oder Bohlen geeignet, sie müssen allerdings nach einigen Jahren ersetzt werden, wenn sie morsch geworden sind.

Gehwege müssen möglichst bündig an andere Wege und Plätze anschließen. Das ist bereits bei der Planung und Nivellierung zu beachten.

# GARTENTEICHE UND BÄCHE

In seinem eigenen Garten kann man durch die Anlage eines Gartenteichs Pflanzen sowie Tieren einen natürlichen Lebensraum bieten und gleichzeitig sich selbst ein kleines Erholungsgebiet schaffen. Je größer der Teich gebaut wird, desto vielfältiger entwickelt sich das Biotop – vorausgesetzt, Teichbett und Uferregionen sind Pflanzen und Tieren gemäß angelegt. Die Entwicklung der Teichlandschaft ist zudem von der Lage abhängig. So gedeihen auf der Sonnenseite andere Lebewesen als in einer schattigen Lage.

In der Nähe stehende Bäume schaden nicht, doch sollte der Teich täglich einige Stunden besonnt werden, damit die ausgewählten Pflanzen üppig gedeihen.

Die richtige Pflanzenwahl macht den Teich zum Biotop

## LAGE

Die Lage hat einen bestimmenden Einfluss auf die Entwicklung der Teichflora und -fauna, da das Wachstum von Pflanzen und Tieren entscheidend vom Klima geprägt wird. Im Prinzip bietet sich jede Lage für den Teichbau an. Achten Sie aber darauf, dass kalte Nordwinde nicht ungehindert über das Wasser fegen können und zugleich die Sommersonne gelindert wird, damit sie das Wasser nicht zu sehr erwärmt. Ideal ist eine halbschattige, geschützte Lage.

Achten Sie darauf, dass die Baumaterialien als schadstofffrei gekennzeichnet sind (z. B. Gütesiegel, dass kein Cadmium enthalten ist).

Der Teich muss zudem einerseits gut zugänglich sein, andererseits aber sollten dichte Pflanzgruppen den Teich einfassen, um Tieren Schutz zu gewähren.

## TEICHBAUMATERIAL

Der Gartenteich kann sowohl mit einer Teichfolie als auch mit Fertigteilen aus Kunststoff gebaut werden. Der Vorteil der Folie ist, dass sie sich leicht verarbeiten lässt, elastisch und hundertprozentig wasserdicht ist und relativ wenig kostet. Hartkunststoffbecken sind teuer und das Einsetzen dieser Becken ist ziemlich schwierig, da sich der steife Kunststoff nicht in das Teichbett schmiegt, weshalb oft Hohlräume entstehen, die mühsam gefüllt werden müssen. Außerdem geben die Becken strenge Formen vor. Kunststoffbecken können aber bei der Gestaltung kleiner Wassergärten problemlos verwendet werden.

### Teichfolien

Grundsätzlich eignen sich nur spezielle Gartenfolien für den Teichbau, denn gewöhnliche Haushaltsfolien sind nicht UV-Licht-beständig und zerbröseln schon in wenigen Wochen. Gute Gartenfolien

Seerose (Nymphaea alba) in voller Blüte

sind dagegen viele Jahre haltbar (in der Regel zehnjährige Garantie).
Bei der Auswahl der Teichfolie sollte stets ein Produkt aus Polyethylen (PE) und nicht aus Polyvinylchlorid (PVC) verwendet werden. Diese Folien sind wesentlich umweltverträglicher, weil sie keine giftigen Chlorverbindungen enthalten, aber genauso haltbar und reißfest wie die PVC-Folien.

## FOLIENRÄNDER

Um zu verhindern, dass die Folienränder oder Kunststoffwände zum Vorschein kommen, sollte man die Folie mit Kies abdecken.
Bei einem flachen Teich oder Bach genügt zum Abdecken der Folie einfacher Kies. Bei Steilwänden, etwa in Kunststoffwannen, sind große Kiesel oder auch andere Natursteine zum Abdecken nötig, die sich aufschichten lassen.

Die Teichfolie liegt am besten auf einem speziellen Teichvlies auf. Dieses Acrylfasergewebe ist zwar genauso teuer wie die Teichfolie selbst, das Unterlegen lohnt sich aber, weil das Vlies die Folie gut polstert und vor Beschädigungen schützt.

### Kunststoffbecken

Neben speziellen Teichfolien bietet der Handel auch vorgeformte Kunststoffbecken an. In manchen Fällen ist die Verwendung eines solchen Beckens dem Bau mit Teichfolie vorzuziehen, z.B. wenn ein Badeteich gewünscht wird, Haustiere eine Wasserstelle benötigen oder ein Springbrunnenbecken mit streng geometrischer Form entstehen soll. Teichfolie müsste in solchen Fällen besonders geschützt bzw. entsprechend auf dem streng geformten Unterbau verlegt werden.

## GARANTIE

Beim Kauf eines Hartkunststoffbeckens sollte man darauf achten, dass es eine Haltbarkeitsgewähr von 15 Jahren hat. Gute Ware ist ganz einfach bei Berührung erkennbar: Die Wände sind extrem starr und mit Fasern verstärkt.

Die starren Wannen werden wie umweltschonende Teichfolien aus Polyethylen, aus glasfaserverstärktem Polyester (GFK) oder ähnlichen Kunststoffen hergestellt. Sie geben also weder Schadstoffe ans Wasser noch ans Erdreich ab. Die Wannen sind völlig frostfest und UV-Licht-beständig.

Beachten Sie bei der Wahl der Teichfolie die Teichtiefe! Ab einer Tiefe von mehr als einem Meter ist eine Folie mit einem Millimeter Stärke nötig.

Die Belastung durch Kiesel schaden der Folie oder einer Kunststoffwanne nicht.

Holzsteg über den Gartenteich

Für die exakte Höhenbestimmung der Teichufer eignet sich ein durchsichtiger, mit Wasser gefüllter Schlauch, da sich an den Schlauchenden der Wasserspiegel immer in gleicher Höhe einstellt.

# FOLIENTEICH MIT BACH

Gärten mit Hanglage bieten ideale Voraussetzungen für den Bachbau. Aber auch auf einem flachen Gelände lässt sich ein Wasserlauf anlegen, indem ein künstlich aufgeschütteter Hügel genutzt wird (z. B. aus Aushuberde vom Teichbau). Je steiler und gewundener das Bachbett geschaffen wird, umso munterer sprudelt das Wasser den Hügel hinab.

Die Schwierigkeit beim Bachbau liegt darin, die Steine so einzubauen, dass sich ein wirksamer Wasserlauf ergibt. Wenn dies nicht geschickt und mit Sorgfalt erfolgt und die Steine ohne gezieltes Aufschichten ins Bachbett gelegt werden, läuft das Wasser unsichtbar und geräuschlos ab.
Die Länge des Bachs spielt dabei keine Rolle. Schon ein kleiner Hügel genügt für den Bau einer plätschernden Kaskade. Die Quelle kann ein Sprudelstein sein oder eine Gruppe mehrerer Steine, in der der Versorgungsschlauch versteckt wird. Die Pumpe lässt sich im Teich unterbringen.

Zu beachten ist nur, dass der Wasserstrahl aus dem Schlauch effektvoll im Bachbett auftrifft und über die aufgeschichteten Steine nach unten plätschert.

## MATERIAL

Für den Bau eines Gartenteichs mit Bach müssen Sie Sand, eine Vliesmatte, Teichfolie und Kies, Natursteine oder Kiesel für das Bachbett sowie eine Pumpe mit Zubehör besorgen. Die elastische Teichfolie eignet sich auch sehr gut für den Bachbau, da sich die Folie jedem beliebigen Bachbett anpasst.
Neben Gartengeräten wie Schaufel, Spaten und Rechen benötigen Sie auch eine Schlauchwaage oder eine Messlatte und Wasserwaage, um sicherzustellen, dass das Ufer rund um den Teich an jeder Stelle in gleicher Höhe liegt.
Bei der Pflanzenauswahl müssen Sie Größe und Lage des Teichs berücksichtigen. Bei einem etwas größeren und tieferen Teich kann man Seerosen oder andere

Tauch- und Schwimmblattpflanzen wie Hornkraut oder Wasserpest einsetzen. Für das Ufer eignen sich z. B. Sumpfiris, Schilfrohr oder Wiesenknöterich. Für die weitere Gestaltung des Uferbereichs können Sie außerdem große Kiesel oder Findlinge besorgen.

## ARBEITSSCHRITTE

Der Erdaushub lässt sich am besten mit einem kleinen Bagger erledigen (Geräte können tageweise geliehen werden). Anschließend wird das Sandpolster ins Teich- und Bachbett gefüllt und verteilt.

Danach wird das Vlies verlegt, das lückenlos auf dem Boden aufliegen muss. Darauf wird dann die ein Millimeter starke PE-Teichfolie gelegt. Für den Bach benötigen Sie nur einen schmalen Folienstreifen. Dieser sollte sich mit der Teichfolie überlappen, damit Verklebungen unnötig sind.

Schon jetzt lässt sich die Seerose an der tiefsten Stelle des Teichs in ein wenig Erde pflanzen bzw. in einen Korb einsetzen und mit Wasser fluten.

Die Folie im Teich wird dann mit Rollkies bedeckt, der diese gleichmäßig ins Teichbett drückt. Der Kies erfüllt zwei Funktionen: Zum einen schützt er die Folie vor Beschädigungen, zum anderen kaschiert er hässliche überstehende Ränder.

Beim Ausbau des Bachs mit Steinen muss man darauf achten, dass die Steine so platziert werden, dass das Wasser darüber plätschert und nicht unter ihnen hindurch läuft. Deswegen ist es sinnvoll, das Wasser während des Ausbaus laufen zu lassen. Die Teichfolie wird in Falten über die Steine gezogen; sie verschwindet später unter Kieseln.

Nachdem die Steine im Bachbett platziert wurden, wird der Versorgungsschlauch, der von der Pumpe im Teich zur Quelle führt, in den Boden eingegraben.

Dann kann der Teich mit Wasser gefüllt und mit der Uferbepflanzung begonnen werden. Ist der Teich voll, wird der Folienrand nach oben gerichtet und mit Kieseln eingebaut; dann erst sollte er knapp über der Wasseroberfläche abgeschnitten werden. Sobald die Folie rundum abgeschnitten ist, wird sie völlig mit Kieseln kaschiert.

Erst wenn der Teich fertig gestaltet ist, wird auch die Uferanlage vollendet.

Weitere Informationen zur Anlage eines Folienteichs finden Sie unter www.davidia.de.

Bachlauf und Teich mit Schwimmleuchte

Die Teichpumpe muss passend für den Einsatzort gewählt werden. So lässt sich ein Bachlauf mit fülligem Wasserschwall nur mit einer leistungsfähigen Pumpe betreiben.

Wasserspiele und kleine Brunnen schaffen eine angenehme Atmosphäre im Garten und wirken entspannend.

## PUMPEN UND ZUBEHÖR

Jeder richtig angelegte Teich bleibt normalerweise ohne weitere Maßnahmen sauber, wenn ausgewählte Pflanzen das Wasser mit genügend Sauerstoff versorgen. Pumpen und Filter können einen gesunden Teich eventuell sogar stören, wenn z. B. der Strudel, den eine Pumpe verursacht, empfindliche Pflanzen behindert oder wenn ein Filter nützliche Mikroorganismen aus dem Wasser saugt. Soll aber z. B. ein Springbrunnen Bewegung ins Wasserbecken bringen oder gehört ein fließender Bach zur Anlage, kann man auf Pumpe und Filter nicht verzichten.

Japanisches Wasserspiel aus Bambus

### Pumpe

Gartenpumpen, die insbesondere bei der Gießwasserförderung zum Einsatz kommen, sind sehr leistungsfähige Saugpumpen. Aufgrund ihres hohen Stromverbrauchs eignen sie sich jedoch nicht für den Dauerbetrieb im Gartenteich, sondern werden z. B. zum Fördern von Brunnenwasser eingesetzt.

Besser geeignet für einen Gartenteich sind Kreiselpumpen, bei denen ein Propeller das Wasser in Bewegung setzt. Diese

Üppige Uferbepflanzung

Tauchpumpen müssen tief in den Teich eingesenkt werden, damit sie niemals trocken laufen.

### Zubehör

Die Versorgung, Verteilung und Klärung des Wassers funktioniert nur mittels Schläuchen, Düsen, Armaturen etc. Dieses Zubehör zu Teichen, Bächen und Wasserspielen richtet sich nach der Art der Anlage und nach der Ausstattung.

## BEPFLANZUNG

Grundsätzlich gilt bei der Bepflanzung von Teichen, Bächen und anderen Wasserstellen: Setzen Sie gezielt nur wenige ausgewählte Wasserpflanzen ein. Immerhin soll die Wasserfläche gut zur Wirkung kommen und nicht zuwachsen.

### Bepflanzung im Wasserbecken

Nachdem die Teichfolie ausgebreitet ist, werden die Wasserpflanzen verteilt. Damit sie ihr Wachstum auf die vorgesehenen Stellen beschränken, erhalten sie nur wenig Substrat, das mit Steinen eingegrenzt wird. Besonders stark wachsende Pflanzen wie Rohrkolben, Schilf, Seerose, Binse und Hahnenfuß müssen in Kübeln eingesetzt werden.
Ebenso sparsam sind Schwimm- oder Tauchpflanzen (z. B. Wasserpest, Krebsschere) einzusetzen, da sie auch ohne Bodenberührung stark wuchern. Sie lassen sich allerdings recht einfach mit einem Rechen abfischen.

### Bepflanzung der Uferbereiche

Mit ausgewählten Gehölzen wie Hängekätzchenweide oder Kopfweide und dazu passenden Blütenstauden wie dem Weiderich und dem Felberich, lässt sich die Wasserstelle durchaus abwechslungsreich und bunt gestalten. Wer die Auswahl nicht streng auf typische Wasser- und Uferpflanzen beschränkt, kann natürlich auch Rittersporn, Phlox oder Lupine in Wassernähe pflanzen. Dazu passen außerdem Blütengehölze wie Forsythie, Zierkirsche oder Weigelie.
Die Uferbepflanzung muss jedoch streng vom Wasser abgegrenzt sein, da die Uferpflanzen ansonsten in den Teich wachsen.

## ARBEITSABLAUF

Nach dem Erdaushub wird das grob geformte Teichbett mit dem Spaten nachgeformt, sodass flache Terrassen entstehen. Falls nötig werden Wurzeln ausgegraben und spitze Steine entfernt. In das fertige Teichbett wird zum Schutz der Folie vor Steinen und Wurzeln ein Polster aus Sand geschüttet und stellenweise – besonders an den steilen Lagen – Teichvlies verlegt.

Seerosen zur Schattierung

Da die Wasserpflanzen selbst Nährstoffe aus dem Wasser filtern, ist ein nährstoffarmes Substrat am besten geeignet.

Sonnige warme Wasserstellen begünstigen die Entwicklung von Algen. Die Erwärmung kann man durch das Schattieren z. B. mit Schwimmpflanzen vermindern.

Nach Abschluss der letzten Teicharbeiten ist das Wasser noch nicht klar. Doch schon in wenigen Tagen sinken die Schwebstoffe zu Boden und nichts trübt das kristallklare Nass mehr.

Eine kleine Elfe als Dekoelement für den Teich

Erst jetzt kann die Teichfolie ausgebreitet bzw. das Kunststoffbecken eingesetzt werden.
Wenn Sie für Ihren Gartenteich ein Kunststoffbecken einsetzen, müssen Sie darauf achten, dass das Becken genau waagerecht im Teichbett liegt (Nachprüfen mit der Wasserwaage), da sonst die Gefahr besteht, dass es sich verzieht. Nachdem etwas Wasser zur Stabilisierung eingefüllt wurde, können die Hohlräume mit Sand aufgefüllt werden, damit die Wandung überall Bodenkontakt hat. Danach wird das Kunststoffbecken bepflanzt.
Bei der Verwendung von Teichfolie müssen Sie darauf achten, dass diese beim Ausbreiten im Teichbett rundherum an allen Stellen übersteht, da der Wasserdruck die Folie beim Fluten in das Teichbett presst und die Ränder nach unten zieht. Dann kann man mit dem Ausbreiten der Kiesel von innen nach außen beginnen. Gleichzeitig wird Wasser eingelassen. Läuft es an der niedrigsten Uferstelle über, wird die Folie an diesem Ort unterfüllt, bis der gewünschte Wasserstand an allen Uferbereichen erreicht wird.
Die großen, störenden Folienstücke – insbesondere an den Ecken – können nun abgeschnitten und die Ausbauarbeiten vollendet werden. Wenn die Folie als Saugsperre wirken soll, das heißt, wenn die umliegende Erde streng vom Wasser getrennt sein soll, ist das Aufstellen des Folienrands rundherum und das Anschütten mit Kieseln von innen und außen nötig. Zugleich wird die Folie bündig zur Wasseroberfläche abgeschnitten, sodass nichts mehr davon zu sehen ist. Abschließend werden die Ufergewächse gepflanzt.

Beachten Sie: Die Sicherung der Wasserstelle darf nicht zu einer neuen Gefahrenquelle werden!

## SICHERUNG VON WASSERSTELLEN

Ein Wasserbecken muss unverzüglich gesichert werden, insbesondere wenn Kinder im Garten spielen, für die selbst kleine Becken gefährlich sein können. Die Gefahrenstelle sollte deshalb durch eine ausreichende Absperrung abgesichert werden. Das Teichbecken kann auch durch Auffüllen mit Kieseln flacher gelegt werden. Notfalls kann man das Wasser auch ganz ablassen, das Becken leeren und in einen Sandkasten umfunktionieren, bis die Kinder älter sind.

# TERRASSEN UND SITZPLÄTZE

Eine Terrasse bildet eine Brücke zum Garten und ermöglicht den Aufenthalt im Grünen in direkter Nähe zum Haus. Terrassen können unbefestigte Plätze sein, die beispielsweise nur eine Grasnarbe haben oder auch kunstvoll geschaffene Pflasterflächen.

## PLANUNG

Normalerweise wird der Bau einer Terrasse von Beginn an in die Hausplanung mit einbezogen. Deshalb müssen schon sehr früh die Lage und Größe feststehen.

### Genehmigungspflicht

Der Bau von Terrassen ist in der Regel genehmigungsfrei, zumal es sich nicht um Gebäude handelt, die eine Auswirkung auf das Ortsbild haben oder mit nachbarschaftlichen Interessen in Konflikt geraten könnten. Wenn eine teilweise Überdachung oder ein Ausbau zum Wintergarten vorgesehen ist, wird ein genehmigter Plan benötigt.

### Lage

Der günstigste Ort für eine Terrasse ist an der Südseite des Hauses zwischen Wohnzimmer und Garten. Am besten ist es, wenn der Garten mit dem Erdgeschoss auf einer Ebene liegt, damit die Terrasse ohne Stufen ans Haus anschließt und der Rasen mitgenutzt werden kann.

## BELÄGE

Egal, ob man Stein, Beton oder Holz verwendet: Der Belag sollte auf jeden Fall zum Stil des Wohngebäudes passen, wetterfest und trittsicher sein sowie auf einem frostsicheren Fundament ruhen. Beläge aus Stein (Granit, Klinker, Beton) sind dabei bedeutend beständiger als Holzprodukte.
Damit der Belag lange hält und tragfähig bleibt, ist ein solider Unterbau aus Schotter nötig. Auf diese Basis kommt eine dünne Schicht Splitt, die das Setzen der Steine erleichtert.

### Naturstein

Ein idealer, völlig wetterfester und jahrelang haltbarer Baustoff ist Naturstein (z. B. Granit, Porphyr, Marmor), der als Pflaster oder in Form von Natursteinplatten erhältlich ist. Platten mit glatter Oberfläche können bei Regen allerdings rutschig werden.

Weitere Informationen zum Bau von Terrassen, Sitzplätzen und Pergolen finden Sie unter www.davidia.de.

Gemütlicher Sitzplatz am Gartenteich

### Beton

Betonpflastersteine sind in vielen Größen, Formen und Farben und mit unterschiedlichster Oberflächenstruktur erhältlich. Sie sind trittsicher und frostbeständig, leicht zu beschaffen und relativ preiswert. Betonsteine lassen sich auch gut mit anderen Materialien kombinieren (z. B. graue Betonsteine mit roten Pflasterklinkern).

### Klinker

Pflasterklinker, die beim Terrassen- oder Wegebau zum Einsatz kommen, gibt es in unterschiedlichen Formen und Farben. Sie sind extrem frosthart und wetterfest, kosten allerdings wesentlich mehr als einfache Betonsteine. Sie trocknen nach Regen rasch ab und sind dadurch trittsicher und rutschfest.

Materialtipps und beschriebene Vorgehensweise in diesem Kapitel gelten natürlich auch für einen Sitzplatz, der in einer lauschigen Ecke im Garten angelegt wird. Wichtig ist, dass der Sitzplatz vom Haus aus trockenen Fußes erreicht werden kann.

### Holz

Holz ist im Vergleich zu Naturstein weniger ausdauernd. Ein direkter Bodenkontakt vermindert seine Haltbarkeit, da feuchte Erde und Mikroorganismen die Verrottung und Zersetzung des Baustoffs beschleunigen. Die Lebensdauer von Holz kann aber durch chemischen (Imprägnierung), physikalischen (Anstrich) oder konstruktiven (bauliche Maßnahmen) Schutz verlängert werden.
Am wirksamsten ist dabei der konstruktive Schutz: Hierbei werden die Hölzer auf Betonfundamente oder Pfostenanker aus verzinktem Metall gestellt (je nach Typ in den Boden einbetoniert oder gerammt), damit sie luftig stehen bzw. liegen. Die Fundamente sollten dabei so beschaffen sein, dass Regenwasser zügig ablaufen kann (z. B. schmale Fugen, geringes Gefälle).

Pfostenanker werden verwendet, um Holzkonstruktionen vor dem Verrotten zu schützen. Die Holzelemente werden auf die Metallanker gesteckt oder mit ihnen verschraubt und haben somit keinen Bodenkontakt.

## ARBEITSABLAUF

Das Verlegen der Pflastersteine oder Platten ist relativ einfach, wenn der Unterbau richtig vorbereitet ist. Aufwendiger ist das Schneiden der Steine oder Platten in den Randbereichen.

Blühendes Edelrosenstämmchen

Lauschiges Plätzchen im Grünen

Sobald der Belag fertig ist, wird er mithilfe einer Motorrüttelplatte gefestigt. Danach werden die Steine verfugt, damit ein geschlossener, fester Belag entsteht.
Wenn zusätzlich eine Pergola entstehen soll (→ ab S. 73), können schon bei der Pflasterung bzw. beim Unterbau die nötigen Standpunkte für die Eckpfosten hergerichtet werden.
Bei einer Holzterrasse werden am besten Punktfundamente verwendet, wozu sich sehr gut Betonrohre eignen, die entsprechend tief in den Boden gesenkt werden. Darauf liegen die Balken für die Tragkonstruktion sicher auf. Am Haus kann man die Konstruktion auf Winkelverbinder auflegen, die an die Wand geschraubt werden.

## GESTALTUNG

Um aus der Terrasse einen gemütlichen Wohnraum im Freien zu machen, ist außer dem passenden Bodenbelag und anderen Baulichkeiten auch eine geeignete Bepflanzung wichtig (→ S. 228, 352). Hierbei können sowohl Blumen und Sträucher in Kübeln als auch Kletterpflanzen an einem Rankgerüst ein Blickfang sein.
Manchmal muss der Sitzplatz auch vor Lärm- oder ungewollten Blicken geschützt werden. Mit wenigen großen Oleanderbüschen ist unverzüglich ein schöner Sichtschutz geschaffen. Einen lichten Schatten erzeugen Weinreben oder andere Kletterpflanzen, die an einer Pergola nach oben ranken.

# LAUBE UND PERGOLA

Lauben und Pergolen sind architektonische Gartenelemente, die sehr verschieden in Form und Gestaltung sein können. Mit Wein bewachsene Laubengänge führen durch den Vorgarten zum Haus, eine Pergola schützt den Sitzplatz im Freien vor Sonne und fremden Blicken und ein blühender Rosenbogen lädt den Besucher in den Garten ein. Eine lang gestreckte schmale Pergola passt sogar als Sichtschutz an die Grundstücksgrenze.

### BAUGENEHMIGUNG

Für den Bau einer Pergola oder Laube ist in der Regel keine Baugenehmigung nötig, weil sie kein festes Dach hat und keine Brandgefahr darstellt. Selbstverständlich ist der nötige Abstand zur Grundstücksgrenze einzuhalten. Die Pflanzen dürfen weder Nachbars Garten schattieren noch seine Gebäude beeinträchtigen (starkwüchsige Kletterpflanzen greifen leicht von der Pergola auf angrenzende Häuser über) und auch keine Sichtbehinderung zur Straßenausfahrt darstellen.
Bei unklaren Situationen können Sie beim zuständigen Bauamt Auskunft erhalten, so etwa wenn die Pergola überdacht und als Carport genutzt werden soll. In diesem Fall ist z. B. ein genehmigter Bauplan nötig.

## KONSTRUKTIONEN

Eine Pergola oder Laube lässt sich aus Holz oder Metall bauen. Möglich sind auch Kombinationen verschiedener Materialien, wie etwa Pfosten aus Stein und Sparren aus Holz. Das Material sollte dabei zu den bevorzugten Baustoffen im Garten passen. Holz- und Steinbauten wirken massiv und solide. Metallkonstruktionen sind leicht und elegant.
Die Baustoffe müssen außerdem wetterfest sein. Rund ums Jahr wirken Niederschläge und Sonne auf das Material ein. Dies vertragen auf Dauer nur witterungsbeständige oder imprägnierte Baustoffe.

### Holzbauten

Unbehandeltes, weiches Holz verrottet bald, zumal das Regenwasser unter dem Blätterdach schlecht abtrocknet. Wer eine rustikale und natürliche Holzkonstruktion möchte, ist mit Lärchen- oder Eichenholz gut bedient. Diese Hölzer sind auch ohne Imprägnierung recht haltbar und ausdauernd.
Grundsätzlich ist es bei Holzkonstruktionen wichtig, dass die Pfosten nicht direkt mit der Erde in Kontakt kommen (konstruktiver Holzschutz → S. 72).
Das für die Konstruktion verwendete Holz wird am besten durch Kesseldruckimprägnierung geschützt. Bei dieser Methode wird das Holzschutzmittel mit Druck in die Balken gepresst, sodass es tief eindringt und besonders lange hält.
Das Streichen mit einem Holzschutzmittel ist weniger wirksam, weil Lackfarben mit der Zeit abblättern und Lasuren ausgewaschen werden oder ausbleichen. Eine Nachbehandlung ist schwierig, weil die Pflanzen bis dahin eine dichte Decke bil-

Es gibt Firmen, die das Bauholz auf Bestellung kesseldruckimprägnieren. Die Kosten dafür werden pro Kubikmeter Holz berechnet.

Holzpergola mit Weinreben bepflanzt

den. Die Bauteile müssten dann auf Kosten der Pflanzen freigeschnitten werden.

Eine Metallkonstruktion benötigt einen Rostschutz mittels Anstrich oder Verzinkung.

Die Holzbalken lassen sich einfach und sicher mit Winkelverbindern aus verzinktem Metall montieren. Die Metallverbindungsteile verschwinden mit der Zeit unter der Pflanzendecke. Schwieriger bei der Konstruktion, dafür aber unsichtbar sind Zapfverbindungen. Sie erfordern handwerkliches Geschick und mehr Zeit als Winkelverbinder, da sie genau passen müssen. Im Handel oder vom Schreiner sind jedoch auch vorgefertigte Holzbauteile erhältlich, die nach Plan zusammengefügt und befestigt werden.

Singvögel suchen die Pergola gern zum Brüten auf. Das dichte Blätterdach schützt vor Regen und Sonne. Im Dickicht der Zweige sind sie auch vor Katzen sicher. Meisen, Rotkehlchen und andere Höhlenbrüter lassen sich mit Nistkästen ansiedeln.

### Metallkonstruktion

Stahlträger aus Winkelprofilen oder Rohren sind äußerst stabil und wesentlich leichter als Steinsäulen oder Holzpfosten. Auch für Metallpergolen und -lauben gibt es fertige Elemente, die sich beliebig erweitern lassen. Exklusive Konstruktionen vom Kunstschlosser können genau nach Maß für einen bestimmten Standort geschaffen werden.

## PFLANZEN

Das Wesentliche an einer Pergola oder Laube ist natürlich ihre Begrünung. Erst die Pflanzen geben dem strengen Baukörper seine typische Leichtigkeit. Selbst

Schattiger Platz im Grünen

Elegante Metallkonstruktion

mächtigen Steinbauten nehmen die Kletterpflanzen ihre Wucht.
Die Gewächse müssen dabei immer der jeweiligen Konstruktion angepasst sein. Immerhin entwickeln manche Pflanzen über die Jahre ein üppiges Geäst mit zentnerschwerem Gewicht, so etwa Weinrebe, Glyzine oder Knöterich. Für diese Pflanzen ist ein dünner Drahtaufbau langfristig zu schwach. Eine leichte Konstruktion aus Metall kommt deshalb am besten mit schwachen Kletterern, insbesondere Kletterrosen oder Jasmin, zur Geltung. Eine Säulenlaube mit mächtigen Granitpfeilern sollte dagegen mit einem fülligen Weinstock oder einem wuchernden Knöterich bepflanzt werden, da sie für lockere Schlinger zu wuchtig ist.

## SITZPLATZ

In einer lauschigen Laube sollte immer Platz für eine Sitzgruppe oder eine Sitzbank sein. Der Boden wird am besten gepflastert, damit die Möbel fest und sauber stehen. Stühle und Tisch sollten außerdem wetterfest sein, damit sie nicht bei jedem Regenschauer in Sicherheit gebracht werden müssen. Zur Einrichtung können zudem ein Grill und dekorative Kübelpflanzen gehören.

# BELEUCHTUNG

Der Einsatz von Licht im Garten hat sowohl praktische als auch dekorative Funktionen: Zum einen garantiert es Sicherheit, da es Wege und Treppen erhellt und durch den Vorgarten herankommende Personen ankündigt. Zum anderen bringen Leuchten die Schönheit des Gartens auch nachts zur Geltung und erzielen stimmungsvolle Lichteffekte, z. B. durch Beleuchtung des Gartenteichs oder kleine Lampen im Staudenbeet. Zudem schaffen Lampen im Garten vor allem im Sommer, wenn man gern draußen sitzt, eine wohnliche Atmosphäre.

## WETTERFESTES MATERIAL

Damit die optische Sicherung nicht selbst zur Gefahrenquelle wird, ist es wichtig ausschließlich wetterfeste und stoßsichere Lampen zu installieren. Der Handel bietet ein umfangreiches Sortiment an Gartenlampen, die speziell für die Beleuchtung von Wegen, Plätzen, für den Teich und für andere Gestaltungselemente im Freien geschaffen sind.
Selbstverständlich müssen nicht nur die Lampen, sondern auch die Zuleitungen sicher sein. Das gilt vor allem für ortsfeste Kabel, die unterirdisch verlegt sind. Diese Kabel müssen absolut wasserfest und besonders isoliert sein, damit sie auch nach Jahren nicht brüchig und so zu einer Gefahrenquelle werden.

### SOLARLAMPEN

Völlig unabhängig vom Stromnetz und deshalb auch ungefährlich funktionieren Solarlampen. Diese Gartenleuchten erzeugen den Strom mittels eingebautem Solarmodul selbst und speichern ihn in einem Akku. Bei Dunkelheit wird durch eine Fotozelle eine sparsame Leuchtstofflampe eingeschaltet, die bei Dauerbetrieb einige Stunden Licht spendet.

Nachträglich überirdisch verlegte Kabel müssen ebenso sicher sein. Verwenden Sie auch dazu nur spezielle Freilandkabel und verlegen Sie die Leitungen so, dass sie vor dem Rasenmäher und vor anderen Geräten geschützt sind.
Stromabnehmer im Freiland sichert man am besten mit einer Fehlerstromschutzeinrichtung. Diese Sicherung schaltet den Strom binnen Sekundenbruchteilen ab, falls ein Kurzschluss durch Kabelverletzungen oder defekte Geräte (auch Lampen) entsteht. Diese Schutzeinrichtungen können Sie auch nachträglich installieren. Sie passen in jede Steckdose.

Licht bedeutet Schönheit und Sicherheit

# HOLZPERGOLA AN EINER TERRASSE

Eine Terrasse wirkt besonders schön und gemütlich, wenn sie von einer mit Pflanzen berankten Pergola überdacht wird. Die Pergola ist hierbei aber nicht nur ein dekoratives Element, sondern dient gleichzeitig auch als wirksamer Sicht- und Sonnenschutz.

## PLANUNG

Achten Sie bei der Festlegung der Maße darauf, dass auf der Fläche, die von der Pergola überdacht wird, genügend Platz für die Möbel und für ausreichend Bewegungsfreiheit bleibt.

Die Abstände der Sparren sollten den gewünschten Kletterpflanzen angepasst werden. Starkwüchsige Pflanzen (z. B. Glyzine) überwinden mühelos und in kurzer Zeit größere Zwischenräume, wohingegen bei weniger wüchsigen Kletterpflanzen wie der Waldrebe die Sparren näher beieinanderliegen sollten. Man kann auch zwischen den Holzbalken zusätzliche Kletterhilfen aus Stahldrähten oder Nylonschnüren einsetzen.

## HOLZSCHUTZ

Die Holzbauteile sollten nach dem Zuschneiden und noch vor der Montage mit einem guten Schutzmittel behandelt werden, denn in dieser Bauphase sind noch alle Stellen leicht erreichbar. Zur längeren Haltbarkeit der Holzkonstruktion trägt außerdem ein konstruktiver Holzschutz (→ S. 72) bei.

Insbesondere darf kein Regenwasser auf dem Holz stehen bleiben. Die Sparren müssen deshalb mit einer leichten Neigung auf die Pfosten aufgelegt werden. Vor allem müssen die Stirnseiten der Eckpfosten, die besonders empfindlich sind, abgedeckt sein. Das kann durch die auf-

Die Schrauben müssen für die Gesamtlast der Holzbalken ausreichen und lang genug sein, damit sie die Pergola sicher an der Wand halten.

Pergola mit einjährigen Schlingern (Trichterwinde, Wicken u.a.)

Clematis

liegenden Querbalken geschehen oder aber durch kleine Dachpappstücke, die das Holz vor Nässe schützen.

## ARBEITSSCHRITTE

Für die Pergola benötigen Sie zwei Eckpfosten, zwei Querbalken und Sparren, außerdem Pfostenanker zur Bodenbefestigung sowie Schrauben und Dübel. Die Querbalken sollten so breit sein, dass sie die Stirnseite der Eckpfosten überdecken. Nachdem das Holz auf das richtige Maß zugeschnitten wurde, wird ein Querbalken als Auflager für die Sparren an der Hauswand montiert. Hierfür wird der Balken vorgebohrt und an der Befestigungsstelle angelegt. Auf diese Weise lassen sich die Bohrstellen mithilfe der durchgesteckten Schrauben leichter an der Wand markieren. Dann werden Löcher in die Wand gebohrt, die Dübel eingesteckt und der Querbalken an die Wand geschraubt.
Nachdem das Auflager an der Hauswand befestigt ist, werden die Eckpfosten eingesetzt. Die Pfosten müssen etwas niedriger sein als der Querbalken an der Hauswand, da eine geringe Neigung des Pergoladachs nötig ist, damit sich kein Regenwasser sammelt.
Die zwei Eckpfosten der Pergola sollten auf einem tragfähigen Betonfundament stehen. Als Trägerelemente für die Balken dienen sogenannte Pfostenanker aus verzinktem Stahl oder nicht rostendem Edelstahl. Der untere Teil dieser Metallträger wird in die Betonfundamente eingesetzt und mit der Wasserwaage waagerecht eingerichtet. Am oberirdisch liegenden Teil (z. B. U-, L- oder H-förmig) werden dann die Holzpfosten mithilfe der Wasserwaage senkrecht ausgerichtet und mit Schrauben befestigt.
Der vordere Querträger wird auf die beiden Eckpfosten aufgelegt, und zwar so, dass er über die Pfosten hinausragt, damit sich kein Wasser auf deren Stirnseiten sammeln kann. Dann werden zwei Sparren an den äußeren Enden auf den hinteren (Auflager an der Hauswand) und vorderen Querbalken aufgelegt und festgeschraubt. Hierdurch wird eine erste Verbindung zur Hauswand geschaffen, die das Gerüst stabilisiert.
Sobald der Rahmen steht, können alle Sparren aufgelegt werden. Achten Sie dabei auf eine gleichmäßige Verteilung der Balken. Erst wenn die Abstände zwischen den Sparren einheitlich sind, dürfen diese festgeschraubt werden.
Durch das Einfügen zusätzlicher Holzstreben in den oberen Ecken der Pergola kann die Konstruktion verstärkt und seitlich ausgesteift und stabilisiert werden.

## BEPFLANZUNG

Um die Pergola tatsächlich als Sicht- und Sonnenschutz nutzen zu können, muss sie mit Rankpflanzen begrünt werden. Bei der Auswahl der Pflanzen ist auf den Standort der Pergolakonstruktion zu achten. Für sonnige Plätze eignen sich z. B. Glyzine, Kiwi oder Kletterrosen, auf halbschattigen Standorten gedeihen z. B. Pfeifenwinde oder Jungfernrebe.

Der Blauregen ist eine starkwüchsige Kletterpflanze, der eine stabile Kletterhilfe benötigt.

Blauregen an einer Pergola

Mit der richtigen Beleuchtung wird der Garten zum Wohnzimmer

Am besten verlegt man die Kabel bereits während der Anlage des Gartens und sichert sie mit einem speziellen Markierungsband, das bei Grabarbeiten auf die Kabel hinweist.

## STRAHLER, KUGELLAMPEN ODER STANDLEUCHTEN

Die Auswahl der Lampen ist von verschiedenen Faktoren abhängig. Dabei spielen zum einen die Gartengröße und die Art der Gartengestaltung eine Rolle. So kann etwa eine nostalgische Standleuchte in einem großen Garten ein „Lichtblick" sein, während dieselbe Lampe z. B. in einem Bauerngarten störend wirken würde.
Zum anderen sollte bei der Auswahl der Lichtquelle auch die Nutzung der Anlage in Betracht gezogen werden. Teure Kugellampen aus zerbrechlichem Glas sind z. B. fehl am Platz, wenn häufig Kinder auf dem Grundstück spielen. Hier müssen geschützte Lampen installiert werden. Umgekehrt würden sehr robust wirkende Lampen einem schmucken Ziergarten viel von seiner Würde nehmen. Hier passen Kristallglaslampen oder schmiedeeiserne Laternen besser.

Zur Beleuchtung eines Hauseingangs, einer Sitzgruppe unter einer Pergola oder eines anderen Orts in Gebäudenähe empfehlen sich Lampen, die an der Wand bzw. an einem Konstruktionsholz befestigt werden können. Es gibt auch Klemmleuchten, die man in einer Baumkrone installieren kann.
Für die Beleuchtung von langen Wegen oder freien Plätzen bieten sich Sockellampen oder Standleuchten an. Zur Wegebeleuchtung eignen sich vor allem niedrige Stehlampen, die ein indirektes Licht auf den Boden werfen, sodass sie nicht blenden. Zuletzt seien noch Schwimmlampen erwähnt, die zur Teichbeleuchtung dienen, wo sie frei im Wasser treiben.
Grundsätzlich empfiehlt es sich, im Garten Energiesparlampen zu verwenden. Dann lässt sich das künstliche Licht auch zur Dekoration einsetzen, indem man beispielsweise Strahler auf wirkungsvolle Pflanzen lenkt, einen Springbrunnen im Licht glitzern lässt oder einen Wintergarten ausleuchtet.

### GARTENFEST, GRILLABEND UND CO.

Wenn Sie z. B. für ein Gartenfest schnell eine weitreichende Beleuchtung benötigen, bieten sich Strahler mit Erdspießen an, die einfach in den Boden gesteckt werden. Diese Lampen sind auch in Serie erhältlich, wobei etwa zehn Stück an einem Kabel befestigt sind.

Manchmal ist auch der Aufwand für elektrisches Licht zu groß, wenn z. B. abseits vom Haus gegrillt wird. Dann kann man mit einfachen Windlichtern rasch für genügend Licht sorgen, die zudem eine angenehme Atmosphäre schaffen.

# GESTALTUNG MIT PFLANZEN

Pflanzen können im Garten auf vielerlei Art dekorativ eingesetzt werden: Ob bunte Stauden in Blumenrabatten, Laubgehölze in Formschnitthecken, ein stattlicher Hausbaum als Solitärpflanze, Kletterpflanzen an einer Laube oder Obstbäume am Spalier.

Bei der Beetgestaltung sind der Fantasie keine Grenzen gesetzt

# BEETE UND RABATTEN

Rabatten sind schmale Beete mit Zierpflanzen, die im Garten am Wegesrand, entlang von Mauern oder zur Einrahmung von Sitzplätzen dienen.

In fast jedem Garten ziehen Blumenbeete mit ihrer Farbenpracht die Blicke auf sich. Das große Angebot an Blumen ermöglicht eine abwechslungsreiche Beetgestaltung und unzählige Variationen in Bezug auf Farbe und Form. So können Sommerblumen (einjährige und zweijährige) mit langjährigen Stauden in einem Beet gemischt, die Pflanzen einzeln angeordnet oder in Gehölzpflanzungen integriert werden.

Die meisten Arten und Sorten sind sommergrün. Allerdings bietet das Sortiment auch einige immergrüne Stauden, die meist zur Gestaltung immergrüner Gärten beitragen.

Ebenso sind Blumen bei der Anlage bestimmter Gartentypen einsetzbar (Bauerngarten, Steingarten → S. 35, Japangarten → S. 38, Immergrüner Garten → S. 41). Allerdings ist es wichtig, dass die gewünschten Pflanzen an die vorgesehenen Plätze passen und mit den Standortgegebenheiten zurechtkommen.

## GESTALTUNG DER BLUMENBEETE

Je nach Art lassen sich Blumen in eigenen Rabatten einsetzen, unter lichten Bäumen verteilen oder mit Rosen mischen. Auch kann man die Beete entweder in einem einheitlichen Farbton gestalten oder eine bunte Mischung anpflanzen.

### Gruppenpflanzung

Blütenstauden kommen vor allem in Gruppen zur Geltung. Solche Arrangements wirken fülliger und sind ausdauernder als wenige Exemplare, die im Dickicht anderer Pflanzen leicht untergehen. Die ausgewählten Pflanzen werden dabei so zusammengesetzt, dass die hohen Arten hinten und die niedrigen vorn stehen.

So gehören hohe Prachtstauden wie der Federmohn oder der Wasserdost in den Hintergrund oder in den Mittelpunkt – es sei denn sie sollen solitär, also frei in eigenen Beeten wachsen. Andernfalls kommen sie niedrigen Arten bald zu nahe und unterdrücken sie, wenn sie nicht zurückgeschnitten werden.

Durch eine gute Beobachtung und gezielte Arrangements sind füllige Beete ohne Lücken möglich. Dabei haben sich „Füllpflanzen" (z. B. Gehölze, Blattpflanzen) bewährt, die durch buntes Laub den Garten verschönern.

## Farben das ganze Jahr

Das Blumensortiment ist riesig. So lassen sich mit ausgewählten Arten wunderschöne bunte Beete gestalten. Das ist selbst mit Pflanzen einer Art machbar, so etwa mit Schwertlilien, die es in vielen Sorten gibt oder auch mit Rittersporнen, Paeonien oder Phloxen.
Obwohl der Hauptflor vom Frühjahr bis zum Sommer dauert, können durch eine gezielte Auswahl und Anordnung den größten Teil des Jahrs blühende Pflanzen den Garten zieren. Schon zu Beginn des Jahrs schieben Christrosen bei mildem Wetter ihre weißen Blüten durch den Schnee. Gleichzeitig blüht der Winterling. Dann kommen die ersten Primeln, gefolgt vom üppigen Frühjahrsflor der Gemswurz, der Frühjahrsmargerite, der Akelei und vieler anderer Staudenarten. Die Pracht dauert den Sommer hindurch mit Astilbe, Phlox, Roter Sonnenhut und einer Reihe weiterer Arten an. Noch im Herbst blühen Aster, Fetthenne und einige Nachzügler auf. Außerdem schmückt das bunte Herbstlaub vieler Gehölzarten den Garten. Aber auch im Winter ist der Garten nicht farblos und langweilig: Die roten Beeren der Stechpalme, die grünen Blätter des Buchses und die silbrig-grünen Nadeln der Fichte sorgen auch in der kalten Jahreszeit für Abwechslung im Garten.

Der Flieder duftet gut und ist dekorativ

## Die richtige Mischung

Stauden blühen jedes Jahr recht zuverlässig zur selben Zeit auf, was sie gegenüber den einjährigen Sommerblumen besonders wertvoll macht. Richtig angelegte und gut gepflegte Beete und Rabatten haben viele Jahre Bestand. Sie lassen sich aber anders als Gehölzpflanzungen auch recht einfach verändern, etwa wenn eine Farbe zu aufdringlich wirkt oder wenn neue Sorten dazu kommen sollen.

Duftgarten: Sehr angenehm sind duftende Arrangements, z. B. eine Kombination aus Vanilleblumen, Männertreu und Gartennelken.

Rotlaubige Sorte des Indischen Blumenrohrs (Canna indica) im Staudenbeet

Beachten Sie, dass die Blüten sich oft anders entwickeln, als die Abbildung auf dem Etikett vermuten lässt. Mehrjährige Sorten, die nicht in das Beet passen, kann man für die Umpflanzung nach der Saison vormerken und durch andere Arten ersetzen. Auf diese Weise lassen sich beispielsweise zu „gelbstichige" Beete durch den Einsatz roter Sorten „umfärben".

## PFLANZUNG UND STANDORT DER BLUMEN

Die Pflanzung der Blumen ist dank der Topfware vom Frühjahr bis zum Spätherbst möglich. Wichtig ist, dass die Jungpflanzen gut durchwurzelte Ballen haben, was sich beim Austopfen erkennen lässt.
Bei Stauden kann ein schöner Bestand auch zur Vermehrung dienen. Es schadet kaum, wenn einige Teilstücke abgetrennt und an anderer Stelle wieder eingepflanzt werden. Die Teilung fördert die Wurzelbildung und verhindert eine vorzeitige Vergreisung der Bestände. Eine solche Verjüngung der Stauden macht sich vor allem bei starkwüchsigen Arten günstig bemerkbar.

In gut sortierten Gartencentern oder in Sichtungsgärten kann man mustergültige Staudenpflanzungen besichtigen. Es lohnt sich deshalb, vor einer Wunschpflanzung solche Schauanlagen zu besuchen – am besten mehrmals im Jahr, damit die Veränderungen erkennbar werden.

Blumenbeete sollten nicht zu weit vom Haus entfernt liegen, nicht zu groß angelegt werden und außerdem leicht zugänglich und gut einsehbar sein.
Allen Blumenarten muss außerdem der für sie am besten geeignete Platz zuteil werden, je nach Bedürfnissen, Wuchshöhe und Ausbreitungsdrang. Bei sonniger Lage gruppiert man z. B. Rittersporn, Phlox, Roten Sonnenhut, Taglilie, Schafgarbe und Lilie. Geißbart, Astilbe, Lupine, Funkie und Farn gedeihen dagegen besser im Halbschatten.

Während Wildstauden großzügige Flächen eingeräumt werden – sie dürfen sich etwa unter Bäumen oder in Randlagen ungehindert ausbreiten – bekommen Beetstauden mehr oder weniger strenge Grenzen gesetzt. Ihr Ausbreitungsgebiet beschränkt sich auf vorgegebene Flächen an der Terrasse, am Haus, in den Pflanzflächen neben Gehölzen oder in Rabatten. Stauden können aber auch unter Rosenbeete „eingestreut" werden, so etwa die Katzenminze, die dichte Blütenbüschel bildet und damit störenden Unkrautwuchs unterdrückt, ohne die Rosen zu behindern. Dichte Stauden lassen ohnehin kaum noch andere Kräuter aufkommen. Sie ersparen daher eine Menge Pflege, sobald sie dichte Bestände bilden.

Blumenbeet mit Gehölzen und Stauden

Die Kombination von Gehölzen und Blumen macht den Garten besonders attraktiv

Grundsätzlich benötigen Beetstauden einen tiefgründigen, nährstoffreichen Boden, bei dem das Wasser leicht wegsickern kann. Natürlich müssen für spezielle Arten auch besondere Grundlagen geschaffen werden.

## KIESBEET

Eine südliche Lage bietet die besten Voraussetzungen für ein Kiesbeet mit Steingartenpflanzen, Rosen, Kräutern und anderen wärmebedürftigen Gewächsen. Die Anlage dieses Beets macht zu Beginn zwar etwas mehr Mühe als die Gestaltung eines herkömmlichen Gartenbeets. Später müssen Sie allerdings nur noch vereinzelte Unkräuter auszupfen, die sich zwischen den Steinen angesiedelt haben.

Besonders attraktiv wirken säulenförmige Gehölze, Polsterstauden und Gräser sowie eng nebeneinander gepflanzte Zwiebelblumengruppen (jeweils fünf bis zehn Zwiebeln), die von Jahr zu Jahr immer fülliger werden.

Damit sich keine unerwünschten Pflanzen ansiedeln und ausbreiten, ist es nötig, den Boden mit einer speziellen Unkrautschutzfolie zu bedecken. Sobald das Beet mit Folie bedeckt ist, können Sie die Pflanzen im richtigen Abstand auslegen. Schneiden Sie die Folie dann jeweils an der Pflanzstelle kreuzweise ein. Durch die Schlitze lassen sich nun die Pflanzlöcher ausheben und die Pflanzen einsetzen. Schließlich werden die Kiesel auf dem Beet verteilt. Einen zusätzlichen dekorativen Effekt erzielt man mit unterschiedlich großen Kieseln. Statt Kies eignen sich aber auch Splitt oder Schotter als Material zur Gestaltung.

Ein Kiesbeet passt gut an einen Gartenteich, zumal die Teichfolie an den Ufern ohnehin mit Kies bedeckt wird. Hier ist dann keine Unkrautschutzfolie nötig, wenn die Teichfolie großzügig bemessen wird und am Ufer entsprechend weit überragt.

## IMMERGRÜNE PFLANZEN IN BEETEN

Immergrüne Pflanzgruppen können aus Buchs, Stechpalme, Mahonie, Feuerdorn, Kirschlorbeer, immergrünem Liguster oder schattenverträglichen Nadelgehölzen bestehen. Immergrüne Bodendecker wie Efeu, Spindelstrauch und Pachysandra dienen als Beeteinfassung und stufen die hohe Gehölzflora nach vorn ab.

### Sommergrüne und Immergrüne kombiniert

Auch die Kombination verschiedener Pflanzenarten ist möglich: Im Sommer halten sich die dunkelgrünen Eiben dezent zurück und bilden eine ruhige Kulisse für leuchtend blühende sommergrüne Azaleen, die den immergrünen

Weitere Informationen zur Anlage eines Kiesbeets finden Sie unter www.davidia.de.

Keinen besonderen Boden benötigen neben Nadelgehölzen immergrüne Laubgehölze wie Kirschlorbeer, Felsenmispel, Immergrüne Berberitze, Buchs und Efeu. Allerdings ist eine gründliche Lockerung vor der Pflanzung nötig.

Rhododendren zur Seite stehen. Nach dem Flor, der meist von April bis Juni dauert, bilden die zartgrünen Azaleen zusammen mit den dunkelgrünen Rhododendren ihrerseits einen ruhigen Hintergrund für Sommerblumen, die dann den „Ton angeben". Im Winter verstärken die Eiben im Hintergrund mit ihren dunkelgrünen Nadeln die Wirkung der Rhododendren.

### Standort

An schattigen Nordseiten oder unter hohen Bäumen sind Immergrüne wertvolle Gehölze. Viele gedeihen am besten auf saurem Boden, ausgenommen z.B. der Buchsbaum, der kalkhaltige Böden bevorzugt. Ebenso sind immergrüne Nadelgehölze wie Eibe oder Kiefer nicht auf saures Substrat angewiesen.
Für ein immergrünes Moorbeet sollten Sie eine Bodenprobe durchführen, denn Rhododendren, Azaleen, Eriken etc. benötigen humose saure Erde. Allerdings genügt eine relativ dünne Schicht (etwa 30 Zentimeter), da die Pflanzen Flachwurzler sind. Verwenden Sie hierfür spezielles Moorbeetsubstrat oder eine selbst gemischte Erde aus Rindenhumus, Nadelstreu und gehäckseltem Holz.
Falls der pH-Wert neutral ist, genügt es oft, geringe Mengen an Rhododendronerde oder eines ähnlichen, sauren Substrats einzuarbeiten. Falls das Ergebnis einen hohen Kalkgehalt erkennen lässt (pH-Wert über 7), muss der Boden eventuell ausgetauscht werden. Es genügt auch, jeweils nur an den Pflanzstellen für Rhododendren ein Moorbeetsubstrat in Pflanzgruben einzufüllen. Diese sollten etwa den doppelten Durchmesser des Wurzelballens haben.

### SELTENE PFLANZEN

Im Schutz von immergrünen Pflanzen gedeihen empfindliche Raritäten, wie z.B. Orchideen oder Lilien, besonders gut, da sie das ganze Jahr vor extremen Wetterschwankungen, etwa durch direkte Sonneneinstrahlung an heißen Sommertagen oder kalten Wind im Winter, bewahrt werden.
Allerdings hält das schützende Laub auch die natürlichen Niederschläge ab. Die Unterpflanzung muss deshalb bei Trockenheit bewässert werden.

### Buchs als Beeteinfassung

Für Buchshecken werden vorzugsweise schwach wachsende Sorten verwendet, z.B. Buxus sempervirens 'Suffruticosus'. Die Wildform, also Buxus sempervirens, ist für solche Hecken weniger geeignet, es sei denn man nimmt den stärkeren Wuchs und damit auch einen häufigeren Schnitt in Kauf.

Jungpflanzen für den Garten bekommt man aus eigener Vermehrung durch Stecklinge oder in Gartenmärkten als schon kräftige Topfpflanzen. Für einen Meter Hecke sind etwa zehn Exemplare nötig, damit sie bald dicht zusammenwächst. Dazu ist es auch nötig, den Pflanzstreifen nach dem Anwachsen der Jungpflanzen regelmäßig streng zu schneiden. In solch engem Stand benötigen die Buchsbäumchen eine gelegentliche Düngung, vorzugsweise jeweils im Frühjahr nach dem Austrieb. Ein wenig Kompost oder ein anderer organischer Langzeitdünger, der in die Hecke gestreut wird, hält die Pflanzen vital und grün.

Blühender Rhododendron

# HECKEN

Hecken sind Pflanzstreifen aus sommergrünen oder/und immergrünen Gehölzen, die entweder frei, also strauchförmig breit wachsen, oder streng geformt werden – je nach zur Verfügung stehendem Platz und Zeitaufwand. Hecken haben die gleiche Funktion wie Mauern oder Zäune (→ S. 57): Sie dienen als Lärm- und Sichtschutz, wirken als Staubfilter und lindern die Auswirkungen von Stürmen und Frost.
Hecken sind ökologisch wertvoll, da sie das Kleinklima im Garten verbessern und Vögeln und Insekten Schutz, Nistplätze und Futter bieten.

## PLANUNG

Wenn Sie sich für eine Hecke zur Grundstückseinfriedung oder zur Abschirmung einer Gartenecke entschieden haben, sollten Sie die richtige Pflanzenwahl treffen, denn der Aufbau einer Hecke gehört zum „Langzeitprogramm" im Rahmen der Gartengestaltung.

### Heckentyp

Strauchhecken mit lockerem Wuchs aus Blütensträuchern (z. B. Forsythie, Flieder, Pfeifenstrauch, Strauchrose), Fruchtsträuchern (z. B. Beerensträucher, Apfelbeere) oder Wildgehölzen (z. B. Hasel, Hartriegel, Kornelkirsche, Weißdorn) wachsen relativ naturnah, benötigen aber reichlich Raum zum Ausbreiten.

Formschnitthecken (z. B. Berberitze, Liguster, Scheinzypresse) hingegen werden von Anfang an streng erzogen. Das beginnt bei der Pflanzung, wo drei bis vier Gehölze pro Meter in einer Reihe stehen.
Nach dem Anwachsen benötigt die junge Hecke mindestens einen Schnitt im Jahr (→ S. 150 ff.). Die beste Zeit dafür ist im Sommer, etwa Ende Juni, sobald sie den Hauptzuwachs vollendet hat. Danach wächst sie weniger stark und behält ihre Form weitgehend bei. Die Entscheidung für eine Formschnitthecke hat langfristig mehr Pflegeaufwand zur Folge.

### Pflanzenauswahl

Bei der Auswahl von Heckenpflanzen sind der schlanke Wuchs (insbesondere bei wenig Platz) und die Frosthärte zu beachten. Außerdem müssen die ausgewählten Gehölze den regelmäßig notwendigen Schnitt gut vertragen.

Baumschulen bieten mehr als 20 Gehölze, die sich für Formschnitthecken eignen.

Eine Hainbuchenhecke als Torbogen und eine Beeteinfassung mit Buchs

Nadelgehölze werden grundsätzlich mit Erdballen gepflanzt. Manchmal gibt es Thujen auch ohne Ballen. Diese Sonderangebote sind nicht empfehlenswert, denn Immergrüne mit losen Wurzeln wachsen oft schlecht oder gar nicht an.

Der Vorgarten lässt sich z. B. gut mit einer immergrünen Hecke aus säulenförmigen Pflanzen abschirmen, beispielsweise mit Säulenthujen. Sie wachsen dicht zusammen und brauchen keinen Schnitt. Auch Buchsbaum oder Zwergberberitze bleiben von Natur aus kompakt. Sie wachsen allerdings ziemlich langsam und brauchen viele Jahre, bis sie dichte Pflanzstreifen bilden. Hainbuchen, Buchen und andere stark wachsende Arten müssen eventuell im Spätsommer ein zweites Mal getrimmt werden, da diese Waldbäume sonst stark durchtreiben und zu mächtigen Gehölzen heranwachsen.
Recht häufig kommen deshalb Liguster als Heckenpflanzen zum Einsatz. Diese heimischen Sträucher wachsen zügig und lassen sich recht einfach in Form halten.

Es gibt zahlreiche schöne Nadelbäume, die als Heckenpflanzen geeignet sind. So kommen für eine Sicht- und Lärmschutzhecke kräftig wachsende Nadelgehölze infrage, die schon wenige Jahre nach der Pflanzung dicht zusammenwachsen. Dazu bieten sich heimische Fichten an, die allerdings mindestens einmal im Jahr einen Schnitt brauchen, damit sie nicht zu mächtig werden. Statt der Rotfichten können Sie auch die schlankeren Serbischen Fichten in die Reihe setzen, die ohne Schnitt nur etwa 150 Zentimeter breite Hecken entwickeln. Beide Arten erreichen eine Höhe von mehr als 20 Metern, wenn sie frei wachsen dürfen. Sie können diese Fichtenhecken aber auch durch jährliches Abstufen in etwa zwei Meter Höhe halten. Für niedrige Hecken bieten sich z. B. Zwergformen der Bergkiefer, der Hemlocktanne oder der Scheinzypresse an, die auf Lebenszeit kniehoch bleiben und nur gelegentlich durch maßvollen Schnitt korrigiert werden müssen.

## STANDORT UND PFLEGE

Grundsätzlich benötigen alle Heckenpflanzen einen tiefgründigen Boden. Immerhin stehen sie unnatürlich dicht zusammen (drei bis vier Exemplare pro Meter). Falls nötig, muss der Boden gelockert und mit guter Gartenerde oder Kompost verbessert werden.
Für ein besseres Anwachsen benötigen Jungpflanzen mit losen Wurzeln einen starken Rückschnitt. Ballenpflanzen (mit Container oder Erdballen) oder Gehölze mit Topfballen wachsen auch ohne Rückschnitt zügig an.
Alle Typen müssen nach der Pflanzung tüchtig mit Wasser eingeschlämmt werden. Bei Trockenheit ist die Bewässerung auch weiterhin während der Anwachsphase nötig.

Im ersten Jahr nach der Pflanzung braucht die Hecke noch keinen Rückschnitt, denn die Pflanzen müssen zunächst anwachsen und kräftige Wurzeln bilden. Erst im Sommer des zweiten Jahrs muss der Zuwachs an den Flanken geschnitten werden. Nach oben darf die Hecke noch ungehindert wachsen, bis sie die gewünschte Höhe erreicht hat. In den nächsten Jahren wird die Hecke infolge des jährlichen Sommerschnitts immer dichter. Dabei fördert eine maßvolle Düngung den Wuchs.

Gemischte Hecke aus grünen Buchskugeln, weißem Duftsteinrich und gelben Staudensonnenblumen (rechts)

Japanische Zierquitte (Chaenomeles japonica) zur Blütezeit

In kleinen Gärten eignen sich langfristig nur schwach wachsende Bäume als Einzelexemplare oder für Gruppenpflanzungen.

# BÄUME UND STRÄUCHER

Bäume und Sträucher erfüllen im Garten mehrere Funktionen: Zum einen fungieren sie als Sauerstoffproduzenten und Staubfilter und dienen als Sicht- und Lärmschutz sowie als Schattenspender. Zum anderen sind Gehölze aber auch wichtige Gestaltungselemente: Sie unterteilen den Garten räumlich, frieden in Form von Hecken das Grundstück ein und tragen mit ihren Blüten und ihrem Laub zur Verschönerung des Gartens bei.

## PLANUNGSTIPPS

Die verschiedenen Gehölze, also Heckenpflanzen, Bäume, Sträucher, Kletterpflanzen (→ ab S. 204) etc., sollten neben der Rasenfläche, den Blumenrabatten, den Gemüsebeeten und weiteren Vegetationszonen etwa zu einem Drittel an der gesamten Gartenflora beteiligt sein. Denn Gehölze schirmen ab, beranken kahle, unansehnliche Mauern und tragen zum Teil auch Früchte. Das Gehölzsortiment kann wiederum zu einem Drittel aus Immergrünen bestehen.

### Gestaltung

Die Planung und Gestaltung von Gärten mit Obst- und Ziergehölzen richtet sich ganz wesentlich nach der Größe des Grundstücks. Da Bäume und Sträucher sehr groß werden können, bleibt in den meisten Fällen das Gehölzsortiment auf einige wenige ausgewählte Pflanzen beschränkt.
Die Bäume und Sträucher können entweder auf passenden Plätzen als Solitär (Gehölze in freiem Stand) oder als geschickt arrangierte Gehölzgruppen in Randlagen bzw. als Raumteiler angepflanzt werden.
Bei der Pflanzung verschiedener Gehölzarten, insbesondere hoher und niedriger, wird von Nord nach Süd abgestuft: die hohen kommen nach hinten, die kleinen nach vorn, sodass alle ausreichend besonnt werden.

Die oft landläufige Bezeichnung „Staude" etwa bei Haselstaude ist falsch, denn der Haselstrauch ist keine Staude, sondern ein echtes Gehölz.

Kugelige Buchsbäume im Garten

# FORMPFLANZEN

Fantasievolle Kreation

Einige Gehölze sind ungewöhnlich schnittverträglich, das heißt, sie können ohne Schäden zu verschiedensten Formen getrimmt werden. Dazu müssen schon Jungpflanzen in Form gebracht und immer regelmäßig beschnitten werden. Solche grünen Kugeln, Kegel, Pyramiden oder Fantasieformen passen besonders in kleine Gärten, Vorgärten oder Gartenecken, wo sie z. B. in Sommerblumenbeeten sehr attraktiv wirken. Sie können aber ebenso in Kübeln auf Balkon und Terrasse oder an Treppenaufgängen kultiviert werden.

## PFLANZENAUSWAHL

Für die strenge Erziehung eignen sich nur ausgewählte Gehölzarten, die den regelmäßigen Schnitt vertragen. Insbesondere sind dies von Natur aus strauchförmig wachsende Arten wie Buchsbaum und Liguster oder besonders schnittverträgliche Gehölze, wie z. B. Hainbuche, Buche oder Feldahorn und einige Nadelgehölze wie Eibe, Scheinzypresse und Thuja.

Kleinblättrige Pflanzen wiederum sind besser geeignet als großblättrige, da sie sich leicht mit der Heckenschere behandeln lassen. Bei großblättrigen Gehölzen ist ein Schnitt mit der Astschere nötig, um hässliche Verletzungen der Blätter zu vermeiden.

## PFLEGE

Bevor Sie sich für eine strenge Erziehung einiger ausgewählter Bäumchen entscheiden, sollten Sie die gewünschte Form festlegen. Nur dann kommen im Lauf der Jahre strenge, erkennbare Konturen zustande. Beispielsweise sollte bei einer gewünschten Kegelform die Jungpflanze von Anfang an auch kegelförmig geschnitten werden.

Die Formpflanzen benötigen auch später, wenn sie die gewünschte Gestalt angenommen haben, immer wieder Pflege. Vernachlässigte Exemplare verwildern mit der Zeit und nehmen ihren natürlichen Habitus an.

## Formenvielfalt

Der Fantasie sind bei der Wahl der Schnittformen keine Grenzen gesetzt. Von geometrischen Formen wie Kugel, Kegel oder Pyramide, über Etagenbäumchen bis hin zu komplizierten Tierformen lässt sich grundsätzlich jede Form verwirklichen. Üblicherweise entscheiden sich die meisten Hobbygärtner jedoch für einfache, streng geometrische Formen – nicht zuletzt, weil komplizierte Figuren nur mit Schablonen zu bewerkstelligen sind.

## Schnitt um Schnitt

Für eine Kegel-, Kugel- oder Pyramidenform, die in Bodennähe beginnt, ist durchaus eine von der Basis an buschige Jungpflanze erwünscht. Bei einer Figur mit Stämmchen muss die Jungpflanze erst bis zur gewünschten Höhe groß gezogen werden. Dann beginnt mit dem regelmäßigen Einkürzen der Seitentriebe die Formgestaltung.
Die beste Zeit, mit der Erziehung einer Formpflanze zu beginnen, ist das Frühjahr vor dem Austrieb. Dann wirkt sich der Schnitt bereits im folgenden Sommer auf die Formgebung aus.
Bedenken Sie hierbei: Durch den Rückschnitt eines Zweigs werden die vorhandenen Knospen zum Austreiben angeregt. So wird ein Zweig, wenn Sie ihn stark beschneiden, aus den wenigen verbliebenen Knospen kräftige Triebe hervorbringen – je stärker der Rückschnitt, umso kräftiger der Austrieb.

Wird die Pflanze nur ein wenig eingekürzt, entwickelt sie schwache Triebe. Eine noch schwache, langstielige Jungpflanze lässt sich durch einen kräftigen Rückschnitt im Frühjahr deshalb zu kräftigem Austrieb und damit auch zu buschigem Wuchs anregen.

Grüner Schwan

Die „lebenden Figuren" benötigen einen regelmäßigen Schnitt und sind dadurch relativ pflegebedürftig.

Natürlich dauert es mehrere Jahre, bis sich aus einer wenig verzweigten Jungpflanze eine buschige Formpflanze entwickelt. Die Wachstumszeit ist auf wenige Monate (von April bis August) beschränkt. Nur in dieser Zeit lohnt sich das Schneiden.

In den ersten Jahren der Erziehung genügt es, die abstehenden langen Triebe einzukürzen und zur Verzweigung anzuregen. Das geschieht am besten noch mit der Astschere. Erst wenn das Bäumchen die gewünschte Form annimmt, kommt die Heckenschere zum Einsatz. Auch dann werden immer nur die jungen Triebe eingekürzt. Ein Rückschnitt ins „alte Holz" (bis zu den verholzten Zweigen) ist zu vermeiden.

Der Rückschnitt eines Zweigs regt zur Entwicklung junger Triebe aus „schlafenden Augen" an. Das sind geschlossene Knospen, die beim Buchs und anderen Immergrünen in den Blattachseln verborgen sitzen.

## Hilfsmittel

Bei den einfachen geometrischen Formen wie Kugel oder Kegel benötigt man in der Regel keine zusätzlichen Schnitthilfen. Bei unregelmäßigen Figuren wie z. B. Tieren oder Spiralen, wird man um den Bau einer Hilfskonstruktion nicht herumkommen (Drahtgeflecht, Metallrahmen). Ein solches Rahmengestell hält die Zweige zu Beginn in Form bzw. dient als Orientierung für den Schnitt.

Für Brombeeren und Himbeeren ist eine Erziehungshilfe nötig. Sie gedeihen am besten an sonnigen Südspalieren.

### Standort

Bei der Standortwahl ist neben den speziellen Bedürfnissen der gewählten Pflanzen auch deren Wuchsverhalten zu beachten. So sollten Gehölze nur an den Orten zum Einsatz kommen, an denen sie sich langfristig entwickeln können. Starkwüchsige Bäume werden bald zu groß, was auch ein Rückschnitt nicht verhindern kann – vielmehr wird z. B. ein Nussbaum, der gestutzt wird, versuchen, die verlorene Substanz zu erneuern.

### Pflanzenauswahl

Wenn man sich für einen schönen Hausbaum, z. B. Walnuss, Ahorn oder Kastanie entscheidet, muss man sich darüber im Klaren sein, dass dieser große Baum nur ganz wenige Einsatzmöglichkeiten für andere Gehölze zulässt. Allenfalls ist die Unterpflanzung der Krone mit schattenverträglichen Sträuchern möglich oder die Begrünung mit Bodendeckern, die den Wurzeldruck des Baums vertragen.
Für kleine Gärten sind schwach wachsende Obstgehölze geeignet, z. B. Quitte, Sauerkirsche und Apfelspindelbusch. Eine große Auswahl ermöglichen die vielen Beerenobstzüchtungen. Neben der Stachelbeere eignen sich Johannisbeere, Himbeere und Brombeere, von denen sowohl die Stämmchen als auch die Sträucher nur eine geringe Höhe erreichen.
Neben den Obstgehölzen sollten auch einige Ziersträucher nicht fehlen, z. B. Frühblüher wie Forsythie oder die im Winter blühende Zaubernuss.
Zu den Gehölzen werden auch viele Kletterpflanzen (→ S. 228) wie z. B. die Kletterrose oder der Wilde Wein gezählt.

### Formen und Farben

Gehölze gibt es als breitbuschige, säulenförmige, großkronige oder hochstämmige Arten mit verschiedensten Blütenfarben und Blattformen. Die immergrünen Arten tragen das ganze Jahr zur Gestaltung bei. Aber selbst sommergrüne Pflanzen wie Flieder, Spierstrauch oder Feuerdorn bleiben auch während der kalten Jahreszeit wirkungsvoll, wenn der Reif die Zweige mit Eiskristallen bedeckt oder wenn sie im Winter mit Früchten aufwarten.

Echte Weinrebe (Vitis vinifera) am Spalier

## SPALIERPFLANZEN

Spaliere sind bei Wänden geeignet, die sich nicht mit selbstklimmenden Kletterpflanzen begrünen lassen, etwa, wenn Gebäudeschäden zu befürchten sind oder wenn ein spezieller Putz den Kletterpflanzen keinen Halt gibt. Spalierobstbäume oder Kletterrosen kommen nicht direkt mit der Wand in Berührung, sondern lehnen sich vielmehr an einer Holz- oder Metallkonstruktion an.
Die einfachste Spalierkonstruktion besteht aus Holzlatten. Die Spalierform (z. B. waagerechte oder fächerförmig angeordnete Holzlatten) gibt hierbei bereits die Erziehung und den Wuchs der Pflanzen vor.

Auch gewöhnliche Baustahlmatten, die normalerweise zur Bewehrung von Betondecken dienen, können für den Bau von Spalieren genutzt werden. Die starren Stahlmatten (in Baustoffhandlungen erhältlich) bestehen aus Stahlstangen, die zu Gittern zusammengeschweißt wurden. Sie sind mit einem Bolzenschneider in beliebig große Stücke zerteilbar. Obwohl sie optisch recht leicht wirken, sind die stabilen Stahlgewebe sehr tragfähig. Als stabile Halterung eignen sich Ringschrauben, die es in verschiedenen Größen mit den dazu passenden Dübeln gibt.
Sobald das Spalier befestigt ist, können die Pflanzen eingesetzt werden. Hierbei ist zu beachten, dass sich bei Obstbäumen die Veredelungsstelle noch über dem Boden befinden muss. Bei Rosen liegt diese unter der Erde. Gebäudeschäden durch das Wurzelwerk sind normalerweise ausgeschlossen.
Die Erziehung in den nächsten Jahren kann je nach Wunsch recht frei geschehen oder streng nach dem vorgegebenen Gerüst ausgerichtet sein. Dazu werden die noch jungen elastischen Zweige nach und nach am Spalier befestigt (anheften). Sie verholzen mit der Zeit und nehmen die gewünschte Form an. Außer dem regelmäßigen Schnitt und der Anordnung

Üppige Rosenblüte am Spalier

neuer Zweige brauchen Spalierpflanzen keine besondere Pflege.

Ein Zinkmantel macht die Metallspaliere wetterfest und verhindert Korrosion.

## NADELBÄUME

Gewöhnlich werden Fichten, Tannen, Kiefern und andere Nadelgehölze in den Baumschulen als Büsche oder Stammbüsche gezogen. Diese bis zum Boden beasteten Pflanzen eignen sich gleichermaßen für Hecken (→ S. 85) und als Solitäre für den freien Stand.
Eiben eignen sich zur Unterpflanzung größerer Baumgruppen. Sie nehmen den Schatten ohne Schaden hin und bieten dann im Winter weiterhin Sichtschutz. Die Früchte, die ebenfalls im Herbst und Winter reifen, dienen den Singvögeln als Winterfutter. Für Menschen sind alle Pflanzenteile dieser robusten heimischen Gehölze giftig. Nur die roten Fruchtmäntel sind essbar.
Säulenwacholder verschönern niedrige Heidebeete und Scheinzypressen dienen als immergrüne Windschutzhecken.

Unter hohen Laubbäumen werden Nadelbäume mit der Zeit schütter, das heißt sie verkahlen mangels Licht. Im Schatten von Bäumen bleiben nur Eibenhecken dicht. Die Nadeln und Samen der dunkelgrünen Eiben sind allerdings giftig!

Achten Sie bei der Pflanzenauswahl auf deren Bedürfnisse: Spalierobst sollte an sonnigen Südwänden gezogen werden, damit die Früchte gut ausreifen.

Birnenspalier an der Hauswand

# HOLZSPALIER FÜR EINEN OBSTBAUM

Spalierobstbäume geben Hauswänden ein besonderes Gesicht. Auch mittels kletternder Obstgehölze wie Wein oder Kiwi bekommt die Hausfassade ein attraktives grünes Kleid.

## MATERIAL

Für ein stabiles Holzspalier genügen gewöhnliche Dachlatten, die vor der Befestigung gehobelt werden, oder je nach Angebot auch Kanthölzer mit quadratischem Querschnitt. Geeignet ist z. B. Lärchenholz, da dieses sehr wetterfest ist. Das Holz sollte wenn möglich auch imprägniert sein. Von den Latten lassen sich kurze Hölzchen abschneiden, die als Abstandshalter dienen. Genauso können dazu auch ganze Latten verwendet werden oder Hülsen aus Metall.

Im Handel sind auch fertige Spaliere in unterschiedlichen Formen erhältlich, die Obstgehölzen den nötigen Halt geben. Außerdem benötigen Sie Dübel, Schrauben, Schraubenzieher bzw. Akkuschrauber und Bindedraht oder -schnur sowie eine Wasserwaage zum genauen Bestimmen senkrechter und waagerechter Ebenen, außerdem eine Zange zum Festziehen der Drähte.

## BAU DES SPALIERS

Die Streben für das Spalier können beliebig angeordnet werden, fächerförmig, quer oder senkrecht, je nachdem, in welcher Form der Baum gezogen werden soll. Allerdings sollten die Spaliere für die Pflanzen geschaffen sein. Der Aufwand lohnt sich also kaum, wenn schnellwüch-

sige Weinreben eingesetzt werden, da sie früher oder später das Spalier überwuchern.
Damit eine symmetrische Konstruktion zustande kommt, werden bei einem Spalier mit quer oder senkrecht angeordnetem Streben die Latten mit der Wasserwaage ausgerichtet. Für schwierigere Formen, etwa für die Anordnung eines Fächerspaliers oder für ungewöhnliche Figuren, sollte vor der Befestigung ein detaillierter Plan mit genauen Maßen angefertigt werden.

Die Abstände zwischen den Streben (bei den senkrechten Latten 100 bis 150 Zentimeter, bei den Querlatten 20 bis 30 Zentimeter) werden ausgemessen und an der Wand angezeichnet.
Wichtig ist eine luftige Konstruktion mit ausreichend Abstand zur Wand (ca. fünf Zentimeter). Dazu werden zunächst Abstandshölzchen oder Latten an der Wand festgeschraubt. Sie dienen als Lager für das Lattengerüst. Auch zwischen den Latten muss ausreichend Abstand sein, damit die Zweige noch genügend Raum zur Entwicklung und Bildung von Fruchtholz haben.
Das Spalier sollte fest an der Wand verankert werden, damit es dem zunehmend größer werdenden Gehölz langfristig, also auch im Alter, genügend Halt gibt. Zur Befestigung der Latten können Schlitz- oder Kreuzschlitzschrauben verwendet werden (vorzugsweise aus Edelstahl, da diese nicht rosten).
Wenn der Obstbaum nach ein paar Jahren mehr Raum zum Wachsen benötigt, kann das Holzspalier problemlos nach oben erweitert werden.

## PFLANZUNG DES BAUMS

Zum Einsetzen des Spalierbaums (z. B. Apfel, Birne, Aprikose) muss eine ausreichend große Pflanzgrube ausgehoben werden. Dabei sind Beschädigungen des Mauerschutzes zu vermeiden. Der Rollkies lässt sich nach der Pflanzung wieder als Abdeckmaterial nutzen. Achten Sie darauf,

Apfelsorte 'Elstar'

dass die Veredelungsstelle bei Obstgehölzen über der Erde sitzt (anders als bei Kletterrosen). Sie ist an einer deutlichen Verdickung am Wurzelhals erkennbar.
Schon im Frühjahr nach der Pflanzung treibt der junge Obstbaum kräftig aus. Das Heften der jungen Zweige erfolgt im Sommer, nachdem sie leicht verholzt, aber noch jung und elastisch sind. Störende Zweige werden ausgeschnitten.

## FREI STEHENDE SPALIERE

Spaliere benötigen nicht unbedingt einen Halt an einer Wand. Sie können auch frei stehen und beispielsweise als Raumteiler dienen. Einen sicheren Stand gewähren hierbei Punktfundamente aus Beton oder Einschlaghülsen aus Metall, die in den Boden gerammt werden.
Für ein einfaches Spalier genügen zwei Baumpfähle, die senkrecht in den Boden geschlagen werden. Als Erziehungshilfe eignen sich einige waagerechte Spannseile zwischen den Baumpfählen. Die Bäume werden vorzugsweise mit Bast oder anderen Naturfaserschnüren befestigt.

Weitere Informationen zum Thema Spalierbau finden Sie unter www.davidia.de.

# KLETTER- UND SCHLINGPFLANZEN

Ungünstig sind Wandverkleidungen aus Eternit®, da hier die Haftwurzeln nicht sehr fest anwachsen und bei Sturm leicht wieder losgerissen werden.

Die Begrünung von Häusern mit Kletterpflanzen oder Gehölzen ist immer eine langfristige Entscheidung. Kletterrosen beispielsweise können mehr als 100 Jahre alte Gehölze bilden, ebenso wie Wein oder Efeu. Es wäre schade um die schönen Gewächse, wenn sie schon nach wenigen Jahren wieder entfernt werden müssten, etwa weil sie Haftwurzeln in brüchigen Putz treiben bzw. mit Ranken in Ritzen unter dem Dach eindringen oder die Dachrinne umschlingen.

Selbstklimmerpflanzen wie Efeu oder Wein können nur dann Schäden an Mauerwerk und Putz verursachen, wenn diese bereits brüchig und rissig waren. Als Alternative kann man aber eine Hauswand auch mittels Spalieren begrünen, die an der Wand befestigt werden. Falls nötig – etwa zum Streichen der Wand – ist die Entfernung der Spaliere jederzeit möglich, wenn Kletterpflanzen mit elastischen Trieben zur Begrünung eingesetzt wurden. Sie lassen sich mitsamt der Kletterhilfe einfach von der Wand wegklappen. Dazu werden die Spaliere ausgehängt und vorsichtig umgelegt. Für diese Art der Begrünung eignen sich Waldreben, das Geißblatt, der Wilde Wein und andere Kletterpflanzen, die keine starr verholzenden Triebe entwickeln.

Zur Begrünung von Balkongeländern, Sichtschutzwänden oder Spalieren eignen sich sowohl Nutz- als auch Zierpflanzen. So sind neben Efeu auch Kletterrosen, Clematis, Weinreben und andere Kletterpflanzen wertvolle Gestaltungselemente. Sie grünen, blühen, tragen Früchte und bieten viele Einsatzmöglichkeiten an Pergolen, Spalieren oder Wänden.

Der Efeu wirkt auch im Winter attraktiv

## KLETTERPFLANZENTYPEN

Bei der Auswahl der Kletterpflanzen ist der Wuchstyp zu beachten. Es gibt Ranker, Spreizklimmer, Selbstklimmer und Schlinger.

### Ranker

Echte Ranker wie etwa der Wilde Wein, der echte Wein, die Waldrebe oder auch der Kürbis können nur dünne Gegenstände wie Maschendraht oder Zweige umschlingen. An dicken Pfosten oder Wänden finden sie keinen Halt.

Deshalb benötigen diese Typen Kletterhilfen (Drähte, schmale Holzlatten), an denen sie sich mit ihren dünnen Sprossranken hochhangeln und festhalten können.

### Spreizklimmer

Pflanzen dieses Typs sind eigentlich Sträucher mit langen Trieben. Auch sie können selbst keine Wände erklimmen und benötigen eine Kletterhilfe, z. B. ein Spalier, bei dem sie sich einspreizen und so nach oben wachsen können. Bei freiem Stand ohne Kletterhilfe entwickeln sie breite Büsche.

Zu den Spreizklimmern gehören z. B. Kletterrosen. Sie halten sich nicht mit speziellen Haftorganen an der Kletterhilfe fest, sondern bleiben mit ihren stacheligen Trieben zwischen den Streben hängen. Die Triebe verholzen mit den Jahren und werden selbst stabil.

Auch der Winterjasmin ist ein typischer Spreizklimmer. Er kann gut mit einer Kletterrose kombiniert werden. Dann gibt es im Sommer und im Winter Blüten.

### Selbstklimmer

Selbstklimmer, wie etwa die Jungfernrebe, die Trompetenblume oder der Efeu, sind eher für die Wandbegrünung geschaffen, da sie Haftwurzeln und meterlange Triebe entwickeln. Aber auch Selbstklimmer kann man natürlich an Zäunen oder Spalieren ziehen bzw. auf Pergolen wachsen lassen.
Nur bei Jungpflanzen, die nicht richtig festwachsen, kann es nötig sein, die Triebe zu heften, bis sie selbst Halt finden.

### Schlinger

Schlinger wie der Baumwürger, der Blauregen, die Pfeifenwinde, das Geißblatt oder auch Bohnen entwickeln keine Haftwurzeln. Sie sind deshalb vorzugsweise für Klettergerüste oder Spanndrähte geeignet. Sie umwinden die Kletterhilfe und schlängeln sich nach oben. Schlinger sind auch für Pergolabalken oder hohe Zaunpfosten geeignet, denn die Triebe der Schlinger verholzen mit den Jahren und stabilisieren die Konstruktion.

## GESTALTUNG MIT KLETTERPFLANZEN

Interessant und sehr dekorativ ist es, wenn man die verschiedenen Kletterpflanzentypen miteinander kombiniert.
Schlinger winden sich selbst ohne zusätzliche Kletterhilfe an den Säulen oder Pfosten hoch und geben den Rankern Halt, die sonst ein Gerüst aus Maschendraht oder Schnüren bräuchten.
Eine andere schöne Gemeinschaft besteht aus immergrünem, selbstklimmendem Efeu und einer Kletterrose, die sich gut bei ihm einhängen kann. Bei dieser Zusammenstellung kommt der Efeu besonders im Winter zur Geltung, während die Kletterrose im Sommer in voller Blüte steht.
Oder Sie nutzen einen tragfähigen Zaun als Kletterhilfe: Eine bunte Mischung aus

Farbenfroh bewachsenes Haus

Kletterrosen, Weinreben, Efeu und anderen Arten bildet in einigen Jahren eine hohe, dichte Einfriedung, die wenig Raum wegnimmt und sich deshalb insbesondere für kleine Gärten eignet. An der Basis finden Kräuter und Bodendeckerrosen ausreichend Platz zum Ausbreiten eines dichten Teppichs, der keine besondere Pflege braucht. Bei einer meist ortsüblichen Zaunhöhe von 125 Zentimetern bietet ein Wall aus Kletterpflanzen schon einen recht wirksamen Sichtschutz, da die Pflanzen meist über den Zaun hinwegragen. Zwischen dem Zaun und dem Haus bleibt dann immer noch genügend Platz für einen kleinen Rasen.
Bei der Waldrebe sollten Frühjahrs- und Sommerblüher kombiniert werden, damit man von Mai bis September deren Blüten genießen kann. Die Pflanzen lassen sich gut im Vorgarten direkt an einem an der Hauswand angebrachten leichten Holz- oder Metallspalier einsetzen. Zur Schattierung in Bodennähe dienen Buchshecken. Waldreben wirken auch sehr schön an frei stehenden Klettergerüsten aus Holzpfählen oder an Torbögen, die sonst häufig als Rosenbögen dienen.
Sehr gut passen auch Nutzpflanzen und Schmuckpflanzen zusammen, z. B. Weinrebe, Kiwi und Kürbis.

Pflanzen Sie fürs Auge Kletterrosen und für die Nase ein Geißblatt, das seinen Duft besonders am Abend verströmt.

## SPALIERE UND KLETTERHILFEN

Im Handel sind viele Bausätze für Spaliere, Sichtschutzzäune oder Rankgerüste oder aber fertige Produkte mit den dazu gehörenden Befestigungselementen erhältlich. Eigenkonstruktionen können z. B. aus Holz oder Baustahl erstellt werden (→ ab S. 91). Im Fachhandel für Metallbeschläge gibt es auch Spannseile in verschiedenen Stärken als Meterware von der Rolle sowie die dazugehörigen Seilspanner und Mauerhaken oder Ringschrauben.

Nicht alle Kletterpflanzen sind für engmaschige Geflechte oder Maschendrahtzäune zu empfehlen. Blauregen und Baumwürger z. B. entwickeln armdicke Äste, die in das Gewebe einwachsen und entweder den Draht sprengen oder von ihm abgeschnürt werden. Ebenso wenig sollten diese stark wachsenden Schlinger einen Platz an Regenrohren bekommen, denn alte große Exemplare können das Blech eindrücken. Als ideal haben sich Spanndrähte aus Edelstahl bewährt, die mit Ringschrauben an der Wand befestigt werden.

Es lohnt sich, Kletterhilfen für Blauregen, Knöterich und andere Schlinger aus Edelstahl zu wählen. Sie kosten zwar mehr als vergleichbare Elemente aus verzinktem Stahl, sind aber mit Sicherheit rostfrei.

Kletterrose 'Paul's Scarlett'

## PFLEGE

Kletterpflanzen bedürfen keiner besonderen Pflege. Zur Ertragssteigerung sollten Weinreben, Kiwis und Brombeeren beschnitten werden. Die anderen Arten wie beispielsweise der Knöterich, der Wilde Wein, die Pfeifenwinde, der Blauregen etc. werden erst richtig schön, wenn sie ungehindert, also ohne Schnitt, wachsen dürfen. Selbst Kletterrosen brauchen nur gelegentlich einen Auslichtungsschnitt, wobei dürres und erfrorenes Holz beseitigt werden sollte.

Allerdings nehmen alle Kletterpflanzen auch einen Rückschnitt hin. Der kann beispielsweise nötig sein, wenn sehr vitale Arten (z. B. Knöterich) unter das Dach kriechen.

Bei frostempfindlichen Kletterpflanzen, wie etwa Kiwi, Weinrebe oder Kletterrose, ist nach der Pflanzung ein Frostschutz empfehlenswert. Mit den Jahren nimmt ihre Frosthärte aber zu, sodass sie keinen Schutz mehr benötigen.

### ROSENBÖGEN

Der luftige Stand an einem Torbogen kommt der gesunden Entwicklung von Kletterrosen zugute. Zum Bauen eines leichten, aber doch tragfähigen Rosenbogens eignet sich ein Stück von einer gewöhnlichen Baustahlmatte, das passend zugeschnitten und gebogen wird. Nach der Verzinkung oder einem rostsicheren Anstrich folgt die Befestigung auf kleinen Punktfundamenten aus Beton.

Nach der Pflanzung im Frühjahr bringen die Kletterrosen schon im Sommer einige Blüten hervor. Der Rosenbogen entwickelt sich dann von Jahr zu Jahr zunehmend üppiger.

Besonders wirkungsvoll lässt sich ein Rosenbogen an einem Gartenweg einsetzen, wo er die Wegstrecke gliedert und gleichzeitig einen bunten Blickfang bildet. Rosenbögen können auch Halbbögen sein und an einer Seite mit der Hauswand verbunden werden.

# PFLEGEN UND ERNTEN – GARTENPRAXIS

Ob im Garten alles gedeiht, hängt nicht zuletzt von der richtigen Pflege der Pflanzen ab. Beim Düngen, Gießen, der Standortwahl, Vermehrung und Ernte zeigt sich, wer den grünen Daumen hat. Durch die Beachtung zahlreicher Tipps kann dabei jeder seinem Gärtnerglück nachhelfen.

Morgenstimmung im Sommer

Löwenohr

# KLIMA UND BODEN

Die Rahmenbedingungen, die einen Garten und seine Bepflanzung am stärksten beeinflussen sind sicher die klimatischen Gegebenheiten und die Bodenverhältnisse, die vor Ort herrschen.

## KLIMA

Während in den tropischen Breiten der Erde die Gewächse das ganze Jahr hindurch gleichmäßig mit Licht und Wärme versorgt werden, müssen die Arten in den unbeständigen Regionen der Erde im Jahresrhythmus immer wieder mit Temperatur- und Wetterveränderungen zurechtkommen. Sie haben sich über lange Zeit hinweg gut angepasst und auf den Wechsel der Jahreszeiten eingestellt.

### Regionale Unterschiede

In Mitteleuropa herrscht ein sogenanntes gemäßigtes Klima. Dieses ist aber bei Weitem nicht an jedem Standort gleich, es gibt erhebliche regionale Unterschiede, die bei der Auswahl der Pflanzen beachtet werden müssen. So gibt es Gegenden mit einem eher milden Klima („Weinbauklima“) wie beispielsweise am Oberrhein, in denen auch empfindlichere, wärmeliebende Pflanzen gut gedeihen. In anderen Regionen wiederum (z. B. im Fichtelgebirge oder in der Eifel) herrschen erheblich rauere Bedingungen.

Hinzu kommt, dass sich die Lage des Gartens und besondere Gegebenheiten auf das Kleinklima auswirken: so etwa die Ausrichtung des Grundstücks, die umliegende Landschaft und die spezifische Art der Bepflanzung.

### Jahreszeiten

Die Entwicklungsphasen unserer Gartenpflanzen verlaufen parallel zu den vier Jahreszeiten.

Die Natur beschränkt sich dabei nicht auf vier Jahreszeiten, wie sie unser Kalender kennt. Im sogenannten phänologischen Kalender gibt es insgesamt zehn Jahreszeiten. Für jede davon sind charakteristische Merkmale in der Natur zu finden, die immer wiederkehren. So zeigt beispielsweise in Mitteleuropa die Apfelblüte den Vollfrühling an. Solche Zeigerpflanzen haben sich als wertvolle „Messinstrumente“ bewährt und gehören nach wie vor zu den Orientierungshilfen etwa für die Saatzeit.

## PHÄNOLOGISCHE ZEIGERPFLANZEN

| Jahreszeit | Indikator |
|---|---|
| Vorfrühling | ✿ Blühbeginn von Haselnuss und Schneeglöckchen<br>✿ Vollblüte beim Winterjasmin |
| Erstfrühling | ✿ Blühbeginn der Forsythie<br>✿ Austrieb bei der Rosskastanie |
| Vollfrühling | ✿ Blattentfaltung der Stiel-Eiche<br>✿ Blühbeginn von Apfel und Flieder |
| Frühsommer | ✿ Blühbeginn von Schwarzem Holunder, Wald-Geißbart, Türkenmohn |
| Hochsommer | ✿ Blühbeginn der Sommerlinde<br>✿ Blüte der Wegwarte<br>✿ Fruchtreife der Johannisbeere |
| Spätsommer | ✿ Fruchtreife der Felsenbirne und der Eberesche<br>✿ Blühbeginn der Herbstanemone |
| Frühherbst | ✿ Blütezeit der Herbstzeitlose<br>✿ Fruchtreife der Haselnuss und des Schwarzen Holunders |
| Vollherbst | ✿ Laubverfärbung beim Wilden Wein<br>✿ Fruchtreife der Quitte und der Stiel-Eiche |
| Spätherbst | ✿ Beginn des Laubfalls, Laubverfärbung bei Stiel-Eiche und Rosskastanie |
| Winter | ✿ Vegetationsruhe |

Wilder Wein im Herbst

## BODEN

Die Bodenverhältnisse im Garten haben einen entscheidenden Einfluss auf das Wachsen und Gedeihen der Pflanzen.
Was jedoch für bestimmte Arten optimal ist, kann anderen Gewächsen wiederum unzuträglich sein. Deshalb ist es für jeden Gartenbesitzer unerlässlich, die Bodenverhältnisse auf seinem Grundstück äußerst genau zu kennen.

### Bodenarten

Je nach Region und Lage kann auf Ihrem Grundstück lehmiger Sandboden, reiner Sandboden, Kiesboden, Tonboden oder Humusboden vorherrschen, zum Teil sogar noch unverwitterte Felsen (etwa in Neubausiedlungen am Hang).
Oft setzt sich der Boden auch aus unterschiedlichen Schichten zusammen. So kann beispielsweise der Oberboden aus einer Humusschicht bestehen, der Unterboden aus einer verwitterten mineralischen Substanz (z. B. Sand, Lehm) und der Untergrund aus Gestein.
Leichter Sandboden lässt sich einfacher bearbeiten als schwerer Lehm oder Ton. Sandboden hat jedoch eine geringere Speicherfähigkeit und er trocknet leichter aus als Lehm. Lehm wiederum vernässt bei Dauerregen und wird schmierig. Das verhindert die Durchlüftung. Grundsätzlich ist es deshalb empfehlenswert einen guten Mischboden zu erzielen.

### Der ideale Boden

Ideal sind Mischböden wie sandiger Lehmboden oder lehmiger Sandboden mit hohem Humusgehalt.
Der Lehm enthält viele Nährstoffe, der Sand fördert die Durchlüftung und die

Garten mit Blumen und Gehölzen

Wasserführung und der Humus verbessert das Speichervermögen.
Sandige Böden lassen sich im Frühjahr durch das Einarbeiten von Lehmerde bindiger machen. Lehmböden bekommen durch Sandgaben eine bessere Krümelstruktur. Humus, der in Form von Kompost verteilt und eingebracht wird, trägt sowohl bei Lehm- als auch bei Sandböden zur Verbesserung der Krümelstruktur bei. Zudem führt Kompost der Erde Nährstoffe in ausgewogener und langsam wirkender Form zu.
Wie der Boden in Ihrem Garten beschaffen ist, können Sie ganz einfach durch sogenannte Handproben feststellen: Lehmiger Boden lässt sich kneten und zu einer Wurst rollen. Sandboden rieselt durch die Finger. Humus ist weich und faserig. In den meisten Fällen liegen allerdings Mischungen vor.

### Bodenanalyse

Um genauere Anhaltspunkte über die Verhältnisse im Gartenboden zu erhalten, kann man selbst oder im Labor verschiedene Werte bestimmen lassen.

Zum Messen des Säuregrads bzw. des Kalkgehalts (pH-Wert-Messung) sind im Gartenfachhandel spezielle Testsets erhältlich. Außerdem gibt es solche Minilabors auch zum Messen des Stickstoffgehalts (Nitrat-Test).
Eine umfassende Bodenuntersuchung ist jedoch nur in einem Labor möglich. Das kann ein privates Unternehmen sein oder eine staatliche Landesuntersuchungsanstalt (LUFA). Zur Prüfung sind etwa 500 Gramm Gartenboden nötig. Anleitungen,

### DIE VERSCHIEDENEN BODENARTEN

**Sandboden**
- leichter mineralischer Boden
- durchlässig
- geringes Speichervermögen für Wasser und Dünger
- geringer Nährstoffgehalt
- gute Erwärmung
- leicht zu bearbeiten

**Lehmboden**
- schwerer mineralischer Boden
- undurchlässig
- hoher Nährstoffgehalt
- gutes Speichervermögen, jedoch geringe Abgabe
- schwer zu bearbeiten

**Tonboden**
- schwerer mineralischer Boden
- stark verdichtet, klumpig
- undurchlässig
- kalt
- hoher Nährstoffgehalt, jedoch geringe Abgabe
- schwer zu bearbeiten

**Humusboden**
- vorwiegend organischer Boden aus verrotteten Pflanzenteilen
- locker
- gutes Wasser- und Nährstoffspeichervermögen
- leicht zu bearbeiten

Verpackungsmaterial und eine Preisliste bekommen Sie beim Labor.

### Bodenverbesserungsmaßnahmen

Solange „die eigene Scholle“ alles grünen und blühen lässt und üppige Ernten hervorbringt, gibt es keinen Grund für tief greifende Veränderungen. Jeder gute Gartenboden macht den Anbau von Zier- und Nutzpflanzen ohne besondere Verbesserungen möglich. Unnötige Nährstoffgaben schaden oft mehr als sie bringen.
Wenn Sie jedoch den Eindruck haben, dass die Pflanzen nur unzureichend wachsen oder wenn Sie Arten anpflanzen wollen, die einen etwas anderen Boden als den vor Ort gegebenen bevorzugen, dann muss etwas getan werden.

### Den Boden lockern

Lockerer sowie luftiger Boden kann mehr Wasser speichern als schwerer und verdichteter Boden, denn er bietet mehr Hohlräume und auch Poren zum Sammeln von Wassertröpfchen.
Besonders nach dem Hausbau ist der Boden ums Haus herum oft verdichtet. Dann ist eine tiefgründige Lockerung nötig. Hier sollte ein Tiefenlockerer und im Anschluss eine Fräse zum Einsatz kommen.

## DER BODEN MACHTS

Die meisten Pflanzen sind recht tolerant, was die Beschaffenheit des Bodens betrifft. Sie gedeihen auch, wenn der Boden nicht ganz so optimal ist. Es gibt aber durchaus Unterschiede in der Wuchskraft und – bei Nutzpflanzen – im Ertrag.

Es gilt also, im eigenen Garten beste Bedingungen für die jeweiligen Pflanzen zu schaffen oder passende Pflanzen für die vorhandenen Verhältnisse auszuwählen. Dabei gibt es wesentliche Unterschiede hinsichtlich der Arten: So dringen Gehölze in tiefe Bodenschichten vor, die sich kaum ändern oder beeinflussen lassen. Gemüse, Stauden und Sommerblumen hingegen brauchen nur eine recht geringe Bodenschicht. Für sie lässt sich der Boden leichter optimal aufbereiten.

In allen anderen Fällen genügt eine oberflächliche Lockerung vor der Bepflanzung. Schwere Lehm- oder Tonböden werden dazu mit der Grabgabel (das ist schonender als mit dem Spaten) umgegraben. Die Zeit dazu ist im Herbst günstig, aber auch zu jeder anderen Jahreszeit möglich, solange kein Bodenfrost herrscht.

Wenn ein biologisch orientiertes Labor die chemische Analyse Ihres Gartenbodens durchführt, erhalten Sie auf Wunsch Empfehlungen, wie Sie mit natürlichen Mitteln Mängel ausgleichen und zudem Fehler beim Düngen vermeiden können.

Herbstanemone

Einjähriger Sonnenhut

Eine Lockerung ist auch durch das Einarbeiten von luftigem Material, wie etwa Kompost, Sand oder Blähtongranulat möglich. Besonders bei schwerem Lehm- oder Tonboden, der rasch verklumpt und verschmiert, machen sich solche Bodenhilfsstoffe positiv bemerkbar.
Dagegen lässt sich ein leichter Sandboden durch das Einarbeiten von Lehm oder auch von Kompost bindiger und speicherfähiger machen.

Bestimmte Gartenpflanzen sind auf Erdsubstrate mit Torf angewiesen. Dazu gehören insbesondere Moorbeetpflanzen wie Heidekraut, Rhododendren etc.

### Das Pufferungsvermögen verbessern

Mit der Lockerung und Verbesserung der Bodenstruktur mittels Hilfsstoffen wie Kompost, Sand, Rindenhumus oder verrottetem Mist wächst auch das Pufferungsvermögen. Nachhaltig lockerer Boden kann nicht nur den Gasaustausch und die Wasserverteilung besser bewältigen, sondern auch die Aufnahme und gleichmäßige Abgabe von Nährstoffen. Düngemittel bleiben also länger erhalten und bewirken keine Schäden an den Wurzeln.
Auf Torf sollte in diesem Zusammenhang verzichtet werden. Dieses faserige Material ist zwar ein gutes Mittel zur Lockerung. Es verändert aber den pH-Wert des Bodens, da Torf sauer wirkt. Außerdem schadet der Torfabbau den Moorgebieten. Besonders im Garten kann eigener Kompost den Torf völlig ersetzen.

### Bodenmüdigkeit vermeiden

Wenn ständig dieselben Pflanzen am selben Ort angebaut werden, hat das negative Folgen für den Boden. Je nach Art zehren die Wurzeln mehr oder weniger von den vorhandenen Nährstoffen. Zudem scheiden sie Stoffwechselprodukte aus. Der Boden wird dadurch einseitig ausgezehrt oder belastet. Gegenwirken kann man hier mit Ruhephasen sowie mit Gründüngung oder auch durch das Einarbeiten von Kompost.
Auf den vorhandenen Nutzflächen sollte man jedoch auch immer mit verschiedenen Kulturen abwechseln.

Zierlauch

Für die Pflege des Gartens benötigt man eine Grundausstattung an Geräten

Zur Auswahl stehen zwei Scherentypen: Ambossschere und Backenschere. Beide sind gleichermaßen geeignet. Fachleute bevorzugen gewöhnlich Backenscheren, weil sie nachschleifbare Klingen haben. Manche Hersteller bieten übrigens auch Scheren für Linkshänder an.

# GARTENGERÄTE

Gute Gartengeräte sind die Grundlage erfolgreicher Gartenarbeit. Sie sind rund ums Jahr ständig im Einsatz und erleichtern das Gärtnern. Die Anschaffung einer guten Grundausstattung lohnt sich deshalb immer.

## AUF QUALITÄT ACHTEN

Ob Sie Ihre Gartengeräte nach und nach anschaffen oder gleich ein komplettes Sortiment kaufen, spielt keine Rolle. Vielmehr ist wichtig, dass Sie die Geräte gut auswählen und auf Qualität achten.

Wählen Sie keine Billigware, die schon nach kurzem Einsatz verschleißt, sondern lieber stabile dauerhafte Geräte, die zwar etwas teurer sind, dafür aber viele Gartenjahre überstehen und, falls nötig, repariert werden können.

Grundsätzlich sollten Sie beim Kauf auf Folgendes achten:

- Schneidewerkzeuge sollten auswechselbare Klingen haben, gut in der Hand liegen und leicht zu bedienen sein. Machen Sie einen Probeschnitt und achten Sie darauf, dass das Werkzeug einen glatten Schnitt ermöglicht und keine gequetschten Wunden bei den Pflanzen verursacht.
- Stiellänge und Gewicht müssen eine leichte Handhabung der Geräte erlauben. Oft sind unterschiedliche Ausführungen erhältlich, z. B. leichte Spaten (sogenannte Damenspaten), die ebenso stabil gebaut sind wie schwere Modelle.
- Geschmiedete Geräte sind hochwertiger. Blatt und Schaft sollten an einem Stück gearbeitet sein. Blechspaten biegen sich beispielsweise oft schon bei den ersten Grabarbeiten und sind dann unbrauchbar.
- Gerätestiele (am besten aus Eschenholz) sollten fest im Schaft sitzen, aber auswechselbar sein, falls sie doch einmal brechen.
- Stecksysteme sind besonders praktisch für Geräte, die man nicht ständig benutzt. Hier dient ein Stiel für mehrere Geräte. Er wird einfach ausgeklinkt und dann umgesteckt.
- Ausziehbare Stiele machen Geräte flexibler (Obstpflücker, Baumsäge). Sie können bei Bedarf bis in die Baumkrone reichen und ersparen die Leiter oder das Klettern.

**GARTENGERÄTE – DIE GRUNDAUSSTATTUNG**

| Gerät | Wozu? | Gut zu wissen |
|---|---|---|
| Spaten | umgraben, Rasenkanten stechen | auf geschmiedetes Blatt achten |
| Grabgabel | Boden lockern, Stauden teilen, Pflanzenballen herausheben | auf geschmiedete Zinken achten |
| Rechen, schmal | Erde zerkrümeln, Boden glätten | schmale Rechenbreite erleichtert den Einsatz in Beeten |
| Rechen, breit | Laub zusammenrechen | eng stehende, gebogene Zinken erleichtern das zusammenrechen |
| Hacke | Boden lockern, Unkraut jäten | unterschiedliche Modelle erhältlich: Spitzhacke, Flachspitzhacke, Kreuzhacke |
| Pflanzschaufel | Einpflanzen und Umtopfen | Blatt aus gewalztem Edelstahl sollte gehärtet sein |
| Grubber/Kultivator | Boden zwischen Pflanzreihen lockern, Unkraut jäten | Arbeitsteil sollte geschmiedet sein |
| Gießkanne | bewässern | Metallgießkannen aus verzinktem Blech sind hochwertiger |
| Gartenschlauch | bewässern | Spritzdüse und Gießstab erleichtern die Gießarbeit |
| Gartenschere | Gehölze und Stauden schneiden | auf auswechselbare Klinge achten; Linkshändermodelle erhältlich |
| Gärtnermesser | Stecklinge schneiden, veredeln, Wundbehandlung | Klappmesser mit Holzgriff und Edelstahlklinge |
| Rasenmäher | Rasenschnitt | → S. 105 |

Stets parat und trocken untergebracht sind Gartengeräte in einer Halterung an der Garagenwand, in einer freien Ecke im Keller oder einem Geräteschuppen im Garten. Schließlich sollen die teuren Geräte auch bei schlechtem Wetter trocken bleiben, damit die Metallteile keinen Rost ansetzen.

Das richtige Handwerkszeug ist auch für den Hobbygärtner unerlässlich

## AUSSTATTUNG DEM BEDARF ANPASSEN

Im Gartenfachhandel gibt es mittlerweile eine schier unüberschaubare Anzahl von Gartengeräten. Alle sind für die ein oder andere Arbeit nützlich, viele erleichtern die Gartenarbeit entscheidend. Selbstverständlich ist das benötigte Gerätesortiment auch von der Nutzung des Gartens abhängig. Was also wirklich benötigt wird, muss jeder Gartenbesitzer für sich entscheiden.

Es besteht jedoch kein Zweifel, dass bestimmte Geräte zur Grundausstattung gehören und in jedem Garten unverzichtbar sind. Bei anderen wiederum lohnt sich die Anschaffung nur unter bestimmten Bedingungen.

Je nach Bedarf kann die Gerätegrundausstattung erweitert werden. Praktisch und nützlich sind z. B.:

- **Schubkarre:** Sie erleichtert den Transport von Erde, Steinen und Pflanzkübeln. Sie sollte einen Schlauchreifen haben, der das Transportgewicht ein wenig abfedert.
- **Heckenschere:** Sie ist vielseitig verwendbar zum Trimmen der Formschnitthecke, zum Formen von Kugelbäumchen aber auch zum Schneiden von Stauden. Als Hand- oder Elektrogerät erhältlich.
- **Astschere:** Die gute Hebelwirkung ihrer langen Griffe erleichtert das Schneiden stärkerer Triebe und Äste, auch an schwer zugänglichen Stellen.
- **Schaufel:** Kommt bei allen Erdarbeiten zum Einsatz. Als Spitzschaufel oder mit geradem Blatt erhältlich.
- **Laubrechen:** Er hat fächerförmige, verstellbare Zinken und ist zum Kehren von Rasenflächen und Beeten geeignet.
- **Obstpflücker:** Sein langer Stiel erlaubt das Ernten von Obst vom Boden aus.
- **Baumsäge:** Praktisch, wenn ältere Gehölze oder dickere Baumäste geschnitten werden müssen. Auf verstellbares Sägeblatt achten.
- **Häcksler:** Zum mühelosen Zerkleinern von sperrigen Gartenabfällen, die dann im Anschluss dem Kompost zugeführt werden können.

Neben den Gartengeräten werden für die Pflege der Gartenpflanzen rund ums Jahr noch andere Materialien benötigt:

- Bast zum Binden von Zweigen und zum Veredeln
- Baumwachs oder künstliche Rinde zum Verschließen von Wunden
- Pfähle zum Stäben und Stützen
- Etiketten zum Beschriften von Pflanzen
- Töpfe, Schalen und Anzuchtgefäße
- verschiedene Erdsubstrate
- Körbe und Kisten zum Ernten und Aufbewahren von Blumenzwiebeln und Sämereien
- Folien und Vliese zur Erntezeitverlängerung und als Frostschutz

## GERÄTE PFLEGEN

Gartengeräte können immer nur so gut sein wie ihr Zustand. Ein teurer Rasenmäher der mangels Pflege nicht anspringt oder wegen eines stumpfen Messers mehr rupft als mäht, ist schlechter als ein billiger Mäher, der sich in einem guten Zustand befindet.

Die meisten Geräte brauchen zwar keine besondere Pflege, dennoch sollte die nötigste Wartung nicht vernachlässigt werden. Vor allem sollten sie trocken stehen. Geräte, die im Freien bleiben, verwittern mit der Zeit und verrosten.

Bei den Kleingeräten wie Rechen, Spaten oder Schaufeln genügt es, sie nach dem Gebrauch zu säubern und an einem trockenen, luftigen Ort aufzubewahren. Geräte mit Metallteilen, insbesondere mit Gelenken, sollten zudem gelegentlich geschmiert werden.

Elektrische Geräte brauchen etwas mehr Pflege und Wartung. Bei Motorrasenmähern muss der Ölstand gelegentlich überprüft und gegebenenfalls geeignetes Öl nachgefüllt werden. Zudem ist eine regelmäßige Reinigung der Filter, der Zündkerzen und weiterer Betriebsteile nötig, sowie die Überprüfung und gegebenenfalls das Schleifen oder Auswechseln der Messer.

Heute gibt es im Gartenfachhandel eine Vielzahl elektrischer Gartengeräte. Welche Pflege die einzelnen Geräte brauchen, ist aus den Betriebsanleitungen ersichtlich.

Auch zum Pflanzen benötigt man einen Spaten

Neben den klassischen Gartengeräten gibt es eine Reihe kleiner nützlicher Helfer für die Gartenarbeit, wie z. B. eine weiche Kniematte, die bei Pflanzarbeiten die Knie schont.

# AUSSÄEN UND VERMEHREN

Manche Arten müssen besonders früh ausgesät werden, weil sie lange zum Keimen brauchen. So erfolgt die Aussaat etwa bei Petunien oder Pelargonien schon im Januar/Februar. Sie brauchen dann eine künstliche Beleuchtung, weil die Tage im Spätwinter sehr häufig noch zu wenig Tageslicht bieten.

Aus winzigen Samenkörnern selbst Pflanzen zu ziehen – das lässt das Herz eines jeden Hobbygärtners höher schlagen. Die kleinen Keimlinge zu pflegen und wachsen zu sehen und die Pflanzen durch verschiedene Methoden weiter zu vermehren, das ist eigentlich keine Gartenarbeit, sondern eine der angenehmsten Tätigkeiten für alle Gartenliebhaber.

## DIE AUSSAAT

### Rechtzeitig beginnen

Die Aussaat von Sommerblumen und Gemüse kann bereits im Spätwinter oder im zeitigen Frühjahr im Zimmer erfolgen. So kann man wärmeliebende Arten, die eine hohe Keimtemperatur benötigen, sicher vorkultivieren.

Die kleinen Pflänzchen können dann, sobald die Temperaturen es erlauben, im Frühbeet weiterkultiviert und dann ins Freiland ausgepflanzt werden.

In der Regel fängt die Saatzeit im Februar/März an, wenn die Tage wieder spürbar länger werden. Zu früh lohnt sich die Aussaat nicht, denn bei Lichtmangel werden die Sämlinge zu langstielig.

Gänseblümchen

Weitere Informationen zur Anzucht finden Sie unter www.davidia.de.

Theoretisch kann man alle Pflanzen auch vor Ort im Freien aussäen. Dies ist aber bei vielen Arten erst spät im Frühjahr möglich, wenn keine Fröste mehr zu befürchten sind. Durch die Vorkultur im Zimmer verringert sich also die Entwicklungszeit. Beachten Sie die Angaben auf den Samenpackungen. Hier können Sie ersehen, ob und ab wann eine Freilandaussaat empfehlenswert ist.

### Saatgut wählen

Für sortenreine Pflanzen ist Züchtersaatgut nötig. Samen von eigenen Pflanzen bringen meistens weniger „wertvolle" Nachkommen hervor. Besonders schöne Blüten, mehltauresistente Gurken, Tomaten mit besonders großen Früchten oder gelbe Zucchini sind nur durch sortenreines Saatgut zu bekommen.

Es lohnt sich verschiedene Züchtungen auszusäen. Dadurch vergrößert sich die Vielfalt an unterschiedlichen Blüten und Früchten in Ihrem Garten. Zudem lässt sich die Blüte- und Erntezeit verlängern. Zu empfehlen sind vor allem solche Züchtungen, die sich durch besondere Eigenschaften, wie eine sehr lange Blütezeit, leuchtende Farben oder auch eher ungewöhnliche Widerstandsfähigkeit gegen Krankheiten auszeichnen.

Übrigens: Wenn Sie Saatgut übrig haben, können Sie es bis zum nächsten Jahr aufheben. Die Samen behalten ihre Keimfähigkeit normalerweise einige Jahre. Beachten Sie dazu auch den Aufdruck auf der Packung.

Sind die einzelnen Samenkörnchen einer Art sehr klein, so ist das Saatgut oft auch als „pilliertes Saatgut" erhältlich. Dabei sind die einzelnen Körnchen mit einer Hüllmasse umgeben, die sich später auflöst. Das erleichtert den Umgang mit dem Saatgut enorm.

Hilfreich sind auch sogenannte Saatbänder. Hier sind die Samen mit größerem Abstand aufgereiht. Die Bänder müssen nur noch in die Saatrille eingebracht werden und gehen so vereinzelt auf, dass kein Pikieren nötig wird.

### Aussaat in Gefäßen

Für die Aussaat im Zimmer benötigen Sie Kistchen, Schalen oder kleine Töpfe sowie feine Aussaaterde und einen hellen, warmen Platz.

Die Gefäße werden mit Erde gefüllt. Nach dem vorsichtigen Andrücken und Glattstreichen erfolgt die gleichmäßige Verteilung der Samen. Die Samen werden nicht zu dicht auf die Erde gestreut.

Das weitere Vorgehen hängt davon ab, ob es sich um Lichtkeimer oder um Dunkelkeimer handelt. Beachten Sie dazu die Angabe auf der Packung. Samen von Lichtkeimern (z. B. Ziertabak, Lobelie, Basilikum) bleiben unbedeckt, Samen von Dunkelkeimern werden mit einer dünnen Erdschicht bedeckt. Alles sollte leicht angedrückt und ab jetzt gut feucht gehalten werden. Optimal ist eine Keimtemperatur von etwa 20 Grad. Dann geht die Saat schön gleichmäßig auf.

Durch die Aussaat verschiedener Züchtungen entsteht ein farbenprächtiges Beet

### NICHT ZU VIEL AUSSÄEN!

In Gartencentern und in den Katalogen von Saatgutzüchtern gibt es heute eine beinahe unüberschaubare Auswahl an Samen. Die bunten Bilder auf den Tütchen machen Lust auf Sommer und Garten – schließlich ist es zur Zeit des Samenkaufs meist noch Winter – und regen zum Kauf an.

Wählen Sie aber immer nur so viel Saatgut aus, wie Sie verarbeiten können. Aus den wenigen Samen einer Packung entwickelt sich eine Fülle an Jungpflanzen, die dann versorgt werden müssen und Platz im Garten brauchen!

Am besten erstellen Sie vor dem Einkauf einen Pflanzplan, auf dem die gewünschten Arrangements in den Blumenkästen, Sommerblumenrabatten und Gemüsebeeten ersichtlich sind, und wählen dementsprechend das nötige Saatgut aus.

### Aussaat ins Freiland

Die Beete, auf denen direkt ausgesät wird, sollten gut mit Humus versorgt, gehackt und glatt gerecht sein. Sie können breitwürfig (also über eine bestimmte Fläche) oder in Reihen aussäen. Die Saattiefe und der Reihenabstand sind je nach Pflanzensorte unterschiedlich und können den Informationen auf der Samenpackung entnommen werden.

Saatrillen ziehen Sie mit einem Werkzeugstiel.

Säen Sie nicht zu dicht und bedecken Sie die Saat wie im vorhergehenden Abschnitt beschrieben. Nun können Sie gründlich, aber vorsichtig (sehr feine Brause!) angießen. Achten Sie darauf, dass die Saat nicht austrocknet! Bei sonnigem Wetter müssen Sie gegebenenfalls mehrmals täglich gießen.

Anzucht von Salatpflanzen

Pikieren von Tomatenpflanzen

### Pflanzen vereinzeln

Sind die Samen aufgegangen, so stehen die Keimlinge ziemlich dicht. Wenn sie nach den Keimblättern die ersten richtigen Blätter entwickelt haben und dicht zusammengewachsen sind, muss man Platz schaffen, damit sie sich entwickeln können. Nun ist es Zeit zum Vereinzeln (auch „Pikieren“ genannt).

Kräftige Pflänzchen werden samt ihrem kleinen Wurzelballen aus der Erde genommen. Dies geschieht schonend und einfach mit einem Pikierhölzchen. Dabei dürfen die kleinen Wurzeln nicht beschädigt werden. Die Pflänzchen werden in passende Töpfe mit gedüngter Erde gesetzt. Schwache Exemplare bleiben zu diesem Zeitpunkt noch im Saatgefäß.

Die pikierten Pflanzen sollen in ihren neuen Gefäßen ungehindert wachsen können. Dennoch darf der Abstand zu den Nachbarpflanzen nicht zu groß sein, denn das verzögert die Entwicklung. Sobald die Töpfe durchwurzelt sind, wird erneut umgetopft. Schließlich kommen die Jungpflanzen dann ins Freie (→ S. 114 f.).

### JUNGPFLANZEN ABHÄRTEN

An milden Tagen kommt den Jungpflanzen schon vor dem Auspflanzen ins Freie ein Aufenthalt an der frischen Luft sehr zugute. Abgehärtete Pflänzchen sind später nämlich wesentlich stabiler als verwöhnte.

Die Anzuchtgefäße werden dazu bei gutem Wetter ins Freie geräumt. Achtung! Sie dürfen abends nicht dort vergessen werden, sonst macht eine Spätfrostnacht den ganzen Jungpflanzenbestand zunichte.

## PFLANZEN VERMEHREN

Die Aussaat ist nicht die einzige Methode um Pflanzen zu vermehren. Es besteht auch die Möglichkeit, aus Pflanzenteilen Nachwuchs zu gewinnen (z. B. durch Triebstecklinge oder Kopfstecklinge). Solche ungeschlechtlich vermehrten Jungpflanzen haben dieselben Eigenschaften wie die Mutterpflanze.

### Vermehrung durch Stecklinge

Stecklinge sind von der Mutterpflanze abgetrennte Triebe, die in einem genügend tiefen Gefäß bei ausreichender Bewässerung und hoher Luftfeuchte zu neuen Pflanzen heranwachsen. Diese Jungpflanzen sind mit der Mutterpflanze genetisch identisch. Achten Sie deshalb darauf, dass die Mutterpflanzen völlig gesund sind.

**Zeitpunkt:** Die beste Zeit zur Stecklingsvermehrung beginnt etwa im Juni und dauert bis zum Spätsommer an.

**Verwendete Teile:** Sie können Kopfstecklinge (Triebspitzen) oder Teilstecklinge (Triebteile) schneiden. Die Stecklinge sollten zwischen zehn und 15 Zentimeter lang sein. Achten Sie darauf, dass sie nicht zu weich aber auch noch nicht holzig sind. Ideal sind elastische Jahrestriebe.

**Vorbereitung:** Entfernen Sie die untersten Blätter ohne dabei die Knospen in den Blattansätzen zu verletzen. Nun schneiden Sie mit einem kleinen Messer den Steckling am letzten Auge unten schräg ab. Teilstecklinge schneiden Sie zusätzlich oben gerade ab.

**Bewurzelung:** Stecken Sie die Stecklinge mit der schräg angeschnittenen Seite nach unten in einen Topf mit einem Sand-Pflanzerde-Gemisch. Gießen Sie das Substrat gut an. Sorgen Sie für eine hohe Luftfeuchtigkeit. Dies lässt sich z. B. durch eine Folienhaube erreichen. Bei günstigen Bedingungen bilden sich innerhalb von sechs Wochen Wurzeln.

**Einpflanzen:** Jeder bewurzelte Steckling kommt in einen angemessen großen Topf mit nährstoffreichem Substrat. Ende Herbst bringen Sie die Gefäße mit den bewurzelten Stecklingen an einen kühlen, aber frostfreien Platz. Sie bleiben hier bis zum nächsten Frühjahr. Kräftige Jungpflanzen lassen sich dann schon in den Garten auspflanzen.

Buchs stecken

### Vermehrung durch Steckhölzer

Nach derselben Methode sind viele Bäume und Sträucher vermehrbar. Dafür werden kurze Zweigstücke verwendet.

**Zeitpunkt:** Die beste Zeit ist in der Saftruhe etwa vom Herbst bis zum Spätwinter. Dann haben die Gehölze eine Menge Assimilate (Nährstoffe) im Holz eingelagert, die für die Wurzelbildung wertvoll sind.

**Verwendete Teile:** Schneiden Sie von der Pflanze einige kräftige Jahrestriebe. Das

Während beispielsweise Buchsstecklinge recht zuverlässig Wurzeln bilden, halten sich die Bewurzelungsergebnisse bei Nadelgehölzen sehr in Grenzen. Die Stecklingsvermehrung von Thujen, Eiben oder Scheinzypressen bleibt deshalb den Baumschulen vorbehalten.

#### DURCH STECKHÖLZER VERMEHRBARE GEHÖLZE (AUSWAHL)

**Bäume**
Pappel (Populus)
Platane (Platanus acerifolia)
Ulme (Ulmus)
Weide (Salix)

**Kletterpflanzen**
Geißblatt (Lonicera)
Jungfernrebe (Parthenocissus tricuspidata)
Knöterich (Fallopia)
Scheinrebe (Ampelopsis)
Waldrebe (Clematis montana)
Weinrebe (Vitis)
Wilder Wein (Parthenocissus quinquefolia)

**Sträucher**
Felsenmispel (Cotoneaster)
Flieder (Syringa)
Forsythie (Forsythia)
Goldregen (Laburnum)
Hartriegel (Cornus)
Hasel (Corylus)
Holunder (Sambucus)
Hortensie (Hydrangea)
Johannisbeere (Ribes)
Liguster (Ligustrum)
Sanddorn (Hyppophaea)
Schmetterlingsstrauch (Buddleia)
Schneeball (Viburnum)
Spiräe (Spiraea)
Tamariske (Tamarix)
Weigelie (Weigelia)
Wildrose (Rosa)
Zierquitte (Chaenomeles)

Clematis-Hybride

Der Goldregen wird durch Steckhölzer vermehrt

sind Triebe, die im vergangenen Jahr gewachsen und bereits verholzt sind. Diese werden im Anschluss in einzelne Steckhölzer geteilt.

**Vorbereitung:** Jedes Steckholz sollte etwa vier bis fünf Knospen haben. In der Regel ergeben sich so etwa scherenlange Triebstücke. Achten Sie beim Schnitt auf die Knospen: Schneiden Sie oben jeweils knapp über einer Knospe gerade ab und unten an einer Knospe schräg.

**Bewurzelung:** Damit die Steckhölzer viele Wurzeln entwickeln und rasch anwachsen, steckt man sie möglichst tief in Sand-Erde-Gemisch oder bei frostfreiem Boden direkt ins Freiland. Es soll nur eine Knospe herausschauen. Die meisten Steckhölzer sind bereits im Herbst nach der Vermehrung gut bewurzelt und können dann umgepflanzt oder an ihren Standort gesetzt werden.

Teilen Sie jährlich nur einen kleinen Bestand Ihrer Gartenstauden. Die Pflanzen brauchen nämlich einige Zeit bis zur Blüte. Der Hauptbestand sollte erhalten bleiben, um die Blütenfülle nicht zu mindern.

### SELBST GEZOGENE HECKE

Für eine dichte Hecke kann man die Steckhölzer direkt vor Ort in einer Reihe in den vorbereiteten Boden stecken. Sie bewurzeln dann und entwickeln sich ohne Umpflanzen in wenigen Jahren zu einem üppigen Gehölzstreifen.

### Vermehrung durch Teilung

Durch diese einfache Vermehrungstechnik können Sie aus einem kleinen Bestand an Primeln, Margeriten, Astern und anderen attraktiven Frühjahrs-, Sommer-, Herbst- und sogar Winterblühern (z. B. Christrose) viele gleichwertige Exemplare gewinnen.

**Zeitpunkt:** Vorzugsweise ist die Zeit für diese ungeschlechtliche Vermehrungsmethode im zeitigen Frühjahr oder im Herbst. Ausnahmen sind Frühjahrsblüher, diese sollte man erst nach der Blüte teilen. Im Herbst sollte man nicht mehr zu spät teilen, sonst wachsen die Staudenteile bis zum Winter nicht mehr richtig an und erfrieren unter Umständen.

**Vorbereitung:** Ausgewählte Stöcke nehmen Sie am besten mit der Grabgabel oder mit dem Spaten aus der Erde. Lösen Sie die Pflanzen, indem Sie die Gabel oder den Spaten von vier Seiten in die Erde stechen und dann mit einem Ruck nach unten drücken. Die flach wurzelnden

Staudenhorste lassen sich so leicht aus der Pflanzgrube heben.

Verfilzte Horste oder Pflanzen in lehmigem Boden teilt man mit dem Spaten. Der Wurzelstock wird dazu mit einem Hieb in der Mitte durchstoßen, die zwei Teilstücke durchtrennt man nochmals mittig. Die vier „Jungpflanzen“ werden von losen Wurzeln und welkem Laub befreit.

Pflanzen mit fleischigen Wurzeln (z. B. Pfingstrosen) und Stauden auf lockerem Grund sollte man mit der Hand zerlegen. Die Stöcke werden dazu ausgegraben, ausgeschüttelt und mit sanfter Gewalt auseinandergerissen.

**Einpflanzen:** Die Erde am neuen Standort muss locker sein, dann wurzeln die Staudenstücke zügig an. Richten Sie sich beim Pflanzabstand nach der Endgröße. Von Rittersporn, Geißbart oder Staudenphlox setzt man drei bis vier Pflanzen pro Quadratmeter. Primeln, Astilben, Christrosen unter anderem halbhohe oder niedrige Stauden brauchen weniger Fläche. Schon während der kommenden Saison wurzeln die Jungpflanzen zügig ein, Wassergaben fördern die Wurzelbildung. Im Jahr nach der Teilung werden die Jungpflanzen nur vereinzelt blühen; doch schon in nächsten Jahr ist eine Vollblüte zu erwarten.

### Andere Vermehrungsmethoden

Neben der Vermehrung durch Stecklinge, Steckhölzer und Teilung gibt es bei einzelnen Pflanzen verschiedene andere Methoden.

Erdbeeren beispielsweise bilden Ausläufer an langen Trieben. Diese bewurzeln sich bei Kontakt mit der Erde und können leicht abgenommen und an anderer Stelle eingesetzt werden.

Auch viele Kletterpflanzen (beispielsweise Efeu, Geißblatt, Spindelstrauch) bilden bewurzelte Ausläufer. Diese werden von der Mutterpflanze abgetrennt und in sandiges Substrat getopft.

Neue Brombeerpflanzen sind durch Absenker zu gewinnen. Hierzu werden Triebe zum Boden abgesenkt und mit einem Haken verankert. An der Kontaktstelle zum Boden bilden sich Wurzeln.

Durch Teilung sind auch viele Kräuter einfach vermehrbar, insbesondere krautige Arten, die feine Faserwurzeln bilden (Pfefferminze, Zitronenmelisse, Schnittlauch). Holzige Kräuter wie Thymian, Rosmarin oder Salbei werden besser durch Aussaat oder auch durch Stecklinge vermehrt.

Herbstastern

Blumenzwiebeln von verschiedenen Arten

# PFLANZUNG

Wer sich beim Gärtnern nach den Mondphasen richtet, zieht bezüglich des idealen Zeitpunkts zum Anpflanzen einen Mondkalender heran. Erfahrungsgemäß wirken sich aber andere Wachstumsfaktoren wie Wärme, Licht, Wasser und Dünger mehr auf ein gutes Gedeihen aus als der Stand der Gestirne.

Egal, ob Sie Jungpflanzen selbst gezogen oder beim Gärtner gekauft haben, ob Sie Bäume oder Sträucher in der Baumschule erworben haben oder Ihre vorhandenen Gartenpflanzen durch Teilung oder Stecklinge vermehrt haben – nun geht es ans Einpflanzen.

## BODEN VORBEREITEN

Damit Pflanzen wirklich Freude machen und immer wieder blühen, grünen und fruchten, müssen sie gut eingepflanzt werden. Wenn ihnen der Boden, in dem sie wachsen, nicht bekommt, dann kümmern sie mehr schlecht als recht dahin und machen wenig Freude.

Sie brauchen tiefgründigen, lockeren Boden mit ausreichendem Nährstoffgehalt und guter Wasserführung. Bodenverdichtungen sind ebenso schädlich wie Staunässe oder Trockenheit.

Die gründliche Bodenvorbereitung kommt besonders den Gehölzen zugute, die ja ein weitverzweigtes Wurzelwerk entwickeln und in metertiefe Schichten vordringen. Je besser sie das von Jugend an können, umso leichter versorgen sie sich später selbst.

Kompost wirkt hier wie ein Wundermittel. Er dient der Lockerung und Humusverbesserung sowie als Nährstoffquelle. Er wird aber nicht pur gegeben, sondern mit der Aushuberde vermengt.

Die Pflanzgrube sollte immer etwa im doppelten Durchmesser des jeweiligen Wurzelballens ausgehoben werden. Wich-

tig ist, dass die Pflanze weder zu tief noch zu hoch sitzt. Das Maß aller Dinge ist beim Pflanzen der Wurzelhals. Das ist genau die Stelle zwischen Stiel, Stamm, Geäst und dem Wurzelwerk.
Nur bei Edelrosen muss die Veredelungsstelle etwa fünf Zentimeter tief im Boden sitzen. Dadurch ist sie auf Dauer vor schädlichem Frost geschützt.

## JUNGPFLANZEN EINSETZEN

Wenn aus den eigenen Sämlingen kräftige Jungpflanzen geworden sind, oder wenn Sie in der Gärtnerei oder auf dem Markt Jungpflanzen gekauft haben, werden diese an ihren festen Platz gesetzt.

Der Termin zum Auspflanzen richtet sich nach der jeweiligen Pflanzenart und nach dem Wetter. Frostharte Sommerblumen und Gemüse beispielsweise können schon ab März ins Freiland umgesetzt werden. Das gilt etwa für Tausendschön und Veilchen sowie für Kopfsalat, Kohlrabi und Rettich.
Wenn der Boden noch gefroren ist oder bei einer geschlossenen Schneedecke verschiebt sich die Pflanzzeit natürlich. Günstig ist ein milder trockener Frühlingstag, sobald der Boden „offen" (frostfrei) und nicht mehr zu nass ist. Die Pflanzung kann zu jeder Tageszeit erfolgen. Besonders die frostempfindlichen Arten werden allerdings erst im Mai, wenn keine Fröste mehr zu erwarten sind, ins Freie gepflanzt.

Beim Pflanzen in den gut vorbereiteten Boden ist darauf zu achten, dass die Pflanzabstände stimmen. Starkwüchsige Arten wie Kürbisse oder Zucchini brauchen mehr Platz zur Entfaltung als Salate und Kohlgemüse. Die Pflanzabstände richten sich dementsprechend nach der Art und Sorte.
Nach der Pflanzung in Reihen (oder bei Mischkultur in unregelmäßiger Folge in gemischten Gruppen) und dem Angießen erhalten die Beete, falls nötig, zum Schutz vor Spätfrost eine Vliesabdeckung.

## BÄUME UND STRÄUCHER PFLANZEN

### Pflanzzeit

Die besten Pflanzzeiten für Gehölze ohne Ballen oder mit einem in Jute gepackten Erdballen ist das Frühjahr oder der Herbst. Bei diesen Gehölzen werden die Wurzeln beim Ausgraben durchtrennt und die wichtige Wurzelsubstanz vermindert. Dadurch ist die Wasserversorgung der Pflanzen beeinträchtigt. In der Wachstumszeit im Sommer würden sie welken oder müssten Trockenschäden hinnehmen.
Im zeitigen Frühjahr (etwa im März/April) vor dem Austrieb oder im Herbst nach dem Triebabschluss (etwa von September bis November) vertragen sie das Umpflanzen besser.
Insbesondere Gehölze ohne Ballen, also mit losen Wurzeln, pflanzt man grundsätzlich nur im Frühjahr oder im Herbst, wenn sie keine Blätter haben.

Beeteinfassung aus Buchs

Achten Sie beim schrägen Pfählen am besten auf die vorherrschende Windrichtung! Die Pfähle müssen sich gegen den Wind stemmen, das heißt, man schlägt sie am besten „mit dem Wind“ (in der Regel von Westen in Richtung Osten).

Lösen Sie die Schnüre wieder rechtzeitig von den Stämmen, sobald die Gehölze angewachsen sind, damit sie nicht in die Rinde einwachsen! Das kann etwa zwei bis drei Jahre dauern. In dieser Zeit sind regelmäßige Kontrollen nötig.

### Pflanzschnitt

Gehölze ohne Ballen brauchen einen Pflanzschnitt, der das Anwachsen erleichtert. Das heißt, dass man die Triebe etwa um ein Drittel ihrer Länge einkürzen muss, damit die wenigen Wurzeln die Versorgung bewältigen.
An den Wurzeln wird möglichst wenig geschnitten. Nur die Wurzelspitzen schneidet man mit einer scharfen Schere nach. Zudem werden abgebrochene und zu lange Wurzeln eingekürzt.

### Bodenschluss

Nach dem Einsetzen der Pflanze und dem Einfüllen der Aushuberde muss der Boden festgetreten werden, damit die Wurzeln guten Bodenkontakt bekommen. Dabei darf natürlich nicht auf den Wurzelballen getreten werden, sondern nur rund herum. Gehölze mit losen Wurzeln rüttelt man vorher, damit die Erde zwischen die Wurzeln rieselt. Nach dem Pflanzen werden die Gewächse gut gegossen. Dabei werden die Faserwurzeln eingeschlämmt, sodass sie Bodenkontakt bekommen und zugleich anwachsen können.

### Pfählen

Sobald ein Baum oder Strauch gepflanzt und die Erde festgetreten und angegossen ist, setzt langsam die Wurzelbildung ein. In dieser Zeit braucht das Gehölz unbedingt eine Stütze.
Zunächst treiben zarte Faserwurzeln, um die Wasserversorgung zu sichern. Diese Würzelchen vermögen aber noch nicht, das Gehölz festzuhalten. Im Gegenteil, sie reißen sofort ab, wenn eine Windböe auf die junge Krone und damit auch auf den Wurzelballen drückt. Dadurch verzögert sich die Anwachsphase, denn die Pflanze ist ständig damit beschäftigt, die Wurzelschäden zu heilen und kommt kaum dazu, sich selbst im Boden zu verankern.
Bäume oder Großsträucher sollten also nach dem Pflanzen immer durch einen oder mehrere Pfähle gestützt werden. Verwenden Sie ausschließlich sogenannte gefaste Pfähle, die oben rundherum angeschrägt sind. Diese Pfähle splittern beim Schlagen nicht so schnell.
Beim Einschlagen ist darauf zu achten, dass nicht senkrecht am Stamm entlang gepfählt wird, da sonst der Wurzelballen beschädigt werden könnte. Achten Sie auch darauf, dass der Pfahl nicht am Stamm scheuert. Großgehölzen sollten Sie sicherheitshalber zwei schräge Pfähle geben. Die Pfähle werden dazu überkreuz in den Boden geschlagen, sodass der Stamm in einer Gabel sitzt.

### Binden

Binden Sie alle Gehölze ausschließlich mit Naturfaserschnur, denn glatte synthetische Kordeln dehnen sich nicht und schneiden in die Rinde ein. Legen Sie die Schnur am besten achterförmig um den Stamm und um den Pfahl, damit sich dazwischen ein puffernder Knoten bildet. Beim „doppelten Achterschlag“ wird die Schnur zweifach umschlungen. Zwischen Stamm und Pfahl entsteht so ein dickes Knäuel, das Scheuerwunden verhindert. Zu beachten ist, dass die Schnur straff sitzt, damit sich der Stamm nicht bewegen kann. Lose Bindungen geben keinen Halt und schaden mehr als sie nützen.

Gehölz pfählen

Frühbeet

# DAS FRÜHBEET – GÄRTNERN UNTER GLAS UND FOLIE

Ein Frühbeetkasten ist ein Gewächshaus im Kleinformat. Wer die Kosten eines klassischen Gewächshauses scheut oder im Garten zu wenig Platz hat, muss auf die Vorteile des Gärtnerns unter Glas somit nicht verzichten.

## GANZJÄHRIGER SCHUTZ

Besonders wertvoll sind die flachen Gewächshäuser für den vorzeitigen Anbau von Frühgemüse. Mit einer wärmenden Packung Stallmist als Mistbeete hergerichtet, machen sie sogar die Pflanzung von Tomaten und Paprika vor Saisonbeginn möglich.
Frühbeete dienen aber auch im Sommer noch als schützende Quartiere für Gurken, Melonen und zahlreiche andere wärmeliebende Exoten.
Im Herbst lassen sie sich für späte Salate nutzen oder als Mieten (→ S. 173) für Knollen- und Wurzelgemüse.

### BEGRENZTER SCHUTZ

Für den Anbau im zeitigen Frühjahr unter Glas sind nicht alle Gemüsesorten geeignet. Achten Sie beim Kauf von Samen oder Pflanzen auf spezielle „schossfeste" Frühsorten.
Ideal ist das Frühbeet für frühe Kopfsalatsorten, Rettiche, Radieschen und Spinat. Diese Gemüse sind robust und kommen mit späten Frostperioden gut zurecht.
Achtung! Einen völligen Frostschutz gewährt das Frühbeet nicht! Es hält die Kälte nur in einem gewissen Maß ab. Tomaten, Paprika und andere empfindliche Gemüse dürfen erst im April/Mai ins Frühbeet gepflanzt werden – es sei denn, man schützt es bei Frost zusätzlich. Hierzu können Sie es mit Polsterfolie abdecken oder mit Pferdemist einen „Warmen Kasten" daraus machen (siehe folgende Seite).

Sogar im Winter können Frühbeete genutzt werden: als Quartiere für nicht zu empfindliche Kübelpflanzen. Dann muss aber der Boden tief genug ausgeschachtet werden.
Ebenso bieten sie günstige Bedingungen für Kaltkeimer. Die Saatgefäße mit Gehölz- oder Staudensämereien werden dazu nur in den Boden eingesenkt.

Als Kaltkeimer werden Pflanzen bezeichnet, deren Samen erst nach einer Kälte- oder Frostperiode keimen.

## KOSTENGÜNSTIGE LÖSUNG

Frühbeete sind relativ preisgünstig zu bekommen. Sie lassen sich je nach Typ aus Abfallbrettern und alten Fenstern einfach und kostengünstig selbst bauen.
Eine solche Eigenkonstruktion tut ihren Dienst ebenso wie ein Fertigbausatz. Solche Produkte gibt es in vielen Variationen zu kaufen.
Das Sortiment reicht hier von Frühbeettunnels aus Folie über leichte Konstruktionen aus Hohlkammerplatten bis zu massiven Kästen aus Betonformteilen. Natürlich sind auch exklusive Eigenkonstruktionen problemlos machbar, die genau für einen bestimmten Standort oder eine besondere Nutzungsart geschaffen werden. Das kann beispielsweise auch ein Hochbeet mit Fenster sein.

Besonders gut eignet sich kesseldruckimprägniertes Holz als Baumaterial. Es lässt sich leicht schneiden und verbinden. Trotzdem ist es stabil und wetterfest. Durch die besondere Technik der Imprägnierung ist dieses Holz besonders umweltfreundlich, da die schützenden Salze fest in den Poren haften bleiben.

Frühbeetkasten aus Holz

Beim Eigenbau haben sich vor allem Holz und Kunststoff bewährt, da beide Materialien leicht zu bearbeiten und dennoch stabil und wetterfest sind.
Die Lebensdauer ist vom Material abhängig und liegt zwischen einem Jahr bei einem Kasten aus ungeschütztem, leichten Holz plus Folie und zehn oder mehr Jahren bei einem Betonkasten mit Glasfenstern, die in einen Metallrahmen eingespannt sind.

## WANDERKÄSTEN UND DAUERKÄSTEN

Beim Frühbeet unterscheidet man grundsätzlich zwischen dem Wanderkasten und dem Dauerkasten.
Der Wanderkasten besteht aus leichten Elementen wie etwa mit Folie bespannten Holzrahmen oder Hohlkammerplatten. Er kann ohne Schwierigkeiten auf jedes beliebige Beet umgesetzt werden.
Der Dauerkasten wird fest in den Boden eingesenkt. Dabei haben sich Betonformteile, Ziegelwände oder Holzbohlen bestens bewährt. Die Wände sollten fest in den Boden eingelassen werden, damit er gut verankert ist.
Der Aufwand für den Bau eines Dauerkastens ist deshalb wesentlich größer als für einen Wanderkasten, der nur auf den Boden aufgesetzt wird.

## DAS MISTBEET – WÄRME VON UNTEN

Ein Frühbeetkasten kann auch als „warmer Kasten" angelegt werden. Dazu eignet sich vorzugsweise Pferdemist, der mehr Wärme entwickelt als beispielsweise Mist von Rindern oder Schweinen.
Der Mist wird in einer Schicht von 20 bis 30 Zentimetern auf dem Boden verteilt und durch Festtreten verdichtet. Je dicker die Mistschicht, umso länger bleibt sie erhalten. Sie gibt beim Verrotten Wärme ab. Vor dem Einfüllen des Mists muss der Boden ausreichend tief ausgehoben werden. Ein Teil der Aushuberde wird nach dem Bepacken mit Mist wieder als Pflanz-

Folientunnel

substrat eingefüllt. Sie kann mit Kompost vermischt und so speziell für die Gemüsepflanzen verbessert werden. Die Substratschicht über der Mistpackung sollte etwa 20 Zentimeter dick sein.
Jetzt können die Fenster aufgelegt werden. Die Bepflanzung sollte allerdings erst einige Tage später erfolgen, wenn die vom Mist ausgedünsteten Ammoniakgase entwichen sind. Dazu werden die Fenster mit einzelnen Lüftungshölzchen offen gehalten.
In den warmen Kasten kommen zunächst vorzugsweise Frühsalate und Kohlrabipflanzen. Sie profitieren von der „Bodenheizung" und entwickeln sich auch bei noch kühlem Spätwinter- oder Frühlingswetter besser als im unbeheizten Frühbeet. An sonnigen Tagen ist natürlich eine ausreichende Belüftung nötig, damit es keinen Hitzestau gibt.

Nach dem Abernten der ersten Frühsalate und Kohlrabi dient der warme Kasten insbesondere zur Bepflanzung mit Tomaten. Sie vertragen den frischen Mist gut und nutzen ihn zur Nährstoffversorgung. Freie Flächen oder Lücken lassen sich weiterhin mit Salat oder mit Paprika bepflanzen.

Legen Sie kein Mistbeet in einem versiegelten Kasten (z. B. mit Betonboden) an. Der Boden muss nach unten offen sein, damit überschüssiges Wasser ablaufen und Bodenlebewesen eindringen können. Sonst verfault der Mist im Garten, statt langsam zu verrotten.

## DER FOLIENTUNNEL – SCHUTZHAUBE FÜR EMPFINDLICHE PFLANZEN

Beim Selberbauen von sehr einfachen und leichten Gewächshäusern ist Folie den Glas- oder Kunstglaseindeckungen überlegen. Die elastische Schutzhaut benötigt keinen tragfähigen Holz- oder Metallaufbau. Sie lässt sich über alle möglichen Hilfskonstruktionen spannen.
Große Folientunnel sind vergleichbaren Glashäusern durchaus ebenbürtig. Sie machen den Anbau von Tomaten, Paprika und anderen Fruchtgemüsen möglich. Kleine Folientunnel können zum Schutz von Jungpflanzen sehr nützlich sein. Sie halten insbesondere im Frühjahr kalten Wind ab und lindern leichte Nachtfröste. Im Sommer machen sie den Anbau von niedrig wachsendem, wärmebedürftigem Gemüse wie Gurken, Paprika oder Melonen möglich. Im Herbst halten diese Schutzhauben Schnee und Regen von späten Gemüsen und Salaten ab. Folientunnel lassen sich bei Bedarf jederzeit umsetzen.

Achtung! Zum Einsatz unter freiem Himmel eignen sich nur spezielle Gartenfolien, die einen UV-Lichtschutz haben. Gewöhnliche Plastikplanen werden bald brüchig und zerbröseln. Sehr zu empfehlen sind reißfeste Gitterfolien.

Ein Frühbeet ist rund ums Jahr nützlich

# FRÜHBEETKASTEN AUS ALTEN FENSTERN

Weitere Informationen zum Bau von Frühbeetkästen finden sie unter www.davidia.de

Bei Hausrenovierungen fallen mitunter mehrere alte Fenster gleicher Größe an, die sich ausgezeichnet für den Bau eines stabilen Frühbeetkastens eignen. Fragen Sie in der Nachbarschaft nach, auf Wertstoffhöfen oder bei Bauschreinereien.

Aufgrund der Schließmechanik der Fenster ist ein solches Frühbeet komfortabel zu öffnen und zu schließen. Sie können es in etwa fünf Stunden Arbeitszeit bauen. Da die Bauteile relativ groß sind, sollte ein Helfer zur Stelle sein.

## MATERIAL UND WERKZEUG

Für den Bau des Frühbeetkastens benötigen Sie in erster Linie mindestens zwei gleich große, doppelflügelige Fenster. Außerdem Bretter für die Außenwände, Kanthölzer für die Eckpfosten sowie Schrauben und Scharniere.
An Werkzeugen werden eine Säge, ein Bohrschrauber und mehrere Schraubzwingen benötigt.

## ARBEITSSCHRITTE

Die Konstruktion besteht aus Brettern, die an Eckpfosten befestigt werden.
Zuerst werden die Fenster begutachtet und wenn nötig überarbeitet. Wichtig ist, dass sie sich noch gut öffnen und schließen lassen. Eventuell müssen beschädigte Scheiben ersetzt oder spröder Lack erneuert werden.

Die Grundfläche des Frühbeetkastens richtet sich nach der Fensterfläche. Zunächst werden die Bretter für die Vorder- und Rückwand auf das entsprechende Maß zugeschnitten. Eine elektrische Stichsäge erleichtert den Zuschnitt der Bretter. Während der Sägearbeiten sollten die Bretter fest aufliegen (z. B. auf Holzböcken). Abschnitte lassen sich sehr gut für weitere, kürzere Bauteile, wie z. B. die Seitenwände nutzen.

Um die Rückwandbretter zu einer Wandfläche zu verbinden, werden sie an Eckpfosten festgeschraubt. Um diesen Arbeitsschritt zu erleichtern, kann man die zusammengefügten Einzelteile in eine einfache Hilfskonstruktion aus Brettern und Schraubzwingen einspannen. Dann sind sie fixiert und das Kantholz für den Pfosten kann mühelos festgeschraubt werden. Mit der vorderen Wand wird ebenso verfahren. Zum Montieren dienen rostfreie Schrauben.

Optimal ist es, wenn der Kasten oben schräg ist. Werden die Fenster günstig zur Sonne hin ausgerichtet, kann auch im Frühjahr bei niedrigem Sonnenstand genügend Licht in den Kasten dringen. Die Neigung der Fenster wird durch den Höhenunterschied zwischen vorderer und rückwärtiger Wand bestimmt.

Stellen Sie die Frühbeetkonstruktion aus Rückwand, vorderer Wand und Fensterrahmen zur Probe zusammen. Der Neigungswinkel der Fensterfläche gibt die Breite des Kastens vor. Nun kann Maß für die Seitenwände genommen werden. Die Bretter dafür werden entsprechend zugeschnitten und dann auf die Eckpfosten geschraubt. Schraubzwingen halten die Konstruktion währenddessen sicher zusammen.

Aussaat im Frühbeet

Die Fenster liegen direkt auf dem Kasten auf. Das so entstandene Frühbeet bietet optimale Bedingungen. Die massiven Holzwände geben sicheren Windschutz, die Fenster haben zudem eine recht gute Dämmwirkung.

Salat im Frühbeet

Der Holzkasten sollte nicht mit giftigen Holzschutzmitteln imprägniert werden. Bei Bodenberührung lässt sich die Verrottung dadurch kaum aufhalten, da die Mikroorganismen im feuchten Milieu besonders aktiv sind. Falls nötig, werden einfach nach einigen Jahren die morschen Bretter ersetzt.

# BEWÄSSERN

Das Wohlergehen der Gartenpflanzen hängt nicht zuletzt von der ausreichenden und richtigen Bewässerung ab. Für diese sorgt in erster Linie die Natur selbst: Mitteleuropa leidet selten unter Wassermangel. Das atlantische Meeresklima bringt immer wieder Regen mit. Doch manchmal hält eine stabile Hochdruckzone alle Regenwolken fern. In diesen Trockenzeiten braucht der Garten eine „künstliche" Bewässerung. Es lohnt sich, rechtzeitig für solche Regenpausen Gießwasser zu sammeln oder aus vorhandenen Quellen zu erschließen, damit es dann bei Bedarf rasch und reichlich zur Verfügung steht.

Wenn Trinkwasser zum Gießen verwendet wird, was beispielsweise beim Betrieb von druckabhängigen Bewässerungssystemen nicht zu vermeiden ist, sollte es immer gut dosiert sein und ausschließlich zur Versorgung ausgewählter Kulturen dienen.

Zur Verteilung können neben der guten alten Gießkanne und dem bewährten Gartenschlauch auch spezielle Regner, Tropfer und Sprinkler oder komplette Bewässerungssysteme nützlich sein.

## WELCHES WASSER NEHMEN?

Wichtig ist für die Gartenpflanzen vor allem, dass sie genügend Wasser bekommen. Aber nicht nur die Quantität, auch die Qualität des Wassers spielt eine Rolle.

### Leitungswasser

Am einfachsten bekommen Sie das Gießwasser für Ihren Garten aus dem öffentlichen Trinkwassernetz. Allerdings kann dies je nach Gartengröße relativ hohe Kosten verursachen. Zudem ist das kostbare Trinkwasser eigentlich zu schade zum Gießen. Zumindest sollte es nicht in großen Mengen z. B. zur Rasenbewässerung verschwendet werden.

Hinzu kommt, dass einige Pflanzenarten Leitungswasser nicht vertragen. In vielen Regionen ist es sehr kalkhaltig und damit

Brunnen in einem Bauerngarten

Holunderbeeren nach einem Regenschauer

z. B. für Rhododendron, Erika und andere Moorbeetpflanzen unverträglich.
Wenn Sie auf Leitungswasser zum Gießen angewiesen sind, sollten Sie Ihren Gießvorrat in einem Becken bereithalten, wo sich das Wasser erwärmen kann. Direkt aus der Leitung ist es für empfindliche Pflanzen zu kalt.

### Regenwasser

Eine Alternative zum Leitungswasser ist Regenwasser. Es ist bestens zum Gießen geeignet, kalkfrei und für alle Pflanzen bekömmlich. Seit Kraftwerke, Kraftfahrzeuge und andere Luftverschmutzer mit wirkungsvollen Filtern ausgerüstet sind, fällt auch das Regenwasser wieder ohne Verschmutzungen auf die Dächer. Von hier aus fließt es leider noch viel zu oft ungenutzt in die Kanalisation.
Regensammelsysteme machen die Gewinnung von kostenlosem Gießwasser einfach. Dazu muss nur ein Fallrohr der Regenrinne angezapft werden. Hier lässt sich der Regensammler aus Kunststoff oder Metall einsetzen. Je nach Typ fließt das Regenwasser durch einen Schlauchanschlussstutzen in eine Zisterne oder per Klappe in ein Wasserfass. Es steht dann jederzeit zur Wasserversorgung bereit.

## WIE SOLL GEGOSSEN WERDEN?

Das richtige Wasser in ausreichender Menge geben – das ist bei Weitem noch nicht alles, was man als Hobbygärtner für seine Pflanzen tun kann. Ein paar wichtige Punkte gilt es beim Gießen zu beachten.
Die beste Zeit zum Gießen ist in den Morgenstunden. Die Pflanzen bekommen dann gleich ihren nötigen Vorrat für den Tag und nasse Blätter trocknen in der Sonne bald ab, sodass die Gefahr von Pilzerkrankungen geringer ist als beim abendlichen Gießen.
Die Art und Weise der Bewässerung richtet sich nach der Pflanzenart oder Kulturform. Einzeln stehende Pflanzen werden gezielt auf den Wurzelraum bewässert. Dagegen ist bei Rasen eine flächige Wasserverteilung mit geeigneten Regnern sinnvoll.
Es sollte möglichst nur auf den Boden gegossen werden, nicht auf die Blätter. Manche Pflanzen (z. B. Tomaten, Rosen) reagieren empfindlich auf nasse Blätter.

## WOMIT WIRD BEWÄSSERT?

Neben der klassischen Gießkanne und dem Gartenschlauch bietet der Fachhandel für die Gartenbewässerung mittlerweile verschiedenste Hilfsmittel und Systeme. Richtig installiert ersparen sie das

### NICHT ALLES MUSS GEGOSSEN WERDEN

Gartenpflanzen suchen selbst nach Grundwasser. Insbesondere Bäume und Sträucher sind eigentlich nicht auf Gießwasser angewiesen. Das Gießen von Gehölzen ist nur nach der Pflanzung oder bei anhaltenden Trockenperioden nötig.

Auch Blütenstauden, Gräser und andere flach wurzelnde Pflanzen kommen meist mit dem natürlichen Regenwasser aus. Sie zeigen durch schlaffe Blätter an, wenn sie Gießwasser brauchen.

Wenn die Pflanzen durch welke Blätter Wassermangel anzeigen, muss sofort gegossen werden, egal zu welcher Tageszeit!

Die Wassermenge, die pro Quadratmeter gefallen ist, lässt sich ganz einfach mit einem Regenmesser bestimmen. Dieser Messbecher, den es in Gartenmärkten preiswert zu kaufen gibt, wird auf einem Holzstab im Garten platziert. An einer Messskala ist dann die Regenmenge ablesbar.

Wasserschleppen in Kanne und Eimer und sind per Knopfdruck oder per Zeitschaltuhr regulierbar.

Zum Anschluss an ein Sammelgefäß eignen sich solche Systeme, die keinen hohen Wasserdruck benötigen. Das sind z. B. Verteiler mit Quellhölzchen oder Tonkegeln, die das Wasser aus einem Hochbehälter an das trockene Erdsubstrat weiterleiten.

Sprüher, Sprinkler und dergleichen brauchen hingegen einen gleichmäßigen Wasserdruck aus der Wasserleitung oder von einer Pumpe mit Druckregelung.

### Die Wasserbeschaffung

Ein Gartenschlauch ist immer noch die unentbehrliche Wasserleitung im Garten. Durch das biegsame leichte Kunststoffrohr lässt sich das Wasser rasch in jede Gartenecke leiten.

So ein Schlauch ist schnell ausgelegt und ebenso schnell wieder weggeräumt, wenn ein Schlauchwagen bereit steht oder ein Schlauchhalter vorhanden ist. Mit genormten Kupplungen lässt sich der Schlauch an jeden Förderer anschließen und mit jedem Verteiler verbinden.

Schon bei der Gartenneuanlage ist an das Wasserleitungsnetz zu denken. Statt des beweglichen Schlauchs kann dann bereits ein festes Leitungsnetz aus Kunststoff- oder Metallrohren unterirdisch verlegt werden. Selbstverständlich lässt sich ein festes Leitungsnetz auch nachträglich noch in einen Garten einbauen.

An das unterirdische Netz werden in ausreichenden Abständen Zapfstellen und versenkbare Regner angeschlossen. Auch „Sprühschlangen" können Sie während der Saison in die Beete und Rabatten legen. Nach dem Anschluss an die Wasserquelle dringen kleinste Tröpfchen aus winzigen Öffnungen und benetzen die umgebenden Pflanzen. Ebenso wirkungsvoll sind Perlschläuche, die nur die Erde befeuchten. Das Wasser sickert aus feinen Poren. Die Pflanzen bleiben trocken.

Eine Gießkanne ist für jeden Gartenbesitzer ein Muss

Kreisregner

### Die Wasserverteilung

Wasser kann man gießen oder sprühen. Der richtige Verteiler macht es möglich.

**Gießkanne:** Zum Gießen steht in jedem Garten eine stets gefüllte Gießkanne bereit. Damit lassen sich Topf-, Balkon- oder einzelne Pflanzen auf den Beeten gezielt versorgen. Allerdings macht das Wasserschleppen viel Mühe, etwa wenn nach dem Pflanzen zahlreiche Gehölze tüchtig gewässert werden müssen.

**Schlauch:** Ein Schlauch mit verstellbarer Düse erleichtert die Wasserversorgung der Pflanzen. Mit einer Universaldüse für Sprüh- und Weitstrahl lässt sich das Wasser richtig dosieren.

**Regner:** Der Gartenfachhandel bietet eine Reihe sehr nützlicher und preiswerter Steckdüsen und Verteiler. Mithilfe dieser Steckverbindungen können Sie auch

Stand-, Kreisel- oder Viereckregner an den Schlauch oder an das Leitungsnetz anschließen. Zur Dauerbewässerung mit diesen Geräten sollten Sie aber kein Trinkwasser verwenden, sondern immer eigenes Wasser aus einem Brunnen oder einer Zisterne nutzen. Viele Bewässerungseinrichtungen sind auch mit Zeitschaltuhren regulierbar. Der Bewässerungscomputer optimiert die Wasserversorgung im Garten. Ein Feuchtefühler misst die Bodenfeuchtigkeit und setzt die Beregnungsanlage bei Bedarf in Betrieb.

### Eine Beregnungsanlage einrichten

Die Einrichtung einer Bewässerungsanlage im Garten ist jederzeit möglich. Am günstigsten ist aber ein Termin im Frühjahr vor der Bepflanzung der Beete. Dann lassen sich die Schläuche noch ungehindert auslegen und die Verteiler einfach in die Beete stecken.
Beim Testen auf dem noch nackten Boden ist darüber hinaus gut sichtbar, welche Flächen Wasser abbekommen und wo noch trockene Stellen verbleiben. Dementsprechend sind Änderungen machbar oder es lassen sich, falls nötig, zusätzliche Verteiler nachrüsten. Wenn die Anlage richtig funktioniert, ist sogleich die Aussaat und Bepflanzung möglich.
Allerdings kann die Einrichtung auch noch erfolgen, wenn die Beete bereits bepflanzt sind. Die flexiblen Schläuche und die verschiedenen Düsen lassen sich zwischen den Pflanzen installieren. Während der Saison können immer wieder Änderungen nötig werden, so etwa, wenn nach der ersten Ernte andere Pflanzen folgen. Dann werden die Verteiler oder Düsen eventuell an anderen Stellen gesteckt. Die Löcher in den Schläuchen lassen sich mit speziellen Stopfen abdichten.

Der besondere Wert solcher Systeme besteht darin, dass es für jede Pflanzenart passende Düsen gibt. So ist beispielsweise zur flächigen Beregnung von frischen Saatbeeten die Einrichtung von Sprinklern möglich, die auf der gesamten Beetfläche Wasser verteilen.

Alte Gießkannen können auch als Pflanzgefäß verwendet werden

Bei Fruchtgemüse wie Tomaten oder Gurken, die keine nassen Blätter vertragen, sind Tropfer besser geeignet als Regner. Diese kleinen Düsen durchfeuchten den Wurzelballen ganz gezielt und helfen dadurch, Wasser zu sparen.

Der Aufwand für die Einrichtung und die Kosten für die Anschaffung einer Bewässerungsanlage halten sich in Grenzen, wenn zunächst mit einer Grundausstattung begonnen wird, die sich dann bei Bedarf beliebig ausbauen lässt. Die Kunststoffteile sind verrottungsfest und viele Jahre lang zu verwenden. Sobald die Anlage installiert ist und nach dem Probelauf richtig funktioniert, erleichtert sie die Wasserversorgung ganz erheblich. Es genügt, den Wasserhahn aufzudrehen und das Wasser etwa eine Stunde laufen zu lassen. In dieser Zeit geben die Sprinkler, Tropfer oder Regner gezielt ihr Wasser an die Pflanzen bzw. an die Erde oder an die Rasenflächen ab.

Vor dem Kauf der Regner, Schläuche, Düsen und weiterer Bauteile empfiehlt es sich, eine genaue Skizze zu machen. Als Vorlage für einen detaillierten Bewässerungsplan ist eine Kopie des Grundstücksplans geeignet.

# DÜNGEN

**Wichtige Nährstoffe:**
Stickstoff (N)
Phosphor (P)
Kali (K)
Kalzium (Ca)
Eisen (Fe)
Bor (B)
Molybdän (Mo)
Magnesium (Mg)

Pflanzen brauchen außer Licht, Luft, Wasser und Wärme auch Nährstoffe zum Wachsen, Blühen und Fruchten.
Stickstoff ist für das vegetative Wachstum (Blattbildung, Triebentwicklung) wichtig. Phosphor für das generative Wachstum; er fördert die Blütenbildung. Kali stärkt das Gewebe. Kalzium reguliert die Entwicklung. Magnesium macht die Blätter grün. Zudem sind noch Spurenelemente wie Eisen, Bor und Molybdän zum Leben nötig. Düngemittel enthalten je nach Art mehr oder weniger von diesen Stoffen.

Auch beim Düngen ist die Bodenart entscheidend. Bevor Sie also irgendeinen Dünger streuen, sollten Sie den Boden in Ihrem Garten kennen. Oft enthält er ohnehin genug Nährstoffe, dann sind zusätzliche Düngergaben unnötig.
Entscheidend ist aber auch die Bodenart, da nicht alle Böden jeden Dünger gleich gut aufnehmen und speichern können. So hat es beispielsweise wenig Sinn, einen durchlässigen Sandboden mit schnell löslichen Düngemitteln zu versorgen. Der nächste, längere Regenguss wäscht die Nährstoffe aus. Sie kommen dann natürlich leider nicht den Pflanzen zugute, sondern gelangen unter Umständen sogar ins Grundwasser.

Düngemittel sind in verschiedenen Formen erhältlich. Es können Pulver sein oder Flüssigdünger. Als Granulat werden Düngemittel mit feiner Körnung bezeichnet. Es sind in den meisten Fällen chemische Dünger wie Blaukorn, Kalkstickstoff und dergleichen.

## GEZIELTE DÜNGUNG BEI BEDARF

Wenn die Pflanzen offensichtlich schwächlich sind oder nicht blühen, kann eine gezielte Düngung zum Wachsen oder Blühen anregen. Dazu sind aber die Symptome genau zu beurteilen. Sonst schadet die Düngung mehr als sie nützt. Auch hier geben Bodenproben Aufschluss. Deutliche Hinweise geben aber auch die Pflanzen selbst.
Einfach in regelmäßigen Abständen alle Pflanzen mit demselben, stark wirksamen Produkt zu düngen, ist also keinesfalls empfehlenswert. Es sei denn, mit gering konzentrierten Mitteln wie z. B. Kompost oder Pflanzenjauche.

Gezielt eingesetzter Dünger kann das Wachstum der Pflanzen unterstützen

Blühpflanzen benötigen einen speziellen Dünger

Grundsätzlich ist immer das Ziel der Düngung zu beachten. Wenn beispielsweise ein reicher Flor erwünscht wird, kommt nur ein blütenbildender Dünger zum Einsatz, der wenig oder keinen Stickstoff, sondern vor allem Phosphor enthält. Um das Wachstum der Pflanzen anzuregen, wird hingegen ein stickstoffhaltiges Düngemittel eingesetzt.

## DER RICHTIGE ZEITPUNKT

Ganz entscheidend beeinflusst der Zeitpunkt der Düngung die Wirksamkeit und Verträglichkeit von Düngemitteln.
Grundsätzlich sollten Pflanzen nur während der Wachstumszeit Dünger bekommen. Das gilt für Freilandpflanzen ebenso wie für Kübel- und Zimmerpflanzen. Eine zu späte Düngung im späten Sommer oder im Herbst hat beispielsweise zur Folge, dass die jungen Triebe schlecht ausreifen und dann frostgefährdet sind. Am besten wirken Düngemittel im Frühjahr zu Beginn der Saison. Sie fördern dann den Austrieb und die Blütenbildung.
Eine Ausnahme bildet die Gründüngung oder die Gabe von Mist, Kompost und anderem organischen Langzeitdünger.

### HINWEISE AUF EINEN NÄHRSTOFFMANGEL

Oft zeigen die Pflanzen selber an, welche Nährstoffe ihnen fehlen:

- Stickstoffmangel macht sich durch ein zu spärliches Wachstum bemerkbar.
- Phosphormangel erkennt man an einer unzureichenden Blütenbildung.
- Kalimangel lässt die Pflanzen kränkeln.

## RICHTIGE ANWENDUNG VON FERTIGDÜNGER

Im Vergleich zu altbewährten organischen Düngemitteln wie verrottetem Stallmist oder Kompost sind fertig abgepackte Dünger wesentlich stärker konzentriert. Dementsprechend wirken sie auch intensiver. Sie werden gezielt produziert, um eine hohe Wuchsleistung oder üppige Erträge zu fördern. Düngefehler mit fertigen Konzentraten können daher schwerwiegende Folgen haben.
Das gilt übrigens nicht nur für künstlich hergestellte Dünger, sondern auch für Naturdünger wie z. B. Guano, der einen hohen Gehalt an Phosphorsäure aufweist.

Bei der Düngung mit solchen Produkten müssen daher die Packungsangaben genau beachtet werden. Keinesfalls darf sozusagen „nach Gefühl" ein Düngemittel gestreut oder gegossen werden. Die Pflanzen könnten dabei geschädigt werden, überflüssiger Dünger kann ins Grundwasser gelangen und nicht zuletzt werden unnötige Kosten verursacht. Düngefehlern ist sogar oft wesentlich schwieriger abzuhelfen als einer mangelhaften Nährstoffversorgung.
Die Düngung erfolgt je nach Art per Gießkanne bei einem Flüssigdünger (z. B. Brennnesseljauche), mit der Hand bei einem Granulat oder Pulver (z. B. Düngekalk), mit einer Schaufel oder einer Gabel bei Mist und Kompost oder mit einem Düngewagen oder Streuer bei breitflächiger Verteilung (z. B. im Rasen).

Um Düngefehler zu vermeiden, ist es wichtig, die Wirkung der Einzelnährstoffe zu kennen. Es hilft normalerweise nicht, die Pflanzen einfach regelmäßig mit irgendwelchen Mitteln zu düngen. Entscheidend ist der Anteil an bestimmten Nährstoffen und deren Konzentration.

## MÖGLICHKEITEN DER DÜNGUNG

Vor der Einführung von mineralischen und chemischen Düngemitteln („Kunstdünger") diente außer Kompost vorwiegend Mist zur Bodenverbesserung und Nährstoffversorgung. Diese Möglichkeiten gibt es heute noch. Mittlerweile existiert aber auch ein fast unüberschaubares Sortiment an verschiedensten Fertigprodukten auf dem Markt.
Das können organische Dünger sein, natürliche mineralische Dünger, chemische Dünger sowie Mischdünger (z. B. mineralischer Volldünger mit Hornspänen).

Zudem gibt es eine Reihe von Spezialdüngemitteln, die auf Sonderkulturen abgestimmt sind (z. B. Erdbeerdünger, Rosendünger, Tannendünger). Es handelt sich dabei in den meisten Fällen um chemische Volldünger, die je nach Bedarf eine unterschiedliche Zusammensetzung an einzelnen Nährstoffen haben.

Gartenkompost ist ein Naturprodukt und ein leichtes Düngemittel und Humusspender zugleich. Die enthaltenen Nährstoffe werden nur langsam, wenn benötigt, gelöst. Dennoch sind auch Kompostgaben nur bei Bedarf zu verabreichen. Insbesondere sollten gelegentlich Bodenproben aus dem eigenen Gemüsegarten zur Untersuchung an ein Labor gesendet werden.

### WAS ENTHÄLT DER DÜNGER?

Auf der Packung steht neben der Produktbezeichnung des Herstellers auch die Art des Düngemittels. Daraus ist ersichtlich, ob es sich um einen industriell hergestellten Mineraldünger (Kunstdünger) handelt, einen natürlichen Mineraldünger (z. B. Düngekalk), ein organisches Produkt (Naturdünger) oder aber um eine Mischung verschiedener Typen.

Die Bezeichnung „Volldünger" bekommen in der Regel solche Mittel, die gezielt aus allen Hauptnährstoffen zusammengemischt sind. Der Anteil an Einzelnährstoffen ist angegeben. So sagt z. B. die Bezeichnung „NPK-Volldünger mit Magnesium 12+12+17+8" Folgendes aus: Der Dünger enthält 12 % Stickstoff (N), 12 % Phosphor (P), 17 % Kali (K) und 8 % Magnesium (Mg). Zudem sind noch weitere Spurenelemente in geringen Mengen vorhanden, so etwa Bor, Zink, Eisen, Molybdän und Schwefel. Die restlichen Anteile sind Zusatz- oder Beistoffe, wie Schlacke oder Gesteinsteilchen.
Ein solcher Volldünger wirkt intensiv und rasch auf die versorgten Pflanzen, zumal die Einzelnährstoffe wasserlöslich sind.

## ORGANISCHE DÜNGER

Ein organischer Dünger besteht aus tierischen oder pflanzlichen Abfallprodukten. Er kann frisch sein wie z. B. frischer Stallmist, aber auch bereits getrocknet und verarbeitet in handelsüblicher Form gekauft werden. Organische Dünger wirken langsam, sie sind nicht sofort für die Pflanzen verfügbar. Sie müssen erst von den Kleinstlebewesen (Mikroorganismen) im Gartenboden aufgeschlossen werden. Dies geht bei sehr fein zerkleinertem Material wesentlich schneller als bei groben Stoffen. Die Düngewirkung ist also nach der Gabe zeitlich verzögert, sie hält aber auch über einen längeren Zeitraum an.

Rosen benötigen Spezialdünger

### Kompost

Reifer Gartenkompost (→ S. 134) wirkt als leichter Dünger und Bodenverbesserungsmittel zugleich. Beim Aufsetzen verschiedener Küchen- und Gartenabfälle während des Jahres bildet sich ein guter Mischkompost, der alle nötigen Nährstoffe und reichlich Humus enthält. Kompostgaben sind jederzeit möglich, zumal die Nährstoffe gut an die Humusteilchen

Komposter mit Kapuzinerkresse begrünt

gebunden sind. Bei regelmäßiger Versorgung sind dennoch gelegentliche Bodenproben ratsam.
Kompost kann auch zum Mulchen verwendet werden (→ S. 133). Mulchen ist das Abdecken des Bodens mit organischem Material. Das Material verrottet langsam und wird von Bodenlebewesen zu Humus umgewandelt. Währenddessen schützt die Mulchdecke im Sommer vor Hitze und Austrocknung sowie im Winter insbesondere vor Kahlfrost.

### Pflanzenjauchen

Pflanzenjauchen stellen leichte Flüssigdünger dar. Solche Mittel eignen sich etwa zur Stärkung von Jungpflanzen, als Wuchsstoff oder auch zur Abwehr von Pilzkrankheiten und zur Vertreibung von Schädlingen (→ S. 144). Sie entstehen durch das Ansetzen bestimmter Pflanzenteile in Wasser.

### Brennnesseljauche

Brennnesseljauche wird am besten vor deren Blütezeit angesetzt, also von Mai bis Juli. Sie kann unverdünnt als Flüssigdünger gegossen werden. Sie enthält Mineralien, Kieselsäure, Eisen und andere Wirkstoffe. Die Jauche wird folgendermaßen hergestellt:

- Ein Kilogramm frische Brennnesseln klein hacken.
- Mit zehn Litern Wasser in einen Eimer geben.
- Sobald nach wenigen Tagen die Gärung einsetzt, immer wieder gleichmäßig umrühren.
- Nach etwa ein bis zwei Wochen ist die Gärung abgeschlossen (bei warmem Wetter früher).

### Brennnesseltee

Die Wirkung von Brennnesseltee ist wie die von Brennnesseljauche, jedoch schwächer. Vorteil: Der Tee riecht nicht und kann daher auch auf Balkon und Terrasse oder im Zimmer verwendet werden.

- Eine Handvoll frischer Brennnesselblätter mit kochendem Leitungswasser überbrühen.
- Den Sud ziehen lassen und nach dem Abkühlen dem Gießwasser beigeben.

#### INDUSTRIEKOMPOST

Seit die Kommunen Probleme mit dem hohen Abfallaufkommen der Haushalte haben, wird vielerorts die Kompostierung gefördert. Mittlerweile unterhalten viele Gemeinden, Städte und private Betreiber eigene Kompostieranlagen. Das Endprodukt, also fertigen Kompost, gibt es dann entweder lose oder auch abgepackt zu kaufen.
Industriekompost ist durchaus brauchbar, etwa wenn nach der Gartenneuanlage noch Mangel an eigenem Kompost besteht.

Brennnesseln können sehr nützlich sein

Achtung! Wurde zur Gründüngung Gelbsenf verwendet, darf danach auf dem Beet auf keinen Fall Kohlgemüse angepflanzt werden. Der Kreuzblütler gehört nämlich zur gleichen Familie. Es ist besser für den Boden, wenn mit Pflanzen verschiedener Familien abgewechselt wird.

Wurzelälchen sind winzige Fadenwürmer (auch: Nematoden), die mit bloßem Auge kaum zu erkennen sind. Befallene Pflanzen kümmern, an den Wurzeln sind braune Faulstellen zu erkennen.

## ANDERS DÜNGEN: DIE GRÜNDÜNGUNG

Bei dieser Art der Nährstoffversorgung bekommt der Boden keinen Dünger in flüssiger oder Pulverform zugesetzt. Die Gründüngung basiert vielmehr auf speziellen Pflanzen, insbesondere schnell keimenden Arten, die in wenigen Wochen eine dichte Pflanzendecke bilden. Dazu werden die Samen in den vorbereiteten Boden eingeharkt. Sie gehen dann in wenigen Tagen auf und bilden bald einen dichten Bewuchs, der im Sommer reichlich blüht. Die Düngung erfolgt auf zwei Arten:

- Pflanzen, die zu den sogenannten Stickstoffsammlern (Leguminosen) gehören, düngen den Boden über die Wurzeln. Hierzu gehören Erbsen, Ackerbohnen oder Luzerne. Sie binden Stickstoff aus der Luft und führen ihn dem Boden zu.
- Alle Gründüngerpflanzen werden meistens unmittelbar vor der Blüte in den Boden eingearbeitet. So kommen alle Pflanzenteile dem Boden zugute. Sie geben bei der Verrottung Nährstoffe an den Boden ab und reichern ihn mit Humus an. Diese Art der Bodenverbesserung bietet sich besonders bei brachliegenden Gartenflächen an.

Einige Pflanzen üben eine heilsame oder reinigende Wirkung auf den Boden aus. Tagetes oder Ringelblumen vertreiben z. B. schädliche Wurzelälchen (auch Nematoden genannt).

| Art | Aussaat | Winterhärte | Zusatzinfo |
|---|---|---|---|
| Bienenfreund (Phacelia) | Frühjahr bis Herbst | einjährig | Blüte nur bei Frühjahrssaat; Bienenweide |
| Gelbe Lupine (Lupinus luteus) | Frühjahr | friert ab | Stickstoffanreicherung |
| Gelbsenf (Sinapis alba) | Frühjahr bis Ende August | friert ab | Stickstoffanreicherung; anschließend keinen Kohl oder Rettich auf das Beet pflanzen |
| Inkarnatklee (Trifolium incarnatum) | Juli bis September | frosthart | Stickstoffanreicherung |
| Ringelblume (Calendula) | Frühjahr | einjährig; Samen überdauern den Winter | vertreibt Nematoden |
| Studentenblume (Tagetes) | Mai bis Ende Juni | friert ab | vertreibt Nematoden |
| Winterroggen (Secale cereale) | September bis November | frosthart | Stickstoffanreicherung |

### Mist

Dieser organische Dünger fällt in Stallungen regelmäßig und reichlich an (Kuhmist, Pferdemist, Geflügelmist). Der Nährstoffgehalt ist von der Tierart abhängig. Mist trägt wie Kompost zur Humusversorgung und zugleich zur Düngung bei. Er sollte vor der Ausbringung gut abgelagert oder kompostiert sein. Am besten wird er im Herbst auf den Beeten verteilt. Er verrottet dann während des Winters und kommt den Pflanzen im Frühjahr zugute. Ein besonderer Vogelmist wird an den Küsten von Chile und Peru abgebaut und als Düngemittel in die ganze Welt verschifft: der Guano. Es handelt sich dabei um die Exkremente von Seevögeln wie Pinguinen und Kormoranen. Er ist reich an Kalziumphosphat und Stickstoff und deshalb ein wertvolles Düngemittel.

Allerdings stört der Abbau die Seevögel an ihren Nistplätzen. Hinzu kommt der weite Transportweg, sodass die Verwendung aus ökologischen Gründen nur eingeschränkt zu empfehlen ist.

### Hornspäne und Hornmehl

Bei der Tierverwertung anfallende Reststoffe wie Hufe und Hörner werden von der Düngemittelindustrie zerkleinert und dann vermarktet.
Hornspäne enthalten Nährstoffe, die langsam von den Bodenlebewesen umgesetzt und für die Pflanzen wirksam werden. Das feinere Hornmehl ist bedeutend schneller für die Pflanzen verfügbar als die groben Hornspäne.

### Knochenmehl

Auch die Knochen von Schlachttieren sind als Dünger verwertbar. Nach dem Zerkleinern in speziellen Mühlen wird das Knochenmehl in den Boden eingearbeitet und von den Bodenlebewesen in pflanzenverträgliche Formen umgewandelt.
Knochenmehl enthält neben wenig Stickstoff und Kali vor allem reichlich Phosphor und Kalzium. Es eignet sich auch zur Kalziumversorgung von Moorbeetpflanzen, die keinen Kalk (Düngekalk, Gartenkalk etc.) vertragen.

Bienenfreund (Phacelia)

Studentenblume (Tagetes)

### Algenkalk

Er besteht aus abgestorbenen Meereslebewesen. Dieser natürliche Kalk enthält Kieselsäure, die das Pflanzengewebe stärkt. Zudem sind Magnesium und Spurenelemente eingelagert. Im Handel gibt es verschiedene Produkte.

## MINERALISCHE DÜNGER

Alle Dünger, die aus mineralischen Stoffen zusammengesetzt sind, können zu den Mineraldüngern gezählt werden. Das können wiederum sowohl chemische Dünger (z. B. Kalimagnesia) sein oder auch natürliche (Steinmehl).

### Steinmehle

Im biologischen Gartenbau werden seit längerer Zeit Steinmehle mit Erfolg eingesetzt. Sie enthalten zwar auch Pflanzennährstoffe, dienen aber wie Kalk in erster Linie der Verbesserung der Bodenstruktur. Die Wirkung im Boden ist von der chemischen Zusammensetzung und vom Vermahlungsgrad abhängig.
Basaltmehl ist zerkleinertes, dunkelbraunes Urgestein mit einem hohen Anteil an Mineralien. Es ist reich an Spurenelementen. Gesteinsmehl wirkt basisch und eignet sich vor allem für leichte, zur Versauerung neigende Sandböden und zur Versorgung von Obst und Gemüse mit Spurenelementen.

Mist ist zwar ein Naturprodukt, aber auch er kann unerwünschte Wirkungen zeigen, wenn er falsch verwendet wird. Keinesfalls darf frischer Mist direkt an die Pflanzen gegeben werden. Erst nach einer Zwischenlagerung auf dem Komposthaufen ist dieser tierische Dünger gebrauchsfertig und pflanzenverträglich.

Granitmehl setzt man auf schweren Böden ein. Dort sorgt es für mehr Durchlüftung und eine bessere Wasserführung. Eine Überdüngung mit Gesteinsmehlen ist praktisch nicht möglich. Dennoch müssen sie gleichmäßig und sparsam gestreut werden, damit sie nicht verkrusten.

### Magnesiumdünger

Magnesium ist normalerweise in jedem Boden enthalten, wird von den Pflanzen jedoch nur in geringen Spuren benötigt. Es kommt wie das Spurenelement Eisen der Blattgrünbildung zugute.
Magnesium zählt dennoch zu den Hauptnährstoffen und ist in jedem Volldünger oder in Spezialdüngemitteln enthalten (z. B. Bittersalz, Kalimagnesia). Zur Magnesiumversorgung kann aber auch Steinmehl dienen, das dieses Element reichlich enthält, aber langsam abgibt.

### Kalziumdünger

Kalzium wird von den Pflanzen als Hauptnährstoff für alle Lebensvorgänge benötigt. Es kommt nur in gebundener Form in der Natur vor. Kalkverbindungen sind in jedem Gartenboden reichlich eingelagert. Im Garten wird Kalzium vor allem in Form von Kalkverbindungen gegeben (z. B. Düngekalk, Algenkalk, Gartenkalk).
Eine Überdüngung mit Kalk kann bei empfindlichen Pflanzen eine Chlorose (Bleichsucht) zur Folge haben. Betroffen sind davon vor allem Moorbeetpflanzen (z. B. Rhododendren), aber auch Zitrusgewächse, Pfirsichbäume, Esskastanien und andere. Zu viel Kalk bindet Eisen, das für die Blattgrünbildung benötigt wird.

Ringelblume (Calendula)

Vorbeugend dürfen empfindliche Pflanzen ausschließlich auf kalkfreiem Boden kultiviert werden.
Durch gezielte Kalkgaben können saure Böden wiederum neutralisiert werden.

### Kalkstickstoff

Dieser chemische Dünger enthält Kalzium und Stickstoff in schnell löslicher Form. Er wirkt jedoch ätzend und verursacht Schäden an den Pflanzen. Früher wurde Kalkstickstoff deshalb auch als Unkrautvernichtungsmittel eingesetzt. Nach einer Wartezeit konnten dann die Kulturpflanzen von der Düngewirkung profitieren. Im Garten ist die Nutzung dieses giftigen Mittels kaum zu empfehlen.

### Eisendünger

Das Spurenelement Eisen wirkt sich günstig auf die Blattgrünbildung aus. Eisen ist von Natur aus in jedem Gartenboden enthalten. Es kann aber durch einen hohen Kalkgehalt gebunden sein. Dann helfen spezielle Eisendünger (z. B. Fetrilon) gegen Blattgrünmangel (Chlorosen).

### Stickstoffdünger

Stickstoff bewirkt als wichtiger Hauptnährstoff das Trieb- und Blattwachstum der Pflanzen. Stickstoffdünger wirken durch ihre wasserlöslichen Salze, die Nitrate. Sie werden bei zu hoher Dosierung nicht von den Pflanzen verarbeitet. Schnell lösliche Stickstoffdünger oder Volldüngemittel sind also vorsichtig zu dosieren.
Besonders bei Lichtmangel reichern sich Nitrate im Gemüse an. Sie können dann nach dem Verzehr zu giftigen Nitriten umgebildet werden. Aber auch im Boden wirkt sich die Überdüngung mit Nitraten schädlich aus. Sie werden unter Umständen ausgewaschen und gelangen dadurch ins Grundwasser oder auch in anliegende Gewässer.

### Phosphordünger

Phosphor ist ein lebenswichtiger Pflanzennährstoff und für die Blütenbildung und die Fruchtentwicklung nötig (generatives Wachstum). Er kommt im Boden

nicht in reiner Form vor, sondern ist an andere Stoffe gebunden. Das können anorganische Stoffe sein (z. B. Mineralien) oder auch organische (z. B. Knochen).
Normalerweise ist Phosphor zur Genüge in jedem Boden enthalten. Er kann aber in Form von Thomasmehl bei Bedarf zugesetzt werden. Im Biogarten ist dieser Phosphordünger jedoch unzulässig!

## WELCHE DÜNGUNG FÜR WELCHE PFLANZE?

### Bäume und Sträucher

Diese Gartengehölze ergründen mit ihrem tiefgreifenden Wurzelwerk selbst Nährstoffvorräte im Boden. Zudem kommt ihnen das im Herbst herabfallende und verrottende Laub zugute. Dieses sollte mit einem Rechen unter die Pflanzgruppen gebracht werden.
Bei Jungpflanzen, besonders bei Obstgehölzen, wirkt sich das Mulchen mit Kompost positiv auf die Vitalität und Fruchtbarkeit aus.

### Stauden

Die meisten Blütenstauden wie Rittersporn, Phlox oder Roter Sonnenhut brauchen reichlich Nährstoffe. Sie verjüngen sich im Frühjahr vollständig und bringen je nach Art meterhohe Büschel hervor. Damit sie vital bleiben, bekommen sie vorzugsweise Kompost und Hornspäne. Nur bei Mangelerscheinungen sind schnell lösliche Mittel nötig. Kompost verbessert den Boden und wirkt als leichter Langzeitdünger.
Genügsame Steingartenstauden benötigen weniger Nährstoffe. Gute Gartenerde enthält für diese Stauden ausreichend Nährstoffe (→ S. 124).

### Zwiebelblumen

Für ein gutes Gedeihen sind Tulpen, Narzissen, Lilien, Dahlien und andere Zwiebel- und Knollenblumen auf regelmäßige Nährstoffgaben angewiesen. Auch hier wirken sich Kompostgaben und Hornspäne sehr günstig aus.
Der Kompost sollte bereits bei der Pflanzung der Zwiebeln beigegeben werden.

Dahlien benötigen regelmäßig Nährstoffe

Ebenso eignet sich Kompost zur Nachversorgung ausdauernder Bestände von Zwiebel- und Knollenpflanzen.

### Rosen

Edelrosen blühen nur zufriedenstellend, wenn sie reichlich mit Nährstoffen versorgt werden. Am besten bekommt ihnen verrotteter Mist oder nährstoffreicher Gartenkompost, der im Herbst in den Beeten verteilt wird. Er dient nach dem Anhäufeln gleich als Frostschutz und im Frühjahr nach dem Abhäufeln als Dünger und zur Humusversorgung.
Im Frühsommer kann eine zusätzliche Düngung mit einem wasserlöslichen Volldünger (im Handel als „Rosendünger" erhältlich) einen Wachstumsschub und einen reichen Blütenflor bewirken. Dabei ist die richtige Dosierung zu beachten.

### Gemüse

Im Gemüsegarten geht dem Boden durch die ständige Ernte eine Menge an Nährstoffen verloren. Hier ist eine zusätzliche Düngung unverzichtbar.
Zur sogenannten Erhaltungsdüngung sowie zur Humusversorgung der Gemüsebeete genügt Kompost, der regelmäßig in geringen Mengen gegeben wird. Zudem trägt die Gründüngung (→ S. 128) zur Nährstoffversorgung und Humusbildung bei.

Alle Düngemittel, die industriell produziert werden oder als Nebenprodukte in der Industrie anfallen, nennt man chemische Düngemittel. Sie haben meistens eine schnelle und intensive Wirkung, die leicht zur Überdüngung führen kann.

## DER NÄHRSTOFFBEDARF VON GEMÜSE

Nicht jedes Gemüse benötigt gleich viele Nährstoffe, um eine zufriedenstellende Ernte zu gewährleisten. Der Bedarf der einzelnen Arten ist zum großen Teil unterschiedlich. Das muss bei der Gabe von Dünger unbedingt beachtet werden.

| Starkzehrer | Mittelzehrer | Schwachzehrer |
|---|---|---|
| Gurken | Mangold | Bohnen |
| Kohlarten | Möhren | Erbsen |
| Lauch | Radieschen | Petersilie |
| Mais | Rettich | Salat |
| Sellerie | Rote Bete | |
| Tomaten | Spinat | |
| | Zwiebeln | |

Die Wirkung von Düngemitteln ist entscheidend vom Feuchtigkeitsgehalt im Boden abhängig. Die Düngung muss stets mit einer ausreichenden Wasserversorgung einhergehen; sonst verursacht sie – besonders bei schnellwirksamen, wasserlöslichen Düngern – leicht Verbrennungsschäden.

Falls nötig, bekommen bestimmte Kulturen noch zusätzlichen Dünger: So fördert verrotteter Mist, der bereits bei der Pflanzung in den Boden eingeharkt wird, die Entwicklung von Tomaten. Bei Wurzelgemüsen wie Sellerie oder Rote Bete wirken Gaben von Steinmehl günstig.

### Kräuter

Bei Kräutern sind Unterschiede zu beachten. Während Arten wie Salbei, Thymian oder Lavendel besser auf magerem Substrat gedeihen, brauchen üppige Arten wie Maggikraut, Fenchel oder Engelwurz nährstoffreichen Boden.

Kompost genügt hier völlig für eine gute Versorgung. Zudem können Steinmehlgaben zur Stärkung der Kräuter beitragen.

Bohnen sind Schwachzehrer

### Rasen

Eine Sonderkultur stellt der Rasen dar. Rasenflächen können durchaus auch ohne Dünger relativ vital und grün sein. Die Rasendüngung ist von den Ansprüchen der Gartenbesitzer abhängig.

Intensiv gepflegte Zierrasen werden in der Wachstumszeit vom Frühjahr bis zum Sommer mit stickstoffhaltigen Düngern versorgt. Im Herbst kann eine Kalidüngung zur Festigung der Gräser beitragen. Keinesfalls darf im Herbst mit Stickstoffdünger „gemästet" werden!

Rasendünger erfordert stets eine genaue Dosierung und damit eine gleichmäßige Verteilung, vor allem, wenn ein schnell lösliches mineralisches Düngemittel verwendet wird.

### Balkon- und Kübelpflanzen

Während Gartenpflanzen nur bei Bedarf oder vorsorglich Dünger erhalten, sind Pflanzen in Gefäßen völlig von den Nährstoffgaben abhängig.

Sie bekommen entweder im Frühjahr eine sogenannte Vorratsdüngung mit einem Langzeitdünger oder während der Wachstumszeit vom Frühjahr bis zum Herbst wöchentlich eine kleine Ration – je nach Art und Bedarf.

Ein Langzeitdünger kann sowohl mineralisch (z. B. Düngestäbchen) sein als auch organisch (z. B. Knochenmehl).

Bei der Neubepflanzung von Balkonkästen oder beim Umtopfen von Kübelpflanzen wird das frische Substrat mit einem Langzeitdünger aufgedüngt. Bei der Verwendung eines fertigen, bereits mit Nährstoffen angereicherten Pflanzsubstrats (z. B. Blumenerde mit Volldünger) ist ein zusätzlicher Dünger unnötig.

## MULCHEN – DIE NATÜRLICHE DÜNGUNG

Unter „Mulchen" versteht man das Bedecken des Bodens mit organischem Material. Das Mulchmaterial verrottet mit der Zeit und führt dem Boden wertvolle Humusstoffe zu.
Neben dem Düngungseffekt hat das Mulchen noch weitere Vorteile: Die Mulchschicht unterdrückt das Wachstum von Unkraut, schützt den Boden vor Austrocknung und trägt zur Lockerung schwerer Böden bei.

### Grasschnitt

Grasschnitt fällt im Sommer in jedem Garten reichlich an. Das weiche Material verrottet recht schnell, zumal Regenwürmer, Asseln und dergleichen direkt davon zehren können.
Haben die Gräser bereits Samen gebildet, sollten sie nicht mehr als Mulchmaterial genutzt werden, da sie sonst unter Umständen in den Pflanzflächen keimen.

### Laub

Wie im Wald sollte auch im Garten das im Herbst abfallende Laub den Pflanzen wieder zugute kommen. Es führt dem Boden eine Menge Nährstoffe zu.
Unter Gehölzgruppen und Heckenpflanzen können Sie das Laub direkt liegen lassen. Dazu kommen die Blätter, die vom Wind in den Rasen verweht wurden. Die Laubschicht, die so entsteht, bildet eine schützende Decke. Sie sackt unter der Last von Schnee und Regenwasser und durch den Abbau von Würmern, Asseln und Bodenpilzen langsam zusammen. Bis zum Frühjahr ist dann nur noch eine dünne Humusschicht übrig.

### Rindenmulch

Rindenmulch ist ein spezielles Rindenprodukt, das aus der Rinde von geschälten Bäumen gewonnen wird. Während der Fermentation in großen Haufen werden Harze und harte Holzstoffe aufgeweicht und in verrottungsfähige Stoffe umgewandelt. Frische Rinde aus dem Wald eignet sich nicht so gut zum Mulchen, zumal viele Pflanzen die Inhaltsstoffe sehr schlecht vertragen.
Rindenmulch wird z. B. auf neue Pflanzflächen dick aufgetragen (ca. zehn Zentimeter dick!). Das holzige Material verrottet langsam und bleibt einige Jahre erhalten. In dieser Zeit verhindert es die Keimung störender Wildpflanzen.

### Holzhäcksel

Mithilfe eines Motorhäckslers können Sie Ihr eigenes Mulchmaterial produzieren. Als Rohstoff dienen Zweige vom winterlichen Gehölzschnitt. Die Hackschnitzel haben dieselbe Wirkung wie Rindenmulch. Allerdings vertragen nicht alle Gewächse dieses unbehandelte holzige Material. Flächen mit krautigen Pflanzen, wie etwa Staudenbeete oder weniger robuste Gehölze wie immergrüne Kräuterbüsche (z. B. Salbei, Lavendel), werden besser mit Rindenmulch, Rasenschnittgut oder Kompost gemulcht. Gehäckseltes Holz eignet sich aber sehr gut zum Abdecken der Pflanzflächen unter Hecken oder zum Mulchen von Baumscheiben (Gießmulden frisch gepflanzter Bäume). Die kleinen Holzstücke bleiben viele Jahre erhalten, bis sie komplett abgebaut sind.

Die Wirkung von Düngemitteln ist entscheidend vom Feuchtigkeitsgehalt im Boden abhängig. Die Düngung muss stets mit einer ausreichenden Wasserversorgung einhergehen; sonst verursacht sie – besonders bei schnellwirksamen, wasserlöslichen Düngern – leicht Verbrennungsschäden.

Laub ist ein natürliches Bodenverbesserungsmittel

# DER KOMPOST – EIN NATÜRLICHES DÜNGEMITTEL

Verwenden Sie zum Selberbauen eines Komposters kein imprägniertes Holz! Aus der Imprägnierung könnten Giftstoffe ausgewaschen werden!

Die Kompostierung hat nur Vorteile. Sie entlastet die Hausmülltonne, sie entsorgt die Gartenabfälle und sie bringt kostenlos jede Menge guter Erde. Allerdings muss richtig kompostiert werden, damit die Abfälle gleichmäßig verrotten und nicht verfaulen.
Pflanzenteile und Küchenabfälle verrotten nämlich nur, wenn sie luftig aufgeschichtet und gut vermischt sind. Der Komposthaufen ist keine Abfallhalde, sondern ein ordentliches Gebilde aus bestimmten Stoffen, die zur Verrottung auch wirklich geeignet sind. Nur dann entsteht wertvolle Komposterde.

Weitere Informationen zur Kompostierung finden Sie unter www.davidia.de

## WAS KANN KOMPOSTIERT WERDEN?

Wie im Wald sind es vor allem Pflanzenteile, die durch Verrottung zu Erde werden („vererden"). Davon fallen in Haus und Garten ständig jede Menge an.

Komposter als zentrale Sammelstelle im Garten

### Das darf in den Kompost

- Blätter, abgeräumte Pflanzen
- Gras
- kleine Zweige (z. B. Heckenschnitt)
- Ernterückstände von Obst und Gemüse
- Kaffeesatz und Teerückstände
- Reste vom Gemüse- und Obstputzen in der Küche
- zerkleinerte Eierschalen
- welke Blumensträuße
- vertrocknete Zimmerpflanzen, Blähtonreste aus Hydrokulturen
- Vogelsand und dergleichen Abfälle aus Tierkäfigen
- Holzspäne
- Holzasche

### Das darf nicht in den Kompost

- kranke Pflanzenteile von Garten- oder Zimmerpflanzen
- Speisereste (sie locken Ratten an)
- bedrucktes Papier
- Erdnussschalen (sie verrotten nicht)

## WIE WIRD EIN KOMPOST ANGELEGT?

Locker muss der Haufen vor allem sein, denn die Abfälle verrotten nur, wenn sie Sauerstoff bekommen und Kohlendioxid abgeben können.
Andernfalls, das heißt, wenn sie keine Luft bekommen, geht die Rotte in Fäulnis über, zumal auch die wichtigen Bodenlebewesen, die wesentlich am Abbau beteiligt sind, Luft zum Atmen brauchen.

### Der Kompostplatz

Am besten wird der Komposthaufen an einem schattigen, gut zugänglichen Platz angelegt, der vom Haus aus zu jeder Jahreszeit schnell erreichbar ist.
Damit die wichtigen Regenwürmer, Asseln, Tausendfüßler etc., die sozusagen den Müll verzehren und als Erde ausschei-

den, in den Haufen eindringen können, darf er nach unten nicht abgeschlossen sein. Der Kompostplatz muss auf dem Gartenboden aufgesetzt werden.
Der Haufen sollte weder zu groß noch zu klein sein. Bewährt hat sich bei einem „klassischen", frei aufgeschichteten Komposthaufen (Miete) eine Sohlenbreite von etwa 120 Zentimetern und eine ebensolche Höhe. Die Länge lässt sich beliebig gestalten. Ein kleinerer Haufen trocknet leicht aus, ein größerer kann eventuell faulig werden.

Im Handel sind auch kleinere Holz-, Gitter- oder Kunststoffkomposter, sogenannte Kompostsilos, erhältlich. In diesen reift der Kompost ebenso gut und sie sind in kleinen Gärten ein guter Ersatz für den klassischen Komposthaufen.
Die Entscheidung für ein Modell bestimmt meistens der Preis, zumal Produkte von etwa 20 bis 200 Euro erhältlich sind. Ganz einfach ist aber auch der Bau eigener Komposter möglich, z. B. aus gebrauchten Holzpaletten oder aus Maschendraht.

Für eine optimale Kompostierung sind mehrere Haufen bzw. Kompostsilos nötig. Nur so sind ständig Kapazitäten für neue Abfälle frei. Zudem hat man immer reife Komposterde. Bis zur ersten „Ernte" dauert es etwa ein halbes Jahr – bei leicht verrottbaren Abfällen. Für besondere Kompostarten lohnt es sich, eigene Haufen anzulegen oder auch Silos aufzustellen, so etwa für Lauberde zur Versorgung von Moorbeetpflanzen.

### Der Aufbau des Komposts

Eine Durchmischung der Abfälle ergibt sich gewöhnlich von selbst, zumal nach und nach verschiedene Stoffe auf dem Haufen landen. Grasschnitt oder Blätter sollten, wenn sie in größeren Mengen anfallen, mit anderen Stoffen oder mit einigen Schaufeln Erde vermischt werden. Kompoststarter oder -beschleuniger sind unnötig. Allerdings können ein paar Schaufeln voll angerotteten Komposts die Verrottung von frischen Stoffen durchaus

Komposter aus Metall

fördern, weil damit Mikroorganismen und Würmer übertragen werden.
Natürlich sind auch Kräuterbrühen wertvoll, weil sie dem Kompost Spurenelemente, Kieselsäure und andere wichtige Stoffe zuführen und seinen Zustand stets begünstigen.
Mit Kalk, Kalkstickstoff und anderen Düngemitteln sollte man sparsam umgehen. Erst wenn der Kompost fertig ist, lässt sich anhand von Proben und Analyseergebnissen erkennen, ob Nährstoffgaben tatsächlich nötig sind.

## WANN IST DER KOMPOST FERTIG?

Es kann je nach Art der Abfälle von wenigen Monaten bis zu über einem Jahr dauern, bis ein Kompost völlig vererdet ist. Abhängig ist dies von der individuellen Zusammensetzung.
Während beispielsweise ein gemischter Kompost aus Küchenabfällen, Blumenerde, Rasenschnittgut und dergleichen schon nach etwa einem halben Jahr fertig ist, benötigt ein reiner Laubkompost mindestens ein Jahr.
Die Dauer der Rotte ist zudem von der Jahreszeit abhängig. Im Winterhalbjahr nimmt die Aktivität der Bodentierchen ab. Dementsprechend verringern sich die Umwandlungsvorgänge.

Ob der Kompost wirklich reif ist, lässt sich mit dem Kressetest prüfen. Dazu wird eine Schale mit Kompost gefüllt und dieser mit Kressesamen bestreut. Wenn die Saat gleichmäßig aufgeht und sich die Jungpflanzen gut entwickeln, ist der Kompost mit Sicherheit bereits fertig.

Der Kompost ist reif, wenn er völlig vererdet ist. Stichproben geben Aufschluss über den aktuellen Zustand. Wenn nach dem Freilegen (bei einer Miete) oder nach dem Abnehmen der Seitenteile (bei einem Kompostsilo) offensichtlich braune Erde zum Vorschein kommt, ist die Verrottung fast oder völlig beendet.

Sollten sich Würmer in der Erde befinden, dauert es noch einige Wochen, bis der Kompost fertig ist. In diesem Zustand ist aber schon eine Verwertung im Garten

Wenn der Kompost trotz sachgerechter Anlage üble Gerüche verbreitet, kann man Steinmehl beigeben. Das feine Pulver bindet die Gase. Besser ist aber eine Umsetzung und Neuaufschichtung des Haufens.

## TIPPS FÜRS KOMPOSTIEREN

Gut kaschierter Komposter

Jeder Kompost entwickelt eine gewisse Eigendynamik. Wie rasch die Verrottung abläuft, hängt davon ab, womit er bestückt ist. Grundsätzlich beginnt aber bei jedem Haufen früher oder später die Verrottung, sodass von allen organischen Abfällen irgendwann nur noch Erde übrig bleibt. Damit dies zügig abläuft, sollten Sie einige Dinge beachten:

- Stellen Sie das Kompostsilo auf gut belebten Gartenboden, der reich an Bodenlebewesen ist (z. B. auf ein freies Gemüsebeet, auf ein Rasenstück).
- Füllen Sie dann zuunterst eine luftige Schicht aus Staudenresten, Laub und anderem sparrigem Material. Es begünstigt nachhaltig die Belüftung.
- Geben Sie nur kleine Portionen desselben Abfalls in den Komposter; also eine dünne Schicht Rasenschnittgut, darauf eine Lage Erdreste vom Rasenkantenstechen, darauf einen Eimer voll gemischter Küchenabfälle usw.
- Die ständige Durchmischung ist die beste Gewähr, dass der Kompost nicht „umkippt" und zu faulen beginnt. Es lohnt sich, den Inhalt gelegentlich mit einer Grabegabel oder einem spitzen Gegenstand zu durchmischen.
- Das Einstreuen von Steinmehl oder Übergießen mit Kräuterjauchen ist nicht nötig. Es verbessert aber die Qualität.
- Sehr nützlich ist die Zugabe von bereits halb verrottetem Kompost aus einem alten Silo (z. B. von Nachbarn mit erfolgreicher Kompostwirtschaft).
- Achten Sie darauf, dass der Inhalt nicht austrocknet, was bei geschlossenen Behältern leicht geschehen kann. Gießen Sie den Kompost, falls nötig (z. B. an heißen Sommertagen).
- Der Kompost darf nicht vernässen. Ein guter Wasserabzug ist schon bei der Standortwahl eine Grundvoraussetzung.
- Drücken Sie den Haufen nie mit Gewalt zusammen (z. B. um Raum zu schaffen, wenn beispielsweise das Silo gefüllt ist). Legen Sie besser einen weiteren Kompost an.
- Lassen Sie einen fertig aufgesetzten Haufen in Ruhe rotten. Er sackt mit der Zeit mindestens um die Hälfte zusammen. Wenn Sie weiter befüllen (etwa bei nur einem vorhandenen Kompostbehälter), muss die reife Erde von unten entnommen werden.
- Achten Sie darauf, ob noch Kompostwürmer in der erdigen Masse aktiv sind. Wenn ja, ist der Kompost noch nicht ganz reif. Er sollte dann noch eine Zeit lang ruhen.

Pflanzen profitieren immer von frischem Kompost

möglich. Nur für Pflanzsubstrate oder auch zur Aussaat muss der Kompost völlig reif sein.

## VERWENDUNG DES KOMPOSTS

Reifer Kompost ist ein wertvolles Bodenverbesserungsmittel. Er enthält in der Regel alle Nährstoffe und ist ein gutes Düngemittel, insbesondere, wenn er mit Stallmist angereichert wurde. Der Gehalt an Nährstoffen ist natürlich von den verwendeten Abfällen abhängig. Ein eventueller Mangel an Spurenelementen kann mit Steinmehl ausgeglichen werden. Komposterde kann problemlos als Zusatzstoff für Pflanzsubstrate verwendet werden, zum Beimischen der Aushuberde bei Pflanzungen, als leichter Dünger im Gemüsegarten, zum Anhäufeln von Edelrosen usw.

Sobald ein Komposthaufen in Erde umgewandelt ist, sollte er möglichst bald verbraucht werden. Andernfalls gehen wertvolle Inhaltsstoffe durch Auswaschung verloren. Falls kein Bedarf an Komposterde besteht, lässt sich der Haufen kurzfristig mit einer schwarzen Mulchfolie oder auch Teichfolienresten schützen. Die Ausbringung kann dann jederzeit nach und nach geschehen.

### FERTIGKOMPOST

Der beste Kompost kommt aus dem eigenen Garten, weil man ihn selbst „komponieren" kann. Für größere Pflanzungen, für den Gemüseanbau oder für eine größere Menge einer Erdmischung reicht der selbst gemachte Kompost aber oft nicht aus.

In diesem Fall kann man auf industriell hergestellten Kompost zurückgreifen. Allerdings ist hier Vorsicht geboten, denn manchmal enthält dieser Kunststoffreste und andere Schadstoffe, die somit in die Gartenerde gelangen.
Qualitätsprodukte tragen gewöhnlich seriöse Gütesiegel, z. B. das LUFA-Zeichen (Prüfsiegel einer Landwirtschaftlichen Untersuchungs- und Forschungsanstalt). Meistens unterhalten auch die Gartenämter gut geführte Kompostieranlagen, aus denen reifer Kompost preiswert zu bekommen ist.

Reife Tomaten

Bienen sind wichtige Nützlinge

Regelmäßige Kontrollen der Pflanzen sind wichtig, um einen eventuellen Befall mit Krankheiten oder Schädlingen möglichst frühzeitig entdecken und Gegenmaßnahmen einleiten zu können.

# PFLANZENSCHUTZ

Der beste Schutz der Pflanzen vor Krankheiten und Schädlingen ist ein passender Standort und eine gute Pflege. Wenn das Klima und die Versorgung stimmen, bleiben die Pflanzen auch ohne besondere Pflanzenschutzmittel gesund.

## VORBEUGEN

### Optimaler Standort

Edelrosen, die an einer schattigen Nordseite auf nassen Boden gepflanzt werden, haben ständig mit Krankheiten und Schädlingen zu kämpfen. Waldreben dagegen gedeihen gut im Halbschatten auf wasserführendem Humusboden.

Der vorbeugende Pflanzenschutz beginnt also schon bei der Auswahl geeigneter Gewächse für den vorhandenen Standort.

Ein wichtiges Kriterium für diesen Standort ist neben den Lichtverhältnissen die Beschaffenheit des Bodens, der tiefgründig gelockert und gegebenenfalls mit Kompost oder Gartenhumus verbessert sein muss.

Auch die Licht- und Temperaturverhältnisse am Standort sind entscheidend. Zu wenig Licht verursacht einen langstieligen Wuchs, die Triebe bleiben weich und sind anfällig für Krankheiten. Zu hohe Temperaturen (z. B. mangels Lüftung im Gewächshaus) lösen Stoffwechselstörungen und Zellschäden aus.

### Richtige Versorgung

Die richtige Dosierung von Wasser und Dünger ist Voraussetzung für vitale Pflanzen, die gesund und widerstandsfähig gegen Krankheiten und Schädlinge sind. Staunässe verhindert den Gasaustausch und verursacht die Fäulnis von Wurzeln, die Pflanzen kränkeln dann.

Bei Nährstoffmangel wachsen die Pflanzen schlecht, bei Überdüngung entwickeln sie sich zu mastig. In beiden Fällen werden sie leichter von Schädlingen und Krankheiten befallen.

### Gesundes Saatgut

Bereits vor der Aussaat lässt sich etwas für ein gesundes Wachstum tun, indem das Saatgut gezielt ausgewählt wird. Im Handel gibt es Qualitätssaatgut für krankheitsresistente Sorten, z. B. mehltauresistente Gurken.
Auch bei Jungpflanzen sollten Sie darauf achten, nur qualitativ hochwertige Pflanzen zu kaufen.

Tagetes haben eine schützende Wirkung

## MASSNAHMEN GEGEN UNKRAUT

Alle Pflanzen, die an Plätzen wachsen, wo man sie nicht haben will, sind eigentlich an dieser Stelle Unkraut. Im engeren Sinne werden damit aber nur Wildkräuter bezeichnet, die sich in kultivierten Beeten ansiedeln. Dort machen sie Blumen und Gemüse Konkurrenz, denn sie nehmen diesen Kulturpflanzen Nährstoffe, Wasser und Licht weg.
Wie stark Blumen und Gemüse tatsächlich von Unkraut beeinträchtigt werden, hängt von der Größe und Art der Pflanzen ab. Kleine Sämlinge und Jungpflanzen sowie Blattgemüsearten und Salate werden von

Unkraut sollte man so früh wie möglich entfernen, so lange die Pflanzen noch klein sind und sich leicht herausziehen lassen.

### PRAKTISCHER PFLANZENSCHUTZ

Die folgenden Tipps und Hinweise helfen Ihnen, Ihre Gartenpflanzen gesund zu erhalten, sodass Krankheiten und Schädlinge kaum Angriffsmöglichkeiten haben.

- Eine gründliche Bodenvorbereitung ist die beste Gewähr für einen gesunden Pflanzenwuchs.
- Staunässe vertragen nur wenige Pflanzen; in gefährdeten Lagen ist deshalb eine Dränage nötig. Auch bei Kübelpflanzen ist auf einen guten Wasserabzug zu achten.
- Zu den wichtigsten vorbeugenden Pflanzenschutzmaßnahmen gehört der Frostschutz gefährdeter Pflanzen.
- Gut versorgte Pflanzen können Schädlinge und Krankheiten besser abwehren. Dünger und Wassergaben müssen daher richtig dosiert und der Jahreszeit angepasst sein.
- In Mischkulturen bewahren sich verschiedene Pflanzenarten gegenseitig vor Schädlingen.
- Ein Fruchtwechsel verhindert die Auszehrung und auch die Belastung des Bodens.
- Pflanzen mit heilsamer Wirkung tragen meist effektiv zur Gesunderhaltung der Gartenpflanzen bei (z. B. Tagetes gegen Fadenwürmer).
- Pflanzenjauchen und Kräutertees wirken als Stärkungsmittel und haben keine Nebenwirkungen.
- Langsames Akklimatisieren nach dem Aufenthalt im Winterquartier verhindert Schäden (z. B. Schattieren gegen zu viel Sonne).
- Das Ansiedeln von Nützlingen (z. B. Hummeln, Bienen, Vögel, Asseln, Regenwürmer) im Garten hilft gegen tierische Schädlinge.
- Gezielte Barrieren halten Schädlinge fern (z. B. Schneckenschutzzäune).
- Regelmäßige Analysen von Bodenproben ermöglichen eine gezielte Verbesserung des Bodens.
- Das Gießen mit weichem Wasser (Regenwasser) verhindert Kalkanreicherungen bei Kübelpflanzen.
- Das Auslichten von Bäumen und Sträuchern fördert die Durchlüftung und vermindert die Erkrankungsgefahr.
- Ein Weißanstrich bei jungen Baumstämmen verhindert schädliche Rindenrisse im Spätwinter.

den schnell wachsenden Unkrautarten rasch überwuchert, während ausgewachsene Tomaten oder Stangenbohnen kaum bedrängt werden.
Zur Unterdrückung und Bekämpfung des Unkrauts haben sich verschiedene Methoden bewährt.

### Mulchen

Das Abdecken mit Laub, Grasschnitt oder Rinde (siehe S. 133) verhindert das Wachstum von Unkraut. Das organische Mulchmaterial vererdet mit der Zeit und führt so dem Boden Humus zu. Es muss gelegentlich aufgefrischt werden.
Ebenso wirkungsvoll aber beständiger sind Mulchfolien. Diese schwarzen Kunststoffplanen werden auf dem Beet ausgebreitet. Die Pflanzung erfolgt dann durch ausgeschnittene Löcher oder Kreuzschnitte. Die Folie lässt kein Unkraut hochkommen und speichert zudem Sonnenwärme. Dies bekommt Gurken und anderem wärmebedürftigen Gemüse besonders gut.

Auch Pflanzen, die unter optimalen Bedingungen wachsen, sind nicht völlig gegen Schädlinge und Krankheiten gefeit. Schädlinge kennen keine Gartengrenzen und fliegen, kriechen oder krabbeln aus anderen Beständen in Ihren Garten. Ebenso werden Pilzsporen und ähnliche Krankheitserreger etwa durch den Wind übertragen.

### Mischkultur

Ideal sind Gemüsekombinationen, die einen dichten Bewuchs bilden, ohne sich dabei gegenseitig zu behindern. Solche Mischkulturen lassen kaum Unkraut aufkommen und fördern sich zudem gegenseitig, indem sie etwa durch Gerüche Schädlinge abhalten.
Als Bodendecker eignen sich besonders Salate, die ein dichtes Blattwerk entwickeln und mit vielen Kulturen verträglich sind. Durch ihre kurze Entwicklungszeit schränken sie den Raum für die benachbarten Gemüse nur befristet ein und behindern sie nicht.

### Hacken

Die einfachste und wirkungsvollste Methode der Unkrautunterdrückung ist das Hacken. Unkräuter werden dabei gelockert und können problemlos herausgerissen und vernichtet werden. Wenn die Pflanzen in Reihen stehen, geht das Hacken am einfachsten.
Ein erwünschter Nebeneffekt des Hackens ist die oberflächliche Bodenlockerung. Sie fördert die Durchlüftung und damit das Wurzel- und Pflanzenwachstum.

## EINSATZ NATÜRLICHER MITTEL

Schädlinge und Krankheiten lassen sich oft mit einfachen Methoden überwältigen, vertreiben oder auch austricksen. Es gibt sowohl altbewährte Hausmittel als auch neue Produkte der Gartenindustrie.

Gesunde Mischkultur

## CHEMIE – JA ODER NEIN?

Jeder Gärtner kennt die Vor- und Nachteile von chemischen Spritzmitteln. Sie wirken schnell und zuverlässig und sie lassen sich leicht ausbringen. Genau deshalb können sie aber mehr schaden als nützen, denn sie werden oftmals zu schnell, zu reichlich und zu häufig eingesetzt. Im eigenen Nutzgarten sollten diese Mittel jedenfalls nur sehr beschränkt angewendet werden. Nur wenn es unbedingt nötig erscheint, sollten die Mittel zum Einsatz kommen und dann sehr gezielt und sparsam. Es versteht sich von selbst, dass chemische Pflanzenschutzmittel streng nach der Anweisung auf der Packung zur Anwendung kommen und alle erforderlichen Schutzmaßnahmen eingehalten werden. Dazu gehören insbesondere die Folgenden:

- Beim Umgang mit dem Mittel Handschuhe und Mundschutz tragen!
- Nur Mittel anwenden, die als „nützlingsschonend" deklariert sind!
- Zum Schutz von Fischen nicht in der Nähe eines Teichs anwenden!
- Packungen außer Reichweite von Kindern und Haustieren aufbewahren!
- Reste nie in den Hausmüll werfen, sondern zum Sondermüll bringen!

Wägen Sie den Einsatz eines chemischen Mittels immer sorgfältig ab und versuchen Sie vorher, Schädlinge und Krankheiten mit natürlichen Mitteln abzuwehren oder zu vertreiben. Im Handel sind auch biologische Pflanzenschutzmittel erhältlich. Es gibt eine Reihe bewährter Produkte, die gezielt gegen tierische Schädlinge oder Pilzkrankheiten wirken. Sie sind weniger giftig und zugleich rückstandsfrei.

Einige davon sind – anders als die chemische Keule – durchaus empfehlenswert, wie etwa Vliese gegen fliegende Schädlinge, Barrieren gegen Schnecken, Netze gegen Vögel usw.
Allerdings sind auch solche Schutzmaßnahmen manchmal ganz unnötig bzw. werden erst dann nötig, wenn Fehler bei der Düngung, bei der Pflanzenwahl oder sonst beim Gärtnern gemacht werden.
Der beste Pflanzenschutz ist eine artgerechte Kultur, also eine optimale Pflanzung und Pflege, denn gesunde, kräftige Pflanzen am richtigen Platz schützen sich selbst. Pflanzen, die aufgrund falscher Bedingungen schwächlich sind, werden immer mit Schädlingen und Krankheiten zu kämpfen haben. Deshalb: Vor der Anwendung teurer Mittel sollte man immer zuerst die grundlegenden Wachstumsbedingungen prüfen.

### Kräuterjauchen

Kräuterjauchen wirken sowohl gegen verschiedene Schädlinge als auch stärkend auf die Pflanzen. Sie lassen sich recht einfach selbst zubereiten:

- 500 Gramm frisches Kraut oder 100 Gramm getrocknetes Kraut werden in zehn Liter Wasser gegeben.
- Das Ganze lässt man einige Zeit stehen bis es gärt.

Es gibt verschiedene Kräuter, die man als Jauche ansetzen und gegen Schädlinge einsetzen kann. Beispielsweise schützt Schachtelhalm gegen Apfelwickler, Lauchmotte und Spinnmilben, Knoblauch gegen Möhrenfliege, Erdbeer- und Spinnmilbe, Rhabarber gegen Bohnenblattläuse und Lauchmotten.

Schachtelhalmjauche kann zur Bekämpfung von Kohlweißlingen und Erdraupen eingesetzt werden

- Nach etwa zehn bis vierzehn Tagen (abhängig vom Wetter) kann die fertige Jauche abgeseiht werden.
- Sie wird nun im Verhältnis 1:5 verdünnt und kann dann angewendet werden.
- Reste werden zur Aufbewahrung wegen des üblen Geruchs in verschließbare Gefäße gefüllt.

Auf diese Weise lassen sich verschiedene Jauchen ansetzen: Brennnesseljauche gegen Blattläuse, Schachtelhalmjauche gegen Blattkäfer und Spinnmilben oder Wermutjauche gegen Erbsenwickler. Falls nötig, können diese pflanzlichen Mittel ohne Risiko sogar mehrmals nacheinander gespritzt werden.

### Brühen und Tees

Außer Jauchen haben sich Brühen und Tees bewährt. Deren Herstellung ist zwar etwas aufwendiger, weil sie aufgekocht werden müssen. Sie stehen dann aber sofort zur Verfügung.

Eine Vielfalt an Pflanzen ist gut gegen spezielle Krankheiten und Schädlinge

**GEZIELT BEHANDELN!**

Bevor irgendwelche Mittel gespritzt werden – egal ob selbstgemachte Hausmittel, biologische oder chemische Pflanzenschutzmittel – müssen die Schädlinge oder Krankheiten erkannt und bestimmt werden.

Das Beobachten der kultivierten Pflanzen ist deshalb von der Aussaat bzw. vom Anpflanzen an wichtig. Meistens ist es nicht schwer die Schädlinge und Krankheiten zu erkennen, die meisten hinterlassen typische Merkmale. Ist der Übeltäter einmal erkannt, sollte schnell und gezielt eingegriffen werden.

Für eine Brühe muss das Kraut 24 Stunden in Wasser ziehen, dann kommt die Flüssigkeit auf den Herd. Nach dem Aufkochen und Erkalten ist sie fertig. Sehr wirkungsvoll ist z. B. Knoblauch-Zwiebel-Brühe aus Küchenzwiebeln und Knoblauchzehen. Sie hilft gegen Pilzkrankheiten.

Tees zum Spritzen von Pflanzen werden wie Tee zum Trinken zubereitet. Sie sind also schnell gemacht. Ein Tee aus Kapuzinerkresse wirkt beispielsweise gegen Blutläuse. Knoblauchtee hat sich als Pilzabwehrmittel bewährt und Kamillentee ist gut zum Angießen der Saaten geeignet, denn er schützt vor Fäulnis.
Im Handel sind auch Fertigprodukte erhältlich, die nach Beschreibung angesetzt und ausgebracht werden.

### Frische Kräuter

Kräuter sind auch direkt als Pflanzen gegen Schädlinge und Krankheiten wirksam. Es lohnt sich, reichlich davon in den Gemüsegarten „einzustreuen". Sie sind lecker in der Küche, dienen der Gesunderhaltung der Kulturen und gleichzeitig als Schmuck. So schützt Salbei vor Pilzkrankheiten, Kapuzinerkresse hält Blutläuse ab, Bohnenkraut bewahrt vor Bohnenläusen und Ringelblumen entseuchen den Boden.

### Netze, Vliese und Barrieren

Wenn einzelne Kulturen von bestimmten Schädlingen bedroht sind, können diese gezielt abgewehrt werden.

**Gemüsenetze:** Diese Kunststofffasergewebe halten Kohlweißlinge von der Eiablage auf den Kohlpflanzen ab, schützen Möhren vor Möhrenfliegen und Kohl, Rettiche sowie zahlreiche andere Kreuzblütler vor Kohlfliegen.

**Saatschutznetze:** Diese etwas grobmaschigeren Kunstfasernetze halten die Vögel von den Beeten ab. Im Sommer können sie zum Schutz von Beeren und Kirschen auch über Beerensträucher und Obstbäume gezogen werden.

**Schneckenschutzzäune:** Sie sind aus Weißblech oder Kunststoff und werden rings um die Beete in die Erde gesteckt. Sie wirken recht sicher, da die Schnecken den abgekanteten Saum auf keinen Fall überwinden können.

### Andere Schutzmaßnahmen

Oft helfen schon ganz einfache Maßnahmen, die Gartenpflanzen vor Krankheiten zu schützen oder zumindest zu verhindern, dass diese weitere Pflanzen befällt.

So sollte man die Anzuchterde vor der Aussaat dämpfen. Das tötet Keime und Bodenpilze ab.

Kranke Pflanzenteile müssen unverzüglich ausgeputzt werden, um eine Übertragung der Krankheit zu verhindern.

Bunt gemischtes Kräuterbeet

Besonders schädlich für den Garten sind die Roten und Spanischen Weg- sowie Ackerschnecken

Das Unterlegen von Stroh unter Erdbeeren hält diese trocken und verhindert Schimmelbefall.

Das Beipflanzen von Kräutern wirkt vorbeugend: Knoblauch gegen Grauschimmel, Wermut gegen Mehltau, Baldrian gegen die Blattfleckenkrankheit.

### PFLANZENSCHUTZ IM GEWÄCHSHAUS

Anders als im Freiland können bestimmte Schädlinge unter Glas gezielt gefangen werden. Im Gartenfachhandel sind dafür verschiedene Mittel erhältlich.

- Gelbtafeln sind kleine, leuchtend gelbe, mit Leim bestrichene Täfelchen, die aufgehängt werden. Die gelbe Farbe lockt Weiße Fliegen an, die dann auf der Leimschicht kleben bleiben.
- Nutzinsekten werden im Gewächshaus ausgesetzt und fressen schädliche Insekten. So kann man beispielsweise Raubmilben gegen Spinnmilben einsetzen.

Auch mit Florfliegen, Erzwespen und Schlupfwespen kann man gezielt gegen bestimmte Schädlinge vorgehen.

Florfliege

# HÄUFIGE SCHÄDLINGE IM GARTEN

Blattlaus

| Schädling | Beschreibung | Schadensbild | Abwehrmethode | natürliche Feinde |
|---|---|---|---|---|
| Apfelwickler | kleiner Schmetterling, dessen Raupen Apfelbäume befallen | Fraßschäden an Früchten; vorzeitiger Fruchtfall | Raupen mit Wellpappe-ringen am Baum fangen | Vögel, Schlupfwespen |
| Blattlaus | kleine, meist grüne oder schwarze Läuse | befallen vorwiegend krautige Triebe; diese verkrüppeln, rollen sich ein | befallene Pflanzenteile entfernen; Topfpflanzen mit Seifenlauge besprühen; Gemüse mit Brennnesseljauche besprühen | Marienkäfer, -larve, Florfliegenlarve, Schlupfwespe, Raubwanze, Schwebfliegenlarve, Ohrwurm |
| Blutlaus | braune Lauskolonien unter filzigem Belag | Rindenwucherungen; befallen werden vor allem Apfelbäume | Rinde pflegen; Kapuzinerkresse pflanzen | Marienkäfer, Singvögel |
| Frostspanner | Schmetterling mit kleinen Raupen | versponnene Triebe; Fraßschäden an Obstbäumen | im Herbst Leimringe anlegen; weibliche Falter fangen (Pheromonfalle) | Schlupfwespen, Singvögel |
| Gespinstmotte | Schmetterling mit kleinen Raupen in Nestern | Fraßschäden an Pflanzenteilen verschiedener Obst- und Ziergehölze | Nester ausschneiden | Schlupfwespen, Singvögel |
| Haselnussbohrer | kleiner Käfer, der seine Eier in unreifen Nüssen ablegt | Fraßschäden an Nüssen, Larven in den Nüssen | im August Sträucher abklopfen | Spitzmäuse, Singvögel |
| Kirschfruchtfliege | kleine, schwarz-gelbe Fliege | Maden in Kirschen und Pflaumen | mit Gelbtafeln fangen; befallene Früchte vom Boden auflesen und vernichten | Singvögel, Hühner |
| Ringelspinner | brauner Schmetterling | Larven fressen an jungen Pflanzenteilen verschiedener Obstgehölze | Eigelege ausschneiden | Schlupfwespen, Raubwanzen, Singvögel |
| Schildlaus | kleine, saugende Insekten mit hartem Panzer | Blattschäden | mit lauwarmem Seifenwasser vorsichtig abbürsten | Marienkäfer, Schlupfwespe |
| Spinnmilbe (Rote Spinne) | kleine, orangerote oder grüne Insekten | feines Gespinst auf der Blattunterseite, Blätter verkümmern | regelmäßig mit Wasser absprühen; mit Zwiebelschalenbrühe oder Brennnesseljauche besprühen | Raubmilben, Raubwanzen |
| Stachelbeerblattwespe | kleine Wespe | Larven verursachen Fraßschäden an den Blättern von Stachel- und Johannisbeere | Larven absammeln, mit starkem Wasserstrahl abspritzen | Schlupfwespen, Spinnen, Singvögel |
| Thrips (Blasenfüßer) | kleine, schwarze saugende Insekten | Blattschäden | mit Wasser absprühen; Gelbtafeln aufhängen; biologische Insektizide anwenden | Raubmilben, Florfliegen, Marienkäfer |
| Weiße Fliege | winzige weiße Fluginsekten, die bei Berührung auffliegen | Larven saugen Blätter aus, es entstehen Blattflecken | mit lauwarmem Wasser absprühen; Gelbtafeln aufhängen; biologische Insektizide anwenden | Schlupfwespe |
| Wolllaus | weiße, wollige, saugende Insekten | Pflanzenschäden bei Massenbefall | mit Seifenwasser besprühen; biologische Insektizide anwenden; befallene Triebe entfernen | australischer Marienkäfer |

# HÄUFIGE PFLANZEN-KRANKHEITEN IM GARTEN

| Krankheit | Merkmal | verursachte Schäden | Bekämpfungsmethode | häufig befallene Pflanzen |
|---|---|---|---|---|
| Birnen-Gitterrost | orange Blattflecken | Blattschäden | biologisches Fungizid spritzen; Wacholderbüsche, die als Zwischenwirt dienen, umsetzen | Birnbaum |
| Feuerbrand | verformte Pflanzenteile | Pflanze stirbt ab | befallene Pflanzen entfernen und vernichten | Kernobst |
| Grauschimmel (Botrytis) | schimmelige Früchte | geringer Ernteertrag | Knoblauch und Zwiebeln zwischenpflanzen; biologisches Fungizid spritzen | Erdbeere |
| Gummifluss | aus dem Holz tritt gummiartige Flüssigkeit aus | Holzschäden | Schadstellen bis ins gesunde Holz ausschneiden | Steinobst |
| Johannisbeer-Säulenrost | rotbraune Blasen an der Blattunterseite | Blattfall | befallene Teile entfernen; Wermut zwischenpflanzen; nicht neben Weymouthskiefer pflanzen | Schwarze Johannisbeere |
| Kragenfäule | Fäulnis am Wurzelhals | Rindenschäden | Schäden ausschneiden; Stamm freimachen (Pflanzen, die zu eng am Stamm stehen, entfernen) | Apfelbaum |
| Kräuselkrankheit | verkrüppelte Blätter | Blattschäden | biologisches Fungizid spritzen; Kapuzinerkresse und Knoblauch pflanzen | Pfirsichbaum |
| Krebs | Wucherungen am Holz | Holzschäden | Schäden ausschneiden; Wunden pflegen; Werkzeuge desinfizieren! | Kernobst |
| Mehltau | weißer Belag auf Pflanzenteilen | kümmerlicher Wuchs, Blattfall, Fruchtschäden | biologisches Fungizid spritzen; Kapuzinerkresse und Knoblauch pflanzen | Obst- und Ziergehölze |
| Monilia | Faul- und Trockenstellen | verdorrte Zweige, faulige Früchte, die sich später verhärten (Fruchtmumien) | Fruchtmumien entfernen; dürre Spitzen entfernen; Meerrettich unterpflanzen | Obstgehölze |
| Narrentaschenkrankheit | verformte, verschrumpelte Früchte | geringer Ernteertrag | Früchte vernichten; robustere Sorten pflanzen | Pflaume, Zwetschge |
| Rußtau | schwarzer Belag auf Blättern (Ausscheidungen von Läusen) | kümmerliches Wachstum, da der Belag die Blätter erstickt | Blattlausbefall vermeiden bzw. bekämpfen | Obst- und Ziergehölze |
| Rutenkrankheit | dunkle Flecken am Holz; dürre Spitzen | Schäden am Holz | krankes Holz ausschneiden | Himbeere |
| Scharka | große Risse in der Rinde | Fruchtfall, Holzschäden | befallene Pflanzen entfernen und vernichten; Blattläuse (Überträger) bekämpfen | Zwetschge |
| Schorf | dunkle Flecken auf Blättern und Früchten | Fruchtschäden | biologisches Fungizid spritzen | Kernobst |

Kohlweißling

# NATÜRLICHER PFLANZENSCHUTZ DURCH NÜTZLINGE

Imprägnieren Sie Nistkästen nicht mit Holzschutzmitteln! Das Holz bleibt am besten naturbelassen.

Insekten, Vögel und andere Tiere treten im Hausgarten keineswegs nur als Schädlinge auf, auch wenn mancher Gartenliebhaber beim Anblick seiner von Blattläusen befallenen Rosen oder seines von Amseln geplünderten Kirschbaums manchmal anderer Meinung sein mag.

Viele Schädlinge haben natürliche „Fressfeinde". Und so manches Tier richtet vielleicht gelegentlich mal Schaden an, kann aber durchaus auch sehr nützlich sein, indem es Schädlinge vertilgt und damit hilft, das natürliche Gleichgewicht im Garten aufrecht zu erhalten.

Brütende Vögel brauchen Tränken, die gut einsehbar und „katzenfrei" sind.

## DIE ANSIEDLUNG VON NÜTZLINGEN FÖRDERN

Dafür, dass sich diese Nützlinge im Garten wohlfühlen und bleiben oder sich gar neu ansiedeln, kann man einiges tun. Der beste Schutz und die günstigste Förderung für Nützlinge aller Arten ist die Schaffung idealer Lebensbedingungen.

Aufgeplusterte Kohlmeise

Ein Garten mit üppiger Vegetation, mit Wildobst und Wiesen mit Wasserstellen, Steingarten, Holzstapeln, Steinhaufen und dergleichen ist eine Einladung für Vögel, Kriechtiere, Igel und Insekten. Chemische Unkrautvernichtungsmittel oder andere Gifte sind allerdings tabu.

## VÖGEL

Vögel lassen sich nicht nur gut beobachten und erfreuen mit ihrem Gesang, sie sind auch wertvolle Schädlingsvernichter. Ein einziger Singvogel kann viele Tausend schädliche Insekten pro Gartensaison vertilgen.

### Brutkästen anbringen

Die Ansiedlung von Vögeln kann unterstützt werden, indem man ihnen geeignete Lebensräume und Nisthilfen schafft.
Diese müssen so angebracht werden, dass die Vögel ihren Nachwuchs ungestört aufziehen können. Stare z. B. nisten ausschließlich auf hohen Plätzen (hohe Stange oder in einem Baumgipfel), damit sie die Umgebung überblicken können. Das Einschlupfloch sollte von der Wetterseite abgewandt sein und nach Osten oder Süden weisen. Außerdem muss der Nistplatz sicher vor Katzen sein.
Das Aufstellen von Vogelnistkästen ist auch nach der Brutzeit noch im Sommer oder Herbst möglich. Dann gewöhnen sich die Tiere daran und nutzen sie bis zum nächsten Frühjahr als Schlafstätten.
Nach der Brutzeit müssen die verlassenen Kästen gereinigt werden, damit sich keine Milben und andere Schädlinge ansiedeln können. Die Reinigung ist auch im Frühjahr nötig, da die Kästen im Winter oft als Schlafplätze aufgesucht werden.

### Wasserstelle anbieten

Für Tiere ist Wasser genauso wichtig wie für uns Menschen. Eine oder besser meh-

rere Wasserstellen (Teich, Brunnen Vogeltränke) begünstigen die Ansiedlung von zahlreichen Vögeln, Insekten und anderen Nützlingen wesentlich.
Ein Teich bietet zudem den Vorteil, dass die Tiere hier neben dem nötigen Trinkwasser auch Baumaterial zum Auspolstern der Nester finden: z. B. von Gräsern und flaumigen Wasserpflanzen wie Rohrkolben und Wollgras. Außerdem lädt die Wasserstelle zum Baden ein.

## INSEKTEN

Es scheint widersprüchlich, einerseits Vögel anzusiedeln damit sie Insekten vertilgen und andererseits die Insekten zu den Gartennützlingen zu zählen. Hier muss man unterscheiden. Vögel fressen vorzugsweise Schädlinge wie Blattläuse und Schmetterlingsraupen. Die nützlichen Arten wie Bienen, Hummeln oder Schwebfliegen und deren Brut greifen sie normalerweise nicht an.

### Florfliege

Vor allem die Larven der Florfliegen machen sich im Garten nützlich. Diese Räuber haben zangenähnliche, gebogene Mundwerkzeuge, mit denen sie ihre Beute anstechen, festhalten und aussaugen. Florfliegenlarven machen Jagd auf Blatt- und Blutläuse, Schildläuse, Spinnmilben und junge Raupen.

### Marienkäfer

Marienkäfer gehören sicher zu den bekanntesten Nützlingen im Garten, besonders der rote Siebenpunkt-Marienkäfer. Es leben jedoch auch etliche andere Marienkäferarten in heimischen Gärten. Sowohl die Larven als auch die erwachsenen Käfer fressen Blattläuse.

### Schwebfliege

Die kleinen, gelbschwarz gemusterten Schwebfliegen sind wichtige Insektenjäger. Ihre Eier legen sie in Blattlauskolonien ab. Die Larven beginnen unmittelbar nach dem Schlüpfen damit, Blattläuse auszusaugen.

Nach der Bundesartenschutzverordnung stehen Schmetterlinge unter Naturschutz und es ist verboten, sie zu fangen (Kohlweißlinge ausgenommen). Natürlich sollten auch die Raupen vom Menschen verschont bleiben.

Sicher sind – besonders in kleinen Gärten – nicht immer alle Möglichkeiten, die Lebensbedingungen für Gartennützlinge zu verbessern, durchführbar. Aber einen kleinen Beitrag kann jeder Gartenbesitzer leisten.

Marienkäfer

## JEDE VOGELART HAT ANDERE BEDÜRFNISSE

Beim Kauf oder beim Bau eines Nistkastens ist es wichtig, die Größe und die Form zu beachten. Jede Vogelart bevorzugt einen anderen Typ.
**Höhlenbrüter** wie Meisen, Stare und Spechte bevorzugen geschlossene Kästen als Brutplätze. Für diese Arten hängen Sie am besten Holz- oder Holzbetonkästen mit einem angemessenen Einschlupfloch auf. Der Durchmesser des Lochs muss auf die Vogelart zugeschnitten sein, die darin brüten soll. Dann können keine Räuber eindringen oder größere Vögel (z. B. Spatzen) den kleineren (z. B. Meisen) die Nisthöhle streitig machen. Bei Meisenhöhlen sollte das Einschlupfloch beispielsweise einen Durchmesser von 32 Millimetern haben.
**Halbhöhlenbrüter** wie Rotkehlchen, Gartenrotschwanz oder Grauschnäpper brüten lieber in offeneren Kästen. Diese sollten vorn nur bis auf halbe Höhe geschlossen sein.
**Amseln, Finken oder Gimpel** bauen ihre Nester in dichte Bäume und Sträucher. Ihnen können Sie durch die Pflanzung dichter Hecken oder kleiner Kronenbäume wie etwa Kugelahorn helfen.
**Schwalben** kleben ihre Lehmnester unters Dach. Stützbrettchen, die an geeignete Wände geschraubt werden, nehmen sie gerne an.

Wenn Sie bestimmte Vögel ansiedeln wollen, sind diese Unterschiede zu beachten. Informationen gibt der Bund für Naturschutz oder der Vogelschutzbund gerne weiter.

Nest mit Jungamseln

Ein Steingarten ist ein wertvolles Revier für viele Nützlinge wie etwa Eidechsen, Wildbienen und Hummeln. Sie können sich zwischen den lockeren Steinen verstecken bzw. Nektar an den blühenden Polsterstauden sammeln. Die Anlage macht zwar etwas Mühe, doch braucht der fertige Steingarten recht wenig Pflege.

### Hummeln und Bienen

Hummeln und Bienen machen sich im Garten bei der Bestäubung von zahlreichen Pflanzen nützlich.
Während Bienen beispielsweise Gitterziegel, Lehmwände oder Schilfrohrbündel aufsuchen, wohnen Hummeln je nach Art in Baumhöhlen, Steinhaufen oder im Boden. Die einfachste Methode Hummeln in den Garten zu holen ist deshalb ein gewisses Maß an „Unordentlichkeit". Ein ungenutzter Holzstapel oder ein Bruchsteinhaufen bieten beste Bedingungen.
Wenn noch dazu Salbei, Katzenminze, Lavendel und andere Lippenblütler im Garten wachsen, dauert es oft nicht lange bis sich Hummeln und Bienen einfinden.

## KRÖTE

Kröten machen Jagd auf Schnecken, Kartoffelkäferlarven und Raupen. Sie benötigen geschützte Unterschlupfmöglichkeiten unter Steinen oder Brettern. Außerdem müssen sie ein nahes Laichgewässer aufsuchen können.

Weitere Informationen zum Bau von Nistkästen finden Sie unter www.davidia.de

## IGEL

Igel fressen Schnecken und Insekten. Selbstverständlich dürfen sie dabei nicht durch giftige Schneckenköder beeinträchtigt werden.
An stark befahrenen Straßen sollten keine Igel angesiedelt werden. Wenn sich trotzdem welche einfinden, empfiehlt es sich Barrieren zu schaffen oder die Tiere in abgelegene Gartenbereiche zu lenken.
Laubhaufen, Holzstapel und andere lockere Schüttungen bieten sich bestens als Ruheplätze an. Hier sucht sich der Igel für den Winterschlaf ein frostfreies Quartier.

Hummel

### KOMPOST – FUTTER FÜR BODENLEBEWESEN

Ohne Zweifel zählen Regenwürmer, Asseln und Tausendfüßler zu den wichtigsten Nützlingen. Ohne sie wäre die Verrottung von abgestorbenen Pflanzenteilen unmöglich. Sie verzehren Blätter und andere organische Abfälle und produzieren daraus wertvollen Humus.
Durch eine Kompoststätte, die ohnehin für die Verrottung von Gartenabfällen nützlich ist, lassen sich diese und andere Bodenlebewesen vermehren und im Gartenboden ansiedeln.

## FLEDERMAUS

Fledermäuse fangen im Flug Falter und andere Insekten. Dazu brauchen sie natürlich ein ausreichendes Revier und eine freie Flugbahn. Zum Nisten und als Schlafplätze suchen diese Kleinsäuger gerne alte Schuppen, Dachstühle oder Naturhöhlen auf. Gelegentlich nehmen sie aber auch Vogelnistkästen an oder speziell gefertigte Fledermaushöhlen, die sich aus Holz basteln lassen.

## GUTE LEBENSBEDINGUNGEN SCHAFFEN

Es gibt zahlreiche Möglichkeiten, gute Lebensbedingungen für die Gartennützlinge zu erreichen.

### Überwinterungsmöglichkeiten schaffen

- Abgetrocknete Blütenstände und Samenkapseln von Stauden im Herbst stehen lassen.

- Kleine Kästen oder Blumentöpfe, die mit Stroh gefüllt sind, aufhängen.
- Laub und vertrocknete Pflanzenreste im Herbst zu einem Haufen zusammenkehren und im Garten liegen lassen.

### Unterschlupfmöglichkeiten schaffen

- Reisighaufen im Garten liegen lassen.
- Holz und Äste aufhäufen und einfach liegen lassen.

### Nistmöglichkeiten schaffen

- Vogelnistkästen aufstellen.
- Insektennistplätze schaffen (z. B. hohle Stängel von Schilfrohr sammeln, bündeln und aufhängen).

### Futterpflanzen ansiedeln

- Aussaat und Pflanzung von Blütengewächsen als Nektarquelle.
- Distelarten wie Kugeldistel (Echinops), Alpendistel (Eryngium), Silberdistel (Carlina) oder auch Mohngewächse und Echinacea ziehen vor allem Hummeln und Bienen an.
- Schmetterlinge suchen mit ihren langen Rüsseln bevorzugt röhrenförmige Blüten auf, etwa Sommerflieder (Buddleia) oder Lippenblütler wie Salbei, Lavendel und Minze.
- Vorzügliche Bienenfutterpflanzen sind der Gelbsenf und die Blaue Phacelia.

Im dichten Bewuchs finden Nützlinge einen Unterschlupf

Ringelnatter

## KEINE ANGST VOR WILDEN TIEREN

Die meisten Wildtiere haben von Natur aus Berührungsängste. Sie gehen den Menschen, wenn möglich, aus dem Weg. So ziehen sich Schlangen wie die Ringelnattern und Kreuzottern lieber zurück als anzugreifen. Das gilt auch für Blindschleichen, die nicht zu den Schlangen zählen, sondern wie die Eidechsen zu den echten Echsen. Diese Kriechtiere sind mittlerweile nur noch selten in der Natur zu sehen. Sie sollten deshalb auch im Garten geschont werden, wenn sie hier ein Refugium gefunden haben. Blindschleichen ernähren sich vorwiegend von Nacktschnecken. Sie siedeln sich auf unberührtem Brachland oder verwilderten Felshängen an. Diese bronzefarbenen Reptilien bringen etwa zehn bis 20 lebende Jungtiere zur Welt.

Manchmal sind Blindschleichen oder auch Ringelnattern in Komposthaufen zu finden. Ringelnattern legen im Sommer zehn bis 30 Eier, aus denen nach etwa acht Wochen die Jungtiere schlüpfen. Sie überwintern in unterirdischen Bruthöhlen, die gelegentlich bei Gartenarbeiten aufgestochert werden. Beim Umsetzen des Komposthaufens oder beim Umgraben von Brachflächen ist auf solche Gelege oder im Winter auf Schlafquartiere zu achten. Während Ringelnattern und Blindschleichen völlig harmlos sind, sollte den Kreuzottern natürlich nicht zu nahe getreten werden. Diese Schlangen sind ohnehin sehr selten, vor allem in Hausgärten.

Wer im Garten unbekannte Tiere wie etwa nicht eindeutig identifizierbare Schlangen entdeckt, sollte selbstverständlich Abstand halten. Erst nach der Bestimmung mittels Naturführer oder durch einen Mitarbeiter eines Naturschutzvereins kann Entwarnung gegeben werden. Bei Gefahr (etwa für Kinder) ist unter Umständen die Umsiedlung in ein geeignetes natürliches Gelände nicht zu vermeiden.

Zauneidechse

Durch verschiedene Wuchs- und Schnittformen der Gehölze wird ein Garten abwechslungsreich

In vielen Gemeinden gibt es Gartenbauvereine oder Fachberater, die Kurse für Gartenbesitzer durchführen. Im Winter stehen oft Baumschneidekurse auf dem Programm. Die Teilnahme lohnt sich, denn eine praktische Anleitung durch einen Fachkundigen ist immer die beste Ausbildung. Auskunft gibt der örtliche Obst- und Gartenbauverein oder auch das zuständige Gartenamt.

Denken Sie bei der Auswahl der Bäume und Sträucher immer auch an die spätere Größe der Pflanzen. Denn es wäre schade, wenn Sie einen schön gewachsenen Baum beschneiden oder sogar entfernen müssen, weil er zu groß für Ihren Garten wird.

# BAUM- UND GEHÖLZSCHNITT

Von Natur aus müssen Bäume und Sträucher ohne Schnitt zurechtkommen. Dennoch können im Garten kleine Eingriffe an Gehölzen durchaus zur Gesunderhaltung sowie zur Formgebung erfolgreich beitragen.

## WARUM SIND GEZIELTE SCHNITTMASSNAHMEN NÖTIG?

Schnittmaßnahmen können aus unterschiedlichen Gründen nötig werden:

- Die Wuchsform der Pflanze soll unterstützt werden.
- Ein zu starkes Wachstum soll ausgeglichen werden.
- Die Wuchskraft einer Pflanze soll angeregt oder erhalten werden.
- Eine überalterte Pflanze soll verjüngt werden.
- Die Pflanze soll eine besondere Form erhalten.

Ein Schnitt regt speziell die Knospen zum Austreiben an, die unterhalb der Schnittstelle am Zweig sitzen. Durch einen gezielten Schnitt knapp über einer bestimmten Knospe lässt sich der Austrieb also gezielt fördern. Auf diese Weise ist es beispielsweise möglich, einen wenig verzweigten Blütenstrauch zu buschigerem Wuchs anzuregen bzw. die Form zu beeinflussen. Grundsätzlich hat ein starker Schnitt einen kräftigen Austrieb zur Folge, ein schwacher Schnitt bewirkt einen schwachen Austrieb. Es gilt daher mit Maß und Ziel einzugreifen.

## STAMMFORMEN SCHNEIDEN

Bei allen Stammformen wird zunächst der Stamm aufgeputzt. Das heißt, unerwünschte Austriebe aus dem Wurzelstock (sogenannte Stockausschläge) und aus dem Stamm werden bis zur gewünschten Kronenhöhe entfernt. Dabei schneidet man stets glatt am Stamm ab. Zapfen (Aststummel) dürfen nicht stehen bleiben, denn sie trocknen aus oder bringen wieder unerwünschte Triebe hervor.

Die Krone soll sich möglichst gleichmäßig und offen entwickeln. In der Regel sind an einem durchgehenden senkrechten Mittelleittrieb waagerechte Seitenäste angeordnet. Diese Seitenäste sollten gut verteilt sein, in alle Richtungen weisen und nicht zu steil stehen.

- Steile Äste werden entfernt oder auch abgelenkt, das heißt bis auf einen waagerechten Seitentrieb oder eine nach außen weisende Blütenknospe zurückgeschnitten.
- Zu lange Triebe kürzt man ein, damit sie sich verzweigen und eine gleichmäßige Krone entsteht.
- Nach innen wachsende Triebe werden entfernt, ebenso steile Konkurrenztriebe zum Mittelleittrieb.
- Grundsätzlich ist stets über einem Außenauge, also einer Knospe, die nach außen weist, abzuschneiden. Daraus entwickelt sich wieder ein Trieb, der nach außen wächst. Auf diese Weise bleibt die Krone immer licht und zugleich offen.
- Auch beim „Schnitt auf Augen“ dürfen auf keinen Fall Zapfen stehen bleiben. Allerdings sollte man auch nicht zu knapp am Auge schneiden, da es sonst austrocknet.

## STRÄUCHER SCHNEIDEN

Ebenso wie die Kronen der Stammformen sind auch Sträucher licht und offen zu erziehen. Zu dichte Sträucher vergreisen bald und müssen schon nach wenigen Jahren kräftig verjüngt werden.
In der Regel genügt es alle drei bis vier Jahre einige alte Äste direkt am Boden zu entfernen. Dadurch bleiben die Sträucher locker und wüchsig. Nur beim Schmetterlingsstrauch, bei Bartblumen, Edelrosen (auch sie zählen zu den Gehölzen) und anderen Sommerblühern ist ein Rückschnitt erforderlich, wenn die Triebe erfroren sind. Den Verjüngungsschnitt im zeitigen Frühjahr nehmen sie aber schadlos hin und blühen schon im Sommer wieder.

## NADELGEHÖLZE SCHNEIDEN

Fichten, Tannen, Kiefern und andere immergrüne Nadelgehölze brauchen nur wenig Pflege. Es ist aber empfehlenswert, dürre Triebe auszuputzen, doppelte Gipfel auszuschneiden und andere kleine Eingriffe rechtzeitig zu erledigen, damit die Pflanzen gesund bleiben und ihre natürliche Form behalten.

Das Aufputzen der Stämme kann selbst bei alten Bäumen sinnvoll sein, wenn die unteren Äste etwa am Haus oder an einer Grundstücksgrenze stören oder wenn eine Pflanzfläche für Stauden oder Sommerblumen unter der Krone gewünscht wird.

### STÄMMCHEN ERZIEHEN

Wenn ein Buchsbaum, ein Kirschlorbeer oder ein anderer immergrüner Strauch als Bäumchen gezogen werden soll, ist es nötig, eine ausgewählte Pflanze schon von Jugend an zu beschneiden, um die gewünschte Form zu erhalten.

Gehölzschnitt

Dazu wählt man ein Exemplar, das einen kräftigen geraden Trieb hat. Alle übrigen Triebe werden weggeschnitten, sodass ein kleines Stämmchen entsteht. Dieses wird nun in den nächsten Jahren immer weiter „aufgeputzt“ (das heißt frei geschnitten), bis die gewünschte Kronenhöhe erreicht ist. Dann lässt man die Seitentriebe wieder wachsen, damit sich eine Krone bildet. Je nach gewünschter Form wird diese Krone streng – etwa in Kugelform – geschnitten oder locker gehalten.
Solche Stämmchen sind beispielsweise sehr schöne Spalierbäume am Hauseingang oder Gestaltungselemente auf der Terrasse. Ebenso wie Laubgehölze sind Eiben, Scheinzypressen und andere Nadelgehölze als Stämmchen formbar.

Pinzieren von Nadelholztrieben

Anders als bei Laubbäumen sollten störende Äste bei alten Koniferen nicht direkt an der Austriebstelle abgetrennt werden. Das hätte insbesondere bei Kiefern, Fichten, Lärchen oder Tannen einen starken Harzfluss zur Folge. Bei diesen Arten bleiben zunächst kurze Aststummel stehen, die dann nach dem Eintrocknen erst abgetrennt werden. Bei anderen Nadelgehölzen wie Eiben, Scheinzypressen oder Thujen, die keine Koniferen sind, ist der direkte Rückschnitt jedoch möglich. Deren Wunden harzen normalerweise nicht.

## Was muss beachtet werden?

Die meisten Nadelgehölze sind – anders als Laubgehölze, die sich nach dem Schnitt rasch verzweigen – nicht sehr „verjüngungsfreudig“. Vor allem sollten Sie nicht ins alte Holz schneiden. Falls nötig, müssen alte Zweige bis zu einer Gabel oder bis zur Austriebstelle zurückgeschnitten werden, sonst bleiben Zapfen stehen, die meistens austrocknen.
Einjährige Triebe lassen sich dagegen ohne Nachteile behandeln. Man kann sie beispielsweise entspitzen und so zur Verzweigung anregen.
Große Schnittwunden an Nadelbäumen harzen stark. Achten Sie deshalb schon bei jungen Bäumen auf einen schönen Wuchs und schneiden Sie rechtzeitig, solange die störenden Triebe noch schwach sind.
Durch Schneebruch, durch Stürme oder durch den Schnitt ins alte Holz entstehen manchmal Zapfen oder Aststummel, die nicht mehr austreiben. Sie müssen glatt am Stamm weggeschnitten werden, sonst siedeln sich eventuell Schädlinge oder Pilzkrankheiten an, die in das gesunde Holz übergehen.

## Notwendige Maßnahmen

Fichten, Tannen und andere Nadelbäume mit geradem durchgehendem Stamm, bringen jedes Jahr einen Gipfeltrieb hervor, der verholzt und dann die Stammverlängerung bildet. Manchmal bricht dieser Gipfeltrieb, sodass aus geschlossenen Knospen Ersatztriebe wachsen. Meistens entwickelt sich einer dieser Triebe besonders kräftig und wird zum neuen Gipfel.
Gelegentlich treiben aber mehrere Triebe gleich stark nach oben und es entsteht eine Zwistel (steile Astgabel). Dann sollten Sie zur Schere greifen und einen Trieb freischneiden. Die überflüssigen Konkurrenztriebe werden dazu direkt an der Austriebstelle entfernt.

Ein besonderer Termin ist im Frühsommer, bevor die jungen Triebe ihre Nadeln entfalten. Zu dieser Zeit können Sie zu langstielige Nadelgehölze „pinzieren“ und so zu kompaktem Wuchs zwingen. Dazu werden die jungen, noch geschlossenen Triebe („Kerzen“) einfach mit der Schere oder mit einem scharfen Messer entspitzt. Sie entwickeln sich dann nur halb so lang wie unter normalen Umständen.

Bergkiefer (Pinus mugo 'Mops')

Hecke aus Buchs

Kübelpflanzen werden stets im Spätwinter vor dem Neuaustrieb zurückgeschnitten. Nur im Notfall, etwa bei zu großen Exemplaren, ist ein Rückschnitt bereits vor dem Einräumen ins Winterquartier möglich.

### Nadelgehölzhecken

Thujen-, Scheinzypressen-, Fichten- und andere Nadelholzhecken sind zwar sehr schnittverträglich, wenn immer nur die Spitzentriebe gekappt werden, die Verjüngung und damit den Schnitt in das alte Holz vertragen sie jedoch schlecht.
Keinesfalls dürfen die Flanken stark gestutzt werden, denn die Löcher, die dabei entstehen, verwachsen kaum noch. Bei einem kräftigen Rückschnitt der Flanken müssen die Triebe auf jeden Fall noch einige Nadeln haben, sonst treiben sie gewöhnlich nicht mehr aus.
Den Rückschnitt in der Höhe verkraften sie besser. Aber auch oben sollten sie maßvoll abgestuft und nicht zu stark gestutzt werden. Das gilt im Übrigen auch für sommergrüne Nadelholzhecken, insbesondere für Lärchen.

## LAUBGEHÖLZHECKEN SCHNEIDEN

Während sommergrüne Laubgehölzhecken einen kräftigen Rückschnitt vertragen, reagieren immergrüne Gehölze in der Regel empfindlicher.
Buchsbaum-, Berberitzen- oder Feuerdornhecken (und ähnliche) verjüngen sich schlecht aus dem alten Holz und brauchen ziemlich lange, bis sie nach einem kräftigen Rückschnitt wieder dicht zusammenwachsen können.
Dennoch kann eine Verjüngung nötig sein, etwa bei der Übernahme eines verwilderten Gartens oder infolge von Frostschäden. Am besten bringt man sie dann im Spätwinter mit der Astschere wieder in Form und schneidet sie im Sommer nach.
Das gilt auch für Kirschlorbeer- und Rhododendronhecken, die wegen ihrer großen Blätter ohnehin weniger streng geformt und grundsätzlich nur mit der Astschere und nicht mit der Heckenschere geschnitten werden. Damit können Verletzungen der Blätter erfolgreich vermieden werden.

## ROSEN SCHNEIDEN

Die blühfähigsten Gartengehölze sind wohl die Edelrosen. Sie bringen ihre Blüten an den einjährigen Trieben hervor – anders als etwa Forsythien und andere Blütensträucher, die ihre Blüten bereits im Vorjahr ausgebildet haben. Rosen vertragen deshalb auch einen kräftigen Rückschnitt im Spätwinter.
Der Schnitt erfolgt je nach Rosentyp und Wuchsform beherzt oder vorsichtig. Schwache Büsche werden kräftig zurückgeschnitten. Bei kräftigen Büschen genügt ein maßvoller Eingriff. Nur wenn der Frost sie stark geschädigt hat, brauchen auch sie einen kräftigen Rückschnitt. Sonst genügt es, schwache Triebe auszuputzen und alle kräftigen Triebe einzukürzen.

Im Zuge des Rosenschnitts sollten immer auch alte Hagebutten und welke Blüten entfernt werden. Das gilt für alle Rosenarten.

### Beetrosen

Als Maß für den Schnitt dienen bei Beetrosen (→ S. 77 f.) die Augen oder Knospen. Sie sitzen deutlich erkennbar an den Trieben. Jede Knospe bringt im Frühjahr einen neuen Trieb hervor. Je weniger Knospen erhalten bleiben, umso kräftiger ist jeweils der Austrieb.

Durch den Schnitt lässt sich insbesondere der Wuchs steuern, denn je stärker der Rückschnitt vorgenommen wird, umso kräftiger ist auch der Austrieb.

Normalerweise bleiben etwa fünf bis zehn Knospen erhalten. Darüber wird der Trieb jeweils abgeschnitten. Es ist aber unnötig, die Knospen abzuzählen. Grundsätzlich ist ein Rückschnitt der Triebe etwa um die Hälfte günstig. Dabei sollte jeweils die oberste Knospe nach außen weisen. Sie bringt den kräftigsten Trieb hervor.

### Strauch- und Kletterrosen

Nach dem Austrieb lassen sich langstielige, wenig verzweigte Pflanzen durch das sogenannte Pinzieren zu buschigem Wuchs anregen. Dazu werden die mastigen jungen Triebe bis etwa zum Monat Juni einfach eingekürzt. Das regt sie zur Entwicklung von Seitentrieben an.

Strauch- und Kletterrosen (→ S. 80 f.) treiben ohnehin kräftig. Hier genügt es, nur die schwachen Triebe zu entfernen und zu lange Triebe einzukürzen.

Nur nach einem strengen Winter, wenn starke Frostschäden sichtbar sind (erkennbar an deutlich schwarzen Trieben), bekommen auch diese Rosen einen kräftigen Rückschnitt. Sie verjüngen sich wie Beetrosen aus der Basis und sind bereits im Sommer blühfähig.

### Bodendeckerrosen

Eine Sonderstellung nehmen die meisten Bodendeckerrosen (→ S. 79) ein. Sie werden in den Baumschulen nicht durch Veredelung auf Wildrosen vermehrt, sondern durch Stecklinge. Die meisten Sorten bilden – anders als Beetrosen – keine straff aufrechten Triebe, sondern bringen lange kriechende Ruten hervor.

Der Schnitt im Spätwinter beschränkt sich in der Regel auf das Einkürzen erfrorener Triebspitzen, das Ausputzen welker Blütenstände und das Entfernen schwacher und kranker Triebe.

Edelrosen und Margeriten

### Rosenstämmchen

Alle Stammrosen sind Edelrosen oder auch Kletterrosen, die auf Wildrosenstämmchen okuliert wurden. Sie brauchen denselben Schnitt wie bodenständige Beetrosenbüsche.

Nach dem Entfernen des Winterschutzes ist es nötig, alle erfrorenen Triebspitzen bis ins gesunde grüne Holz zurückzuschneiden. Weiterhin werden schwache Triebe entfernt und gesunde lange Triebe wie bei Beetrosen auf jeweils ca. fünf Augen zurückgeschnitten oder etwa um die Hälfte eingekürzt.

### Wildrosen

Wildrosen sind – anders als Edelrosen – nicht „auf Augen" zu schneiden. Sie bekommen denselben Schnitt wie andere Ziersträucher. Normalerweise genügt ein gelegentlicher Auslichtungsschnitt, wobei einige eng stehende alte Zweige bis zum Boden zurückgeschnitten werden. Nach deren Entfernen sehen die Sträucher wieder luftig und locker aus. Sie verjüngen sich, indem sie junge Triebe aus dem Wurzelstock hervorbringen.

Beim Winterschnitt kann man auch störende lange Wildrosentriebe einkürzen.

## WANN IST DIE RICHTIGE ZEIT FÜR DEN SCHNITT?

Im Spätwinter oder im zeitigen Frühjahr ist die beste Zeit zum Schneiden aller Laubgehölze, weil sie dann noch in der Saftruhe sind und die Schnittwunden nicht bluten. Nur bei den Frühjahrsblühern, wie etwa bei der Forsythie, ist

## WILDTRIEBE ENTFERNEN

Achten Sie schon beim Schnitt der Rosen im Spätwinter und auch den ganzen Sommer hindurch stets auf Wildtriebe aus der Veredelungsunterlage. Diese Triebe unterscheiden sich deutlich durch einen kräftigeren Wuchs, eine andere Farbe und andere Stacheln von den Edeltrieben. Im Sommer sind sie unverwechselbar an den kleinen Blättern zu erkennen.

Wildtriebe, die nicht entfernt wurden, entwickeln sich in kürzester Zeit zu kräftigen Büschen. Sie überwuchern schließlich den edlen Teil der Rose, wenn sie ungehindert wachsen dürfen.

Am besten werden solche Triebe so tief wie möglich direkt an der Austriebstelle entfernt. Dazu ist es nötig, die Wurzeln freizulegen, denn wenn austriebsfähige Reststücke erhalten bleiben, bringen diese bald wieder Wildtriebe hervor.

es günstiger erst nach der Blüte zu schneiden. Sonst gehen mit den weggeschnittenen Teilen auch sämtliche Blütenknospen verloren.
Nadelgehölze schneidet man am besten im Frühjahr, wenn eventuell Frostschäden erkennbar werden oder im Sommer, wenn kleine Korrekturen, wie das Ausschneiden doppelter Gipfel oder der Rückschnitt störender Triebe nötig sind. Große Eingriffe werden aber auch bei Nadelgehölzen besser im Winter erledigt, wenn die Bäume in der Saftruhe sind. Dann können Sie, wenn nötig, auch dicke Äste entfernen. Grundsätzlich sollten Nadelbäume aber so wenig wie nötig geschnitten werden.
Ausgenommen von den genannten Terminen sind Hecken und Formschnittgehölze. Hecken erhalten den jährlichen Pflegeschnitt etwa im Juli, sobald sie den Hauptjahreszuwachs vollendet haben. Danach bleiben sie bis zum nächsten Mai ziemlich in Form, zumal sie im Sommer nach dem Schnitt nur noch wenig wachsen. Formschnittgehölze werden etwa Ende Juni getrimmt (→ S. 156).

### Der Pflanzschnitt

Frisch gepflanzte Gehölze ohne Ballen brauchen zunächst einen Pflanzschnitt. Sie müssen so zurückgeschnitten werden, dass das Verhältnis zwischen Wurzeln und Ästen ausgeglichen ist und die wenigen vorhandenen Wurzeln die Versorgung der Pflanze bewältigen können.
Dazu werden die Triebe etwa um ein Drittel ihrer Länge eingekürzt.

Rhododendron

### Der Erziehungsschnitt

Beginnen sollten die Schneidearbeiten bereits bei Jungpflanzen. In den ersten Jahren nach der Pflanzung lassen sich Laubgehölze leicht korrigieren, solange die Triebe noch jung und elastisch sind. So lässt sich bei Bäumen eine formschöne Krone erreichen bzw. bei Sträuchern ein lichtes Astwerk bilden.
In diesem Stadium empfiehlt es sich auch, krumme Gipfel zu stäben, störende Triebe zu entfernen und Wildtriebe aus der Veredelungsunterlage zu beseitigen (z. B. bei Zieräpfeln, Zierkirschen).
Die wenigen Eingriffe während der Erziehung im Jugendstadium haben eine große Wirkung und dürfen nicht vernachlässigt werden. Wenn sie versäumt werden, hat dies bei nachträglichen Korrekturen stets große Wunden zur Folge, die dem Gehölz Kraft nehmen und schaden.

Bei Gehölzen mit Wurzelballen ist kein Pflanzschnitt nötig.

Bewachsene Trockenmauer

Hochstämmchen und Formschnittpflanzen im Kübel

## Der Erhaltungsschnitt

Damit die Wuchskraft der Gehölze über viele Jahre erhalten bleibt, sollten sie jedes Jahr im Spätwinter nachgeschnitten werden. Dabei werden dürre, schwache, zu eng stehende oder steile Äste entfernt oder eingekürzt. Der Erhaltungs- oder Pflegeschnitt trägt nach der Erziehung auch zum weiteren Ausbau der Kronen bei.

Vorsicht! Im Sommer wachsen Kahlstellen, die durch einen zu kräftigen Rückschnitt entstehen, nicht mehr zu. Sie bleiben dann bis zum Austrieb im nächsten Frühjahr erhalten und sehen unschön aus.

## Der Verjüngungsschnitt

Während Gehölze wie Kirsch- oder Nussbaum noch nach 100 Jahren vital sind, lassen beispielsweise Beerenobstbüsche schon nach wenigen Jahren nach. Sie müssen regelmäßig nachgeschnitten werden, weil sie nur dann zufriedenstellend tragen können.

Einer vorzeitigen Vergreisung von Gehölzen lässt sich durch einen regelmäßigen Pflegeschnitt entgegenwirken.

Wurde dies versäumt, kann man sie durch einen radikalen Rückschnitt verjüngen. Dadurch wird die Form wieder geordnet, das Gehölz wird stark gelichtet und zu neuem Austrieb angeregt.

Einen solchen kräftigen Schnitt vertragen die Pflanzen in der Vegetationspause im Winter am besten.

## Der Formschnitt

Schnittverträgliche Gehölze lassen sich in besondere Formen bringen, wenn sie geschickt getrimmt und als Kugeln, Kegel oder Pyramiden erzogen werden (→ S. 88 f.). Dieser regelmäßige, maßvolle Schnitt muss bereits bei Jungpflanzen beginnen. Nach der Pflanzung, die mit vorkultivierten Topfpflanzen jederzeit auch im Sommer möglich ist, brauchen die Bäumchen noch keinen Schnitt. Allenfalls werden überstehende Triebe eingekürzt. Zunächst sollen sie in Ruhe anwachsen dürfen.

Sobald sich die Jungpflanzen im Boden verankert haben bzw. sobald sie im Pflanzkübel angewachsen sind und junge Triebe hervorbringen, kann der Formschnitt beginnen. Der Austrieb ist von der Jahreszeit abhängig. Den meisten Zuwachs bringen die Bäumchen im Frühjahr hervor. Im Sommer hält sich die Entwicklung neuer Triebe in Grenzen. Danach richtet sich auch der Schnitt. Es dürfen immer nur die jungen Triebe eingekürzt werden. Ein Schnitt ins Holz ist zu vermeiden.

Die jungen Triebe sollten vom Frühjahr bis zum Sommer mehrmals zurückgeschnitten werden. Das regt sie zur Verzweigung an und fördert einen buschigen Wuchs. Mit den Jahren nehmen die Bäumchen durch den regelmäßigen Schnitt die gewünschte Form an. Sie lassen sich dann durch den Rückschnitt der jungen Triebe jeweils knapp an den Austriebstellen in dieser Form halten.

Buchsbaumkugeln im Schnee

## WERKZEUGE UND HILFSMITTEL

### Schneidwerkzeuge

Zum Schneiden ist eine gute scharfe Gartenschere nötig. Sie muss glatt abschneiden und darf nicht quetschen, denn glatte Schnittwunden heilen besser als gequetschte oder ausgefranste. Eine Backenschere ist besser geeignet als eine Ambossschere, weil sie sich glatt an der Austriebstelle ansetzen lässt.

Zum Abtrennen dicker Äste ist eine Baumsäge nötig. Das kann eine Bügelsäge mit verstellbarem Blatt sein oder eine Klappsäge mit schmaler Klinge.

Die Anschaffung von Qualitätswerkzeugen macht sich langfristig bezahlt. Gute Scheren und Sägen sind wesentlich teurer als Billigprodukte. Sie halten aber viele Jahre höchsten Belastungen Stand und erleichtern die Arbeit.

Zum Schneidwerkzeugsortiment gehört noch ein Gärtnermesser, das zum Nachschneiden großer Sägewunden, aber auch zum Schneiden von Stecklingen oder zum Veredeln benutzt werden kann.

### Hilfsmittel

Große Wunden müssen unverzüglich mit einem Wundverschlussmittel („künstliche Rinde") behandelt werden. Das bewahrt sie vor Austrocknung und vor Pilzinfektionen. Allerdings darf das Wundbehandlungsmittel nicht auf krankes oder mit Pilzsporen infiziertes Holz aufgetragen werden. Sonst wuchert das Pilzgeflecht unter der schützenden Kunstharzschicht unentwegt weiter.

## FEHLER BEIM SCHNITT

Die meisten Fehler beim Schnitt von Bäumen und Sträuchern im Garten werden durch willkürliches Abschneiden irgendwelcher Zweige gemacht. Bevor Sie also zur Schere greifen, sollten Sie prüfen, ob der Schnitt wirklich nötig ist und welche Zweige letztendlich stören.

Andernfalls schadet der Eingriff mehr als er tatsächlich hilft.

Zudem ist es ratsam, immer auch die Wirkung des Schnitts im Auge zu behalten. Das Abschneiden eines Zweigs hat immer einen Austrieb zur Folge.

Bei natürlich entwickelten Exemplaren ist der Rückschnitt einzelner Zweige unnötig oder sogar schädlich. Sie wachsen ohnehin recht buschig. Nach einem Rückschnitt bilden die neuen Triebe dichte „Besen", die kein Licht mehr in das Strauchwerk eindringen lassen. Dadurch verkahlen sie in Bodennähe.

## DER SCHNITT ERSETZT NICHT DIE RICHTIGE AUSWAHL

Schnittmaßnahmen sind geeignet, Gehölze in Form und gesund zu erhalten. Sie können jedoch der Größe und der natürlichen Wuchsform einer Pflanze auf Dauer keinen Einhalt gebieten.

Deshalb muss schon bei der Pflanzenauswahl auf die letztendliche Größe und die Wuchsform geachtet werden. Jetzt entscheidet sich, ob ein Hochstamm, ein Halbstamm, ein Busch, ein Heister (baumartiges, junges Gehölz), ein mehrstämmiges Gehölz oder ein Strauch eingesetzt wird.

Schon bei der Erziehung richtet sich der Schnitt nach dem Gehölztyp. Bei allen Typen hilft der Schnitt dabei, eine typische Form zu entfalten, also je nach Art eine flach-kugelige Krone, eine ovale Form, eine säulenförmige Gestalt etc. Der Schnitt muss stets dem natürlichen Wuchs nahekommen und ihn fördern.

Die Kronen hoher Gartenbäume sind nur mit einer ausreichenden Steighilfe zu pflegen. Eine lange Leiter, die sicher steht, dient der eigenen Sicherheit. Manchmal lassen sich störende Äste in luftiger Höhe aber auch noch ohne Klettern erreichen. Dazu dienen Sägen oder Scheren mit Teleskopstiel.

Blühender Kirschbaum

# RASEN ANLEGEN UND PFLEGEN

Gräser sind eigentlich Unkräuter, sie wuchern überall. Auch dort, wo kein anderes Kraut zu wachsen vermag.
Dennoch ist bei der Anlage einer Rasenfläche oder einer Wiese einiges zu beachten, damit die Gräser, Kräuter und Blumen langfristig gut gedeihen.

## RASEN ODER WIESE?

Ob ein Rasen oder eine Wiese angelegt werden soll und welche Ansprüche an den Rasen gestellt werden, hängt wesentlich davon ab, wie diese Freifläche genutzt werden soll.
Wenn Kinder zur Familie gehören und im Garten viel gespielt und getobt wird, ist eine strapazierfähige Rasenfläche nötig. Ein makelloser Zierrasen dagegen oder eine bunte Blumenwiese sind eher etwas fürs Auge.
Eine Wiese ist wesentlich empfindlicher als ein Rasen. Sie braucht Zeit zur Entwicklung und sie braucht Schonung. Ob sich die gewünschte Artenvielfalt einstellt, ist auch vom Boden abhängig.
Einerseits keimen oft nur wenige Blütenpflanzen der ausgewählten Samenmischung. Andererseits siedeln sich weitere Pflanzen von selbst mit an, deren Wurzeln im Boden stecken oder deren Samen aus der Umgebung anfliegen. Die Anlage einer Wiese ist also immer ein kleines, spannendes Experiment.
Dagegen ist ein Rasen eine recht einfache Kultur. Die Gräsermischung keimt fast überall und breitet sich rasch zu einem grünen Teppich aus, der dann kurz gehalten werden muss. Ein Rasen „vergreist“ nur, wenn er vernachlässigt wird. Er braucht anders als die Wiese keine Schonung, sondern regelmäßige Pflege.

Der berühmte „englische Rasen“ hat sein üppiges Grün nicht zuletzt dem milden, regenreichen Klima auf den britischen Inseln zu verdanken, das die Gräser besonders saftig wachsen lässt.
Dieser Vorteil durch das optimale natürliche Wachswetter ist in ungünstigen Regionen auf dem europäischen Festland selbst mit idealen Beregnungsanlagen und optimaler Pflege kaum noch aufzuholen.

Gemischte Blumenwiese

# EINEN RASEN ANLEGEN

## Schon jetzt an die Pflege denken

Bereits bei der Anlage einer Rasenfläche sollte man an die spätere Pflege denken, das Rasenmähen. Allzu kleinteilige, durch viele Beete unterbrochene oder sehr verschnörkelte Formen machen später viel mehr Arbeit. Sie können oft nicht in einem Zug mit dem Rasenmäher geschnitten werden oder müssen an den Rändern extra nachbearbeitet werden.

Da diese Arbeit während der Gartensaison recht häufig anfällt, lohnt sich vorausschauend zu planen:

- Spitze Ecken und sehr starke Kurven in der Rasenfläche vermeiden.
- Rasenstreifen zwischen Beeten müssen mindestens Rasenmäherbreite haben.
- Gehölze und Blumen lieber an den Rand des Rasens pflanzen. Alles was in der Rasenfläche wächst, muss beim Mähen ausgespart und die Stelle nachbearbeitet werden.

## Geeignete Flächen

Die Fläche, auf der ein Rasen angelegt wird, sollte sonnig liegen. Allenfalls vertragen die Gräser noch den lichten Schatten etwa von Obstbäumen. Aber auch hier gibt es schon Einschränkungen. Keinesfalls lässt sich ein Rasen im Schatten dichter Baumkronen erfolgreich anlegen, ebenso wenig wie eine Wiese. Nur wenige Gräser vertragen auf Dauer Schatten, zumal es dort immer feucht ist und sie ständig mit Moos zu kämpfen haben.

Auch für halbschattige Plätze eignen sich nur ausgewählte Rasenmischungen. Ideal sind insbesondere solche mit einem hohen Anteil an Gemeinem Rispengras (Poa trivialis).

## Das Saatgut

Saatgut für Rasen ist im Fachhandel in vielen verschiedenen Mischungen erhältlich. Sie bestehen vorwiegend aus Straußgras (Agrostis-Arten), Schwingel (Festuca-Arten), Weidelgras (Lolium perenne), Lieschgras (Phleum pratense) und Rispen (Poa-Arten) zu verschiedenen Anteilen.

Gepflegte Rasenanlage

Die Zusammensetzung der Mischung entscheidet über Eigenschaften wie Schnittverträglichkeit, Trittfestigkeit, Schattenverträglichkeit und Wuchskraft.

Achten Sie beim Kauf des Saatguts auf Qualität und lassen Sie sich im Fachhandel hinsichtlich der Eigenschaften und Ansprüche der unterschiedlichen Rasensorten beraten.

## Der Boden

Entscheidend für eine rasche Keimung des Saatguts und ein gutes Gedeihen des Rasens ist die Bodenart, insbesondere der Zustand des Bodens. Besonders auf neu bebauten Grundstücken ist der Boden oft verdichtet und muss unbedingt gelockert werden, da er sonst wasser- und luftundurchlässig ist.

Auch später ist das Wachstum der Rasengräser wesentlich vom Boden abhängig. Eine gründliche Verbesserung lohnt sich langfristig! Je nach Bodenart sind unterschiedliche Maßnahmen nötig.

Schwere Böden mit hohem Lehm- oder Tongehalt erhalten Sandgaben zur Lockerung. Dazu wird gewöhnlicher Bausand flächig verteilt und eingefräst. Nasser Boden muss durch eine Dränage entwässert werden. Saurer Boden lässt sich durch Kalkgaben neutralisieren.

Als typische Lichtkeimer werden Grassamen nur oberflächlich auf dem vorbereiteten Boden verteilt und flach mit dem Rechen eingeharkt. Er wird nicht zusätzlich mit Erde abgedeckt! Damit der Wind die leichten Samen nicht verweht ist es wichtig, sie gut anzudrücken.

Die Lockerung geschieht am besten mit einer Fräse. Sie zerkrümelt die obere Bodenschicht, harkt Hilfsstoffe ein und macht das Ebnen mit dem Rechen leicht.
Vor dem Ansäen des Rasens muss der Boden oberflächlich vollkommen abgetrocknet sein, denn nasser Boden schmiert und verklumpt.

Für die Arbeiten beim Anlegen eines Rasens sind spezielle Geräte sehr hilfreich. Sie können in Garten- und Baumärkten gegen Gebühr ausgeliehen werden (z. B. Fräse, Streuwagen, Walze).

### Die Aussaat

Grundsätzlich können Grassamen vom Frühjahr bis zum Spätherbst gesät werden. Wenn sie wegen zu geringer Temperaturen im Herbst nicht mehr keimen, „überliegen" sie und gehen dann im nächsten Jahr zuverlässig auf.
Eine günstige Zeit für die Anlage eines Rasens ist im Frühjahr, je nach Wetter etwa von April bis Mai. Dann hat der Boden reichlich Feuchtigkeit gespeichert. Zudem fördert das milde Klima in diesen Monaten die Keimung der Samen. Eventuell noch auftretende Frostnächte schaden den robusten Keimlingen nicht.

Weitere Informationen zu Rasenanlagen finden Sie unter www.davidia.de

Nach dem Fräsen und Ebnen der Fläche kann das Saatgut breitwürfig verteilt werden. Das geschieht per Hand, mit einem Düngerstreuer oder mit einer speziellen Sämaschine. Auf einen Quadratmeter Fläche müssen Sie mit etwa 40 Gramm Saatgut rechnen.
Die Saat wird mit einem Rechen oberflächlich in den Boden eingeharkt und dann mit einer speziellen Walze angedrückt. Eine Sämaschine erledigt dies in einem Arbeitsgang.
Der Samen darf nach der Saat übrigens trocken liegen bleiben. Sobald er jedoch einmal angefeuchtet ist, muss er ständig feucht gehalten werden.
Bei günstigen Bedingungen, insbesondere bei Wärme und Bodenfeuchtigkeit, geht die Saat in etwa zwei Wochen auf. Währenddessen muss die Fläche geschont werden.

## PFLEGE DES RASENS

### Der junge Rasen

Die Pflege des jungen Rasens beginnt mit dem ersten Schnitt, sobald die Halme etwa zehn Zentimeter hochgewachsen sind. Wichtig ist dazu ein Mäher mit scharfem Messer, das nicht rupft, sondern die Halme glatt abhackt.
Nach dem ersten Schnitt muss dann den ganzen Sommer hindurch regelmäßig immer wieder geschnitten werden. Sonst braucht der Rasen zunächst keine Pflege, wenn es gelegentlich ausreichend regnet. Bei Trockenheit muss er allerdings regelmäßig bewässert werden.

Jeweils im Frühjahr des darauffolgenden Jahrs empfiehlt es sich, den Rasen erstmals zu vertikutieren. Dabei wird der

Staudenbeete begrenzen den Rasen

### RASEN ANLEGEN – LEICHT GEMACHT

- Termin für die Rasenaussaat ist im Prinzip rund ums Jahr. Günstig ist die Aussaatzeit im Frühjahr und im Frühherbst.
- Besondere Bodenverbesserungsmittel sind bei durchschnittlichen Gartenböden normalerweise unnötig, der Boden muss nur locker und durchlässig sein. Keinesfalls sollte Torf eingearbeitet werden.
- Pro Quadratmeter Rasen sollte man mit 40 Gramm Saatgut rechnen. Achten Sie auf qualitativ hochwertigen Grassamen, es zahlt sich auf lange Sicht aus!
- Die Anlage gelingt am besten bei trockenem Boden, Nässe macht die Bodenbearbeitung unnötig mühsam.

Schattiger Platz im Grünen

- Bei trockenem Wetter fördert eine anschließende Bewässerung effektiv die Keimung.
- Regelmäßiges Mähen nach dem Aufgehen der Saat wirkt sich günstig auf die Büschelbildung aus.

Rasenfilz ausgerupft und die Grasbüschel werden zur Teilung angeregt (→ S. 110 f.).

## Rasen schneiden

Das regelmäßige Schneiden ist die wichtigste Maßnahme im Rahmen der Rasenpflege. Das Mähen mit einem guten Gerät regt die Gräser zu buschigem Wuchs an und schafft eine dichte Rasendecke.

Die kräftigen, dichten Rasenbüschel unterdrücken zudem das Wachstum unerwünschter Moose und Unkräuter.

Der erste Schnitt ist etwa im April fällig, wenn die Gräser wieder sprießen, der letzte etwa im Oktober. Wie oft gemäht werden muss, ist von vielen verschiedenen Faktoren abhängig.

**Jahreszeit:** In der Hauptwachstumszeit im Frühjahr kann ein wöchentlicher Schnitt nötig sein, wenn der Rasen etwa zum Spielen genutzt wird. Im Sommer werden die Mähpausen größer.

**Wetter:** Feuchtwarmes „Wachswetter" im Mai begünstigt die Vitalität der Gräser und erfordert häufigeres Mähen als eine trockene Hitzeperiode im Hochsommer.

**Rasenmischung:** Stark wachsende Arten brauchen öfter einen Schnitt als kompakte Züchtungen. Werden die Gräser noch dazu gedüngt, ist ein häufiges Mähen auf jeden Fall vorprogrammiert.

**Anspruch:** Wer einen immer gepflegten Rasen haben will, muss den Mäher öfter in Betrieb setzen als ein weniger strenger Gartenbesitzer.

**Schnitthöhe:** Je kürzer der Rasen geschnitten wird, desto mehr Zeit können Sie sich bis zum nächsten Mähen lassen. Hier sind allerdings Grenzen gesetzt. Die Schnitthöhe darf nicht so niedrig eingestellt werden, dass die Pflanzen durch ein zu tief rotierendes Messer beschädigt werden könnten.

**Rasenmäher:** Mit einem Handschiebemäher oder einem leistungsschwachen Elektromäher kann nur niedriges Gras

Wild wachsende Wiese

Sogenannte Freischneider (Trimmer) sind keine Rasenmäher. Es sind vielmehr Geräte mit Benzin- oder Elektromotor, mit denen kleine Grasflächen auch in unwegsamem Gelände geschnitten werden können. Genauso wirksam ist hier eine Sense oder eine Sichel.

Blumeninsel im Rasen

Wenn der Rasen sehr regelmäßig kurz geschoren wird, kann das Gras liegen bleiben. Regenwürmer verwandeln die Halme in Humus. Die Nährstoffe kommen dem Boden dann wieder zugute.

geschnitten werden. Starke Motormäher schaffen dagegen auch höheres Gras.

### Kanten stechen

Ein gut geschnittener Rasen gibt dem Garten ein gepflegtes Aussehen. Sauber abgestochene Rasenkanten verstärken diesen Eindruck. Das Kantenstechen verhindert außerdem, dass die Gräser in die Beete oder umgekehrt Staudenwurzeln in den Rasen wachsen. Mit etwas Übung bekommt man bald schöne gleichmäßig gerade oder geschwungene Kanten hin.

Es gibt spezielle Kantenstecher im Handel, ein scharfer Spaten tut es aber auch. Dieser wird Stück für Stück senkrecht nach unten in den Boden gestoßen und nach vorn weggedrückt. Auf diese Weise erfolgt die Bearbeitung aller Rasenränder.

Die abgetrennten Rasensoden eignen sich sehr gut zur Kompostierung.

### Rasen düngen

Mit Dünger sollte man sparsam umgehen. Falls nötig, dürfen nur geringe Mengen gestreut werden, die unmittelbar den Gräsern zugute kommen. Zu viel Dünger wird leicht ausgewaschen und schadet mehr als er nützt.

Im Handel sind verschiedene Rasendünger erhältlich. Es gibt Produkte mit Moosvernichter oder auch solche mit Langzeitwirkung. Neben Düngemitteln, die während der Saison gestreut werden und die Gräser durch ihren hohen Stickstoffgehalt zum Wachsen anregen, gibt es auch Herbstdünger. Diese zeichnen sich durch

### RASENMÄHER – WELCHER IST GEEIGNET?

Die richtige Rasenpflege beginnt schon bei der Auswahl des passenden Rasenmähers. Nur ein funktionelles und gut gewartetes Gerät hinterlässt einen gepflegten Rasen. Ein guter Rasenmäher soll zudem leicht zu bedienen sein, damit man gerne damit umgeht.

Die Auswahl an Rasenmähern in Fachgeschäften und Gartenmärkten ist riesig. Die folgenden Aspekte sollen Ihnen einen Überblick geben und die Auswahl beim Neukauf erleichtern:

- Der Mäher muss zur Grundstücksgröße passen. Einen kleinen Reihenhausrasen mäht der Handschiebemäher besser als jedes Motorgerät. Für die Pflege großer Flächen sollte allerdings ein guter Motormäher bereitstehen. An Böschungen lässt sich ein Luftkissenmäher leichter handhaben als ein Modell mit Rädern.
- Zum Kauf eines Aufsitzmähers ist nur zu raten, wenn regelmäßig große Rasenflächen gemäht werden müssen. Allerdings verdichtet der Mähtraktor bei häufigem Einsatz den Boden. Lehmige Wiesen sollten Sie mit diesem Gerät nur bei trockenem Wetter bearbeiten, sonst verschmiert die Erdkrume.
- Benzinrasenmäher sind oft sehr laut. Es gibt aber lärmreduzierte Modelle. Achten Sie außerdem auf einen Katalysator und darauf, dass der Motor mit bleifreiem Benzin läuft. Benzinrasenmäher benötigen regelmäßige Wartung (Zündkerzen, Luftfilter).
- Elektrorasenmäher sind leicht, leise und produzieren keine Abgase. Leider besteht hier die Gefahr, beim Mähen das Kabel zu verletzen. Achten Sie auf eine Messerbremse, ein automatisches Kabelnachführsystem, damit das Stromkabel nicht unter das Messer gerät und eine Strom-Schnellabschaltung in Notfällen.
- Walzen- oder Spindelmäher sind nur für niedriges Gras geeignet und bewirken einen sehr sauberen Schnitt. Achten Sie auf leicht auswechselbare Klingen.
- Sichelmäher dagegen hacken das Gras ab. Sie sind allerdings auch für langes Gras geeignet. Das Messer sollte gelegentlich geschliffen oder mit neuen Vorsatzklingen bestückt werden.

Rasenstreifen zwischen Blumenrabatten

einen hohen Kalianteil aus. Kalidünger festigt das Pflanzengewebe und stärkt die Gräser für den Winter. Ein Stickstoffdünger darf dagegen im Herbst nicht mehr gegeben werden.

Die meisten Rasendünger sind wasserlöslich und schnell wirksam. Sie können dadurch leider auch leicht Schäden verursachen, wenn sie unsachgemäß angewendet werden.
Deshalb ist auf eine richtige Dosierung und gleichmäßige Verteilung im Rasen zu achten. Dazu eignet sich ein Düngewagen oder ein spezieller Düngerstreuer.

## Rasen vertikutieren

Das Vertikutieren wirkt sich ganz wesentlich auf die Gesunderhaltung der Rasenfläche aus. Dabei schneidet man mit scharfen Rechenzinken oder Messern die Grasnarbe ein, abgestorbene Pflanzenteile, Moos, breitblättrige Kräuter und Steine werden bei dieser Prozedur herausgerissen. Dazu dienen besondere Rechen oder Motorgeräte, die speziell für diese Art der Rasenpflege entwickelt wurden.
Obwohl die Fläche nach dem Vertikutieren sehr zerrupft aussieht, erholt sie sich doch in wenigen Wochen wieder. Die Graspflanzen haben dann mehr Platz um sich auszubreiten und es kommt mehr Luft an den Boden und die Wurzeln. Zudem regt das Zerschneiden durch die scharfen Messer die Wurzelbildung an.
Die beste Zeit für das Vertikutieren ist im Frühjahr, bevor die Wachstumsphase einsetzt. Dann reißen die Messer den von Schnee und Regen verdichteten Boden auf, was der Belüftung zugute kommt. Das Vertikutieren ist aber auch während der Saison möglich. Die Fläche sollte allerdings beim Einsatz eines Motorgeräts nicht nass sein, sonst reißen die Messer neben dem Filz auch Rasenbüschel mitsamt den Wurzeln aus. Falls nötig, wird der Rasen vorher ganz kurz gemäht.

Als „Rasenfilz" bezeichnet man eine Schicht im Rasen, die sich aus abgestorbenem Gras, Rückständen vom Mähen und aus Moosen bildet. Der Rasenfilz verhindert die Büschelbildung und verursacht kahle Stellen.

## Rasen renovieren

Falls nötig, lässt sich das Vertikutieren gleich mit einer „Runderneuerung" kombinieren. Eine marode Rasenfläche kann bei dieser Gelegenheit verjüngt werden. Dazu bekommt sie – nachdem der alte Filz entfernt ist – einen entsprechenden Bodenhilfsstoff. Das kann je nach Zustand der Fläche beispielsweise Sand sein oder Kompost, der breitwürfig verteilt wird.
Zudem ist an kahlen oder sehr gelichteten Stellen eine Nachsaat mit einer geeigneten Rasenmischung möglich. Im Handel sind dazu auch spezielle Erneuerungssaaten erhältlich, die direkt in die vertikutier-

An besonders heißen Sommertagen sollten Sie den Rasen morgens und abends besprengen, damit er nicht braun wird.

An heißen Sommertagen sollte man den Rasen beregnen

Rollrasen nach dem Verlegen beregnen

te Rasenfläche gesät werden. Das erspart eine aufwendige Rasenneuanlage. Nach dem Einharken und Angießen beginnt die Fläche bald üppig zu grünen und ist nach einer Schonzeit normal begehbar.

## DEN RASEN VERJÜNGEN

Auf Moosvernichter und chemische Mittel gegen Unkraut sollte verzichtet werden. Wenn der Rasen nach Jahren zu verkahlen beginnt, sollte man ihn besser verjüngen. Nach dem Vertikutieren und Einsäen von frischem Saatgut bildet sich wieder ein dichter Rasenteppich.

## ROLLRASEN

Weiterführende Informationen zum Thema „Rollrasen anlegen" finden Sie unter www.davidia.de Bildergalerien.

Wenn eine rasche Begrünung gewünscht wird und damit beispielsweise Kinder nicht lange Rücksicht auf den neu angelegten Rasen nehmen müssen, kann man auf Fertig- oder Rollrasen zurückgreifen. Die Qualität ist sehr gut, diese „lebenden Teppiche" sind unvergleichlich dicht und völlig unkrautfrei.
Sie haben allerdings ihren Preis. Ein Quadratmeter Rollrasen kostet etwa zehn Euro, hinzu kommen noch die erforderlichen Transportkosten.

Rollrasen wird von Spezialfirmen auf riesigen Flächen produziert. Bestellter Rasen wird als Meterware mit einer Spezialmaschine vom Boden geschält und muss anschließend sofort verarbeitet werden. Wenn die Rollen lange liegen, beginnt das Gras nämlich bereits innerhalb weniger Tage zu faulen.

### Selbst verlegen

Sie können den Rollrasen selbst abholen oder liefern lassen und dann in Eigenregie verlegen.
Die Bodenvorbereitungen erfolgen genauso wie bei der herkömmlichen Rasenanlage. Zunächst muss der Boden möglichst tiefgründig gelockert werden. Das geschieht am besten mit einer leistungsfähigen Fräse. Alle Erdarbeiten lassen sich vorzugsweise bei trockenem Wetter erledigen, denn bei Nässe ist der Boden schmierig. Das erschwert das Abziehen mit dem Rechen, zumal die nasse Erde an den Werkzeugen kleben bleibt.
Je besser der Boden vorbereitet ist, desto besser und ebener liegen die Rasenplatten auf. Kleine Mulden oder Hügel, die nach dem groben Planieren noch erkennbar sind, sollten deshalb noch geebnet werden. Steine, Glasscherben, Erdklumpen, Wurzelstücke und andere grobe Bestandteile, die beim Abziehen mit dem Rechen anfallen, sind zu entfernen.
Falls nötig, lassen sich Mulden mit guter Gartenerde oder mit Kompost ausgleichen. Die Erde zum Ausgleichen kann beispielsweise an einer anderen Stelle abgetragen oder schon vor der Rasenanlage beschafft werden. Sobald die Gartenfläche vorbereitet ist, kann das Auslegen der Rasenrollen beginnen.
Der Anfang wird vorzugsweise an einer gut erreichbaren Stelle gemacht. Dadurch wird ein unnötiges Betreten der vorbereiteten Fläche vermieden. Die ausgerollten

Rasensoden sollten ebenfalls nur äußerst vorsichtig betreten werden, solange sie noch nicht angewalzt wurden. Sie bekommen dann erst nach dem Walzen einen guten Bodenkontakt.

Zunächst wird Rolle für Rolle möglichst bündig aneinandergelegt und ausgerollt, sodass ein dichter Teppich zustande kommt. Überstehende Rasensoden lassen sich mit einem Messer oder einem geschliffenen Spaten abtrennen. Die Reststücke werden an anderen Stellen zum Ausfüllen von Lücken verwendet.

Anschließend muss die Rollrasenfläche gut angedrückt werden, damit die Wurzeln Bodenkontakt bekommen. Das geschieht mit einer schweren Walze oder einer Sämaschine.

Die Gräser beginnen dann sofort mit der Bildung frischer Wurzeln. Schon wenige Tage nach der Anlage sind sie fest angewachsen. Das Beregnen der Rasenfläche fördert das Anwachsen. Sobald die Gräser sichtlich wachsen, ist ein regelmäßiger Schnitt fällig.

### Verlegen lassen

Firmen, die Fertigrasen anbauen und liefern, führen selbstverständlich auch die komplette Anlage durch. Das kostet zwar mehr als in Eigenregie. Allerdings garantieren die Firmen gute Ware und fachgerechtes Aufbringen. Zudem sind sie mit den entsprechenden Maschinen für die Bodenvorbereitung und das Walzen der fertigen Fläche ausgerüstet.

## BLUMENWIESE

Wer lieber eine bunte Blumenwiese statt eines kurzgeschorenen Rasens hat, kann auch diesen Wunsch verwirklichen. Schön ist es auch, wenigstens in einem Teil des Gartens so ein „Stück Natur" anzulegen. Allerdings geht meistens nur ein Teil der Blumensamen auf. Zudem verändert sich die Wiese mit der Zeit. Einige Arten verschwinden wieder, andere breiten sich von selbst durch Samen aus.

Saatmischungen für Blumenwiesen bestehen aus denselben Gräsern wie Rasensamen, enthalten darüber hinaus aber noch Samen von Blütenstauden und einjährigen Blumen. Dazu gehören z. B. Gelbklee, Esparsette, Luzerne, Rotklee, Kornblume, Goldmohn, Wiesenknopf, Gänseblümchen, Labkraut, Braunelle und auch Wiesensalbei.

Mit der Zeit siedeln sich neben den Rasengräsern auch zweikeimblättrige Pflanzen in der Rasenfläche an. Wenn Gänseblümchen, Habichtskraut und Co. nicht stören, können sie erhalten bleiben. Sie vertragen das Abmähen und tragen zur Bildung eines Blumenrasens bei.

Buntes Sommerblumenbeet

Schmetterlingsstrauch (Sommerflieder)

Eine Blumenwiese lockt zahlreiche nützliche Insekten an, etwa Hummeln und Bienen.

## Bodenvoraussetzungen

Während der Großteil der Gräser leicht sauren Boden bevorzugt, entwickeln sich die meisten Wiesenblumen und Kräuter nur auf neutralem bis leicht kalkhaltigem Boden zufriedenstellend. Auf saurem Boden keimen sie nicht oder sie verkümmern. Saurer Boden lässt sich mit Kalk alkalischer und damit für Blumen und Kräuter verträglicher machen.

Ein gut durchlässiger Boden ist Voraussetzung für eine üppige Blumenwiese. Keinesfalls vertragen sie Nässe, ausgenommen Feuchtwiesenpflanzen, die kurzzeitige Überschwemmungen problemlos hinnehmen.

## Pflege

Eine Blumenwiese mit einjährigen Sommerblühern sollte spätestens im Mai gesät werden, denn danach entwickeln sich die Blumen nicht mehr richtig.

Die junge Wiese darf nach der Keimung – anders als beim Rasen – nicht gemäht werden. Erst im Sommer, sobald die Blumen geblüht und Samen entwickelt haben, ist der Schnitt fällig. Eine üppige Wiese verträgt im Herbst einen zweiten Schnitt. Wenn das Gras sehr hoch steht, ist das Mähen mit einem Rasenmäher nicht mehr möglich. Dann müssen Sie zur Sense oder zum Wiesenmäher greifen.

Die Blumen und Kräuter aus Wiesenmischungen sind sehr genügsam und gedeihen auf mageren Böden besser als auf nährstoffreichen. Düngergaben sind deshalb in der Regel überflüssig, weil die meisten Böden ohnehin reichlich Stickstoff, Phosphor und Kali enthalten und die Gräser damit auskommen. Im Zweifel sind Bodenproben empfehlenswert.

Eine Blumenwiese wird selbstverständlich nicht vertikutiert, damit die ausdauernden Stauden wie etwa Primeln, Margeriten oder Gänseblümchen und die Zwiebelblumen, die eventuell eingesetzt wurden, unbeschädigt bleiben. Im Schutz der Gräser und Stauden keimen die einjährigen Sommerblumen, die sich im letzten Jahr ausgesamt haben. Erst im Sommer nach der Blüte ist wieder der Schnitt fällig. Sonst braucht die Wiese keine Pflege.

# GEMÜSE UND KRÄUTER – ANBAU UND ERNTE

Gemüse aus dem eigenen Garten hat viele Vorzüge. Es reift vor der Haustüre und kann stets frisch geerntet werden. Dadurch hat man die Gewissheit, dass Vitamine und Spurenelemente in vollem Umfang enthalten sind.
Zudem kann man sicher sein, das keine gesundheitsschädlichen Pflanzenschutzmittel verwendet wurden und zur Düngung vorzugsweise Kompost diente.
Der Gemüsegarten braucht viel Pflege. Es lohnt sich deshalb, zunächst auf kleiner Fläche zu beginnen, damit die Arbeit nicht überfordert. Falls erwünscht kann die Anbaufläche immer noch erweitert werden.

## ANLAGE DER BEETE

Gemüsebeete sollten sonnig liegen und vom Haus aus gut erreichbar sein. Gemüse braucht optimale Wachstumsbedingungen, also einen nährstoffreichen, aber schadstofffreien Boden.
Vor der Anlage eines Gemüsegartens ist auf jeden Fall eine Bodenuntersuchung nötig. Ist der Boden in Ordnung, kann er vorbereitet werden: Er wird umgegraben oder gelockert und in Beete aufgeteilt.
Muss der Boden noch verbessert werden, so bekommt nährstoffarmer Boden Kompostgaben, schwerer Lehmboden wird mit Sand gelockert, Sandboden mit lehmiger Erde bindiger gemacht. Dann erst lohnt sich die Aussaat oder das Auspflanzen.
Gemüse lässt sich natürlich wie alle anderen Pflanzen auf einem ganz normalen Gartenbeet ziehen. Für einen intensiven Gemüseanbau auf kleiner Fläche haben sich aber auch Hügelbeete und Hochbeete bestens bewährt.

### Hügelbeet

Ein Hügelbeet macht bei der Anlage ein wenig Mühe, die sich aber lohnt. Es

- vergrößert die zur Verfügung stehende Anbaufläche,
- sorgt durch Humusbildung im Inneren für eine andauernde Bodenfruchtbarkeit im Garten,
- verlängert die mögliche Anbauzeit, da die Abbauprozesse im Inneren die Erde erwärmen,
- gewährleistet eine gute Dränage, da Regenwasser durch die lockeren Materialien im Inneren ungehindert abfließen kann.

Gurkenpflanze

Gemüse-Mischkultur auf einem Hügelbeet

Kartoffeln sind empfindlich, was die Lagerung betrifft. Sie vertragen keine Wärme, keinen Frost und keine Sonneneinstrahlung. Während zu hohe Lagertemperaturen den vorzeitigen Austrieb anregen, bilden sich bei Kälte ebenso wie bei Sonneneinstrahlung schädliche grüne Stellen, die das giftige Solanin enthalten.

Das Hügelbeet ist eine echte Nährstoffvorratskammer. Es hält ungefähr drei bis vier Jahre. In dieser Zeit können die angebauten Gemüse ohne zusätzliche Düngung reichlich zehren.

**Grundfläche:** Für ein Hügelbeet sollte die Grundfläche etwa 150 Zentimeter Breite und drei Meter Länge betragen. Eine Nord-Süd-Ausrichtung ist günstig, weil so alle Pflanzen genügend Sonne bekommen. Markieren Sie die Grundfläche, heben Sie nun auf der markierten Fläche den Mutterboden aus und lagern Sie ihn abseits. Bei einer Neuanlage des Beets auf einer Rasenfläche werden die Rasensoden ebenfalls später gebraucht. Das flache Bett bekommt bei Wühlmausgefahr einen Maschendrahtboden.

**Aufbau:** Für den Holzkern schichten Sie nun auf der ganzen Länge der Grundfläche in der Mitte einen etwa 50 Zentimeter hohen und ebenso breiten Haufen aus gehäckselten Zweigen, Reisig und anderen holzigen Pflanzenteilen auf. Verfüllen Sie diesen dann mit Erde oder Grobkompost. Dieser Holzkern gibt die Form des Hügelbeets vor.

Darauf kommt nun eine etwa zehn Zentimeter dicke Schicht aus Grassoden oder Erde. Das Ganze wird gut festgedrückt und mit feuchtem Laub bedeckt. Die Laubschicht muss nach dem Festklopfen noch etwa 20 Zentimeter dick sein. Sie bildet die Basis für die nun folgende 15 Zentimeter dicke Schicht aus Rohkompost oder angerotteten Stallmist.

Schließlich kommt die Mutterbodenschicht auf den fast fertigen Hügel. Sie wird vorher zur Hälfte mit reifem Gartenkompost vermischt. Diese Humusdecke soll 15 bis 20 Zentimeter dick sein.

Kartoffelblüte

Nach der Anlage im Frühjahr kann der Hügel sofort bepflanzt werden. Bei einer Anlage im Herbst kommt zum Schutz vor Auswaschung eine Mulchdecke aus Grasschnitt auf das fertige Hügelbeet oder eine schwarze Mulchfolie.

### Hochbeet

Das Hochbeet bietet dieselben Vorteile wie das Hügelbeet. Es ist jedoch kompakter und lässt sich schmaler gestalten, da es senkrechte Wände hat. Diese können aus Holz oder Stein gebaut sein. Ein Holzkasten lässt sich innen zum Schutz vor der feuchten Erde mit Folie auskleiden.

Ideal ist eine Breite von 120 Zentimetern (übliche Beetbreite) und eine Höhe von 70 Zentimetern (günstige Tisch- und Arbeitshöhe). Die Länge lässt sich hierbei beliebig bemessen.

Der Boden unter dem Beet muss durchlässig sein, damit überschüssiges Regenwasser nach unten abziehen kann. Gute Gartenerde wird vorher ausgestochen und abseits gelagert. Den Boden bilden jetzt gehäckseltes Holz, Reisig und Zweige. Die weiteren Schichten bestehen aus Laub oder verrotteten Stallmist, dann Grobkompost und ganz oben einer Mischung aus Mutterboden und Kompost. Wie beim Hügelbeet wird jede Schicht gut verdichtet. Wenn sich die Füllung mit der Zeit setzt, wird frischer Humus (Gartenerde mit Kompost gemischt) nachgefüllt.

## ANZUCHT UND ANBAU

Nachdem die Beete vorbereitet sind, kann es losgehen. Gemüsepflanzen können in guter Qualität beim Gärtner erworben werden. Es lohnt sich aber auch, eigene Pflanzen zu säen

## Aussaat

Die Gemüsesaison beginnt eigentlich schon mitten im Winter mit der Lektüre der Gartenkataloge und der Bestellung bzw. dem Kauf von Saatgut. Da dürfen neben den üblichen Saaten auch einmal Neuheiten dabei sein, denn schließlich ist der eigene Garten auch zum Experimentieren da.
Bestellen oder besorgen Sie das Saatgut rechtzeitig. Die Aussaat der Frühkulturen beginnt bereits im Winter auf der Fensterbank (→ S. 105 f.).
Am besten stellen Sie einen Pflanzplan zusammen, auf dem die gewünschten Gemüsearten in einer günstigen Reihenfolge und Mischkultur auf der verfügbare Gartenfläche verteilt sind. Dabei sind auch die Pflanzzeiten und die Folgekulturen zu beachten. Der Pflanzplan macht unter anderem die Saat- und Pflanzzeiten und die Fruchtfolgen ersichtlich.

Tomatenpflanzen ausgeizen

Bei den Tomaten müssen die Seitentriebe während des ganzen Sommers regelmäßig aus den Blattachseln herausgebrochen werden (ausgeizen), damit sich die Pflanze mit aller Kraft auf die Entwicklung der Früchte konzentrieren kann (→ S. 140).

Zu beachten sind die Anzuchtbedingungen, das heißt unter anderem, ob die ausgewählten Sämereien direkt ins Freiland oder zunächst in Saatgefäße kommen. Während Möhren, Zwiebeln, Gartenkresse unter anderem frostharte Gemüse bereits im zeitigen Frühjahr draußen gesät werden, brauchen Tomaten, Auberginen oder Artischocken eine Vorkultur auf der Fensterbank und können erst später ausgepflanzt werden.
Diesbezüglich sind auch die Saattermine, die Keimzeiten und die Pflanzzeiten wichtig (siehe Tabelle S. 170).

## Mischkulturen – welche Gemüse passen zusammen?

Mischkulturen haben sich bewährt. Man hat erkannt, dass es von Vorteil ist, auf ein Beet nicht nur jeweils ein spezielles Gemüse zu pflanzen, sondern verschiedene Arten zu kombinieren.
Bestimmte Gemüsearten „vertragen" sich besonders gut, sie können sich sogar gegenseitig fördern. So schützen sich beispielsweise Möhren und Zwiebeln gegenseitig vor der Möhrenfliege bzw. vor der Zwiebelfliege, wenn sie im gleichen Beet angebaut werden und Knoblauch schützt andere Gemüse vor Pilzerkrankungen.
Wer mit wem harmoniert, können Sie der Tabelle auf Seite 171 entnehmen.

## Fruchtfolge

Sehr wichtig für das gute Gedeihen von Gemüsepflanzen im eigenen Garten ist die Fruchtfolge. Demnach ist es nicht gleichgültig, was nach dem Abernten des Beetes nachgepflanzt wird. Vor allem müssen verschiedenen Arten abgewechselt werden („Fruchtwechsel").
Frühestens nach drei Jahren sollte auf ein Beet wieder dasselbe Gemüse gepflanzt werden. Dieser Fruchtwechsel soll gewährleisten, dass

- der Boden nicht einseitig von einer Pflanze ausgelaugt wird.
- sich Krankheiten, die nur bestimmte Arten befallen, ausbreiten können.
- der Boden durch Stoffwechselprodukte bestimmter Pflanzen nicht einseitig belastet wird.

Kaufen Sie immer nur so viel Samen, wie Sie in einer Saison wirklich verbrauchen. Saatgut verliert mit der Zeit seine Keimfähigkeit und sollte deshalb immer frisch sein.

Gemüse unterscheiden sich hinsichtlich ihres Nährstoffbedarfs, je nachdem, ob es sich um Stark-, Mittel- oder Schwach-

Es lohnt sich, zwischen die Gemüsepflanzen auch Ringelblumen, Tagetes, Salbei sowie andere Blumen und Kräuter einzustreuen. Das verhütet Mangelerscheinungen, verschiedene Krankheiten und Schädlingsbefall.

## TERMINE FÜR DEN GEMÜSEANBAU

| Gemüseart | Vorkultur im Zimmer | Aussaat im Freiland | Pflanzung im Freiland |
|---|---|---|---|
| Blumenkohl | ab März | April bis Mai | Mai bis Juli |
| Brokkoli | ab März | Mitte Mai bis Ende Juni | ab Mai, im Frühbeet bereits ab April |
| Buschbohne | – | Mai bis Mitte Juli | – |
| Endivie | – | Juni bis Juli | Juli |
| Erbse | – | ab April | – |
| Feldsalat | – | ab Juli/August | – |
| Fenchel | ab März | ab Juni | ab Mai, im Frühbeet bereits ab April |
| Grünkohl | – | ab Mai, im Frühbeet bereits ab April | ab Juni |
| Gurke | ab Ende März | ab Mitte Mai | ab Mitte Mai |
| Kartoffel | – | – | ab April |
| Knollensellerie | ab Ende März | – | ab Mitte Mai |
| Kohlrabi | ab Anfang März | April bis Juni | ab Mitte April |
| Kopfsalat | ab Februar | ab März im Frühbeet | ab März im Frühbeet |
| Kürbis | ab März | ab März im Frühbeet | ab Mitte Mai |
| Lauch | ab Mitte Februar | April bis Mai | Anfang Mai bis Mitte Juni |
| Mangold | – | Ende März bis Juni | April bis Mai |
| Melone | – | ab März im Frühbeet | Ende Mai |
| Möhre | – | März bis Mai | – |
| Radieschen | – | Mitte März bis Anfang September | – |
| Rettich | – | Ende März bis Anfang August | – |
| Rhabarber | – | – | März oder Ende September |
| Rosenkohl | – | April bis Anfang Mai | Mitte Mai bis Ende Juni |
| Rote Bete | – | ab Mai, im Frühbeet ab April | – |
| Rotkohl | Februar bis März | April bis Mai | ab April |
| Spinat | – | März bis Oktober | – |
| Stangenbohne | – | Mai bis Anfang Juli | – |
| Stangensellerie | März bis Mai | – | ab Ende Mai |
| Tomate | Februar bis März | – | ab Ende Mai |
| Weißkohl | Februar bis März | April bis Mai | ab April |
| Wirsing | Februar bis März | April bis Mai | ab April |
| Zucchini | ab Ende März | ab Mitte Mai | ab Ende Mai |
| Zwiebel | Februar bis März | Mitte März bis Mitte April | – |

# GEMÜSE

## Kombinationsmöglichkeiten für Mischkulturen

🟢 = günstig
🟠 = ungünstig

| | Buschbohnen | Dill | Endivien | Erbsen | Erdbeeren | Fenchel | Gurken | Kapuzinerkresse | Karotten/Möhren | Kartoffeln | Knoblauch | Kohlgewächse | Kohlrabi | Kopfsalat | Lauch | Mais | Mangold | Meerrettich | Obstbäume | Petersilie | Pfefferminze | Pflücksalat | Radies/Rettich | Rote Rüben | Rhabarber | Rüben | Salbei | Schwarzwurzeln | Sellerie | Spargel | Spinat | Stangenbohnen | Tomaten | Zichoriensalat | Zucchetti | Zwiebeln |
|---|---|---|---|---|---|---|---|---|---|---|---|---|---|---|---|---|---|---|---|---|---|---|---|---|---|---|---|---|---|---|---|---|---|---|---|---|
| Buschbohnen | | | | 🟠 | | 🟠 | 🟢 | | | | 🟠 | 🟢 | 🟢 | 🟢 | 🟠 | | 🟢 | | | | | 🟢 | 🟢 | 🟢 | 🟢 | 🟢 | | | 🟢 | | | | 🟢 | | | 🟠 |
| Dill | | | | 🟢 | | | 🟢 | | 🟢 | | | | | 🟢 | | | | | | | | 🟢 | | 🟢 | | 🟢 | | | | 🟢 | | | | | | 🟢 |
| Endivien | | | | | | 🟢 | | | | | | 🟢 | | | 🟢 | | | | | | | | | | | | | | | | | 🟢 | | | | |
| Erbsen | 🟠 | 🟢 | | | | 🟢 | | | 🟢 | 🟠 | 🟠 | 🟢 | 🟢 | 🟢 | 🟠 | | | | | | | | 🟢 | | | 🟢 | | | | | | 🟠 | 🟠 | | | |
| Erdbeeren | | | | | | | | | | | 🟢 | 🟢 | | 🟢 | 🟢 | | | | | | | | 🟢 | | | | | | | | | | | | | 🟢 |
| Fenchel | 🟠 | | 🟢 | 🟢 | | | 🟢 | | | | | | | 🟢 | | | | | | | | 🟢 | | | | | 🟢 | | | | | 🟠 | 🟠 | 🟢 | | |
| Gurken | 🟢 | 🟢 | | | | 🟢 | | | | | 🟢 | 🟢 | | 🟢 | | | | | | | | | 🟠 | 🟢 | | | | | 🟢 | | | 🟢 | 🟠 | | | 🟢 |
| Kapuzinerkresse | | | | | | | | | | | | | | | | | | | 🟢 | | | | 🟢 | | | | | | | | | 🟢 | | | | |
| Karotten/Möhren | | 🟢 | | 🟢 | | | | | | | 🟢 | | | | 🟢 | | 🟢 | | | | | | 🟢 | | | | | | | | | | 🟢 | 🟢 | | 🟢 |
| Kartoffeln | | | | 🟠 | | | | | | | | 🟠 | 🟢 | | | | | 🟢 | | | 🟢 | | | 🟠 | | | | | 🟠 | | 🟢 | | 🟠 | | | |
| Knoblauch | 🟠 | | | 🟠 | 🟢 | | 🟢 | | 🟢 | | | 🟠 | | | | | | | 🟢 | | | | | 🟢 | | | | | | | | 🟠 | 🟢 | | | |
| Kohlgewächse | 🟢 | | 🟢 | 🟢 | 🟢 | | 🟢 | | | 🟠 | 🟠 | 🟠 | | 🟢 | 🟢 | | 🟢 | | | | | 🟢 | 🟢 | | 🟢 | | | | 🟢 | | 🟢 | 🟢 | 🟢 | | | 🟠 |
| Kohlrabi | 🟢 | | | 🟢 | | | | | | 🟢 | | | | 🟢 | 🟢 | | | | | | | | 🟢 | 🟢 | | | | 🟢 | 🟢 | 🟢 | 🟢 | 🟢 | 🟢 | | | 🟠 |
| Kopfsalat | 🟢 | 🟢 | | 🟢 | 🟢 | 🟢 | 🟢 | | | | | 🟢 | 🟢 | | 🟢 | 🟢 | | | | 🟠 | 🟢 | | 🟢 | | 🟢 | 🟢 | | 🟢 | 🟠 | 🟢 | | 🟢 | 🟢 | 🟢 | | 🟢 |
| Lauch | 🟠 | | 🟢 | 🟠 | 🟢 | | | | 🟢 | | | 🟢 | 🟢 | 🟢 | | | | | | | | | | 🟠 | | | | 🟢 | 🟢 | | | 🟠 | 🟢 | | | |
| Mais | | | | | | | | | | | | | | 🟢 | | | | | | | | | | 🟠 | | | | | 🟠 | | | | 🟢 | | | |
| Mangold | | | | | | | | | 🟢 | | | 🟢 | | | | | | | | | | | 🟢 | | | 🟢 | | | | | | | | | | |
| Meerrettich | | | | | | | | | | 🟢 | | | | | | | | | 🟢 | | | | | | | | | | | | | | | | | |
| Obstbäume | | | | | | | | 🟢 | | | 🟢 | | | | | | | 🟢 | | | | | | | | | | | | | | | | | | |
| Petersilie | | | | | | | | | | | | | | 🟠 | | | | | | | | | 🟢 | | | | | | | | | | 🟢 | | | |
| Pfefferminze | | | | | | | | | 🟢 | | | | | 🟢 | | | | | | | | | | | | | | | | | | | 🟢 | | | |
| Pflücksalat | 🟢 | 🟢 | | | | 🟢 | | | | | | 🟢 | | | | | | | | | | | 🟢 | 🟢 | 🟢 | 🟢 | | 🟢 | | 🟢 | | | 🟢 | | | 🟢 |
| Radies/Rettich | 🟢 | | | 🟢 | 🟢 | | 🟠 | 🟢 | 🟢 | | | 🟢 | 🟢 | 🟢 | | | 🟢 | | | 🟢 | | 🟢 | | | | | | | | | 🟢 | 🟢 | 🟢 | | | |
| Rote Rüben | 🟢 | 🟢 | | | | | 🟢 | | | 🟠 | 🟢 | | 🟢 | | 🟠 | 🟠 | | | | | | 🟢 | | | | | | | | | | | | | | 🟢 |
| Rhabarber | 🟢 | | | | | | | | | | | 🟢 | | 🟢 | | | | | | | | 🟢 | | | | | | | | | 🟢 | | | | | |
| Rüben | 🟢 | 🟢 | | 🟢 | | | | | | | | | | 🟢 | | | 🟢 | | | | | 🟢 | | | | | | | | | 🟢 | 🟢 | 🟢 | | | |
| Salbei | | | | | | 🟢 | | | | | | | | | | | | | | | | | | | | | | | | | | | | | | |
| Schwarzwurzeln | | | | | | | | | | | | | 🟢 | 🟢 | 🟢 | | | | | | | 🟢 | | | | | | | | | | | | | | |
| Sellerie | 🟢 | | | | | | 🟢 | | | 🟠 | | 🟢 | 🟢 | 🟠 | 🟢 | 🟠 | | | | | | | | | | | | | 🟠 | | | 🟢 | 🟢 | | | |
| Spargel | | 🟢 | | | | | | | | | | | 🟢 | 🟢 | | | | | | | | 🟢 | | | | | | | | | | | | | | |
| Spinat | | | | | | | | | | 🟢 | | 🟢 | 🟢 | | | | | | | | | | 🟢 | | 🟢 | 🟢 | | | | | | 🟢 | 🟢 | | | |
| Stangenbohnen | | | 🟢 | 🟠 | | 🟠 | 🟢 | 🟢 | | | 🟠 | 🟢 | 🟢 | 🟢 | 🟠 | | | | | | | | 🟢 | | | 🟢 | | | 🟢 | | 🟢 | | | 🟢 | 🟢 | 🟠 |
| Tomaten | 🟢 | | | 🟠 | | 🟠 | 🟠 | | 🟢 | 🟠 | 🟢 | 🟢 | 🟢 | 🟢 | 🟢 | 🟢 | | | | 🟢 | 🟢 | 🟢 | 🟢 | | | 🟢 | | | 🟢 | | 🟢 | | | 🟢 | | |
| Zichoriensalat | | | | | | 🟢 | | | 🟢 | | | | | 🟢 | | | | | | | | | | | | | | | | | | 🟢 | 🟢 | | | |
| Zucchetti | | | | | | | | | | | | | | | | | | | | | | | | | | | | | | | | 🟢 | | | | 🟢 |
| Zwiebeln | 🟠 | 🟢 | | | 🟢 | | 🟢 | | 🟢 | | | 🟠 | 🟠 | 🟢 | | | | | | | | 🟢 | | 🟢 | | | | | | | | 🟠 | | | 🟢 | |

Mischkulturtabelle

zehrer handelt (→ S. 132). Daher ist es sinnvoll, auch in dieser Hinsicht bei der Bepflanzung der Beete mit Gemüse abzuwechseln und auf ein Beet, das in einer Saison mit starkzehrenden Pflanzen belegt war, in der nächsten Saison mittel- und schwach zehrende Arten zu pflanzen.

# ERNTE UND LAGERUNG

## Die richtigen Termine

Nachdem das Gemüse wochen- oder gar monatelang gehegt und gepflegt wurde, steht nun der Lohn für all die Mühe an: die lang ersehnte Ernte.

Gemüseernte

Erdkeller oder Erdmieten bieten sich auch zum Lagern von Edelreisern an (Triebe zum Veredeln von Obstbäumen) oder für Steckhölzer (Triebe zur Vermehrung von Zier- und Obststräuchern) und andere Güter, die ein kühles, dunkles Milieu brauchen.

Unter einer Horde versteht man eine Lagerkiste aus Holzlatten, deren Zwischenräume eine ausreichende Luftzirkulation ermöglichen.

Bei der Ernte muss darauf geachtet werden, dass das Gemüse auch wirklich gut ausgereift ist. Hierfür gibt es bei den verschiedenen Sorten unterschiedliche Hinweise, die im jeweiligen Pflanzenporträt (→ ab S. 127) aufgeführt sind.
Auch die möglichen Erntetermine sind bei den einzelnen Porträts genannt. Speziell im Herbst gibt es Gemüsesorten, die vor dem ersten Frost geerntet werden müssen, während anderen Sorten der Frost nichts ausmacht. Durch Frosteinwirkung bekommen manche Arten, wie etwa Grünkohl, erst den richtigen Geschmack.

## Lagerung

Wenn mehr Gemüse angebaut wird, als sofort verzehrt werden kann, muss es konserviert und gelagert werden. Bei vielen Gemüsesorten wird man hier moderne Methoden wie beispielsweise das Einfrieren nutzen.

### LAGERUNG VON GEMÜSE

| **Gemüsesorte** | **Optimale Lagerung** | **Zusatzinformation** |
|---|---|---|
| Chicorée | Wurzeln in feuchten Sand einschlagen | – |
| Chinakohl | Wurzeln in feuchten Sand einschlagen | für gute Durchlüftung sorgen |
| Endiviensalat | in feuchten Sand einschlagen | einige Wochen lagerbar |
| Karotte | ungewaschen in feuchten Sand einschlagen | – |
| Kartoffel | in Horden bei ca. 4 – 6 °C und einer Luftfeuchtigkeit von etwa 90 % oder auch in Erdmieten | nur späte Sorten sind lagerfähig |
| Knollenfenchel | kühl, hohe Luftfeuchtigkeit | einige Wochen lagerbar |
| Knollensellerie | ungewaschen in feuchten Sand einschlagen | – |
| Kohl | in Horden oder Erdmieten | lange lagerfähig |
| Kürbis | in luftigen Kisten oder auf Stellagen | viele Monate lagerfähig |
| Lauch | in feuchten Sand einschlagen | – |
| Meerrettich | ungewaschen in feuchten Sand einschlagen | Überwinterung auch im Beet möglich |
| Rote Bete | in feuchten Sand einschlagen | – |
| Schwarzwurzel | ungewaschen in feuchten Sand einschlagen | Überwinterung auch im Beet möglich |
| Zwiebel | luftig in Kistchen in kühlen Räumen | können auch als Zopf oder Bündel hängend aufbewahrt werden |

Gemüsesorten wie Kartoffeln, Kohlköpfe, Karotten und andere lassen sich aber auch recht lange lagern, wenn sie in dunklen, kühlen Räumen aufbewahrt werden. Die Kellerräume moderner Häuser eignen sich dazu meistens nicht, weil sie zu warm und zu trocken sind.
Gute Bedingungen für eine längere Lagerung bieten hingegen kühle Kellerräume oder Erdmieten im Garten.
Eine solche Miete können Sie selbst bauen, indem Sie z. B. einen Betonring aus dem Baustoffhandel in den Boden eingraben und anschließend mit einem passenden Holzdeckel verschließen.
Eine konstant niedrige Temperatur, eine gute Durchlüftung und eine dunkle Lagerhaltung verlängern die Haltbarkeit ganz wesentlich. Frost ist zu verhindern.

## KRÄUTER

### Selber säen oder kaufen?

Kräutergarten

Viele der bei uns beliebten und bekannten Gartenkräuter können aus Samen selbst gezogen werden. Davon eignet sich ein Teil für die Direktaussaat im Freien (siehe untenstehende Tabelle), die je nach Sorte ab März bis Mai möglich ist. Andere können nicht direkt im Freiland gesät werden, sondern müssen

**DIREKTAUSSAAT ODER VORKULTUR?**

| Sorte | Direktaussaat | Vorkultur |
|---|---|---|
| Basilikum | – | März |
| Beifuß | April | – |
| Bohnenkraut | – | März |
| Borretsch | März bis April | – |
| Dill | März bis April | – |
| Estragon | März bis April | – |
| Kerbel | März | – |
| Koriander | April | – |
| Kresse | ab März | – |
| Kümmel | ab März | – |
| Liebstöckel | – | März |
| Majoran | ab April | – |
| Oregano | ab Mai | – |
| Petersilie | März bis Mai | – |
| Pimpinelle | April | – |
| Rosmarin | – | März |
| Salbei | – | ab April |
| Schnittlauch | ab April | – |
| Thymian | ab April | – |
| Zitronenmelisse | April bis Mai | – |

Seit mehreren Jahren erfreut sich der Bärlauch immer größerer Beliebtheit. Das auch wilder Knoblauch oder Waldknoblauch genannte Kraut ist in Laubwäldern beheimatet, wo es an schattigen Stellen auf feuchtem, humusreichem Boden wächst. Es kann auch im Garten ausgesät werden und wird roh in Salaten und gekocht in Soßen, Eierspeisen etc. verwendet. Vorsicht: Die Blätter können sehr leicht mit denen des giftigen Maiglöckchens verwechselt werden!

im Zimmer vorkultiviert werden. Sie kommen erst als Jungpflanzen nach den Eisheiligen ins Freie.

Die Wirkstoffe der Kräuter bleiben beim Trocknen erhalten, weil nur das Wasser verdunstet.

Kräuterpflanzen werden aber auch günstig und in guter Qualität in Gärtnereien und Gartencentern zum Kauf angeboten. Die Auswahl ist sehr groß, mitunter gibt es auch Raritäten und immer wieder Neuzüchtungen zu sehen.
Wer die Mühe des Aussäens nicht auf sich nehmen möchte oder im Haus nicht den Platz für die Vorkultivierung hat, ist mit diesen Pflanzen gut bedient.

## Pflege

Kräuter benötigen nach der Pflanzung keine besondere Pflege. Das Bewässern in Trockenzeiten hält die Pflanzen gesund

Eine niedrige Buchshecke umfasst die Kräuterbeete

und wüchsig. Regelmäßig gedüngt werden müssen in der Regel nur starkzehrende Pflanzen wie etwa Liebstöckel, Schnittlauch oder auch Engelwurz.

Frostempfindliche mehrjährige Pflanzen wie Rosmarin, Lorbeer oder Ysop müssen geschützt im Haus überwintert werden. Staudenartige Kräuter wie Zitronenmelisse, Roter Sonnenhut oder Eibisch werden im Herbst zurückgeschnitten. Sie treiben im Frühjahr wieder aus.
Gehölzartige Pflanzen wie Salbei oder Lavendel sollte man vor dem Winter nicht schneiden, damit sie dem Frost mehr Substanz entgegensetzen können. Ein Frostschutz mit luftigem Material (z. B. Fichtenreisig) verhindert Schäden.

## Ernte und Konservierung

Die beste Zeit für die Kräuterernte ist je nach Art und Wetter in den Morgenstunden, wenn der Tau verdunstet ist, aber die Sonne noch keine ätherischen Öle freigesetzt hat.
Zum Trocknen werden die frisch geschnittenen und locker gebündelten Kräuterbüschel an einem schattigen und luftigen Ort gelagert. Sobald die Blätter bei Berührung rascheln, werden sie von den Stängeln gestreift und in dunkle Gläser gefüllt. Auch das Einfrieren ist eine gute Konservierungsmethode.
Bei Pflanzen mit heilsamen Früchten wie Fenchel oder Kümmel, werden die reifen Samen im Sommer geerntet, gereinigt und trocken aufbewahrt.
Einige Arten gedeihen gut in Mischkultur mit anderen Pflanzen, sodass sie sich vorzüglich zur Beipflanzung eignen. Salbei im Rosenbeet ist ein klassisches Beispiel. Auch der Lavendel hat sich als Bodendecker unter Rosen bewährt. Ringelblumen im Gemüsegarten lockern die strengen Reihen mit orangefarbenen Blüten auf und vertreiben nebenbei Wurzelschädlinge. Plätze sind ebenso für Knoblauch, Kapuzinerkresse, Wermut und andere „Schutzpflanzen" zu finden, die Pilzkrankheiten, Läuse und andere Krankheiten und Schädlinge abwehren.

# OBST – ANBAU UND ERNTE

Obst aus dem eigenen Garten schmeckt lecker und es ist preiswerter und frischer als aus dem Supermarkt. Zudem trägt ein Obstbaum im eigenen Garten nicht nur dekorative Früchte, sondern hat im Frühjahr einen wunderschönen Blütenflor und ist im Hochsommer ein angenehmer Schattenspender.

## OBST AUS DEM EIGENEN GARTEN

Nicht alle Obstsorten, die wir im Alltag gerne verzehren, eignen sich auch zum Anbau im eigenen Garten. Der Anbau exotischer Früchte etwa scheitert schon am Klima. Dennoch gibt es eine ganze Reihe verschiedener Obstsorten, die einen erfolgreichen Anbau im heimischen Garten möglich machen.

### Steinobst

Zu den Steinobstsorten gehören die meisten der bekannten heimischen Obstbäume, beispielsweise Pflaume, Mirabelle, Zwetschge, Schattenmorelle, Süßkirsche, Aprikose, Pfirsich sowie Nektarine.

### Kernobst

Hierzu zählen alle Sorten, deren Früchte in der Mitte ein Kernhaus mit Samen tragen. Die bekanntesten sind Apfel, Birne und Quitte. Aber auch die essbare Eberesche und die Mispel lassen sich gut selbst im Garten kultivieren.

### Beerenobst

Beerenobst ist sehr beliebt, denn Sträucher und Hochstämmchen beanspruchen im Hausgarten wesentlich weniger Platz als ein stattlicher Obstbaum und liefern trotzdem gute Erträge. Zum Beerenobst zählen Himbeeren, Rote, Schwarze und Weiße Johannisbeeren, Erdbeeren, Brombeeren, Grüne, Gelbe und Rote Stachelbeeren, Heidelbeeren, Holunderbeeren und Weintrauben. Sie schmecken im rohen und gegarten Zustand gut.

### Nüsse

Auch einige Nüsse lassen sich im eigenen Garten ziehen: Walnuss, Haselnuss, Marone (Esskastanie).

## BAUM, STRAUCH ODER HOCHSTÄMMCHEN?

Die Frage, in welcher Form man Obst im Garten anbaut, wird sicher nicht zuletzt von der Größe des Gartens abhängen. Ein Obstbaum braucht erheblich mehr Platz als ein Beerenstrauch. Doch auch die Frage, wie schnell man bereits ernten möchte, spielt eine Rolle. Stark wachsende Hochstämme brauchen lange, bis sie zufriedenstellend tragen. Sie können aber sehr alt werden. Buschbäume tragen schon recht früh, erreichen aber nur ein Alter von etwa 25 Jahren.

Beim Besuch einer Baumschule oder eines Gartencenters finden Sie die unterschiedlichsten Formen, die im Folgenden kurz aufgelistet sind.

- **Hochstamm:** Baum mit einer Stammhöhe von 180 Zentimeter; kann sehr

Walderdbeere

Auf passenden Plätzen tragen Obstbäume viele Früchte

Apfelbäume in Reihenpflanzung

Die Angabe zum Ertrag bezieht sich auf das beginnende Ertragsstadium, also den Zeitpunkt, ab dem bei guten Bedingungen mit der ersten Ernte zu rechnen ist.

groß werden; besonders gut geeignet als Solitärbaum; Ertrag nach ca. fünf bis sechs Jahren

- **Halbstamm:** Baum mit einer Stammhöhe bis zu 120 Zentimeter; Ertrag nach ca. drei bis fünf Jahren
- **Buschbaum:** Stamm bis 60 Zentimeter hoch; aufgrund der geringen Höhe für Ernte und Pflege gut erreichbar; Ertrag nach ca. zwei bis drei Jahren
- **Spindelbusch:** Stamm ca. 40 bis 60 Zentimeter hoch; schlanke Krone; Ernte bereits im zweiten Jahr
- **Hochstämmchen:** Kulturform bei Beerenobst, das entweder in Strauchform oder als Stämmchen gezogen wird; Stammhöhe 60 bis 80 Zentimeter; Ernte bereits im zweiten Jahr
- **Strauch:** kein Stamm, sondern reiche Verzweigung knapp über dem Boden; Ernte bereits im zweiten Jahr

Für eine Fruchthecke bieten sich auch Wildfruchtgehölze an, z. B. Sanddorn, Kornelkirsche, Felsenbirne. Diese sind sehr pflegeleicht. Sie brauchen keinen Schnitt, vertragen es aber ohne Schaden, wenn einzelne störende Zweige entfernt werden.

## WELCHES OBST IST GEEIGNET?

Die Standortbedingungen des Gartens entscheiden mit darüber, welches Obst angebaut werden kann.

So sind Apfel und Hauszwetschge sehr genügsam und auch für ein etwas raueres Klima geeignet, während Kirsche und Birne in etwas wärmeren Lagen merklich besser gedeihen.

Wärmeliebende Arten wie Pfirsich und Nektarine sollte man nur in einer sehr milden Gegend anbauen.

Bedacht werden muss auch, dass Beerenobstbüsche oder -stämmchen wesentlich weniger Platz benötigen als stattliche Obstbäume.

## OBSTGEHÖLZE PFLANZEN

Obstbäume und -sträucher werden wie alle anderen Gehölze eingepflanzt (→ S. 113 f.). Dabei muss beachtet werden, dass Bäume und Sträucher ohne Pflanzballen (also nur mit losen Wurzeln) nur im Frühjahr und Herbst eingesetzt werden dürfen. Ihre Wurzeln müssen eingekürzt werden und sie bekommen einen Pflanzschnitt (→ S. 114). Obstgehölze mit Ballen wachsen besser an und können jederzeit gepflanzt werden, solange der Boden frostfrei ist.

Bei allen veredelten Obstgehölzen muss darauf geachtet werden, dass die Veredelungsstelle über dem Boden bleibt! Sie ist an einer deutlichen Verdickung einfach zu erkennen.

### Stützen für Stämmchen

Beerenobstbäumchen brauchen Stützen, da die dünnen Stämmchen sonst leicht umknicken. Die Krone von Hochstämmchen kann bei vollem Fruchtbehang mitunter sehr schwer werden. Hier schafft ein Stützgerüst aus Holzpfosten bis unter die Krone und quer liegenden Latten Abhilfe. Für Himbeeren und Brombeeren sollte man mit Pfosten und Spanndrähten ein frei stehendes Spalier bauen, damit die langen Triebe Halt finden.

### Beerenobst als Fruchthecke pflanzen

Gerade wenn wenig Platz im Garten ist, muss das Angenehme mit dem Nützlichen verbunden werden: Obstgehölze eignen sich wunderbar als Hecke, etwa zur Einfriedung des Gemüsegartens. Zur Unterpflanzung bzw. als Bodendecker bieten sich z. B. Monatserdbeeren an, die anders als die großfrüchtigen Züchtungen ausdauernd sind. So ein fruchtender Pflanzstreifen ist eine ideale Abschirmung zur windigen Nordseite.

Himbeerhecke

## SCHNITTMASSNAHMEN BEI OBSTGEHÖLZEN

Neben dem Pflanzschnitt bei Gehölzen, die ohne Ballen eingepflanzt werden, sind bei Obstgehölzen die üblichen Schnittmaßnahmen nötig (→ ab S. 150). Der Obstbaumschnitt erfordert jedoch Sorgfalt und Erfahrung! Es empfiehlt sich, an einem Schnittkurs unter der Leitung eines Fachmanns teilzunehmen.

### Beerensträucher

Besonders Johannisbeer-, Stachelbeer-, Himbeer- und Brombeerbüsche benötigen einen regelmäßigen Schnitt. Dabei genügt es aber, immer wieder einige alte Triebe zu entfernen. Am besten geschieht dies nach der Ernte. Die Büsche bleiben durch diese Maßnahme schön licht und es bilden sich neue, fruchtbare Triebe.

Bei Himbeeren schneidet man die Tragruten nach der Ernte ganz weg. Es sollen nur einige junge Jahrestriebe stehen bleiben. Diese tragen dann im nächsten Jahr viele Früchte.

Bei Weinreben müssen alle Triebe, die sich während der Saison entwickelt haben, im folgenden Spätwinter kräftig zurückgeschnitten werden.

## VERMEHRUNG VON OBST

Beerenobst lässt sich sehr leicht durch Stecklinge vermehren, die Veredelung von Obstbäumen ist dagegen relativ langwierig. Wer als Gartenliebhaber aber Freude am Experimentieren hat, kann mit einfachen Methoden durchaus Erfolg haben (siehe Kasten S. 178).

### Obstbäume veredeln

Obstbäume die aus Samen gezogen wurden, tragen nur ausnahmsweise brauchbare Früchte. Deshalb werden sie durch die Veredelung vermehrt. Dazu dient jeweils ein Stämmchen als sogenannte Unterlage und ein Zweig von einer ausgewählten Sorte als Edeltrieb.

Grundsätzlich vertragen sich nur Veredelungspartner der gleichen Art miteinander, also etwa Kirsche mit Kirsche, Apfel mit Apfel usw. – einige Arten ausgenommen. So wachsen z. B. Zweige von Birnbäumen auch auf Quitten an. Quitten dienen besonders für kleinbleibende Birnbäume als Unterlagen. Hochstämme der

Edeltriebe einsetzen

Nussbäume werden möglichst wenig geschnitten. Sie bilden von Natur aus eine lichte Krone. Allerdings brauchen sie genügend Platz zur Entfaltung ihres kräftigen Geästs.

Weiterführende Informationen zum Thema „Zitruspflanzen veredeln“ finden Sie unter www.davidia.de Gärtnertipps.

Gelungene Veredelung – Edelreiser treiben aus

## PFROPFEN IM FRÜHJAHR

Die einfachste Frühjahrsveredelung ist das Rindenpfropfen. Dabei wird ein Edelreis (kurzes Triebstück mit etwa fünf Knospen) hinter die Rinde der Unterlage gesteckt.

Die Edelreiser müssen natürlich zur Veredelungszeit frisch sein. Sie werden im Winter von gesunden Bäumen geschnitten, die gute Früchte tragen und in einem kühlen, dunklen Keller in feuchtem Sand gelagert. Notfalls eignet sich auch der Kühlschrank als Lagerraum.

Die Unterlage kann ein wildes Obstbäumchen sein, das im Garten aufgegangen ist. Es wird vorher in der bestimmten Kronenhöhe abgeschnitten. Dann ritzt man die Rinde ein und klappt die beiden Rindenlappen auseinander.

Jetzt lässt sich das Edelreis, das unten lang und schräg angeschnitten wurde, hinter die Rinde stecken.
Nach dem Verbinden mit Bast und dem Versiegeln mit Baumwachs wächst das Edelreis mit etwas Glück an und entwickelt sich zu einer Krone, die genau die selben Früchte trägt, wie der Baum, von dem es geschnitten wurde.

Bei dicken Unterlagen, z. B. bei älteren Obstbäumen, lohnt es sich, mehrere Edelreiser einzusetzen. Das erhöht die Anwachschancen.
Veredelte Jungpflanzen aus der Baumschule sind an einer Verdickung am Stamm leicht zu erkennen.

## KOPULATION IM FRÜHJAHR

Eine weitere Veredelungsmethode, die auch der Laie durchführen kann, ist die sogenannte Kopulation. Diese Pfropftechnik kommt bei der Veredelung von jungen Bäumen infrage, die noch sehr dünne Stämmchen haben.

Das ausgewählte Bäumchen sollte unbedingt genauso dick sein wie das Edelreis. Beide Veredelungspartner werden so angeschnitten, dass lange ovale Schnittstellen entstehen, die genau deckungsgleich aufeinanderliegen.
Sie wachsen nach dem Verbinden mit Bast und Verstreichen mit Baumwachs zusammen.

## SOMMERVEREDELUNG (OKULATION)

Die Sommerveredelung dient unter anderem zur Vermehrung von Jungpflanzen oder auch zum Aufsetzen einer zweiten Sorte auf einen bereits bestehenden älteren Baum.
Der Vorteil dieser Methode ist, dass die Edelreiser direkt vor der Aktion (etwa von Ende Juni bis Anfang August) geschnitten werden können. Es bedarf keiner Lagerung.

Die Reiser, kräftige Triebe, die sich im selben Jahr entwickelt haben, werden in ein feuchtes Tuch eingeschlagen und im Anschluss unverzüglich an den Ort der Veredelung transportiert.
Die ausgewählte Unterlage, also etwa ein junger Obstsämling oder ein bereits vorhandener Baum im Garten, bekommt nun ein Auge von diesem Edeltrieb eingesetzt. Dazu wird der Trieb zunächst entblättert. Die Augen, also Knospen, sitzen jeweils in einer Blattachsel. Sie werden so vom Trieb abgetrennt, dass ein kleiner Rindenanteil erhalten bleibt. Das gelingt, indem das Messer flach angelegt und schließlich durchgezogen wird.

Schon vorher muss die Unterlage, also der zu veredelnde Baum vorbereitet werden. An einer passenden Veredelungsstelle wird dazu die Rinde T-förmig eingeschnitten und mit dem Messerrücken oder einem speziellen Rindenlöser vorsichtig vom Holz gelöst.
Das geschnittene Edelauge lässt sich nun hinter die Rindenlappen einschieben. Das muss ohne Berührung der Schnittstellen geschehen!
Nach dem Verbinden mit einem Veredelungsgummi oder auch mit Bast und Baumwachs wachsen mit etwas Glück beide Partner zusammen.
Natürlich verbessern sich die Anwachschancen, wenn mehrere Augen gleichzeitig eingesetzt werden.

Birne werden dagegen auf stärker wachsende Unterlagen gesetzt. Es ist daher ganz entscheidend, ob ein Birnbaum gepflanzt wird, der auf Quitte veredelt ist oder auf einen Sämling.
Das gilt auch für Apfelbäume. Davon gibt es nicht nur zwei Unterlagentypen, sondern gleich mehrere. Es werden Apfelsorten auf schwach wachsenden, mittelstark wachsenden und stark wachsenden Unterlagen angeboten.
Beim Steinobst ist die Auswahl an geeigneten Unterlagen weniger groß.
Gute Obstsorten lassen sich also gezielt vermehren. Die Methoden dazu wurden schon von den „alten“ Ägyptern genutzt.

### Vermehrung durch Stecklinge

Johannis- und Stachelbeerbüsche sind ganz einfach durch Stecklinge vermehrbar. Dazu schneidet man ab etwa Ende Juni ausgereifte Triebe ab und entfernt die unteren Blätter. Dann werden sie in Töpfe mit einem lockeren Sand-Erde-Blähton-Gemisch gesteckt. Eine übergestülpte Folienhaube hält die Luftfeuchtigkeit (→ S. 108 f.).
Bereits nach wenigen Wochen bilden die Stecklinge Wurzeln und können im Herbst ausgepflanzt werden.
Ein Frostschutz im ersten Winter ist äußerst empfehlenswert.

### Vermehrung durch Steckhölzer

Johannisbeeren, Stachelbeeren sowie Holunder können Sie auch durch Steckhölzer vermehren (→ S. 109 f.).
Dazu werden im Winter junge Triebe geschnitten, auf Scherenlänge eingekürzt und tief in Töpfe mit sandigem Substrat gesteckt. Nur die oberste Knospe sollte über der Erde sitzen. Alle anderen Knospen stecken in der Erde und bilden dort Wurzeln. Dies geschieht recht schnell und die jungen Pflanzen können im Herbst ins Freie gesetzt werden.

### Vermehrung durch Ableger

Einige Pflanzen bilden auch Ableger, aus denen sich ohne großen Aufwand neue Pflanzen ziehen lassen.

Einsetzen junger Lavendelpflanzen

**Erdbeeren:** Sie bilden bewurzelte Ausläufer, die abgenommen und eingepflanzt werden können.
**Brombeeren:** Junge Triebe kann man zu Boden drücken und dort fixieren. Sie bilden an dieser Stelle Wurzeln. Die bewurzelten Triebe werden im Herbst abgetrennt und im Anschluss an der gewünschten Stelle eingepflanzt.
**Himbeeren:** Sie bilden Wurzelausläufer, die man nur ausgraben muss und an anderer Stelle einsetzen kann.

## DÜNGEN

Obstbäume haben ein ausgeprägtes Wurzelwerk, das tief in den Boden reicht. Sie sind daher weniger als andere Pflanzen auf Bewässerung und Düngergaben angewiesen. Nur nach der Pflanzung müssen sie unbedingt mit ausreichend Wasser versorgt werden.
Eine leichte Düngung mit Kompost kommt ihnen jedoch durchaus zugute. Dazu wird reifer Gartenkompost im Wurzelbereich verteilt und mit dem Rechen eingearbeitet. Auf schnell wirksame Mineraldünger sollte aber verzichtet werden.

Beerenobst braucht einen möglichst tiefgründigen humosen Boden. Auf schwerem lehmigem Boden vergreisen die Sträucher bald. Hier muss auf jeden Fall reichlich Kompost in die Pflanzerde eingearbeitet werden. Die abgeernteten Sträucher legen noch im selben Sommer bereits die Blütenknospen für das kom-

Sie können auch Bäume veredeln lassen, wenn Sie mit dieser Vermehrungsmethode nicht vertraut sind. Eine Baumschule übernimmt dies auf Anfrage für einen geringen Unkostenbeitrag. Adressen sind im Branchentelefonbuch zu finden.

Eine zweite Sorte setzt man dann auf einen Baum auf, wenn man beispielsweise bei Süßkirsche oder auch Apfel einen Befruchter braucht.

Obst und Blumen im Garten

Bei Stachelbeeren hilft das Mulchen auch gegen den Befall mit Mehltau. Sicherer ist jedoch die Auswahl und Pflanzung mehltauresistenter Sorten!

mende Jahr an, sie sollten deshalb eine Düngergabe mit Kompost oder Hornspänen erhalten.
Beerensträucher benötigen viel Feuchtigkeit. Bei Trockenheit im Sommer müssen sie deshalb unbedingt regelmäßig gründlich gegossen werden. Anhaltender Wassermangel würde die Fruchtreife gefährden. Um die Feuchtigkeit im Boden zu halten, empfiehlt sich das Mulchen mit Rasenschnittgut, Rindenmulch oder bei Erdbeeren auch Stroh (→ S. 133).

Die Ernte lässt sich durch eine geschickte Sortenwahl verlängern. Von den Himbeeren gibt es beispielsweise „einmal tragende" Sorten, die im Frühsommer fruchten und „zweimal tragende" Sorten, die erst im Spätsommer und dann bis in den Herbst hinein Früchte entwickeln können.

## ERNTE UND LAGERUNG

### Beerenobst

Beeren reifen in den Sommermonaten etwa von Juni an (z. B. Erdbeeren) bis in den September (z. B. Holunder, Weintrauben), einige Arten bis in den Oktober hinein (z. B. Sanddorn).

Den richtigen Erntezeitpunkt kann man bei Beerenobst leicht erkennen: Wenn es sich leicht vom Stiel lösen lässt, ist es reif. Dann sollte es aber auch bald abgenommen werden, denn Früchte, die länger am Strauch verbleiben, beginnen rasch einzutrocknen und fallen dann ab.
Frisches Beerenobst ist sehr empfindlich und sollte sofort nach der Ernte gegessen oder weiterverarbeitet werden. Möglichkeiten zur Konservierung sind das Kochen von Marmelade, Kompott oder Saft. Die Beeren können aber auch gut eingefroren und später verwendet werden.

### Andere Obstsorten

Der Erntezeitraum für Stein- und Kernobst erstreckt sich vom Sommer (Kirschen, Pfirsiche, Aprikosen, Nektarinen, Mirabellen, frühe Apfel-, Birnen- und Pflaumensorten) bis in den Herbst hinein (Äpfel, Birnen, Zwetschgen).

Zum Einlagern eignen sich nur spezielle Apfel- und Birnensorten (etwa „Boskop", „Golden Delicious", „Gräfin von Paris"). Schon bei der Auswahl und Pflanzung sollten solche Sorten beachtet werden.
Sorten für den Frischverzehr sind leider auch bei besten Bedingungen nur wenige Wochen haltbar.

Reiche Apfelernte

## ÄPFEL UND BIRNEN – ERNTE- UND LAGERZEIT

Aus dieser Tabelle können Sie den Erntezeitpunkt (Pflückreife), die Genussreife und die mögliche Lagerzeit einiger ausgewählter Apfel- und Birnensorten ersehen.
Pflückreife und Genussreife können dabei voneinander abweichen. Manche Sorten müssen nämlich erst noch etwas nachreifen, bevor sie ihr volles Aroma entfalten.
Die Angaben für die Lagerzeit gelten nur bei wirklich optimaler Lagerung.

| Sorte | Pflückreife | Genussreife |
|---|---|---|
| **Äpfel** | | |
| Boskop | Oktober | November bis April |
| Cox Orange, Renette | September | Oktober bis März |
| Elstar | September | September bis März |
| Gloster | Oktober | Dezember bis März |
| Golden Delicious | Oktober | Oktober bis Juni |
| Goldparmäne | September | September bis Dezember |
| Gravensteiner | August | August bis September |
| Jonathan | September | November bis Mai |
| Klarapfel | Juli | Juli bis August |
| Winterglockenapfel | Oktober | Januar bis Juni |
| **Birnen** | | |
| Alexander Lucas | September | Oktober bis Januar |
| Clapps Liebling | August | August bis September |
| Conférence | September | September bis April |
| Gräfin von Paris | Oktober | November bis Februar |
| Gute Luise | September | September bis Oktober |
| Williams Christbirne | August | August |

Kirschenzeit

Schwer tragende Äste von Obstbäumen oder Beerensträuchern sollten mit Stangen abgestützt werden, damit sie nicht abbrechen können.

### Optimale Lagerbedingungen schaffen

Für die Lagerung kommen nur Früchte infrage, die sich als lagerfähig bewährt haben und in einwandfreiem Zustand ohne Druckstellen oder Verletzungen sind. Die Lagerung verbessert die Qualität der Früchte nicht. Nur wenige Arten reifen im Lager noch nach. So bekommen beispielsweise einige Apfelsorten mehr Aroma. Ansonsten lässt sich im Lager unter optimalen Bedingungen nur der natürliche Abbauprozess verzögern. Der Lageraum muss kühl (ca. 6 Grad), dunkel und gut belüftet sein.

Obst entwickelt während der Lagerung Kohlendioxid. Dieses Reifegas schadet den Äpfeln und Birnen nicht, dem Gemüse jedoch schon. Insbesondere regt es Kartoffeln zum Treiben an. Grundsätzlich sollte deshalb das Obst vom Gemüse getrennt gelagert werden oder es bedarf einer ausreichenden Lüftung.

Mittlerweile haben sich auch künstliche Hilfsmittel bewährt, die zur Abtrennung dienen. So lassen sich Äpfel vorzugsweise in Kunststofffolien aus Polyethylen einpacken. Sie bleiben hier länger frisch als in luftigen Steigen. Allerdings darf sich kein Kondenswasser in den Folienbeuteln bilden. Falls nötig, müssen sie daher zur Belüftung einige Zeit lang geöffnet werden.

Obst und Gemüse sollten immer getrennt gelagert werden oder wenigstens mit einem ausreichenden Abstand. Die ausströmenden Reifegase verkürzen die Lagerfähigkeit.

# KLEINGEWÄCHSHAUS AUS FERTIGTEILEN

Schon ein kleines Gewächshaus macht den Anbau von Frühgemüse möglich, begünstigt das Wachstum und natürlich auch die Erträge von wärmebedürftigen Fruchtgemüsen und verlängert die Erntezeit im Herbst. Wer sich ein solches Häuschen geleistet hat, wird es mit Sicherheit nicht mehr missen wollen.

Gute Gewächshausbausätze gibt es schon für etwa 500 Euro in Baumärkten und Gartencentern. Sie sind durchaus stabil und recht langlebig.

Der Aufbau ist an einem Tag zu schaffen, das Betonfundament muss allerdings vorher aushärten.

Gewächshaus aus Glas

## MATERIAL UND WERKZEUG

Sie benötigen einen Gewächshaus-Bausatz aus Aluminiumprofilen und Stegdoppelplatten oder Glasscheiben sowie Betonsteine und Beton für das Fundament.

An Werkzeug werden Schubkarre, Schaufel, Spaten, Kelle, Maßband, Meterstab, Richtschnur und Richtlatte für das Fundament benötigt.
Für den Aufbau des Hauses brauchen Sie zusätzlich noch Gummihammer, Bohrschrauber, Schraubenschlüssel, Steckschlüssel und Schraubendreher.

## ARBEITSSCHRITTE

### Das Fundament

Für die handelsüblichen Gewächshäuser sind Fundamente aus Metall erhältlich. Diese werden einfach mit Haken im Boden verankert. Sicherer steht das Haus allerdings, wenn man die ganze Konstruktion auf ein solides Betonstreifenfundament stellt.
Das Metallfundament dient als Markierung und wird an der ausgewählten Stelle im Garten auf den Boden gelegt und entsprechend ausgerichtet. Nach dem Markieren der Lage mit Sand kann es wieder entfernt werden.

Nun wird das Streifenfundament ausgehoben und betoniert. Zum Betonieren des Fundaments dient selbst gemischter Beton (vier Teile Kies, ein Teil Zement und etwas Wasser). Eine Schalung ist hier nicht nötig, da das Fundament bis zur Erdoberfläche bündig mit Beton gefüllt wird.
Das schmale Streifenfundament muss waagerecht im Boden liegen. Legen Sie zum Überprüfen nochmals das Metallfundament auf. Die Richtlatte zeigt, ob es richtig liegt.

Im Gewächshaus finden sowohl Gemüse als auch empfindliche Kübelpflanzen Schutz

Ist das Fundament ausgehärtet, kommt darauf ein Sockel aus Betonsteinen. Dazu werden zunächst die Ecksteine gesetzt. Mithilfe einer Richtschnur lassen sich dann weitere Betonsteine in die Zwischenräume einpassen.

Nun kann der Aufbau des Häuschens beginnen. Gewöhnlich sind die Aluminiumprofile schon vorsortiert in einen Karton eingepackt. In der beiliegenden Bauanleitung ist die Montage dokumentiert.
Nach dem Studium der Anleitung werden nun zunächst die benötigten Bauteile ausgewählt und auf einer ebenen Fläche ausgelegt. Auf diese Weise nehmen die Giebelwände und Seitenteile schon Form an.
Wenn die einzelnen Profile zusammenpassen, werden sie mit den beigelegten Schrauben montiert. Während der ganzen Montage leistet ein Steckschraubenschlüssel gute Dienste, der auch in kritische Ecken gelangt. Gehen Sie dabei genau nach Plan vor und achten Sie darauf, dass alle Verbindungsstellen gut zusammenpassen.
Zum Aufstellen der vorgefertigten Rahmenteile sind mehrere Personen nötig. Wenn beide Giebelrahmen und die beiden Seitenrahmen fertig vormontiert sind, kann es losgehen.

Das Firstprofil lässt sich dann mithilfe zweier Verbindungsbleche an den Giebelseiten montieren. Diese oberste Aluminiumschiene gibt dem Gebäude zusätzliche Stabilität. Nachdem die Giebel mit den Seitenteilen verbunden sind und der Rahmen für das Satteldach aufgesetzt ist, nimmt das Gewächshaus schon deutliche Formen an.
Jetzt kommen die Verstrebungen und Versteifungen an die Reihe, die das Gebäude ausrichten und stabilisieren. Dann werden die Führungsschienen für Fenster und Türen eingesetzt. Die Reihenfolge ist allerdings je nach Modell unterschiedlich und aus dem Plan ersichtlich.
Schritt für Schritt kommt so der fertige Rahmen zustande, in den nun noch die Kunststoffscheiben eingesetzt werden müssen. Dabei dürfen die Seiten nicht verwechselt werden! Sie haben gewöhnlich eine Seite, die gegen UV-Licht stabilisiert ist und nach außen gerichtet sein muss.
Zunächst werden alle Scheiben sortiert und angeordnet. Das Einsetzen beginnt dann am Dach.
Abschließend werden Fenster und Türen eingesetzt. Die Türen laufen auf Rollen, die in die obere Schiene eingeführt werden. Unten hängt dann die Tür in einer Bodenschiene.

Unter Glas ist eine gute Belüftung und an sonnigen Tagen eine Schattierung nicht zu vernachlässigen. Automatische Fensterheber, die auch nachträglich noch einsetzbar sind, öffnen oder schließen die Fenster zuverlässig je nach Bedarf.

Weiterführende Informationen zum Thema „Gewächshäuser" finden Sie unter www.davidia.de Gärtnertipps und Bildergalerien.

# KÜBELPFLANZEN

Frostempfindliche Pflanzen wie Ölbäume, Oleander oder Zitruspflanzen sind nördlich der Alpen nur als Kübelpflanzen kultivierbar. Obwohl die Pflanzung und Pflege erheblich mehr Mühe macht als von winterharten Arten, gehören Kübelpflanzen zum Bestand vieler Gärten.
Sie dienen beispielsweise als Sichtschutz an der Terrasse, sie setzen Akzente in den Gartenbeeten oder tragen zur Dekoration von Balkonen bei.

Starkwüchsige Pflanzen wie Oleander oder Feige müssen wesentlich häufiger in einen größeren Pflanzkübel umgesetzt werden als schwächer wachsende Pflanzen wie Fuchsie oder Zistrose.

Feigenbaum

## PFLANZGEFÄSSE

Die Kübelpflanze wirkt nicht nur allein. Auch das Pflanzgefäß trägt zur Gestaltung bei. Im Gartenfachhandel ist mittlerweile eine riesige Auswahl an schönen Kübeln und Kästen aus unterschiedlichsten Materialien erhältlich. Es gibt Pflanzgefäße aus Ton, Beton, Faserzement, Gips, Naturstein, Holz, Metall und Kunststoff.

### Tongefäße

Der Terrakottakübel ist der klassische Pflanzbehälter vor allem für mediterrane Kübelpflanzen. Diese Tongefäße sind relativ schwer und garantieren deshalb eine gute Standfestigkeit.
Nachteil: Durch das atmungsaktive Material verdunstet die Feuchtigkeit und es muss öfter gegossen werden. Außerdem sind Tongefäße zerbrechlich und müssen mit Vorsicht transportiert werden.

### Kunststoffgefäße

Pflanzgefäße aus Kunststoff haben den größten Marktanteil, weil sie viele gute Eigenschaften haben. Sie sind leicht, verrottungsfest, frostsicher und robust.

### Holzgefäße

Holzkübel und -kästen haben wie Tongefäße einen dekorativen Wert, vor allem, wenn sie aus edlen Hölzern geschaffen

Auch Kübelpflanzen können im Garten für Farbe sorgen

Kübelpflanzen müssen regelmäßig gegossen werden

wurden. Mittels passender Beschläge lassen sie sich recht gut transportieren, zumal sie robust und stoßfest sind.
Holzgefäße sind im Vergleich zu den anderen genannten Materialien empfindlich gegen Nässe und müssen vor Verwitterung geschützt werden. Das kann entweder durch einen Schutzanstrich mit einem unschädlichen Holzschutzmittel geschehen oder durch das Auslegen des Kübels mit Folie. Allerdings ist selbst imprägniertes Holz nicht völlig verrottungsfest. Holzgefäße müssen deshalb gegebenenfalls nach einigen Jahren ersetzt werden, wenn sie morsch sind.

### Größe der Gefäße

Die Pflanzgefäße sollten so beschaffen sein, dass sie das Umtopfen ohne Schwierigkeiten ermöglichen. Es ist günstig, wenn sie oben breiter sind als unten, damit sich der Wurzelballen aus dem Topf ziehen lässt. Je nach Pflanzenart ist etwa alle drei bis fünf Jahre ein größeres Gefäß nötig. Sobald die Erde völlig durchwurzelt ist, wird es Zeit für einen neuen Kübel mit frischem Substrat. Dieser sollte etwa zwei Nummern größer sein als der alte Kübel.

## BEWÄSSERUNG

An ihrem natürlichen Standort haben Pflanzen die Möglichkeit, mit ihren Wurzeln in wasserführende Schichten im Boden vorzudringen. Sie vertrocknen deshalb auch dann nicht, wenn es im Sommer heiß ist und kaum regnet.
In Kübeln sind sie dagegen fast völlig auf die Wasserversorgung angewiesen, da besonders bei geschütztem Standort oder bei dichtem Blattwerk nur wenig Regenwasser in den Kübel gelangt. An heißen Sommertagen brauchen Kübelpflanzen deshalb unbedingt genügend Gießwasser. Kleine Pflanzgefäße trocknen im Übrigen schneller aus als große!

### Wie oft gießen?

Wie oft gegossen werden muss, ist vom Wetter, von der Jahreszeit und vom Standort abhängig. Die Pflanzen müssen deshalb regelmäßig kontrolliert werden. An heißen Tagen kann es durchaus nötig sein, die Kübelpflanzen morgens und abends zu gießen.
Pflanzen, die unter einer Überdachung stehen, müssen besonders sorgfältig beobachtet werden, denn sie bekommen auch bei Regenfällen kein Wasser ab.

Wichtig: Die Erde darf zu keinem Zeitpunkt ganz austrocknen!
Auch im Winter darf der Erdballen nicht völlig austrocknen. Die Pflanzen benötigen dann je nach Standort aber natürlich

Dekorative Gestaltung mit Topfpflanzen

Mit selbst gestalteten Übertöpfen wirken Kübelpflanzen besonders schön

Schmucklilie (Agapanthus)

wesentlich weniger Wasser. Auch hier hilft eine regelmäßige Kontrolle. Staunässe muss besonders bei kühler Umgebung vermieden werden.

### Wie gießen?

Das Gießwasser für Kübelpflanzen sollte leicht temperiert sein. Kaltes Leitungs- oder Brunnenwasser also erst in einem Sammelbehälter an der Luft erwärmen lassen oder stets einige gefüllte Gießkannen bereithalten. Regenwasser, das z. B. in einer Zisterne oder einem Fass gesammelt wird, ist ideal.
Beim Gießen ist darauf zu achten, dass die Blätter trocken bleiben. Nasse Blätter sind oft die Ursache für Pilzerkrankungen. Nur der Wurzelballen sollte durchdringend bewässert werden.

## PFLANZSUBSTRATE

Da die Pflanzen in Kübeln nur über eine sehr begrenzte Menge an Substrat verfügen können, ist dessen optimale Beschaffenheit besonders wichtig.
Die Pflanzsubstrate sollten locker und luftig sein und zudem ein gutes Wasser- und Nährstoffspeichervermögen haben. Normale Gartenerde ist ungeeignet, denn sie sackt in Gefäßen leicht zusammen und wird dann steinhart. Dennoch kann sie einen Bestandteil einer selbst hergestellten Mischung bilden.
Eine solche Mischung sollte folgendermaßen zusammengesetzt sein:

- ein Drittel gesiebte Komposterde,
- ein Drittel gute Gartenerde,
- ein Drittel lockernder Füllstoff (z. B. Blähton, spezielle beständig lockere Dämmstoffe aus Gesteinsprodukten oder Ziegelsplitt)

Am einfachsten ist es natürlich, fertige Erdmischungen (Einheitserde) aus dem Gartenfachhandel oder eine gute Mischung direkt vom Gärtner zu beziehen.
Nur wenige Pflanzen sind auf ganz spezielle Mischungen angewiesen. Falls nötig, kann man der Einheitserde Zusatzstoffe wie etwa Kalk, Lehm oder Humus beimischen. Günstig wirkt sich eine Nährstoffversorgung mit einem Langzeitdünger aus, der den fertigen Mischungen zugesetzt wurde. Bei eigenen Mischungen dient der Kompost als Dünger und zusätzlich ein organisches Produkt wie etwa Knochenmehl oder Hornspäne.

# FROSTSCHUTZ

Schon im Oktober sind die ersten Kälteperioden zu erwarten. Während heimische Pflanzen recht widerstandsfähig sind, macht bereits eine Frostnacht die Pracht von Dahlien, Pelargonien und Fuchsien zunichte. Diese und andere Arten, die das mitteleuropäische Winterwetter nicht vertragen, brauchen rechtzeitig einen Frostschutz.
Es ist nicht immer ganz leicht, die vielen verschiedenen Pflanzenarten „unter einen Hut“ oder anders gesagt unter eine Frostschutzhaube zu bringen. Denn jede Art hat andere Bedürfnisse.

## WARUM IST FROSTSCHUTZ NÖTIG?

### Unterschiedliche Pflanzentypen

Es gibt weltweit ganz unterschiedliche Pflanzentypen. Während tropische Gewächse das ganze Jahr hindurch ein gleichmäßig warmes Klima mit hoher Luftfeuchtigkeit brauchen, sind Wüstenbewohner an die ständig heiße und trockene Atmosphäre mit kurzen Regenperioden gewöhnt.
Pflanzen, die sich in gemäßigten Klimazonen angesiedelt haben, sind an den Wechsel der Jahreszeiten angepasst. Sie brauchen das kalte oder zumindest kühle Winterwetter sogar.

Natürlich gibt es durchaus auch tolerante Randgruppen, die mehr oder weniger empfindlich sind. So lassen sich beispielsweise Rasengräser in verschiedensten Klimazonen der Erde ansiedeln.

### Vielfältige Bedürfnisse

Problematisch wird es in Gärten mit einer Vielfalt an verschiedenen Arten. Hier stehen oft Pflanzen aus unterschiedlichsten Klimazonen unmittelbar nebeneinander. So breiten sich ursprünglich mittelamerikanische Dahlien neben nordamerikanischem Phlox und Fleißigen Lieschen aus Ostafrika in denselben sonnigen Beeten aus. Daneben gedeihen Tomaten, Kartoffeln und Kürbisse, die ebenfalls ursprünglich nicht in Europa heimisch waren. Auch viele Gehölze stammen aus fernen Ländern, so etwa die Magnolie aus Japan, der Tulpenbaum aus Nordamerika oder der Aprikosenbaum aus Kleinasien.

Feuerdorn

Die Ansprüche an die Temperatur- und Lichtverhältnisse im Winter sind ebenso vielfältig wie die Arten. So brauchen immergrüne Gehölze im Winter Licht, während stauden- und knollenartige die kalte Jahreszeit im dunklen Keller überdauern können.

Es gibt also kein allgemeingültiges Rezept zum Einwintern des Gartens. Der Frostschutz richtet sich vielmehr nach den Bedürfnissen der kultivierten Arten und ist nicht zuletzt auch vom Wetter und vom regionalen Klima abhängig. So lassen sich beispielsweise chilenische Araukarien in milden Weinbauregionen ganzjährig

Zitruspflanzen, Pelargonien und Roseneibisch überstehen den Winter auch gut in beheizten Wohnräumen.

Winterstimmung

ohne Schutz im Freien halten, während dieselben Pflanzen in einer rauen Mittelgebirgsgegend nur als Kübelpflanzen kultivierbar sind.

## FROSTSCHUTZ FÜR BÄUME UND STRÄUCHER

Heimische Gehölze sind frosthart und brauchen gewöhnlich keinen Winterschutz. Es gibt jedoch einige Ausnahmen.

Von Kahlfrost spricht man, wenn im Winter strenger Frost herrscht, aber keine isolierende Schneeschicht liegt.

### Junge Bäume

Die Wechselwirkung zwischen Frost und Wintersonne kann den Stämmen junger Ahornbäume, Linden oder Eschen zu schaffen machen, deren noch empfindliche Rinde leicht reißt. Sie bekommen deshalb – ebenso wie Obstbäume – einen Kalkmilchanstrich oder manchmal auch einen Jutemantel.
Zusätzlich kann bei jungen Obstgehölzen ein Stammschutz gegen Kaninchen oder Hasen nötig sein. In Waldrandlagen halten Manschetten aus Maschendraht oder Kunststoff die Tiere von der saftigen Rinde ab. Später entwickeln die Bäume dann eine raue schützende Borke.

### Empfindliche Gehölze

Einen Frostschutz brauchen alle Gehölze, die nicht völlig winterhart sind, insbesondere Jungpflanzen vom Sommerflieder, Hibiskus, Blauschotenbaum etc. Am besten bekommt ihnen ein luftiger Mantel aus Strohmatten, Fichtenreisig oder ähnlichem Material. Mit der Zeit werden sie allerdings frosthärter und sind daher nur noch in rauen Regionen auf einen Frostschutz angewiesen.

Bei Edelrosen, Johanniskraut, Bartblumen und anderen Arten, die jedes Jahr zurückfrieren und im Frühjahr ohnehin regelmäßig zurückgeschnitten werden, genügt ein Schutz an der Triebbasis. Bewährt hat sich hier das Anhäufeln mit lockerer Erde und Laub.

Empfindliche immergrüne Gehölze, deren Blätter auch im Winter auf das geringe Sonnenlicht angewiesen sind, kommen unter einer schützenden Ummantelung aus lichtdurchlässigem Gewebe gesund durch die kalte Jahreszeit.
Dazu kann ein Holzgerüst dienen, das mit Vlies oder Schattenleinen bespannt wird.

Der erste Frost

Bei immergrünen Gehölzen wie Buchs, Kirschlorbeer oder Mahonien, die in Kübeln gedeihen, ist es darüber hinaus sehr wichtig, auf eine ausreichende Wasserversorgung zu achten, damit es keine Trockenschäden gibt.

## STAUDEN, GRÄSER UND ZWIEBELPFLANZEN

Die meisten Blütenstauden, Ziergräser und Zwiebelblumen sind völlig frosthart. Sie nehmen es sogar hin, wenn der Boden ganz durchfriert.
Heimische Arten wie Schafgarbe, Storchschnabel, Lupine, Blauschwingel sowie Krokus, Narzisse und Schneeglöckchen müssen auch in freier Natur extreme Temperaturschwankungen ertragen und sind recht unempfindlich.
Empfindlicher sind allerdings solche Arten, die zwar in rauen Regionen der Erde heimisch sind, dort aber den Winter unter einer dicken Schneedecke verbringen. Kahlfrost ist für alpine Arten wie wilde Alpenveilchen und heimische Lilien schädlich. Sie bekommen eine Laubschüttung und Fichtenreisig als zusätzliche Abdeckung. Dieser Frostschutz bewahrt auch Jungpflanzen und andere niedrige Gewächse, die nicht oder noch nicht ganz winterhart sind, vor dem Ausfrieren.

Bei empfindlichen Gräsern wie dem Pampasgras bleibt das trockene Laub im Winter an der Pflanze. Nach dem Zusammenbinden bildet es einen guten Frostschutz für das Wurzelwerk. Zudem sehen solche Grasbüschel dekorativ aus, vor allem, wenn sie mit Schnee bedeckt sind.

Frostempfindliche Zwiebel- und Knollenpflanzen aus milden Regionen der Erde dürfen im Winter nicht im Freien bleiben. Sobald der erste Nachtfrost das Laub etwa von Dahlie oder Canna vernichtet hat, werden die Knollen ausgegraben und frostfrei im Haus gelagert. Dazu kommen sie sortenweise in Kisten. Als Quartier eignet sich ein trockener kühler Keller.

## WINTERSCHUTZ FÜR TEICHE UND WASSERBECKEN

### Pflanzenschutz

Richtig angelegte Teiche überstehen den Winter ohne Schaden, zumal Teichfolien, Polyesterbecken oder Betonschalungen wetterfest und frostbeständig sind. Ein besonderer Schutz für die Pflanzen ist gewöhnlich unnötig, weil heimische Pflanzen Frost vertragen (z. B. Wasser-

Gartenteich im Winter

Weitere Informationen zur Teichpflege finden Sie unter www.davidia.de

schwertlilie, Froschlöffel) oder im frostsicheren Wasser sitzen (z. B. Seerose). Frostempfindliche Flachwasserpflanzen wie etwa Wasserhyazinthe, Lotosblume und dergleichen werden entnommen und anschließend in ein Wasserbecken im Haus einquartiert.

Alle Kübelpflanzen benötigen auch im Winter gelegentlich Wasser, je nach Raumtemperatur mehr oder weniger. Staunässe ist dabei aber ebenso zu vermeiden wie völliges Austrocknen. Häufiges Lüften bei frostfreiem Wetter bewahrt Pflanzen vor Schädlingen.

### Schutz für Tiere

Eine geschlossene Eisdecke kann den Tieren im Teich nichts anhaben, vorausgesetzt, sie können in eine tiefe Teichzone abtauchen, in der das Wasser auch bei Dauerfrost nicht gefriert. Die Eisfläche eines Teichs darf nicht betreten werden, weil die Tiere sonst erschrecken. Ein Eisfreihalter ist bei ausreichender Teichtiefe unnötig, ebenso das Aufhacken der Eisdecke.
Ist das Teichbecken zu flach (unter 100 Zentimeter Wassertiefe) oder nicht im Boden versenkt, kann es bis zum Grund zufrieren. Solche Becken müssen vor Frost geschützt werden.
Andernfalls brauchen die Fische ein sicheres Winterquartier. Sie kommen ins Haus, wo sie in einer Wasserwanne z. B. im Wintergarten verweilen.

Pumpen und andere technische Geräte am und im Teich werden entnommen, wenn sie nicht frostsicher sind. Regensammelbecken und andere Wasserbehälter, die im Winterhalbjahr ohnehin nicht nötig sind, werden entleert, alle Wasserleitungen werden ebenfalls entleert und daraufhin abgesperrt.

Viele Kübelpflanzen können auch im Zimmer kultiviert werden und nur in den warmen Sommermonaten in einem dekorativen Kübel auf Balkon oder Terrasse gestellt werden.

### NOTQUARTIERE

Bei großen Exemplaren oder mangels optimaler Quartiere können auch Notquartiere, wie etwa eine Strohmattenhütte, ein ausgehobenes Frühbeet oder eine Grube im Garten ausreichend sein. Natürlich kommen für diese Überwinterung außer Haus nur sehr robuste Arten wie beispielsweise Feigen, Zypressen oder Hanfpalmen infrage. Und selbst für sie ist diese Frostschutzmethode aber immer ein Risiko.

## KÜBELPFLANZEN ÜBERWINTERN

Die meisten Balkon- und Kübelpflanzen wachsen und gedeihen in ihren Heimatländern rund ums Jahr. Pelargonien, Fuchsien, Passionsblumen und viele andere entwickeln sich am Naturstandort zu üppigen immergrünen Gehölzen. Die Kultur in Kübeln und Kästen schränkt ihre Vitalität ganz gewaltig ein, sodass sie nur ein sehr begrenztes Ausmaß erreichen. Allerdings können sie in unseren Breiten nur in Kübeln und Kästen kultiviert werden, weil sie im Winter einen Standortwechsel nötig haben.
Denn während heimische Kiefern, Buchsbäumchen oder Stechpalmen den Winter im Freien gut überstehen und die Winterperiode sogar zum Leben brauchen, bedeutet eine strenge Frostnacht für Zitruspflanze, Oleander oder Engelstrompete den Tod. Diese südländischen Kübelpflanzen müssen unbedingt richtig überwintert werden.

### Einheitsquartiere

Das Winterquartier muss natürlich je nach Art angemessen sein und den Pflanzen bekommen. Als „Einheitsquartier" bietet sich ein frostfreier Wintergarten an. Hier kommen die meisten Arten gesund durch den Winter. Wichtig ist vor allem eine ausreichende Belichtung und eine sehr gute Lüftungsmöglichkeit.
Ein heller, unbeheizter, aber frostfreier Wohnraum kann ähnlich gute Bedingungen bieten wie ein Wintergarten.

### Kellerräume

Einige Arten die im Winter ihr Laub verlieren, können sogar in einen dunklen, aber kühlen Kellerraum gestellt werden, so z. B. Feigen- oder Granatapfelbäume. Manche dieser Pflanzen sind recht tolerant und werden selbst mit ungünstigen Bedingungen fertig.
Der Oleander etwa kommt auch in einer Garage durch den Winter, wenn er ein wenig Licht erhält und von strengen Frösten verschont bleibt.

# JANUAR

Nachdem die längste Nacht vorbei ist und die Tage ganz langsam wieder länger werden, lohnt sich ein Ausblick ins neue Gartenjahr. Der vorhandene Pflanzenbestand und der Zustand des Gartens sollten begutachtet und bewertet werden.

Falls nötig, sind im Winter bei frostfreiem Boden Umpflanzungen von störenden oder auch zu eng stehenden Gehölzen problemlos möglich.
Jetzt ist zudem die richtige Zeit für die Planung der Beete, für Ausbesserungsarbeiten an Zäunen, Pergolen oder auch Gehwegen sowie zur Wartung und Pflege der Gartengeräte.

- Bei frostfreiem Wetter werden Bäume und Sträucher geschnitten. Sie sind jetzt in der Saftruhe und vertragen den Schnitt gut.
- Ziersträucher wie etwa Forsythien, Weigelien, Weiden oder Liguster lassen sich einfach aus Steckhölzchen vermehren, die jetzt geschnitten und in Töpfe gesteckt werden.
- Junge Baumstämme sind empfindlich für die Wechselwirkung zwischen Nachtfrost und Wintersonne. Zum Schutz vor Rindenrissen bekommen gefährdete Pflanzen einen Weißanstrich oder einen Juteverband.
- Der Januar ist der kälteste Monat im Jahresdurchschnitt. Kahlfrost (Kälte ohne schützende Schneedecke) macht empfindlichen Pflanzen zu schaffen. Vergessen Sie deshalb nicht, den Frostschutz zu überprüfen!
- Immergrüne Gehölze brauchen auch im Winter Wasser, wenn die natürlichen Niederschläge ausbleiben. Das gilt besonders für immergrüne Kübelpflanzen auf dem Balkon (z. B. Buchs oder Zwergkoniferen).
- Pflanzpläne werden jetzt angelegt und das entsprechende Saatgut ausgesucht.
- Im Winter ist an milden Tagen noch eine gute Gelegenheit für Erdarbeiten; so kann der reife Kompost auf die Beete gebracht werden. Das schafft auch wieder Raum für frische Abfälle in den Kompostsilos.
- Bei mildem Winterwetter bekommt den Kübelpflanzen im Winterquartier das Lüften gut.
- Die Kübelpflanzen im Winterquartier brauchen wie die Zimmerpflanzen mit zunehmender Tageslänge wieder bedeutend mehr Wasser.

Winterlinge

Kalk ist ein wichtiges Element, ohne das die meisten Pflanzen nicht leben können. Zuviel davon ist jedoch schädlich. Empfindlich sind vor allem Topfpflanzen. Sie vertragen auf Dauer nur kalkfreies Gießwasser. Ideal ist Regenwasser oder mit Spezialfilter entkalktes Leitungswasser, das sich vor dem Gießen auf Zimmertemperatur erwärmen soll.

Bereifter Sanddorn

Achten Sie beim Umtopfen der Kübelpflanzen auf die richtige Erdmischung. Am einfachsten sind mit fertigen Substraten gute Erfolge zu erzielen. Aber auch eigene Mischungen sind durchaus geeignet. Wichtig ist aber ein Anteil an beständig lockerem Material, wie Blähton, Ziegelsplitt oder Lavagrus. Gartenerde pur ist ungeeignet. Sie sackt zusammen und wird steinhart. Eine eigene „Einheitserde" für alle Balkon- und Kübelpflanzen kann aus Lehmerde, Sand, Blähton und Kompost zu gleichen Teilen gemischt werden.

# FEBRUAR

Die Tage werden jetzt spürbar länger. Der steigende Sonnenstand wirkt sich auf das Wachstum der Pflanzen aus. Bei mildem Wetter kommen die Säfte der Bäume und Sträucher wieder in Fluss und schon bald blühen die ersten Stauden und Zwiebelblumen.
Allerdings können immer noch strenge Fröste übers Land ziehen. Deshalb sollte der Winterschutz nicht zu früh entfernt werden. In dieser Übergangszeit vom Winter zum Frühjahr stehen im Garten vor allem Schneidearbeiten an.

- Bei frostfreiem Wetter vertragen alle Obst- und Ziergehölze (auch Rosen) einen Auslichtungsschnitt.
- Falls nötig, ist jetzt noch Gelegenheit zum Fällen oder Roden störender oder kranker Bäume.
- Sobald der Boden frostfrei ist, können nötige Umpflanzungen oder Neupflanzungen erledigt werden.
- Das Abdecken mit Fichtenreisig schützt frühe Zwiebelblumen vor Frostschäden.
- Im Haus beginnt jetzt die Anzucht von Sommerblumen und Gemüse. Kräftige Sämlinge müssen rechtzeitig pikiert (vereinzelt) werden, damit sie sich gut entwickeln können. Vor allem aber brauchen die Jungpflanzen genügend Licht.
- Frühbeete und Gewächshäuser können jetzt schon mit Frühgemüse und Kräutern bepflanzt werden (z. B. Kohlrabi, Radieschen, Frühsalat, Schnittlauch etc.)
- In der Übergangszeit ist das Lüften- und Ablüften sowie das Schattieren und Abschattieren der Frühbeete und Gewächshäuser nötig.
- Kübelpflanzen tut bei mildem Wetter das Lüften gut. Zugluft ist aber schädlich. Falls nötig, bekommen sie rechtzeitig einen Rückschnitt.
- Vorgetriebene Zwergiris, Primeln, Christrosen und andere Stauden und Zwiebelblumen in Töpfen lassen sich nach dem Abblühen in den Garten auspflanzen. Sie blühen im nächsten Jahr wieder.
- Im Spätwinter ist eine günstige Zeit zum Umtopfen eng sitzender Zimmer- und Kübelpflanzen.
- Kletterrosen können mit Strohmatten oder Fichtenreisig vor der Wintersonne schattiert werden.
- Bei blühenden Zwiebelblumen kann der Frostschutz am Tag entfernt werden, bei Nacht oder Spätfrost sollte man ihn wieder auflegen.

# MÄRZ

Der März ist ein wichtiger Monat im Gartenjahr. Je nach Wetterlage können noch fällige Winterarbeiten wie der Gehölzschnitt erledigt werden. Zudem stehen schon viele Saat- und Pflanztermine an. Der Boden sollte aber vor der Bearbeitung frostfrei und gut abgetrocknet sein. Die Märzsonne regt Krokusse, Schneeglöckchen und Primeln zu einer reichen Blüte an.

- Weiterhin können Gemüse und Sommerblumen im Haus ausgesät werden. Arten, deren Anzucht bereits früher begonnen hat, stehen schon jetzt zum Pikieren bereit.
- Zimmerpflanzen brauchen wieder reichlich Wasser, zumal die Tage spürbar länger werden. Zudem können sie wieder die normalen Düngerrationen bekommen.
- Vor dem Neuaustrieb sollte jetzt der Rückschnitt von Kübelpflanzen erfolgen. Langstielige und verkahlte Oleander, Engelstrompeten und andere Sträucher lassen sich dadurch zu buschigem Wuchs anregen.
- Edelrosen bekommen jetzt einen Rückschnitt rechtzeitig vor dem Austrieb. Vor dem Neuaustrieb müssen auch alte Triebe bei mehrjährigen Kräutern, Stauden und Gräsern zurückgeschnitten sein.
- Auf den vorbereiteten Beeten sind die ersten Aussaaten und Pflanzungen von Möhren, Spinat, Radieschen, Rettich, Salat Zwiebeln und anderen Frühkulturen möglich.
- Ungenutztes Brachland lässt sich mit Gründüngerpflanzen bedecken. Dazu können Blütenpflanzen wie Ringelblumen, Tagetes und Phacelia dienen. Jetzt beginnt die Saatzeit.
- Im Frühjahr ist eine gute Gelegenheit die vollen Kompostsilos zu leeren. Reifer Kompost dient zur Bodenverbesserung, unreife Bestandteile werden weiter kompostiert.
- Eigene Komposterde für Aussaatmischungen oder Stecklingssubstrat lässt sich im Backofen keimfrei machen, indem man sie etwa 30 Minuten bei 80 Grad dämpft.
- Sobald der Boden frostfrei und abgetrocknet ist, beginnt die Hauptpflanzzeit für alle Gehölze und Stauden. Kräftige Staudenhorste lassen sich jetzt durch Teilung vermehren.
- Gewächshäuser, Frühbeete, Vliese und Folien sind besonders in den Übergangszeiten im Frühjahr und Herbst wertvoll. Sie schützen jetzt vor schädlichen Spätfrösten.
- Das Vertikutieren schafft Licht und Luft für die Rasengräser. Jetzt ist auch die Zeit für Rasenneuanlagen günstig.
- Falls noch nicht geschehen, sollten die Vogelnistkästen rechtzeitig vor der Brutzeit gereinigt werden. Noch ist es nicht zu spät zum Basteln und Verteilen neuer Kästen.

Krokusse

Die Japanischen Zierkirschen zeigen ihre wunderschönen Blüten von März bis Mai

Mulchen, also das Abdecken freier Gartenflächen mit Laub, Rinde, Grasschnitt oder Stroh, hat sich bewährt. Es hält den Boden feucht und erspart das regelmäßige Hacken, da eine dicke Schicht Mulchmaterial die Keimung störender Unkräuter verhindert. Das Mulchmaterial verrottet im Laufe der Zeit und kommt dem Boden als Humus zugute. Es kann immer wieder erneuert werden. Die Schicht sollte mindestens fünf bis zehn Zentimeter dick sein.

# APRIL

April, April, der weiß nicht was er will … Das trifft recht zuverlässig auf das Wetter in diesem Monat zu. Dementsprechend gestaltet sich die Gartenpflege. So kann ein Kälteeinbruch den Jungpflanzen auf den Beeten oder auch frühen Blüten zu schaffen machen. Falls nötig, lassen sich Spätfröste mit Vlies oder Folie lindern. Bei mildem Wetter gibt es drinnen und draußen jede Menge zu tun. Insbesondere sind Pflanzungen und Aussaaten an der Reihe.

- Nach der Keimung müssen die Sommerblumen- und Gemüsesämlinge rechtzeitig vereinzelt (pikiert) werden.
- Nachdem die Tulpen verblüht sind, können Dahlien und andere sommerblühende Zwiebel- und Knollenpflanzen eingesetzt werden.
- Junge Tomatensämlinge können tagsüber schon ins Freie. Diese Abhärtung fördert die Entwicklung kräftiger Jungpflanzen. Am Abend darf das Einräumen nicht vergessen werden!
- Jetzt ist Pflanzzeit für alle Gehölze sowie für Stauden.
- Unter Glas ist das Lüften und Schattieren bei sonnigem Wetter nicht zu vergessen. Lüftungsautomaten erleichtern diese Arbeit.
- Ein Gewächshaus macht die Pflanzung von Tomaten, Paprika und Gurken schon ab Ende April möglich.
- Die Blütenbildung bei Oleander, Nachtschatten (Solanum rantonnetti) und anderen Kübelpflanzen ist stark vom Wetter abhängig. Sie sollten möglichst sonnige und auch regengeschützte Plätze bekommen.
- Knoblauch ist zwar kein Allheilmittel, das Zwiebelgewächs hat aber eine gewisse Abwehrwirkung gegen Pilzerkrankungen bei Pflanzen. Im Frühjahr lassen sich noch Zehen zwischen Erdbeeren, unter Beerensträucher oder auch ins Rosenbeet stecken. Die Pflanzen stören nicht und entwickeln bis zum Herbst erntereife Zwiebeln.
- Das Mulchen ist jederzeit möglich, so etwa im Frühjahr nach der Pflanzung von Gemüse.
- Noch ist Pflanzzeit für alle Rosentypen (Wildrosen, Edelrosen).

# MAI

Im Mai kommt das Leben im Garten wieder voll zur Entfaltung. Obst- und Ziergehölze erfreuen mit reichem Blütenflor. Auch Zwiebelblumen und Stauden beginnen zu blühen. Alles wächst und gedeiht. Dieser Vegetationsschub macht natürlich auch mehr Pflege nötig. Zudem ist besondere Aufmerksamkeit gefragt, denn die Eisheiligen können noch einmal einen Frosteinbruch mit sich bringen.

- Das üppige Wachstum der Rasengräser erfordert mehrmaliges Mähen während des Monats.
- Zwiebelblumen sollten völlig verwelken, bevor das Laub abgeschnitten wird. Das gilt auch für Krokusse und andere Arten im Rasen.
- Im Frühjahr dauert die Aussaat- und Pflanzzeit für Gemüse an. Bei Nachsaaten und Folgepflanzungen sind günstige Fruchtfolgen und Mischkulturen zu beachten.
- Das milde Wetter begünstigt die Anlage von Rasen und Wiesenflächen.
- Noch ist Pflanzzeit für alle Gehölze und Stauden. Containerpflanzen machen es möglich.
- Algen im Teich entwickeln sich im Frühjahr besonders stark („Algenblüte"). Durch Abfischen der Schwebalgen kann man Abhilfe schaffen.
- Solange die Bäume im Saft sind und sich die Rinde lösen lässt, ist noch Zeit zum Veredeln durch Rindenpfropfen. Dazu sind aber unbedingt frische Edelreiser nötig.
- Nach der Blüte vertragen Frühblüher wie Forsythien und Ziermandelbäume einen Schnitt. Sie bilden dann wieder Blütentriebe für das nächste Jahr.
- Ab etwa Mitte Mai (nach den „Eisheiligen") ist Pflanzzeit für alle frostempfindlichen Gewächse, insbesondere für Balkonblumen.
- Kübelpflanzen brauchen geschützte sonnige Plätze. Allerdings müssen sie nach dem Ausräumen zunächst schattiert werden.
- Noch sind Schutzfolien und Vliese auf den Gemüsebeeten nützlich und sollten belassen werden, solange kalte Nordwinde übers Land ziehen.
- Das Pinzieren der Rosen fördert einen buschigen Wuchs. Dabei werden die jungen Triebe einfach eingekürzt.
- Unter Glas ist Pflanzzeit für Tomaten und andere Fruchtgemüse. Wählen Sie vorzugsweise krankheitsresistente Sorten aus.

Neben Pelargonien, Petunien und anderen Sommerblumen lassen sich auch ausgewählte Kräuter und Gemüse in Kübeln und Kästen kultivieren. Auch Fruchtgemüse wie Buschtomaten und Paprika haben sich bewährt, sogar Kartoffeln, Radieschen und andere Wurzelgemüse gedeihen in Pflanzgefäßen.

Im April und Mai blühen die Apfelbäume

# JUNI

Wohl kaum jemand wird im Juni schon wieder an den Winter denken, schließlich ist am 21. Juni Sommeranfang. Jetzt zieht die Sonne ihre längsten Kreise. Nach der Sommersonnwende nimmt die Tageslänge aber schon wieder ab. Genießen Sie die längsten Tage des Jahrs im eigenen Garten!

- Die Wasserversorgung ist wesentlich vom Wetter abhängig. Bei Regenwetter werden die Vorratsbehälter für Hitzeperioden gefüllt.
- Das Mulchen des Bodens hält den Boden jetzt feucht und erspart Gießwasser. Dazu eignet sich das Schnittgut vom Rasenmähen.

- Gegen zu viel Regenwasser helfen Folienhauben, die besonders bei Tomaten zum Schutz vor Pilzerkrankungen nützlich sind.
- Der Sommerschnitt der Obstgehölze fördert die Durchlüftung der Kronen und Büsche. Dabei werden störende und zu eng stehende Triebe entfernt.
- Bei Weinreben, die erst im Juni blühen, kommt der Rückschnitt der Geiztriebe der Fruchtentwicklung zugute. Diese Seitentriebe werden entfernt.
- Das Rieseln der Beerensträucher kann verschiedene Ursachen haben. Meistens macht sich dieser vorzeitige Fruchtfall nach kalten Nächten oder bei Dauerregen bemerkbar.
- Der Schnitt von Rosenblüten für die Vase schadet den Edelrosen auf keinen Fall. Sie bringen dann neue Blütentriebe hervor.
- Der Rasen steht auch sommerliche Trockenperioden ohne Wassergaben durch. Die Gräser erholen sich wieder, wenn sie vom Regen versorgt werden. Wer einen eigenen Brunnen hat, kann daraus aber durchaus auch Wasser zum Rasengießen fördern.
- Große Blütenstauden wie Rittersporn oder Paeonien müssen mit Stützen gesichert werden. Sie liegen sonst nach einem heftigen Sommergewitter in den meisten Fällen darnieder.
- Nach dem Ernten von Sommersalaten und Gemüse werden Freiräume für Folgekulturen frei. Dabei sind günstige Kombinationen zu beachten.
- Die Fülle an Obst, Gemüse und Kräutern, die jetzt geerntet wird, sollte für den Winter konserviert werden.
- Ende des Monats ist es Zeit für den Schnitt von Formhecken. Achten Sie aber auf brütende Vögel und warten Sie gegebenenfalls noch etwas.
- Früh blühende Stauden (z. B. Iris) können jetzt schon geteilt werden.

Sommerflieder

# JULI

Die Gartenpflege ist im Hochsommermonat Juli ganz wesentlich vom Wetter abhängig. Wenn ein beständiges Hochdruckgebiet übers Land zieht, hat die Bewässerung der Gartenpflanzen Vorrang. In der Regel bleiben Sommergewitter mit heftigen Regenfällen aber nicht aus. Dann lohnt es sich, Gießwasser in Zisternen oder auch Fässern zu sammeln.

Hochsommer im Garten: Blumenduft und Erntezeit

- Wenn rechtzeitig im Frühjahr gesät und gepflanzt wurde, gibt es jetzt reichliche Ernten. Das regelmäßige Pflücken fördert bei Tomaten, Gurken, Zucchini oder Bohnen die Entwicklung neuer Früchte.
- Das Ausputzen welker Blätter wirkt der Ausbreitung von Pilzkrankheiten entgegen. Kranke Pflanzenteile können durch das Eingraben in Boden entsorgt werden.
- Im Obstgarten reifen Erdbeeren, Johannisbeeren, Stachelbeeren, Kirschen, Aprikosen und die ersten Sommeräpfel. Sie müssen geerntet und verarbeitet werden.
- Die Ernte ist eine gute Gelegenheit für den Sommerschnitt. Falls nötig, vertragen die Beerensträucher und Obstbäume das Auslichten störender Triebe.
- Der Juli ist eine äußerst günstige Zeit zur Stecklingsvermehrung. Jetzt lassen sich junge Triebspitzen vieler Gehölze und Stauden erfolgreich zur Bewurzelung bringen.
- Kletterpflanzen und Spaliere bleiben in Form, wenn sie regelmäßig nachgeheftet werden.
- Auch im Sommer ist die Pflanzung von Bäumen und Sträuchern durchaus möglich. Containerpflanzen gibt es rund ums Jahr.
- Gemüse oder auch Gehölze und Stauden, die offensichtlich kümmerlich wachsen, lassen sich in der Regel mit Kompost aufpäppeln.
- Gegen Schädlinge helfen oft einfache Mittel. Das Abspritzen mit Wasser oder das Abschneiden stark befallener Triebspitzen ist gegen saugende Insekten äußerst wirksam und schadet auch den Pflanzen nicht.
- Für die Urlaubszeit lohnt sich immer die Einrichtung einer Bewässerungsanlage. Insbesondere sollten Balkon- und Kübelpflanzen ausreichend versorgt werden.
- Im Juli ist noch Pflanzzeit für Kohlrabi und Blumenkohl, zudem beginnt zu diesem Zeitpunkt die Aussaat von Endiviensalat und Chinakohl.

Große, windwurfgefährdete Kübelpflanzen bleiben bei sommerlichen Gewitterstürmen standfest, wenn sie mit Haken im Boden verankert werden. Dazu können Baustahlstäbe dienen, die sich im Schraubstock zu Haken biegen lassen. Ebenso gut geeignet sind lange Zelthaken („Heringe"), die es im Campinghandel gibt. Die Verankerung ist zwischen den Pflasterfugen möglich. Auf versiegelten Terrassen oder Balkons bekommen die Kübelpflanzen einen sicheren Stand, wenn sie mit großen Kieselsteinen beschwert oder am Geländer festgebunden werden.

# AUGUST

Die Hauptwachstumszeit ist im August bereits vorbei. Jetzt beginnt die Zeit der Reife. Im Garten gibt es Obst und Gemüse in Fülle. Das satte Sommerlicht lässt Blütenstauden wie Einjähriger Sonnenhut, Sonnenauge und Sonnenblume goldgelb leuchten.

- Düngemittel sind jetzt sparsam zu dosieren. Die Pflanzen brauchen mit abnehmendem Wachstum weniger Nährstoffe als etwa zur Hauptwachstumszeit im Frühsommer.
- Im Gemüsegarten stehen Pflanzungen von Feldsalat, Spinat und Endivien für die Herbst- und Winterernte an. Freie Beete lassen sich mit Gründüngerpflanzen rasch bedecken.
- Von Wildstauden können jetzt reife Samen geerntet werden. Sie kommen nach der Aussaat noch im selben Jahr zur Keimung.
- Noch sind Veredelungen durch Okulation möglich. Mit dieser recht einfachen Technik sind Edelrosen oder Obstsorten vermehrbar.
- Erdbeeren für neue Gartenbeete sind durch Ausläufer vermehrbar. Nach der Pflanzung im August tragen die Jungpflanzen schon im nächsten Sommer Früchte.
- Gemüse und Obst bleiben im Naturlager lange frisch. Dazu dienen Erdmieten oder Erdkeller, die im Garten angelegt werden.
- Kranke Triebe bei Zier- und Obstpflanzen sind unverzüglich zu entfernen. Diese sollten nicht zum Kompost gegeben, sondern mit dem Hausmüll entsorgt werden. Das gilt auch für kranke Gemüseblätter.
- Zimmerpflanzen tut ein warmer Regenschauer im Freien gut. Das kalkfreie Regenwasser wäscht den Staub von den Blättern.
- Das beste Mittel gegen Schnecken ist nach wie vor eine gute Abwehr. Häckselholzwege stellen eine recht wirksame Barriere dar.
- Das Freischneiden der Weinreben fördert die Fruchtreife. Gegen Vogelfraß helfen Schutznetze.

Bei großem Bedarf an Sträuchern (etwa für Heckenpflanzen oder Bodendecker) lohnt sich die Vermehrung durch Stecklinge. So lassen sich unter anderem Liguster, Buchsbäumchen, Felsenmispeln, Feuerdorn recht erfolgreich durch junge Triebspitzen gewinnen. Bewurzelte Stecklinge müssen geschützt, aber kühl überwintert werden.

Rittersporn im Staudenbeet

# SEPTEMBER

Obwohl die Temperaturen im September tagsüber noch sommerlich sein können, muss nachts bereits mit ersten Nachtfrösten gerechnet werden. Das gilt für alle Monate mit „r" im Namen.
Bei schönem Wetter lässt die Spätsommersonne viele Früchte reifen. Erntezeit ist zugleich Pflanzzeit für Obstgehölze.

- Neben Obstbäumen, Beerensträuchern und Ziergehölzen können jetzt Blütenstauden und Zwiebelblumen für das nächste Jahr gesetzt werden.
- Nach dem Laubfall ist die Pflanzung von Gehölzen ohne Wurzelballen möglich. Allerdings wachsen auch Ballenpflanzen jetzt leichter an.
- Jetzt ist die Zeit für Umpflanzungen günstig. Zu eng oder unpassend stehende Bäume und Sträucher können versetzt werden.
- Auch Rosen werden jetzt gepflanzt. Dabei ist darauf zu achten, dass die Veredelungsstelle im Boden sitzt. Zudem ist es nötig, Edelrosen mit lockerer Erde anzuhäufeln.
- Stauden, die schlecht blühen oder verwildert sind, lassen sich im Spätsommer durch Teilung verjüngen. Auf diese Weise sind auch gute Sorten einfach vermehrbar.
- Bevor der erste Nachtfrost übers Land zieht, wird es Zeit zur Vorbereitung der Winterquartiere. Empfindliche Arten wie Pelargonien oder Fuchsien kommen rechtzeitig ins Haus. Feigenbäume, Oleander und andere robuste Gehölze sollten so lange wie möglich im Freien bleiben.
- Kleingewächshäuser sind nicht frostsicher. Sie dienen deshalb allenfalls als Übergangsquartiere für robuste Kübelpflanzen. Zur Frostabschwächung können zudem meistens Vlies und Folien nützlich sein.
- Zur Gartenpflege im Spätsommer gehört die Bodenpflege im Gemüsegarten. Jetzt ist es möglich, Brachland für das Frühjahr vorzubereiten. Nach dem Umgraben werden die Erdschollen in der kalten Jahreszeit krümelig.
- Jetzt fällt eine Menge Material zum Kompostieren an. Diese Art der Abfallentsorgung lohnt sich. Sie entlastet die Mülltonne und bringt wertvollen Gartenkompost.
- Volle Kompostsilos sollten rechtzeitig entleert werden. Der reife Kompost ist ein ideales Bodenverbesserungsmittel. Halbverrottete Pflanzenteile werden mit frischen Abfällen vermischt und weiter kompostiert.
- Im Spätsommer können die Samen für die Aussaat im nächsten Jahr (z. B. von Ringelblume oder Lavendel) sowie für die Küche (z. B. Fenchel, Kümmel) geerntet werden.

Reiche Ernte

Die Tage werden jetzt spürbar kürzer. Das wirkt sich auch auf die Zimmerpflanzen aus. Sie wachsen im Winterhalbjahr wesentlich weniger und brauchen dementsprechend geringere Wassermengen und keinen Dünger mehr. Viele Zimmerpflanzen gehen nicht aus Mangel an Pflege zugrunde, sondern weil sie zu reichlich versorgt werden!

# OKTOBER

Jetzt ist die Zeit der Laubfärbung. Sonnige Herbsttage im Oktober bringen die bunten Blätter so richtig zum Leuchten und tragen auch noch zur Fruchtreife bei. Allerdings können die Tage nun schon spürbar kalt werden, zumal die Sonne tief am Himmel steht. Kalte Nächte machen die letzten Sommerblüher zunichte.

Herbststimmung

- Zu diesem Zeitpunkt muss rechtzeitig ein geeigneter Frostschutz für empfindliche Gartenpflanzen geschaffen werden.
- Noch können Zwiebelblumen, Stauden und Gehölze gepflanzt werden, solange der Boden frostfrei ist.
- Das Umgraben der Beete lohnt sich besonders bei schweren Böden. Der Frost macht die Schollen dann bis zum Frühjahr brüchig, sodass sie sich leichter lockern lassen.
- Zimmerpflanzen brauchen jetzt weniger Wasser, zumal die Tage deutlich kürzer werden und das Wachstum nachlässt.
- Kübelpflanzen bleiben so lange wie möglich im Freien. Bei Frostgefahr gibt es aber keinen Aufschub für die Umstellung in ihre Winterquartiere.
- Unter Glas kann man noch Salate, Radieschen oder Spinat ernten. Leere Gewächshäuser lassen sich als Gerätelager nutzen.
- Edelrosen kommen gesund und kräftig durch den Winter, wenn sie jetzt mit reichlich reifem Gartenkompost angehäufelt werden.
- Die Beheizung eines gewöhnlichen Kleingewächshauses lohnt sich normalerweise nicht. Als wirksamer Frostschutz können aber Luftpolsterfolien gute Dienste leisten.
- Balkone und Terrassen wirken auch im Winter attraktiv, wenn sie mit immergrünen Gehölzen bestückt werden.
- Immergrüne Gehölze brauchen auch im Winterhalbjahr Wasser. Ein Wassermangel kann erhebliche Trockenschäden zur Folge haben. Vor allem sind Kübelpflanzen auf die Versorgung angewiesen.
- Nach einer strengen Frostnacht fällt das meiste Laub von den Bäumen. Es lohnt sich mit dem Laubfegen bis dahin zu warten.

Während heimische Gewächse auf das Einpacken verzichten können, sind südländische und andere empfindliche Arten auf geeignete Schutzmaßnahmen angewiesen. Gefährdete Freilandpflanzen brauchen einen luftigen, aber isolierenden Mantel. Dazu können Strohmatten, Fichtenzweige oder auch Vliese dienen, die den Frost abschwächen und vor Austrocknung bewahren.

# NOVEMBER

Zum November gehören graue Nebeltage. Wie jede Jahreszeit hat der Spätherbst aber durchaus auch seine Schönheiten und Annehmlichkeiten. Der Frost schafft wunderbare Kunstwerke aus Eiskristallen und die tief stehende Sonne bringt sie zum Leuchten, wenn sie die Nebeldecke durchdringt.

- Wenn noch nicht geschehen, ist im November eine gute Gelegenheit zum Umgraben der Gemüsebeete.
- Solange der Boden frostfrei ist, lassen sich noch Gehölze, Stauden oder Zwiebelblumen pflanzen.
- Empfindliche Gartenpflanzen brauchen spätestens jetzt einen Frostschutz. Gefährdet sind vor allem Jungpflanzen, die am besten unter einer dicken Laubschüttung geschützt anwachsen können.
- Schneefälle halten sich normalerweise im November noch in Grenzen. Falls nötig, sollte aber schwerer Nassschnee von den Bäumen geschüttelt werden.
- In Ortsrandlagen können Kaninchen und Hasen den jungen Obstbaumstämmchen gefährlich werden. Zum Schutz bekommen die Pflanzen Draht- oder Kunststoffmanschetten.
- Die beste Zeit zum Schneiden von Bäumen und Sträuchern beginnt erst im Spätwinter. Im Herbst sollten nur wirklich nötige, unaufschiebbare Eingriffe erledigt werden.
- Der Garten bietet vielen nützlichen Tieren Unterschlupf. Wenn Laubhaufen, Holzstapel und Steinhügel vorhanden sind, können sich Igel, Eidechsen und andere Winterschläfer einnisten.
- Im Winterhalbjahr ist Zeit für Bodenproben. Sie geben Aufschluss über den Nährstoffgehalt und den Zustand der Erde. Adressen von Untersuchungsanstalten bekommen Sie beim zuständigen Gartenamt.
- Vor den ersten strengen Frösten müssen die Wasserleitungen im Garten entleert werden.
- Die Gartengeräte stehen im Frühjahr wieder einsatzbereit zur Verfügung, wenn sie vor dem Einräumen die nötige Pflege bekommen.
- Jetzt besteht immer noch die Möglichkeit, bei frostfreiem Boden alle Rosentypen mit losen Wurzeln im Garten zu pflanzen.
- Rosenstämmchen sollten eingepackt werden (z. B. mit Stroh und Jute, Holzwolle oder Fichtenreisig).

Eine Zeit lang waren Koniferen Modepflanzen. In vielen Hausgärten mussten dafür Obstbäume weichen. Zurzeit geht der Trend wieder zum naturnahen Nutzgarten. Richtig platzierte Fichten, Tannen, Kiefern und dergleichen haben aber durchaus ihren Wert. Besonders im Winter tragen die immergrünen Gehölze zur Gartengestaltung bei und bieten vielen Tieren Unterschlupfmöglichkeiten.

Raureif im Herbst

# DEZEMBER

Die Steckhölzer der Gehölze sollten von einjährigen Trieben stammen, die im letzten Sommer gewachsen sind. Sie werden auf Scherenlänge zugeschnitten und in sandiges Substrat gesteckt. In einem kühlen Raum bilden sie im Winter Wurzeln und treiben im Frühjahr aus. Gut bewurzelte Steckhölzer lassen sich dann schon in Töpfe vereinzeln oder direkt in den Garten umpflanzen.

Der erste Wintermonat kann durchaus noch sehr herbstlich wirken, Schnee fällt aber meist noch wenig. Ab dem 22. Dezember werden die Tage endlich wieder länger. Anfangs ist davon noch wenig zu spüren, zumal die Sonne noch tief am Himmel steht.
So beschränken sich die Gartenarbeiten auf wenige schöne Stunden am Tag. Aber auch diese Ruhezeit ist wichtig. Sie dient nicht nur den Pflanzen zum Sammeln der Kräfte fürs neue Jahr.

- Obwohl der Winter noch auf sich warten lässt, darf es nicht am nötigen Frostschutz fehlen. Falls noch nicht geschehen, bekommen Rosen, Sommerflieder und andere empfindliche Gehölze einen luftigen Mantel aus Vlies oder Strohmatten.
- Forsythien, Liguster, Pappeln und andere Gehölze kann man durch Triebstücke vermehren, die im Winter von Mutterpflanzen geschnitten und anschließend in Töpfe mit Sand-Torf-Gemisch gesteckt werden.
- Oleander, Lorbeer, Rosmarin und andere immergrüne Kübelpflanzen brauchen in ihrem kühlen Winterquartier möglichst viel Licht und genügend frische Luft.
- Reinigen Sie die Vogelnistkästen. Sie dienen den gefiederten Freunden im Winter als Schlafplätze. Jetzt ist auch eine gute Gelegenheit zum Bauen neuer Nisthilfen.
- Nach dem Fest bekommt der Weihnachtsbaum im Topf einen Platz im Freien. Er sollte nicht zu lange im Wohnzimmer stehen bleiben.
- Immergrüne winterharte Kübelpflanzen auf dem Balkon brauchen auch im Winter immer wieder Wassergaben. Besonders der Buchs reagiert sehr empfindlich auf Frosttrocknis.
- Am 4. Dezember, dem Namenstag der heiligen Barbara, lassen sich Blütenzweige aus dem Garten zum Treiben in der Vase anregen. Am einfachsten gelingt dies mit Zweigen der Forsythie und der Kirsche, die deutlich erkennbare Blütenknospen haben.
- Achten Sie darauf, dass Dahlien, Canna und Gladiolenknollen im Ruheraum keinen Frost abbekommen. Gut aufgehoben sind sie in einem kühlen, dunklen Keller.

Dekorativer Blütenschmuck im Winter

# GARTENPFLANZEN-PORTRÄTS

Wer Besitzer eines Gartens ist, steht vor der Qual der Wahl. Welche Blume passt ins Beet, welche Pflanze schmückt den Teich und welcher Baum schützt vor neugierigen Blicken der Nachbarn? In zahlreichen Porträts erfahren Sie alles Wissenswerte zu Gartenpflanzen.

Mär–Mai

# AHORN

*Acer*

**Wuchs:** Die verschiedenen Arten können als Baum oder Strauch gezogen werden und erreichen zwischen 0,50 m (Fächerahorn) und 35 m (Bergahorn) Höhe.

**Blätter:** Das Laub ist spitzlappig mit drei (Feuerahorn) bzw. fünf (Feldahorn) Fingern oder gefächert. Im Herbst verfärbt es sich gelb bis rot.

**Blüten:** Die Blüten sind je nach Art unterschiedlich, bei einigen Arten erscheinen sie in dichten Büscheln (z. B. Spitzahorn).

**Blütezeit:** Die Blüten entwickeln sich je nach Art im Spätwinter (z. B. Silberahorn) oder Frühjahr.

**Standort:** Die meisten Arten sind anspruchslos und wachsen auf allen Gartenböden. Kleine Arten können in Kübeln gezogen werden.

**Pflege:** Der Ahorn bedarf keiner besonderen Pflege.

**Vermehrung:** Die Vermehrung erfolgt durch Samen oder Veredelung.

**Zusatzinfo:** Die große Artenvielfalt dieses Baums (z. B. rotlaubige Bäume oder Zwergformen) ermöglicht den Einsatz sowohl in kleinen Gärten als auch in großen Parkanlagen; so etwa Kugelahorn für Vorgärten, Fächerahorn für Steingärten oder Dachterrassen u.a.

# ARAUKARIE

*Araucaria araucana*

**Wuchs:** Araukarien (auch Schmucktanne genannt) können bis zu 10 m Höhe und 4–8 m Breite erreichen. Auf gleicher Stammhöhe werden mehrere Äste gebildet, die waagerecht zum Stamm bzw. leicht hängend stehen und die für diesen Baum typischen Etagen bilden.

**Nadeln:** Die harten und spitzen immergrünen Nadeln sind rund um die Äste angeordnet.

**Blüten:** Die Blütenbildung ist bei Araukarien ungewöhnlich.

**Frucht:** Im Garten gezogene Bäume entwickeln meist keine Zapfen.

**Standort:** Schmucktannen benötigen einen geschützten, hellen Platz auf tiefgründigem Boden.

**Pflege:** Die Pflanze benötigt gleichbleibend viel Feuchtigkeit. Bei Jungpflanzen ist ein luftiger Frostschutz nötig.

**Vermehrung:** Araukarien lassen sich durch Samen vermehren.

**Pflanzendoktor:** Araukarien werden selten von Schädlingen befallen.

**Zusatzinfo:** In rauen Regionen lassen sich Araukarien nur als Kübelpflanzen kultivieren, ebenso wie die Zimmertanne (A. heterophylla).

Jun–Aug

# BALLHORTENSIE

*Hydrangea arborescens*

**Wuchs:** Die Ballhortensie bildet einen etwa 2–3 m hohen Busch mit langen, wenig verzweigten Trieben.

**Blätter:** Die großen, filzigen Blätter sind sommergrün.

**Blüten:** An den Triebenden bringt der Strauch große, ballförmige, cremeweiße Blütenstände hervor, die sich beim Abblühen leicht grün färben.

**Blütezeit:** Die Blütenstände bleiben vom späten Frühjahr bis zum Spätsommer erhalten.

**Standort:** Die Waldpflanze braucht einen schattigen Platz auf lockerem Humusboden.

**Pflege:** Ein Rückschnitt im Spätwinter ist möglich und fördert einen buschigen Wuchs und den Austrieb frischer Blütentriebe. Zudem sind störende Wurzelausläufer zu entfernen.

**Vermehrung:** Die Vermehrung erfolgt durch Stecklinge oder durch Wurzelausläufer.

**Pflanzendoktor:** Die Sträucher sind empfindlich gegen Sonnenbrand und vertragen keinen vollsonnigen Standort!

**Zusatzinfo:** Ballhortensien eignen sich gut zur Unterpflanzung lichter Hecken oder Baumgruppen.

Jun–Aug

## BAUERNHORTENSIE

*Hydrangea macrophylla*

**Wuchs:** Dieser kompakte, buschige Strauch kann bis zu 1,50 m hoch werden.

**Blätter:** Die Pflanze hat dunkelgrüne, grob gesägte Blätter, die bis zu 20 cm lang werden.

**Blüten:** Die großen Blütenstände in Weiß, Rot oder Blau sind Scheinblüten. Zwischen diesen farbigen Hochblättern sitzen die kleinen, unscheinbaren Blüten.

**Blütezeit:** Die Hauptblütezeit der Gartenpflanzen liegt in den Sommermonaten.

**Standort:** Der nicht ganz winterharte Strauch sollte einen geschützten Platz im Halbschatten auf lockerem, leicht saurem Humusboden bekommen.

**Pflege:** Ein luftiger Frostschutz mit Stroh bewahrt die Triebe vor Winterschäden. Keinesfalls darf der Strauch im Herbst oder Winter einen Rückschnitt erhalten, denn die Blütenknospen für das nächste Jahr werden bereits im Sommer ausgebildet.

**Vermehrung:** Die Pflanzen lassen sich durch Stecklinge vermehren.

**Pflanzendoktor:** Gegen gelbe Blätter (Blattchlorosen) durch einen zu hohen Kalkanteil im Boden hilft die Versorgung mit saurem Substrat.

Apr–Mai

## BERGKIEFER

*Pinus mugo*

**Wuchs:** Das immergrüne Nadelgehölz bildet einen breiten, kugeligen Busch. Es kann bis zu 4 m hoch und 2–5 m breit werden.

**Nadeln:** Die langen Nadeln sitzen paarweise in dichten Büscheln an den jungen Trieben.

**Blüten:** Die im Frühjahr erscheinenden Blüten stäuben stark.

**Frucht:** Die Zapfen, die 3–7 cm lang werden, reifen im Herbst.

**Standort:** Die Nadelbäume sind hinsichtlich der Bodenart und des Klimas relativ anspruchslos. Im Garten eignen sie sich aufgrund ihres häufig niederliegenden, kissenartigen Wuchses für Steingärten oder als Bodendecker. Die Bergkiefer verträgt den Schnitt der jungen Triebspitzen gut, weshalb sie sich auch für eine Heckenbepflanzung eignet.

**Pflege:** Wildformen lassen sich durch das Entspitzen der jungen Triebe kompakt halten.

**Vermehrung:** Die Bäume sind durch Veredelung oder Stecklinge vermehrbar.

**Zusatzinfo:** Bestimmte Sorten (z. B. P. mugo Mops, Pumilio oder Gnom) unterscheiden sich durch einen besonders kompakten Wuchs von der wilden Latsche.

Mai

## BLUMENHARTRIEGEL

*Cornus florida*

**Wuchs:** Dieser amerikanische Strauch bildet einen lockeren Busch, der bis 5 m Höhe erreicht.

**Blätter:** Die ovalen, ledrigen Blätter sitzen in Büscheln an den Zweigen.

**Blüten:** Das Besondere an diesem Ziergehölz sind seine auffälligen Hochblätter. Die Blüten selbst sitzen in der Mitte der Blätter und sind eher unscheinbar.

**Blütezeit:** Die haltbaren Blüten bzw. Hochblätter entfalten sich im Mai.

**Standort:** Der empfindliche Strauch braucht leicht sauren, nährstoffreichen Humusboden und einen sonnigen bis halbschattigen Platz.

**Pflege:** Ein Schnitt ist nicht nötig. Keinesfalls sollte das malerische Gehölz willkürlich gestutzt werden!

**Vermehrung:** Neue Pflanzen lassen sich durch Sommerstecklinge ziehen.

**Pflanzendoktor:** Der Blumenhartriegel verträgt weder Nässe noch Trockenheit. Das Mulchen des Bodens wirkt sich günstig auf den Wasserhaushalt aus und schützt das feine Wurzelwerk vor Frostschäden.

**Zusatzinfo:** Neben der weiß blühenden Form ist auch eine rosarote Züchtung namens C. florida Rubra zu bekommen.

## BLUTJOHANNISBEERE

*Ribes sanguineum*

**Wuchs:** Der kompakte, 2–3 m hohe Blütenstrauch bringt straff aufrechte Triebe hervor.

**Blätter:** Die hellgrünen, drei- bis fünflappigen Blätter entfalten sich schon im April.

**Blüten:** Aus vorjährigen Knospen treiben Trauben aus kleinen rosaroten bis blutroten Blüten.

**Blütezeit:** Mit dem Blattaustrieb im Frühjahr erfolgt auch die Blütenbildung des Steinbrechgewächses. Die schwarzen Beeren sind essbar, erscheinen aber nicht immer.

**Standort:** Der anspruchslose Frühblüher lässt sich gut in gemischte Blütenhecken einsetzen und eignet sich als Partner zu Forsythien. Er bevorzugt einen sonnigen bis halbschattigen Standort. Ein Platz mit nassem, schwerem Boden ist zu vermeiden.

**Pflege:** Das Mulchen mit Rinde schützt vor Wurzelschäden und versorgt mit Humus. Das Auslichten nach der Blüte fördert die Verjüngung.

**Vermehrung:** Neue Pflanzen lassen sich durch Steckhölzer und Stecklinge ziehen.

**Pflanzendoktor:** Gegen Trockenschäden hilft das Mulchen des Bodens.

## BLUTPFLAUME

*Prunus cerasifera*

**Wuchs:** Dieses mit dem Zwetschgenbaum verwandte Gehölz bildet eine eiförmige dichte Krone. Es kann 5–7 m hoch werden und eine Krone mit 4 m Durchmesser entwickeln.

**Blätter:** Das Laub ist bereits vom Austrieb an herbstlich violettrot gefärbt und glänzend.

**Blüten:** Die Blutpflaume hat zartrosa Blüten.

**Blütezeit:** Die Blüten entfalten sich im Frühjahr.

**Standort:** Blutpflaumen sind recht genügsam und tolerieren fast jeden Gartenboden. Sie lassen sich in gemischte Hecken einsetzen.

**Pflege:** Zu beachten sind Wildtriebe aus der Veredelungsunterlage. Sie müssen ebenso wie dürre Zweige entfernt werden.

**Vermehrung:** Blutpflaumen werden in der Baumschule durch Veredelung vermehrt.

**Pflanzendoktor:** Gelegentlich siedeln sich Holzpilze an abgestorbenen Trieben an. Diese sind gründlich auszuschneiden.

**Zusatzinfo:** Wenn es zur Bestäubung kommt, entwickeln diese Ziergehölze essbare Früchte, die wie Zwetschgen zu verwerten sind.

## BRAUTSPIERE

*Spiraea x arguta*

**Wuchs:** Der bis zu 2 m hohe Strauch bringt eine Fülle an zunächst steilen Bodentrieben hervor, die später überhängend sind.

**Blätter:** Die sommergrünen Blätter sind elliptisch und schmal.

**Blüten:** Die kleinen, weißen Blütendolden sitzen dicht an den vorjährigen Trieben.

**Blütezeit:** Der Strauch blüht im Frühsommer.

**Standort:** Die toleranten Brautspieren wachsen auf allen Böden und vertragen sowohl sonnige als auch halbschattige Plätze.

**Pflege:** Die Pflanze ist relativ anspruchslos. Damit die Sträucher nicht vergreisen, ist ein gelegentlicher Auslichtungsschnitt im Winter zu empfehlen. Hierbei genügt es, einige alte Zweige direkt am Boden herauszunehmen.

**Vermehrung:** In den Baumschulen erfolgt die Vermehrung im Winter durch Steckhölzer.

**Pflanzendoktor:** Bei anhaltender Trockenheit sollten die Flachwurzler mit Wasser versorgt werden. Auch das Mulchen mit Rinde wirkt sich günstig auf den Wasserhaushalt aus.

## BUCHE

*Fagus sylvatica*

**Wuchs:** Die Waldbuche erreicht eine Höhe von 30 m. Im Garten dient der schnittverträgliche Baum vorwiegend für strenge Formschnitthecken.

**Blätter:** Im Frühjahr treiben hellgrüne, eiförmige Blätter, die im Sommer ledrig und dunkler werden.

**Blüten:** Aus den unscheinbaren grünlichen Blüten entwickeln sich die essbaren Bucheckern.

**Blütezeit:** Die Blütezeit dauert einige Wochen im Mai.

**Standort:** Buchen vertragen sowohl schattige als auch vollsonnige Plätze. Der Boden sollte tiefgründig und nährstoffreich sein.

**Pflege:** In freiem Stand brauchen Buchen keine Pflege. Als Heckenpflanzen müssen sie jährlich geschnitten werden.

**Vermehrung:** Buchen sind durch Aussaat vermehrbar. Die Kaltkeimer werden sofort nach der Reife im Freiland gesät!

**Pflanzendoktor:** Während des Sommers werden Buchenblätter von Gallmilben, Wollläusen und anderen tierischen Schädlingen befallen. Sie verursachen aber keine nennenswerten Schäden.

## BUCHSBAUM

*Buxus sempervirens*

**Wuchs:** Der buschige, immergrüne Buchsbaum wächst sehr langsam und kann über 100 Jahre alt werden. Er wird 2–4 m hoch.

**Blätter:** Die ledrigen, ovalen Blätter sind glänzend grün.

**Blüten:** Die kleinen, gelben Blüten des Buchsbaums erscheinen nur an ungeschnittenen Pflanzen.

**Blütezeit:** Der Strauch blüht im Frühjahr von April bis Mai.

**Standort:** Er steht am liebsten halbschattig, verträgt aber bei guter Wasserversorgung auch einen sonnigen Standort. Er eignet sich als Gehölz für Hecken, Beeteinfassungen oder Formschnittpflanzen.

**Pflege:** Als Formschnittgehölz oder in Hecken benötigt die Pflanze einen regelmäßigen Schnitt im Sommer. Dabei dürfen Sie nur junge Triebe einkürzen.

**Vermehrung:** Der Strauch wird im Sommer durch Stecklinge vermehrt.

**Pflanzendoktor:** Um der Frosttrocknis vorzubeugen, die braune Blätter verursacht, brauchen die immergrünen Pflanzen auch im Winter genügend Wasser.

**Zusatzinfo:** Der Buchsbaum ist in allen Teilen giftig.

## COLORADO-TANNE

*Abies concolor*

**Wuchs:** Die in Nordamerika beheimatete Konifere hat einen breitpyramidalen Wuchs und bildet im Alter eine lockere Krone. Sie kann über 20 m hoch und 7–9 m breit werden.

**Nadeln:** Die langen, weichen, stahlblauen Nadeln sind meist sichelförmig aufwärts gebogen.

**Blüten:** Die kleinen Blüten erscheinen im April.

**Frucht:** Aus den Blüten entwickeln sich im Herbst aufrecht stehende Zapfen von 8–15 cm Länge.

**Standort:** Die winterharte Tanne gedeiht auf tiefgründigem Boden mit guter Wasserführung und ausreichend Platz zum Wachsen. Sie verträgt keine Staunässe.

**Pflege:** Falls nötig, sind doppelte Gipfeltriebe zu entfernen.

**Vermehrung:** In den Baumschulen werden diese Wildgehölze durch Samen vermehrt.

**Pflanzendoktor:** Wie andere Tannen reagieren auch Colorado-Tannen empfindlich auf Luftverschmutzung.

**Zusatzinfo:** In ausreichend großen Gärten lassen sich die schönen Koniferen als Solitärgehölze oder auch in Sichtschutzgruppen pflanzen.

## DEUTZIE

*Deutzia x Hybriden*

**Wuchs:** Die Sträucher bilden je nach Sorte kleine Büsche mit 1 m (D. gracilis) oder 3 m Höhe (D. x magnifica). Die langen Triebe wachsen bogig überhängend.

**Blätter:** An den jungen Trieben entfalten sich eiförmige, gezähnte Blätter, die spitz zulaufen.

**Blüten:** Die kleinen, weißen oder rosaroten Blüten sitzen in dichten Büscheln an den Zweigen.

**Blütezeit:** Die Hauptblütezeit dauert von Mai bis Juni.

**Standort:** Alle Sorten kommen an sonnigen bis halbschattigen Plätzen auf humosem, lockerem Boden zurecht.

**Pflege:** Die Sträucher erhalten jeweils im Winter einen maßvollen Auslichtungsschnitt. Es genügt, einige alte Zweige am Boden zu entfernen.

**Vermehrung:** Die Sträucher lassen sich durch Steckhölzer vermehren.

**Pflanzendoktor:** Besonders auf leichten Sandböden sollten Deutzien bei Trockenheit im Sommer bewässert werden.

**Zusatzinfo:** Die Dauerblüher lassen sich gut mit Forsythien, Blutjohannisbeeren und Falschem Jasmin in Blütenhecken einsetzen.

## EBERESCHE

*Sorbus aucuparia*

**Wuchs:** Der auch als Vogelbeere bekannte Laubbaum bildet eine rundliche, kompakte Krone. Er kann bis zu 20 m hoch werden und einen Durchmesser von 4–6 m erreichen.

**Blätter:** Die gefiederten Blätter färben sich im Herbst orangerot.

**Blüten:** Die rahmweißen Blütendolden riechen unangenehm streng.

**Blütezeit:** Die dicken Knospen, die der Baum bereits im Vorjahr bildet, bringen im Frühjahr Blüten hervor.

**Standort:** Das genügsame Wildgehölz sollte einen Standort auf tiefgründigem sowie leicht feuchtem Boden erhalten.

**Pflege:** Vogelbeerbäume brauchen keinen Schnitt.

**Vermehrung:** Die Vermehrung erfolgt durch Samen.

**Pflanzendoktor:** Der gefährliche Feuerbrand kann das völlige Absterben verursachen.

**Zusatzinfo:** Ab September erscheinen die leuchtend roten Beeren, die in Saft, Gelee oder Likör verwendet werden. Durch Kochen oder Trocknen entweicht der in den Früchten enthaltene Bitterstoff. Es gibt auch Säulenformen und Züchtungen mit bitterstofffreien Früchten.

## EIBE

*Taxus baccata*

**Wuchs:** Als Gartengehölze wachsen Eiben vorwiegend breitbuschig. Sie können 10–15 m hoch und 8–12 m breit werden.

**Nadeln:** Wegen ihrer sattgrünen Nadeln wird die Eibe gern für immergrüne Hecken genutzt.

**Blüten:** Es gibt weibliche und männliche Gehölze. Die männlichen Blüten stäuben stark. Die weiblichen Exemplare der Eibe tragen im Herbst rote Früchte.

**Blütezeit:** Zur Blütezeit im Frühjahr sind die Geschlechter problemlos zu unterscheiden.

**Standort:** Als typische Waldpflanzen eignen sich Eiben vorzüglich für schattige Plätze. Sie lassen sich aber auch in Kübeln an sonnigen Standorten kultivieren.

**Pflege:** In Formschnitthecken ist der regelmäßige Schnitt nötig. Frei wachsend brauchen Eiben hingegen keinen Pflegeschnitt.

**Vermehrung:** Sämlinge gehen oft von selbst im Garten auf. Die Vermehrung durch Stecklinge ist langwierig.

**Zusatzinfo:** Alle Pflanzenteile der Eibe sind giftig (bis auf den roten Fruchtmantel).

Mai–Jun

## ELFENBEINGINSTER

*Cytisus x praecox*

**Wuchs:** Die Sträucher bilden kleine, etwa 1 m hohe Büsche mit besenartigen Trieben („Besenginster").

**Blätter:** An den langen, grünen Trieben sitzen aufgereiht kleine, schmale, dreizählige Blätter, die im Winter erhalten bleiben.

**Blüten:** Die Pflanzen bringen eine Fülle an gelben oder roten Schmetterlingsblüten hervor.

**Blütezeit:** Der Flor dauert von Mai bis Juni.

**Standort:** Ginster gedeihen auf sonnigen Plätzen mit lockerem, durchlässigem Boden (vorzugsweise Sandboden). Kalkboden oder schweren Lehm vertragen sind nicht.

**Pflege:** Die nicht ganz winterharten Sträucher sollten in rauen Gegenden einen Frostschutz mit Reisig erhalten. Nach der Blüte fördert ein Rückschnitt die Entwicklung neuer Blütentriebe für das nächste Jahr.

**Vermehrung:** Die Vermehrung erfolgt meistens durch Stecklinge, die im Sommer geschnitten werden.

**Pflanzendoktor:** Bei Bodenunpässlichkeiten (Nässe, Verdichtungen, hoher Kalkgehalt) sind die Sträucher nicht langlebig. Achten Sie deshalb auf den richtigen Standort.

Jun–Jul

## ESSIGBAUM

*Rhus typhina*

**Wuchs:** Der Strauch kann bis zu 6 m hoch und 4 m breit werden. Im Alter entwickelt er schließlich eine schirmförmige Krone.

**Blätter:** Die großen, gefiederten Blätter fallen im Herbst mit leuchtend roter Farbe auf.

**Blüten:** Aus den grünlichen, kerzenartigen Blütenständen entwickeln sich rote, samtig behaarte Fruchtkolben.

**Blütezeit:** Die Rispen bilden sich im Sommer an einjährigen Trieben.

**Standort:** Essigbäume sind genügsam und wachsen sowohl auf trockenen, sandigen als auch auf feuchten Böden. Die Gehölze lassen sich u. a. zum Verwildern auf Böschungen einsetzen. Sie kommen sogar in Pflanzgefäßen zurecht.

**Pflege:** Die Pflege beschränkt sich auf das gründliche Entfernen störender Wurzelausläufer.

**Vermehrung:** Die Wurzelausläufer lassen sich zur Vermehrung nutzen.

**Pflanzendoktor:** Krankheiten und Schädlinge sind selten.

**Zusatzinfo:** Die Fruchtkolben sind giftig! Der wegen seiner malerischen Krone gern gepflanzte Baum wird aufgrund seiner starken Ausläuferbildung oft wieder gefällt.

Apr–Mai

## FEDERBUSCHSTRAUCH

*Fothergilla major*

**Wuchs:** Der kleine Strauch bildet ein lockeres Zweigwerk. Er hat eine breit buschige, aufrechte Wuchsform.

**Blätter:** Die großen, eiförmigen Blätter nehmen im Herbst eine orangerote Farbe an.

**Blüten:** Ungewöhnlich sehen die aufrechten, weißen Blütenähren aus.

**Blütezeit:** Die Blütezeit beschränkt sich auf die Monate April bis Mai.

**Standort:** Das Zaubernussgewächs sollte an halbschattigen Plätzen auf leicht sauren, feuchten Böden gepflanzt werden.

**Pflege:** Ein Schnitt des lockeren Strauchwerks ist zu vermeiden.

**Vermehrung:** Die Vermehrung erfolgt durch Aussaat, Stecklinge oder auch durch Absenker.

**Pflanzendoktor:** Bei stark kalkhaltigem Boden kann es zu Blattchlorosen (Blattgrünmangel) kommen, die Blätter verfärben sich gelb. In diesem Fall sollte man frisches Moorbeetsubstrat verteilen oder mit Eisendünger dagegen vorgehen.

**Zusatzinfo:** Der schöne, kleine Federbuschstrauch ist eine Besonderheit in jedem Rhododendronbeet oder Heidegarten.

## FELSENMISPEL

*Cotoneaster*

**Wuchs:** Felsenmispeln gibt es als breitbuschige, hohe Sträucher (z. B. C. bullatus) oder kriechende, kompakte Zwergformen (z. B. C. horizontales), die als Bodendecker eingesetzt werden können.

**Blätter:** Die meisten Arten haben reich verzweigte Äste mit immergrünen Blättern. Bei der Fächer-Zwergmispel verfärben sich diese im Herbst leuchtend rot.

**Blüten:** Gemeinsam sind den Felsenmispeln die kleinen, weißen Blüten, die sich in großen Dolden entfalten.

**Blütezeit:** Die Hauptblütezeit ist im Frühjahr, im September erscheinen die leuchtend roten Früchte.

**Standort:** Die Sträucher stehen am liebsten sonnig bis halbschattig. Große Strauchformen lassen sich in gemischten Hecken einsetzen. In Steingärten breiten sich Kriechmispeln flächig aus.

**Pflege:** Die anspruchslosen Gehölze benötigen keine besondere Pflege.

**Vermehrung:** Die beste Zeit für die Vermehrung durch Stecklinge ist im Sommer.

**Zusatzinfo:** In großen Mengen wirken die Beeren giftig.

## FEUERDORN

*Pyracantha coccinea*

**Wuchs:** Das wintergrüne Gehölz bildet einen kleinen, sparrigen Strauch. Der Feuerdorn wird 1,50–2 m hoch und breit.

**Blätter:** Seine kleinen, glänzenden, dunkelgrünen Blätter bleiben bis zum ersten strengen Frost grün.

**Blüten:** Die cremeweißen Blüten sitzen in Dolden am Strauch.

**Blütezeit:** Nach der Blüte im Frühjahr bilden sich schöne gelbe bis rote Früchte am Feuerdorn.

**Standort:** Der Feuerdorn kommt mit mageren Böden in voller Sonne zurecht, gedeiht aber daneben auch im Halbschatten.

**Pflege:** Der Strauch lässt sich auch als Spalier ziehen oder als streng geschnittene Hecke; dann ist ein regelmäßiger Formschnitt nötig.

**Vermehrung:** Stecklinge, die im Sommer geschnitten werden, bilden in wenigen Wochen Wurzeln. Die Vermehrung kann auch durch Aussaat erfolgen.

**Pflanzendoktor:** Strenger Frost verursacht braune Blätter. Die Triebe bringen aber im Frühjahr wieder frische Blätter hervor.

## FICHTE

*Picea abies*

**Wuchs:** Die Waldfichte bildet im Wald oder freien Stand einen großen Baum (bis 50 m). Es gibt aber auch kleine Züchtungen für den Garten (z. B. Zuckerhutfichte, Hängefichte oder Nestfichte).

**Nadeln:** Die silbriggrünen Fichtennadeln sind spitz.

**Blüten:** Die Fichtenblüten bilden sich massenweise an erwachsenen Bäumen.

**Frucht:** Ende April beginnen die Bäume zu stäuben. Danach entwickeln sich die Zapfen.

**Standort:** Fichten sind Flachwurzler und wachsen auf fast jedem Gartenboden. Sie eignen sich für hohe Formschnitthecken und dienen so als Sicht- und Lärmschutz.

**Pflege:** Das Ausschneiden von doppelten Gipfeln verhindert die Entwicklung von Konkurrenztrieben.

**Vermehrung:** Wildarten sind durch Aussaat vermehrbar. Kulturformen wie Edelblaufichten müssen veredelt werden.

**Pflanzendoktor:** Sitkafichtenläuse können das Absterben ganzer Zweigpartien verursachen. Spritzungen helfen nur im Anfangsstadium.

## FLIEDER

*Syringa vulgaris*

**Wuchs:** Der gewöhnliche, bis zu 6 m hohe Flieder entwickelt ein aufrechtes, gut verzweigtes Strauchwerk, das sich stark durch Ausläufer im Garten ausbreitet.

**Blätter:** Die herzförmigen, sattgrünen Blätter machen den Strauch auch nach der Blütezeit attraktiv.

**Blüten:** Die weißen, blauen, purpurroten oder lilafarbenen Blütenrispen, die einen herrlichen Duft verbreiten, sind das Markenzeichen dieses Zierstrauchs.

**Blütezeit:** Im Mai ist die Hauptblütezeit des Flieders.

**Standort:** Ein Standort auf lockerem, tiefgründigem Boden begünstigt die Vitalität.

**Pflege:** Bei veredelten Sorten sind wilde Wurzelausläufer zu entfernen. Zudem sollten welke Blütenstände ausgeschnitten werden.

**Vermehrung:** Wildpflanzen lassen sich durch Wurzelausläufer vermehren. Die Sorten müssen veredelt werden.

**Pflanzendoktor:** Es gibt einige Fraßfeinde wie z. B. Fliederblattrüssler, die aber keine nennenswerten Schäden verursachen.

## FORSYTHIE

*Forsythia x intermedia*

**Wuchs:** Der breitbuschige, 2–4 m hohe Strauch bringt meterlange senkrechte Jahrestriebe hervor.

**Blätter:** Das gezähnte frisch grüne Laub färbt sich im Herbst orangerot.

**Blüten:** Die leuchtend gelben, hängenden Glöckchen gehören zu den ersten bunten Frühlingsboten im Jahr und erscheinen vor den Blättern.

**Blütezeit:** Je nach Wetter öffnen sich die Blüten bereits Ende März oder Anfang April.

**Standort:** Ein sonniger Standort auf nähstoffreichem Boden fördert die Trieb- und Blühfähigkeit. Der Strauch wird häufig auch als Formhecke gezogen.

**Pflege:** Neben dem Auslichtungsschnitt einiger alter Zweige braucht der Strauch keine besondere Pflege.

**Vermehrung:** Die einfachste Methode ist die Vermehrung durch Wintersteckhölzchen.

**Pflanzendoktor:** Bei Anzeichen von Triebwelke sollten die betroffenen Pflanzenteile bis ins gesunde Holz zurückgeschnitten werden.

**Zusatzinfo:** Damit keine Blütenknospen verloren gehen, erfolgt der Auslichtungsschnitt jeweils nach der Blütezeit.

## FÜNFFINGERSTRAUCH

*Potentilla fructicosa*

**Wuchs:** Die etwa kniehohen Sträucher bilden dichte Büsche.

**Blätter:** Typisch für diesen hübschen Kleinstrauch sind die sommergrünen, fünfgliedrigen kleinen Blätter.

**Blüten:** Der Dauerblüher bringt eine Fülle an gelben, orangefarbenen oder weißen Blüten hervor.

**Blütezeit:** Vom Frühjahr bis zum Spätsommer entfalten sich ständig neue Blüten.

**Standort:** Ein vollsonniger Platz auf durchlässigem Boden fördert die Blütenfülle. Aber auch auf einem halbschattigen Platz kommt der Strauch gut zurecht.

**Pflege:** Ein kräftiger Rückschnitt im Spätwinter kommt der Verjüngung des Strauches zugute.

**Vermehrung:** Zur gezielten Vermehrung kann man junge, etwa fingerlange Triebabschnitte in Anzuchtsubstrat bewurzeln.

**Pflanzendoktor:** Auf sehr nassem Boden kann es zu Pilzerkankungen kommen. Hier hilft eine vorbeugende Bodenlockerung und Dränage vor der Pflanzung.

**Zusatzinfo:** Fünffingersträucher bieten sich als dichte Bodendecker oder für niedrige Hecken an.

## GARTENEIBISCH

*Hibiscus syriacus*

**Wuchs:** Der kleine Strauch, auch unter dem Namen Hibiskus oder Eibisch bekannt, bildet aufrechte, straffe Triebe. Er kann bis zu 2 m hoch werden.

**Blätter:** Die welligen, ovalen, sommergrünen Blätter des Gehölzes sind stark gebuchtet.

**Blüten:** Der Strauch bringt eine Fülle an trichterförmigen Blüten in vielen Farben hervor (rot, rosa, violett, weiß). Es gibt neben einfachen auch gefüllte Sorten.

**Blütezeit:** Je nach Sorte dauert der Flor den ganzen Sommer bis in den Herbst hinein.

**Standort:** Ein geschützter, sonniger bis halbschattiger Platz, auf lockerem Humusboden fördert die Vitalität der Pflanze.

**Pflege:** In rauen Regionen ist ein luftiger Frostschutz empfehlenswert.

**Vermehrung:** Neue Pflanzen lassen sich durch Stecklinge oder Wintersteckhölzchen gewinnen.

**Pflanzendoktor:** Gegen Blattchlorosen hilft ein Eisendünger; vorbeugend sollten die Sträucher nicht auf schweren Lehm- oder Tonböden gepflanzt werden.

## GINKGO

*Ginkgo biloba*

**Wuchs:** Dieser Urweltbaum lässt sich weder den Laub- noch den Nadelgehölzen zuordnen. Er wächst langsam, kann im Alter jedoch eine Größe von mehr als 20 m erreichen.

**Blätter:** Die typischen Blätter sind linealnervig. Sie dienen in der Medizin als Heilmittel gegen Gedächtnisstörungen.

**Blüten:** Die Blüten sind unscheinbar. Es gibt weibliche und männliche Exemplare. Die weiblichen Bäume entwickeln gelbe, runde Früchte.

**Blütezeit:** Die Bäume blühen im Frühjahr von April bis Mai.

**Standort:** Der Ginkgo sollte einen freien Platz zur Entwicklung seiner malerischen Krone erhalten. Nur wenn zwei Pflanzen beider Geschlechter zusammenstehen, entwickeln sich Früchte.

**Pflege:** Ein Schnitt ist nicht nötig. Die lichte Krone sollte keinesfalls gestutzt werden.

**Vermehrung:** Jungpflanzen können in Baumschulen gekauft werden. Die Aussaat ist sehr schwierig.

**Zusatzinfo:** Wegen seiner leuchtend gelben Herbstfärbung wird der Ginkgo oft in Parks und große Gärten gepflanzt.

## GINSTER

*Genista tinctoria*

**Wuchs:** Der aufrecht wachsende, dornenlose Strauch bildet grüne Triebe. Er erreicht eine Höhe von 30–60 cm.

**Blätter:** Die kleinen, dunkelgrünen Blätter sind nadelförmig ausgebildet und wachsen oft an rutenförmigen Zweigen.

**Blüten:** Die goldgelben Blüten sind in großen Trauben am Ende der viel verästelten Zweige angeordnet.

**Blütezeit:** Der Ginster blüht hauptsächlich im Hochsommer.

**Standort:** An sonnigen Plätzen auf leichten Sandböden bilden sich ausdauernde Bestände dieses sommergrünen Strauches.

**Pflege:** Empfehlenswert ist die Versorgung mit leicht saurem Kompost aus Nadelstreu, da sie die Gesunderhaltung fördert.

**Vermehrung:** Neue Pflanzen lassen sich gezielt durch Sommerstecklinge gewinnen.

**Pflanzendoktor:** Staunässe ist schädlich, ebenso verdichteter kalkhaltiger Ton- oder Lehmboden.

**Zusatzinfo:** Wegen seiner intensiv gelben Blütenfarbe wurde dieser Ginster früher auch als Färberpflanze kultiviert.

## GOLDREGEN

*Laburnum anagyroides*

**Wuchs:** Der Großstrauch bringt kräftige, aufrechte Zweige hervor. Er wird zwischen 5 und 6 m hoch.

**Blätter:** Typisch sind die sommergrünen, gefiederten Blätter.

**Blüten:** Die goldgelben Blüten hängen dicht an dicht in langen, duftenden Trauben an den Seitenzweigen.

**Blütezeit:** Im Frühsommer sind die blühenden Büsche eine Augenweide.

**Standort:** Der Boden sollte tiefgründig und kalkhaltig sein, der Standort sonnig bis halbschattig. Der Strauch kann auch ein Klettergerüst oder eine Pergola bewachsen.

**Pflege:** Keinesfalls sollten die langen Zweige des Strauches gestutzt werden. Das würde den lockeren Habitus verunstalten. Nur dürre Triebe sind zu entfernen.

**Vermehrung:** Neue Pflanzen können durch Steckhölzer im Winter vermehrt werden.

**Pflanzendoktor:** Die fleischigen Wurzeln sollten nicht durch Grabarbeiten beschädigt werden.

**Zusatzinfo:** Der Goldregen ist ein Giftgehölz. Aus den Blüten entwickeln sich giftige Früchte. Wenn Kinder im Garten spielen, sollte daher auf die Pflanze verzichtet werden.

## GOLDULME

*Ulmus carpinifolia 'Wredei'*

**Wuchs:** Der Baum zeichnet sich durch einen schlanken, eiförmigen Habitus aus und kann bis zu 5 m hoch werden.

**Blätter:** Die gezähnten Blätter schmücken den Baum von April bis in den Herbst mit einem leuchtend goldgelben, später gelbgrünen Kleid.

**Blüten:** Anders als die Blätter sind die Blüten unauffällig.

**Blütezeit:** Die Blüten öffnen sich vor dem Blattaustrieb.

**Standort:** Der Tiefwurzler kommt auf jedem Gartenboden zurecht. Er benötigt einen halbschattigen Standort (bei Sonne Gefahr von Laubverbrennungen).

**Pflege:** Wildtriebe aus der Veredelungsunterlage sind zu entfernen. Zu beachten sind auch erkrankte Triebe.

**Vermehrung:** Goldulmen werden in der Baumschule durch Veredelung vermehrt.

**Pflanzendoktor:** Das Ulmensterben, eine Pilzkrankheit, die durch den Ulmensplintkäfer verbreitet wird, macht auch vor Goldulmen nicht halt. Vorbeugend müssen kranke Pflanzenteile unverzüglich ausgeschnitten werden. In Regionen mit starker Befallsdichte des Käfers sollten besser andere Gehölze zum Einsatz kommen.

## HAINBUCHE

*Carpinus betulus*

**Wuchs:** Ungeschnitten wird die Hainbuche oder Weißbuche mit ihrer kegelförmigen, fast rundlichen Krone bis zu 25 m hoch. Als Hecken- oder Formschnittpflanze lässt sie sich klein und kompakt ziehen.

**Blätter:** Die gezähnten, eiförmigen Blätter färben sich im Herbst goldgelb. Oft bleiben sie im Winter am Baum und dienen ganzjährig als Sicht- und Windschutz.

**Blüten:** Die Blütenkätzchen sind relativ unscheinbar.

**Blütezeit:** Aus den Kätzchen der Hainbuche entwickeln sich nach der Blütezeit (Frühsommer) im Herbst kleine Nüsse.

**Standort:** Der Waldbaum gedeiht auf tiefgründigem nährstoffreichem Lehmboden an einem sonnigen oder halbschattigen Platz.

**Pflege:** Hainbuchenhecken benötigen einen regelmäßigen Pflegeschnitt. Die Pflanze lässt sich problemlos kräftig stutzen und ist dank ihrer biegsamen Zweige leicht formbar.

**Vermehrung:** Die Vermehrung erfolgt durch Aussaat.

**Zusatzinfo:** Die veredelte Hainbuche C. betulus 'Fastigiata' (Säulenhainbuche) hat einen schlankeren Wuchs als die gewöhnliche Sorte.

## HÄNGEBIRKE

*Betula verrucosa Youngii*

**Wuchs:** Diese kleine Birkenzüchtung hat einen überhängenden Wuchs und erreicht eine Höhe von etwa 6 m.

**Blätter:** Die rundlichen, gezähnten, hellgrünen Blätter laufen spitz zu. Sie färben sich im Herbst leuchtend gelb.

**Blüten:** Im Frühjahr bildet sich eine Fülle an Blüten. Im Juli verbreiten sich die Samen mit dem Wind.

**Blütezeit:** Der Flor beschränkt sich auf wenige Wochen im April.

**Standort:** Birken bevorzugen sonnige Plätze auf leichten Sandböden.

**Pflege:** Die genügsamen Bäume brauchen keine besondere Pflege. Sie sollten nicht geschnitten werden.

**Vermehrung:** Die Wildart wird durch Aussaat vermehrt. Die Züchtungen entstehen durch Veredelung in den Baumschulen.

**Pflanzendoktor:** Birken wachsen zwar auf durchlässigen Sandböden, sie benötigen aber viel Wasser. Bei Wassermangel verlieren sie zahlreiche Blätter.

**Zusatzinfo:** Als typische Flachwurzler dringen Birken weit in Rasenflächen oder zwischen andere Gehölze vor. Für die Unterpflanzung eignen sich nur Stauden, die den Wurzeldruck vertragen.

## HECKENKIRSCHE

*Lonicera*

**Wuchs:** Heckenkirschen oder Geißblattarten bilden kleine oder hohe Sträucher mit sommergrünen oder immergrünen Blättern. Sie erreichen eine Höhe von etwa 50 cm (L. nitida) bis 4 m (L. tatarica).

**Blätter:** Die kleinen oder großen Blätter sind länglich geformt und je nach Art glänzend grün (L. nitida) oder mattgrün (L. tatarica).

**Blüten:** Die paarigen Blüten sind rosa, rot, gelb oder auch mehrfarbig. Daraus entwickeln sich rote oder blaue Früchte.

**Blütezeit:** Der Flor dauert von Mai bis Juni.

**Standort:** Die strauchförmigen Lonicera-Arten sind genügsam. Sie wachsen bevorzugt an sonnigen bis halbschattigen Plätzen auf lockerem Humusboden.

**Pflege:** Wo sie verwildern dürfen, brauchen Heckenkirschen keine Pflege. Ein gelegentlicher Auslichtungsschnitt fördert die Verjüngung.

**Vermehrung:** Die Sträucher sind einfach durch Steckhölzer vermehrbar.

**Pflanzendoktor:** Im Laufe des Sommers fallen gelegentlich Wollläuse über die Sträucher her. Die betroffenen Triebe werden einfach ausgeschnitten.

## IMMERGRÜNE BERBERITZE

*Berberis julianae*

**Wuchs:** Der 2–4 m hohe, dicht verzweigte Strauch bringt lange Triebe hervor, die leicht überhängen.

**Blätter:** Der immergrüne Strauch hat dunkelgrün glänzendes Laub. Die ledrigen, länglich geformten Blätter haben dornige Ränder.

**Blüten:** An den Trieben entwickeln sich dicht gedrängt gelbe Blütenglöckchen. Eine Blütentraube besteht meist aus 8–15 Blüten.

**Blütezeit:** Im Frühsommer machen sich die Blüten auch am süßlichen Duft bemerkbar.

**Standort:** Immergrüne Berberitzen vertragen sowohl sonnige als auch halbschattige Plätze und bevorzugen mäßig feuchte Gartenerde. Sie passen gut in gemischte Hecken.

**Pflege:** Das äußerst robuste Gehölz bedarf keiner besonderen Pflege.

**Vermehrung:** Neue Pflanzen werden durch Spätsommerstecklinge oder durch Aussaat vermehrt.

**Pflanzendoktor:** Bei Jungpflanzen an exponierten Lagen können Frostschäden vorkommen. Dagegen hilft eine Schattierung mit luftigem Material.

Mär–Mai

## JAPANISCHE ZIERKIRSCHE

*Prunus serrulata*

**Wuchs:** Je nach Sorte wächst die 3–8 m hohe Zierkirsche säulenförmig, überhängend oder trichterförmig.

**Blätter:** Die ovalen, gezähnten Zierkirschenblätter sind denen der Süßkirsche ähnlich.

**Blüten:** Die Fülle an weißen oder rosafarbenen, zum Teil gefüllten Blüten prägt im Frühjahr das Erscheinungsbild des ganzen Baums.

**Blütezeit:** Die ersten Sorten bringen ihre Blüten schon sehr früh im Jahr hervor. Spätere Züchtungen entfalten ihre Blüten im Mai.

**Standort:** Zierkirschen benötigen einen sonnigen Platz auf tiefgründigem Boden ohne Staunässe.

**Pflege:** Wildtriebe aus der Veredelungsunterlage sind unverzüglich zu entfernen.

**Vermehrung:** Alle Sorten werden durch Veredelung vorzugsweise auf wilde Vogelkirschsämlinge vermehrt.

**Pflanzendoktor:** Besonders bei feuchtem Wetter haben die Bäume mit Pilzkrankheiten zu kämpfen. Auf staunassem Boden kann Gummifluss (→ S. 145) vorkommen.

**Zusatzinfo:** Die Blütezeit ist mit ca. 8–14 Tagen relativ kurz.

Mär–Apr

## JAPANISCHE ZIERQUITTE

*Chaenomeles japonica*

**Wuchs:** Die kleinen, bis 3 m hohen, sparrigen Sträucher bilden unregelmäßige, dornige Triebe.

**Blätter:** Die glänzenden, ovalen Blätter sind sommergrün.

**Blüten:** Die schalenförmigen Blüten erscheinen in roten, rosa oder weißen Farbtönen.

**Blütezeit:** Bei mildem Wetter ist der Flor bereits im zeitigen Frühjahr ab März zu erwarten.

**Standort:** Die anspruchslosen kleinen Sträucher gedeihen an einem sonnigen bis halbschattigen Standort in normaler Gartenerde. Sie eignen sich zur Unterpflanzung lichter Blütenhecken oder für karge Böschungen und können auch sehr gut in Kübeln oder Pflanztrögen gezogen werden.

**Pflege:** Ein Schnitt ist nicht nötig.

**Vermehrung:** Neue Pflanzen sind durch Absenker, Steckhölzer oder Aussaat zu bekommen.

**Zusatzinfo:** Die leuchtend gelben Zierquitten bleiben als Fruchtschmuck lange erhalten. Sie lassen sich genauso wie echte Quitten in der Küche verwenden.

Jul–Okt

## JOHANNISKRAUT

*Hypericum calycinum*

**Wuchs:** Dieses etwa 50 cm hohe Johanniskraut bildet anders als die Heilpflanze (H. perforatum) holzige Triebe mit großen wintergrünen Blättern. Es eignet sich in Gruppenpflanzung als Bodendecker.

**Blätter:** Die großen, eiförmigen Blätter bleiben bei mildem Wetter bis in den Winter erhalten.

**Blüten:** An den jungen Trieben entfalten sich große, gelbe Blüten.

**Blütezeit:** Der Flor dauert von Juli bis Oktober.

**Standort:** Ein geschützter Platz im Halbschatten unter Bäumen oder im Gebäudeschatten kommt den wintergrünen Sträuchern in jedem Fall zugute. Der Boden sollte beständig locker und humos sein.

**Pflege:** Im Frühjahr vertragen die Sträucher einen radikalen Rückschnitt. Sie verjüngen sich bis zum Sommer wieder. Allerdings sollte der Rückschnitt nicht zu früh erfolgen, da die Triebe aus den Blattachseln erneut frische Blätter hervorbringen.

**Vermehrung:** Neue Pflanzen sind durch Stecklinge oder Steckhölzer vermehrbar.

**Pflanzendoktor:** Strenger Frost macht den Blättern der sonst robusten Pflanzen zu schaffen.

## KIRSCHLORBEER

*Prunus laurocerasus*

**Wuchs:** Die Wuchsformen des heimischen, bis zu 3 m hohen Strauches sind vielfältig und je nach Sorte breitbuschig oder aufrecht.

**Blätter:** Die glänzend grünen Blätter sind fest und ledrig.

**Blüten:** An den vorjährigen Trieben des Kirschlorbeers entfalten sich in Büscheln weiße Blüten.

**Blütezeit:** Die Blütezeit dauert von Mai bis Juni.

**Standort:** Als Waldpflanze sollte der Kirschlorbeer einen halbschattigen Platz unter Bäumen erhalten. Der robuste Strauch verträgt aber auch volle Sonne.

**Pflege:** Ein Schnitt ist nicht nötig. Bei Jungpflanzen oder an Südlagen ist im Winter eine Schattierung hilfreich. Bei Trockenheit wird der Kirschlorbeer bewässert.

**Vermehrung:** Neue Pflanzen sind durch Aussaat vermehrbar.

**Pflanzendoktor:** Bei Formschnitthecken sollten die verletzten Blätter mit der Gartenschere nachgeschnitten werden.

**Zusatzinfo:** Die meisten Arten sind als Bodendecker nützlich. Als Sichtschutz eignen sich hohe Sorten (z.B. P. laurocerasus 'Macrophylla').

## KOLKWITZIE

*Kolkwitzia amabilis*

**Wuchs:** Das Geißblattgewächs breitet hohe Büsche mit weit überhängenden Zweigen aus, deren Rinde in langen Streifen abblättert. Der Strauch erreicht eine Höhe von 3 m.

**Blätter:** An den jungen Trieben entfalten sich eiförmige, gezähnte Blätter, die spitz zulaufen. Im Herbst verfärben sich die sommergrünen Blätter leuchtend orangerot.

**Blüten:** Die glockenförmigen, rosaroten Blüten sitzen in Büscheln an den Zweigen. Innen sind sie hellgelb gefärbt.

**Blütezeit:** Der Flor dauert von Mai bis Juni.

**Standort:** Kolkwitzien bevorzugen sonnige oder halbschattige Plätze auf lockerem, tiefgründigem Boden.

**Pflege:** Der Auslichtungsschnitt im Spätwinter hält die dicht wachsenden Sträucher licht und luftig. Es genügt, jeweils einige alte Zweige direkt am Boden zu entfernen.

**Vermehrung:** Die Vermehrung ist einfach durch Steckhölzer möglich.

**Zusatzinfo:** Kolkwitzien haben eine Ähnlichkeit mit Weigelien. Deutliche Unterscheidungsmerkmale sind die abblätternde Rinde an alten Zweigen und der stark überhängende Wuchs.

## KORKENZIEHERHASEL

*Corylus avellana 'Contorta'*

**Wuchs:** Dieser Strauch ist das ganze Jahr über eine Zierde für den Garten: Im Sommer ist es ein kugeliger Busch, im Winter sind seine typischen, korkenzieherartig verdrehten Äste zu bewundern. Er kann eine Höhe von 3 m erreichen.

**Blätter:** Der Strauch hat große gezähnte Haselblätter.

**Blüten:** Die grüngelben Blütenkätzchen hängen dicht gedrängt.

**Blütezeit:** Zu stäuben beginnen die Kätzchen etwa ab Februar.

**Standort:** Der anpassungsfähige Strauch kann in jeden Gartenboden eingepflanzt werden. Allerdings verträgt er keine Staunässe.

**Pflege:** Wildtriebe aus der Veredelungsunterlage gründlich ausschneiden!

**Vermehrung:** In den Baumschulen werden Korkenzieherhaseln auf Waldhaseln veredelt.

**Pflanzendoktor:** Außer dem Ausschneiden von steilen Bodentrieben ist kein besonderer Pflanzenschutz nötig.

**Zusatzinfo:** Diese Züchtung wächst verhältnismäßig langsam. Sie sollte möglichst frei stehen oder günstig platziert in Gehölzgruppen.

Feb–Apr

## KORNELKIRSCHE

*Cornus mas*

**Wuchs:** Dieser heimische Hartriegel bildet einen 4–6 m hohen Strauch mit straff aufrechten und gut verzweigten Trieben.

**Blätter:** Die Blätter sind oval mit deutlichen Blattnerven. Auffällig ist die orange Herbstfärbung.

**Blüten:** Von der Ferne sind üppig blühende Büsche fast mit Forsythien zu verwechseln.

**Blütezeit:** Bei mildem Wetter öffnen sich die Fiederblütchen schon im Februar. Der Flor dauert bis April.

**Standort:** Das robuste Gehölz kommt auf jedem Gartenboden zurecht. Es gedeiht sowohl auf sonnigen als auch auf halbschattigen Plätzen und verträgt sogar zeitweise Trockenheit.

**Pflege:** Die anspruchslosen Sträucher benötigen keine besondere Pflege. Nur bei Formschnitthecken aus Kornelkirschen ist ein regelmäßiger Schnitt nötig.

**Vermehrung:** Neue Pflanzen sind sowohl durch Aussaat als auch durch Steckhölzer vermehrbar.

**Zusatzinfo:** Die roten Früchte sollten gut ausreifen, dann schmecken sie säuerlich-süß. Sie lassen sich zu Gelee, Saft oder Wein verarbeiten.

Apr–Mai

## KUPFER-FELSENBIRNE

*Amelanchier lamarckii*

**Wuchs:** Dieser locker wachsende Strauch hat einen malerischen Wuchs und entwickelt eine schirmförmige Krone. Er kann zwischen 5 und 8 m Höhe erreichen.

**Blätter:** Die Blätter sind eiförmig mit auffälliger gelber bis leuchtend roter Herbstfärbung.

**Blüten:** Die Blüten der Felsenbirne sind rahmweiß und erscheinen in fülligen Trauben.

**Blütezeit:** Im April sind die Sträucher übersät mit Blüten. Daraus entwickeln sich im Sommer essbare, blauschwarze Früchte.

**Standort:** Die Kupfer-Felsenbirne mag am liebsten einen sonnigen bis halbschattigen Standort. Sie eignet sich für Hecken oder als Solitärpflanze, gedeiht aber auch an exponierten Plätzen (z.B. in Steingärten oder auf Trockenrasen).

**Pflege:** Der anspruchslose Strauch braucht keine besondere Pflege, auch ein Schnitt ist unnötig.

**Vermehrung:** Die Sträucher werden durch Samen oder Wurzelausläufer vermehrt.

**Zusatzinfo:** Wegen der färbenden Früchte sollten Sie den Wildstrauch nicht neben helle oder teure Pflasterflächen pflanzen.

Apr–Mai

## LEBENSBAUM

*Thuja occidentalis*

**Wuchs:** Der immergrüne, kegelförmige Nadelbaum mit schlankem Wuchs und dichter Krone wird bis 20 m hoch.

**Nadeln:** Die dreieckigen Nadeln des Lebensbaums an den leicht nach oben wachsenden Ästen sind frisch grün und schuppig angeordnet.

**Blüten:** Die gelbgrünen Blüten fallen wenig auf. Die braunen Früchte, die sich oft massenweise daraus entwickeln, sind eher unerwünscht.

**Frucht:** Die Zapfen stehen aufrecht auf den Zweigen.

**Standort:** Die genügsamen Thujen sollten vorzugsweise sonnig auf nährstoffreichen Böden stehen.

**Pflege:** Im freien Stand ist keine besondere Pflege nötig. Hecken brauchen einen regelmäßigen Schnitt.

**Vermehrung:** Die Vermehrung erfolgt in den Baumschulen durch Aussaat oder Stecklinge.

**Pflanzendoktor:** Staunässe kann Blattchlorosen verursachen. Zudem machen dem Lebensbaum manchmal Pilzkrankheiten zu schaffen. Braune Nadeln sollten deshalb unverzüglich ausgeschnitten werden.

**Zusatzinfo:** Schön ist die Sorte T. occidentalis 'Smaragd'. Alle Teile des Baums sind stark giftig!

Mai–Jun

## LIGUSTER

*Ligustrum vulgare*

**Wuchs:** Die straff aufrechten, dicht stehenden Triebe sind typisch für den heimischen Strauch. Der gewöhnliche Liguster kann eine Höhe und Breite von 3–4 m erreichen.

**Blätter:** Das dunkelgrüne Blattwerk aus kleinen, ledrigen Blättchen bleibt bis zum Winter erhalten.

**Blüten:** Die weißen Rispen bilden sich vorzugsweise an ungeschnittenen Büschen. Sie riechen streng.

**Blütezeit:** Die Blüten entfalten sich im Frühjahr. Der Flor dauert von Mai bis Juni.

**Standort:** Der genügsame Strauch verträgt sowohl Schatten als auch Sonne und wächst vorzugsweise auf kalkhaltigem Gartenboden. Er eignet sich für gemischte Wildstrauchhecken und für dicht geschnittene Formhecken.

**Pflege:** Formschnitthecken oder Figuren benötigen einen regelmäßigen Schnitt.

**Vermehrung:** Die Pflanzen sind durch Sommerstecklinge und Wintersteckhölzchen vermehrbar.

**Pflanzendoktor:** Gegen Fraßfeinde wie Käfer, die von den Blättern leben, sind keine Pflanzenschutzmittel erforderlich.

**Zusatzinfo:** Die schwarzen Beeren sind giftig.

Apr–Mai

## MAHONIE

*Mahonia aquifolium*

**Wuchs:** Der immergrüne Strauch aus der Familie der Berberitzengewächse wurde ursprünglich aus Nordamerika eingeführt. Die aufrecht wachsende, breitbuschige Mahonie kann bis zu 1 m hoch werden.

**Blätter:** Die ledrigen Blätter der Mahonien sind dunkelgrün glänzend und gezähnt.

**Blüten:** Die leuchtend gelben Blüten wachsen in dichten, aufrecht stehenden Trauben an den Ästen.

**Blütezeit:** Die Pflanze blüht im Frühjahr, im Sommer trägt sie dann blaue Beeren, die oft bis in den Winter an den Büschen bleiben.

**Standort:** Mahonien sollten in halbschattiger bis schattiger Lage, etwa unter Bäumen oder an Nordseiten, gepflanzt werden. Sie eignen sich als Hecken oder Bodendecker.

**Pflege:** Der robuste Strauch benötigt keine besondere Pflege. Bei strengen Frösten kann evtl. ein Teil des Blattwerks geschädigt werden. Mit dem Rückschnitt der Frostschäden sollte man bis zum Frühjahr abwarten. Die Büsche verjüngen sich dann wieder aus Triebknospen.

**Vermehrung:** Der Strauch wird durch Absenker oder Aussaat vermehrt.

Mai–Jun

## ÖLWEIDE

*Elaeagnus angustifolia*

**Wuchs:** Der breitbuschige, sparrige Strauch kann eine Höhe von bis zu 7 m und eine Breite von 3 m erreichen.

**Blätter:** Die länglichen, silbriggrünen Blätter sind unten behaart.

**Blüten:** Die kleinen, gelben Blüten verströmen einen intensiven Duft.

**Blütezeit:** Nach der Blüte im Frühjahr entwickeln sich kleine, nussartige Früchte, die süßlich und etwas mehlig schmecken.

**Standort:** Das genügsame und salzresistente Gehölz wird oft zur Straßenbepflanzung genutzt. Der Standort auf durchlässigem Boden sollte vollsonnig sein. Der Strauch verträgt auch Hitze und Trockenheit.

**Pflege:** Wo sie ungehindert wuchern darf, benötigt die Ölweide keine Pflege.

**Vermehrung:** Die Ölweide lässt sich aus Stecklingen ziehen.

**Pflanzendoktor:** Dürre Zweige, die sich im Kroneninnern bilden, sind auszuschneiden, um Pilzkrankheiten vorzubeugen.

**Zusatzinfo:** Ölweiden haben sich als Pionierpflanzen an trockenen Hängen bewährt. Mit ihrem silbrigen Laub bilden sie eine unauffällige Kulisse in jedem Garten.

Mai–Jul

## PERÜCKENSTRAUCH

*Cotinus coggygria*

**Wuchs:** Der dichte, breit ausladende Busch erreicht etwa 3 m Höhe.

**Blätter:** Die ovalen Blätter sitzen gegenständig an den Trieben. Im Herbst sind sie hellgrün oder orange bis leuchtend rot.

**Blüten:** Die kleinen, gelblich grünen Blüten bilden dichte Büschel.

**Blütezeit:** Die Blüten prägen den Strauch den ganzen Sommer hindurch. Seinen Namen hat das Gehölz von den perückenartigen, haarigen Fruchtständen.

**Standort:** Ideal für das Gedeihen des Perückenstrauchs ist ein vollsonniger Platz auf durchlässigem, kalkhaltigem Boden. Als Solitärpflanze kommt sein schönes Erscheinungsbild besonders zur Geltung.

**Pflege:** Ein maßvoller Auslichtungsschnitt wirkt der Vergreisung entgegen. Beim Schnitt sollte die natürliche Form erhalten bleiben.

**Vermehrung:** Der Busch ist sowohl durch Stecklinge als auch durch Aussaat vermehrbar.

**Pflanzendoktor:** Jungpflanzen sind nicht ganz winterhart und sollten einen luftigen Frostschutz erhalten.

**Zusatzinfo:** Sehr auffällig sieht die rotblättrige Sorte C. coggygria 'Royal Purple' aus.

Mai

## PFAFFENHÜTCHEN

*Euonymus europea*

**Wuchs:** Der sommergrüne, 3–5 m hohe Strauch entwickelt steil stehende, locker gestellte Triebe mit Korkleisten.

**Blätter:** Die ovalen, frisch grünen Blätter färben sich im Herbst orangerot.

**Blüten:** Die gelbgrünen Blüten sind wenig auffällig. Die rosafarbenen Früchte aber sind sehr dekorativ.

**Blütezeit:** Die Blüten öffnen sich im Frühjahr, die Früchte bleiben bis zum Herbst am Strauch.

**Standort:** Das Gehölz bevorzugt sonnige bis halbschattige Plätze und nahrhafte Erde. Es eignet sich besonders gut für gemischte Hecken.

**Pflege:** Das Pfaffenhütchen ist anspruchslos.

**Vermehrung:** Sämlinge gehen gelegentlich selbst im Garten auf. Die Vermehrung ist gezielt durch Stecklinge möglich.

**Pflanzendoktor:** Der Strauch dient Gespinstmotten als Futterpflanze. Falls nötig, sollte man die Gespinste gründlich ausschneiden. Zudem wird die Rinde gern von Singvögeln abgeschält. Im Frühjahr ist dann ein Rückschnitt nötig.

**Zusatzinfo:** Alle Pflanzenteile sind giftig, insbesondere die Früchte.

Jun–Jul

## PFEIFENSTRAUCH

*Philadelphus-Hybriden*

**Wuchs:** Die 2–5 m hohen Sträucher bilden dichte Büsche mit straff aufrecht stehenden Zweigen.

**Blätter:** Die eiförmigen, gezähnten Blätter bleiben oft bis in den Winter grün.

**Blüten:** Die stark duftenden, weißen, teils gefüllten Blüten hängen in Trauben an dem Ziergehölz.

**Blütezeit:** Die späte Blütezeit macht den Strauch als Sommerblüher wertvoll.

**Standort:** Alle Hybriden sind genügsame Gartengehölze für Hecken oder freien Stand. Sie bevorzugen sonnige oder halbschattige Plätze auf jedem Gartenboden.

**Pflege:** Das Auslichten zu dichter Büsche im Winter fördert die Verjüngung des Strauchs.

**Vermehrung:** Steckhölzer, die im Winter geschnitten werden, lassen sich zur Bewurzelung anregen.

**Pflanzendoktor:** Dürres Holz im Inneren sollte gelegentlich ausgeschnitten werden.

**Zusatzinfo:** Die Wildart und einige Sorten können mehr als 5 m hohe Büsche bilden. Für kleine Gärten sind schwach wachsende Arten deshalb besser geeignet.

## RANUNKELSTRAUCH

*Kerria japonica 'Pleniflora'*

**Wuchs:** Der kleine, aufrecht wachsende Strauch treibt eine Fülle an grünen Trieben und breitet sich stark durch Ausläufer aus. Er kann ca. 2 m hoch werden.

**Blätter:** Die frisch grünen, gezähnten Blätter färben sich im Herbst stets gelb.

**Blüten:** Der Strauch entfaltet viele gefüllte oder einfache goldgelbe Blüten.

**Blütezeit:** Die Hauptblütezeit ist im Frühjahr, im Spätsommer blüht der Strauch häufig ein zweites Mal.

**Standort:** Die Pflanze bevorzugt einen sonnigen bis halbschattigen Platz. Sie lässt sich einfach in Hecken ansiedeln und bietet mit ihrem dichten Laub einen guten Sichtschutz.

**Pflege:** Der Strauch braucht gelegentlich einen Auslichtungsschnitt. Das Ausgraben von Wurzelausläufern begrenzt das Wachstum und verhindert das Verwildern.

**Vermehrung:** Bewurzelte Ausläufer lassen sich als Jungpflanzen nutzen. Die Vermehrung ist ebenso durch Steckhölzchen möglich.

**Pflanzendoktor:** Dürre Triebspitzen müssen bis ins grüne Holz zurückgeschnitten werden.

## RHODODENDRON

*Rhododendron-Hybriden*

**Wuchs:** Rhododendren bilden schirmförmige, 1,50–4 m hohe Büsche. Zu diesen Pflanzen gehören sowohl immergrüne Gehölze als auch die sommergrünen Azaleen.

**Blätter:** Die Sträucher haben ledrige, ovale, dunkelgrüne Blätter.

**Blüten:** Wegen der Vielfalt an Farben und ihrer Blütenfülle gehören Rhododendren zu den beliebtesten Ziergehölzen. Die trichterförmigen Blüten gibt es in Weiß, Rosa, Lila, Rot, Violett und sogar zweifarbig.

**Blütezeit:** Die ersten Sorten bringen ihre Blüten schon im März hervor, die späten erst im Juni.

**Standort:** Die Moorbeetpflanzen brauchen sauren Boden und einen halbschattigen Standort.

**Pflege:** Das Ausbrechen welker Blütenstände verhindert die unerwünschte Samenbildung.

**Vermehrung:** Einzelne Exemplare lassen sich am besten durch Absenker vermehren.

**Pflanzendoktor:** Durch einen zu hohen Kalkgehalt kann Blattchlorose entstehen. In diesem Fall sollte man die Pflanze in frisches Moorbeetsubstrat umsetzen. Auf vollsonnigen Plätzen bekommen die Sträucher leicht einen Sonnenbrand.

## ROSMARINSEIDELBAST

*Daphne cneorum*

**Wuchs:** Das kleine Gehölz, auch Heideröschen genannt, breitet ein feingliedriges Zweigwerk aus. Es erreicht eine Höhe von 5–30 cm und eignet sich für einen freien Stand in Steingärten.

**Blätter:** Die winzigen, immergrünen, ledrigen Blätter tragen im Winter zur Gestaltung des Gartens bei.

**Blüten:** Im Frühjahr öffnen sich kleine, rosarote Blüten in dichten Büscheln am Zweigende.

**Blütezeit:** Das Schauspiel der Blüten dauert vom April bis in den Mai, es können aber auch vereinzelte Blüten im Sommer nachgebildet werden.

**Standort:** Der Rosmarinseidelbast ist sehr wärmebedürftig und hitzeverträglich. Er gedeiht deshalb am besten an einem geschützten, sonnigen bis halbschattigen Platz im Garten (z. B. in einem Steingarten). Die Erde sollte durchlässig sein.

**Pflege:** Störungen durch Grabarbeiten oder einen willkürlichen Schnitt sind zu vermeiden.

**Vermehrung:** Wie bei anderen Wildarten erfolgt die Vermehrung vorwiegend durch Samen.

**Zusatzinfo:** Alle Seidelbastarten sind Giftpflanzen.

Mai

## ROSSKASTANIE

*Aesculus hippocastanum*

**Wuchs:** Kastanienbäume haben eine hoch gewölbte, rundliche Krone und können bis zu 30 m hoch werden. Rot blühende Sorten (A. carnea 'Briotti') bleiben wesentlich kleiner.

**Blätter:** Die fünflappigen Blätter sind groß und stark gezähnt.

**Blüten:** Aus den weißen, aufrechten Blütenrispen entwickeln sich die stacheligen Früchte. Rot blühende Sorten fruchten kaum.

**Blütezeit:** Die Bäume blühen im Frühjahr.

**Standort:** Der Boden sollte tiefgründig und durchlässig sein. Der Baum benötigt außerdem unbedingt genügend Raum zur Entfaltung seiner großen Krone.

**Pflege:** Zur Bildung schöner Kronen ist ein Erziehungsschnitt nötig.

**Vermehrung:** Die Rosskastanie lässt sich aus Samen vermehren. Rot blühende Sorten sind Veredelungen.

**Pflanzendoktor:** Die Miniermotte macht den Bäumen schon im Sommer zu schaffen. Vorbeugend sollte man erkranktes Falllaub sammeln und vernichten.

**Zusatzinfo:** Eine Rosskastanie eignet sich nur für große Gärten. Die rot blühenden Sorten kommen mit weniger Raum aus.

Mär–Apr

## SANDDORN

*Hippophae rhamnoides*

**Wuchs:** In der Natur wächst dieser sparrige, 3–6 m hohe Fruchtstrauch auf Dünen oder anderen kargen Plätzen. Im Garten lässt er sich an Böschungen oder in gemischten Hecken ansiedeln.

**Blätter:** An dornigen Trieben sitzen kleine, silbrige Blättchen.

**Blüten:** Die Blüten des Sanddorns sind unscheinbar. An den dickeren Blütenknospen lassen sich die männlichen Pflanzen erkennen.

**Blütezeit:** Schon im Herbst sind die Knospen voll ausgebildet, im Frühjahr öffnen sie sich.

**Standort:** Jeder durchlässige, staunässefreie Boden ist verträglich. Auch felsige Standorte eignen sich.

**Pflege:** Die Sträucher sollten verwildern dürfen. Das Abtrennen störender Triebe schadet nicht.

**Vermehrung:** Die Pflanze wird durch Aussaat vermehrt. Um Früchte zu bekommen, sollten die Jungpflanzen in einer Baumschule besorgt werden.

**Zusatzinfo:** Die orangefarbenen Beeren, die nur an bestäubten weiblichen Pflanzen reifen, schmücken v. a. im Winter den Strauch.

Mai–Jun

## SCHEINAKAZIE

*Robinia pseudoacacia*

**Wuchs:** Die wilde Robinie entwickelt eine große, lockere Krone und kann bis zu 25 m hoch werden. Kugelakazien (R. pseudoacacia 'Umbraculifera') bilden kompakte Kronen und werden 3–4 m hoch.

**Blätter:** Die gefiederten Blätter treiben spät im Frühjahr aus.

**Blüten:** Die Schmetterlingsblütler bringen im Frühjahr weiß oder rosa gefärbte, hängende Rispen hervor.

**Blütezeit:** Die duftenden Blüten erscheinen im Frühsommer.

**Standort:** Robinien kommen auf jedem Gartenboden zurecht, bevorzugen aber einen sonnigen und trockenen Standort.

**Pflege:** Wurzelausläufer müssen gründlich entfernt werden.

**Vermehrung:** Wurzelausläufer lassen sich als Jungpflanzen nutzen. Die rosa blühenden Sorten werden durch Veredelung vermehrt.

**Pflanzendoktor:** Die rot blühende Robinie ist bruchgefährdet. Das Einkürzen langer Zweige beim Erziehungsschnitt fördert die Stabilität.

**Zusatzinfo:** In kleine Anlagen passen Kugelakazien oder die rot blühende Robinie (R. hispida 'Macrophylla').

Apr–Mai

## SCHEINBUCHE

*Nothofagus antarctica*

**Wuchs:** Der kleine Baum oder Großstrauch bildet meist mehrere Stämmchen mit sparrigen Seitenzweigen. Er wird ca. 4–6 m hoch und 3–4 m breit und hat eine lockere, unregelmäßige Krone.

**Blätter:** Die kleinen, glänzend grünen Blättchen sind oval und haben einen gewellten Rand. Bei Regen duften sie nach Zimt.

**Blüten:** Die grünlich gelben Blüten sind unauffällig.

**Blütezeit:** Die Schein- oder Pfennigbuche blüht im Frühjahr.

**Standort:** Der malerische Baum sollte einen freien, sonnigen Stand in einem Beet vorzugsweise auf kalkfreiem Boden erhalten.

**Pflege:** Die Wuchsform lässt sich durch gezielte Eingriffe mit der Schere steuern.

**Vermehrung:** Neue Pflanzen werden durch Stecklinge vermehrt.

**Pflanzendoktor:** Auf kalkreichen Böden färben sich die Blätter gelb. Vorbeugend sollten Sie den Baum deshalb auf neutralen oder sauren Boden pflanzen.

**Zusatzinfo:** Die frostharten Gehölze eignen sich auch als winterharte Kübelpflanzen oder für Dachterrassen.

Mär–Apr

## SCHEINHASEL

*Corylopsis pauciflora*

**Wuchs:** Der kleine, ca. 1,50 m hohe Strauch wächst breitbuschig mit überhängenden Triebspitzen.

**Blätter:** Die großen, eiförmigen Blätter ähneln Haselnussblättern.

**Blüten:** Schon vor dem Blattaustrieb bringt der Strauch zahlreiche kleine, gelbe Blütenglöckchen hervor.

**Blütezeit:** Bei mildem Wetter blüht der Strach schon im März.

**Standort:** Der Flachwurzler gedeiht am besten auf kalkarmen Humusböden. Er bevorzugt einen sonnigen bis halbschattigen Standort.

**Pflege:** Die Versorgung mit Lauberde wirkt vorbeugend gegen Mangelerscheinungen.

**Vermehrung:** Die Vermehrung einzelner Exemplare ist durch Absenken von Seitenzweigen oder Aussaat möglich.

**Pflanzendoktor:** Ein windgeschützter Standort kommt der frühen Blütenentfaltung zugute.

**Zusatzinfo:** Der Strauch besticht durch die intensive gelbe Blattfärbung im Herbst. Er eignet sich zur Unterpflanzung von großen, lichten, Schatten spendenden Bäumen oder als Randbepflanzung von Staudenbeeten.

Apr

## SCHEINZYPRESSE

*Chamaecyparis lawsoniana*

**Wuchs:** Der nordamerikanische Waldbaum ist fast nur als Heckenpflanze bekannt. In freiem Stand entwickelt er eine große, kegelförmige Krone. Es gibt aber auch eine Reihe kleiner Züchtungen mit gelben oder grünen Nadeln sowie säulenförmige, kugelige oder breitbuschige Pflanzen.

**Blätter:** Die silbrigen, winterharten Nadeln sind weicher als die Nadeln echter Zypressen.

**Blüten:** Die rötlichen Blüten öffnen sich im Frühjahr. Sie fallen kaum auf.

**Blütezeit:** Der Flor dauert nur wenige Wochen im April.

**Standort:** Scheinzypressen kommen auf jedem Gartenboden vorzugsweise in sonniger Lage zurecht.

**Pflege:** Als Heckenpflanzen erhalten Scheinzypressen jedes Jahr im Sommer den Rückschnitt. Frei stehende Exemplare brauchen keinen Schnitt.

**Vermehrung:** Die Vermehrung ist durch Stecklinge möglich.

**Pflanzendoktor:** Die Farbveränderungen im Winter sind nicht besorgniserregend, sondern natürlich. Im Frühjahr bringen die Bäume wieder frisch grüne Blätter hervor.

Jun–Sep

## SCHMETTERLINGS-STRAUCH

*Buddleja davidii*

**Wuchs:** Der Halbstrauch kann nach dem Rückschnitt meterlange Triebe hervorbringen. Der Sommerblüher wird bis zu 3 m hoch.

**Blätter:** Die länglichen, filzigen Blätter sind bei mildem Wetter bis zum Winter grün.

**Blüten:** Lange, kegelförmige Blütenrispen in Blau, Violett oder Weiß stehen im Sommer an den Triebspitzen und duften intensiv.

**Blütezeit:** Je nach Sorte blühen die Sträucher von Juni bis September.

**Standort:** An vollsonnigen, geschützten Plätzen auf durchlässigem Boden können sich besonders gut prächtige Büsche bilden.

**Pflege:** Ein Frostschutz mit luftigem Material schützt vor Winterschäden. Im Frühjahr vor dem Austrieb ist ein Rückschnitt möglich.

**Vermehrung:** Die auch als Sommerflieder bezeichneten Ziergehölze lassen sich durch Stecklinge oder Steckhölzer gewinnen.

**Zusatzinfo:** Der Strauch lockt viele Falter an – darunter auch seltene Arten – und bietet zudem Bienen und anderen Insekten wertvollen Nektar.

Mai–Jun

## SCHNEEBALL

*Viburnum-Arten*

**Wuchs:** Es gibt eine Reihe von Schneeball-Arten, die gut verzweigte, lockere, breit ausladende oder kleine Büsche bilden. Die relativ schnell wachsende heimische Art kann eine Höhe von 3–4 m erreichen.

**Blätter:** Der gewöhnliche Schneeball hat sommergrünes, grob gezähntes Laub. Die drei- bis fünffach gelappten Blätter ähneln den Blättern des Ahornbaums.

**Blüten:** Die cremig weißen Blüten sind an den Trieben in flachen Schirmrispen angeordnet. Diese kugelförmigen Blüten gaben dem Strauch seinen Namen.

**Blütezeit:** Der Blütenstrauch zeigt seine weiße Pracht im Frühsommer. Im Herbst bringen die Sträucher aus den Blüten leuchtend rote oder schwarze Früchte hervor, die als Vogelfutter nützlich sind.

**Standort:** Die Sträucher kommen auf jedem Gartenboden zurecht und können auf sonnige und halbschattige Plätze gepflanzt werden.

**Pflege:** Der Schneeball braucht keinen besonderen Schnitt.

**Vermehrung:** Die Vermehrung ist durch Aussaat möglich.

**Zusatzinfo:** Blätter und Rinde des Schneeballs sind giftig.

Jun–Aug

## SCHNEEBEERE

*Symphoricarpos*

**Wuchs:** Die kleinen Sträucher erreichen eine Höhe von 0,50–2 m. Sie bilden ein dichtes Zweigwerk und verbreiten sich stark durch Ausläufertriebe.

**Blätter:** Die kleinen, hellgrünen Blätter sind oval geformt. Sie bleiben auch im Winter lang erhalten.

**Blüten:** An den jungen Trieben bilden sich im Sommer kleine, weiße oder rosarote Glockenblüten. Daraus entwickeln sich runde, rosarote oder weiße Beeren, die von Kindern gern als „Knallerbsen" genutzt werden. Sie sind jedoch giftig!

**Blütezeit:** Die Hauptblütezeit ist im Sommer, oft blühen die Sträucher aber noch im Spätherbst.

**Standort:** Die toleranten Schneebeeren kommen auf sonnigen oder halbschattigen Plätzen auf jedem Gartenboden zurecht.

**Pflege:** Falls nötig werden zu wüchsige Ausläufer eingedämmt oder zurückgeschnitten.

**Vermehrung:** Die Pflanzen sind durch bewurzelte Ausläufer oder durch Steckhölzer vermehrbar.

**Pflanzendoktor:** Schneebeeren sind widerstandsfähig gegen Pilzkrankheiten sowie gegen Frost und Trockenheit.

Mai–Jun

## STECHPALME

*Ilex aquifolium*

**Wuchs:** Der immergrüne Strauch, der eine Höhe von 10 m erreichen kann, bildet einen schwachen Stamm mit waagerechten Seitenästen. Er hat einen kegelförmigen Wuchs oder entwickelt eine eiförmige Krone.

**Blätter:** Die glänzend grünen Blätter sind an den Rändern wellig und spitz gezähnt.

**Blüten:** Ab April bringt der Ilex kleine, weiße Blüten hervor. Die weiblichen Pflanzen tragen dann im Herbst dekorative rote Früchte.

**Blütezeit:** Mit dem Austrieb der frischen Blätter im Frühjahr entwickeln sich auch die Blüten.

**Standort:** Das Waldgehölz sollte vorzugsweise einen halbschattigen Platz auf humosem Boden erhalten. Es eignet sich zum Unterpflanzen von hohen Laubbäumen oder auch als Heckenpflanze.

**Pflege:** Im Regenschatten unter Bäumen benötigt das Gehölz auch im Winter genügend Wasser.

**Vermehrung:** Die Vermehrung erfolgt durch Spätsommerstecklinge.

**Zusatzinfo:** Neben der Wildform sind einige Züchtungen erhältlich, dazu gehört auch eine weiß-grüne Sorte. Die hübschen roten Früchte sind giftig.

Mai–Sep

## TAMARISKE

*Tamarix*

**Wuchs:** Dieses breitbuschige Gehölz aus dem Mittelmeerraum oder aus Ostasien bildet bis 4 m hohe Sträucher mit langen, gut verzweigten Ästen.

**Blätter:** An den jungen Zweigen sitzen dicht gedrängt schmale, silbriggrüne Blätter, die wie Nadeln aussehen.

**Blüten:** Im Frühjahr oder Sommer – je nach Art – blühen zart rosarote Blütentrauben auf.

**Blütezeit:** Die Frühlingstamariske (T. parviflora) blüht von Mai bis Juni. Die Sommertamariske (T. ramosissima) entfaltet ihren Flor von Juli bis September.

**Standort:** Die Pflanze benötigt einen sonnigen Platz auf durchlässigem, beständig lockerem Boden.

**Pflege:** Die Zweige sollten nicht durch den Schnitt verunstaltet werden. Jungpflanzen brauchen in rauen Gegenden einen Frostschutz.

**Vermehrung:** Die Vermehrung erfolgt durch Stecklinge oder auch durch Steckhölzer.

**Pflanzendoktor:** Die Ansiedlung ist nur auf geschützten Gartenplätzen zu empfehlen. Staunässe oder kalte Böden vertragen die Sträucher nicht.

Jun–Juli

## TROMPETENBAUM

*Catalpa bignonioides*

**Wuchs:** Der kleine Baum bildet eine kleine, kugelige Krone und erreicht eine Höhe von etwa 10 m.

**Blätter:** An sparrigen Ästen entfalten sich große, herzförmige, hellgrüne Blätter, die nussig riechen.

**Blüten:** Die cremeweißen Blüten stehen in lockeren Rispen an den Triebenden. Daraus entwickeln sich holzige Fruchtkapseln.

**Blütezeit:** Die Blütezeit dauert von Juni bis Juli.

**Standort:** Ein Trompetenbaum eignet sich als Hausbaum oder Schattenspender im Garten. Er braucht einen geschützten, sonnigen Platz auf tiefgründigem, nährstoffreichem Boden ohne Staunässe.

**Pflege:** Nach der Erziehung ist der Baum pflegeleicht. Keinesfalls dürfen die Kronenäste verstümmelt werden!

**Vermehrung:** Jungpflanzen sind durch Samen zu bekommen.

**Pflanzendoktor:** Gelegentlich sterben ganze Zweigpartien ab. Die Ursache ist entweder Staunässe (auf schweren Tonböden) oder Bodentrockenheit (auf leichten Sandböden).

**Zusatzinfo:** Es gibt auch eine Züchtung (C. bignonioides 'Nana'), die eine kompakte, kleine Kugelkrone bildet.

Mär–Mai

# TULPENMAGNOLIE

*Magnolia x soulangiana*

**Wuchs:** Der große Strauch oder kleine Baum bildet kräftige Äste mit lichter Verzweigung. Er kann zwischen 2 und 8 m hoch werden.

**Blätter:** Den Sommer über wirkt das Gehölz durch seine ledrigen, frisch grünen Blätter attraktiv.

**Blüten:** Die Entfaltung der großen, weißen oder rosaroten Blüten ist jedes Jahr ein Erlebnis.

**Blütezeit:** Der prächtige Flor blüht bei mildem Wetter schon im März auf. Er dauert bis Mai.

**Standort:** Ein geschützter Stand auf tiefgründigem, nährstoffreichem Boden an einem sonnigen bis halbschattigen Platz fördert die Vitalität.

**Pflege:** Magnolien sollten nicht geschnitten werden; keinesfalls die Zweige verstümmeln!

**Vermehrung:** Die Pflanzen werden durch Aussaat vermehrt.

**Pflanzendoktor:** Spätfrost kann die Blüten stark schädigen. In rauen Regionen deshalb besser spät blühende Sorten pflanzen!

**Zusatzinfo:** Im Herbst verabschiedet sich das Blattwerk mit einer intensiven Färbung. Bei alten Exemplaren kommen dann die ungewöhnlichen roten Früchte zum Vorschein.

Apr–Mai

# WACHOLDER

*Juniperus communis*

**Wuchs:** Der immergrüne Strauch wächst je nach Art säulenförmig, breitbuschig oder kriechend. Der heimische Säulenwacholder kann zwischen 2 und 5 m hoch werden.

**Blätter:** Die stechenden oder schuppigen Nadeln sind silbriggrün, gelb oder bläulich.

**Blüten:** Aus unscheinbaren grünlichen Blüten entwickeln sich blaue Beeren.

**Blütezeit:** Die Blüten öffnen sich im Frühjahr. Die Beeren bleiben oft das ganze Jahr an den Gehölzen.

**Standort:** Die meisten Züchtungen sind tolerant. Auch die Heidewacholder wachsen sowohl auf sauren als auch auf kalkhaltigen Böden in sonnigen Lagen.

**Pflege:** Säulenförmige Typen lassen sich durch den Schnitt der jungen Triebe in Form halten.

**Vermehrung:** Neue Pflanzen sind durch Aussaat oder auch durch Stecklinge zu bekommen.

**Pflanzendoktor:** Gegen die Ausbreitung von Pilzerkrankungen hilft das Ausschneiden welker Triebe.

**Zusatzinfo:** Die Beeren der Hybriden sind giftig.

Mai–Jun

# WEIGELIE

*Weigelia*

**Wuchs:** Der breitbuschige Strauch ist dicht verzweigt und bildet überhängende Triebe. Große Sorten erreichen ein Ausmaß von 2–3 m. Kleine Züchtungen bilden hingegen kompakte Büsche.

**Blätter:** Die großen, hellgrünen Blätter sind eiförmig und gezähnt. Es gibt auch purpurfarbene, weißgrüne oder panaschierte Blätter, die im Sommer auffällig wirken.

**Blüten:** Die kleinen, rosaroten, rotweißen oder hellroten Blütenglöckchen sitzen in dichten Büscheln an den jungen Trieben.

**Blütezeit:** Die frühen Sorten blühen schon ab Mai (W. praecox), die späten erst im Juni.

**Standort:** Die starkwüchsigen Weigelien eignen sich für gemischte Blütenhecken oder für den Einzelstand z.B. in Blumenrabatten. Sie kommen zudem auf jedem Gartenboden zurecht.

**Pflege:** Damit sie nicht verwildern, erhalten die Sträucher im Winter einen Auslichtungsschnitt.

**Vermehrung:** Neue Pflanzen sind durch Stecklinge oder auch durch Steckhölzer vermehrbar.

## WEISSDORN

*Crataegus monogyna*

**Wuchs:** Der wilde, 2–6 m hohe Weißdorn wächst strauchförmig mit vielen dornigen Zweigen. Als Gartengehölze kommen auch Kronenbäumchen zum Einsatz.

**Blätter:** Die kleinen, fünf- bis siebenlappigen Blätter glänzen.

**Blüten:** Im Frühjahr bringt das Gehölz weiße Doldenblüten hervor.

**Blütezeit:** Die streng riechenden Blüten öffnen sich im Mai. Im Herbst erscheinen glänzend rote Beeren.

**Standort:** Der Baum wächst auf jedem Gartenboden an sonnigen bis halbschattigen Plätzen.

**Pflege:** Bei Stammformen sind Wildtriebe und Stockaustriebe zu entfernen. Strauchformen brauchen keinen besonderen Schnitt.

**Vermehrung:** Jungpflanzen sind durch Aussaat vermehrbar. Der Rotdorn wird in Baumschulen durch Veredelung vermehrt.

**Pflanzendoktor:** Um Rostpilzen auf den Blättern vorzubeugen, sollte im Herbst unbedingt das Falllaub beseitigt werden.

**Zusatzinfo:** Der Apfeldorn (C. lavallei) zeichnet sich durch lang haftende Früchte aus, die den ganzen Winter erhalten bleiben.

## WEISSER HARTRIEGEL

*Cornus alba*

**Wuchs:** Der breitbuschige, mittelhohe Strauch (auch Tatarischer Hartriegel genannt) wird 3–4 m hoch und ist v. a. wegen seiner leuchtend roten Zweige beliebt. Er neigt stark zur Ausläuferbildung.

**Blätter:** Die großen, eiförmigen Blätter färben sich im Herbst gelb.

**Blüten:** Aus den cremeweißen, sternförmigen Doldenblüten entwickeln sich weiße, erbsengroße Früchte.

**Blütezeit:** Mit den frischen Blättern bringt der Strauch im Frühjahr auch seine Blüten hervor.

**Standort:** Der genügsame Strauch wächst auf jedem Boden mit guter Wasserführung. Er sollte an einem sonnigen bis halbschattigen Platz im Garten stehen.

**Pflege:** Die Entwicklung frischer, besonders intensiv gefärbter Triebe wird durch das Auslichten des Strauches gefördert. Durch das Ausgraben von Ausläufern wird vermieden, dass der Hartriegel verwildert.

**Vermehrung:** Bewurzelte Ausläufer eignen sich als Jungpflanzen.

**Zusatzinfo:** Neben der reinen Form haben sich auch Züchtungen (z.B. Sorten mit panaschierten Blättern) bewährt.

## WEISSTANNE

*Abies alba*

**Wuchs:** Die Tanne ist mit vielen Arten vertreten. Neben der großen heimischen Weißtanne gibt es auch kleine Züchtungen für den Garten (z. B. A. balsamea 'Nana' oder A. koreana).

**Nadeln:** Die immergrünen, an der Oberseite glänzenden Nadeln sind flach und relativ weich.

**Blüten:** Die kleinen, rötlichen Blüten erscheinen erst bei älteren Exemplaren im Mai/Juni.

**Frucht:** Die Weißtanne, auch Silbertanne genannt, entwickelt aufrecht stehende Zapfen, in denen im Herbst die Samen reifen.

**Standort:** Der Nadelbaum kann im Garten im Einzelstand oder in Gruppen mit anderen Gehölzen auf tiefgründigem, feuchtem Boden stehen.

**Pflege:** Die Weißtanne bedarf keiner besonderen Pflege.

**Vermehrung:** Die Vermehrung erfolgt durch Aussaat. Spezielle Sorten werden veredelt.

**Pflanzendoktor:** Die Bäume reagieren empfindlich auf Industrieabgase oder Luftverschmutzung. Die Versorgung mit Bittersalz (ein Magnesiumdünger) kann stärkend wirken.

## ZAUBERNUSS
*Hamamelis x intermedia*

**Wuchs:** Der 3–5 m hohe, breitbuschige Strauch bildet wenige, gut verzweigte Äste.

**Blätter:** Die großen Blätter fallen durch eine intensive gelborange Herbstfärbung auf.

**Blüten:** Das Besondere an diesem Winterblüher sind insbesondere die roten oder gelben, fadenförmigen Fiederblütchen.

**Blütezeit:** Selbst Schnee und Eis können den Strauch im Winter nicht am Aufblühen hindern. Die Blütezeit dauert von Februar bis April.

**Standort:** Der Winterblüher sollte einen Platz am Haus erhalten, wo er gut sichtbar ist. Er verträgt sowohl Sonne als auch Halbschatten und benötigt außerdem eine nährstoffreiche Gartenerde.

**Pflege:** Der lockere Wuchs macht einen Schnitt unnötig. Wildtriebe sollten erhalten bleiben, sie bringen im Herbst selbst Blüten hervor.

**Vermehrung:** Die Hybriden werden in den Baumschulen durch Veredelung vermehrt.

**Zusatzinfo:** Diese ungewöhnlichen Gehölze sind verhältnismäßig teuer. Dennoch sollte zumindest ein Exemplar der Zaubernuss zum Bestand der Gartengehölze gehören.

## ZEDER
*Cedrus*

**Wuchs:** Die Nadelgehölze erreichen eine Höhe von 25 m, kleine Züchtungen (z. B. Hängezeder) werden dagegen nur 3 m hoch.

**Nadeln:** Je nach Art tragen Zedern lange, weiche, silbrige (C. deodara) oder stahlblaue, kurze Nadeln (C. atlantica 'Glauca').

**Blüten:** Alte Exemplare bringen im Spätsommer braune Blüten hervor. Nach der Bestäubung entwickeln sich große eiförmige Zapfen.

**Blütezeit:** Die Blüten stehen im September auf den Zweigen.

**Standort:** Aufrecht wachsende Zedern brauchen einen freien, sonnigen Platz. Der Boden sollte tiefgründig sein. Die Hängezeder ist auch in einem großen Kübel kultivierbar.

**Pflege:** Jungpflanzen sind etwas frostempfindlich. Sie erhalten einen luftigen Schutz (z.B. mit einer Schilfrohrmatte). Die Bäume dürfen nicht willkürlich gestutzt werden.

**Vermehrung:** Die Vermehrung der Sorten erfolgt in den Baumschulen durch Veredelung. Die Wildarten sind durch Aussaat vermehrbar.

**Pflanzendoktor:** Die größte Gefahr für die schönen Nadelgehölze ist ein unpassender Standort.

## ZIERAPFEL
*Malus-Hybriden*

**Wuchs:** Diese 3–8 m hohen Sträucher oder Bäume sind im Wuchs den Apfelbuschbäumchen ähnlich.

**Blätter:** Die Blätter sind je nach Sorte frisch grün oder rot mit leuchtender, orangeroter Herbstfärbung.

**Blüten:** Im Mai blühen die Bäumchen in Reinweiß, Rosa oder Rot. Daraus entwickeln sich kleine Früchte.

**Blütezeit:** Die Blütezeit dauert je nach Wetter 8–14 Tage im Mai.

**Standort:** Die Bäumchen lassen sich in gemischte Hecken integrieren oder in freiem Stand in Beeten einsetzen. Sie bevorzugen sonnige Plätze auf normaler Gartenerde.

**Pflege:** Ein regelmäßiger Pflegeschnitt – wie beim Obstbaum – ist nicht nötig. Allerdings müssen Wildtriebe aus der Veredelungsunterlage entfernt werden.

**Vermehrung:** Die Sorten werden durch Veredelung auf Typenunterlagen vermehrt.

**Pflanzendoktor:** Zieräpfel sind von denselben Krankheiten und Schädlingen wie die verwandten Fruchtgehölze betroffen.

**Zusatzinfo:** Die kleinen Früchte sind essbar.

## BAUMWÜRGER

*Celastrus orbiculatus*

**Wuchs:** Der starkwüchsige, 6–10 m hohe Schlinger braucht unbedingt eine stabile Kletterhilfe.

**Blätter:** Die großen, eiförmigen Blätter glänzen. Auffällig ist die goldgelbe Herbstfärbung.

**Blüten:** Im Frühjahr öffnen sich kleine, unscheinbare, gelbliche Blüten, die durch ihre Fülle auffallen. Daraus entwickeln sich leuchtend orangefarbene Beeren.

**Blütezeit:** Der Flor dauert von Mai bis Juni.

**Standort:** Der Baumwürger wächst auf jedem tiefgründigen Gartenboden in Sonne oder Halbschatten.

**Pflege:** Am richtigen Platz braucht diese Kletterpflanze keine Pflege.

**Vermehrung:** Baumwürger sind durch Aussaat vermehrbar. Möglich ist außerdem die Vermehrung durch Absenker.

**Pflanzendoktor:** Tierische Schädlinge oder Krankheiten sind selten. Abiotische Schäden, verursacht durch die Einschnürung dicker Äste, können erfolgreich durch die Pflanzung an einer geeigneten Kletterhilfe vermieden werden.

## BERGWALDREBE

*Clematis montana*

**Wuchs:** Dieser starkwüchsige Ranker erreicht je nach Kletterhilfe 5–7 m Höhe.

**Blätter:** Die dreilappigen Blätter sind beim Austrieb rötlich.

**Blüten:** Aus Knospen in den Blattachseln entfalten sich rosafarbene, schalenförmige Blüten, die stark nach Vanille duften.

**Blütezeit:** Die Bergwaldrebe gehört zu den Frühjahrsblühern unter den Clematis.

**Standort:** Das nicht ganz winterharte Gehölz sollte einen geschützten, vollsonnigen oder halbschattigen Platz auf lockerem Humusboden bekommen.

**Pflege:** Die Bergwaldrebe sollte, falls nötig, erst nach der Blüte geschnitten werden. Sie benötigt eine Kletterhilfe (Schnüre, Latten).

**Vermehrung:** Die Pflanze ist durch Ableger, Stecklinge oder Steckhölzer vermehrbar.

**Pflanzendoktor:** Bei strengem Frost können die Bergwaldreben stark zurückfrieren. Vorbeugend sollten Sie diese deshalb an einen geschützten Platz pflanzen.

**Zusatzinfo:** Die Bergwaldrebe stammt aus den Bergwäldern Chinas.

## BLAUREGEN

*Wisteria sinensis*

**Wuchs:** Der Blauregen gehört zu den starkwüchsigsten Schlingern. Er windet sich an Spannschnüren, Pergolabalken etc. nach oben und wird 8–10 m hoch.

**Blätter:** Die frisch grünen, gefiederten Blätter sind auch nach der Blütezeit dekorativ.

**Blüten:** Die blauen oder weißen, stark duftenden Schmetterlingsblüten hängen in Trauben an den Trieben.

**Blütezeit:** Die Blüten treiben bereits im April vor den Blättern aus.

**Standort:** Der Schlinger braucht eine stabile Kletterhilfe, einen tiefgründigen, nährstoffreichen Boden und einen sonnigen Standort. Pflanzen Sie den Blauregen nicht an engmaschige Zäune oder Spaliere, da diese die dicken Triebe abschnüren!

**Pflege:** Ein Rückschnitt ist nicht nötig, aber möglich, um den Wuchs zu korrigieren.

**Vermehrung:** Neue Pflanzen werden in den Baumschulen durch Veredelung oder Steckhölzer vermehrt. Sämlinge blühen nicht!

**Pflanzendoktor:** Auf nassen Böden oder bei hohem Kalkgehalt bekommen die Pflanzen chlorotische Blätter. Deshalb nur auf tiefgründigen Boden pflanzen.

Jun–Sep

## DUFTWICKE

*Lathyrus odoratus*

**Wuchs:** Wicken sind einjährige Rankpflanzen, die eine Höhe von 1–2 m erreichen können. Sie bringen ihre frischen Triebe jeweils im Frühjahr aus dem Wurzelstock hervor.

**Blätter:** Mit den gefiederten Blättern treiben zugleich Sprossranken aus.

**Blüten:** Die roten, blauen oder weißen, stark duftenden Schmetterlingsblüten sitzen in Trauben an den jungen Trieben

**Blütezeit:** Wicken sind Sommerblüher, an denen sich von Juni bis September Blüten entwickeln.

**Standort:** Als Rankhilfe eignen sich Zäune oder Geländer; für gutes Gedeihen ist nährstoffreicher Boden nötig. Die Pflanze gedeiht am besten an einem sonnigen Standort.

**Pflege:** Während der Wachstumszeit ist das Heften der Triebe hilfreich.

**Vermehrung** Die Aussaat erfolgt im Frühjahr im Haus auf der Fensterbank oder im Gewächshaus oder direkt im Freiland.

**Pflanzendoktor:** Gegen Mehltau, für den die Pflanzen anfällig sind, hilft vorbeugend ein luftiger Standort.

**Zusatzinfo:** Diese krautigen Kletterpflanzen lassen sich auch in Kübeln kultivieren.

Sep–Okt

## EFEU

*Hedera helix*

**Wuchs:** Der starkwüchsige Selbstklimmer kann auf Bäumen oder an Gebäuden 20 m hohe und breite Büsche bilden.

**Blätter:** Die herzförmigen, drei- bis fünflappigen, ledrigen, Blätter sind immergrün. Es gibt auch Sorten mit panaschierten Blättern.

**Blüten:** Ungewöhnlich wirken die grünen Blüten, aus denen schwarze, giftige Früchte reifen.

**Blütezeit:** Nach zehn Jahren blüht der Efeu im Herbst auf.

**Standort:** Das robuste Klettergehölz lässt sich zur Begrünung von Mauerwerk oder auch als Bodendecker nutzen. Es wächst auf allen Gartenböden, in sonnigen und schattigen Lagen.

**Pflege:** Wenn der Efeu unters Dach wächst, ist ein Rückschnitt nötig.

**Vermehrung:** Efeu lässt sich durch Stecklinge oder bewurzelte Bodentriebe gewinnen.

**Pflanzendoktor:** Es kann einige Jahre dauern, bis sich am Mauerwerk Haftwurzeln bilden. Bis dahin ist eine Kletterhilfe nötig.

**Zusatzinfo:** Die Früchte sind ein wertvolles Winterfutter für Vögel.

Jul–Okt

## GLOCKENREBE

*Cobaea scandens*

**Wuchs:** Der zierliche Ranker wird einjährig kultiviert. Die etwa 2 m langen Triebe hangeln sich an Zäunen oder Spalieren hoch.

**Blätter:** Mit den gefiederten Blättern entwickeln sich die Sprossranken.

**Blüten:** Im Sommer öffnen sich große, weiße oder blauviolette Glockenblüten, die an 15–20 cm langen Stielen sitzen. Sie verströmen einen milden, honigartigen Duft.

**Blütezeit:** Der Flor dauert den ganzen Sommer an.

**Standort:** Der schöne Sommerblüher benötigt eine Kletterhilfe und sollte einen sonnigen Platz erhalten. Sehr gut eignet sich die Glockenrebe zur Begrünung von Zäunen. Sie wächst auch in Pflanzgefäßen am Balkon oder auf der Terrasse.

**Pflege:** Glockenreben sind frostempfindlich und kommen erst im Mai ins Freie.

**Vermehrung:** Neue Pflanzen werden durch Aussaat im Haus oder Gewächshaus vorkultiviert. Das Abhärten der Jungpflanzen im Freien fördert eine kräftige Entwicklung.

**Zusatzinfo:** Glockenreben lassen sich gut mit anderen einjährigen Kletterpflanzen (z. B. Prunkwinden) kombinieren.

## GROSSBLÜTIGE WALDREBE

*Clematis-Hybriden*

**Wuchs:** Waldrebenzüchtungen sind weniger starkwüchsig als die Wildarten. Sie benötigen eine Kletterhilfe aus Draht oder Holzsprossen.

**Blätter:** Je nach Sorte bilden sie drei- oder fünflappige Blätter.

**Blüten:** Die großen Blüten in vielen Farben entwickeln sich an den jungen Trieben.

**Blütezeit:** Die Blüten entfalten sich in den Sommermonaten.

**Standort:** Die flach wurzelnden Waldpflanzen brauchen lockeren Humusboden im Halbschatten.

**Pflege:** Das Mulchen des Wurzelbereichs hält den Boden feucht. Zudem sollten die Pflanzen einen schattigen „Fuß" haben (z.B. Beipflanzen kleiner Büsche).

**Vermehrung:** Die Clematis-Hybriden werden vorwiegend durch Veredelung gewonnen.

**Pflanzendoktor:** Gelegentlich macht sich die Triebwelke durch Absterben ganzer Partien breit. Kranke Triebe sind bis ins gesunde Holz zurückzuschneiden.

**Zusatzinfo:** Oft sind Ansiedlungsversuche an verschiedenen Plätzen nötig.

## HOPFEN

*Humulus lupulus*

**Wuchs:** Hopfenpflanzen können auch im Garten haushohe Triebe entwickeln. Die schlingende Staude umwindet Schnüre oder Spannseile.

**Blätter:** An den einjährigen Trieben entfalten sich dreilappige, filzige Blätter.

**Blüten:** Männliche Pflanzen bilden feingliedrige Blüten; die weiblichen Exemplare bringen die typischen Hopfenzapfen hervor.

**Blütezeit:** Nach der Blütezeit im Sommer reifen die Zapfen.

**Standort:** Die Waldrandpflanze braucht tiefgründigen, humosen Boden und vorzugsweise einen halbschattigen Platz. Sie benötigt eine Kletterhilfe wie z. B. Drähte oder ein Rankgerüst.

**Pflege:** Im Herbst stirbt die Staude oberirdisch ab. Im Frühjahr treibt sie wieder aus dem Wurzelstock aus. Vorher ist ein Rückschnitt bis knapp über dem Boden nötig.

**Vermehrung:** Hopfen ist durch Wurzelschnittlinge oder auch durch Teilung vermehrbar.

**Zusatzinfo:** Im Garten ist auch der einjährige Japanhopfen (H. scandens) kultivierbar, der schwächer wächst.

## IMMERGRÜNES GEISSBLATT

*Lonicera Henry*

**Wuchs:** Dieses 5–7 m hohe Klettergehölz aus Ostasien ist mit dem heimischen Waldgeißblatt (L. caprifolium) verwandt. Es entwickelt ebenso lange schlingende Triebe und bietet einen wirksamen Sichtschutz.

**Blätter:** Die großen, langen Blätter bleiben selbst bei Schnee und Eis sattgrün.

**Blüten:** Die kleinen, gelblichen Blüten sitzen meist versteckt unter dem dichten Blattwerk.

**Blütezeit:** Die Blütezeit beschränkt sich auf wenige Wochen im Juni. Danach entwickeln sich blaue Beeren.

**Standort:** Die Waldpflanze lässt sich sowohl im Schatten unter Bäumen als auch an sonnigen Plätzen ansiedeln. Sie braucht tiefgründigen, gut wasserführenden Boden.

**Pflege:** Das robuste Gehölz sollte möglichst wenig geschnitten werden.

**Vermehrung:** Neue Pflanzen sind sowohl durch Stecklinge als auch durch Absenker vermehrbar.

**Pflanzendoktor:** Bei Trockenheit im Herbst oder im Regenschatten sind insbesondere Jungpflanzen ausreichend mit Wasser zu versorgen.

Mai–Jun

## JELÄNGERJELIEBER

*Lonicera caprifolium*

**Wuchs:** Die kletternde, zu den Geißblattgewächsen zählende Pflanze bildet schlingende Triebe.

**Blätter:** Die gegenständigen, länglichen Blätter sind sommergrün.

**Blüten:** Besonders am Abend duften die gelbweißen Blüten.

**Blütezeit:** Der Hauptflor entfaltet sich im Frühsommer. Nachblüten folgen den ganzen Sommer hindurch.

**Standort:** Die genügsamen Gehölze kommen auf fast jedem Gartenboden zurecht, sowohl auf sonnigen als auch auf halbschattigen Plätzen.

**Pflege:** Die Pflanzen benötigen eine Kletterhilfe. Ein Schnitt ist hingegen nicht nötig.

**Vermehrung:** Jungpflanzen sind durch Stecklinge, Steckhölzer oder Ableger vermehrbar.

**Pflanzendoktor:** Bei sehr ungeeigneten Standorten haben die Pflanzen oft mit Blattläusen zu kämpfen. Dagegen hilft vorbeugend eine gute Versorgung (z. B. mit Kompostgaben).

**Zusatzinfo:** Auch andere Arten sind für den Garten zu empfehlen (z.B. sommergrüne L. x heckrottii und L. periclymenum sowie immergrüne L. henry).

Jul–Aug

## JUNGFERNREBE

*Parthenocissus tricuspidata*

**Wuchs:** Der starkwüchsige Selbstklimmer besitzt im Gegensatz zum Wilden Wein (P. quinquefolia) Haftscheiben, mit denen er sich an Wänden festhalten kann. Zur Gebäudebegrünung geeignet ist v. a. der P. tricuspidata 'Veichii'.

**Blätter:** Die dreilappigen Blätter färben sich im Herbst leuchtend rot.

**Blüten:** Unter dem Blattwerk öffnen sich im Sommer unscheinbare gelbe Blüten.

**Blütezeit:** Aus den Sommerblüten entwickeln sich blaue Früchte.

**Standort:** Ideal für die Jungfernrebe sind große Betonwände oder kahle Mauern. Der Boden sollte tiefgründig sein. Die Kletterpflanze verträgt am besten helle bis halbschattige Plätze. An vollsonnigen Wänden ist sie auf eine gute Wasserführung im Boden angewiesen.

**Pflege:** Wenn der Selbstklimmer ungehindert wachsen darf, braucht er keine besondere Pflege.

**Vermehrung:** Die Jungfernrebe wird durch Veredelung vermehrt.

**Pflanzendoktor:** Bei frühem Frost verwelken die noch grünen Blätter und frischen Triebe. Die Schadstellen verwachsen im nächsten Jahr wieder.

Jun–Jul

## KLETTERHORTENSIE

*Hydrangea petiolaris*

**Wuchs:** Der in Ostasien beheimatete Kletterstrauch hält sich mit Haftwurzeln am Mauerwerk oder an Baumstämmen fest. Er kann bis zu 12 m hoch werden.

**Blätter:** Die großen Blätter sind sommergrün und herzförmig. Sie verfärben sich im Herbst gelb.

**Blüten:** Die cremeweißen Scheinblüten umgeben die kleinen echten Blüten. Sie duften nach Bananen.

**Blütezeit:** Die dicht an dicht stehenden Blütendolden öffnen sich erst im Hochsommer.

**Standort:** Die Waldpflanze braucht einen halbschattigen, windgeschützten Platz und tiefgründigen, lockeren Boden.

**Pflege:** In den ersten Jahren ist eine Kletterhilfe nötig.

**Vermehrung:** Kletterhortensien lassen sich durch Stecklinge heranziehen.

**Pflanzendoktor:** Wie andere Hortensien vertragen die Pflanzen keine volle Sonne.

**Zusatzinfo:** In freiem Stand bildet der Strauch einen breiten Busch. Er lässt sich ebenso zur Begrünung von Pergolen, Baumstämmen, Mauern oder Zäunen einsetzen.

Jun

## KLETTERROSE

*Rosa*

**Wuchs:** Die 3–5 m hohe Kletterrose zählt zu den Spreizklimmern. Sie kann nicht klettern, sondern hält sich mit ihren stacheligen Trieben an der Kletterhilfe fest.

**Blätter:** Die glänzend grünen, ledrigen Blätter sind paarig gefiedert.

**Blüten: Die** Sträucher bringen einfache oder gefüllte Blüten in vielen Farben und Formen hervor.

**Blütezeit:** Hauptblütezeit ist im Juni. Allerdings entfalten sich den ganzen Sommer hindurch immer wieder neue Blüten.

**Standort:** Kletterrosen brauchen einen nährstoffreichen Boden in voller Sonne.

**Pflege:** Im Herbst ist ein luftiger Frostschutz hilfreich. Im Spätwinter erhalten die Sträucher einen Schnitt. Im Sommer werden welke Blüten unverzüglich ausgeputzt.

**Vermehrung:** Alle Sorten werden durch Veredelung auf die wilde Hundsrose vermehrt.

**Pflanzendoktor:** An unpassenden Plätzen–etwa im Schatten oder bei schlechter Belüftung–haben Kletterrosen mit Pilzkrankheiten und Schädlingen zu kämpfen. Gegen Pilzbefall hilft Algenkalk und das Ausschneiden befallener Pflanzenteile.

Jun

## KLETTERSPINDEL

*Euonymus fortunei*

**Wuchs:** Der 0,80–3 m hohe Kletterstrauch hält sich mit Haftwurzeln an der Kletterhilfe fest.

**Blätter:** Die kleinen, ledrigen Blätter sind auch im Winter grün. Sie können ihre Farbe verändern und dann rötlich werden.

**Blüten:** An den jungen Trieben öffnen sich kleine, grünliche Blüten. Daraus entwickeln sich orangefarbene Beeren.

**Blütezeit:** Die Blütezeit beschränkt sich auf den Juni.

**Standort:** Die Kletterspindel wächst sowohl an sonnigen als auch an schattigen Plätzen.

**Pflege:** Wo sich der Kletterstrauch ungehindert ausbreiten darf, braucht er keine Pflege. Falls nötig, verträgt er den Rückschnitt störender Zweige.

**Vermehrung:** Neue Pflanzen lassen sich durch Stecklinge oder Absenker vermehren.

**Pflanzendoktor:** Damit sich der schwachwachsende Kletterstrauch entwickeln kann, sollten wuchernde Konkurrenzpflanzen eingedämmt werden.

**Zusatzinfo:** Die Beeren sind für Menschen giftig.

Mai–Aug

## PFEIFENWINDE

*Aristolochia macrophylla*

**Wuchs:** Dieser starkwüchsige, 3–8 m hohe Schlinger kann sich an einem Regenrohr bis zum Dach winden oder auf einer Pergola eine dichte Laube bilden.

**Blätter:** Die sehr großen, langen und herzförmigen Blätter bieten einen ausgezeichneten Sonnenschutz.

**Blüten:** Unter den Blättern verbergen sich kleine Blüten, die wie Tabakpfeifen aussehen. Sie sind außen gelbgrün und innen rotbraun.

**Blütezeit:** Die Blüten öffnen sich ab Mai.

**Standort:** Pfeifenwinden sollten einen halbschattigen Platz auf tiefgründigem Boden bekommen.

**Pflege:** Die Kletterpflanzen benötigen eine Kletterhilfe (Rankgerüst, Spalier, Laube).

**Vermehrung:** Neue Pflanzen sind durch Steckhölzer oder auch durch Ableger zu bekommen.

**Pflanzendoktor:** Die Flachwurzler sind empfindlich gegen Bodentrockenheit. Dagegen hilft das Mulchen mit Rinde oder Kompost.

**Zusatzinfo:** Die Pfeifenwinde lässt sich auch zur Begrünung von Dachrinnen nutzen.

Jul–Sep

## SCHLINGKNÖTERICH

*Fallopia aubertii*

**Wuchs:** Der starkwüchsige, 8–15 m hohe Schlinger kann ganze Gebäude überwuchern. Besser als am Haus ist er an Zäunen oder Pergolen aufgehoben.

**Blätter:** Die lanzettlichen Blätter werden zur Hauptblütezeit fast völlig von den Blüten überdeckt.

**Blüten:** Die üppigen Rispen können fast 50 cm Länge erreichen. Sie spenden im Sommer wertvollen Nektar für Bienen.

**Blütezeit:** Der Flor dauert von Juli bis September.

**Standort:** Der Schlingknöterich eignet sich gut zum Kaschieren hässlicher Baulichkeiten. Er wächst auf jedem Gartenboden.

**Pflege:** Die meterlangen Jahrestriebe können Zäune, Drähte oder Spaliere umwinden. Sie verholzen mit der Zeit. Der Schlingknöterich ist schnittverträglich, braucht aber keinen besonderen Schnitt, wenn er wuchern darf.

**Vermehrung:** Neue Pflanzen können durch Steckhölzer oder Absenker gewonnen werden.

**Pflanzendoktor:** Schädlinge und Krankheiten sind selten. Vorsicht ist geboten, wenn die Pflanze ins Nachbargrundstück vordringt.

Jun–Aug

## STRAHLENGRIFFEL

*Actinidia arguta*

**Wuchs:** Der starkwüchsige, bis zu 7 m hohe Kletterstrauch bildet dicke Zweige, die Pfosten oder Spanndrähte umwinden.

**Blätter:** Die eiförmigen Blätter sind glänzend grün (anders als bei der Kiwi).

**Blüten:** Die weißen Blüten sind getrenntgeschlechtlich. Weibliche Blüten haben nur Stempel, männliche ausschließlich Staubgefäße. Werden eine weibliche und eine männliche Pflanze eingesetzt, entwickeln sich essbare Früchte.

**Blütezeit:** Erst im Juni entfalten sich Blüten an jungen Trieben.

**Standort:** Die Pflanze bevorzugt einen geschützten, sonnigen Platz.

**Pflege:** Das Klettergehölz benötigt eine Kletterhilfe.

**Vermehrung:** Der Scharfzähnige Strahlengriffel ist durch Stecklinge oder Aussaat vermehrbar.

**Pflanzendoktor:** Die Kletterpflanze wird kaum von Krankheiten oder Schädlingen befallen.

**Zusatzinfo:** Der Strahlengriffel ist mit der Kiwi verwandt. Er entwickelt kleine Früchte, die erst schmecken, wenn sie gut ausgereift sind.

Jul–Okt

## TRICHTERWINDE

*Ipomoea tricolor*

**Wuchs:** Die einjährige Kletterpflanze windet sich bis ca. 3 m an Spannschnüren oder verschiedenen anderen Kletterhilfen hoch.

**Blätter:** Die herzförmigen Blätter sind sommergrün.

**Blüten:** Die dreifarbigen Blüten (weiß, rot und blau) öffnen sich nur bei schönem Wetter.

**Blütezeit:** Von Juli bis Oktober erblüht die Pflanze stets aufs Neue. Bei Regen bleiben die großen Trichter allerdings geschlossen.

**Standort:** Die Auspflanzung erfolgt auf nährstoffreichem Gartenboden an vollsonnigen Plätzen oder in Kübeln auf Balkon oder Terrasse.

**Pflege:** In Pflanzgefäßen ist eine ausreichende Wasser- und Nährstoffversorgung nötig.

**Vermehrung:** Die Trichterwinde wird durch Aussaat im Haus vermehrt.

**Pflanzendoktor:** Jungpflanzen sind frostgefährdet. Sie sollten diese deshalb nicht zu früh ausquartieren oder bei Nachtfrostgefahr wieder ins Haus stellen.

**Zusatzinfo:** Die Trichterwinde lässt sich mit Feuerbohnen, Glockenwinden oder Kapuzinerkresse für den Sichtschutz am Balkon einsetzen.

## TROMPETENBLUME

*Campsis radicans*

**Wuchs:** Dieser starkwüchsige Kletterstrauch, der bis zu 10 m hoch werden kann, hält sich mit Haftwurzeln an Wänden fest.

**Blätter:** Die gefiederten, sommergrünen Blätter sind glänzend grün.

**Blüten:** Im Sommer öffnen sich die orangefarbenen Trichterblüten in dichten Büscheln.

**Blütezeit:** Die Hauptblütezeit ist im Hochsommer.

**Standort:** Die wärmebedürftigen Pflanzen brauchen einen geschützten, sonnigen Platz. Die Wurzeln sollten, wenn möglich, schattiert werden (z. B. mit niedrigen Pflanzen oder Bodendeckern).

**Pflege:** Falls nötig, kann man die Pflanze im Spätwinter zurückschneiden. Bis zum Sommer bilden sich dann wieder blühfähige Triebe.

**Vermehrung:** Neue Pflanzen lassen sich durch Absenker oder Stecklinge gewinnen.

**Pflanzendoktor:** Das Mulchen des Bodens verhindert Wurzelschäden durch Austrocknung.

**Zusatzinfo:** Die Haftwurzeln der Triebe können einen buschigen Strauch nicht halten. Deshalb empfiehlt sich eine Kletterhilfe.

## WILDER WEIN

*Parthenocissus quinquefolia*

**Wuchs:** Der starkwüchsige, 8–15 m hohe Kletterstrauch hält sich mit Sprossranken an Drähten, Zäunen oder Zweigen fest.

**Blätter:** Die fünflappigen, sommergrünen Blätter färben sich bereits im Frühherbst leuchtend rot.

**Blüten:** Aus unauffälligen, gelben Blütenbüscheln reifen blaue Beeren.

**Blütezeit:** Die Blüten sind im Sommer eine wertvolle Nektarquelle für Insekten.

**Standort:** Der genügsame Kletterer wächst auf jedem Gartenboden, sowohl an sonnigen als auch an halbschattigen Plätzen.

**Pflege:** Die Pflanze benötigt eine Kletterhilfe (Rankgerüst, Spalier, Drähte). Da der Kletterstrauch schnell wächst, wird nach einiger Zeit evtl. ein Rückschnitt nötig (jederzeit möglich).

**Vermehrung:** Wilder Wein ist durch Ableger oder auch durch Stecklinge vermehrbar.

**Pflanzendoktor:** Das robuste Gehölz ist widerstandsfähig gegen Krankheiten und Schädlinge.

**Zusatzinfo:** Anders als die Jungfernrebe eignet sich der Wilde Wein nicht zur Begrünung von Mauerwerk.

## WINTERJASMIN

*Jasmin nudiflorum*

**Wuchs:** Dieses Gehölz aus Ostasien bringt viele lange, grüne Triebe hervor, die sich in die Kletterhilfe einspreizen und bogig überhängen. Es kann zudem auch kriechend am Boden wachsen.

**Blätter:** Die vielen kleinen Blättchen sind glänzend grün.

**Blüten:** Die kleinen, gelben Trichterblüten wirken besonders durch ihre Fülle.

**Blütezeit:** Bei mildem Wetter öffnen sich die Knospen mitten im Winter.

**Standort:** Der Strauch benötigt einen sonnigen bis halbschattigen, geschützten Standort und toleriert jeden Gartenboden. Er kann an einer Böschung gepflanzt werden, dann wächst er überhängend, oder man lässt ihn an einem Spalier am Haus hochwachsen.

**Pflege:** Der kleine Strauch benötigt keinen Schnitt und wird von Jahr zu Jahr buschiger.

**Vermehrung:** Neue Pflanzen lassen sich durch Ableger oder Stecklinge vermehren.

**Pflanzendoktor:** Zum Schutz vor zu frühem Aufblühen kann die Schattierung mit einer Schilfrohrmatte nützlich sein.

Jun–Sep

## BARTNELKE

*Dianthus barbatus*

**Wuchs:** Die zwei- bis mehrjährige Pflanze bildet etwa 50 cm hohe Büsche mit langen Blättern.

**Blätter:** Die schmalen, langen, dunkelgrünen Blätter sitzen kreuzständig an den Trieben.

**Blüten:** Im Sommer entfalten sich dichte Büschel aus fünfzähligen Einzelblüten in roten Farbtönen oder Weiß, die stark duften.

**Blütezeit:** Der Flor dauert von Juni bis September an.

**Standort:** Die Pflanzen benötigen einen lockeren Gartenboden in voller Sonne oder im Halbschatten.

**Pflege:** Die Sämlinge werden aus dem Anzuchtkasten im Spätsommer in die Beete gepflanzt.

**Vermehrung:** Bartnelken sind durch Aussaat vermehrbar. Alte Bestände vermehren sich selbst durch Samen. Möglich ist auch die Teilung üppiger Horste oder die Vermehrung durch Stecklinge.

**Pflanzendoktor:** Ein luftiger Stand wirkt der Gefahr durch Pilzerkrankungen wie Nelkenrost entgegen.

**Zusatzinfo:** Diese Gartenpflanze darf nach der Ansiedlung in den Beeten verwildern. Die Sämlinge blühen erst im zweiten Jahr!

Jul–Okt

## BECHERMALVE

*Lavatera trimestris*

**Wuchs:** Die einjährigen Bechermalven – es gibt auch mehrjährige Arten – bilden etwa 1 m hohe Büsche. Sie lassen sich u. a. in gemischte Gruppen pflanzen.

**Blätter:** Die großen, gelappten Blätter sind herzförmig und behaart.

**Blüten:** Die Pflanzen entwickeln große, trichterförmige Blüten in Rosarot oder Weiß.

**Blütezeit:** Die Pflanzen erblühen im Hochsommer und behalten den Flor bis in den Herbst.

**Standort:** Die anspruchslose Bechermalve bevorzugt einen vollsonnigen Standort auf gut versorgtem Gartenboden.

**Pflege:** Das Ausputzen welker Blüten der Bechermalve fördert die Entwicklung neuer Knospen.

**Vermehrung:** Die Aussaat erfolgt ab Februar im Haus oder ab Ende April im Gartenbeet. Die Jungpflanzen kommen im Mai in den Garten.

**Pflanzendoktor:** Gegen die Ausbreitung von Pilzkrankheiten hilft das Ausputzen befallener Blätter.

**Zusatzinfo:** Die Aussaat in mehreren Etappen verlängert die Blütezeit, der richtige Standort fördert die Blütenbildung.

Mai–Okt

## BEGONIE

*Begonia Semperflorens-Hybriden*

**Wuchs:** Die kleinen Züchtungen bilden bodendeckende Bestände mit einer Fülle an Blüten.

**Blätter:** Die ledrigen, glänzenden Blätter sind je nach Sorte grün bis rötlich gefärbt.

**Blüten:** Im Sommer bringen diese zwergwüchsigen Begonien rosarote, rote oder weiße Blüten hervor.

**Blütezeit:** Der Flor dauert vom Mai bis zum ersten Frost an.

**Standort:** Die zu den Schiefblattgewächsen gehörende Begonie bevorzugt einen halbschattigen Platz auf feuchtem, aber nicht nassem Humusboden. Bei günstigen Wachstumsbedingungen bringen die Pflanzen den ganzen Sommer frische Blüten hervor.

**Pflege:** Das Ausputzen welker Blüten fördert die Bildung neuer Knospen.

**Vermehrung:** Die Sorten werden im Haus durch Aussaat vermehrt.

**Pflanzendoktor:** Bei Anzeichen von Mehltau oder Grauschimmel sollten Sie sofort die Blätter ausputzen.

**Zusatzinfo:** Begonien kommen zur Wirkung, wenn sie in Gruppen gepflanzt werden.

## CHINANELKE

*Dianthus chinensis*

**Wuchs:** Die einjährigen, auch Kaisernelken genannten Pflanzen bilden kleine Büsche mit ca. 30 cm Höhe.

**Blätter:** Die schmalen, länglichen Blätter sind je nach Sorte graugrün oder grün.

**Blüten:** Den Sommer hindurch bringen Chinanelken eine Fülle an Blüten hervor. Es gibt viele verschiedene Sorten in roten, rosaroten oder weißen ('Telstar White', siehe Foto) Tönen, mit gefüllten und einfachen Blüten.

**Blütezeit:** Die Pflanzen blühen vom Frühjahr bis in den Herbst.

**Standort:** Die einjährigen Nelken lassen sich in Balkonkästen oder in sonnigen Beeten mit nährstoffreichem Boden kultivieren.

**Pflege:** Eine ausreichende Wasserversorgung fördert die Vitalität. Staunässe ist zu vermeiden.

**Vermehrung:** Die Aussaat erfolgt im Winter im Haus; ausgepflanzt wird erst im Mai.

**Pflanzendoktor:** Bei Anzeichen von Pilzkrankheiten sollten Sie befallene Blätter ausputzen!

**Zusatzinfo:** Für ein buntes Nelkenbeet sollten verschiedene Sorten vermehrt, vorkultiviert und ausgepflanzt werden.

## DUFTSTEINRICH

*Lobularia maritima*

**Wuchs:** Die einjährige Pflanze bedeckt als niedriges Polster mit weitverzweigten Trieben den Boden z. B. von Steingärten oder Beeten. Sie erreicht nur ca. 20 cm Höhe.

**Blätter:** Die kleinen, länglichen Blättchen werden von den Blütenbüscheln verdeckt.

**Blüten:** Der Kreuzblütler zeichnet sich durch eine enorme Blühfähigkeit aus. Er entwickelt Blüten in Weiß, Rosa und Violett ('Easter Bonnet Lavender', siehe Foto).

**Blütezeit:** Der stark duftende Flor des Duftsteinrichs bleibt vom Frühjahr bis zum Herbst erhalten.

**Standort:** Die Mittelmeerpflanze braucht einen vollsonnigen Platz auf magerem Boden. Sie lässt sich auch zur Unterpflanzung in Kübeln und Stauden- oder Rosenbeeten nutzen.

**Pflege:** Das Ausputzen verblühter Triebe fördert die Nachblüte.

**Vermehrung:** Die Pflanzen lassen sich im Spätwinter durch Aussaat im Haus vermehren.

**Pflanzendoktor:** Staunässe ist schädlich und zu vermeiden.

**Zusatzinfo:** Den Duftsteinrich möglichst so pflanzen, dass sein Duft zur Wirkung kommt.

## DUFTTABAK

*Nicotiana sylvestris*

**Wuchs:** Dieser Waldtabak wird zur Erzeugung von Rauchtabak sowie als Zierpflanze kultiviert. Die von Natur aus mehrjährige Staude bildet als einjährige Sommerblume 1–1,50 m hohe Pflanzen.

**Blätter:** Die großen Blätter des Dufttabaks sind an einem aufrechten, kräftigen Stängel angeordnet.

**Blüten:** Die röhrenförmigen, weißen Blüten sitzen in überhängenden Büscheln an den Triebenden und duften angenehm.

**Blütezeit:** Die Blütezeit dauert von Juni bis September.

**Standort:** Die Tropenpflanze braucht einen sonnigen Platz auf nährstoffreichem Boden.

**Pflege:** Nach dem Auspflanzen im Mai sind reichliche Wassergaben nötig. Während der Saison werden welke Blätter und Blüten ausgeputzt.

**Vermehrung:** Die Aussaat erfolgt im Spätwinter im Haus. Damit sich kräftige Sämlinge entwickeln, ist mehrmaliges Umtopfen auf jeden Fall empfehlenswert.

**Pflanzendoktor:** Im Anzuchtquartier helfen biologische Mittel gegen Weiße Fliegen und andere Insekten.

Jul–Okt

# EINJÄHRIGER SONNENHUT

*Rudbeckia hirta*

**Wuchs:** Das Asterngewächs bringt dichte Büschel aus verzweigten Trieben hervor. Es erreicht je nach Sorte 0,30–1 m Höhe.

**Blätter:** Die großen, länglichen Blätter sind behaart.

**Blüten:** Je nach Sorte entfalten sich gelbe, rotbraune oder orange Blüten mit brauner Mitte.

**Blütezeit:** Der Sommerblüher bringt vom Hochsommer bis in den Spätherbst frische Blüten hervor.

**Standort:** Der Einjährige Sonnenhut bevorzugt einen vollsonnigen Standort auf nährstoffreichem Boden. Er lässt sich außerdem auch in Pflanzgefäßen einsetzen.

**Pflege:** Das Ausschneiden welker Blütenstände regt zur Bildung frischer Knospen an.

**Vermehrung:** Die Aussaat erfolgt im Frühjahr im Haus; die Sämlinge kommen im Mai in den Garten.

**Pflanzendoktor:** Bei nassem Wetter kann sich gelegentlich Mehltau ausbreiten. Befallene Blätter sollten sofort ausgeputzt werden!

**Zusatzinfo:** Kleine Sorten lassen sich auch in Balkonkästen kultivieren.

Jul–Sep

# FEDERBUSCH

*Celosia plumosa*

**Wuchs:** Dieses Fuchsschwanzgewächs bildet kleine Büsche mit 20–50 cm Höhe, die von einem auffälligen Blütenschopf gekrönt werden.

**Blätter:** Die großen, länglichen Blätter laufen spitz zu und können je nach Sorte grün oder rot gefärbt sein.

**Blüten:** Die ungewöhnlichen roten ('Fresh Look Rot', siehe Foto), weißen oder gelben Blüten erinnern an Hahnenkämme oder Federbüsche.

**Blütezeit:** Die Blütezeit dauert von Juli bis September.

**Standort:** Die tropischen Pflanzen brauchen einen geschützten, sonnigen Platz auf nährstoffreichem, lockerem Boden.

**Pflege:** Neben der Wasserversorgung fördert das Ausputzen welker Blüten die Vitalität.

**Vermehrung:** Die Aussaat erfolgt im März im Haus. Die Jungpflanzen kommen dann im Mai ins Freiland.

**Pflanzendoktor:** Bei Dauerregen sind die Pflanzen anfällig für Pilzkrankheiten. Erkrankte Blätter werden umgehend ausgeputzt.

**Zusatzinfo:** Die Blüten bestehen aus Verbänderungen. Sie bilden nur selten Samen. Für die Vermehrung ist Züchtersaatgut nötig.

Mai–Okt

# FEUERSALBEI

*Salvia splendens*

**Wuchs:** Anders als der echte strauchartige Salbei treibt diese Züchtung krautige Büsche, die bis zu 50 cm hoch werden.

**Blätter:** Die Blätter sind frisch grün, herzförmig und leicht gezähnt.

**Blüten:** Der lang anhaltende, rote ('Fire Star', siehe Foto) weiße oder violette Flor steht in großen, aufrechten Rispen an den Trieben.

**Blütezeit:** Den ganzen Sommer hindurch öffnen sich neue, feuerrote, weiße, rosa oder violette Blüten.

**Standort:** Ein vollsonniger Platz auf nährstoffreichem Boden begünstigt die Blütenbildung. Die Pflanze eignet sich auch als Beetumrandung und für Kübel auf der Terrasse.

**Pflege:** Welke Blüten sind unbedingt zu entfernen.

**Vermehrung:** Die Aussaat erfolgt im Februar mit Vorkultur im Haus. Die Sämlinge erhalten ihren Platz im Garten ab Mai.

**Pflanzendoktor:** Bei Nässe breiten sich Pilzkrankheiten aus. Kranke Pflanzenteile sollten deshalb unverzüglich entfernt werden. Jungpflanzen benötigen außerdem einen Schutz vor Schnecken.

## FLEISSIGES LIESCHEN

*Impatiens walleriana*

**Wuchs:** Die 15–60 cm hohe, immergrüne Staude stammt ursprünglich aus den Tropenwäldern Ostafrikas. Sie wird als Sommerblume einjährig kultiviert.

**Blätter:** Die länglichen Blätter sind vorwiegend dunkelgrün.

**Blüten:** Durch Züchtung sind viele Sorten mit roten, rosaroten und weißen Blüten entstanden.

**Blütezeit:** Als Gartenpflanzen bringen die Fleißigen Lieschen den ganzen Sommer hindurch frische Blüten hervor.

**Standort:** Ideal ist ein halbschattiger bis schattiger Standort auf nährstoffreichem Boden.

**Pflege:** Das Entfernen welker Blütenstände und kranker Blätter begünstigt die Nachblüte.

**Vermehrung:** Neue Pflanzen lassen sich im Winter durch Aussaat oder jederzeit auch durch Stecklinge vermehren.

**Pflanzendoktor:** Bei nasskaltem Wetter breiten sich Pilzkrankheiten aus. Befallene Pflanzenteile sind deshalb unverzüglich zu entfernen. Jungpflanzen benötigen einen Schutz vor Schnecken.

## GARTENFUCHS-SCHWANZ

*Amaranthus caudatus*

**Wuchs:** Die etwa 1 m hohe Pflanze wird in ihrer südamerikanischen Heimat als Nutzpflanze kultiviert. Im Garten dient sie als Ziergewächs.

**Blätter:** An kräftigen Stängeln entwickeln sich große, pfeilförmige Blätter in Grün oder Rot, die überhängend wachsen.

**Blüten:** Im Sommer treiben lange, überhängende Blütenähren in Dunkelrot oder Orange aus.

**Blütezeit:** Der Dauerblüher wirkt von Juli bis Oktober attraktiv.

**Standort:** Für eine gute Entwicklung ist ein warmer sowie sonniger Platz auf nährstoffreichem Boden erforderlich.

**Pflege:** Nach dem Auspflanzen im Mai brauchen die starkwüchsigen Pflanzen reichlich Wasser und Dünger. Welke Blätter sind zu entfernen.

**Vermehrung:** Die Aussaat erfolgt ab März im Haus. Nach dem Pikieren in Töpfe erhalten die Pflanzen dann im Mai ihren Platz im Garten.

**Pflanzendoktor:** Während der Anzucht werden die Sämlinge von Blattläusen und anderen Sauginsekten heimgesucht. Dagegen wirken biologische Mittel.

## GARTENRESEDA

*Reseda odorata*

**Wuchs:** Die einjährige Pflanze aus dem Mittelmeerraum entwickelt kleine Büsche aus aufrechten langen Trieben. Sie kann eine Höhe von bis zu 30 cm erreichen.

**Blätter:** Die schmalen, langen Blätter sitzen quirlartig an den Trieben.

**Blüten:** Im Sommer öffnen sich an den Triebspitzen kleine gelbe Blüten, die stark duften. Es gibt Sorten sowohl mit einfachen als auch mit gefüllten Blüten.

**Blütezeit:** Der Flor dauert bis in den Frühherbst.

**Standort:** Die Pflanzen gedeihen am besten an sonnigen Plätzen auf nährstoffreichem Boden.

**Pflege:** An ungeschützten Plätzen fallen die Triebe leicht um. Falls nötig kann man den Horsten eine Stütze geben.

**Vermehrung:** Die Aussaat kann im April direkt ins Freiland erfolgen oder im Spätwinter durch Vorkultur im Haus.

**Pflanzendoktor:** Die Pflanzen reagieren empfindlich gegen Staunässe. Vorbeugend sollten sie deshalb auf durchlässigem Boden gepflanzt werden.

Mai–Sep

## GAZANIE

*Gazania-Hybriden*

**Wuchs:** Die südafrikanischen Stauden, auch Mittagsgoldblumen genannt, bilden bodendeckende, kompakte Büsche, die bis zu 25 cm hoch werden können.

**Blätter:** Je nach Sorte treiben die Gazanien silbriggraue oder glänzend grüne, schmale Blätter.

**Blüten:** Die großen, strahlenförmigen Blüten sind weiß, gelb, rot, orange oder mehrfarbig. Sie stehen auf kurzen, starren Stielen.

**Blütezeit:** Bei rechtzeitiger Vorkultur beginnt die Blütezeit im Mai und dauert bis zum Spätsommer an.

**Standort:** Die lichtbedürftigen Pflanzen brauchen vollsonnige Plätze auf durchlässigem Boden.

**Pflege:** Das Ausschneiden welker Blüten verlängert die Blütezeit. Die ausdauernden Stauden können im Haus überwintert werden.

**Vermehrung:** Die Pflanzen sind durch Aussaat und Vorkultur ab Februar im Haus vermehrbar und können ab Mai in die Beete gepflanzt werden.

**Pflanzendoktor:** Die Pflanzen vertragen keine Staunässe.

**Zusatzinfo:** Die Gazanie blüht nur bei sonnigem Wetter auf. Bei Regen bleiben die Blüten geschlossen.

Jun–Sep

## GEWÖHNLICHE NACHTKERZE

*Oenothera biennis*

**Wuchs:** Die Gewöhnliche Nachtkerze entwickelt aus fleischigen Wurzeln üppige Horste mit aufrecht wachsenden einzelnen Stängeln.

**Blätter:** Die frisch grünen, filzigen Blätter färben sich im Herbst in der Regel orangerot.

**Blüten:** Die großen, gelben Blüten sind nicht lange haltbar.

**Blütezeit:** Von Juni bis zum Spätsommer entfalten sich aus einem stetig wachsenden Stängel immer neue Blüten.

**Standort:** Die genügsamen Pflanzen bevorzugen sonnige Plätze.

**Pflege:** Die Pflanze benötigt keinen speziellen Winterschutz.

**Vermehrung:** Erfolgt die Aussaat im Sommer (Juli), bilden sich im selben Jahr nur Blattrosetten. Die Blütenstände treiben erst im nächsten Jahr (zweijährige Kultur). Eine frühe Aussaat (ab Mai im Freiland) bewirkt, dass die Pflanze noch im selben Jahr blüht (einjährige Kultur).

**Pflanzendoktor:** Damit sich die Wildpflanzen nicht zu sehr im Garten breit machen, sollten die Samenstände unbedingt vorzeitig abgeschnitten werden.

Mai–Jul

## GOLDLACK

*Cheiranthus cheiri*

**Wuchs:** Diese zweijährigen Halbsträucher können bis zu 70 cm hoch werden. Sie bilden im Garten gut verzweigte Büsche.

**Blätter:** Die schmalen, langen Blätter sitzen an verholzenden Stängeln. Sie sind wintergrün.

**Blüten:** Die gelben oder orangefarbenen Blüten können einfach oder gefüllt sein und verströmen einen intensiven, angenehmen Duft.

**Blütezeit:** Der Flor dauert von Mai bis Juli.

**Standort:** An geschützten, sonnigen Plätzen bleiben die Pflanzen bis zum Spätherbst vital.

**Pflege:** Im Winter brauchen sie einen ausreichenden Frostschutz.

**Vermehrung:** Die Aussaat erfolgt ab Mai im Freiland in Töpfe.

**Pflanzendoktor:** Kräftige Pflanzen lassen sich mit ausreichendem Frostschutz im Freien überwintern. Topfpflanzen erhalten einen Platz im Frühbeet oder Kalthaus.

**Zusatzinfo:** In der Regel wird der Goldlack zweijährig kultiviert. Die Jungpflanzen kommen dann nach der Überwinterung im zweiten Jahr zur Blüte.

## GOLDMOHN

*Eschscholzia californica*

**Wuchs:** Die einjährigen Pflanzen breiten sich flächig aus. Sie können bis zu 30 cm hoch werden.

**Blätter:** Die graugrünen, feinen Blätter stehen an kurzen Stängeln.

**Blüten:** Die goldgelben bis orangefarbenen, großen Blüten erinnern an Schlafmützen. Sie öffnen sich bei direkter Sonneneinstrahlung und bleiben bei Regen geschlossen.

**Blütezeit:** Der Flor dauert von Juni bis zum Herbst.

**Standort:** Die Pflanze bevorzugt sonnige Plätze auf durchlässigem, magerem Boden. Die Blüten kommen dabei besonders in dichten Beständen zur Geltung, eignen sich aber auch zur Bepflanzung von Lücken in Beeten.

**Pflege:** Der Goldmohn lässt sich aufgrund seiner langen Pfahlwurzeln nur schlecht umpflanzen.

**Vermehrung:** Die Aussaat ist ab März/April möglich. Die Pflanzen säen sich im Sommer selbst aus. Die Samen keimen, wenn sie nicht durch Grabarbeiten gestört werden.

**Zusatzinfo:** Die in Kalifornien beheimatete Pflanze wird auch Schlafmützchen oder Kalifornischer Kappenmohn genannt und ist die Wappenblume des Staates.

## HUSARENKNOPF

*Sanvitalia procumbens*

**Wuchs:** Das Asterngewächs aus Mittelamerika wird vorwiegend als Balkonblume kultiviert. Die einjährigen Dauerblüher lassen sich auch in sonnige Beete oder Rabatten pflanzen, wo sie etwa 25 cm hohe Bestände bilden können.

**Blätter:** An gut verzweigten Büschen bilden sich kleine, ovale Blätter in Hellgrün.

**Blüten:** Die sternförmigen, gelben Blüten mit dunkler Mitte sehen kleinen Sonnenblumen ähnlich.

**Blütezeit:** Unermüdlich entfalten sich von Mai bis Oktober ständig neue Blüten.

**Standort:** Die subtropischen Blumen brauchen einen sonnigen Platz auf lockerem, durchlässigem Boden.

**Pflege:** Neben der Wasserversorgung an heißen Sommertagen und einer maßvollen Düngung trägt das Ausputzen welker Blüten zur Wachstumsförderung bei.

**Vermehrung:** Die Aussaat erfolgt bereits ab März im Haus. Die Sämlinge werden dann im Mai ausgepflanzt.

**Pflanzendoktor:** Schädlinge sind selten. Vorbeugend gegen Pilzkrankheiten ist ein sonniger Stand nützlich. Zudem ist das Vernässen der genügsamen Pflanzen zu vermeiden.

## JUDASSILBERLING

*Lunaria annua*

**Wuchs:** Die ein- bis zweijährige Pflanze aus dem Mittelmeerraum, auch Silberblatt oder Mondviole genannt, bildet Bestände mit 0,50–1 m hohen, aufrechten Exemplaren.

**Blätter:** Die großen, blaugrünen, länglichen Blätter sitzen gegenständig an den langen Stängeln.

**Blüten:** An den Triebenden öffnen sich violette Kreuzblüten, die kleine Büschel bilden.

**Blütezeit:** Nach der Blütezeit im Frühsommer sehen auch die silbrigen Samenstände noch sehr dekorativ aus.

**Standort:** Die Pflanzen bevorzugen halbschattige Plätze auf nährstoffreichem Boden.

**Pflege:** Wenn die Pflanzen ungestört bleiben, verwildern sie ohne besondere Pflege.

**Vermehrung:** Die gezielte Aussaat ist im Mai/Juni direkt ins Freiland möglich. Das Vereinzeln der Sämlinge fördert deren Entwicklung.

**Pflanzendoktor:** Bei Trockenheit werden die Blätter rasch schlaff. Vorbeugend sollte man die Pflanze deshalb an halbsonnigen, geschützten Plätzen ansiedeln.

## JUNGFER IM GRÜNEN

*Nigella damascena*

**Wuchs:** Die zarte einjährige Blume, auch Schwarzkümmel genannt, bildet etwa 50 cm hohe, feingliedrige Büsche, die stark verästelt wachsen.

**Blätter:** Die haarfeinen, nadelförmigen Blätter sitzen an festen Stängeln.

**Blüten:** Im Sommer entfalten sich große, gefüllte Blüten vorwiegend in Blautönen und Weiß.

**Blütezeit:** Der Flor dauert den ganzen Sommer hindurch. Aus den Blüten entwickeln sich schließlich große Balgfrüchte.

**Standort:** Die mediterrane Pflanze braucht einen sonnigen Stand auf nährstoffreichem Boden.

**Pflege:** Nach der Aussaat bedarf die Pflanze keiner besonderen Pflege.

**Vermehrung:** Die Aussaat erfolgt im März/April direkt ins Freiland oder auch im Spätwinter mit Vorkultur im Haus.

**Pflanzendoktor:** Wenn die Pflanzen im Beet nicht gestört werden, säen sie sich selbst aus.

**Zusatzinfo:** Die schwarzen Samen der Pflanze werden in orientalischen Speisen eingesetzt. Schwarzkümmelöl wird auch als Heilmittel verwendet.

## KAPUZINERKRESSE

*Tropaeolum majus*

**Wuchs:** Auf Beeten breiten sich die 0,20–2 m hohen Pflanzen flächig aus, an Spalieren und Zäunen ranken sie nach oben.

**Blätter:** Die runden Blätter sind problemlos essbar.

**Blüten:** Typisch für die großen, orangefarbenen Blüten ist ihre Trichterform. Auch sie sind essbar.

**Blütezeit:** Von Juli bis Oktober bilden sich ständig neue Blüten.

**Standort:** Die einjährigen Pflanzen gedeihen in voller Sonne auf nährstoffreichem Boden.

**Pflege:** Nach der Aussaat oder dem Auspflanzen ist keine besondere Pflege nötig. Regelmäßiges Gießen genügt. Eine Versorgung mit Dünger fördert zudem die Vitalität.

**Vermehrung:** Die Aussaat erfolgt im Haus oder ab Mai direkt im Freien.

**Pflanzendoktor:** Die Kohlgewächse sollten nicht nach oder neben Kohl kultiviert werden.

**Zusatzinfo:** Unter Apfelbäume gesät, schützt die Kapuzinerkresse vor Blutläusen. Als Kletterpflanze eignet sich v. a. die Kletternde Kapuzinerkresse (T. peregrinum), die mit ihren langen Trieben 3 m Höhe erreichen kann.

## KLATSCHMOHN

*Papaver rhoeas*

**Wuchs:** Die einjährige Wildpflanze breitet sich auf Brachland flächig aus. Für den Garten eignen sich einfach oder gefüllt blühende Mischungen mit einer Höhe von etwa 70 cm.

**Blätter:** Die silbrigen, gezähnten Blätter sind behaart.

**Blüten:** Schon im Frühjahr nach der Keimung entfalten sich zarte rote Blüten. Die gezüchteten Sorten blühen weiß, rosa oder scharlachrot.

**Blütezeit:** Der Flor kann von Mai bis Juli andauern.

**Standort:** Die Pionierpflanzen keimen auf sonnigem Bauland oder brachliegenden Äckern. Am besten gedeihen sie auf nährstoffreichen Lehmböden.

**Pflege:** Bei Trockenheit muss Klatschmohn gegossen werden.

**Vermehrung:** Der Klatschmohn sät sich selbst aus. Züchtungen werden im März direkt ins Freiland gesät.

**Pflanzendoktor:** Wenn der Bestand nicht gestört wird, bilden sich jedes Jahr neue Sämlinge.

**Zusatzinfo:** Die Samen sind viele Jahre keimfähig. Sie nutzen ihre Chance etwa auf Erdhügeln oder Humushaufen. V. a. der weiße Milchsaft der Klatschmohns ist schwach giftig.

Jun–Sep

## KÖNIGSKERZE

*Verbascum*

**Wuchs:** Die zweijährige Pflanze bildet im ersten Jahr eine große Blattrosette. Im nächsten Jahr treibt daraus ein kräftiger Blütenstängel. Sie wird aufrecht bis zu 2 m hoch.

**Blätter:** Die silbriggrünen Blätter sind wintergrün und filzig.

**Blüten:** An einem kräftigen Stängel öffnen sich von unten nach oben kleine gelbe Blüten.

**Blütezeit:** Der Flor dauert von Juni bis September.

**Standort:** Königskerzen wachsen bei sonnigem Stand auf jedem durchlässigen Boden. Die winterharten Blattrosetten brauchen keinen Schutz.

**Pflege:** Die anspruchslose Königskerze muss nicht gedüngt, aber regelmäßig gegossen werden. Gegen Staunässe ist sie jedoch sehr empfindlich. Sie sollte nie nass stehen.

**Vermehrung:** Nach Blüte und Samenbildung erfolgt die Selbstaussaat. Eine gezielte Vermehrung ist durch Aussaat im Mai und Juni möglich.

**Pflanzendoktor:** Blätter mit Pilzflecken werden ausgeputzt.

**Zusatzinfo:** Bleiben die Samenstände erhalten, breiten sich Königskerzen im Garten aus.

Jun–Sep

## KORNBLUME

*Centaurea cyanus*

**Wuchs:** Die einjährigen Pflanzen kommen auf Feldern in dichten Beständen vor und eignen sich für gemischte Beete. Sie werden etwa 40–80 cm hoch.

**Blätter:** Die länglichen Blätter sitzen gut verteilt an den Stängeln.

**Blüten:** Wildpflanzen entfalten einfache blaue Korbblüten. Gartensorten sind gefüllt und bunt.

**Blütezeit:** Der Flor dauert von Juni bis September.

**Standort:** Die Sommerblüher bevorzugen sonnige, warme Plätze auf nährstoffreichen Böden.

**Pflege:** Die genügsame Blume benötigt nur wenig Wasser und Dünger. Bestände mit hohen Gartensorten sind windwurfgefährdet und erhalten eine Stütze.

**Vermehrung:** Die Aussaat erfolgt im Frühjahr direkt in den Garten. Eine Vorkultur in Töpfen ist möglich.

**Pflanzendoktor:** Bei Nässe kann sich Mehltau auf den Blättern ausbreiten. Vorbeugend sollten daher vollsonnige, luftige Standorte gewählt werden.

**Zusatzinfo:** Die verwandte Bergflockenblume (C. montana) gehört zu den Stauden und ist mehrjährig.

Jul–Okt

## KOSMEE

*Cosmos bipinnatus*

**Wuchs:** Die zarten Pflanzen aus Mittelamerika erreichen eine Höhe von mehr als 1 m.

**Blätter:** Aus verzweigten Stängeln entwickeln sich die feingliedrigen Blätter der Kosmee.

**Blüten:** Im Sommer bringen die vitalen Dauerblüher ständig frische Korbblüten in Pink, Rot oder Weiß hervor. Manche Sorten sind zudem halb gefüllt oder tragen einen dunklen Ring.

**Blütezeit:** Der Flor dauert von Juli bis Oktober an.

**Standort:** An sonnigen Plätzen mit nährstoffreichem sowie lockerem Boden kommen die Sommerblüher voll zur Entfaltung.

**Pflege:** Wer regelmäßig welke Blüten ausputzt, wird durch eine reiche Knospenbildung belohnt. Hohe Exemplare sollten durch Stützen vor Windwurf geschützt werden. Nur selten muss die einjährige Sommerblume hingegen gewässert werden.

**Vermehrung:** Die Aussaat erfolgt im Spätwinter im Haus oder im Mai direkt ins Freiland.

**Pflanzendoktor:** Jungpflanzen müssen unbedingt vor Schnecken geschützt werden.

Jun–Aug

## LEIN

*Linum usitatissimum*

**Wuchs:** Der Lein bildet aus kleinen Samen aufrechte eintriebige Pflanzen mit etwa 1 m Höhe, die sich oben verzweigen.

**Blätter:** Die schmalen, kurzen Blätter sind blaugrün und sitzen stängelumfassend an den dünnen Trieben.

**Blüten:** Im Sommer entfalten sich kleine, fünfzählige, blaue Blüten, aus denen essbare Samen reifen.

**Blütezeit:** Die Blütezeit dauert von Juni bis August.

**Standort:** Die Kulturpflanzen lassen sich im Garten in freie sonnige Beete oder in Lücken einstreuen. Sie kommen außerdem auch auf mageren Böden zurecht.

**Pflege:** Eine gründliche Bodenlockerung fördert die Keimung. Bei Trockenheit sind Wassergaben für eine gute Ausreife förderlich.

**Vermehrung:** Die Aussaat erfolgt Ende April direkt ins Freiland.

**Pflanzendoktor:** Der Lein kommt auf leichten Böden gut zurecht. Unverträglich sind schwere Lehmböden. Nach der Keimung sollten störende Kräuter entfernt werden.

**Zusatzinfo:** Die seidigen Blüten kommen nur in Gruppen zur Wirkung.

Jun–Sep

## LEVKOJE

*Matthiola incana*

**Wuchs:** Die 30–90 cm hohen Halbsträucher aus dem Mittelmeerraum werden einjährig kultiviert.

**Blätter:** Sie bilden immergrüne Büsche mit silbriggrünen Blättern, die schmal sind.

**Blüten:** Die duftenden Blüten stehen in blauen, roten oder weißen Rispen an den Trieben. Levkojen können je nach Sorte einfach oder gefüllt blühen.

**Blütezeit:** Der Flor hält von Juni bis September an.

**Standort:** Ein sonniger Platz auf nährstoffreichem, kalkhaltigem Boden fördert die Blühfähigkeit.

**Pflege:** Das Ausputzen welker Blüten und kranker Blätter kommt der Vitalität zugute. Der Boden sollte weder trocken noch staunass, sondern gut durchfeuchtet sein.

**Vermehrung:** Die Aussaat erfolgt im Spätwinter im Haus. Ausgepflanzt wird im Mai.

**Pflanzendoktor:** Jungpflanzen sind empfindlich gegen Pilzkrankheiten. Vorbeugend ist während der Anzucht die Vernässung zu vermeiden.

**Zusatzinfo:** Es lohnt sich, verschiedene Sorten zu säen, um die Blütenfülle und -vielfalt zu verbessern.

Jun–Sep

## LOBELIE

*Lobelia x speciosa*

**Wuchs:** Diese Sommerblüher werden zwischen 50 und 75 cm hoch.

**Blätter:** Die Lobelie bringt lanzettliche, behaarte oder glänzende Blätter hervor.

**Blüten:** In Rispen oder Büscheln sitzen die Blüten an den Trieben. Sie sind blau oder rot.

**Blütezeit:** Die Blütezeit beginnt im Juni und dauert bis September.

**Standort:** Die L. x speciosa braucht zum Gedeihen einen sonnigen Platz in nährstoffreichem, beständig lockerem Boden.

**Pflege:** V. a. an heißen Sommertagen sollte die Lobelie regelmäßig gewässert werden. Ein Rückschnitt nach der ersten Hauptblüte sorgt für einen zweiten Flor.

**Vermehrung:** Die Pflanzen sind durch Aussaat im Haus vermehrbar. Ab Mai werden sie ins Beet gepflanzt. Ein großes Sortiment an günstigen Jungpflanzen findet man im Frühjahr in den meisten Gartenmärkten.

**Pflanzendoktor:** Bei Nässe sind die Pflanzen gelegentlich von Pilzkrankheiten befallen. Kranke Pflanzenteile sollten umgehend ausgeputzt werden.

Mai–Okt

## LÖWENMAUL

*Antirrhinum majus*

**Wuchs:** Der wintergrüne Halbstrauch aus dem Mittelmeerraum wird vorwiegend einjährig gezogen. Er kann eine Höhe von 15–50 cm erreichen. Während sich die hohen Sorten v. a. als lang haltbare Schnittblumen eignen, werden die anderen überwiegend für Beete, Töpfe und Balkonkästen genutzt.

**Blätter:** Die Stängel des Löwenmauls sind dicht mit frisch grünen, länglichen Blättern garniert.

**Blüten:** Die roten, rosaroten, gelben oder weißen Löwenmäulchen bilden kleine Rispen.

**Blütezeit:** Der Flor dauert von Mai bis Oktober.

**Standort:** Ein vollsonniger Platz in nährstoffreichem, lockerem Substrat fördert die Blühfähigkeit.

**Pflege:** Maßvolles Gießen ist wichtig, um Staunässe zu vermeiden. Das Ausschneiden welker Blüten begünstigt zudem die Entwicklung neuer Blütenstände.

**Vermehrung:** Die Pflanzen sind durch Aussaat vermehrbar.

**Pflanzendoktor:** Gegen Pilzkrankheiten hilft sowohl luftiger Stand als auch das Ausputzen befallener Pflanzenteile.

Jun–Jul

## MARIENGLOCKENBLUME

*Campanula medium*

**Wuchs:** Die zweijährige, bis 80 cm hohe Glockenblume bildet Büsche mit langstieligen Trieben.

**Blätter:** An der Basis der Triebe sitzen längliche Blätter.

**Blüten:** Die großen, blauen, weißen oder rosaroten Blütenglocken öffnen sich am Ende der Triebe.

**Blütezeit:** Die Hauptblütezeit ist im Juni und Juli.

**Standort:** Die Pflanzung erfolgt auf Beeten mit nährstoffreicher Erde an sonnigen Plätzen.

**Pflege:** Im Winter schützt eine luftige Abdeckung mit Fichtenreisig vor Frostschäden. Bei Trockenheit sollte die Blume ausreichend gewässert werden. Während der Wachstumszeit fördert eine Düngung ihre Entwicklung. Hohe Pflanzen sollten gestützt werden.

**Vermehrung:** Die Aussaat erfolgt von Mai bis Juni. Jungpflanzen werden dann aus dem Frühbeet oder Anzuchtkasten an ihren endgültigen Standort vereinzelt.

**Pflanzendoktor:** Eine Bodenlockerung und Verbesserung mit Sand, Blähtongranulat oder Ziegelsplitt hilft gegen Staunässe.

Mär–Jun

## MASSLIEBCHEN

*Bellis perennis*

**Wuchs:** Die bis 15 cm hohen, wilden Gänseblümchen breiten sich flächig im Rasen aus. Die Kulturformen werden zweijährig kultiviert.

**Blätter:** Die frisch grünen, rundlichen Blätter sind wintergrün.

**Blüten:** Die weißen, roten oder rosafarbenen Blüten sind halbgefüllt oder gefüllt und in vielen verschiedenen Formen erhältlich.

**Blütezeit:** Nach der Pflanzung im Sommer entwickeln sich bereits erste Blüten. Der Hauptflor öffnet sich im folgenden Frühjahr.

**Standort:** Die Pflanzen eignen sich für sonnige bis halbschattige Plätze auf nährstoffreichem Humusboden.

**Pflege:** Vor der Pflanzung wird der Boden mit Kompost und Hornspänen versorgt. Zur Blütezeit sollten welke Blüten ausgeputzt werden. Im Winter ist ein Frostschutz mit Fichtenreisig empfehlenswert.

**Vermehrung:** Die Aussaat erfolgt im Sommer im Haus oder Frühbeet. Kräftige Sämlinge lassen sich im Spätsommer oder auch im Frühjahr auspflanzen.

**Pflanzendoktor:** Falls Kahlfrost die Wurzelballen aus dem Boden hochfriert, müssen diese wieder angedrückt werden.

Jul–Okt

## MUSCHELBLUME

*Moluccella laevis*

**Wuchs:** Diese Sommerblume fällt weniger wegen ihrer Farbe als durch ihre grünen Hochblätter auf, die dicht gedrängt an etwa 70 cm langen Stängeln sitzen.

**Blätter:** Die rundlichen, gezähnten Laubblätter sind hellgrün und fast völlig unter den ansehnlichen Hochblättern versteckt.

**Blüten:** Die kleinen, weißen Lippenblüten sitzen im Zentrum der grünen Hochblätter.

**Blütezeit:** Hochblätter und Blüten entfalten sich von Juli bis Oktober.

**Standort:** Die Jahresblumen gedeihen auf sonnigen Plätzen mit nährstoffreichem, lockerem Boden.

**Pflege:** Die Beetpflanzen brauchen für eine gute Entwicklung reichlich Wasser und Dünger.

**Vermehrung:** Die Vermehrung erfolgt durch Aussaat mit Vorkultur im Haus ab Februar oder durch Direktsaat ab Ende April im Freiland.

**Pflanzendoktor:** Während der Anzucht ist auf einen hellen, warmen Stand und eine gleichmäßige Versorgung zu achten, damit sich gesunde, kräftige Sämlinge bilden.

**Zusatzinfo:** Muschelblumen eignen sich gut als Schnittblumen. Dazu werden die Laubblätter entfernt.

Jun–Sep

## MUSKATELLERSALBEI

*Salvia sclarea*

**Wuchs:** Der zweijährige Lippenblütler bildet bis 1,50 m hohe Büsche. Im ersten Jahr entwickeln die Sämlinge nur Blätter, im zweiten Jahr blühen sie.

**Blätter:** An aufrechten Stängeln entfalten sich große, längliche, behaarte Blätter.

**Blüten:** Am Ende der Stängel bilden sich im Sommer hohe Rispen aus lila Lippenblüten, die würzig duften.

**Blütezeit:** Die Pflanzen blühen von Juni bis September.

**Standort:** Die beste Gewähr für eine gute Entwicklung ist ein vollsonniger Platz auf nährstoffreichem, lockerem Boden.

**Pflege:** Bei Trockenheit sind Wassergaben nötig. Im Herbst nach der Aussaat brauchen die Sämlinge einen Frostschutz.

**Vermehrung:** Die Aussaat erfolgt im Sommer. Nach der Anzucht im Frühbeet kommen die Sämlinge im nächsten Frühjahr an den für sie vorgesehenen Platz im Garten.

**Pflanzendoktor:** Die zweijährige Pflanze stirbt nach der Blütenbildung und Samenreife ab. Die Samen lassen sich allerdings gut für die Vermehrung nutzen.

Mai–Jun

## NACHTVIOLE

*Hesperis matronalis*

**Wuchs:** Der zweijährige, staudenartig wachsende Kreuzblütler bildet Büsche mit krautigen Trieben. Er wird 0,20–1,20 m hoch.

**Blätter:** Die graugrünen schmalen Blätter sitzen in Büscheln an den Trieben der Blume.

**Blüten:** An den Triebenden öffnen sich zarte blaue Blüten, die besonders am Abend ihren angenehmen Duft verbreiten.

**Blütezeit:** Der Flor dauert von Mai bis Juni.

**Standort:** Ein vollsonniger Platz auf nährstoffreichem, lockerem Boden fördert eine kräftige Entwicklung.

**Pflege:** Im Sommer sollte der Boden nicht zu trocken, im Winter nicht zu feucht sein. Ein luftiger Frostschutz verhindert Schäden an Jungpflanzen. Im Herbst sollte die Nachtviole mit Fichtenreisig geschützt werden.

**Vermehrung:** Die Aussaat erfolgt im Sommer nach der Blütezeit. Dafür können Samen von eigenen Pflanzen nützlich sein.

**Pflanzendoktor:** Die Kreuzblütler sollten nicht neben verwandte Arten gepflanzt werden.

**Zusatzinfo:** Die Nachtviole wird auch als Balkonblume genutzt.

## PORTULAKRÖSCHEN

*Portulaca grandiflora*

**Wuchs:** Die einjährigen, 15–20 cm hohen Pflanzen aus Südamerika bilden kriechende Triebe.

**Blätter:** Quirlförmig an den Trieben sitzen schmale, fleischige Blätter.

**Blüten:** Im Sommer bringen die Pflanzen große Blüten in Gelb, Orange oder Rosa hervor, die sich nur in der Sonne öffnen. Es gibt einfach und gefüllt blühende Sorten. Allen gemeinsam ist der seidige Glanz.

**Blütezeit:** Bei schönem Wetter öffnen sich von Mai bis September immer wieder frische Blüten.

**Standort:** Die Wüstenpflanzen brauchen einen vollsonnigen Platz auf durchlässigem Boden.

**Pflege:** Die Sukkulenten brauchen wenig Wasser.Bei Dauerregen ist darauf zu achten, dass sich keine Pfützen bilden.

**Vermehrung:** Die Pflanzen sind durch Aussaat im Haus vermehrbar.

**Pflanzendoktor:** Nässe, Kälte oder zugige Plätze vertragen insbesondere Jungpflanzen nicht. Falls nötig, sollte daher eine Schutzvorrichtung gebaut werden.

**Zusatzinfo:** Die kriechenden Sommerblüher lassen sich zur Beipflanzung in Kakteenbeeten einsetzen.

## PRUNKWINDE

*Pharbitis*

**Wuchs:** Die Prunkwinde aus dem tropischen Amerika bildet etwa 2–3 m lange Triebe, die sich auf Zäunen oder Spalieren schlängeln.

**Blätter:** Die großen, herzförmigen Blätter machen die Verwandtschaft mit anderen Windengewächsen gut erkennbar.

**Blüten:** Den Sommer hindurch öffnen sich die großen, blauen oder purpurfarbenen Trichterblüten. Die Röhre und der Schlund erstrahlen bei jeder Sorte in reinem Weiß.

**Blütezeit:** Der Flor dauert von Juli bis September.

**Standort:** Die Tropengewächse brauchen einen geschützten, warmen Platz auf lockerem Boden. Ideal ist ein sonniger Standort.

**Pflege:** Bei vollsonnigem Stand ist es ratsam, Trockenschäden durch Wassergaben und Mulchen zu vermeiden. Während der Wachstumszeit bekommt der Prunkwinde mäßiges Düngen gut.

**Vermehrung:** Die Aussaat erfolgt im Frühjahr im Haus. Die Pflanzen kommen im Mai ins Freie.

**Pflanzendoktor:** Bei Nachtfrostgefahr ist ein luftiger Schutz nötig.

## RINGELBLUME

*Calendula officinalis*

**Wuchs:** Die einjährige hohe Pflanze entwickelt krautige Triebe und wird 20–60 cm hoch.

**Blätter:** Die Blätter sind hellgrün.

**Blüten:** Gelb bis orange, einfach oder gefüllt blühen die Körbchenblüten.

**Blütezeit:** Die Blütezeit erstreckt sich von Juni bis Oktober.

**Standort:** Vorzugsweise gedeiht die Ringelblume auf vollsonnigen Plätzen und guten Gartenböden. Daneben eignet sie sich zur Mischkultur mit anderen Sommerblumen oder Gemüse.

**Pflege:** Während der Wachstumszeit benötigen die Blumen reichlich Wasser. Durch das Abschneiden verblühter Pflanzenteile wird ein zweiter Flor gefördert.

**Vermehrung:** Die Heilpflanze vermehrt sich durch Samen und sät sich im Garten selbst aus. Eine gezielte Aussaat erfolgt im April.

**Zusatzinfo:** Der Korbblütler ist eine einfach zu kultivierende, langblühende Sommerblume. Wer eine Pflanze zum Einstreuen in freie Flächen sucht, trifft damit die richtige Wahl. Wird sie als Schnittblume verwendet, sollten die Blüten der Ringelblume beim Schneiden noch nicht völlig geöffnet sein.

Jun–Aug

## ROTER FINGERHUT

*Digitalis purpurea*

**Wuchs:** Die zweijährige, bis zu 2 m hohe Waldpflanze bringt im ersten Jahr eine Blattrosette hervor. Im zweiten Jahr entwickelt sich dann der Blütenstand.

**Blätter:** Die länglichen Blätter des Roten Fingerhuts sind behaart.

**Blüten:** Dicht gedrängt sitzen rote, violette, gelbe oder weiße Röhrenblüten in Rispen am Stängel. Für den Menschen ist der Fingerhut giftig.

**Blütezeit:** Der Flor dauert von Juni bis August.

**Standort:** Ein halbschattiger Platz auf humosem Boden passt den Bewohnern lichter Wälder oder Waldränder am besten.

**Pflege:** An heißen Tagen brauchen die Pflanzen besonders auf sonnigen Plätzen reichlich Wasser.

**Vermehrung:** Neue Pflanzen siedeln sich selbst im Garten an. Eine gezielte Vermehrung ist durch eigenes Saatgut im Sommer möglich.

**Pflanzendoktor:** Jungpflanzen sollten einen Frostschutz erhalten.

**Zusatzinfo:** Der Fingerhut lässt sich besonders gut zur Unterpflanzung von Gehölzen oder zur Beipflanzung von Waldstauden, Gräsern und Farnen einsetzen.

Jun–Sep

## SCHARLACHLOBELIE

*Lobelia fulgens*

**Wuchs:** Die Scharlachlobelie bildet bis 1 m hohe Büsche.

**Blätter:** Die länglichen, dunkelroten Blätter sitzen gut verteilt an aufrechten Stielen.

**Blüten:** Am Stielende entfalten sich rote Blütenrispen.

**Blütezeit:** Die Pflanzen blühen von Juni bis September.

**Standort:** Scharlachlobelien lassen sich in milden Regionen mehrjährig als Stauden kultivieren. Sie brauchen im Winter einen Frostschutz. Bei einjähriger Kultur brauchen sie einen sonnigen Platz auf lockerem, nährstoffreichem Boden.

**Pflege:** Nach der Pflanzung im Mai erhalten die Sämlinge den Sommer hindurch genügend Wasser und gelegentlich Dünger.

**Vermehrung:** Jungpflanzen werden im Spätwinter durch Aussaat im Haus vermehrt.

**Pflanzendoktor:** Im Anzuchtquartier sind die Pflanzen durch Pilzkrankheiten gefährdet. Das Vernässen der Wurzelballen sollte vermieden werden.

**Zusatzinfo:** Die Sommerblüher lassen sich in Rabatten, Kübeln oder Balkonkästen kultivieren.

Jul–Sep

## SILBERBLATT

*Senecio bicolor*

**Wuchs:** Das Asterngewächs aus dem Mittelmeerraum bildet Rosetten aus silbrigen Blättern, die etwa eine Höhe von 30 cm erreichen.

**Blätter:** Die silbrigen, gefiederten Blätter sind stark gebuchtet und gewellt. Die Oberfläche ist behaart.

**Blüten:** Gewöhnlich kommen die Pflanzen nicht zur Blüte. Bei mehrjähriger Kultur bringen die Halbsträucher aber kleine gelbe Korbblüten hervor.

**Standort:** Die Pflanzen brauchen einen sonnigen Platz auf nährstoffreichem Boden.

**Pflege:** Nach der Pflanzung ins Freie ab Mitte Mai erhalten die Greiskräuter bei Trockenheit regelmäßig Wasser und gelegentlich Düngergaben.

**Vermehrung:** Die Aussaat erfolgt ab Februar im Haus. Die Sämlinge müssen vereinzelt werden, damit sich buschige Pflanzen bilden.

**Pflanzendoktor:** Vorbeugend gegen Mehltau und Rost, insbesondere während der Anzucht im Haus, sollten die Blätter beim Gießen nicht nass werden.

**Zusatzinfo:** Die Blattstrukturpflanzen lassen sich in symmetrischen Gruppen zwischen Sommerblumen einsetzen.

Jul–Okt

## SOMMERASTER

*Callistephus chinensis*

**Wuchs:** Die einjährigen, bis 1 m hohen Sommerblumen sind nicht direkt mit den Staudenastern verwandt. Sie bilden aber ähnlich dichte Büsche.

**Blätter:** Die dunkelgrünen, feingliedrigen Blätter der Sommeraster sitzen an krautigen Stielen.

**Blüten:** Die verschiedenen Sorten bringen vorwiegend gefüllte Blüten in Rot, Blau oder Weiß hervor.

**Blütezeit:** Der Flor dauert von Juli bis Oktober.

**Standort:** Ein sonniger Stand auf nährstoffreichem Boden ist für einen reichen Flor förderlich.

**Pflege:** Welke Blüten sind regelmäßig zu entfernen. Bei Trockenheit müssen Sommerastern regelmäßig gegossen werden. Wer jedes Jahr einen neuen Standort wählt, beugt der Welkekrankheit vor.

**Vermehrung:** Die Aussaat kann im Spätwinter im Haus oder im Frühjahr im Freien erfolgen.

**Pflanzendoktor:** Jungpflanzen müssen vor Schnecken geschützt werden. Neben welken Blüten sind kranke Blätter auszuputzen.

**Zusatzinfo:** Sommerastern lassen sich als Beetpflanzen oder Schnittblumen kultivieren.

Jun–Okt

## SOMMERPHLOX

*Phlox drummondii*

**Wuchs:** Die einjährigen Sommerblumen aus Nordamerika bilden kleine Büsche mit 20–50 cm Höhe.

**Blätter:** Die kleinen, länglichen Blätter werden beinahe von den Blütenbüscheln verdeckt.

**Blüten:** In Trugdolden sitzen kleine, röhrenförmige Blüten in Rosa, Lila, Rot oder Weiß an den Trieben. Sie verströmen einen süßlichen Duft.

**Blütezeit:** Der Flor dauert von Juni bis Oktober an.

**Standort:** Die Dauerblüher brauchen einen vollsonnigen Platz auf nährstoffreicher Erde. Schwerer Boden bekommt ihnen nicht.

**Pflege:** Neben dem Ausputzen welker Blüten kann besonders bei Balkonpflanzen eine Nachdüngung die Blütenbildung fördern.

**Vermehrung:** Die Anzucht erfolgt im Winter im Haus. Mitte Mai werden die Sommerblumen in den Garten ausgepflanzt.

**Pflanzendoktor:** Der Sommerphlox ist anfällig für Mehltau und andere Pilzkrankheiten. Ein luftiger Stand begünstigt die Gesunderhaltung.

**Zusatzinfo:** Die Farben kommen gut in Gruppen zur Geltung.

Jul–Sep

## SONNENBLUME

*Helianthus annuus*

**Wuchs:** Die einjährigen Pflanzen aus Mittelamerika bringen aus kleinen Samenkörnern bis zu 3 m hohe Stängel mit großen Blütentellern hervor.

**Blätter:** Die herzförmigen Blätter erreichen mehr als 20 cm Länge.

**Blüten:** Die Korbblüten richten sich vorwiegend nach Osten aus. Es gibt auch gefüllte Sorten.

**Blütezeit:** Je nach Aussaatzeit entfalten sich Sonnenblumen schon im Frühsommer und blühen bis zum Spätsommer.

**Standort:** Ein vollsonniger Platz auf nährstofffreiem Boden ist wichtig für eine optimale Entwicklung.

**Pflege:** Wachstumsfördernd wirkt eine gute Nährstoff- und Wasserversorgung. Besonders große Exemplare müssen gestützt werden.

**Vermehrung:** Die Aussaat erfolgt im Frühjahr im Garten oder mittels Vorkultur im Haus.

**Pflanzendoktor:** Jungpflanzen müssen unbedingt vor Schnecken geschützt werden.

**Zusatzinfo:** Sonnenblumen lassen sich zur Begrünung von Brachland während der Bauphase nutzen. Die Wurzeln dringen tief in den Boden ein und tragen zur Lockerung bei.

Jul–Okt

## SPINNENBLUME

*Cleome spinosa*

**Wuchs:** Die einjährige Pflanze aus Südamerika bringt 1 m hohe Blütenstängel hervor, die teilweise verholzen können.

**Blätter:** An den gut verzweigten Stängeln der Spinnenblume sitzen fingerförmige Blätter.

**Blüten:** Die kugeligen Blüten setzen sich aus mehreren, feingliedrigen Einzelblüten zusammen. Es gibt rote, rosafarbene oder weiße Sorten. Aus den Blüten reifen fingerförmige Samenschoten, die gleichermaßen dekorativ wirken.

**Blütezeit:** Die Pflanze bringt von Juli bis Herbst unermüdlich neue Blüten hervor.

**Standort:** Ein vollsonniger, geschützter Standort auf nährstoffreichem Boden kommt der Blütenbildung zugute.

**Pflege:** Das Stutzen von Jungpflanzen fördert die Verzweigung und Blütenbildung.

**Vermehrung:** Die Aussaat kann im März beginnen. Kräftige Sämlinge kommen im Mai ins Freie.

**Pflanzendoktor:** Jungpflanzen sollten vor Schnecken geschützt werden. Für sehr hohe Exemplare sind Stützen hilfreich.

Mär–Jun

## STIEFMÜTTERCHEN

*Viola-Hybriden*

**Wuchs:** Anders als Wildveilchen werden die 10–30 cm hohen Stiefmütterchen zweijährig kultiviert.

**Blätter:** Die rundlichen Blätter der Frühlingsblüher sind wintergrün.

**Blüten:** Es gibt eine große Vielfalt an Sorten, die allesamt Gesichtern ähnlich sehen.

**Blütezeit:** Nach der Pflanzzeit im Herbst blühen die Stiefmütterchen oft noch im Oktober auf. Hauptblütezeit ist jedoch das Frühjahr.

**Standort:** Die Veilchengewächse brauchen nährstoffreichen, leicht feuchten Boden in sonniger bis halbschattiger Lage.

**Pflege:** Ein luftiger Frostschutz aus Fichtenreisig schützt vor Wintersonne. Auch während der Blüte müssen die Blumen nur mäßig gegossen und gedüngt werden.

**Vermehrung:** Die Aussaat erfolgt im Sommer. Ihren Platz im Beet erhalten die Jungpflanzen im Herbst oder Frühjahr.

**Pflanzendoktor:** Kahlfrost kann die Wurzelballen des Stiefmütterchens aus dem Boden drücken.

Jul–Sep

## STOCKROSE

*Alcea rosea*

**Wuchs:** Das Malvengewächs bringt im ersten Jahr Blattrosetten hervor. Im zweiten Jahr treiben mehr als 1 m hohe Blütenstängel empor.

**Blätter:** Die großen, gebuchteten Blätter der Stockrose sind leicht behaart und strecken sich mit den Stängeln nach oben.

**Blüten:** Dicht gedrängt sitzen große trichterförmige Blüten in Rot, Gelb und Weiß an den Stängeln. Manche sind gefüllt blühend.

**Blütezeit:** Von Juli bis September öffnen sich ständig neue Blüten.

**Standort:** Stockrosen brauchen einen sonnigen, windgeschützten Platz auf nährstoffreichem Boden.

**Pflege:** Die starkwüchsigen Stockrosen müssen im Sommer reichlich gegossen werden. Im Winter sollten sie mit Fichtenreisig geschützt werden. Das Festbinden hoher Pflanzen an Zaun oder Stab hilft in der Regel gegen Windwurf.

**Vermehrung:** Die Pflanzen säen sich selbst aus. Eine gezielte Aussaat erfolgt im Sommer.

**Pflanzendoktor:** Die Blätter sind anfällig für Rostpilze. Bei ersten Anzeichen sollten sie ausgeputzt werden. Außerdem ist es sinnvoll, im Herbst alte Stängel abzuschneiden.

Jul–Sep

## STRANDFLIEDER

*Limonium*

**Wuchs:** Die verschiedenen Arten können einjährig oder staudenartig sein. Je nach Sorte erreichen sie eine Höhe von 30–90 cm.

**Blätter:** Die großen, glänzend grünen Blätter bilden Rosetten, die auf dem Boden liegen, bei L. sinuatum sind sie stark gebuchtet.

**Blüten:** Die blauen, gelben oder weißen Blüten sitzen locker an langen, verzweigten Stängeln oder in Ähren an den Trieben.

**Blütezeit:** Der Flor beginnt im Juli und dauert bis September an.

**Standort:** Das Bleiwurzgewächs bevorzugt einen sonnigen Platz auf durchlässigem Boden.

**Pflege:** Die hohen Blütenstände der genügsamen Pflanze sollten an Stäben befestigt werden.

**Vermehrung:** Die Aussaat erfolgt im Frühjahr im Haus. Im Mai erhalten die Jungpflanzen ihren Platz im Freien. Bei den staudenartigen Pflanzen ist auch eine Vermehrung durch Teilung möglich.

**Pflanzendoktor:** Besonders bei Nässe breiten sich Pilzkrankheiten aus. Vorbeugend hilft es, Strandflieder sonnig und luftig zu pflanzen.

Jun–Sep

## STROHBLUME

*Helichrysum bracteatum*

**Wuchs:** Die einjährige, in Australien beheimatete Pflanze bringt bis zu 70 cm hohe Büsche hervor.

**Blätter:** Die langen, schmalen Blätter sind gleichmäßig an den Stängeln angeordnet.

**Blüten:** Im Sommer entfalten sich große, strohartige Korbblüten in Gelb, Weiß, Rosa, Violett, Orange oder Rot.

**Blütezeit:** Der Flor dauert von Juni bis September.

**Standort:** Für die Pflanzung bietet sich ein vollsonniger, warmer Platz auf durchlässigem, nährstoffarmem Boden an.

**Pflege:** Der Strohblume genügt sehr wenig Wasser. Das Ausschneiden verwelkter Blüten fördert zudem die Nachblüte.

**Vermehrung:** Die Aussaat kann durch Vorkultur im Haus erfolgen. Die Jungpflanzen werden im Mai ausgepflanzt. Außerdem ist es möglich, die Blumen im April direkt ins Freie auszusäen.

**Pflanzendoktor:** Die trockenheitsliebenden Pflanzen vertragen keine Staunässe.

Mai–Okt

## TAGETES

*Tagetes-Hybriden*

**Wuchs:** Die buschigen Sommerblüher aus Mittelamerika bilden in Beeten oder Balkonkästen dichte Bestände. Die auch als Studentenblumen bekannten Pflanzen werden je nach Sorte zwischen 15 und 80 cm hoch.

**Blätter:** An kurzen, verholzenden Stängeln sitzen dunkelgrüne, gefiederte Blätter, die streng riechen.

**Blüten:** Die gelben, bräunlichen oder orangefarbenen Korbblüten sind gefüllt oder einfach.

**Blütezeit:** Die Dauerblüher bringen von Mai bis Oktober unermüdlich frische Blüten hervor.

**Standort:** Für eine reiche Blüte brauchen die Pflanzen einen sonnigen Platz und mäßig feuchten, nährstoffreichen Boden.

**Pflege:** Das Ausputzen welker Blüten verhindert Pilzkrankheiten und fördert die Nachblüte.

**Vermehrung:** Die Aussaat erfolgt im Spätwinter im Haus oder im Frühjahr direkt im Freiland.

**Pflanzendoktor:** Jungpflanzen brauchen einen Schutz vor Schnecken.

**Zusatzinfo:** Studentenblumen sind Bodengesundungspflanzen. Sie vertreiben Wurzelälchen.

Aug–Okt

## TITHONIE

*Tithonia rotundifolia*

**Wuchs:** Die einjährigen Sommerblumen aus Mexiko entwickeln gut verzweigte Büsche, die bis zu 1,80 m in die Höhe wachsen.

**Blätter:** Die großen Blätter der Tithonie sind behaart.

**Blüten:** Im Sommer entfalten sich schöne orangefarbene Korbblüten an langen Stielen.

**Blütezeit:** Der Flor beginnt im August und dauert bis Oktober.

**Standort:** Die Tithonie braucht einen vollsonnigen Platz in tiefgründigen, nährstoffreichen Böden. Sie ist unempfindlich gegenüber Hitze, muss aber regelmäßig gegossen und gedüngt werden.

**Pflege:** Welke Blüten werden im Sommer ausgeputzt. Falls nötig, können hohe, windsturzgefährdete Exemplare gestützt werden.

**Vermehrung:** Die Aussaat erfolgt im Frühjahr im Haus. Ab Mitte Mai erhalten die Jungpflanzen ihren Platz im Freien.

**Pflanzendoktor:** Bei Anzeichen von Pilzerkrankungen auf den Blättern der Tithonie ist rechtzeitiges Ausputzen empfehlenswert.

**Zusatzinfo:** Die Sommerblüher locken viele Schmetterlinge an.

Mai–Sep

## VANILLEBLUME

*Heliotropium aborescens*

**Wuchs:** Die Halbsträucher aus Südamerika werden einjährig als 30–60 cm hohe Büsche kultiviert oder auch hochstämmig gezogen.

**Blätter:** Die dunkelgrünen, filzigen Blätter bilden einen schönen Kontrast zu den Blüten.

**Blüten:** Die blauen Blütendolden duften nach Vanille.

**Blütezeit:** Nach dem Auspflanzen bringen die Sommerblüher von Mai bis September frische Blüten hervor.

**Standort:** Vanilleblumen lassen sich an sonnigen und halbschattigen Plätzen auf durchlässigen, nährstoffreichen Böden einsetzen. Sie vertragen keine nasse Erde, sollten aber ausreichend gegossen werden.

**Pflege:** Welke, braune Blüten sind regelmäßig zu entfernen.

**Vermehrung:** Die Aussaat erfolgt bereits im Spätwinter im Haus. Die Sämlinge der Vanilleblume werden im Mai ins Freiland umgesetzt.

**Pflanzendoktor:** Bei überwinternden Pflanzen siedeln sich leicht Spinnmilben an. Das Lüften an milden Tagen vertreibt diese und andere tierische Schädlinge.

**Zusatzinfo:** Die duftenden Blüten locken Insekten an.

Jun–Okt

## VERBENE

*Verbena*

**Wuchs:** Die Wildformen der Gartenverbenen stammen aus Amerika. Sie variieren in der Wuchsform und bilden langstielige, bis zu 1,20 m hohe Pflanzen oder 20–40 cm niedrige Polster.

**Blätter:** Die langen, schmalen Blätter sind fest und dunkelgrün.

**Blüten:** In Trugdolden stehen blaue, rote oder weiße Blüten auf den Stielen.

**Blütezeit:** Alle Kulturformen blühen gleichermaßen von Juni bis Oktober durch.

**Standort:** An sonnigen Plätzen auf nährstoffreichen Böden entwickeln sich kräftige, blühfähige Pflanzen. Niedrige Arten gedeihen auch in Balkonkästen.

**Pflege:** Das Ausputzen welker Blütenstände fördert die Bildung frischer Blütenknospen.

**Vermehrung:** Möglich, aber sehr langwierig ist eine Vermehrung durch Aussaat oder Stecklinge. Einfacher ist die Pflanzung vorkultivierter Sämlinge aus dem Gartenmarkt.

**Pflanzendoktor:** Jungpflanzen in den Beeten müssen vor Schnecken geschützt werden.

## VERGISSMEINNICHT

*Myosotis-Hybriden*

**Wuchs:** Die ausdauernde Blütenstaude wird meist zweijährig kultiviert und erreicht eine Höhe von 10–35 cm.

**Blätter:** An gut verzweigten Trieben sitzen frisch grüne, längliche Blätter.

**Blüten:** Im Frühjahr bringen die Pflanzen eine Fülle an kleinen himmelblauen Blüten hervor.

**Blütezeit:** Der Flor beginnt im März und erstreckt sich bis Mai.

**Standort:** Vergissmeinnicht brauchen ein frisches, nährstoffreiches Substrat. Der Boden sollte stets leicht feucht sein. Gut gedeihen sie sowohl auf sonnigen als auch auf halbschattigen Plätzen.

**Pflege:** Bei Spätfrost schützt ein Vlies vor Schäden. Ebenfalls geeignet ist eine Abdeckung aus Reisig oder Fichtenzweigen.

**Vermehrung:** Die Pflanzen säen sich selbst im Garten aus. Wer dies verhindern möchte, muss sie vor der Samenreife zurückschneiden. Eine gezielte Vermehrung ist durch Aussaat im Sommer möglich.

**Pflanzendoktor:** Jungpflanzen brauchen einen Schneckenschutz.

## WUNDERBAUM

*Ricinus communis*

**Wuchs:** Dieses etwa etwa 2 m hohe Wolfsmilchgewächs wird in den gemäßigten Zonen einjährig kultiviert.

**Blätter:** An den Trieben entfalten sich fünf- bis elflappige, handförmige Blätter.

**Blüten:** Die rispigen Blütenstände, die sich an den Triebenden bilden, sind gelbgrün gefärbt. Daraus entwickeln sich stachelige Früchte, die giftige Samen enthalten.

**Blütezeit:** Die Blütezeit dauert von August bis Oktober.

**Standort:** An einem sonnigem Platz auf tiefgründigem, nährstoffreichem Boden wachsen in kurzer Zeit meterhohe Büsche empor.

**Pflege:** Für ein zügiges Wachstum braucht der Rizinus reichlich Wasser und Nährstoffe.

**Vermehrung:** Die Aussaat erfolgt rechtzeitig ab März im Haus. Die Sämlinge müssen pikiert und umgetopft werden.

**Pflanzendoktor:** Die frostempfindlichen Stauden erhalten ihren Platz im Freien erst im Monat Mai. Zum Schutz vor Nachtfrost wird ein Vlies vorbereitet.

**Zusatzinfo:** Aus den Samen wird das giftige Rizinusöl hergestellt.

## ZIERKÜRBIS

*Curcubita pepo*

**Wuchs:** Wie die Wildform bringt auch diese kleinfruchtige Züchtung meterlange Triebe hervor, die Zäune und Spaliere beranken. Zierkürbisse können einen Durchmesser von 20 cm erreichen und verschiedene Formen annehmen, z. B. kugelig oder birnenartig, warzig oder glatt sein. Es gibt eine Fülle an Sorten, deren Früchte auch in der Küche verwertbar sind.

**Blätter:** An behaarten Trieben entfalten sich große, filzige Blätter.

**Blüten:** Die gelben Trichterblüten können weiblich oder männlich sein.

**Blütezeit:** Von Juli bis Oktober öffnen sich ständig neue Blüten.

**Standort:** Die Pflanzen bevorzugen einen nährstoffreichen Gartenboden im Halbschatten.

**Pflege:** Zierkürbisse brauchen reichlich Wasser.

**Vermehrung:** Die Aussaat erfolgt mittels Vorkultur im Haus. Aber auch wenn die Pflanzen im Mai direkt in den Garten ausgesät werden, holen sie den Vorsprung rasch auf.

**Pflanzendoktor:** Die Blätter reagieren empfindlich auf Pilzkrankheiten. Befallene Pflanzenteile müssen unverzüglich entfernt werden.

Jul–Sep

## ZIERMAIS

*Zea mays*

**Wuchs:** Die einjährigen Süßgräser erreichen eine Höhe von 3 m. Sie bilden aufrechte Pflanzen mit überhängenden Blättern.

**Blätter:** Die großen, langen, linealnervigen Blätter sind glänzend grün.

**Blüten:** Während die weiblichen Blütenkolben in den Blattachseln sitzen, stehen die männlichen Rispen an den Triebenden.

**Blütezeit:** Die Blütezeit dauert von Juli bis September. Im Sommer bilden sich Fruchtkolben.

**Standort:** Die starkwüchsigen Gräser brauchen einen sonnigen Platz auf sehr nährstoffhaltigem Boden. Sie lassen sich auch in Kübeln kultivieren und als Sichtschutz nutzen.

**Pflege:** Während der Wachstumszeit braucht der Ziermais viel Wasser und regelmäßig Düngergaben.

**Vermehrung:** Die Aussaat erfolgt im Frühjahr im Haus oder im April direkt im Freien.

**Pflanzendoktor:** Maiskolben werden gelegentlich von Pilzkrankheiten befallen. Bei Anzeichen von Schimmel oder Rost sind die Pflanzenteile zu entfernen.

Jun–Sep

## ZIERTABAK

*Nicotiana x sanderae*

**Wuchs:** Der kleine, bis zu 50 cm hohe Verwandte des echten Tabaks bildet reich verzweigte Büsche, die einjährig kultiviert werden.

**Blätter:** Das längliche, hellgrüne Laub ist kleiner als echte Tabakblätter.

**Blüten:** An den Triebenden öffnen sich viele kleine Blüten in Rosa, Rot, Gelb oder Weiß, die stark duften. V. a. bei Gruppenpflanzung kommt der Duft zur Wirkung.

**Blütezeit:** Der Flor beginnt im Juni und dauert bis September.

**Standort:** Die Pflanzen brauchen einen sonnigen, geschützten Platz auf nährstoffreichem Boden.

**Pflege:** Das Ausputzen welker Blüten erhält die Blühfähigkeit. Außerdem ist es förderlich, den Ziertabak regelmäßig zu düngen.

**Vermehrung:** Die Aussaat erfolgt im Frühjahr im Haus. Ab Mitte Mai kommen die Jungpflanzen schließlich in den Garten.

**Pflanzendoktor:** Jungpflanzen brauchen einen Schneckenschutz.

**Zusatzinfo:** Die zarten Sommerblüher lassen sich in Beeten oder Kästen kultivieren. Ihr Duft lockt abends Nachtfalter an.

Jul–Okt

## ZINNIE

*Zinnia elegans*

**Wuchs:** Die einjährigen Korbblütler bilden dichte, 30–80 cm hohe Büschel mit großen Blüten.

**Blätter:** Die länglichen Blätter sitzen an gut verzweigten Trieben.

**Blüten:** Es gibt eine Fülle an Sorten mit einfachen oder gefüllten Blüten in vielen Farben.

**Blütezeit:** Der Flor dauert von Juli bis Oktober.

**Standort:** Die Sommerblüher brauchen einen sonnigen Platz auf nährstoffreichem Boden.

**Pflege:** Zinnien sollten reichlich gegossen und gedüngt werden. Es empfiehlt sich ein Rückschnitt verblühter Pflanzenteile.

**Vermehrung:** Die Aussaat erfolgt im Frühjahr im Haus. Da Zinnien keine Kälte vertragen, werden sie erst im Mai gepflanzt, wenn keine Fröste mehr zu erwarten sind.

**Pflanzendoktor:** Die Jungpflanzen sind durch Schnecken stark gefährdet.

**Zusatzinfo:** Ob als Schnittblumen, zur Bepflanzung von Beeten oder Steingärten – Zinnien sind vielseitig verwendbar. Es lohnt sich, mehrere verschiedene Sorten zu pflanzen. Das fördert die Blütenfülle und Farbenpracht der Beete.

## ADONISRÖSCHEN

*Adonis vernalis*

**Wuchs:** Die Staude erreicht eine Höhe von 20–30 cm.

**Blätter:** Die fiedrigen, feingliedrigen Blätter sind frisch grün.

**Blüten:** Im Frühjahr bildet die Pflanze gelbe Blüten.

**Blütezeit:** Der Flor dauert von April bis Mai.

**Standort:** Das Adonisröschen bevorzugt einen sonnigen bis halbschattigen Platz auf lockerem, leicht trockenem Kalkboden. Es eignet sich auch für Steingärten.

**Pflege:** Die pflegeleichten Pflanzen gedeihen am besten, wenn sie ungestört wachsen können. Die heimischen Stauden sind winterhart.

**Vermehrung:** Die Vermehrung erfolgt durch Teilung oder Aussaat.

**Pflanzendoktor:** Das Hahnenfußgewächs muss vor Schnecken geschützt werden. Staunässe verträgt es nicht.

**Zusatzinfo:** Die Pflanze steht unter Naturschutz. Ihre Blüten locken Bienen an, sind für den Menschen aber giftig. Schon sehr geringe Mengen des Giftes führen zu Erbrechen und Durchfall. In der Medizin ist der Wirkstoff Bestandteil von Herz-Kreislauf-Mitteln.

## AKANTHUS

*Acanthus*

**Wuchs:** Die kräftige, verzweigte Staude wächst aufrecht und wird zwischen 60 und 80 cm hoch.

**Blätter:** Die großen, stachelig gezähnten Blätter glänzen.

**Blüten:** An aufrechten Ähren sitzen weiße bis rosafarbene Blüten.

**Blütezeit:** Die Blütezeit dauert den ganzen Sommer über.

**Standort:** Der Akanthus fühlt sich bei vollsonniger Platzierung auf nährstoffreichem, durchlässigem Boden wohl.

**Pflege:** Die Erde sollte gleichmäßig feucht gehalten werden. An heißen Tagen braucht der Akanthus reichlich Wasser. Welke Pflanzenteile werden im Herbst oder Frühjahr zurückgeschnitten. Im Winter schützt eine Decke aus Laub und Fichtenreisig vor Frost.

**Vermehrung:** Das ehemalige Bärenklaugewächs (heute in eigener Familie: Acanthaceae) wird durch Wurzelausläufer, Teilung oder Aussaat vermehrt.

**Pflanzendoktor:** Durch Dränage kann Staunässe vorgebeugt werden.

**Zusatzinfo:** An einer freien Stelle kommt die dekorative Staude besonders gut zur Geltung.

## AKELEI

*Aquilegia-Hybriden*

**Wuchs:** Die zarte Staude bildet 30–80 cm hohe, verzweigte Stiele.

**Blätter:** Filigran wirken die blaugrünen Blätter, welche von einem zarten Flaum überzogen sind.

**Blüten:** Neben glockenförmigen Blüten in verschiedenen Blautönen gibt es auch gelbe und rote Formen.

**Blütezeit:** Der Flor dauert von Mai bis Juni.

**Standort:** Als Standort ist ein halbschattiger Gehölzrand oder eine Platzierung im wandernden Schatten eines Gebäudes ideal. Die Akelei bevorzugt feuchte, aber nicht nasse Böden. Je feuchter die Erde ist, desto sonniger kann der Standort sein.

**Pflege:** Nach dem Rückschnitt abgeblühter Pflanzenteile bilden sich neue Blütentriebe.

**Vermehrung:** Die pflegeleichte Wildstaude wird durch Aussaat vermehrt. Um Selbstaussaat zu vermeiden, kann sie vor der Samenreife zurückgeschnitten werden.

**Pflanzendoktor:** Schlecht verträgt die Pflanze Wurzelkonkurrenz.

**Zusatzinfo:** Die Akelei steht unter Naturschutz. Allerdings ist Vorsicht geboten, denn die Pflanze ist giftig!

## ALPENDISTEL

*Eryngium alpinum*

**Wuchs:** Der distelähnliche Doldenblütler bildet im Garten ausdauernde Bestände aus zwischen 50 und 80 cm hohen Stauden.

**Blätter:** An den stabilen, gut verzweigten Stängeln bilden sich stark gebuchtete, blaugrüne Blätter.

**Blüten:** An den Triebenden sitzen walzenförmige Doldenblüten, die sternförmig von stechenden Hüllblättern umringt werden.

**Blütezeit:** Die Blütezeit dauert von Juli bis August.

**Standort:** An sonnigen Plätzen auf tiefgründigem, beständig lockerem Boden bilden sich ausdauernde Bestände der Alpendistel.

**Pflege:** Am richtigen Standort benötigen Alpendisteln keine besondere Pflege. Der Rückschnitt erfolgt erst im Frühjahr nach dem Austrieb.

**Vermehrung:** Die Aussaat der Kaltkeimer erfolgt sofort nach der Samenreife. Möglich ist auch die Vermehrung durch Teilung im Frühjahr.

**Pflanzendoktor:** Die fleischigen Wurzeln vertragen Trockenheit, sind jedoch staunässeempfindlich.

**Zusatzinfo:** Alpendisteln lassen sich dauerhaft in Steingärten ansiedeln.

## ANEMONE

*Anemone japonica*

**Wuchs:** Die bis zu 1 m hohe Staude wächst aufrecht. Dekorativ sehen v. a. die Samenstände der sehr ausdauernden Pflanze aus.

**Blätter:** Die dreilappigen Blätter sind behaart.

**Blüten:** Typisch für Anemonen sind weiße oder rosafarbene Blüten mit einer gelben Mitte.

**Blütezeit:** Der Flor dauert von August bis September.

**Standort:** Die Waldstauden gedeihen vorzugsweise im lichten Schatten. Sie eignen sich z. B. für Rabatten unter Bäumen oder neben Hecken. Wichtig ist ein nährstoffreicher, humoser und feuchter Boden. Bei ausreichender Bewässerung kommt das Hahnenfußgewächs auch an sonnigen Plätzen gut zurecht.

**Pflege:** Im ersten Jahr nach der Pflanzung sollten die Anemonen im Winter mit Laub und Fichtenzweigen bedeckt werden. An ungestörten Plätzen bilden sich ausdauernde Bestände.

**Vermehrung:** Die Vermehrung erfolgt durch Samen oder Ausläufer.

**Pflanzendoktor:** Stellen Gehölze in direkter Nachbarschaft eine Konkurrenz zu den Anemonen dar, sollten störende Zweige entfernt werden.

## ASTER

*Aster*

**Wuchs:** Je nach Sorte werden Astern zwischen 0,15 und 1 m hoch.

**Blätter:** Die zum Teil holzigen Stängel sind dicht mit kleinen, länglichen Blättern bestückt. Je nach Art haben sie eine raue Behaarung (Raublattastern) oder eine glatte Oberfläche (Glattblattastern).

**Blüten:** Die strahlenförmigen Blüten der Aster leuchten in Blau, Lila, Rot oder Weiß.

**Blütezeit:** Früh blühende Exemplare (z. B. Alpen-, Frühlingsastern) blühen von Mai bis Juni, sommerblühende Sorten (z. B. Bergastern) von Juli bis September und herbstblühende Arten (z. B. Kissen-, Raublattastern) von September bis Oktober.

**Standort:** Astern gedeihen auf sonnigen Plätzen und nährstoffreichen, feuchten Gartenböden.

**Pflege:** Nach der Blüte werden die Stauden zurückgeschnitten.

**Vermehrung:** Die Vermehrung erfolgt durch Teilung.

**Pflanzendoktor:** Herbstblühende Astern sind anfällig für Mehltau. Ein luftiger Stand und gute Wasserversorgung wirken der Ausbreitung aber entgegen. Bei Anzeichen für einen Pilzbefall sollten kranke Pflanzenteile ausgeputzt werden!

Jun–Sep

## ASTILBE

*Astilbe*

**Wuchs:** Die buschige Staude erreicht eine Höhe bis zu 1 m.

**Blätter:** Auf langen Stielen sitzen fiedrige Blätter.

**Blüten:** Die roten oder weißen Rispen blühen etwa zehn Wochen lang.

**Blütezeit:** Die Blütezeit erstreckt sich von Juni bis September.

**Standort:** Astilben bevorzugen humosen Boden im Halbschatten oder auch im Schatten.

**Pflege:** Staunässe verträgt die Astilbe nicht, der Wurzelballen darf aber auch nicht austrocknen. Dichte Staudenhorste sollten gelegentlich mit Humus versorgt werden. Ideal ist eine leicht saure Mischung aus Rindenhumus, Laubkompost und Nadelstreu. Im Herbst oder im Frühjahr vor dem Austrieb werden die Steinbrechgewächse zurückgeschnitten.

**Vermehrung:** Astilben sind durch Teilung vermehrbar.

**Pflanzendoktor:** Gegen Wurzelschäden hilft in der Regel das Mulchen mit Laubkompost.

**Zusatzinfo:** Die Astilbe entfaltet ihre Wirkung v. a. in Gruppen. Sie wird auch als Schnittblume genutzt und gehört zu den wenigen Pflanzen, die selbst im Schatten üppig blühen.

Jul–Aug

## BALLONBLUME

*Platycodon grandiflorus*

**Wuchs:** Das Glockenblumengewächs bildet lange, aufrechte Triebe, die in lockeren Horsten bis zu 70 cm Höhe erreichen.

**Blätter:** Die dünnen, aber festen Stängel sind gleichmäßig mit breiten, grünen Blättern besetzt.

**Blüten:** Vor dem Aufblühen sehen die großen, blauen Glockenblumen ballonförmig aus. Es gibt auch rosarote oder weiße Sorten.

**Blütezeit:** Die Pflanzen blühen im Hochsommer.

**Standort:** Als Wiesenpflanzen benötigen Ballonblumen einen sonnigen bis halbschattigen Platz auf lockerem, durchlässigem Boden.

**Pflege:** Der Rückschnitt der Stauden erfolgt im Herbst. Sie kommen mit den natürlichen Regenfällen zurecht und brauchen kaum Dünger. Dazu genügen Kompostgaben im Frühjahr.

**Vermehrung:** Die Pflanzen werden durch Samen vermehrt.

**Pflanzendoktor:** Ballonblumen sind empfindlich gegen Staunässe. Jungpflanzen benötigen einen Schutz vor Schnecken.

**Zusatzinfo:** Die Glockenblumengewächse lassen sich gut in Steppen- oder Kiesbeete einsetzen.

Mai–Sep

## BARTFADEN

*Penstemon-Hybriden*

**Wuchs:** Die pflegeleichte Staude bildet lockere Horste mit aufrechten Stängeln, die je nach Art 20–90 cm Höhe erreichen.

**Blätter:** Die Stängel des Bartfadens sind dicht mit schmalen, ledrigen Blättern besetzt.

**Blüten:** An den Triebenden der Staude öffnen sich in langen Rispen fingerhutförmige Blüten in Rot, Rosa, Blau oder Weiß.

**Blütezeit:** Je nach Sorte bilden sich die Blüten von Mai bis September.

**Standort:** Für gutes Gedeihen ist ein geschützter, sonniger Platz auf nährstoffreichem, aber kalkfreiem, lockerem Boden nötig.

**Pflege:** Die meisten Sorten benötigen einen Frostschutz aus Laub und Reisig. Wichtig ist ein guter Wasserabzug durch eine beständige Bodenlockerung mit mineralischem Substrat (z. B. Blähtongranulat).

**Vermehrung:** Die Pflanzen sind durch Aussaat vermehrbar. Gute Sorten lassen sich zudem durch Stecklinge gewinnen.

**Pflanzendoktor:** Die Stauden sind auf eine gründliche Bodenvorbereitung angewiesen. Dennoch sind sie verhältnismäßig empfindlich und kurzlebig.

Mai–Jun

## BAUERNPFINGSTROSE

*Paeonia officinalis*

**Wuchs:** Die Stauden können uralte, bis zu 1 m hohe Büsche bilden

**Blätter:** Die großen, gefiederten Blätter sind glänzend grün.

**Blüten:** Im Frühsommer bringen die Stauden große, rote, rosafarbene oder weiße Blütenkelche mit gelben Staubblättern hervor. Es gibt einfache und gefüllte Sorten.

**Blütezeit:** Die Staude blüht im Frühsommer.

**Standort:** Die Pflanze bevorzugt Plätze auf tiefgründigem, nährstoffreichem Lehmboden.

**Pflege:** Staudenstützen, die bereits im Frühjahr in den Boden gesteckt werden, schützen vor dem Auseinanderfallen der starkwüchsigen Stauden. Bei jungen Pflanzen sollten verblühte Pflanzenteile unbedingt abgeschnitten werden.

**Vermehrung:** Die Pflanzen sind durch Aussaat oder Wurzelschnittlinge vermehrbar.

**Pflanzendoktor:** Damit sich Pilzerkrankungen nicht ausbreiten können, fleckige Blätter sofort entfernen!

**Zusatzinfo:** Als wertvolle Gartenstauden haben sich auch Züchtungen der Chinesischen Pfingstrose (P. lactiflora) bewährt.

Mär–Mai

## BERGENIE

*Bergenia*

**Wuchs:** Die bodendeckende Staude stammt aus Ostasien und wird 30–40 cm hoch.

**Blätter:** Die immergrünen, glänzenden Blätter sind herzförmig und groß. Bei manchen Sorten verfärbt sich das Laub im Herbst rötlich.

**Blüten:** Zeitig im Frühjahr bildet das Steinbrechgewächs rosafarbene oder rote Blütenrispen.

**Blütezeit:** Der Flor dauert von März bis Mai.

**Standort:** Die tolerante Bergenie gedeiht auf allen Plätzen – egal ob vollsonnig oder schattig. Ideal ist ein nährstoffreicher, feuchter, aber nicht nasser Boden.

**Pflege:** Die genügsame Pflanze ist winterhart. Im Herbst sollte sie mit Kompost versorgt werden; dabei müssen die immergrünen Blätter freigehalten werden! Die übrige Zeit ist es ratsam, die Pflanze möglichst ungestört wachsen zu lassen.

**Vermehrung:** Die Vermehrung erfolgt durch Teilung oder auch durch Wurzelausläufer.

**Zusatzinfo:** Die sehr robuste Gartenstaude passt gut in Steingärten, Vorgärten, an Teichufern oder als Einfassungspflanze an Beetränder.

Apr–Mai

## BLAUKISSEN

*Aubrieta*

**Wuchs:** Die Polsterstaude wird 5–15 cm hoch, entwickelt aber mehr als 50 cm breite Büsche.

**Blätter:** Die kleinen, behaarten Blätter sind graugrün und zum Teil grob gezähnt.

**Blüten:** Im Frühjahr schmücken sich die Kreuzblütler mit einer großen Fülle an winzigen Blüten in Blau, Rot, Lila oder Weiß.

**Blütezeit:** Blaukissen blühen von April bis Mai.

**Standort:** Ideal für Blaukissen sind vollsonnige Plätze und kalkhaltige, warme Böden.

**Pflege:** Die genügsame Pflanze sollte im Frühjahr gedüngt und im Sommer gelegentlich gewässert werden. Ein Rückschnitt im Frühjahr nach der Blüte fördert einen buschigen Wuchs.

**Vermehrung:** Blaukissen sind sowohl durch Ausläufer als auch durch Stecklinge vermehrbar.

**Pflanzendoktor:** Zur Gesunderhaltung ist es sinnvoll, die Staude in durchlässigen Boden zu pflanzen. Staunässe hat Fäulnis zur Folge.

**Zusatzinfo:** Die mit der Gänsekresse verwandte Pflanze eignet sich z. B. für Steingärten, Beeteinfassungen, Mauern und Wegbegrenzungen.

Jun–Aug

## BRENNENDE LIEBE

*Lychnis chalcedonica*

**Wuchs:** Das buschige Nelkengewächs entwickelt etwa 80 cm hohe mehrjährige Staudenhorste.

**Blätter:** Die frisch grünen Blätter sitzen gegenständig an den Stängeln und sind behaart.

**Blüten:** Im Sommer bringt die winterharte Staude leuchtend rote, schirmartige Blütenstände hervor.

**Blütezeit:** Der Flor dauert von Juni bis August an.

**Standort:** Die Sommerblüher mögen Sonne und nährstoffreichen, humosen Boden, der zeitweise austrocknen darf.

**Pflege:** Im Herbst oder Frühjahr vor dem Austrieb werden die Stauden zurückgeschnitten.

**Vermehrung:** Die buschigen Pflanzen sind durch Teilung im Frühjahr vermehrbar.

**Pflanzendoktor:** Der Ausbreitung von Pilzkrankheiten kann entgegengewirkt werden, indem welke Blütenstände und kranke Blätter ausgeschnitten werden.

**Zusatzinfo:** Neben der Brennenden Liebe sind die Pechnelke (L. viscaria) und die Kuckuckslichtnelke (L. flos-cuculi) zu empfehlen.

Dez–Mär

## CHRISTROSE

*Helleborus-Hybriden*

**Wuchs:** Die großblättrigen, bis zu 25 cm hohen Waldpflanzen sind sehr ausdauernd und werden mit der Zeit zunehmend üppiger.

**Blätter:** Die fächerförmigen, ledrigen Blätter sind wintergrün.

**Blüten:** Bei mildem Wetter schieben sich schon im Winter die weißen Schneerosen aus dem Wurzelstock ans Licht. Durch Züchtungen und natürliche Kreuzung gibt es auch Hybriden in roten Tönen.

**Blütezeit:** Je nach Wetter dauert die Blütezeit von Dezember bis März.

**Standort:** Die Gebirgspflanze braucht kalkhaltige, humose Böden im Schatten von Gehölzen. Die Erde sollte mäßig feucht sein.

**Pflege:** Alte Blätter werden vor dem Neuaustrieb abgeschnitten. Ein luftiger Frostschutz lindert zudem starke Temperaturschwankungen und verhindert den vorzeitigen Austrieb der Blüten.

**Vermehrung:** Die Pflanzen sind durch Teilung vermehrbar.

**Pflanzendoktor:** Die Blätter werden gelegentlich von Pilzkrankheiten befallen. Das Ausputzen verhindert die Ausbreitung.

Apr–Mai

## DICKMÄNNCHEN

*Pachysandra terminalis*

**Wuchs:** Der Bodendecker gehört zwar zu den Gehölzen, die Triebe sind jedoch vorwiegend krautig und wirken eher staudenartig. Die Pflanzen erreichen eine Höhe von etwa 30 cm.

**Blätter:** Wegen seiner festen, immergrünen Blätter wird der Strauch Dickmännchen genannt. Sie sitzen auf kurzen Stängeln und sind schirmförmig angeordnet.

**Blüten:** Die weißen Blüten des Dickmännchens bilden sich in kleinen aufrechten Ähren am Triebende.

**Blütezeit:** Der Flor dauert von April bis Mai.

**Standort:** Das Dickmännchen benötigt im Garten einen schattigen bis halbschattigen Platz auf feuchtem, kalkfreiem Humusboden.

**Pflege:** Am richtigen Ort breiten sich die Pflanzen flächig aus. Eine Versorgung mit saurem Moorbeetsubstrat fördert die Entwicklung.

**Vermehrung:** Die Vermehrung ist durch Wurzelausläufer, Teilung oder Stecklinge möglich.

**Pflanzendoktor:** Gelbe Blätter sind ein Hinweis auf einen unpassenden Standort. Entweder stehen die Pflanzen zu sonnig oder sie kommen mit dem hohen Kalkgehalt im Boden nicht zurecht.

Apr–Mai

## DUFTVEILCHEN

*Viola odorata*

**Wuchs:** Die 10–15 cm hohen, zarten Wildveilchen breiten sich flächig aus und bilden Ausläufer.

**Blätter:** Die runden bis herzförmigen Blätter sind wintergrün.

**Blüten:** Im Frühjahr bringen die heimischen Pflanzen kleine, blaue Veilchenblüten mit zurückgebogenen Blütenblättern hervor. Sie sitzen einzeln auf kurzen Stielen und duften angenehm.

**Blütezeit:** Der Flor dauert von April bis Mai.

**Standort:** Auf lehmigen, durchlässigen Böden an halbschattigen Gehölzrändern bilden die Pflanzen ausdauernde Bestände. Die Erde kann mäßig feucht bis leicht trocken sein.

**Pflege:** Eine besondere Pflege ist nicht nötig. Die Staudenhorste sollten möglichst ungestört bleiben.

**Vermehrung:** Neue Pflanzen lassen sich durch Teilung gewinnen. Veilchen samen sich zudem in der Regel selbst aus.

**Zusatzinfo:** Wildveilchen sind weniger für die Beetbepflanzung geeignet, sondern für ungenutzte Gartenecken, Kräuterrasen und andere Randzonen. Sie lassen sich aber auch gezielt mit Primeln, Leberblümchen und Farnen kombinieren.

Jun–Aug

## EDELWEISS

*Leontopodium alpinum*

**Wuchs:** Die heimischen Gebirgspflanzen bilden kleine Horste mit etwa 15 cm Höhe.

**Blätter:** Die filzigen, graugrünen Blätter entwickeln sich direkt aus dem Wurzelwerk.

**Blüten:** Aus den Blattbüscheln treiben die typischen Blüten in strahlendem Weiß hervor.

**Blütezeit:** Der Flor hält von Juni bis August.

**Standort:** Das Edelweiß gedeiht vorzugsweise auf sonnigen Plätzen und mageren, durchlässigen Böden.

**Pflege:** Gut entwickelte Horste sollten möglichst wenig gestört werden. Staunässe vertragen die Pflanzen nicht.

**Vermehrung:** Neue Pflanzen sind durch Aussaat oder auch durch Teilstücke zu gewinnen.

**Pflanzendoktor:** In der schwierigen Anwachsphase sollten die Jungpflanzen gut versorgt werden: Bei Trockenheit erhalten sie genügend Wasser. Im Winter lohnt sich ein luftiger Frostschutz.

**Zusatzinfo:** Es ist schwierig, die seltenen Steingartenbewohner anzusiedeln. Wichtig ist die richtige Standortwahl.

Jun–Okt

## EISENHUT

*Aconitum*

**Wuchs:** Die mehrjährige Staude wird 0,90–1,50 m hoch.

**Blätter:** Die fächerförmigen, gebuchteten Blätter glänzen.

**Blüten:** Die blauen, gelben oder weißen Blüten ähneln denen des Rittersporns. Die oberen Kronblätter wölben sich wie ein Helm nach oben.

**Blütezeit:** Der Bergeisenhut blüht von Juni bis August, der Herbsteisenhut von September bis Oktober.

**Standort:** Die Pflanze braucht einen halbschattigen bis schattigen Platz auf lockerem, humosem Boden.

**Pflege:** Trockenheit bekommt dem Waldbewohner nicht. Daher sollte an warmen Tagen reichlich gegossen werden. Der Rückschnitt welker Pflanzenteile erfolgt im Herbst oder Frühjahr. Eine Versorgung mit Kompost fördert die Vitalität.

**Vermehrung:** Die Vermehrung der Pflanze ist zum einen durch Aussaat, zum anderen durch Teilung möglich.

**Pflanzendoktor:** Von Pilzkrankheiten befallene Pflanzenteile müssen sofort ausgeschnitten werden.

**Zusatzinfo:** Die heimischen Wildstauden gehören zu den bekanntesten Giftpflanzen. Sie enthalten Wirkstoffe, die für Herzmittel genutzt werden.

## ENZIAN

*Gentiana*

**Wuchs:** Die vielen Enzianarten unterscheiden sich in der Wuchsform. Während z. B. der Frühlingsenzian (G. verna) kleine nur 10 cm hohe Büschel bildet, bringt der Gelbe Enzian bis 1,50 m hohe Blütentriebe hervor.

**Blätter:** Die schmalen Blätter sitzen gegenständig an den Trieben.

**Blüten:** Die typischen blauen Glockenblüten öffnen sich an den Triebenden oder aus Seitenknospen. Nur beim Gelben Enzian (G. lutea) sitzen sie auf einem kräftigen Blütenstängel.

**Blütezeit:** Der Alpenenzian (G. alpina) blüht von Mai bis Juni, der Sommerenzian (G. septemfida) von Juli bis September.

**Standort:** Erfolge mit Enzian sind vom passenden Boden abhängig. Die meisten Arten gedeihen am besten in sonnigen Steingärten auf magerem Boden. Der Gelbe Enzian braucht kalkfreies Substrat.

**Pflege:** Der empfindliche Enzian sollte möglichst ungestört bleiben. Nur die Erde wird gleichmäßig feucht gehalten.

**Vermehrung:** Die Pflanzen sind durch Aussaat vermehrbar.

**Zusatzinfo:** Jungpflanzen dürfen am Naturstandort auf keinen Fall ausgegraben werden.

## FÄRBERKAMILLE

*Anthemis tinctoria*

**Wuchs:** Die wuchernde Staude wird 0,40–1 m hoch.

**Blätter:** Auf der Oberseite sind die fiedrigen Blätter grün, auf der Unterseite grau und filzig.

**Blüten:** Die Färberkamille schmückt sich mit gelben Korbblüten, die von filzigen Hüllblättern umgeben sind.

**Blütezeit:** Von Juni bis September blühen die Stauden.

**Standort:** Die tolerante Färberpflanze gedeiht auf normalen Gartenböden. Sie bevorzugt sonnige Plätze.

**Pflege:** Nach der Blütezeit werden die Korbblütler bis knapp über dem Boden zurückgeschnitten. Die Pflanze benötigt keinen Frostschutz.

**Vermehrung:** Die Färberkamille wird durch Samen vermehrt.

**Pflanzendoktor:** Staunässe bekommt der Pflanze nicht.

**Zusatzinfo:** Der gelbe Blütenfarbstoff wurde früher zum Färben von Stoffen und Wolle genutzt. Daher stammt auch der Name Färberkamille. Heute wird die Pflanze meist im Garten auf Wildblumenwiesen gesät, als Trocken- oder Schnittblume sowie zur Verwilderung auf freien Flächen genutzt. Sie ist auch als Bienenweide äußerst wertvoll.

## FEDERNELKE

*Dianthus gratianopolitanus*

**Wuchs:** Die heimische Polsterstaude kommt auf Trockenrasen wild vor. Sie bildet dicht ausgebreitete Polster mit 10–20 cm Höhe.

**Blätter:** Die kleinen, graugrünen Blätter der Federnelke sitzen an gut verzweigten Trieben.

**Blüten:** Jeweils an den Triebenden entfalten sich kleine rosarote Nelkenblüten, die angenehm duften. Zur Hauptblütezeit sind die Polster von einer Fülle an Blüten bedeckt.

**Blütezeit:** Die Blütezeit dauert von Mai bis Juni.

**Standort:** Federnelken brauchen einen sonnigen Platz auf durchlässigem, kalkhaltigem Boden. Sie eignen sich besonders gut für Steingärten oder Trockenmauern.

**Pflege:** Die Pflanzen brauchen am passenden Standort wenig Pflege. Der Rückschnitt der Triebe nach der Blüte fördert einen buschigen Wuchs und wirkt dem Verkahlen entgegen.

**Vermehrung:** Federnelken sind durch Aussaat vermehrbar. Ebenso ist die Vermehrung durch Teilung und Stecklinge möglich.

**Pflanzendoktor:** Staunässe ist ebenso wie nasskalter Lehmboden schädlich. Vorbeugend ist eine Bodenlockerung mit Sand empfehlenswert.

Mai–Okt

# FELDTHYMIAN

*Thymus serpyllum*

**Wuchs:** Der wilde, bis zu 10 cm hohe Feldthymian wächst kriechend an sonnigen Hängen.

**Blätter:** Die schmalen Blätter des Feldthymians sind wintergrün.

**Blüten:** Im Sommer entwickeln sich duftende, rosarote Blütchen in dichten Quirlen an der Pflanze.

**Blütezeit:** Der Flor dauert von Mai bis Oktober an.

**Standort:** Die genügsame Staude braucht einen sonnigen Platz auf magerem, durchlässigem Boden. Wächst der Thymian langsam, ist der Boden ungeeignet.

**Pflege:** Der Lippenblütler braucht wenig Wasser. Auch Dünger sollte sparsam eingesetzt werden. Damit die Triebe ausreifen, darf im August nicht mehr gedüngt oder geschnitten werden. Im Winter ist eine Abdeckung mit Reisig empfehlenswert.

**Vermehrung:** Neue Pflanzen lassen sich durch Aussaat oder auch durch Stecklinge gewinnen.

**Pflanzendoktor:** Staunässe schadet der Pflanze.

**Zusatzinfo:** Der Feldthymian lässt sich auch in Kräutergärten ansiedeln, sollte jedoch nicht von hohen, staudenartigen Kräutern bedrängt werden.

Jun–Okt

# FETTHENNE

*Sedum-Hybriden*

**Wuchs:** Sehr vielfältig sind die Arten dieser sukkulenten, ca. 10–50 cm hohen Pflanzen. Allen gemeinsam sind die fleischigen Blätter und der vorwiegend kriechende Wuchs.

**Blätter:** Die dicken, wintergrünen Blätter können viel Wasser speichern.

**Blüten:** An den Triebenden entwickeln sich kleine Blüten, die in ihrer Fülle recht auffällig wirken.

**Blütezeit:** Der Flor öffnet sich je nach Art von Juni bis Oktober.

**Standort:** Alle Arten bevorzugen einen vollsonnigen Platz auf magerem Boden. Der Standort wirkt sich auch auf die Blattfarbe aus und kann eine rötliche bis orange Tönung bewirken.

**Pflege:** Nur bei der Herbstfetthenne (S. telephium) ist ein Rückschnitt vor dem Austrieb im Frühjahr nötig. Alle Arten brauchen nur wenig Wasser.

**Vermehrung:** Neue Pflanzen sind gut durch bewurzelte Ausläufer zu bekommen.

**Pflanzendoktor:** Staunässe ist schädlich. Deshalb sollte für einen guten Wasserabzug gesorgt werden.

**Zusatzinfo:** Die genügsamen und robusten Pflanzen lassen sich auch für die Dachbegrünung nutzen.

Jun–Jul

# FRAUENMANTEL

*Alchemilla*

**Wuchs:** Die ausdauernde Staude bildet dichte Büschel aus blaugrünen Blättern und erreicht eine Höhe von 50 cm.

**Blätter:** Die runden, gebuchteten Blätter haben einen gezähnten Rand. Aus feinen Poren bilden sich kleine Wassertropfen. Diese Eigenschaft („Guttation") ist für den Frauenmantel typisch.

**Blüten:** Auf langen Stielen sitzen viele kleine, gelbe Einzelblüten in lockeren Rispen.

**Blütezeit:** Der Flor dauert von Juni bis Juli.

**Standort:** Die Pflanze findet sich auf sonnigen und halbschattigen Plätzen zurecht. Während manche Sorten einen mäßig feuchten Boden brauchen und an Teichrändern wachsen (A. mollis), gedeihen andere besser in Steingärten (A. alpina).

**Pflege:** Der Boden sollte gleichmäßig feucht gehalten werden. Wird das genügsame Rosengewächs nach der Blüte zurückgeschnitten, kann ein zweiter Flor erzielt werden. Beim Austrieb lohnt es sich, die Pflanze zu düngen.

**Vermehrung:** Die Vermehrung erfolgt durch Wurzelausläufer oder auch durch Teilung.

## FUNKIE
*Hosta-Arten*

**Wuchs:** Die breitbuschigen, etwa 30–80 cm hohen Stauden fallen durch ihre großen Blätter auf.

**Blätter:** Die langen, breiten Einzelblätter sind je nach Art blaugrün, hellgrün oder auch panaschiert. Auffällig wirkt auch die gelbe oder orange Herbstfärbung.

**Blüten:** Die Blütenstände tragen Rispen mit kleinen blauen oder weißen Glöckchen.

**Blütezeit:** Die Blüten erscheinen in den Sommermonaten.

**Standort:** Funkien brauchen einen halbschattigen bis schattigen Platz auf feuchtem, aber dennoch staunässefreiem Boden.

**Pflege:** An passenden Plätzen sind Funkien recht pflegeleicht. Der Rückschnitt der Pflanzen kann im Herbst (nach dem Einziehen der Blätter) oder im Frühjahr erfolgen.

**Vermehrung:** Neue Pflanzen lassen sich durch Teilung gewinnen.

**Pflanzendoktor:** Schnecken machen den großen Blättern zu schaffen. Zum Schutz sollten Barrieren geschaffen, Köder ausgelegt und die Schädlinge abgesammelt werden.

**Zusatzinfo:** Die Blattstauden eignen sich zur Unterpflanzung von Gehölzen oder Kultivierung in Kübeln.

## GÄNSEKRESSE
*Arabis caucasica*

**Wuchs:** Die kompakte, bis zu 20 cm hohe Polsterstaude wird als Bodendecker genutzt.

**Blätter:** Die graugrünen Blätter sind winterhart.

**Blüten:** Zahlreiche weiße oder rosafarbene, duftende Blüten sammeln sich in dichten Büscheln. Es gibt auch gefüllt blühende Sorten.

**Blütezeit:** Die Gänsekresse blüht von April bis Mai.

**Standort:** Der Kreuzblütler bevorzugt trockene, sonnige Plätze sowie magere, auch steinige Böden. Die immergrüne Pflanze ist winterhart und sollte allenfalls bei strengem Frost abgedeckt werden.

**Pflege:** Die Gänsekresse kann Wassergaben bei Trockenheit gut vertragen. Außerdem sollten wuchernde Ausläufer entfernt werden. Ein Rückschnitt nach der Blüte fördert die Verjüngung der Gänsekresse.

**Vermehrung:** Die Gänsekresse ist durch Aussaat im Sommer oder durch Teilung vermehrbar.

**Zusatzinfo:** Die vitale Polsterstaude eignet sich für Steingärten, Trockenmauern, zur Unterpflanzung von Strauchgruppen oder Einfassung von Beeten und Rabatten.

## GEDENKEMEIN
*Omphalodes verna*

**Wuchs:** Das Borretschgewächs bildet im Garten ausdauernde Bestände aus etwa 30 cm hohen Pflanzen.

**Blätter:** Im Frühjahr bringt die Staude frisch grüne, behaarte Blätter hervor, die länglich geformt sind.

**Blüten:** Die kleinen, blauen Blüten stehen in lockeren Trauben auf dünnen Stängeln.

**Blütezeit:** Im März entwickeln sich mit den Blättern auch die Blüten.

**Standort:** Die Waldpflanzen wachsen am besten im lichten Schatten von Gehölzen auf lockerem, mäßig feuchtem Boden.

**Pflege:** Die Versorgung der Bestände mit Kompost fördert die Vitalität. An heißen Tagen während der Wachstumszeit sind Wassergaben hilfreich.

**Vermehrung:** Die Stauden lassen sich durch Teilung oder auch durch Aussaat vermehren.

**Pflanzendoktor:** Die Bodendecker vertragen den Wurzeldruck von Gehölzen. Nach dem Ausschneiden störender Äste erhalten sie wieder genügend Licht.

**Zusatzinfo:** Diese typischen Frühlingspflanzen können alte Bestände bilden, wenn sie dabei nicht gestört werden.

## GEISSBART

*Aruncus*

**Wuchs:** Die aufrechte, stattliche Waldstaude wird je nach Sorte zwischen 0,30–1,50 m hoch.

**Blätter:** Dunkelgrün sind die großen, drei- bis fünffach gefiederten Blätter.

**Blüten:** Männliche Pflanzen bilden lange Rispen mit reinweißen Blüten, weibliche Stauden schmücken sich mit cremeweißem Flor.

**Blütezeit:** Die Blütezeit dauert von Juni bis Juli.

**Standort:** Auf humosem, nährstoffreichem, feuchtem Boden im Halbschatten gedeiht der Geißbart am besten. Sind diese Bedingungen gegeben, muss er nicht gedüngt werden. Aber auch Sonne oder Schatten verträgt das tolerante Rosengewächs.

**Pflege:** Im Sommer sollte die sonst genügsame Pflanze reichlich gegossen werden. Ein Rückschnitt empfiehlt sich im Herbst oder Frühjahr.

**Vermehrung:** Die langlebige Staude kann durch Teilung vermehrt werden. Außerdem sät sie sich selbst im Garten aus.

**Pflanzendoktor:** Trockenheit verträgt die Waldpflanze nicht.

**Zusatzinfo:** Die üppige Prachtstaude ist eine ideale Pflanze zum Verwildern. Sie steht unter Naturschutz.

## GELENKBLUME

*Physostegia virginiana*

**Wuchs:** Der Lippenblütler breitet sich durch Wurzelausläufer flächig aus. Die aufrechten Stauden erreichen eine Höhe von 0,60–1 m.

**Blätter:** An senkrechten Stängeln sitzen gleichmäßig verteilt schmale, längliche Blätter.

**Blüten:** Am Ende der Stängel bilden sich in langen Kerzen kleine, röhrenförmige Blüten in Rosa, Lila oder Weiß.

**Blütezeit:** Die Blütezeit dauert von Juli bis September.

**Standort:** Als typische Waldrandpflanzen brauchen Gelenkblumen sonnige bis halbschattige Plätze mit nährstoffreichem sowie feuchtem Humusboden.

**Pflege:** Die Stauden erhalten ihren Rückschnitt im Herbst. Danach ist ein Frostschutz empfehlenswert.

**Vermehrung:** Die Vermehrung erfolgt durch Teilung, Stecklinge oder Aussaat.

**Pflanzendoktor:** Gelenkblumen sind nicht ganz winterhart. Ein Frostschutz mit Laub und Reisig verhindert das Auswintern der Wurzelstöcke.

**Zusatzinfo:** Die Pflanze lässt sich gut mit anderen Sommerblühern, wie Sonnenhut, Prachtscharte und Sonnenbraut kombinieren.

## GLOCKENBLUME

*Campanula*

**Wuchs:** Die Wuchsform kann je nach Art polsterbildend, buschig oder locker aufrecht sein. Während die Karpaten-Glockenblume (C. carpatica) höchstens 30 cm hoch wird, erreicht die Riesenglockenblume (C. lactiflora) eine Höhe von 1 m.

**Blätter:** Bei den meisten Arten bilden sich eiförmige, behaarte Blätter.

**Blüten:** Die typischen Glockenblüten sitzen in Trauben an den Stängeln.

**Blütezeit:** Bei den meisten Arten dauert die Blütezeit von Juni bis Juli.

**Standort:** Die Polsterstauden wachsen vorzugsweise in sonnigen Gartenbereichen auf durchlässigem Boden. Hohe Arten brauchen nährstoffreiche Erde.

**Pflege:** Werden verblühte Rispen herausgeschnitten, dauert der Flor länger. Hohe Arten erhalten Stützen.

**Vermehrung:** Die Pflanzen sind durch Teilung oder auch durch Aussaat vermehrbar.

**Pflanzendoktor:** Beim Austrieb ist ein Schutz vor Schnecken nötig.

**Zusatzinfo:** Die Vielfalt an Glockenblumen ist groß: Hohe Arten lassen sich in Staudenrabatten einsetzen, Polster breiten sich in Steingärten flächig aus.

## GOLDTRÖPFCHEN

*Chiastophyllum oppositifolium*

**Wuchs:** Das Dickblattgewächs wird etwa 15 cm hoch.

**Blätter:** Die fleischigen, grob gezähnten Blätter sind immergrün.

**Blüten:** An den Stielen sitzen kleine Blüten in dichten Trauben. Sie ähneln goldgelben Tropfen, wodurch sich auch ihr Name erklärt.

**Blütezeit:** Der Flor bleibt von Juni bis Juli erhalten.

**Standort:** Die kriechenden Stauden lassen sich als Bodendecker in halbschattigen Beeten einsetzen. Gut gedeihen sie in kühlen und feuchten Gartenbereichen (z. B. unter Bäumen).

**Pflege:** Bei Trockenheit brauchen die Flachwurzler reichlich Wasser. Insbesondere auf sonnigen Plätzen müssen sie häufig gegossen werden. Ein Rückschnitt welker Blütenstände kann im Spätherbst oder auch im Frühjahr erfolgen.

**Vermehrung:** Neue Pflanzen sind durch bewurzelte Ausläufer oder Aussaat im Herbst zu bekommen.

**Pflanzendoktor:** Goldtröpfchen werden häufig von Schnecken befallen.

**Zusatzinfo:** Die immergrünen Stauden lassen sich gut in Kiesbeeten oder Steingärten einsetzen.

## GRASNELKE

*Armeria*

**Wuchs:** Die grasartige, etwa 20 cm hohe Polsterstaude breitet sich flächig aus.

**Blätter:** Die schmalen Blätter sind graugrün und linealnervig. Sie bilden dichte Polster.

**Blüten:** Auf langen Stielen sitzen kugelige, kleine Blüten in Rosa, Weiß oder Rot.

**Blütezeit:** Der Flor dauert von Mai bis September.

**Standort:** Grasnelken bevorzugen eine vollsonnige Platzierung in durchlässiger, fast trockener Erde. Der Boden sollte schotterig oder sandig sein.

**Pflege:** Samenstände werden nach der Aussaat entfernt. Sonst ist die Pflanze recht genügsam.

**Vermehrung:** Das kompakte, buschige Bleiwurzgewächs wird durch Samen oder Teilung vermehrt.

**Pflanzendoktor:** Die wintergrüne Staude sollte vor Staunässe, insbesondere vor Winternässe, bewahrt werden.

**Bemerkung:** Häufig wird die Grasnelke in Steingärten ausgesät oder als Einfassung von Beeten und Wegen genutzt. Hübsch ist eine Kombination mit Thymian, Ehrenpreis oder der Zwergglockenblume.

## GROSSBLUMIGE ELFENBLUME

*Epimedium grandiflorum*

**Wuchs:** Dieses Sauerdorngewächs ist mit der Berberitze verwandt. Es bildet kleine Büsche (ca. 50 cm Höhe) mit verholzenden Trieben und breitet sich flächig aus.

**Blätter:** Die herzförmigen, ledrigen Blätter sind auffällig gezeichnet.

**Blüten:** Die zarten Blüten stehen in lockeren Rispen über dem Blattwerk. Sie können weiß, rosa oder gelb sein.

**Blütezeit:** Die Blütezeit dauert von April bis Mai.

**Standort:** Elfenblumen sind ideale Bodendecker im lichten Schatten von Gehölzen. Sie brauchen lockeren leicht sauren Humusboden mit guter Wasserführung.

**Pflege:** Im Frühjahr werden welke Blätter entfernt. Zudem ist die Versorgung mit saurem Moorbeetsubstrat wachstumsfördernd.

**Vermehrung:** Die Vermehrung gelingt im Frühjahr durch Teilung.

**Pflanzendoktor:** Nach einem strengen Winter wirken die Pflanzen durch die braunen Blätter unansehnlich. Sie verjüngen sich aber nach einem Rückschnitt wieder aus dem Wurzelstock.

Mai–Jun

# GÜNSEL

*Ajuga*

**Wuchs:** Die bodendeckende, bis 15 cm hohe Staude hat kriechende Triebe und breitet sich flächig aus.

**Blätter:** Die herzförmigen, kleinen Blätter sind wintergrün.

**Blüten:** In langen, aufrechten Rispen stehen dicht gedrängt violettblaue Lippenblüten.

**Blütezeit:** Der Günsel blüht von Mai bis Juni.

**Standort:** Der pflegeleichte Lippenblütler wächst gleichermaßen an sonnigen und schattigen Plätzen. Der Boden sollte humos und nicht zu trocken sein. Je feuchter die Erde ist, desto besser bekommt dem Günsel volle Sonne.

**Pflege:** Auch ohne Pflege breitet sich der Günsel flächig aus. Zu starkwüchsige Pflanzen werden einfach an den Rändern abgestochen. Bei großer Hitze sollte der Flachwurzler ausreichend bewässert werden.

**Vermehrung:** Eine Vermehrung ist durch Wurzelausläufer möglich.

**Zusatzinfo:** Der Günsel wird als genügsamer Bodendecker eingesetzt. Er unterdrückt Unkraut und kann sogar abgemäht werden. Gute Partner sind z. B. Gundermann (Glechoma), Taubnesseln und Schaumblüten.

Mai–Sep

# HABICHTSKRAUT

*Hieracium pilosella*

**Wuchs:** Das Asterngewächs verwildert in Rasenflächen und bildet dichte Bestände mit etwa 10–20 cm Höhe.

**Blätter:** Die schmalen Blätter sind oberseitig grün, unten grau und filzig. Sie bilden kleine Rosetten, die sich im Rasen flach auf dem Boden ausbreiten. Sie rollen sich bei Trockenheit ein.

**Blüten:** An dünnen, aber stabilen Stängeln sitzen kleine, gelbe, gefüllte Korbblüten.

**Blütezeit:** Die Hauptblütezeit ist im Mai und Juni. Die Pflanzen bringen aber bis September vereinzelte Blüten hervor.

**Standort:** Die heimische Trockenrasenpflanze siedelt sich gern in Rasen oder auf Brachland an. Sie wächst vorzugsweise an sonnigen Plätzen auf durchlässigem, magerem Boden, z. B. in Steingärten.

**Pflege:** Wo sie verwildern darf, braucht die Staude keine Pflege. Die Vermehrung kann durch den Rückschnitt der Blütenstände vor der Samenreife verhindert werden.

**Vermehrung:** Die Pflanzen sind durch Aussaat oder auch durch Ausläufer vermehrbar.

**Pflanzendoktor:** Habichtskräuter vertragen keine Staunässe.

Mai–Aug

# HAUSWURZ

*Sempervivum-Hybriden*

**Wuchs:** Die sukkulente, 10–20 cm hohe Staude bildet fleischige Blattrosetten, die sich durch „Kindel" (Tochterpflanzen) ausbreiten.

**Blätter:** Die dicken, fleischigen Blätter sind immergrün und je nach Sorte grün, grau oder braun.

**Blüten:** Im Sommer bringt die Pflanze dicke Blütenstängel mit kleinen, sternförmigen Blüten in Gelb, Weiß oder Rosarot hervor.

**Blütezeit:** Die Blütenstände treiben je nach Art von Mai bis August.

**Standort:** Die Dickblattgewächse sind äußerst genügsam und robust. Sie lassen sich in sonnigen Steingärten, Schalen oder Dachgärten pflanzen. Empfehlenswert ist ein durchlässiger, trockener Boden.

**Pflege:** Nach der Samenreife werden die Samenstände zurückgeschnitten.

**Vermehrung:** Die Stauden vermehren sich selbst durch Ausläufer. Diese lassen sich gezielt abtrennen und umpflanzen.

**Pflanzendoktor:** Nach der Blüte sterben die Blattrosetten ab. Junge Kindel füllen die Lücken.

**Zusatzinfo:** Hauswurzen sind Überlebenskünstler. Sie wachsen sogar auf blanken Felsen oder Dächern.

## HOHES SCHLEIERKRAUT

*Gypsophila paniculata*

**Wuchs:** Die buschige, bis 1 m hohe Staude bringt eine Fülle an zarten Blüten hervor.

**Blätter:** Die kleinen, blaugrünen Blätter breiten sich am Boden aus.

**Blüten:** An verzweigten Trieben öffnen sich viele kleine, weiße Blüten.

**Blütezeit:** Der Flor dauert von Juni bis August.

**Standort:** Die Steppenpflanzen bevorzugen einen sonnigen, warmen Stand auf tiefgründigem, trockenem und kalkhaltigem Boden.

**Pflege:** Der Rückschnitt der Blütenstände erfolgt im Herbst oder Frühjahr. Da die Pflanzen oft nicht standfest sind, müssen sie rechtzeitig angebunden werden.

**Vermehrung:** Die Pflanzen sind durch Aussaat oder Teilung im Frühjahr vermehrbar.

**Pflanzendoktor:** Die fleischigen Wurzeln reagieren äußerst empfindlich auf Staunässe.

**Zusatzinfo:** Die Staude hat sich als Begleitpflanze in Rosenbeeten bewährt. Gern wird sie auch für Blumen- oder Trockensträuße verwendet.

## ISLANDMOHN

*Papaver nudicaule*

**Wuchs:** Der 20–60 cm hohe, büschelige Staudenmohn wird gelegentlich nur einjährig kultiviert.

**Blätter:** Das blaugrüne, längliche Blattwerk ist behaart.

**Blüten:** Im Sommer treiben lange Stängel mit großen, zarten Blüten in Rot, Rosarot, Gelb oder Weiß mit gelber Mitte. Die seidigen Blüten des Islandmohns duften leicht.

**Blütezeit:** Von Juni bis September bilden sich ständig neue Blüten.

**Standort:** Die Dauerblüher brauchen einen sonnigen Standort mit durchlässigem, magerem Boden. Die Erde sollte trocken sein. Staunässe schadet der Pflanze.

**Pflege:** Um die Samenbildung zu verhindern, erfolgt der Rückschnitt welker Blütenstände. Einzelne Samenstände bleiben allerdings für die Vermehrung stehen.

**Vermehrung:** Die Pflanzen sind durch Aussaat vermehrbar.

**Pflanzendoktor:** Das Mohngewächs wird leider sehr oft von Schnecken besucht.

**Zusatzinfo:** Der Islandmohn ist nicht sehr langlebig. Er eignet sich für die Bepflanzung von Beeten und Steingärten.

## JUNKERLILIE

*Asphodeline lutea*

**Wuchs:** Das Liliengewächs bringt lange aufrechte Triebe hervor. Es kann eine Höhe von 80 cm erreichen.

**Blätter:** Die graugrünen, schmalen Blätter sind quirlig an den Trieben der Junkerlilie angeordnet.

**Blüten:** An den Triebenden bilden sich Trauben aus sternförmigen, gelben Blüten. Sie dienen häufig Bienen und anderen Insekten als Nektarquelle.

**Blütezeit:** Die Blüten öffnen sich von Mai bis Juni.

**Standort:** Die Mittelmeerstaude braucht einen vollsonnigen Platz auf durchlässigem Boden. Mit ihren fleischigen Wurzeln kann sie sogar Trockenperioden überstehen.

**Pflege:** Auch wenn die Pflanze aus mediterranen Gefilden stammt, ist sie bei uns durchaus winterhart. Frostschäden können verhindert werden, indem die Lilien im Winter mit Fichtenreisig abgedeckt werden.

**Vermehrung:** Die Pflanze wird durch Teilung oder Aussaat vermehrt.

**Pflanzendoktor:** Bodennässe kann Fäulnis verursachen.

**Zusatzinfo:** Die Bestände sind an geeigneten Plätzen recht langlebig. Aus den Blütenständen entwickeln sich Samenstände.

## KATZENMINZE
*Nepeta faassenii*

**Wuchs:** Die Katzenminze bildet dichte Büsche, die sich flächig ausbreiten.

**Blätter:** An langen Trieben entfalten sich graugrüne Blätter, die würzig duften.

**Blüten:** Bemerkenswert ist die Fülle an blauen Blüten, die den ganzen Sommer hindurch anhält.

**Blütezeit:** Der Flor dauert von Mai bis September.

**Standort:** Die Stauden brauchen einen freien Platz, wo sie sich ungehindert ausbreiten können, ohne andere Pflanzen zu behindern. Sie wachsen auf jedem guten Gartenboden.

**Pflege:** Ein Rückschnitt im Frühjahr direkt über dem Boden hat einen kräftigen Neuaustrieb zur Folge. Im Sommer sollten die welken Blütenstände nicht zu früh entfernt werden, zumal sich ständige neue Blüten entfalten.

**Vermehrung:** Die Pflanzen sind durch Aussaat, Stecklinge oder Teilung vermehrbar.

**Pflanzendoktor:** Die Stauden sind nicht sehr langlebig. Es lohnt sich, gelegentlich für Jungpflanzen zu sorgen, um die alten Büsche zu ersetzen.

**Zusatzinfo:** Katzen haben diese Stauden gern. Jungpflanzen sollten deshalb abgeschirmt werden.

## KATZENPFÖTCHEN
*Antennaria*

**Wuchs:** Diese kriechende, graue und filzige Polsterstaude wird bis zu 20 cm hoch.

**Blätter:** Die wintergrünen Blätter des Katzenpfötchens sind schmal und behaart. Die obere Seite ist grün, die untere silbriggrün.

**Blüten:** Die rosaroten oder weißen Blütenköpfchen der Staude stehen in Trugdolden.

**Blütezeit:** Der Flor dauert von Mai bis Juni.

**Standort:** Das Korbblütengewächs mag es sonnig. Ideal ist zudem ein durchlässiger, nährstoffarmer und trockener Boden.

**Pflege:** Das Katzenpfötchen ist sehr genügsam und braucht keine spezielle Pflege.

**Vermehrung:** Die Vermehrung erfolgt durch Teilung oder Aussaat.

**Pflanzendoktor:** Katzenpfötchen sind äußerst empfindlich gegenüber Staunässe.

**Zusatzinfo:** Die ausdauernde Polsterstaude wird in Steingärten, Schalen und auf Trockenmauern gepflanzt. Die Blüten finden auch in Trockensträußen Verwendung. Der name „Katzenpfötchen" weist auf die Blütenstände hin, die sich wie samtige Ballen anfühlen.

## KAUKASUS VERGISSMEINNICHT
*Brunnera*

**Wuchs:** Die bodendeckende Staude kann eine Höhe von 50 cm erreichen.

**Blätter:** Die großen, lanzettförmigen Blätter leuchten in einem frischen Grün. Sie kommen selbst mit den geringen Lichtverhältnissen unter Gehölzen zurecht.

**Blüten:** Die kleinen, blauen Blüten bilden lockere Trauben.

**Blütezeit:** Das Borretschgewächs blüht von April bis Mai.

**Standort:** Gut gedeiht die Pflanze im Halbschatten auf feuchten, bestenfalls lehmigen Böden. Ist der Boden frisch genug, kann das Gewächs auch in der Sonne stehen. Mulchen mit Laubhumus hält den Boden feucht.

**Pflege:** Die genügsame Waldstaude eignet sich zum Verwildern und kann ungeschützt überwintern.

**Vermehrung:** Das Kaukasusvergissmeinnicht samt sich selbst aus. Gezielt wird es durch Ausläufer oder Teilung vermehrt.

**Zusatzinfo:** Die Pflanze kann als vitaler Bodendecker zur Unterpflanzung von Gehölzen oder für den Teichrand eingesetzt werden.

Apr–Mai

## KLEINES IMMERGRÜN

*Vinca minor*

**Wuchs:** Der bis zu 15 cm hohe, kriechende Bodendecker breitet sich flächig aus und bildet zudem oberirdische Ausläufer.

**Blätter:** An krautigen und zum Teil holzigen Trieben sitzen kleine glänzend grüne Blätter.

**Blüten:** Im Frühjahr blühen kleine, blaue, violette oder weiße, sternartige Blüten auf.

**Blütezeit:** Der Flor erfolgt vor dem Blattaustrieb im April und Mai.

**Standort:** Der Bodendecker gedeiht im Schatten von Bäumen und Sträuchern. Er braucht lockeren, feuchten Humusboden.

**Pflege:** Das Kleine Immergrün benötigt reichlich Nährstoffe. Im Herbst empfiehlt es sich, die Staude mit Kompost zu versorgen (dabei die Blätter nicht bedecken). Wuchernde Pflanzen können durch einen Rückschnitt eingedämmt werden.

**Vermehrung:** Triebabschnitte lassen sich als Stecklinge nutzen. Beste Pflanzzeit ist das Frühjahr.

**Zusatzinfo:** Das Kleine Immergrün hat sich als pflegeleichter Bodendecker unter Bäumen oder Sträuchern bewährt. Das Große Immergrün (V. major) ist empfindlicher und nicht ganz winterhart.

Jun–Sep

## KOKARDENBLUME

*Gaillardia-Hybriden*

**Wuchs:** Die aufrechte, buschige Beetstaude erreicht eine Höhe von etwa 50 cm.

**Blätter:** An gut verzweigten Stängeln sitzen frisch grüne, längliche Blätter.

**Blüten:** Die großen Korbblüten der Kokardenblume wirken den ganzen Sommer über attraktiv. Auffällig ist die farbige Zeichnung. Innen sind die Blüten rot, außen gelb.

**Blütezeit:** Von Juni bis September bringen die Stauden ständig neue Blüten hervor.

**Standort:** Die Dauerblüher brauchen einen sonnigen und warmen Platz auf nährstoffreichem, humosem Boden.

**Pflege:** Der Rückschnitt der Pflanzen erfolgt im Herbst oder rechtzeitig vor dem Austrieb im Frühjahr. Wasser benötigt die Staude nur wenig.

**Vermehrung:** Die Pflanzen sind durch Teilung vermehrbar.

**Pflanzendoktor:** Staunässe bewirkt Wurzelfäulnis. Vorbeugend hilft es, den Boden gründlich zu lockern, bevor die Jungpflanzen eingesetzt werden.

Mär–Mai

## KÜCHENSCHELLE

*Pulsatilla vulgaris*

**Wuchs:** Die geschützten, 25 cm hohen Wildstauden bilden kleine Horste.

**Blätter:** Erst nach der Blüte treiben die fiedrigen, seidig behaarten Blättchen aus dem Wurzelstock.

**Blüten:** Die blauen Glocken können kleine Büschel bilden. Es gibt auch rote und weiße Züchtungen.

**Blütezeit:** Bei mildem Wetter sprießen die Blüten bereits im März aus dem Boden. In der Regel dauert der Hauptflor bis Anfang Mai.

**Standort:** Die Trockenrasenbewohner brauchen einen geschützten, sonnigen Platz auf magerem, durchlässigem und kalkhaltigem Boden. Im Halbschatten blühen Küchenschellen nur spärlich.

**Pflege:** Welke Blüten sollten nicht zurückgeschnitten werden, zumal sich dekorative Samenstände entwickeln. Düngen ist ebenfalls zu keinem Zeitpunkt erforderlich.

**Vermehrung:** Die Pflanzen sind durch Aussaat oder auch durch Teilung vermehrbar.

**Pflanzendoktor:** Ratsam ist es, die Pflanzen vor starkwüchsigen Nachbarn zu schützen. Die Bestände sollten möglichst ungestört wachsen.

Jun–Aug

## LAMMSÖHRCHEN

*Stachys byzantina*

**Wuchs:** Der Lippenblütler bildet kleine Horste aus silbrigen Stauden, deren Pflanzenteile zum Schutz vor Sonneneinstrahlung behaart sind.

**Blätter:** Die silbrigen Blätter fühlen sich samtig weich an (wie die Ohren eines Lammes).

**Blüten:** Im Sommer bilden sich aus den Horsten aufrechte Blütenstände aus kleinen, rosaroten Lippenblüten.

**Blütezeit:** Der Flor dauert von Juni bis August.

**Standort:** Der Wollziest, so ein anderer Name, gedeiht am besten auf vollsonnigen Plätzen mit durchlässigem, lockerem Boden. Er lässt sich gut in Steingärten ansiedeln.

**Pflege:** Die Stauden erhalten ihren Rückschnitt nach der Blütezeit. Mit Wasser und Dünger dürfen sie nur sehr sparsam versorgt werden.

**Vermehrung:** Die Vermehrung ist durch bewurzelte Ausläufer oder Teilung möglich.

**Pflanzendoktor:** Nässe hat Fäulnis zur Folge. Vorbeugend ist für eine gute Dränage zu sorgen.

**Zusatzinfo:** Neben dieser Staude gibt es weitere Stachys-Arten, z. B. den Waldziest (S. silvatica) mit lila Blütenständen

Jun–Aug

## LAVENDEL

*Lavendula angustifolia*

**Wuchs:** Die Pflanzen bilden holzige Büsche, die mit den Jahren zunehmend üppiger werden.

**Blätter:** An den jungen Trieben und am alten Holz sitzen schmale, silbrige Blätter, die im Winter erhalten bleiben.

**Blüten:** Die Lavendellsträucher bringen an langen, festen Stängeln blaue Ähren hervor.

**Blütezeit:** Der Blüte im Hochsommer folgt vereinzelt eine Nachblüte.

**Standort:** Die Pflanze sollte einen geschützten, sonnigen Platz erhalten.

**Pflege:** Neben dem Frostschutz mit Fichtenreisig, das auch die Wechselwirkung durch Nachtfrost und Wintersonne lindert, lässt sich der Lavendel durch einen maßvollen Rückschnitt kompakt und buschig gestalten.

**Vermehrung:** Pflanzen sind durch Aussaat oder Stecklinge vermehrbar.

**Pflanzendoktor:** Das Strauchwerk nimmt zwar einen Rückschnitt hin, dennoch sollte nicht ins alte Holz geschnitten werden. Das Einkürzen der jungen, krautigen Triebe schadet dagegen nicht, sondern fördert einen buschigen Wuchs.

**Zusatzinfo:** Manche Züchtungen nehmen selbst strenge Winter unbeschadet hin.

Mai–Sep

## LERCHENSPORN

*Corydalis lutea*

**Wuchs:** Aus fleischigen Wurzeln bringt der Gelbe Lärchensporn etwa 25 cm hohe Büsche hervor.

**Blätter:** Die gefiederten, farnartigen Blätter sind blaugrün.

**Blüten:** An den Triebenden entwickeln sich dichte Trauben aus gelben, röhrenförmigen Blüten.

**Blütezeit:** Der Flor dauert von Mai bis September.

**Standort:** Als Gebirgspflanze ist der Gelbe Lärchensporn gut in sonnigen Steingärten in durchlässigem Boden aufgehoben. Aber auch in Steinfugen oder auf Mauern und sogar auf halbschattigen und schattigen Plätzen kann er gedeihen.

**Pflege:** Die fleischigen Wurzeln sollten nicht durch Grabarbeiten gestört werden.

**Vermehrung:** Die Giftpflanzen vermehren sich selbst durch Aussaat.

**Pflanzendoktor:** Staunässe sollte durch die Pflanzung auf durchlässigem Boden verhindert werden.

**Zusatzinfo:** Der verwandte heimische Lärchensporn (C. cava) ist eine gewöhnlich rot, manchmal auch weiß blühende Knollenpflanze. Früher galten die meisten Lerchensporn-arten als anerkannte Heilpflanzen.

## LUPINE

*Lupinus polyphyllus*

**Wuchs:** Die bis 1,20 m hohen Schmetterlingsblütler aus Nordamerika breiten sich flächig aus und bilden dichte Büsche im Garten.

**Blätter:** Am unteren Teil der Stängel sitzen fächerförmige Blätter.

**Blüten:** In langen Trauben am Triebende bilden sich rote, blaue oder gelbe Blüten.

**Blütezeit:** Der Flor dauert von Mai bis Juni.

**Standort:** Lupinen bilden in Waldlichtungen dichte Bestände. Im Garten brauchen sie einen sonnigen bis halbschattigen Standort auf nährstoffreichem Humusboden.

**Pflege:** Der Rückschnitt erfolgt erst nach der Samenreife im Herbst. Die Samenstände sehen dekorativ aus.

**Vermehrung:** Samenstände, die sich nach der Blütezeit bilden, sollten zur Selbstaussaat erhalten bleiben. Die Samen lassen sich auch gezielt zur Vermehrung nutzen.

**Pflanzendoktor:** Gegen die Ausbreitung von Pilzkrankheiten hilft der Rückschnitt befallener Pflanzenteile.

**Zusatzinfo:** Lupinen lassen sich in gemischten Rabatten mit Schwertlilien, Pfingstrosen, Margeriten und anderen Beetstauden kombinieren.

## MÄDCHENAUGE

*Coreopsis verticillata*

**Wuchs:** Die 30–80 cm hohen, buschigen Beetstauden aus Nordamerika bringen gut verzweigte Blütentriebe hervor.

**Blätter:** Je nach Art entwickeln sie lange, schmale Blätter (C. lanceolata) oder ein feines, fiedriges Blattwerk (C. verticillata).

**Blüten:** Die gelben Korbblüten sitzen einzeln oder in Gruppen auf kurzen Stielen. Es gibt auch gefüllte und halb gefüllte Sorten.

**Blütezeit:** Der Hauptflor entfaltet sich im Juni und Juli.

**Standort:** Die Präriestauden brauchen einen vollsonnigen Standort auf durchlässigem, nährstoffreichem Boden in Staudenbeeten oder Rabatten.

**Pflege:** Ein Rückschnitt nach der Blüte verhindert die kraftzehrende Samenbildung. Hoch wachsende Exemplare sollten gestützt werden.

**Vermehrung:** Die Pflanzen sind durch Teilung vermehrbar.

**Pflanzendoktor:** Wenn die Blühfähigkeit nachlässt, ist im Herbst oder Frühjahr eine günstige Zeit für die Teilung.

**Zusatzinfo:** Die Beetstauden sind gut mit Prachtscharten (Liatris), Lupinen und anderen Sommerblühern kombinierbar.

## MARGERITE

*Chrysanthemum*

**Wuchs:** Die buschigen, bis 80 cm hohen Stauden bilden ausdauernde Horste im Garten.

**Blätter:** Die Stängel sind dicht mit dunkelgrünen, länglichen Blättern besetzt.

**Blüten:** An den Triebenden entfalten sich große, weiße Korbblüten mit gelber Mitte.

**Blütezeit:** Frühlingsmargeriten (C. leucanthemum) blühen im Mai und Juni, Sommermargeriten (C. maximum) von Juni bis September.

**Standort:** Die Pflanze bevorzugt einen sonnigen Platz auf nährstoffreichem Boden. Die Erde sollte nie ganz trocken sein.

**Pflege:** Im Frühjahr lohnt es sich, die Pflanzen zu düngen (z. B. mit Kompost). Ein kräftiger Rückschnitt im Herbst verlängert die Blütezeit.

**Vermehrung:** Die Pflanzen sind einfach durch Teilung vermehrbar.

**Pflanzendoktor:** Eine gründliche Bodenlockerung vor der Pflanzung beugt schädlicher Staunässe vor.

**Zusatzinfo:** Neben weißen Margeriten sind auch bunte Sorten für den Garten zu empfehlen (C.-coccineum- und C.-Indicum-Sorten).

## NELKENWURZ

*Geum-Hybriden*

**Wuchs:** Die bodendeckenden Stauden breiten sich durch Ausläufer flächig aus. Sie erreichen eine Höhe von 30–50 cm.

**Blätter:** Die runden, weichen Blätter sind wintergrün und behaart.

**Blüten:** An dünnen Stängeln entfalten sich kleine, orangefarbene oder gelbe, fünfblättrige Blüten.

**Blütezeit:** Der Flor beschränkt sich auf die Monate Mai und Juni.

**Standort:** Anders als die heimischen Wildarten (z. B. Bachnelkenwurz) wachsen die Hybriden an sonnigen Plätzen auf durchlässigen, nährstoffreichen Humusböden.

**Pflege:** Der Boden muss immer feucht gehalten werden. Die Stauden sollten zudem einen luftigen Winterschutz erhalten.

**Vermehrung:** Die Pflanzen sind durch Teilung vermehrbar.

**Pflanzendoktor:** Gegen schädliche Staunässe hilft die Bodenlockerung mit Sand.

**Zusatzinfo:** Geum-Hybriden eignen sich für Beeteinfassungen oder gemischte Staudenbeete. Es dauert einige Jahre, bis sie dichte Bestände bilden. Gute Partner sind z. B. Glockenblumen, das Kaukasusvergissmeinnicht und Astern.

## PRIMEL

*Primula*

**Wuchs:** Die Vielfalt an Primeln ist riesig. Je nach Sorte erreichen sie eine Höhe von 5–60 cm.

**Blätter:** Aus dem Wurzelstock treiben im Frühjahr große, frisch grüne Blätter.

**Blüten:** Die Blütenstängel tragen kleine röhrenförmige Blütchen in bunten Farben.

**Blütezeit:** Frühe Arten blühen schon im März, spätere Sorten bringen ihren Flor im Mai und Juni hervor.

**Standort:** Die meisten Arten sind tolerant und wachsen an sonnigen oder halbschattigen Plätzen auf humosem, feuchtem Boden.

**Pflege:** Nach Blüte und Samenbildung ziehen Primeln wieder in den Boden ein. Sie sollten auf keinen Fall gestört werden.

**Vermehrung:** Neue Pflanzen sind durch Aussaat oder auch durch Ausläufer zu bekommen.

**Pflanzendoktor:** Die Versorgung der Beete mit Kompost fördert die Vitalität. Zudem ist ein Schutz vor Schnecken hilfreich.

**Zusatzinfo:** Die Frühblüher sind nur zur Blütezeit attraktiv. Durch die Kombination mit anderen Stauden, die im Sommer blühen, bleibt das Beet weiterhin ansehnlich.

## RITTERSPORN

*Delphinium*

**Wuchs:** Die bis 2 m hohen Prachtstauden bilden üppige Horste mit langen Blütenstängeln.

**Blätter:** Die großen, fächerförmigen Blätter sitzen gleichmäßig verteilt an den Trieben.

**Blüten:** Im Sommer entfalten sich blaue, weiße oder rosafarbene Rispen mit helmförmigen Blüten.

**Blütezeit:** Die meisten Sorten blühen im Juni und Juli. Nach dem Rückschnitt gibt es im September eine Nachblüte.

**Standort:** Die Prachtstauden brauchen einen sonnigen Standort in nährstoffreichem Boden.

**Pflege:** Damit die Pflanzen bei Sturm nicht umknicken, sollten sie an Stäben festgebunden werden. Werden sie im Sommer mit Kompost gedüngt, fällt die Nachblüte üppiger aus.

**Vermehrung:** Die Pflanzen sind durch Aussaat, Teilung oder Stecklinge vermehrbar.

**Pflanzendoktor:** Beim Austrieb im Frühjahr ist ein Schutz vor Schnecken nötig. Bei Anzeichen von Mehltau sollten kranke Pflanzenteile zurückgeschnitten werden.

**Zusatzinfo:** Durch reichliche Kompostgaben bleiben die nicht sehr ausdauernden Sommerblüher vital.

## ROTER SONNENHUT

*Echinacea purpurea*

**Wuchs:** Diese 0,40–1 m hohe Zier- und Nutzpflanze bildet dichte Horste mit aufrechten Trieben.

**Blätter:** An den verzweigten Trieben sitzen längliche, gezähnte Blätter.

**Blüten:** Die großen, purpurfarbenen Korbblüten mit brauner Mitte entfalten sich im Sommer.

**Blütezeit:** Der Flor dauert von Juli bis September an.

**Standort:** Die nordamerikanischen Präriestauden brauchen einen sonnigen Standort mit vorzugsweise nährstoffreichem Boden.

**Pflege:** Der Rückschnitt erfolgt im Herbst oder im Frühjahr vor dem Austrieb. Die Stauden sind nicht sehr ausdauernd und sollten daher nach einigen Jahren durch Teilung und Umpflanzung verjüngt werden.

**Vermehrung:** Neue Pflanzen sind durch Teilung zu bekommen.

**Pflanzendoktor:** Zur Zeit des Austriebs erhalten die jungen Blätter einen Schutz vor Schnecken.

**Zusatzinfo:** Der Rote Sonnenhut ist eine beliebte Beet- und Schnittpflanze. Außerdem wird sie als Heilpflanze zur Stärkung des Immunsystems genutzt. Geeignete Partner sind die Schafgarbe, die Edeldistel und Gräser.

## SCHAFGARBE

*Achillea*

**Wuchs:** Die buschige Staude wächst aufrecht und erreicht eine Höhe von etwa 60 cm.

**Blätter:** Die gefiederten, wintergrünen Blätter duften aromatisch.

**Blüten:** An den gelben, weißen oder roten Trugdolden sitzen viele Einzelblüten, die sich sehr gut trocknen lassen.

**Blütezeit:** Der Flor erstreckt sich von Juni bis September.

**Standort:** Die Pflanze bevorzugt ein sonniges Beet. Aber auch auf Trockenrasen und in Steingärten bildet die Staude ausdauernde Bestände. Sie braucht einen durchlässigen, kalkhaltigen Lehmboden.

**Pflege:** Der genügsame Korbblütler wird im Herbst oder Frühjahr zurückgeschnitten. Er muss nur selten, dann aber kräftig gegossen werden.

**Vermehrung:** Die Schafgarbe kann durch Teilung im Spätwinter vermehrt werden.

**Pflanzendoktor:** Verdichtete oder staunasse Böden sind schädlich.

**Zusatzinfo:** Die Schafgarbe hält sich in der Vase sehr lang, wenn sie vor dem Aufblühen geschnitten wird. Fein gehackt können ihre frischen Blätter verschiedenen Speisen zugesetzt werden.

## SCHLEIFENBLUME

*Iberis sempervirens*

**Wuchs:** Der immergrüne, stark verzweigte Zwergstrauch bildet bis zu 25 cm hohe Büsche mit verholzenden Trieben.

**Blätter:** Die schmalen, kleinen Blätter sind frosthart und dunkelgrün.

**Blüten:** Im Frühjahr entfalten sich üppige weiße Trugdolden.

**Blütezeit:** Der Flor dauert von April bis Mai.

**Standort:** Schleifenblumen können in sonnigen Steingärten auf durchlässigem Boden ausdauernde Bestände bilden. Ständig nasse Erde vertragen sie nicht.

**Pflege:** Im Winter ist es hilfreich, die immergrünen Sträucher mit Reisig abzudecken. Einen Schnitt brauchen sie nicht. Alte Pflanzen bleiben durch gelegentliches Düngen (z. B. mit Kompost) vital.

**Vermehrung:** Neue Pflanzen lassen sich durch Stecklinge im Frühsommer ziehen.

**Pflanzendoktor:** Auf passenden Plätzen brauchen die Zwerggehölze keinen Pflanzenschutz.

**Zusatzinfo:** Die Pflanzen sind keine Stauden, sondern Gehölze. Im Gartencenter findet man die Kreuzblütler allerdings bei den Stauden, v. a. bei den Steingartenpflanzen.

Mai–Jun

## SCHWERTLILIE

*Iris-Barbata-Hybriden*

**Wuchs:** Die ausdauernden Stauden bringen aus einem fleischigen Wurzelstock sommergrüne Blätterbüschel hervor. Sie werden je nach Sorte zwischen 0,10 und 1,20 m hoch.

**Blätter:** Die schwertförmigen Blätter sind blaugrün und fest.

**Blüten:** Ebenfalls aus dem Wurzelrhizomen treiben kräftige Stängel mit auffälligen Blüten. Es gibt viele Sorten in bunten Farben.

**Blütezeit:** Die Schwertlilien blühen von Mai bis Juni.

**Standort:** Die auch als Bartiris bekannte Pflanze bevorzugt warme, sonnige Plätze auf durchlässigem, kalkhaltigem Boden mit trockener bis mäßig feuchter Erde.

**Pflege:** Braune Blätter sollten im Frühjahr entfernt werden.

**Vermehrung:** Gute Sorten lassen sich durch Teilung am besten im Frühjahr vermehren.

**Pflanzendoktor:** Staunasse Böden verursachen Pilzerkrankungen.

**Zusatzinfo:** Die Pflanzen sollten ungestört einziehen dürfen, damit sie neue Kräfte sammeln können. Sie passen gut in sonnige Staudenbeete. Die Zwergformen (z. b. Nana) lassen sich auch in Steingärten ansiedeln.

Jul–Sep

## SILBERIMMORTELLE

*Anaphalis margeritacea*

**Wuchs:** Diese buschige Staude bildet 50–90 cm hohe Horste mit aufrechten Trieben.

**Blätter:** Die schmalen Blätter der Silberimmortele sind silbriggrün.

**Blüten:** An den Triebenden entfalten sich Scheindolden aus kleinen, weißen Einzelblütchen.

**Blütezeit:** Der Flor dauert von Juli bis September.

**Standort:** Silberimmortellen oder Perlkörbchen brauchen einen sonnigen Platz auf durchlässigem Boden. Geeignet sind Steingärten, Böschungen und Staudenbeete. Die Erde sollte trocken und nährstoffreich sein.

**Pflege:** Das Asterngewächs breitet sich stark am Standort aus. Alte eingewachsene Horste wirken besonders attraktiv. Sie sollten nicht behindert werden. Ein Rückschnitt der alten Triebe erfolgt im Frühjahr vor dem Austrieb.

**Vermehrung:** Neue Pflanzen sind durch Stecklinge oder auch durch Teilung zu bekommen.

**Pflanzendoktor:** Die Trockenstaude reagiert äußerst empfindlich auf Staunässe.

**Zusatzinfo:** Die Blütentriebe lassen sich für lange haltbare Trockensträuße nutzen.

Apr–Mai

## SILBERWURZ

*Dryas x suendermannii*

**Wuchs:** Der höchstens 10 cm hohe Zwergstrauch bildet kleine Polster aus kriechenden Trieben.

**Blätter:** Die kleinen, ledrigen Blätter sind immergrün und eiförmig.

**Blüten:** Das Rosengewächs entfaltet im Frühjahr kleine, cremeweiße Blüten, aus denen sich dekorative Samenstände entwickeln.

**Blütezeit:** Der Flor dauert von April bis Mai.

**Standort:** Die Silberwurz braucht einen sonnigen Platz auf durchlässigem, trockenem bis mäßig feuchtem und kalkhaltigem Boden.

**Pflege:** Zwischen den Trieben gehen gelegentlich Unkrautsämlinge auf, die zu beseitigen sind. Der Bodendecker sollte einen luftigen Winterschutz aus Reisig erhalten.

**Vermehrung:** Die Pflanzen sind durch bewurzelte Triebe oder Stecklinge vermehrbar.

**Pflanzendoktor:** Auf unpassenden Böden verkümmern die Pflanzen. Vorbeugend kann ein mineralisches Substrat (z. B. Blähtongranulat) die Erde dauerhaft lockern.

**Zusatzinfo:** Der Silberwurz lässt sich in Steingärten, Felsspalten und auf Trockenmauern ansiedeln.

Jul–Sep

## SONNENAUGE

*Heliopsis helianthoides*

**Wuchs:** Diese horstbildende Staude aus Nordamerika entwickelt gut verzweigte, bis zu 1,50 m hohe Büsche.

**Blätter:** Die großen, eiförmigen Blätter sind rau behaart.

**Blüten:** Im Sommer entfalten sich an langen Stielen große, gefüllte gelbe Blüten.

**Blütezeit:** Der Flor dauert je nach Sorte von Juli bis September.

**Standort:** Die Präriestauden gedeihen vorzugsweise auf sonnigen Plätzen mit nährstoffreichem, mäßig feuchtem Boden.

**Pflege:** Der Rückschnitt erfolgt im Spätherbst oder auch im Frühjahr vor dem Austrieb.

**Vermehrung:** Die Pflanzen sind entweder durch Teilung oder durch Stecklinge zu vermehren.

**Pflanzendoktor:** Lässt die Vitalität nach, werden die Bestände geteilt und auf frische Plätze umgesetzt. Meist ist dies erst nach mehreren Jahren nötig.

**Zusatzinfo:** Diese hohen Dauerblüher lassen sich im Hintergrund gemischter Staudenrabatten gruppieren. Gut zur Geltung kommen sie in Kombination mit Rittersporn, Ehrenpreis und Salbei.

Jul–Sep

## SONNENBRAUT

*Helenium-Hybriden*

**Wuchs:** Dieses Asterngewächs aus Nordamerika entwickelt Horste mit aufrechten, 0,60–1,50 m hohen Trieben.

**Blätter:** Die langen Stängel sind dicht mit länglichen, frisch grünen Blättern besetzt.

**Blüten:** Der Kranz aus gelben oder orangefarbenen Korbblüten wird von einer Mitte aus kleinen Nektarblütchen überragt.

**Blütezeit:** Die fülligen Stauden blühen von Juli bis September durch.

**Standort:** Am besten gedeihen die Präriepflanzen auf sonnigen, warmen Plätzen mit nährstoffreichem, mäßig feuchtem Boden.

**Pflege:** Der Korbblütler sollte bei Trockenheit gewässert und regelmäßig gedüngt werden. Ideal ist Kompost als Dünger. Ein Rückschnitt erfolgt im Herbst nach der Blüte oder im Frühjahr vor dem Austrieb. Hohe Exemplare sollten gestützt werden.

**Vermehrung:** Die Pflanzen sind durch Teilung vermehrbar.

**Pflanzendoktor:** Gegen die Ausbreitung von Mehltau werden kranke Pflanzenteile ausgeputzt.

**Zusatzinfo:** Die winterharte Sonnenbraut ist eine wertvolle Bienenweide und haltbare Schnittblume.

Aug–Okt

## SONNENHUT

*Rudbeckia fulgida var. sullivantii*

**Wuchs:** Der gelbe, bis zu 80 cm hohe Sonnenhut ist mit der Echinacea verwandt und im Wuchs ähnlich.

**Blätter:** An den aufrechten Trieben des Sonnenhuts sitzen dunkelgrüne, leicht behaarte Blätter.

**Blüten:** Die großen, gelben Korbblüten mit brauner Mitte entfalten sich auf verzweigten Stängeln.

**Blütezeit:** Der Flor dauert von August bis Oktober.

**Standort:** Ein sonniger Standort auf nährstoffreichem sowie mäßig feuchtem Boden fördert die Vitalität und Blühfähigkeit.

**Pflege:** Rechtzeitig im Herbst oder im Frühjahr vor dem Austrieb werden die Pflanzen zurückgeschnitten. Verblühte Pflanzenteile sollten bereits im Sommer entfernt werden.

**Vermehrung:** Die Pflanzen sind durch Teilung vermehrbar.

**Pflanzendoktor:** Das Mulchen mit Lauberde hält den Boden feucht und schützt besonders an heißen Sommertagen vor Trockenschäden.

**Zusatzinfo:** Neben der bekannten Sorte 'Goldsturm' gibt es im Fachhandel viele weitere gute Züchtungen. Geeignete Nachbarn sind u. a. der Staudenphlox und der Rittersporn.

# SONNENRÖSCHEN

*Helianthemum-Hybriden*

**Wuchs:** Der 10–20 cm hohe Zwergstrauch aus dem Mittelmeerraum bildet ausgedehnte Polster.

**Blätter:** Die kleinen, länglichen Blätter sind wintergrün.

**Blüten:** Im Sommer entfaltet sich eine Fülle an kleinen, gelben, roten oder weißen Blüten.

**Blütezeit:** Von Mai bis September bilden sich ständig neue Blüten.

**Standort:** Die wärmebedürftige Pflanze braucht einen sonnigen Platz auf durchlässigem, trockenem bis mäßig feuchtem und kalkhaltigem Boden.

**Pflege:** Bei Trockenheit sollten die Pflanzen mäßig gegossen werden. Schneidet man Sonnenröschen nach dem Flor zurück, bleiben sie kompakter. Ein luftiger Frostschutz mit Fichtenreisig schwächt schädliche Temperaturschwankungen ab.

**Vermehrung:** Die Pflanzen werden durch Stecklinge vermehrt.

**Pflanzendoktor:** Die trockenheitsverträglichen Pflanzen reagieren empfindlich auf Nässe.

**Zusatzinfo:** Sonnenröschen lassen sich gut in Stein- oder Dachgärten einsetzen. Als Partner eignen sich u. a. Mauerpfeffer, Grasnelken und auch Hauswurzen.

# STAUDENPHLOX

*Phlox paniculata*

**Wuchs:** Der zwischen 0,80 und 1,50 m hohe Staudenphlox aus Nordamerika bildet üppige Horste aus aufrechten Trieben.

**Blätter:** Die schmalen, langen Blätter sitzen gegenständig an den teilweise verholzenden Trieben.

**Blüten:** An den verzweigten Triebenden blühen Dolden aus kleinen duftenden Blüten auf, die viele Farben haben können.

**Blütezeit:** Der Flor dauert von Juni bis August.

**Standort:** Die Präriestaude braucht einen sonnigen Standort auf nährstoffreichem sowie gut wasserführendem Boden.

**Pflege:** Während die Blätter trocken bleiben sollten, ist der Boden stets feucht zu halten. Der Rückschnitt erfolgt im Herbst oder im Frühjahr vor dem Austrieb.

**Vermehrung:** Die Pflanzen sind durch Teilung oder auch durch Stecklinge vermehrbar.

**Pflanzendoktor:** Besonders bei feuchtem Wetter sind die Pflanzen anfällig für Mehltau. Vorbeugend hilft es, luftige Standorte zu wählen und den Phlox stets gut mit Kompost zu versorgen.

# STAUDENSALBEI

*Salvia nemorosa*

**Wuchs:** Anders als der medizinische Salbei, der holzige Triebe entwickelt, bildet der Staudensalbei bis zu 60 cm hohe Büsche aus krautigen Trieben. Er ist auch unter den Namen Garten-, Wald- oder Ziersalbei bekannt.

**Blätter:** Die länglichen, runzligen Blätter sind dunkelgrün.

**Blüten:** Die horstbildende Staude bringt lange Scheinähren mit blauen Lippenblüten hervor.

**Blütezeit:** Der Flor dauert je nach Sorte von Juni bis Oktober.

**Standort:** Die Wiesenpflanze braucht einen sonnigen Platz auf nachhaltig gelockertem Lehmboden.

**Pflege:** Die Ziersalbeiart sollte gelegentlich gedüngt und stets mäßig feucht gehalten werden. Zurückgeschnitten wird sie entweder im Herbst oder im Frühjahr vor dem Austrieb. Der Staudensalbei ist winterhart und braucht keinen Frostschutz.

**Vermehrung:** Neue Pflanzen lassen sich durch Teilung gewinnen.

**Pflanzendoktor:** Gegen Mehltau und andere Pilzkrankheiten hilft, befallene Pflanzenteile auszuputzen.

**Zusatzinfo:** Der Staudensalbei passt gut in Rosenbeete oder gemischte Staudenrabatten.

## STAUDEN-SONNENBLUME

*Helianthus decapetalus*

**Wuchs:** Die aufrechte Blütenstaude aus Nordamerika bildet bis zu 1,80 m hohe Horste.

**Blätter:** Die großen, eiförmigen Blätter sind gezähnt.

**Blüten:** Am Ende der langen Stängel entfalten sich große, gelbe Blüten. Es gibt auch gefüllte Sorten.

**Blütezeit:** Der Flor dauert von August bis Oktober.

**Standort:** Für eine gute Entwicklung ist ein sonniger Stand auf nährstoffreichem, mäßig feuchtem Boden nötig.

**Pflege:** Im Frühjahr wird die ausdauernde Sonnenstaude gedüngt, bei Trockenheit gewässert. Im Winter sollte sie mit Reisig vor Frost geschützt werden. Windwurfgefährdete Horste erhalten Staudenstützen.

**Vermehrung:** Die Vermehrung erfolgt durch Teilung im Frühjahr oder durch Stecklinge.

**Pflanzendoktor:** Bei Anzeichen von Mehltau sind befallene Pflanzenteile zu entfernen.

**Zusatzinfo:** Die üppigen Sommerblüher können allein oder in Gruppen stehen und eignen sich als Schnittblumen. Günstige Nachbarn sind Astern und die Sonnenbraut.

## STEINBRECH

*Saxifraga-Hybriden*

**Wuchs:** Die Gebirgspflanzen bilden flache Blattrosetten, die sich durch Ausläufer vermehren. Sie werden bis zu 20 cm hoch.

**Blätter:** Jede Rosette des Steinbrechs setzt sich aus immergrünen, kleinen Blättchen zusammen.

**Blüten:** Die feinen, weißen oder rosaroten Blüten der Pflanze bilden sich auf dünnen Stängeln.

**Blütezeit:** Die meisten Arten sind Frühblüher (Mai bis Juni).

**Standort:** Die wintergrünen Stauden lassen sich vorzugsweise in Steingärten ansiedeln. Die genügsamen, robusten Arten eignen sich als Beeteinfassungen an sonnigen bis halbschattigen Plätzen.

**Pflege:** Ein Frostschutz mit Reisig schwächt die Wechselwirkung durch Wintersonne und Nachtfrost ab. Alte, gut angewachsene Horste sollten nicht gestört werden.

**Vermehrung:** Neue Pflanzen sind durch Ausläufer zu bekommen.

**Pflanzendoktor:** Alle Arten sind empfindlich gegen Staunässe.

**Zusatzinfo:** Neben den Frühblühern gibt es auch Arten, die erst im Herbst blühen (z. B. S. fortunei). Bei der Auswahl sind die Bedürfnisse der vielen verschiedenen Arten zu beachten.

## STEINKRAUT

*Alyssum*

**Wuchs:** Das 10–40 cm hohe Steinkraut bildet kompakte Polster.

**Blätter:** Die graugrünen, lanzettlichen Blätter sind winterhart.

**Blüten:** Im Frühjahr treiben die gelben Blütentrauben, die nach Honig duften.

**Blütezeit:** Blütezeit ist von April bis Mai.

**Standort:** Bester Standort ist ein Steingarten in sonniger Lage auf trockenem, kalkhaltigem Lehmboden. Staunässe bekommt dem Steinkraut nicht.

**Pflege:** Ein Rückschnitt nach der Blüte fördert die Entwicklung buschiger Pflanzen.

**Vermehrung:** Die Vermehrung erfolgt durch Samen im Frühsommer. Ist eine Selbstaussaat nicht erwünscht, sollten verblühte Pflanzenteile unverzüglich entfernt werden.

**Pflanzendoktor:** Ein luftiger Frostschutz mit Reisig schwächt strenge Fröste ab. In geschützten Ecken benötigt die Pflanze hingegen keinen Schutz.

**Bemerkung:** Die auffällige Polsterstaude wird häufig auf Trockenmauern gepflanzt oder als Einfassung von Beeten genutzt. Sie unterdrückt zuverlässig Unkraut.

## STORCHSCHNABEL

*Geranium*

**Wuchs:** Die Fülle an Geranium-Arten zeichnet sich durch ein dichtes, zum Teil bodendeckendes Blattwerk aus. Je nach Sorte können sie 10–60 cm groß werden.

**Blätter:** Die Blätter sind rund und stark gebuchtet.

**Blüten:** Die kleinen, fünfzähligen Blütenblätter sind je nach Sorte rosa oder blau gefärbt.

**Blütezeit:** Die meisten Sorten bringen den ganzen Sommer hindurch ständig neue Blüten hervor.

**Standort:** Die kleinen buschigen Gewächse bieten sich als Bodendecker in pflegeleichten Staudenbeeten an. Sie brauchen sonnige bis halbschattige Standorte und feuchten Humusboden, vertragen allerdings auch zeitweise Trockenheit.

**Pflege:** Die zum Teil wintergrünen Pflanzen erhalten im Frühjahr vor dem Neuaustrieb einen Rückschnitt.

**Vermehrung:** Die Pflanzen sind durch Teilung vermehrbar.

**Pflanzendoktor:** Gegen die Ausbreitung von Pilzkrankheiten hilft der Rückschnitt befallener Pflanzenteile.

**Zusatzinfo:** Bodendeckende Arten, insbesondere der Balkanstorchschnabel (G. macrorrhizum), verbreiten einen würzigen Duft.

## TAGLILIE

*Hemerocallis-Arten*

**Wuchs:** Dieses ehemalige Liliengewächs (heute Tagliliengewächs) bildet dichte Horste aus langen, bogigen Blättern. Es erreicht eine Höhe von etwa 1 m.

**Blätter:** Die frisch grünen Blätter entwickeln grasartige Büschel.

**Blüten:** An langen Stielen entfalten sich Trauben aus gelben, roten oder braunen Trichterblüten.

**Blütezeit:** Die einzelnen Blüten halten nicht lange. Die Stauden bringen allerdings von Mai bis Juli unermüdlich frische Blüten hervor.

**Standort:** Die ostasiatischen Stauden kommen auf sonnigen oder halbschattigen Plätzen zurecht. Nährstoffreiche, mäßig feuchte Böden fördern die Vitalität.

**Pflege:** Kompostgaben im Frühjahr tragen zur Nährstoffversorgung bei. Außerdem sollten abgeblühte Stiele abgeschnitten werden. Bei anhaltender Trockenheit sind regelmäßige Wassergaben nötig.

**Vermehrung:** Die Stauden sind einfach durch Teilung vermehrbar.

**Pflanzendoktor:** Im Frühjahr sollten die Pflanzen vor Schnecken geschützt werden.

**Zusatzinfo:** Die Taglilie breitet sich stark durch Ausläufer aus.

## TEPPICHPHLOX

*Phlox subulata*

**Wuchs:** Die höchstens 15 cm hohe Staude aus Nordamerika breitet kriechende Büsche aus.

**Blätter:** Die schmalen, nadelähnlichen Blätter sind immergrün.

**Blüten:** Im Frühjahr bringt die Staude eine Fülle an kleinen, sternförmigen Blüten in Rot, Weiß, Rosa, Violett oder Lila hervor.

**Blütezeit:** Der Flor dauert von April bis Mai.

**Standort:** Die Polsterstaude braucht einen sonnigen Platz auf trockenem bis mäßig feuchtem Boden.

**Pflege:** Durch den Rückschnitt nach der Blüte bleiben die Pflanzen kompakt. Im Winter sollten sie vor Sonne geschützt werden. Wenn die Mitte zu verkahlen beginnt, wird der Teppichphlox geteilt.

**Vermehrung:** Die Pflanzen sind durch Teilung oder auch durch Stecklinge vermehrbar.

**Pflanzendoktor:** Zum Schutz vor Welkekrankheiten werden die Pflanzen auf durchlässigen Boden gepflanzt.

**Zusatzinfo:** Die bodendeckende Staude lässt sich gut in Trockenmauern und Steingärten einsetzen. Oft wird sie auch als Beeteinfassung genutzt. Geeignete Partner sind z. B. Sonnenröschen oder Blaukissen.

## TEPPICHSEIFENKRAUT

*Saponaria ocymoides*

**Wuchs:** Diese Polsterstaude entwickelt aus kriechenden Trieben dichte, bis zu 10 cm hohe Büsche, die einen Durchmesser von 1 m erreichen können.

**Blätter:** Die kleinen mattgrünen Blättchen sind weich behaart und elliptisch geformt.

**Blüten:** Im Frühjahr blühen unzählige kleine rosarote Blüten.

**Blütezeit:** Der Flor dauert von Mai bis Juni.

**Standort:** Das Nelkengewächs braucht einen sonnigen Standort auf durchlässigem sowie kalkhaltigem Boden. Es verträgt auch kurze Trockenperioden.

**Pflege:** Ein Rückschnitt nach der Blüte fördert die Verjüngung der genügsamen Pflanzen.

**Vermehrung:** Die Pflanzen werden durch Stecklinge vermehrt.

**Pflanzendoktor:** Staunässe ist schädlich und sollte daher durch eine nachhaltige Bodenlockerung vermieden werden.

**Zusatzinfo:** Die Stauden passen gut in Trockenmauern sowie in Stein- und auf Dachgärten. Als Partner eignen sich alle niedrigen Stauden. Diese Art ist mit dem hohen Seifenkraut (S. officinalis) verwandt, das als Heilpflanze kultiviert wird.

## TRÄNENDES HERZ

*Dicentra spectabilis*

**Wuchs:** Das Tränende Herz kann an ungestörten Plätzen alte Horste mit üppigen, bis zu 1 m hohen Büschen bilden.

**Blätter:** Die feingliedrigen Blätter entfalten sich an langen, überhängenden Stielen.

**Blüten:** An den Triebenden öffnen sich reihenweise kleine, herzförmige Blüten in Rosa und Weiß.

**Blütezeit:** Der Flor dauert von April bis Mai.

**Standort:** Die Stauden brauchen einen ungestörten Platz im lichten Schatten von Gehölzen. Gut gedeihen sie auf nährstoff- und humusreichen Böden. Bei genügend feuchter Erde kann das Tränende Herz auch in sonnige Gartenbereiche gepflanzt werden.

**Pflege:** Die Stauden sollten in Ruhe austreiben, blühen und wieder einziehen dürfen. Im Herbst werden abgestorbene Blätter abgeschnitten.

**Vermehrung:** Die Pflanzen vermehrt man durch Wurzelschnittlinge oder Ausläufer.

**Pflanzendoktor:** Bei Spätfrost erhalten die jungen Triebe einen luftigen Schutz.

**Zusatzinfo:** Die typischen Bauerngartenpflanzen sind viele Jahre vital und blühfähig.

## TROLLBLUME

*Trollius-Hybriden*

**Wuchs:** Die heimischen, 40–80 cm hohen Wildstauden bilden in den Almwiesen ausgebreitete Bestände.

**Blätter:** Typisch für das Ranunkelgewächs sind gefächerte Blätter.

**Blüten:** An langen Stielen öffnen sich kugelige, gelbe Blüten. Manche Sorten sind gefüllt blühend.

**Blütezeit:** Der Flor dauert von Mai bis Juli.

**Standort:** An sonnigen bis halbschattigen Plätzen mit nährstoffreichem Boden bilden sich ausdauernde Gruppen. Der Standort sollte gleichmäßig feucht sein. Staunässe und Trockenheit schaden der Pflanze.

**Pflege:** Bei Trockenheit sollte die Trollblume gewässert werden.

**Vermehrung:** Die Vermehrung erfolgt nach der Blüte durch Teilung.

**Pflanzendoktor:** Die Bestände sollten nach dem Flor in Ruhe einziehen dürfen und nicht durch Grabarbeiten gestört werden.

**Zusatzinfo:** Da das Laub nach der Blüte einzieht, sollten die Standorte markiert werden. Neben der europäischen sind auch ostasiatische Arten als Gartenpflanzen geeignet (z. B. T. chinensis).

Mai–Jun

## TÜRKISCHER MOHN

*Papaver orientale*

**Wuchs:** Der 0,50–1 m hohe Staudenmohn bringt üppige Horste hervor.

**Blätter:** Die tief eingeschnittenen, blaugrünen Blätter sind behaart und fiederartig.

**Blüten:** Aus dicken Knospen entfalten sich seidige rote Mohnblüten. Es gibt einfache und halbgefüllte Sorten.

**Blütezeit:** Der Flor dauert von Mai bis Juni.

**Standort:** An sonnigen, warmen Plätzen mit nährstoffreichem, mäßig feuchtem Boden treiben die Stauden kräftig aus.

**Pflege:** Die langen, giftigen Stängel knicken leicht um. Vorbeugend können Staudenstützen angebracht werden. Aus den Blüten bilden sich schöne Samenstände, deshalb nicht sofort zurückschneiden.

**Vermehrung:** Die Pflanzen sind durch Wurzelschnittlinge vermehrbar.

**Pflanzendoktor:** Nach der Blüte ziehen die Pflanzen ein und sollten danach nicht gestört werden. Ist der Standort zu nass, können Pilzerkrankungen auftreten.

**Zusatzinfo:** Die Blüten sind wertvolle Nährpflanzen für Bienen und Hummeln. Außerdem wirken sie als prächtige, wenn auch nur kurze Farbtupfer im Staudenbeet.

Apr–Mai

## WALDANEMONE

*Anemone sylvestris*

**Wuchs:** Die ausläufertreibende Waldstaude aus Mittel- und Osteuropa bildet etwa 30 cm hohe Teppiche.

**Blätter:** Die kleinen, fächerförmigen Blätter sind sommergrün. Nach dem Flor ziehen sie ein.

**Blüten:** Im Frühjahr bringt die Staude sternförmige, weiße Blüten mit gelber Mitte hervor.

**Blütezeit:** Der Flor dauert von April bis Mai.

**Standort:** Die Waldstaude braucht einen halbschattigen Platz auf lockerem Humusboden. Wichtig sind v. a. lichte Stellen. Tiefer Schatten bekommt der Waldanemone nicht. Außerdem sollte die Erde nicht nass sein.

**Pflege:** Das Mulchen mit Laubkompost hält den Boden feucht. Sonst ist die Pflanze recht genügsam. Nach der Blüte reifen fedrige Samenstände, deshalb nicht zurückschneiden!

**Vermehrung:** Neue Pflanzen sind durch Aussaat oder bewurzelte Ausläufer zu bekommen.

**Zusatzinfo:** Erhalten die Wurzeln an heißen Sommertagen genügend Wasser, lassen sich die buschigen Horste auch an sonnigen Plätzen ansiedeln. Im Halbschatten bekommen der Pflanze sogar kurze Trockenperioden.

Apr–Mai

## WALDMEISTER

*Galium odoratum*

**Wuchs:** Diese etwa 20 cm hohe Waldstaude breitet sich durch Ausläufer aus.

**Blätter:** An kurzen Stielen entfalten sich quirlig wachsende Blätter in frischem Grün.

**Blüten:** Zur Blütezeit sind die Bestände mit weißen Blüten bedeckt.

**Blütezeit:** Der Hauptflor dauert von April bis Mai.

**Standort:** Die Waldpflanzen gedeihen vorzugsweise im Halbschatten auf mäßig feuchtem Humusboden. Oft findet man sie unter alten Gehölzen. Gute Nachbarn sind z. B. Schaumblüten und Schattengräser.

**Pflege:** Damit sich die Bestände ungehindert ausbreiten können, sollten sie nicht gestört werden.

**Vermehrung:** Die Pflanzen lassen sich gezielt durch bewurzelte Ausläufer vermehren.

**Pflanzendoktor:** Störende Strauchtriebe und Gehölzsämlinge sollten entfernt werden.

**Zusatzinfo:** Waldmeister wird häufig als Gewürz, z. B. für Bowle oder Pudding, genutzt. Bei der Ernte, die meist kurz vor der Blüte erfolgt, sollte der Bestand nicht zu sehr vermindert werden. Waldmeister ist in großen Mengen giftig!

## AACHENER DOM

*Rosa*

**Wuchs:** Diese bewährte Züchtung bildet straff aufrechte, dicke Triebe und entwickelt kräftige Büsche von etwa 1 m Höhe.

**Blätter:** An den Trieben entfalten sich große, glänzende Blätter.

**Blüten:** Die dicht gefüllten, lachsroten Blüten stehen einzeln an langen Stielen. Sie duften reichlich.

**Blütezeit:** Bei guter Pflege bringen die Pflanzen den ganzen Sommer über Blüten hervor.

**Standort:** Ein sonniger und luftiger Stand auf tiefgründigem, nährstoffreichem Boden hält die Pflanzen gesund und wüchsig. Sowohl als Solitärpflanze im Staudenbeet als auch in einer Rosenrabatte wirkt diese Rose sehr dekorativ.

**Pflege:** Der Rückschnitt welker Blüten hat die Bildung neuer Blütentriebe zur Folge.

**Vermehrung:** Diese Rosen werden durch Veredelung vermehrt.

**Pflanzendoktor:** Das Einkürzen der Triebe und das Abrechen des Falllaubs im Herbst verhindert die Ausbreitung von Pilzsporen.

**Zusatzinfo:** Im Frühjahr erhalten die Rosen einen kräftigen Rückschnitt auf kurze Stummel mit wenigen Knospen.

## BONICA '82

*Rosa*

**Wuchs:** Diese buschige Beetrose bildet kräftige Triebe. Sie erreicht eine Höhe von etwa 60 cm und lässt sich auch als Stämmchen ziehen.

**Blätter:** Die glänzenden, dunkelgrünen Blätter der Bonica '82 sind im Austrieb kupferrot.

**Blüten:** An den jungen Trieben entfalten sich Büschel aus großen, gefüllten Blüten mit rosaroter Färbung ohne Duft.

**Blütezeit:** Der Flor dauert von Juni bis zum Spätsommer.

**Standort:** Die Beetrose braucht einen sonnigen Platz auf tiefgründigem, gut versorgtem Boden.

**Pflege:** Das Ausputzen welker Blüten und Ausschneiden kranker Pflanzenteile verhindert die Ausbreitung von Krankheiten.

**Vermehrung:** Beetrosen werden durch Veredelung vorzugsweise im Sommer vermehrt.

**Pflanzendoktor:** Durch das Besprühen mit Schachtelhalmbrühe werden die Blätter der Rosen gestärkt. Brühen aus Wermut wirken gegen Mehltau. Mit Pilzkrankheiten infizierte Pflanzenteile sind unverzüglich zu vernichten. Sonst breiten sich die Pilze durch Sporen leicht im ganzen Rosenbestand aus.

## BURGUND

*Rosa*

**Wuchs:** Diese Edelrose erreicht eine Höhe von 80 cm. Sie entwickelt lockere, langstielige Büsche.

**Blätter:** Die Blätter sind im Austrieb zunächst rötlich, färben sich später allerdings dunkelgrün.

**Blüten:** An langen Stielen entfalten sich blutrote gefüllte Blüten, die sehr stark duften.

**Blütezeit:** Nach der Hauptblütezeit im Juni bringt diese Edelrose weiterhin bis zum Herbst unermüdlich neue Blüten hervor.

**Standort:** Ein sonniger, luftiger Platz auf tiefgründigem, nährstoffreichem Boden ist für ein gutes Gedeihen der Edelrose wichtig.

**Pflege:** Das Ausschneiden verwelkter Blüten fördert die Entwicklung neuer Blütentriebe.

**Vermehrung:** Diese Rosen werden im Sommer durch Veredelung vermehrt.

**Pflanzendoktor:** Neben einer optimalen Standortvorbereitung ist das Ausputzen kranker Blätter der beste Pflanzenschutz. Bei Schädlingsbefall sollten ausschließlich biologische Mittel zum Einsatz kommen.

**Zusatzinfo:** Beim Pflanzen dieser und anderer Edelrosen muss die Veredelungsstelle etwa 5 cm tief im Boden sitzen.

Jun–Sep

## CHARDONY

*Rosa*

**Wuchs:** Die bis 50 cm hohen Sträucher sind gut verzweigt.

**Blätter:** Aus langen Trieben sprießen die glänzend grünen Blätter.

**Blüten:** An den Triebspitzen entfalten sich die gelborange gefüllten und zart duftenden Blüten. Es stehen immer mehrere Blüten an einem Stängel.

**Blütezeit:** Die Sorte bringt nach dem Hauptflor im Juni bis in den Spätsommer hinein unermüdlich neue Blüten hervor.

**Standort:** Ein sonniger, luftiger Standort auf gut gedüngtem Boden fördert die Vitalität.

**Pflege:** Welke Blüten sollten umgehend ausgeschnitten werden. Das regt die Pflanze zu neuer Blütenbildung an und bewahrt vor Pilzinfektionen durch Sporen an alten Blüten.

**Vermehrung:** Die Rose wird im Sommer durch Veredelung vermehrt.

**Pflanzendoktor:** Eine gute Nährstoffversorgung hält die Pflanzen gesund. Falls nötig, kommen biologische Mittel gegen Krankheiten und Schädlinge zum Einsatz, beispielsweise Rainfarnbrühe gegen Rosenrost.

**Zusatzinfo:** Die duftenden Blüten können vom Aufblühen bis zum Abblühen in der Farbe stark variieren.

Jun–Sep

## GLORIA DEI

*Rosa*

**Wuchs:** Diese starkwüchsige Edelrose bildet bis zu 1 m hohe, kräftige Büsche mit aufrechten Trieben.

**Blätter:** Die glänzend dunkelgrünen Blätter sind groß und meist recht widerstandsfähig gegen jeglichen Krankheitsbefall.

**Blüten:** Im Juni entfalten sich die goldgelben gefüllten Blüten, die mit der Zeit rosarote Ränder bekommen und leicht duften.

**Blütezeit:** Von Juni bis September treiben ständig neue Blüten nach.

**Standort:** Die kräftige Edelrose lässt sich als Solitärpflanze einsetzen oder auch in einer Gruppe pflanzen.

**Pflege:** Das Ausputzen welker Blüten im Sommer, das Einkürzen der Triebe im Herbst und der Rückschnitt auf wenige Knospen im Frühjahr sind wichtige Pflegemaßnahmen.

**Vermehrung:** Diese Rosen werden durch Veredelung vermehrt.

**Pflanzendoktor:** Zur Gesunderhaltung trägt das Entfernen des Falllaubs aus dem Beet im Herbst bei.

**Zusatzinfo:** Diese bewährte Züchtung ist bereits seit über 50 Jahren in Kultur und gehört nach wie vor zu den besten, sehr empfehlenswerten Edelrosensorten für den Garten.

Jun–Sep

## POLARSTERN

*Rosa*

**Wuchs:** Die straff aufrechten Triebe bilden einen kräftigen, stark verzweigten Busch mit etwa 80 cm Höhe.

**Blätter:** An den jungen Trieben entfalten sich große, glänzende, dunkelgrüne Blätter.

**Blüten:** Die Sorte 'Polarstern' treibt gemäß ihrem Namen große, weiße, stark gefüllte Blüten, die sehr edel aussehen. Sie duften angenehm.

**Blütezeit:** Der Flor erstreckt sich über den ganzen Sommer bis in den September.

**Standort:** In Gruppen kommen die weißen Büsche besonders gut zur Geltung. Der Standort sollte im Idealfall vollsonnig sein.

**Pflege:** Das regelmäßige Ausputzen welker Blüten fördert den Austrieb neuer Blütenstängel.

**Vermehrung:** Auch diese Edelrosen werden durch Veredelung vermehrt.

**Pflanzendoktor:** Zum Pflanzenschutz gehört das Entfernen welker und kranker Pflanzenteile. Bei Schädlingsbefall sollten biologische Mittel zum Einsatz kommen.

**Zusatzinfo:** Sehr schön wirkt eine Unterpflanzung dieser weißen Edelrosen z. B. mit blauem Lavendel. Durch ihren angenehmen Duft eignen sich ihre Blüten gut als Schnittblumen.

## FAIRY DANCE

*Rosa*

**Wuchs:** Die niedrige Bodendeckerrose bildet teilweise aufrechte und überhängende Triebe.

**Blätter:** Im Frühjahr bringen die kleinen Sträucher kleine, glänzend grüne Blätter hervor.

**Blüten:** An den Triebenden entfalten sich in Büscheln kleine, gefüllte Blüten mit blutroter Farbe. Leider duften die Blüten nicht.

**Blütezeit:** Die Sträucher bringen den ganzen Sommer hindurch bis in den Herbst hinein unermüdlich frische Blüten hervor.

**Standort:** Die Sorte eignet sich zur flächigen Begrünung von sonnigen Beeten und Böschungen. Sie lässt sich auch in Kübeln oder Trögen kultivieren.

**Pflege:** Der Rückschnitt welker Blüten fördert die Nachblüte.

**Vermehrung:** Die Bodendeckerrosen können gezielt durch Stecklinge vermehrt werden.

**Pflanzendoktor:** Vorbeugend gegen Sternrußtau und andere Rosenkrankheiten sollten befallene Pflanzenteile ausgeschnitten werden.

**Zusatzinfo:** Das Mulchen des Bodens mit Rinde hält lästige Kräuter zurück. Das ist v. a. nach der Pflanzung empfehlenswert, bis die Rosen dichte Büsche bilden.

## PINK MEIDILAND

*Rosa*

**Wuchs:** Diese buschige Rose bringt viele Triebe hervor, die zum Teil überhängen. Die Pink Meidiland erreicht eine Höhe von 0,80–1 m.

**Blätter:** Aus den Knospen entfalten sich vom Frühjahr an glänzend grüne Blätter, die leicht gezahnt sind.

**Blüten:** Den Sommer hindurch blühen in dichten Büscheln an den Triebenden einfache rosarote Blüten mit heller Mitte auf. Sie duften allerdings leider nicht.

**Blütezeit:** Die Pink Meidiland blüht üppig von Juni bis September.

**Standort:** Diese bodendeckende Strauchrose eignet sich besonders gut zur flächigen Begrünung von Beeten. Ideal ist ein sonniger Standort.

**Pflege:** Ein Rückschnitt im Frühjahr vor dem Austrieb fördert die Verzweigung der kriechenden Pflanze.

**Vermehrung:** Die Bodendeckerrosen werden durch Stecklinge vermehrt.

**Pflanzendoktor:** Das Ausputzen welker Blüten trägt zur Gesunderhaltung bei. Die Pflanze bringt danach neue Blütentriebe hervor.

**Zusatzinfo:** Hohe Beetstauden eignen sich als schöne Nachbarpflanzen für diese rosafarbene Rose.

## SWANY

*Rosa*

**Wuchs:** Die langen, eng stehenden Triebe der Swany-Bodendeckerrose breiten sich flächig aus und bilden einen dichten Bewuchs. Die Pflanze wächst niedrig, bis zu 70 cm hoch, jedoch sehr buschig.

**Blätter:** Im Frühjahr entwickeln sich aus den Knospen der Swany glänzende, siebenfiedrige Blätter in dunkelgrüner Farbe.

**Blüten:** Die gefüllten weißen Blüten liegen zum Teil in kleinen Büscheln auf dem Blattwerk auf. Sie duften nicht.

**Blütezeit:** Nach dem Hauptflor im Juni entwickeln sich den Sommer hindurch bis zum Herbst neue Blüten.

**Standort:** Diese weiße Sorte lässt sich in sonnigen Rosenbeeten mit anderen farbigen Sorten kombinieren.

**Pflege:** Die Blüten sollten sofort nach dem Abwelken ausgeschnitten werden, das fördert die Vitalität.

**Vermehrung:** Die Bodendeckerrosen können gezielt durch Stecklinge vermehrt werden.

**Pflanzendoktor:** Ein Rückschnitt im Frühjahr hat einen gesunden, kräftigen Austrieb zur Folge.

**Zusatzinfo:** Gelegentlich gibt es auch Veredelungen auf Stämmchen zu kaufen. Sie bilden dann überhängende Kronen.

## FLAMMENTANZ

*Rosa*

**Wuchs:** Diese starkwüchsige, aufrechte Kletterrosensorte erreicht eine Höhe von 3–4 m. Sie bildet lange, kräftige Triebe, die an einem Gerüst angebunden werden.

**Blätter:** Im Austrieb sind die Blätter zunächst kupferrot und färben sich später mattgrün.

**Blüten:** Die dunkelroten gefüllten Blüten sitzen in Büscheln an den Trieben der Flammentanz.

**Blütezeit:** Die Flammentanz ist eine einmalblühende Rose. Nach dem Hauptflor im Juni bringen die Pflanzen im Sommer nur noch vereinzelte Blüten hervor.

**Standort:** Ideal ist ein Spalier an einer Südwand, eine Pergola oder ein luftiger Zaun.

**Pflege:** Das Ausputzen welker Blüten gehört zur allgemeinen Rosenpflege. Zudem ist eine Versorgung mit Kompost von Nutzen.

**Vermehrung:** Kletterrosen werden durch Veredelung vermehrt. Möglich ist auch die Stecklingsvermehrung.

**Pflanzendoktor:** Zum Schutz vor Pilzinfektionen sollten im Herbst die Blätter am Boden unbedingt gründlich entfernt werden.

## LICHTKÖNIGIN LUCIA

*Rosa*

**Wuchs:** Diese Sorte könnte auch den Strauchrosen zugeordnet werden. Die straff aufrechten Triebe erreichen eine Höhe von 1,50–2 m.

**Blätter:** Die großen Blätter sind glänzend grün und leicht gezähnt.

**Blüten:** Die zitronengelben gefüllten Blüten duften leicht.

**Blütezeit:** Der Strauch zeichnet sich durch eine lange Blütezeit aus. Er bringt von Juni bis September stets neue Blüten hervor.

**Standort:** Als Kletterrose braucht die Lichtkönigin einen sonnigen Platz, etwa an einer Südwand oder einer südseitigen Pergola auf lehmig-humosen, nährstoffreichen Böden.

**Pflege:** Besonders nach dem Hauptflor im Juni sind die welken Blüten auszuputzen. Im Frühjahr fördert ein Auslichtungsschnitt die Bildung neuer kräftiger Triebe.

**Vermehrung:** Kletterrosen werden durch Veredelung vermehrt.

**Pflanzendoktor:** An exponierten Lagen verhindert ein Frostschutz Winterschäden an den äußerst empfindlichen Trieben.

**Zusatzinfo:** Kletterrosen sind Spreizklimmer. Sie brauchen eine Kletterhilfe, die ihren bewehrten Trieben Halt gibt.

## NEW DAWN

*Rosa*

**Wuchs:** Diese alte Kletterrose ist sehr starkwüchsig. Sie erreicht mit ihren kräftigen Trieben eine Höhe von 3–4 m und ist wegen ihrer Vitalität und Blütenfülle nach wie vor empfehlenswert.

**Blätter:** Die kleinen Blätter sind glänzend grün.

**Blüten:** Im Sommer entfalten sich Büschel aus gefüllten hellrosa Blüten, die angenehm duften.

**Blütezeit:** Der Flor beginnt im Juni und dauert bis zum ersten Frost an.

**Standort:** Ein Torbogen, eine Pergola oder ein Spalier bieten v. a. bei südseitiger Platzierung günstige Wachstumsbedingungen. Der Boden sollte nährstoffreich, durchlässig und lehmig-humos sein.

**Pflege:** Das Ausschneiden welker Blüten und Ausputzen kranker Blätter trägt zu Gesunderhaltung bei. Zudem fördert eine Auslichtungsschnitt im Winter die Verjüngung.

**Vermehrung:** Kletterrosen werden durch Veredelung vermehrt.

**Pflanzendoktor:** Ein Frostschutz im Winter verhindert Schäden an den Trieben. Bei Schädlingsbefall sind einfache Hausmittel ausreichend (z. B. Schmierseifenlösung gegen schädliche Blattläuse).

## FRÜHLINGSGOLD
*Rosa spinosissima*

**Wuchs:** Die breitbuschige Strauchrose mit stark verzweigten Trieben erreicht eine Höhe von 2–3 m.

**Blätter:** An den borstigen Trieben entfalten sich glänzend grüne Blätter.

**Blüten:** Die großen, gelben Blüten sitzen dicht gedrängt am Strauch und duften leicht.

**Blütezeit:** Der Flor dieser einmalblühenden Sorte beschränkt sich auf wenige Wochen im Mai, dann blüht sie jedoch sehr reichlich.

**Standort:** Der üppige, frühblühende Strauch lässt sich in gemischte Blütenhecken einsetzen. Auch als Solitärpflanze in einem Frühlingsbeet kann er platziert werden.

**Pflege:** Der Rückschnitt abgeblühter Triebe fördert die Verjüngung. Im Spätwinter vertragen verwilderte Pflanzen einen maßvollen Rückschnitt.

**Vermehrung:** Die Pflanzen werden durch Veredelung vermehrt. Möglich ist auch die Vermehrung durch Stecklinge.

**Pflanzendoktor:** Das Mulchen mit Kompost kommt der Gesunderhaltung zugute.

**Zusatzinfo:** Diese Züchtung der Bibernellrose ist einer der schönsten Frühblüher unter den einmalblühenden Strauchrosen.

## SCHNEEWITTCHEN
*Rosa*

**Wuchs:** Diese breitbuschige Strauchrose entwickelt schwache Triebe, die leicht überhängen. Sie wird 1–1,50 m hoch.

**Blätter:** Das dunkelgrüne, leicht gezähnte Laub der Schneewittchen bleibt bis zum Winter erhalten.

**Blüten:** An den jungen Trieben der Rose öffnen sich in Büscheln gefüllte weiße Blüten.

**Blütezeit:** Nach dem Hauptflor im Juni folgen bis zum Winter unermüdlich neue Blüten.

**Standort:** Der Strauch braucht genügend Raum, um sich ausbreiten zu können. Am besten eignet sich ein sonniger Platz auf nährstoffreichem, lehmig-humosem Boden.

**Pflege:** Ein Rückschnitt der schwachen Seitentriebe regt zum Austrieb junger, kräftiger Neutriebe an. Das Ausputzen welker Blüten der Rose fördert die Nachblüte.

**Vermehrung:** Die Pflanzen werden durch Veredelung vermehrt. Möglich ist auch die Stecklingsvermehrung.

**Pflanzendoktor:** Die Sorte ist anfällig für Mehltau. Kranke Pflanzenteile müssen entfernt werden.

**Zusatzinfo:** In rauen Lagen ist v. a. für Jungpflanzen ein Frostschutz, z. B. durch Reisig, empfehlenswert.

## WESTERLAND
*Rosa*

**Wuchs:** Diese aufrechte, bis zu 2 m hohe Sorte entwickelt üppige Büsche.

**Blätter:** Die dunkelgrünen, gezähnten Blätter sind robust und bleiben daher weitgehend von Krankheiten verschont.

**Blüten:** Im Sommer bringt sie unermüdlich halb gefüllte Blüten hervor, die durch ein leuchtendes Orange wirken und kräftig duften. Beim Verblühen nehmen sie einen rosafarbenen Schimmer an.

**Blütezeit:** Der Flor dauert von Juni bis zum ersten Frost.

**Standort:** Ein sonniger Platz auf der Terrasse, an einem Zaun oder im Staudenbeet auf nährstoffreichem Humusboden ist ideal.

**Pflege:** Ein maßvoller Rückschnitt im Frühjahr fördert die Verjüngung.

**Vermehrung:** Strauchrosen werden bestenfalls im Sommer durch Veredelung vermehrt.

**Pflanzendoktor:** Bei Anzeichen von Pilzkrankheiten müssen befallene Pflanzenteile sofort entfernt werden. Auch ein biologisches Spritzmittel kann helfen.

**Zusatzinfo:** Die Westerland ist eine beliebte Strauchrosensorte. Die orangefarbenen Blüten sind den ganzen Sommer wirkungsvoll.

## GOLDROSE

*Rosa hugonis*

**Wuchs:** Diese Wildrose bildet etwa 1,50–2 m hohe Büsche mit überhängenden Trieben.

**Blätter:** Die kleinen, paarigen Fiederblätter sind im Austrieb hellgrün. Im Sommer werden sie dunkler.

**Blüten:** Auffällig wirken die leuchtend gelben Blüten, aus denen sich kleine, schwarze Früchte entwickeln.

**Blütezeit:** Die Wildrose ist einmalblühend im Mai/Juni.

**Standort:** Der breitbuschige Strauch lässt sich in Hecken pflanzen oder an sonnigen Böschungen ansiedeln. Er verträgt auch Trockenheit.

**Pflege:** Wie andere Wildrosen sollte die Goldrose wenig geschnitten werden.

**Vermehrung:** Die Aussaat ist langwierig, zumal die Samen eine besondere Behandlung brauchen. Einfacher ist die Vermehrung durch bewurzelte Ausläufer.

**Pflanzendoktor:** Die genügsame und robuste Wildrose verträgt keine Staunässe. Bodenverdichtungen müssen vor der Pflanzung durchbrochen werden.

**Zusatzinfo:** Die intensive Farbwirkung der leuchtenden Blüten ist nur von kurzer Dauer. Deshalb sollte der Strauch auch einen abseitigen Platz bekommen.

## HUNDSROSE

*Rosa canina*

**Wuchs:** Die starkwüchsige heimische Wildrose dient als Wurzelunterlage für alle Edelrosen. Sie lässt sich aber auch selbst als Strauch im Garten einsetzen und erreicht eine Höhe von über 3 m.

**Blätter:** Die kleinen, grünen Blättchen sind paarig angeordnet. Sie färben sich im Herbst leuchtend gelb.

**Blüten:** An den langen, überhängenden Trieben entfalten sich rosarote einfache Blüten. Daraus entwickeln sich die Hagebutten.

**Blütezeit:** Die Hundsrose blüht ausschließlich im Mai.

**Standort:** Wie in der Natur braucht diese Wildrose einen sonnigen Platz auf tiefgründigem, nährstoffreichem Boden. Sie lässt sich auch in gemischte Hecken einsetzen.

**Pflege:** Damit sie nicht zu dicht werden und verwildern, sollten die Sträucher jeweils im Winter einen Auslichtungsschnitt erhalten.

**Vermehrung:** Sämlinge gehen oft selbst im Garten auf. Sie werden von Vögeln verbreitet.

**Pflanzendoktor:** Die Blätter werden von Rostpilzen heimgesucht. Das Entfernen des Falllaubs im Herbst verhindert die Verbreitung der Sporen.

## KARTOFFELROSE

*Rosa rugosa*

**Wuchs:** Diese Wildrose bildet etwa 1 m hohe Büsche, die aus borstigen Trieben bestehen.

**Blätter:** Die paarig gefiederten, frischgrünen Blätter färben sich im Herbst gelb.

**Blüten:** An jungen Trieben entfalten sich große, rosarote Blüten mit gelben Staubgefäßen. Daraus entwickeln sich runde Hagebutten mit essbarem Fruchtfleisch. Daneben sind auch gefüllte und weiße Züchtungen erhältlich.

**Blütezeit:** Die Hauptblüte beschränkt sich auf einige Wochen im Mai und Juni.

**Standort:** Die Wildrose braucht einen sonnigen Platz mit kalkfreiem Boden. Sie lässt sich auch zum Verwildern an Böschungen und anderen unzugänglichen Ecken einsetzen.

**Pflege:** Wo die wuchernde Rose verwildern darf, ist keine Pflege nötig. Die Wurzelausläufer lassen sich mit Barrieren eindämmen.

**Vermehrung:** Bewurzelte Ausläufer eignen sich zum Umpflanzen für neue Bestände.

**Pflanzendoktor:** Gelbe Blätter während der Saison weisen auf einen hohen Kalkgehalt im Boden hin. Dagegen hilft saures Substrat.

## ALPENVEILCHEN

*Cyclamen coum*

**Wuchs:** Wilde Alpenveilchen bringen aus kleinen Knollen Büschel aus grünen, ledrigen Blättern hervor, die etwa 10 cm hoch werden.

**Blätter:** Die Form der Blätter kann stark variieren: Es gibt runde, spitze oder längliche Formen. Allen gemeinsam ist die helle Kennzeichnung.

**Blüten:** An kurzen Stielen entfalten sich die sogenannten Alpenveilchen. Es sind allerdings keine echten Veilchen, sondern Myrsinengewächse. Die Farbe der Blüten reicht je nach Sorte von Weiß bis Dunkelviolett.

**Blütezeit:** Der Flor dauert je nach Sorte einige Wochen im Frühjahr oder Spätsommer an.

**Standort:** Unter sommergrünen Sträuchern oder in Steingärten breiten sich die kleinen Knollenpflanzen flächig aus.

**Pflege:** Die Bestände sollten nicht durch Grabarbeiten gestört werden. Im Winter ist ein luftiger Frostschutz empfehlenswert.

**Vermehrung:** Die Vermehrung von Alpenveilchen ist durch Teilung oder Aussaat möglich.

**Zusatzinfo:** Die Frühblüher werden im Herbst gepflanzt, die Knollen der Spätblüher kommen im Frühjahr in den Boden.

## BLAUGLÖCKCHEN

*Hyacinthoides hispanica*

**Wuchs:** Dieses Hyazinthengewächs von der iberischen Halbinsel bildet im Garten dichte Büschel mit hängenden Blütenglöckchen.

**Blätter:** Die langen, grasartigen Blätter sind glänzend grün und wachsen überhängend.

**Blüten:** Die blauen oder weißen Glöckchen entfalten sich in Trauben an langen Stielen.

**Blütezeit:** Das Blau- oder Hasenglöckchen blüht von Mai bis Juni.

**Standort:** Die Waldpflanzen brauchen einen halbschattigen Platz in lockerem, feuchtem Humusboden.

**Pflege:** Nach der Blüte ziehen sich die Pflanzen in den Boden zurück; sie sollten nicht gestört werden.

**Vermehrung:** Üppige Horste lassen sich nach der Blütezeit teilen. Möglich ist auch die Aussaat reifer Samen. Es gibt zudem einige Sorten, die im Herbst gepflanzt werden.

**Pflanzendoktor:** Durch eine Kennzeichnung der verblühten Blauglöckchen kann die Beschädigung der Zwiebeln durch Grabarbeiten verhindert werden.

**Zusatzinfo:** Hasenglöckchen eignen sich zur Unterpflanzung von Gehölzen, wo sie ausdauernde Bestände bilden.

## BLAUSTERNCHEN

*Scilla siberica*

**Wuchs:** Der kleine Zwiebelblüher bildet in Südeuropa stellenweise dichte Bestände. Er wird ungefähr 10–15 cm hoch.

**Blätter:** Die schmalen, linealnervigen Blätter in kräftigem Grün treiben mit den Blüten aus dem Boden.

**Blüten:** Je nach Art bringen die Pflanzen nickende oder nach oben offene, blaue, weiße oder rosafarbene Sternblüten hervor. An jedem Stängel sitzen mehrere davon.

**Blütezeit:** Der Flor beginnt im März und dauert bis April.

**Standort:** Blausternchen lassen sich in Beeten unter Bäumen zum Verwildern einsetzen. Sie gedeihen vorzugsweise auf lockerem, humosem Boden im Halbschatten.

**Pflege:** An ungestörten Plätzen breiten sich die Bestände flächig aus.

**Vermehrung:** Kräftige Horste sind durch Teilung im Herbst vermehrbar. Ebenfalls im Herbst können neue Zwiebeln gesteckt werden.

**Pflanzendoktor:** Staunässe vertragen die Zwiebeln schlecht.

**Zusatzinfo:** Wo sie einmal Fuß gefasst haben, säen sich die Blausternchen von selbst aus. Einzelne Blütenstände lassen sich für Frühlingssträuße pflücken.

## BUSCHWINDRÖSCHEN

*Anemone nemorosa*

**Wuchs:** Im lichten Schatten unter Bäumen breiten sich die Buschwindröschen flächig aus. Sie werden bis zu 20 cm hoch.

**Blätter:** Die gefiederten, zartgrünen Blätter entfalten sich mit den Blüten im Frühjahr. Nach dem Flor ziehen die Pflanzen wieder ein und überdauern bis zum nächsten Frühjahr im Boden.

**Blüten:** Mit den Blättern treiben feine, cremeweiße Blüten aus. Sie sind vorwiegend sechszählig.

**Blütezeit:** Bei mildem Wetter beginnt der Flor im März und dauert bis zum April an.

**Standort:** Die heimische Waldpflanze braucht einen halbschattigen Platz auf lockerem, im Sommer auch trockenem Humusboden.

**Pflege:** Das Buschwindröschen gedeiht auf jedem Boden gut. Die Bestände sollten nicht gestört werden, dann breiten sie sich von Jahr zu Jahr weiter aus.

**Vermehrung:** Nach der Blüte ist die Teilung möglich.

**Pflanzendoktor:** Besonders zur Zeit des Austriebs sind die Pflanzen durch Schnecken gefährdet.

## DAHLIE

*Dahlia-Hybriden*

**Wuchs:** Dieses Asterngewächs aus Mexiko bringt aus den Knollen üppige Büsche hervor, die im Sommer blühen. Sie werden bis zu 1,50 m hoch.

**Blätter:** Die gefiederten Blätter sind je nach Sorte grün oder rötlich.

**Blüten:** Die Dahlienblüten können sehr vielfältig sein: Es gibt gefüllte, halb gefüllte und einfache sowie ein- oder mehrfarbige Sorten.

**Blütezeit:** Der Flor dauert vom Sommer bis zu den ersten Frösten an.

**Standort:** Ein sonniger, warmer Platz auf lockerem, gut versorgtem Gartenboden ist die beste Voraussetzung für ein gutes Gedeihen.

**Pflege:** Hohe Horste sollten gestützt werden. Zudem sind welke Blüten zu entfernen.

**Vermehrung:** Die Pflanzen sind durch Teilung der Knollen vermehrbar.

**Pflanzendoktor:** Dahlien vertragen keine Kälte. Die Knollen brauchen nach dem Austrieb einen Schutz vor Spätfrost. Ende Oktober nimmt man sie aus der Erde und überwintert sie im Haus.

**Zusatzinfo:** Nach der Pflanzzeit im April bilden sich bis zum Sommer üppige Büsche, die reichlich blühen.

## DOLDEN-MILCHSTERN

*Ornithogalum umbellatum*

**Wuchs:** Dieses Hyazinthengewächs bringt im Frühjahr an ca. 30 cm langen Stängeln kleine Dolden mit weißen Blüten hervor.

**Blätter:** Die grasartigen, länglichen Blätter sind glänzend frisch grün.

**Blüten:** Die seidigen Blüten öffnen sich nur stundenweise am Tag. Sie sind weiß und sechszählig.

**Blütezeit:** Bei einer Pflanzung im Herbst bringen die Zwiebelblumen im April und Mai die ersten Blütenstängel hervor.

**Standort:** Die Pflanzen lassen sich vorzugsweise an halbschattigen Plätzen auf durchlässigem, humosem Boden ansiedeln. Beispielsweise eignen sich Gehölzränder als Standort.

**Pflege:** Wenn Dolden-Milchsterne nicht gestört werden, verwildern die genügsamen Zwiebelpflanzen. Im Frühjahr und Herbst ist eine Düngung mit Kompost möglich.

**Vermehrung:** Die beste Zeit zur Teilung der Pflanzen ist nach der Blüte.

**Pflanzendoktor:** Damit sie neue Kräfte sammeln, lässt man die Pflanzen völlig einziehen.

**Zusatzinfo:** Neben dem Dolden-Milchstern sind einige weitere Arten im Garten kultivierbar (z. B. O. nutans).

Apr–Mai

## DREIBLATT

*Trillium-Arten*

**Wuchs:** Das Dreiblatt bildet kleine Bestände aus etwa 30 cm hohen Einzelpflanzen.

**Blätter:** Jede Pflanze besteht aus drei großen, ovalen Blättern, die schirmförmig angeordnet sind.

**Blüten:** Im Frühjahr schieben sich weiße, rote oder gelbe Blüten ans Licht, die aus jeweils drei Hüll- und drei Kronblättern bestehen.

**Blütezeit:** Die Blütezeit dauert von April bis Mai.

**Standort:** Die Waldpflanzen brauchen einen halbschattigen Platz auf saurem Humusboden. Ideal ist ein lockeres, saures Substrat mit guter Wasserspeicherfähigkeit. Staunässe ist zu vermeiden.

**Pflege:** Nach der Pflanzung der knolligen Rhizome im Herbst ist ein luftiger Frostschutz mit Laub und Reisig empfehlenswert, der rechtzeitig im Frühjahr wieder entfernt wird. Die Pflanzen sollten möglichst ohne Störungen wachsen, blühen und einziehen.

**Vermehrung:** Die Vermehrung ist durch Teilung möglich.

**Pflanzendoktor:** Beim Austrieb sind die Pflanzen durch Schnecken gefährdet. Zum Schutz sind Barrieren und regelmäßige Kontrollen nötig.

Apr–Mai

## GARTENANEMONE

*Anemone coronaria*

**Wuchs:** Die zarten Pflänzchen entwickeln sich aus kleinen Knollen. Sie werden bis zu 25 cm hoch.

**Blätter:** Im Frühjahr treiben zartgrüne Blätter aus dem Boden. Sie sind dreiteilig mit tief eingeschnittenen Teilblättchen.

**Blüten:** An kurzen Stielen entfalten sich große, tellerförmige Blüten in roten, blauen oder weißen Farbtönen.

**Blütezeit:** Der Flor dauert von April bis Mai.

**Standort:** Die Mittelmeerpflanzen brauchen einen geschützten, sonnigen Platz auf durchlässigem, frischem Humusboden.

**Pflege:** Der Wasserabzug kann durch eine Bodenverbesserung mit Sand und Kompost gefördert werden. Ein weiterer Vorteil: Kompost trägt zur Nährstoffversorgung bei.

**Vermehrung:** Die Pflanzen sind durch Brutknollen vermehrbar.

**Pflanzendoktor:** Die empfindlichen Knollenpflanzen sind nicht sehr ausdauernd und sollten jeweils im Herbst neu gepflanzt werden. Das Anhäufeln mit Laub schützt die Gartenanemone vor Bodenfrost.

**Zusatzinfo:** Ausdauernder als die Kronenanemonen sind die Sorten der Strahlenanemone (A. blanda).

Jun–Sep

## GLADIOLE

*Gladiolus-Hybriden*

**Wuchs:** Aus kleinen Knollen bringen diese Schwertliliengewächse (Iridaceae) lange Blätter mit prächtigen Blütenähren hervor. Sie erreichen eine Höhe von 1,50 m.

**Blätter:** Die blaugrünen Blätter sind linealnervig und schwertförmig.

**Blüten:** Die stabilen Stängeln sind dicht besetzt mit trichterförmigen Blüten. Es gibt Sorten in vielen Farben und Formen. Sie können einen Durchmesser bis zu 10 cm erreichen.

**Blütezeit:** Der Flor dauert von Juni bis September.

**Standort:** Die Knollenpflanzen brauchen einen sonnigen Standort auf nährstoffreichem sowie durchlässigem Boden.

**Pflege:** Hohe Gladiolensorten sollten durch Stäbe gestützt werden. Bei Trockenheit muss ausreichend gewässert werden.

**Vermehrung:** Gladiolen werden durch Tochterzwiebeln vermehrt.

**Pflanzendoktor:** Die frostempfindlichen Pflanzen brauchen bei Spätfrost einen Schutz.

**Zusatzinfo:** Die Pflanzzeit beginnt im April. Vor den ersten Frösten kommen die Knollen zur Überwinterung in einen trockenen Raum ins Haus.

Sep–Okt

## HERBSTZEITLOSE

*Colchicum autumnale*

**Wuchs:** Diese Knollenpflanze wird bis zu 15 cm hoch.

**Blätter:** Im Frühjahr bringt die Herbstzeitlose saftig grüne Blätter hervor, die dichte Büschel bilden. Im Herbst stirbt das Laub ab.

**Blüten:** Nach dem Absterben der Blätter erscheinen die Blüten. Sie sind weiß oder rosa, einfach oder gefüllt und weisen große Ähnlichkeit mit dem Flor des Krokus auf.

**Blütezeit:** Die Blüten zeigen sich von September bis Oktober.

**Standort:** Diese Bergwiesenpflanze braucht einen sonnigen Platz mit durchlässigem Boden.

**Pflege:** Die Horste sollten möglichst wenig gestört werden. Die genügsamen Pflanzen benötigen keine besondere Pflege.

**Vermehrung:** Die Teilung alter Horste kann nach der Blüte erfolgen. Neue Zwiebeln sollten 5–10 cm tief gepflanzt werden.

**Pflanzendoktor:** Die Blütenblätter sind durch Schnecken gefährdet.

**Zusatzinfo:** Herbstzeitlose gehören zu den Giftpflanzen. Keinesfalls dürfen die Blätter mit denen des Bärlauchs verwechselt werden. Sie sind allerdings geruchlos und dadurch gut zu unterscheiden.

Mär–Mai

## HUNDSZAHN

*Erythronium dens-canis*

**Wuchs:** Dieses Liliengewächs bildet kleine gegenständige Blätter, aus deren Mitte die nickenden Blütenstände sprießen. Sie werden zwischen 10 und 30 cm hoch.

**Blätter:** Die Blattpaare können frisch grün oder rotbraun gefleckt sein.

**Blüten:** An kurzen Stängeln entfalten sich kleine, lilafarbene, selten auch weiße Blüten, deren Köpfe überhängen. Die Blütenblätter sind stark zurückgebogen.

**Blütezeit:** Der Flor dauert je nach Sorte von März bis Mai.

**Standort:** Die Ansiedlung ist nur an absonnigen Plätzen auf feuchten Laubhumusböden erfolgreich.

**Pflege:** Die Bestände vertragen keine Störung.

**Vermehrung:** Die Vermehrung ist durch Aussaat möglich. Ebenso kann man die Zwiebeln nach der Blüte teilen. Am besten ist es allerdings, zugekaufte Zwiebeln zu pflanzen.

**Pflanzendoktor:** Die empfindlichen Pflanzen brauchen einen Schneckenschutz.

**Zusatzinfo:** Die Kulturformen sind weniger empfindlich als die Wildarten. Die Pflanze kommt in der Natur nur selten vor, z. B. im Alpen- und Mittelmeerraum.

Mai

## HYAZINTHE

*Hyacinthus orientalis*

**Wuchs:** Aus dicken Zwiebeln, die im Herbst gesteckt werden, treiben im Frühjahr bis zu 30 cm hohe Pflanzen mit prächtigen Blütenständen.

**Blätter:** Die schmalen, langen Blätter sind schwertförmig und aufrecht.

**Blüten:** An meist einem dicken Stiel bilden sich Kerzen aus kleinen, sternförmigen Glockenblüten mit nach hinten gebogenen Blütenblättern. Die Farben variieren je nach Sorte von Weiß über Rosa bis Blau.

**Blütezeit:** Der Hauptflor ist im Mai; vorgetriebene Topfpflanzen kann man bereits im Winter bekommen.

**Standort:** Die mediterranen Zwiebelblüher brauchen einen geschützten sowie sonnigen Platz auf lockerem Boden.

**Pflege:** Das Abdecken der Beete mit Fichtenreisig lindert Fröste.

**Vermehrung:** Die Pflanzen sind durch Tochterzwiebeln vermehrbar.

**Pflanzendoktor:** Die Bestände sind nicht sehr ausdauernd. Es lohnt sich nach einigen Jahren den Standort zu wechseln und neue Zwiebeln zu pflanzen.

**Zusatzinfo:** Am besten kommen diese stark duftenden Frühblüher durch Gruppenpflanzung zur Geltung.

# INDISCHES BLUMENROHR

*Canna-indica-Hybriden*

**Wuchs:** Dieses 0,50–2,50 m hohe buschige Ingwergewächs lässt sich nur im Sommer im Freien kultivieren.

**Blätter:** Die langen, breiten Blätter entfalten sich an langen Stängeln und sind dunkelgrün oder gefleckt.

**Blüten:** Die leuchtend roten, orangefarbenen oder gelben Blüten haben gedrehte Blütenblätter.

**Blütezeit:** Der Flor beginnt im Juni und dauert bis Oktober.

**Standort:** Die Pflanzen brauchen einen geschützten, sonnigen Platz auf durchlässigem sowie nährstoffreichem Boden.

**Pflege:** Beschädigte Blätter und welke Blüten werden entfernt.

**Vermehrung:** Die Pflanzen sind durch Teilung der Wurzelrhizome gezielt vermehrbar.

**Zusatzinfo:** Nach dem Ausgraben im Herbst werden die Wurzelrhizome in einem kühlen, trockenen Raum überwintert. Das Antreiben beginnt im Februar in Töpfen mit frischem Substrat. Die vorgetriebenen Pflanzen kommen erst ins Freie, wenn keine Fröste mehr zu erwarten sind.

# KAISERKRONE

*Fritillaria imperialis*

**Wuchs:** Dieses Liliengewächs bringt aus einer großen Zwiebel einen bis zu 1 m langen Blütenstängel hervor, der in Bodennähe gleichmäßig mit Blättern besetzt ist.

**Blätter:** Die glänzend grünen, linealnervigen Blätter hängen über.

**Blüten:** Am Stielende sitzt ein großer Blütenschopf aus sechs bis acht orange oder gelben, hängenden Blütenglocken.

**Blütezeit:** Die Blüten öffnen sich im April und Mai.

**Standort:** Die mittelasiatische Gebirgspflanze braucht einen sonnigen Platz auf durchlässigem, nährstoffreichem Boden. Das Einarbeiten von Kompost trägt zur Lockerung und Nährstoffversorgung bei.

**Pflege:** Die Pflanzung der Zwiebeln erfolgt bereits im Sommer. Nach der Blüte sollten die Pflanzen abwelken, bevor sie zurückgeschnitten werden.

**Vermehrung:** Die Kaiserkrone ist durch Tochterzwiebeln vermehrbar.

**Pflanzendoktor:** Ein luftiger Schutz im Frühjahr schwächt Nachtfröste ab.

**Zusatzinfo:** Die Zwiebeln bleiben mehrjährig im Boden, da sie winterhart sind. Gelegentliche Kompostgaben fördern die Vitalität.

# KROKUS

*Crocus-Hybriden*

**Wuchs:** Diese bis zu 15 cm hohen Schwertliliengewächse breiten sich im Garten flächig aus oder bilden üppige Horste.

**Blätter:** Die schmalen, grasartigen, dunkelgrünen Blätter treiben erst nach der Blüte aus.

**Blüten:** Die kleinen Kelche sind trichterförmig und sitzen auf kurzen Stielen. Staubblätter und Narben können orange oder dunkelblau sein.

**Blütezeit:** Der Flor der Frühjahrsblüher öffnet sich schon im März und April. Es gibt jedoch auch Herbstblüher.

**Standort:** Die gezüchteten Sorten sind recht genügsam und sollten einen Schutz vor Kahlfrösten erhalten.

**Pflege:** Krokusse sollten nicht gestört werden.

**Vermehrung:** Krokusse sind durch Tochterzwiebeln vermehrbar.

**Pflanzendoktor:** Gegen Schimmel und Zwiebelfäulnis hilft eine Bodenlockerung mit Sand.

**Zusatzinfo:** Krokusinseln im Rasen dürfen erst gemäht werden, wenn das Laub völlig verwelkt ist. Andernfalls gehen mit dem Zwiebellaub viele Nährstoffe verloren.

Mai–Aug

## LILIE

*Lilium-Hybriden*

**Wuchs:** Diese verschiedenartigen Zwiebelpflanzen bilden bis zu 1,80 m hohe Horste aus aufrecht wachsenden Trieben mit auffälligen Blüten.

**Blätter:** Die linealnervigen, spitzen Blätter sitzen gleichmäßig verteilt waagerecht um den Stängel.

**Blüten:** Die großen Blüten in vielen Farben sind kelchförmig mit aufrecht gebogenen Spitzen. Sie wachsen aufrecht oder überhängend an kurzen Seitentrieben.

**Blütezeit:** Je nach Sorte blühen Lilien von Mai bis August.

**Standort:** Die Gebirgswaldpflanzen brauchen geschützte, sonnige bis halbschattige Plätze mit durchlässigem sowie leicht saurem Sand- oder Humusboden.

**Pflege:** Zwischen August und Oktober werden die Lilien gepflanzt. Während des Wachstumszeit fördern Düngergaben die Entwicklung. Die Pflanzen sollten nicht durch Grabarbeiten gestört werden.

**Vermehrung:** Lilien sind durch Brutzwiebeln vermehrbar.

**Pflanzendoktor:** Gegen Wühlmäuse sind Barrieren aus Maschendraht oder auch spezielle Pflanzkörbe hilfreich.

Mai

## MAIGLÖCKCHEN

*Convallaria majalis*

**Wuchs:** Diese heimische Waldpflanze bildet in Laubwäldern dichte Bestände aus linealnervigen, aufrechten Blättern. Sie wird bis zu 25 cm hoch.

**Blätter:** Die breiten Blätter sind lanzettförmig.

**Blüten:** Die weißen, duftenden Blütenglöckchen in gestielten Trauben sitzen an kurzen Stängeln. Im Sommer entwickeln sich daraus orangefarbene Früchte.

**Blütezeit:** Die kleinen Blüten erscheinen im Mai.

**Standort:** An halbschattigen Plätzen auf durchlässigem Humusboden breiten sich die Pflanzen flächig aus. Sie lassen sich auch unter Gehölzen im Garten ansiedeln.

**Pflege:** Maiglöckchen sollten möglichst wenig gestört werden.

**Vermehrung:** Bewurzelte Ausläufer sind zur Vermehrung geeignet.

**Pflanzendoktor:** Braune Blätter werden ausgeputzt.

**Zusatzinfo:** Das Maiglöckchen ist giftig und darf daher nicht mit dem essbaren Bärlauch verwechselt werden, der ähnlich aussieht. Ein Unterscheidungsmerkmal ist der Geruch, denn Maiglöckchen sind im Gegensatz zum Bärlauch geruchlos. Zudem sind Maiglöckchenblätter fester.

Mär

## MÄRZENBECHER

*Leucojum vernum*

**Wuchs:** Das Amaryllisgewächs aus heimischen Auwäldern bildet im Garten bis zu 40 cm hohe Horste.

**Blätter:** Die linealnervigen, schmalen Blätter treiben in Büscheln aus dem Boden. Sie sind blaugrün.

**Blüten:** Die hängenden, weißen Glockenblüten haben gezackte Ränder mit einer grünen oder gelben Zeichnung.

**Blütezeit:** Bei mildem Wetter blühen die Pflanzen bereits im März.

**Standort:** Günstig ist ein Platz unter sommergrünen Laubbäumen auf feuchtem Humusboden oder am Gehölzrand. Die Pflanzen gedeihen auch in der Nähe von Gewässern.

**Pflege:** Störungen bei gut entwickelten Horsten sind zu vermeiden. In der Wachstumsruhe sollten die Standorte deshalb markiert werden.

**Vermehrung:** Die Pflanzen säen sich selbst aus oder lassen sich durch Teilung vermehren.

**Pflanzendoktor:** Besonders in Rasenplätzen dürfen die Bestände erst abgemäht werden, wenn sie völlig in den Boden eingezogen sind.

**Zusatzinfo:** Die Märzenbecher oder Frühlingsknotenblumen blühen etwas später als die Schneeglöckchen.

## MONTBRETIE

*Crocosmia x crocosmiiflora*

**Wuchs:** Die Montbretie bringt aus Knollen bis zu 1,20 m hohe Horste mit langen, aufrechten Blättern und sehenswerten Blüten hervor.

**Blätter:** Die linealnervigen, schmalen Blätter sind frisch grün und gerippt.

**Blüten:** An langen Stielen entfalten sich in überhängenden Rispen leuchtend rote und orangefarbene, trichterförmige Blüten. Sie werden etwa 5 cm groß.

**Blütezeit:** Der Flor dauert von Juli bis September an.

**Standort:** Die südafrikanischen Pflanzen brauchen einen geschützten, sonnigen und warmen Platz auf durchlässigem Boden.

**Pflege:** Die Knollen kommen im April oder Mai in den Boden. In rauen Regionen sollten sie dann im Herbst wieder ausgegraben und im Haus überwintert werden.

**Vermehrung:** Die Vermehrung ist durch Teilung möglich.

**Pflanzendoktor:** An geschützten Plätzen lassen sich die Knollen unter einer dicken Laubschüttung sogar im Freien überwintern.

**Zusatzinfo:** Die Sommerblüher setzen Akzente in Staudenbeeten oder Sommerblumenrabatten.

## NARZISSE

*Narcissus-Hybriden*

**Wuchs:** Die heimischen Amaryllisgewächse bilden in Bergwiesen bis zu 40 cm hohe, flächige Bestände.

**Blätter:** Aus dicken Zwiebeln sprießen lange, blaugrüne Blätter mit überhängenden Spitzen.

**Blüten:** Je nach Art bringen die Blumen Trompeten- oder Kelchblüten in Gelb, Orange oder Weiß mit mittelständiger, farblich unterschiedlicher Nebenkrone hervor.

**Blütezeit:** Der Flor dauert von März bis Mai.

**Standort:** Die Pflanzung im Herbst erfolgt auf sonnigen bis halbschattigen Plätzen und gut durchfeuchtetem, nährstoffreichem Boden.

**Pflege:** Diese Zwiebelblüher bleiben am selben Standort viele Jahre vital. Eine Nährstoffversorgung mit Kompost fördert die Wuchskraft und Blühfähigkeit. Die Pflanzen sollten nach der Blüte in Ruhe einziehen.

**Vermehrung:** Narzissen sind durch Brutzwiebeln vermehrbar.

**Pflanzendoktor:** Zum Schutz vor Fäulnis sollte der Boden beim Pflanzen mit Sand verbessert werden.

**Zusatzinfo:** Wiesen mit Narzissen dürfen erst im Sommer gemäht werden, wenn die Pflanzen völlig verwelkt sind.

## PARADIESLILIE

*Paradisea*

**Wuchs:** Das Agavengewächs bringt aus fleischigen Wurzelrhizomen Büschel aus grasartigen Blättern mit etwa 50 cm Länge hervor.

**Blätter:** Die schmalen, linealnervigen Blätter sind graugrün und wachsen überhängend.

**Blüten:** An hohlen Stielen entwickeln sich weiße, dreizählige Trichterblüten, die stark duften.

**Blütezeit:** Die Blütezeit dauert von Mai bis Juni.

**Standort:** Paradieslilien gedeihen vorzugsweise an sonnigen Plätzen auf lockerem, nährstoffreichem Boden mit gutem Wasserabzug.

**Pflege:** Nach der Pflanzung im Herbst erhalten die Wurzelrhizome einen Frostschutz. Im Sommer brauchen die Pflanzen reichlich Wasser.

**Vermehrung:** Umfangreiche Bestände sind durch Teilung im Herbst gezielt vermehrbar.

**Pflanzendoktor:** Das Agavengewächs ist empfindlich gegen Staunässe. Der Standort sollte gut dräniert werden. Jeweils im Herbst ist ein Frostschutz empfehlenswert.

**Zusatzinfo:** Die attraktiven Wildpflanzen können alte Bestände bilden. Sie eignen sich für Steingärten und sollten ungestört bleiben.

Mai–Mai

## PUSCHKINIE

*Puschkinia scilloides var. libanotica*

**Wuchs:** Dieses etwa 10–15 cm hohe Blümchen aus der Familie der Hyazinthengewächse bildet bereits im Spätwinter dichte Büschel mit blauweißen Blüten.

**Blätter:** Die breiten, linealischen, blaugrünen Blätter treiben zusammen mit den Blüten aus dem Boden.

**Blüten:** Die zarten, aber völlig winterharten, sternförmigen Blüten sitzen in Trauben auf kurzen Stielen und sind blassblau oder weiß mit blauen Streifen.

**Blütezeit:** Der Flor dauert von März bis Mai.

**Standort:** Die Pflanzung erfolgt an sonnigen oder halbschattigen Plätzen auf durchlässigem, frischem Boden.

**Pflege:** Die Zwiebelblüher sollten zu keinem Zeitpunkt durch Grabarbeiten gestört werden.

**Vermehrung:** Üppige Horste lassen sich durch Teilung oder Aussaat bzw. Selbstaussaat vermehren.

**Zusatzinfo:** Damit sie gut zur Geltung kommen, sollten Puschkinien in Gruppen von mehreren Zwiebeln gepflanzt werden. Sie passen gut zu anderen Frühblühern wie Blausternchen, Märzenbecher und Krokus und eignen sich auch zum Verwildern am Gehölzrand.

Apr–Mai

## SCHACHBRETTBLUME

*Fritillaria meleagris*

**Wuchs:** Diese Wiesenpflanze wird etwa 20–30 cm hoch und bringt an dünnen Stängeln hängende Glockenblüten hervor. Sie wird häufig auch Kibitzei genannt.

**Blätter:** Die schmalen Blätter sitzen quirlförmig am Stängel.

**Blüten:** Die überhängenden, bauchigen Glockenblüten gibt es als lilaweiße und grünlich weiße Sorte. Die Blüten haben ein schachbrettartiges Muster. Zudem sind reinweiße Albinoformen zu bekommen.

**Blütezeit:** Die kleinen Zwiebelblumen blühen im April und Mai.

**Standort:** Wie am Naturstandort brauchen die Zwiebeln einen halbschattigen Platz mit feuchtem, nährstoffreichem Boden.

**Pflege:** Nach der Blüte sollten die Pflanzen in Ruhe einziehen und ungestört bleiben.

**Vermehrung:** Die Zwiebeln werden im August und September gesteckt. Die Vermehrung durch Tochterzwiebeln erfolgt nach der Blütezeit.

**Zusatzinfo:** Die Pflanzen sind in der Natur stark gefährdet. Im Garten lassen sie sich jedoch ausdauernd kultivieren. Gute Partner sind andere Wildzwiebeln und Stauden, die feuchten Boden vertragen.

Feb–Apr

## SCHNEEGLÖCKCHEN

*Galanthus nivalis*

**Wuchs:** Die etwa 15 cm niedrigen Wildzwiebelblumen mit weißen Glockenblüten bilden an ungestörten Plätzen üppige Horste.

**Blätter:** Die schmalen, linealischen Blätter treiben mit den Blütenstängeln aus dem Boden.

**Blüten:** An kurzen Stielen hängen kleine, weiße Blütenglöckchen mit abgespreizten äußeren Blütenblättern. Die inneren Blütenblätter haben eine grüne Zeichnung.

**Blütezeit:** Bei mildem Wetter beginnt der Flor schon im Februar.

**Standort:** Die Bergwiesenblumen lassen sich in sonnigen bis halbschattigen Beeten oder auf Rasenflächen mit frischem, aber durchlässigem Humusboden kultivieren.

**Pflege:** Wenn sie nicht gestört werden, breiten sich Schneeglöckchen flächig aus.

**Vermehrung:** Die Pflanzen kann man durch Teilung der Zwiebeln nach der Blüte vermehren. Neue Pflanzen setzt man im September.

**Pflanzendoktor:** Bei Staunässe sind die Zwiebeln anfällig für Fäulnis.

**Zusatzinfo:** Neben der Wildform gibt es im Handel Sorten mit besonders großen Blüten.

## SCHNEESTOLZ

*Chionodoxa luciliae*

**Wuchs:** Die 10–15 cm hohen Zwiebelblumen, auch Schneeglanz genannt, verwildern im Garten.

**Blätter:** Erst nach den Blüten bringen die Zwiebeln ihre langen, schmalen, frisch grünen Blättchen hervor.

**Blüten:** Die sternförmigen, blauen, rosafarbenen oder weißen Blüten sind innen weiß und bilden gelbe Staubgefäße.

**Blütezeit:** Der Flor dauert von März bis April.

**Standort:** Die Pflanzen eignen sich zur Unterpflanzung von Laubgehölzen.

**Pflege:** Wenn sie nicht gestört werden, bilden die Zwiebelblüher ausdauernde Bestände. Leichtes Düngen fördert die Vitalität.

**Vermehrung:** Buschige Horste lassen sich durch Abtrennen von Tochterzwiebeln vermehren. Neue Zwiebeln setzt man im Herbst.

**Pflanzendoktor:** Die zierlichen Frühblüher brauchen keinen besonderen Pflanzenschutz.

**Zusatzinfo:** Der Schneestolz gehört mit zu den ersten Blütenpflanzen im Jahr und lässt sich zur Unterpflanzung von Hamamelis oder Winterjasmin einsetzen. Nach dem Blattaustrieb der Gehölze ziehen die Pflanzen in den Boden ein.

## SOMMERHYAZINTHE

*Galtonia candicans*

**Wuchs:** Diese über 1 m hohen Zwiebelpflanzen aus Südafrika bilden Gruppen aus aufrechten sowie eintriebigen Pflanzen.

**Blätter:** Die langen, schwertförmigen Blätter sind frisch grün und können bis zu 60 cm lang werden. Teilweise hängen sie über.

**Blüten:** An langen Stängeln entfaltet die Blume Trauben aus etwa 5 cm langen, weißen, hängenden Blütenglöckchen, die duften.

**Blütezeit:** Der Flor dauert von Juli bis September.

**Standort:** Für gutes Gedeihen ist ein geschützter, sonniger bis halbschattiger Stand auf durchlässigem, nährstoffreichem Boden nötig.

**Pflege:** Die großen Zwiebeln werden im Frühjahr flach in den Boden gesetzt. Sie erhalten danach einen Schutz vor Spätfrost. Während der Wachstumsphase sollte man das Düngen nicht vergessen.

**Vermehrung:** Die Vermehrung ist durch Aussaat oder auch durch Tochterzwiebeln möglich.

**Pflanzendoktor:** Die Pflanzen sind nicht frosthart und sollten daher unbedingt im Herbst ausgegraben und im Haus gelagert werden.

## STEPPENKERZE

*Eremurus*

**Wuchs:** Die prächtigen Knollenpflanzen aus den Steppen Zentralasiens bringen Horste mit mehr als 2 m langen Blütenständen hervor.

**Blätter:** Im Frühjahr treiben zunächst Büschel aus schwertförmigen, graugrünen Blättern aus dem Boden.

**Blüten:** Nach den Blattbüscheln schieben sich die langen Blütenstängel ans Licht, die dicht mit teilweise über 500 kleinen Einzelblüten in Gelborange oder Weiß besetzt sind.

**Blütezeit:** Die Stängel blühen im Juni und Juli von unten nach oben auf.

**Standort:** Die Steppenbewohner brauchen einen sonnigen Platz auf durchlässigem, nährstoffreichem Boden für eine gute Entwicklung.

**Pflege:** Eine luftige Laubschüttung bewahrt die Knollen vor Frostschäden.

**Vermehrung:** Die Vermehrung erfolgt durch Teilung im Sommer.

**Pflanzendoktor:** Die Knollen sind empfindlich gegen Nässe. Der Boden muss gründlich vorbereitet und der Wasserabzug evtl. durch Sand gefördert werden.

**Zusatzinfo:** Die Steppenpflanzen sind nur auf beständig lockerem Boden in sonniger Lage ausdauernd.

Apr

## TRAUBENHYAZINTHE

*Muscari armeniacum*

**Wuchs:** Diese 15–20 cm hohen Zwiebelblüher breiten sich mit den Jahren flächig aus.

**Blätter:** Aus den Zwiebeln der Traubenhyazinthe bilden sich grasartige, kräftig grüne Blattbüschel.

**Blüten:** Die kleinen, blauen Blüten mit weißem Rand sitzen in dichten Trauben am Ende der kurzen, dicken Stängel. Es gibt auch weiße Sorten.

**Blütezeit:** Diese Frühblüher bringen ihren Flor im April hervor.

**Standort:** Die vitalen Pflanzen gedeihen vorzugsweise an sonnigen bis halbschattigen Plätzen in Steingärten, auf Trockenmauern oder unter Gehölzen in durchlässigem Boden.

**Pflege:** Im September werden neue Zwiebeln oder Tochterzwiebeln gesteckt. Die Pflanzen sollten nicht gestört werden.

**Vermehrung:** Nach der Blüte reifen Samen, die zur Vermehrung beitragen; zudem breiten sich die Pflanzen durch Brutzwiebeln aus.

**Pflanzendoktor:** Das welke Laub sollte nicht abgeschnitten werden, bis die Pflanzen völlig eingezogen sind.

**Zusatzinfo:** Traubenhyazinthen sind auch in Schalen sowie in Kästen kultivierbar.

Apr–Mai

## TULPE

*Tulipa-Hybriden*

**Wuchs:** Die Vielfalt dieser Zwiebelpflanzen ist unerschöpflich. Die Wildarten bilden ausdauernde Bestände mit vorwiegend niedrigen Horsten. Die Hybriden hingegen zeichnen sich durch bis zu 60 cm lange Blütenstände aus.

**Blätter:** Die dicken, graugrünen Blätter der Tulpe sind breit linealisch und stark gewölbt.

**Blüten:** Auf kräftigen Stielen entfalten sich einfache oder gefüllte Kelche, gefranste Blüten oder Wildtulpen mit spitzen Blütenblättern in vielen Farben.

**Blütezeit:** Tulpen blühen je nach Sorte von April bis Mai.

**Standort:** Die meisten Sorten brauchen einen sonnigen Platz mit lockerem, nährstoffreichem Boden.

**Pflege:** Die Zwiebeln sind empfindlich gegen Staunässe und faulen leicht. Man sollte daher für einen guten Wasserabzug sorgen.

**Vermehrung:** Tulpen sind durch Brutzwiebeln vermehrbar.

**Pflanzendoktor:** Die Hybridtulpen verkümmern mit den Jahren, wenn sie im Boden bleiben. Sie werden nach der Blüte ausgegraben, gelagert und im Herbst wieder gepflanzt. Wildtulpen bleiben im Boden.

Apr–Mai

## WALD-SAUERKLEE

*Oxalis acetosella*

**Wuchs:** Die 10–15 cm hohe Waldpflanze breitet sich durch kriechende Ausläufer flächig aus.

**Blätter:** Die dreizähligen, lindgrünen Kleeblätter klappen sich abends oder bei Regenwetter zusammen.

**Blüten:** Im Frühjahr bringt die heimische Pflanze weiße, fünfzählige Blüten hervor.

**Blütezeit:** Der Flor dauert von April bis Mai.

**Standort:** Ideal sind ein halbschattiger Standort und ein lockerer Humusboden. Der Wald-Sauerklee verträgt keinen Kalk im Boden. Für gutes Gedeihen ist eine dünne Schicht aus Rohhumus oder saurem Substrat nötig.

**Pflege:** Angewachsene Bestände sollten nicht durch Grabarbeiten gestört werden. Zur Humusversorgung trägt das oberflächliche Verteilen von saurem Substrat aus Rindenhumus und Laubkompost bei.

**Vermehrung:** Umfangreiche Bestände können zur Teilung genutzt werden. Besser ist aber die Pflanzung vorkultivierter Jungpflanzen aus der Gärtnerei.

**Zusatzinfo:** Der Wald-Sauerklee kommt mit wenig Tageslicht zurecht. Er lässt sich z. B. im Schatten von Bäumen ansiedeln.

Feb–Mär

## WINTERLING

*Eranthis hyemalis*

**Wuchs:** Diese kleinen Knollenpflanzen breiten sich unter Bäumen flächig aus. Sie werden etwa 5 cm hoch.

**Blätter:** Die fein geteilten, hellgrünen Blätter sitzen kranzförmig an kurzen Blütenstielen. Sie entfalten sich mit dem Flor.

**Blüten:** Schon im Februar zeigen sich die ersten gelben Blütensterne.

**Blütezeit:** Je nach Wetter dauert der Flor von Februar bis März.

**Standort:** Unter Bäumen oder lichten Hecken kommen die Knollenpflanzen gut zurecht.

**Pflege:** Winterlinge sollten nicht gestört werden.

**Vermehrung:** Die Knollenpflanzen sind durch Teilung oder auch durch Aussaat vermehrbar.

**Pflanzendoktor:** Vor der Pflanzung sollte man die Knollen in warmes Wasser legen, damit sie besser wurzeln.

**Zusatzinfo:** Nach der Blüte bilden die Pflanzen Samenstände, die für die Selbstaussaat oder gezielten Vermehrung ausreifen sollten. Schöne Nachbarpflanzen sind Hundszahn, Blau- und Weißsterne, Schachbrettblumen, Schneeglöckchen oder Krokusse.

Mai– Jul

## ZIERLAUCH

*Allium-Arten*

**Wuchs:** Diese Zwiebelblüher sind sehr vielfältig. Es gibt Arten, die große Kugelblüten auf 1 m hohen Stängeln bilden, oder auch Zwergformen mit nur 10 cm hohen Exemplaren.

**Blätter:** Das Zwiebellaub ist je nach Sorte röhrenförmig oder breitblättrig und meist blaugrün.

**Blüten:** Die blauen, weißen, silbrigen oder gelben Doldenblüten setzen sich aus vielen glockenförmigen Einzelblütchen zusammen.

**Blütezeit:** Die meisten Arten blühen im Sommer von Mai bis Juli.

**Standort:** Sonnige Plätze mit durchlässigem Boden sind für die ursprünglichen Steppenbewohner oder Gebirgspflanzen ideal. Sie lassen sich auch in Staudenbeete einsetzen.

**Pflege:** Das Laub erst abschneiden, wenn es vertrocknet ist.

**Vermehrung:** Die Pflanzen säen sich selbst aus, können aber auch gezielt durch Tochterzwiebeln vermehrt werden.

**Pflanzendoktor:** Bei Anzeichen von Krankheiten sollten die befallenen Pflanzenteile entfernt werden.

**Zusatzinfo:** Gute Nachbarn für den Zierlauch sind Astern, Fetthennen, Sonnenröschen oder Kosmeen.

Feb–Mär

## ZWERGIRIS

*Iris reticulata/ I. danfordiae*

**Wuchs:** Die kleinen Schwertlilien, auch Zwiebeliris genannt, bringen aus Zwiebelchen ausdauernde, bis zu 20 cm hohe Horste hervor.

**Blätter:** Die blaugrünen, grasartigen Blätter sind länglich und vierkantig. Sie treiben während und nach der Blüte aus dem Boden.

**Blüten:** Je nach Art entfalten sich Irisblüten in blauen oder gelben Farben. Die Blüten haben eine breite, überhängende Lippe und aufrecht stehende Blütenblätter.

**Blütezeit:** Die Frühblüher bringen in der Regel bereits im Februar die ersten Blüten hervor.

**Standort:** Die Zwergiris braucht einen sonnigen, geschützten Platz auf durchlässigem, sandigem Boden.

**Pflege:** Wenn die Zwiebeln nicht durch Grabarbeiten gestört werden, bilden sich ausdauernde Bestände. Vorbeugend sollten Pflanzstellen markiert werden.

**Vermehrung:** Die Zwergiris ist durch Brutzwiebeln vermehrbar.

**Pflanzendoktor:** Ein Schutz mit Fichtenreisig lindert schädliche Spätfröste zur Blütezeit.

**Zusatzinfo:** Die Gebirgspflanzen aus Kleinasien lassen sich gut in Steingärten ansiedeln.

Jun–Jul

## BLAUSCHWINGEL

*Festuca cinerea*

**Wuchs:** Die kleinen, etwa 10–15 cm hohen Ziergräser bilden dichte Büsche, die in engem Stand als Bodendecker wirken.

**Blätter:** Aus einem flachen Wurzelballen treiben strahlenförmige, lange Blätter mit silbrig blauer Farbe.

**Blüten:** Im Frühsommer bringen die Grasbüschel ihre graugrünen Blütenähren hervor.

**Blütezeit:** Die Blüten öffnen sich im Juni und Juli, die Ähren bleiben im Sommer erhalten.

**Standort:** Die Gräser brauchen einen sonnigen Platz auf trockenen, durchlässigen sowie nährstoffarmen Sandböden.

**Pflege:** Die wintergrünen Büschel sollten erst im Frühjahr vor dem Austrieb einen Rückschnitt erhalten.

**Vermehrung:** Neue Pflanzen können durch Teilung oder Aussaat gezogen werden.

**Pflanzendoktor:** Gegen Staunässe ist eine Bodenverbesserung mit Sand hilfreich.

**Zusatzinfo:** Die genügsamen Gräser setzen Akzente in Kiesbeeten, Stein- oder Dachgärten. Winterfeuchtigkeit vertragen sie nur schlecht. Außerdem sollten sie vor Schneedruck geschützt werden.

Jul–Aug

## BLAUSTRAHLHAFER

*Helictotrichon sempervirens*

**Wuchs:** Das horstbildende Ziergras entwickelt aufrechte, lockere Büschel. Die Pflanze wird bis zu 50 cm hoch und kann einen Durchmesser von ca. 50 cm entfalten.

**Blätter:** Aus einem feinen Faserwurzelballen treiben schmale, harte Blätter mit silbrig blauer Farbe, die immergrün sind.

**Blüten:** Die langen, fedrigen Ähren stehen über den Grasbüscheln.

**Blütezeit:** Die Gräser blühen in hellgelben Blütenrispen in den Monaten Juli und August.

**Standort:** An sonnigen Plätzen auf durchlässigem, kalk- und humusreichem Boden bilden sich ausdauernde Horste.

**Pflege:** Durch das Ausputzen brauner Blätter und Blütenstände bleiben die Gräser lange Zeit über ansehnlich.

**Vermehrung:** Die Pflanzen sind durch Teilung vermehrbar.

**Pflanzendoktor:** Einen Frostschutz des Wurzelraumes mit Laub können die Mittelmeerpflanzen gut vertragen.

**Zusatzinfo:** Obwohl die Pflanzen immergrün sind, ist ein Rückschnitt im Frühjahr zur Bildung neuer Büschel möglich. Zudem ist ein guter Wasserabzug nötig, um Staunässe im Boden zu vermeiden.

## BORSTIGER SCHILDFARN

*Polystichum setiferum*

**Wuchs:** Der stark wachsende, immergrüne Farn aus der Familie der Wurmfarngewächse breitet lange Wedel aus, die trichterförmige Horste bilden.

**Blätter:** Der Farn bildet mattgrüne, fein gefiederte, biegsame Wedel mit braunen Streuschuppen aus.

**Blüten:** Farne blühen nicht, sondern vermehren sich durch Sporen.

**Standort:** Die heimische Waldpflanze braucht einen schattigen Platz mit durchlässigem, feuchtem Humusboden. Auch für die Pflanzung in Kübeln eignet sie sich gut.

**Pflege:** Die Versorgung mit Lauberde fördert die Vitalität. Bei anhaltender Trockenheit sollten die Pflanzen ausreichend gegossen und regelmäßig besprüht werden.

**Vermehrung:** Die Vermehrung durch Sporen ist äußerst langwierig. Dichte Bestände werden durch Ausläufer vermehrt.

**Pflanzendoktor:** Vor dem Austrieb der Blätter ist ein Rückschnitt alter Wedel möglich. Bei starkem Frost sollte die Pflanze geschützt werden. Nassschnee ist zu entfernen.

## BRAUNER STREIFENFARN

*Asplenium trichomanes*

**Wuchs:** Die kleine heimische Waldpflanze siedelt sich in feuchten Felsspalten an und breitet sich über Wurzelrhizome aus. Sie wird etwa 10 cm hoch und füllt schattige Ecken sehr dekorativ.

**Blätter:** Die feinen, schmalen, dunkelgrünen Blättchen sitzen an dunkelbraunen Stielen. An der Blattunterseite tragen sie in Streifen angeordnet ihre Sporenhaufen.

**Blüten:** Farne blühen nicht, sondern vermehren sich durch Sporen.

**Standort:** Wie in der Natur lässt sich dieser Farn in Felsfugen ansiedeln und gibt sich mit kargem Boden zufrieden.

**Pflege:** Die genügsamen Farne verwildern und brauchen keine Pflege. An günstigen Plätzen, etwa an ständig feuchtkühlen Trockenmauern, bilden sich kleine Bestände.

**Vermehrung:** Die Vermehrung ist durch Ausläufer oder Sporen möglich.

**Pflanzendoktor:** Bei Pflegearbeiten sollte man darauf achten, die Wurzelrhizome nicht zu beschädigen.

**Zusatzinfo:** Hübsche Begleiter für den Streifenfarn sind niedrige Gräser und Steinbrechgewächse.

Aug

## CHINASCHILF

*Miscanthus sinensis*

**Wuchs:** Dieses etwa 2 m hohe, buschige Gras bringt im Sommer lange Blütenähren hervor.

**Blätter:** Die schmalen, langen, grünen, gelblichen oder mit silbrigem Streifen gezeichneten Blätter sind messerscharf.

**Blüten:** Aus dem Wurzelstock treiben im Sommer kräftige Stängel mit langen, silbrigen Blütenähren.

**Blütezeit:** Der Flor entfaltet sich im August. Die Ähren wirken auch im Herbst und Winter dekorativ.

**Standort:** Das Gras aus Ostasien braucht einen sonnigen Platz auf durchlässigem, nährstoffreichem Boden.

**Pflege:** Im Frühjahr vor dem Neuaustrieb erhalten die Gräserhorste einen Rückschnitt bis zum Boden.

**Vermehrung:** Neue Pflanzen sind durch Wurzelausläufer oder Teilung zu bekommen.

**Pflanzendoktor:** Zum Schutz vor Kahlfrost kann das Anhäufeln der Pflanzen mit Laub hilfreich sein.

**Zusatzinfo:** Die im Herbst braun gefärbten Gräserbüschel sollten erst im Frühjahr zurückgeschnitten werden. Im Winter schützen sie den Wurzelstock und sehen attraktiv aus. Beim Rückschnitt Handschuhe tragen!

Mai–Jun

## FEDERGRAS

*Stipa pulcherrima*

**Wuchs:** Dieses Gras kommt in natürlichen Steppen vor. Es bildet Horste aus dünnen Blättern und erreicht eine Höhe von 80 cm. Bekannt ist das Federgras auch unter dem Namen Reiherfedergras.

**Blätter:** Die graugrünen, langen, dünnen Blätter rollen sich bei Trockenheit ein.

**Blüten:** Im Sommer bringen die Horste hohe Blütenähren hervor, die bis zu 30 cm lange, fedrige Grannen bilden.

**Blütezeit:** Aus den sommerlichen Blütenähren reifen schließlich dekorative Samenstände.

**Standort:** Borstengräser lassen sich vorzugsweise auf sonnigen Plätzen mit durchlässigem, kalkhaltigem Boden ansiedeln.

**Pflege:** Nach dem Rückschnitt im Frühjahr bilden die Gräser wieder neue Büsche. Gießen ist nur in Trockenperioden nötig.

**Vermehrung:** Das Federgras ist durch Teilung vermehrbar.

**Pflanzendoktor:** Staunässe ist für die Steppenpflanzen schädlich.

**Zusatzinfo:** Man sollte darauf achten, dass das Federgras nicht von wuchernden Nachbarn eingeengt wird.

## FRAUENFARN

*Athyrium filix-femina*

**Wuchs:** Der Frauenfarn ist eine buschige Pflanze mit grünen, gefiederten Blättern.

**Blätter:** Die Blätter sind zwei- bis dreifach gefiedert und haben einen grünen, gelben oder rosafarbenen Stiel. Je nach Art sind sie sommer- oder immergrün. Sommergrüne Wedel verfärben sich im Herbst braun.

**Blüten:** Farne blühen nicht, sondern vermehren sich durch Sporen.

**Standort:** Am besten gedeiht der Farn an schattigen oder halbschattigen Orten auf humosem Boden. Tropische Arten des Frauenfarns sind nur als Zimmerpflanzen zu kultivieren. Als Gartenpflanzen empfehlen sich frostharte Arten wie der Regenbogenfarn oder der Gebirgsfrauenfarn.

**Pflege:** Im Herbst erhalten die Pflanzen frische Lauberde, die zur Humus- und Nährstoffversorgung beitragen soll.

**Vermehrung:** Der Frauenfarn vermehrt sich durch Wurzelausläufer, die man zur Gewinnung von Jungpflanzen nutzen kann. Die Vermehrung durch Sporen ist langwierig.

**Bemerkung:** Gut eignet sich der Frauenfarn für die Begrünung schattiger Ecken im Garten und zur Unterpflanzung von Bäumen.

## GARTEN-SANDROHR

*Calamagrostis x acutiflora*

**Wuchs:** Das nicht wuchernde Garten-Sandrohr, auch unter dem Namen Reitgras bekannt, wird zwischen 1 und 1,50 m hoch. Seine Halme wachsen straff aufrecht.

**Blätter:** Die Blätter sind schmal und hängen leicht über.

**Blüten:** In fedrigen, aufrechten Rispen sammeln sich zahlreiche cremeweiße Einzelblüten. Nach dem Flor vergilben die Ähren und bleiben bis in den Winter hinein erhalten.

**Blütezeit:** Die Blütezeit beginnt im Juli und dauert bis August.

**Standort:** Die anspruchslose Pflanze gedeiht zwar auf jedem Gartenboden, bevorzugt allerdings trockenes, durchlässiges Substrat. Gut gedeiht sie an einem sonnigen Platz.

**Pflege:** Im Frühjahr erfolgt der Rückschnitt.

**Vermehrung:** Die Vermehrung erfolgt durch Teilung.

**Pflanzendoktor:** Da das Garten-Sandrohr feuchte Böden nicht verträgt, sollte v. a. im Winter dafür gesorgt werden, dass Wasser problemlos abfließen kann.

**Zusatzinfo:** Das heimische Gras eignet sich für Rabatten. Günstige Partner sind z. B. der Sonnenhut und Herbstastern.

## GELBBUNTER BUSCHBAMBUS

*Pleioblastus auricomus*

**Wuchs:** Die Pflanzen aus der Familie der Süßgräser bilden bis zu 1 m hohe Horste, die sich flächig ausbreiten und buschig wachsen.

**Blätter:** Die schmalen, langen, schwertförmigen Blätter des Buschbambus mit je nach Sorte gelbgrüner oder rötlicher Färbung entfalten sich aus holzigen Trieben.

**Blüten:** Bambus blüht vergleichsweise selten, je nach Art alle zwölf bis 120 Jahre.

**Standort:** Die ausdauernden Gräser gedeihen an halbschattigen, geschützten Plätzen auf durchlässigem, nährstoffreichem Boden.

**Pflege:** Ein Rückschnitt im Frühjahr ist förderlich für einen gesunden, frischen Austrieb und einen buschigen Wuchs. Wuchernde Bestände sollten durch das Ausgraben der Wurzelausläufer eingedämmt werden. Kompostgaben tragen zur Nährstoffversorgung bei.

**Vermehrung:** Die Ausläufer des Bambusrhizoms lassen sich als neue Pflanzen nutzen

**Pflanzendoktor:** Staunässe ist schädlich.

## GEWÖHNLICHER WURMFARN

*Dryopteris filix-mas*

**Wuchs:** Dieser starkwüchsige, bis zu 1,20 m hohe Waldbewohner bildet trichterförmige Horste, die sich durch Ausläufer vermehren.

**Blätter:** An langen Stängeln sitzen doppelt gefiederte Blätter.

**Blüten:** Farne blühen nicht, sondern vermehren sich durch Sporen.

**Standort:** Die Ansiedlung ist vorzugsweise an halbschattigen bis schattigen Plätzen mit lockerem Humusboden und hoher Luft- und Bodenfeuchtigkeit erfolgreich.

**Pflege:** Im Frühjahr vor dem Austrieb sollten die alten Wedel entfernt werden, damit sich neue Blätter bilden können. In Trockenperioden wird der Wurmfarn gewässert.

**Vermehrung:** Bewurzelte Ausläufer wachsen im Frühjahr oder Herbst an gut vorbereiteten Böden an. Die Vermehrung durch Sporen ist umständlich. Sie bleibt den Staudengärtnereien vorbehalten.

**Pflanzendoktor:** Das Mulchen des Bodens mit Laubkompost schützt die Wurzeln und versorgt die Pflanzen mit Nährstoffen.

## HASENSCHWANZGRAS

*Lagurus ovatus*

**Wuchs:** Das einjährige, 20–40 cm hohe Hasenschwanzgras bildet kleine Polster mit ungewöhnlichen, auffälligen Blütenständen.

**Blätter:** Die schmalen Blätter sitzen an dünnen Halmen. Sie sind zunächst grün, dann goldgelb gefärbt.

**Blüten:** Das Besondere an dieser Pflanze sind die Blüten und später die Samenstände. Sie bildet hellgrüne bis weiße, kegelförmige Blüten, die behaart und weich sind.

**Blütezeit:** Nach der Aussaat im Frühjahr bringt die Pflanze von Mai bis August ihre Blüten hervor.

**Standort:** Dieses mediterrane Süßgras braucht einen sonnigen, warmen Platz auf durchlässigem Boden.

**Pflege:** Nach dem Auspflanzen brauchen die Gräser keine besondere Pflege. Sie sind recht genügsam, aber nicht winterhart.

**Vermehrung:** Die Aussaat erfolgt bereits im März im Haus oder ab April im Freiland.

**Pflanzendoktor:** Nach dem Auspflanzen im April erhalten die Sämlinge einen Schutz vor Spätfrost.

**Zusatzinfo:** Die schönen Samenstände lassen sich für Trockensträuße nutzen. Passende Nachbarn sind einjährige Sommerblumen.

## HIOBSTRÄNENGRAS

*Coix lacryma-jobi*

**Wuchs:** Dieses etwa 50–80 cm hohe Süßgras wird einjährig kultiviert. Es bildet im Garten Büschel aus kräftigen Halmen.

**Blätter:** Die schmalen, langen Blätter des Hiobstränengrases sind hellgrün und wachsen überhängend.

**Blüten:** Die Pflanze ist getrenntgeschlechtlich. Es bilden sich weibliche und männliche Blüten. Auffällig wirken die Früchte, die aus den weiblichen Blüten reifen und wie Tränen aussehen.

**Blütezeit:** Der Flor dauert von Juli bis September. In dieser Zeit reifen auch die Früchte.

**Standort:** Für gutes Gedeihen ist ein sonniger, geschützter Platz auf durchlässigem, nährstoffreichem Boden nötig.

**Pflege:** Bei Trockenheit ist die Bewässerung wichtig. Düngergaben sind auf nährstoffreichem Boden unnötig. Im Herbst wird das Gras nach der Samenernte abgeräumt.

**Vermehrung:** Das Hiobstränengras ist durch Aussaat mit Vorkultur im Haus vermehrbar.

**Pflanzendoktor:** Vorbeugend gegen Staunässe muss der Boden gelockert werden.

## HIRSCHZUNGENFARN
*Phyllitis scolopendrium*

**Wuchs:** Der wintergrüne Farn treibt ausdauernde Horste aus langen Wedeln. Bei ungestörtem Wachstum bildet er dichte Bestände aus etwa 50 cm hohen Pflanzen.

**Blätter:** Die ungefiederten Blätter sind ganzrandig gewellt. Sie bleiben bis zum ersten Frost saftig grün.

**Blüten:** Farne blühen nicht, sondern vermehren sich durch Sporen.

**Standort:** An einem kühlen, aber geschützten, halbschattigen bis schattigen Platz auf lockerem Humusboden mit guter Wasserführung bilden sich ausdauernde Bestände.

**Pflege:** Im Frühjahr vor dem Austrieb werden die alten Blattwedel abgeschnitten, damit frische Blätter treiben können.

**Vermehrung:** Der Hirschzungenfarn vermehrt sich durch Ausläufer, die sich gezielt ausgraben und umpflanzen lassen. Die Vermehrung durch Sporen ist aufwendig und erfordert eine besondere Behandlung.

**Pflanzendoktor:** Strenger Frost verursacht Blattschäden beim Hirschzungenfarn. Das Anhäufeln mit Laub verhindert Wurzelschäden.

**Zusatzinfo:** Der schöne Farn mit glänzenden Blättern ist auch als Kübelpflanze kultivierbar.

## JAPANSEGGE
*Carex morrowii*

**Wuchs:** Die immergrünen Sauergräser entwickeln im Laufe der Zeit ausdauernde, dichte Horste mit etwa kniehohen Blättern.

**Blätter:** Die langen, dreikantigen Blätter treiben bogenförmig nach außen. Sie sind spitz und glänzend dunkelgrün mit hellen Längsstreifen.

**Blüten:** Die bürstenförmigen, gelbbraunen Blüten der Japansegge stehen auf kurzen Stängeln.

**Blütezeit:** Im Juni und Juli schieben sich die Blüten hervor.

**Standort:** Diese Waldpflanze gedeiht am besten an halbschattigen bis schattigen Plätzen auf humosem, frischem Lehmboden.

**Pflege:** Bei anhaltender Trockenheit sollten diese immergrünen Pflanzen vor dem Winter bewässert werden. Im Frühjahr vor dem Austrieb erhalten sie einen Rückschnitt.

**Vermehrung:** Die einfachste Art der Vermehrung der Japansegge ist die Teilung im Frühjahr.

**Pflanzendoktor:** An exponierten Stellen sollten die Pflanzen im Winter mit Laub angehäufelt werden.

**Zusatzinfo:** Neben der immergrünen Art ist auch eine weißgrünblättrige Sorte zu empfehlen (Carex morrowi 'Variegata').

## JAPAN-WALDGRAS
*Hakonechloa macra*

**Wuchs:** Das sommergrüne Gras bildet kompakte Horste aus schmalen, langen Blättern, die überhängend wachsen und ein Höhe von etwa 40 cm erreichen.

**Blätter:** Die langen, schmalen Blätter sind silbergrau oder bei der panaschierten Sorte gelbgrün.

**Blüten:** An langen Stielen bilden sich grünliche Blüten, die weniger auffällig wirken.

**Blütezeit:** Nach der Blütezeit im Juli und August entwickeln sich die Samenstände.

**Standort:** Das Japan-Waldgras braucht einen sonnigen Platz auf wasserführendem Boden. Es passt z. B. gut an einen Teichrand.

**Pflege:** Während der Wachstumszeit sind bei Trockenheit ausreichende Wassergaben nötig. Im Frühjahr werden welke Büschel bis zum Boden zurückgeschnitten.

**Vermehrung:** Die Vermehrung ist durch Teilstücke möglich.

**Pflanzendoktor:** Zum Schutz vor Frostschäden erhalten die Grashorste eine Laubschüttung oder anderes luftiges Material.

**Zusatzinfo:** Der Rückschnitt sollte erst im Frühjahr erfolgen.

## KNOTENBAMBUS

*Phyllostachys*

**Wuchs:** Dieser bis zu 4 m hohe Gartenbambus breitet sich stark durch Wurzelausläufer aus. Die holzigen Halme sind mehrjährig. Sie bringen aus den Knoten ihre Blätter hervor.

**Blätter:** Die großen, länglichen Blätter sind wintergrün. Es gibt auch gelbgrüne Sorten.

**Blüten:** Bambus blüht relativ selten, je nach Art alle zwölf bis 120 Jahre.

**Standort:** Der Gartenbambus braucht einen geschützten, sonnigen bis halbschattigen Platz und einen durchlässigen, am besten tiefgründigen, nährstoffreichen Boden.

**Pflege:** Bei Trockenheit brauchen die Pflanzen vor dem Winter genügend Wasser.

**Vermehrung:** Die Pflanzen können durch bewurzelte Ausläufer vermehrt werden.

**Pflanzendoktor:** Der Bambus ist zwar bis zu -20 °C winterhart, zur Frostabschwächung sollten junge Pflanzen jedoch einen luftigen Frostschutz erhalten, z. B. in Vlies eingepackt werden oder eine Laubschüttung erhalten.

**Zusatzinfo:** Zur Eindämmung der Wurzelausläufer sind ausreichend tiefe Barrieren nötig (z. B. Mauerschutzbahnen oder Beetrandsteine).

## KÖNIGSFARN

*Osmunda regalis*

**Wuchs:** Dieser bis zu 1,50 m große, unter Naturschutz stehende Farn bildet ausgebreitete Horste aus aufrechten, locker stehenden Blättern. Er kann auch im Garten alt werden.

**Blätter:** Die langen, sommergrünen Wedel sind zweifach gefiedert und verfärben sich im Herbst gelb.

**Blüten:** Farne blühen nicht, sondern vermehren sich durch Sporen. Beim Königsfarn sitzen diese an eigenen Sporenwedeln (bei anderen Arten bilden sich die Sporen an der Blattunterseite).

**Standort:** Der Königsfarn braucht einen halbschattigen Standort auf leicht saurem, lockerem, feuchtem Humusboden. Er eignet sich für die Unterpflanzung von Gehölzen.

**Pflege:** Der Rückschnitt der Wedel kann im Herbst oder Frühjahr vor dem Austrieb erfolgen.

**Vermehrung:** Wurzelausläufer, die im Herbst abgetrennt werden, eignen sich zur Vermehrung. Die Vermehrung durch Sporen ist aufwendig.

**Pflanzendoktor:** Die Versorgung mit leicht saurem Substrat fördert die Vitalität. Wird es im Herbst verteilt, dient es als Winterschutz.

## LAMPENPUTZERGRAS

*Pennisetum alopecuroides*

**Wuchs:** Dieses breitbuschige Süßgras, auch Federborstengras genannt, sieht v. a. im Sommer attraktiv aus, wenn sich die borstigen Blütenstände bilden. Es erreicht eine Höhe von etwa 1 m.

**Blätter:** Die schmalen, langen Blätter bilden dichte, überhängende Büschel. Im Herbst färben sich die sommergrünen Blätter orangebraun.

**Blüten:** Die auffälligen flaumigen Blüten stehen am Ende langer Stängel.

**Blütezeit:** Im August treiben die Blüten aus. Sie bleiben bis in den Winter erhalten.

**Standort:** Die Gräser brauchen einen sonnigen Platz auf durchlässigem, nährstoffreichem Boden. Staunässe vertragen sie nicht.

**Pflege:** Der Rückschnitt des Lampenputzergrases erfolgt erst im Frühjahr vor dem Austrieb.

**Vermehrung:** Die Pflanzen sind durch Teilung vermehrbar.

**Pflanzendoktor:** Auf unpassenden Plätzen, etwa auf kalten, schweren Lehmböden oder bei Staunässe, blühen die Gräser schlecht.

**Zusatzinfo:** Die Horste lassen sich in Staudenbeete, am Teich oder in Dachgärten pflanzen. Sie werden mit zunehmendem Alter blühfähiger.

## MÄHNENGERSTE

*Hordeum jubatum*

**Wuchs:** Dieses Süßgras aus Nordamerika wird im Garten einjährig kultiviert. Es hat einen buschigen, aber zierlichen Wuchs.

**Blätter:** Die teilweise überhängenden hellgrünen Blätter sitzen an aufrechten Stängeln.

**Blüten:** Im Sommer treiben die nickenden Ähren mit ihren auffällig langen, weißen Grannen. Diese färben sich zur Reifezeit gelb.

**Blütezeit:** Nach der Blütezeit von Juni bis August reifen Samenstände, die bis zum Herbst erhalten bleiben.

**Standort:** Die Pflanzung erfolgt auf sonnigen Beeten mit durchlässigem, nährstoffreichem Boden. Auf magerem Boden bleiben die Blütenstände klein.

**Pflege:** Nach dem Auspflanzen im Mai brauchen die Pflanzen einen Schutz vor Nachtfrost.

**Vermehrung:** Die Vermehrung erfolgt in der Regel im Frühjahr im Haus durch Aussaat.

**Pflanzendoktor:** In milden Regionen sind die Gräser mehrjährig kultivierbar. Sie erhalten dann im Winter einen Frostschutz.

**Zusatzinfo:** Die Blütenstände eignen sich gut für Trockensträuße.

## MILZFARN

*Ceterach officinarum*

**Wuchs:** Der etwa 10–20 cm große Farn kommt in Mitteleuropa wild vor. Die immergrünen Pflanzen wachsen in Felsspalten.

**Blätter:** Die langen, schmalen Blätter sind gebuchtet, ledrig und grün. Sie bilden kleine Rosetten.

**Blüten:** Farne blühen nicht, sondern vermehren sich durch Sporen. Die Sporenbildung erfolgt im Sommer.

**Standort:** Anders als die meisten Farne kommt diese Art neben halbschattigen auch an sonnigen Plätzen auf kalkhaltigem Boden zurecht. Im Winter sollte der Platz allerdings geschützt sein.

**Pflege:** Bei Trockenheit und Sommerhitze sind Wassergaben hilfreich. Im Winter ist ein luftiger Frostschutz empfehlenswert.

**Vermehrung:** Die Pflanzen bilden kleine Bestände mit wenigen Ausläufern. Für den Garten sollten deshalb Jungpflanzen aus der Gärtnerei besorgt werden, da die Vermehrung durch Sporen viel Zeit beansprucht.

**Pflanzendoktor:** Damit sie im Garten eine Chance haben, sollten diese seltenen Farne unbedingt an einen geschützten Platz, etwa an eine nordseitige Trockenmauer, gepflanzt werden.

## MOOR-BLAUGRAS

*Sesleria caerulea*

**Wuchs:** Die kleinen Süßgräser (Poaceae) bilden bis zu 30 cm hohe Bestände aus buschigen Horsten. Sie wachsen auf Trockenrasen in lichten Wäldern wild.

**Blätter:** Die dünnen, blaugrünen Blätter stehen aufrecht und sind auf der Oberseite behaart.

**Blüten:** An kurzen Stielen bringen die Pflanzen kleine, bläuliche Blütenähren hervor.

**Blütezeit:** Die Blütenstände entwickeln sich im Juni und Juli.

**Standort:** Am besten kommen die Gräser auf sonnigen Plätzen mit durchlässigem, kalkhaltigem Boden zurecht. Sie wachsen aber auch auf mageren Sandböden.

**Pflege:** Das Moor-Blaugras ist genügsam. Dennoch dauert es einige Zeit bis sich dichte Bestände bilden. Störende Konkurrenzpflanzen sind bis dahin zu entfernen.

**Vermehrung:** Die Vermehrung ist durch Teilung oder Aussaat möglich.

**Pflanzendoktor:** Gegen Staunässe hilft eine Bodenlockerung mit Sand.

**Zusatzinfo:** Die borstigen Samenstände lassen sich für kleine Trockensträuße nutzen. Andere hübsche Blaugrassorten sind das Einblütige und das Nickende Perlgras.

## PAMPASGRAS

*Cortaderia selloana*

**Wuchs:** Dieses dekorative Gras bildet Büschel von etwa 1 m Höhe und Breite. Die Blüten ragen bis zu 3 m darüber hinaus.

**Blätter:** Den Sommer über wirken die graugrünen Büschel aus schmalen, langen, überhängenden Blättern.

**Blüten:** Die hohen, fedrigen, silbrig weißen Blüten bilden sich an kräftigen Stängeln. Es gibt männliche und weibliche Pflanzen, letztere tragen schönere Blüten.

**Blütezeit:** Im September treiben die Blütenstängel aus dem Wurzelstock.

**Standort:** Pampasgräser brauchen einen sonnigen Platz mit durchlässigem, nährstoffreichem Boden.

**Pflege:** Im Winter ist ein Frostschutz nötig. Den besten Schutz bietet das eigene Laub, das zu Büscheln zusammengebunden wird. Zudem ist eine Laubschüttung nützlich.

**Vermehrung:** Am einfachsten bringt die Teilung im Frühjahr neue Pflanzen hervor.

**Pflanzendoktor:** Das empfindliche Gras ist besonders im Winter durch Nässe gefährdet. Vorbeugend ist auf einen guten Wasserabzug zu achten.

**Zusatzinfo:** Die Ansiedlung lohnt sich nur an geschützten Plätzen.

## PERLFARN

*Onoclea sensibilis*

**Wuchs:** Dieser Farn bringt aus dem Wurzelrhizom etwa 60 cm hohe Stiele mit gefiederten Wedeln hervor, die sich waagerecht ausbreiten.

**Blätter:** Die großen dreieckigen Blätter sind hellgrün und färben sich im Herbst gelbbraun. Im Sommer entwickeln sich aufrechte Sporenwedel.

**Blüten:** Farne blühen nicht, sondern vermehren sich durch Sporen.

**Standort:** Der Perlfarn braucht einen halbschattigen Platz mit wasserführendem, nährstoffreichem Boden, z. B. am Rand eines Teichs. Er verträgt gelegentlich auch Trockenheit.

**Pflege:** Im Herbst nach dem Abwelken oder auch im Frühjahr erfolgt der Rückschnitt.

**Vermehrung:** Bewurzelte Ausläufer können im Frühjahr abgetrennt und umgepflanzt werden. Die Vermehrung durch Sporen ist langwierig.

**Pflanzendoktor:** Die frischen Blätter sind im Frühjahr durch Spätfröste gefährdet und sollten bei Nachtfrostgefahr abgedeckt werden.

**Zusatzinfo:** Dieser schöne Farn ist zur Ansiedlung neben Bachläufen oder Wasserstellen geeignet. Er wirkt gut mit Stauden, die im Halbschatten wachsen.

## PFAHLROHR

*Arundo donax*

**Wuchs:** Dieses riesige Süßgras aus dem Mittelmeerraum bildet bis zu 4 m hohe Jahrestriebe und vermehrt sich stark durch Wurzelausläufer.

**Blätter:** Die langen, schmalen, blaugrünen Blätter sind gleichmäßig an den kräftigen Stängeln angeordnet.

**Blüten:** Die grünlichen Blütenstände des Pfahlrohrs entwickeln sich bei Gartenpflanzen nur selten.

**Blütezeit:** Bei günstigen Bedingungen blüht das Gras im September.

**Standort:** Die mediterrane Pflanze braucht einen geschützten, sonnigen Platz auf nährstoffreichem Boden.

**Pflege:** Bei Trockenheit hat die Pflanze besonders in der Wachstumszeit einen hohen Wasserbedarf. Im Frühjahr werden welke Halme bis kurz über dem Boden zurückgeschnitten.

**Vermehrung:** Neue Pflanzen sind durch Teilung vermehrbar.

**Pflanzendoktor:** Nach einem strengen Winter treibt das Gras nur noch spärlich aus. Vorbeugend ist im Herbst ein luftiger Frostschutz sehr empfehlenswert (z. B. durch eine Laubschüttung).

**Zusatzinfo:** Eine Wurzelbarriere verhindert besonders in kleinen Gärten die unerwünschte Ausbreitung.

## PFAUENRADFARN

*Adiantum pedatum*

**Wuchs:** Dieser zierliche Farn, auch Frauenhaarfarn genannt, kann bis zu 60 cm hoch werden und bildet breitbuschige Wedel.

**Blätter:** Auf den langen Wedeln sitzen kleine, zartgrüne Blätter.

**Blüten:** Farne blühen nicht, sondern vermehren sich durch Sporen.

**Standort:** Besonders gut bekommt dem Farn ein Standort im Schatten oder Halbschatten auf lockerem, wasserführendem Humusboden. Günstig wirkt sich eine hohe Luftfeuchtigkeit auf das Wachstum aus.

**Pflege:** Störungen und Wurzelbeschädigung durch Grabarbeiten sollten möglichst vermieden werden. Zudem sind starkwüchsige Konkurrenzpflanzen einzudämmen.

**Vermehrung:** Der Pfauenradfarn vermehrt sich durch Wurzelausläufer. Diese lassen sich gezielt zur Vermehrung nutzen. Die Sporenvermehrung ist langwierig.

**Pflanzendoktor:** Im Winter sollte man den Farn mit Laub abdecken, um Frostschäden zu vermeiden. Die tropischen Arten des Frauenhaarfarns sind nur für die Topfkultur geeignet.

**Zusatzinfo:** Unter Bäumen ist die Pflanze ein schöner Bodendecker.

Apr–Mai

## RIESENSEGGE

*Carex pendula*

**Wuchs:** Diese wintergrünen, breitbuschigen Sauergräser können bis zu 1 m hohe Horste bilden.

**Blätter:** Die langen, breiten und überhängenden Blätter sind blaugrün gefärbt.

**Blüten:** Aus den Wurzelstöcken bilden sich lange, überhängende Scheinähren, die eine schmale Walzenform und eine gelbliche Farbe haben.

**Blütezeit:** Die Blütezeit beginnt im April und dauert bis Mai.

**Standort:** Die heimischen Waldpflanzen brauchen einen schattigen bis halbschattigen Platz. Ideal ist humoser, feuchter Boden. Der Standort sollte außerdem windgeschützt sein.

**Pflege:** Die Riesensegge ist eine genügsame Pflanze. Der Rückschnitt im Frühjahr regt zum Austrieb kräftiger frischer Büschel an.

**Vermehrung:** Die Pflanzen können durch Teilung vermehrt werden.

**Pflanzendoktor:** Bei anhaltender Trockenheit sollten die Pflanzen ausreichend gewässert werden.

**Zusatzinfo:** Die Waldgräser lassen sich gut mit anderen Pflanzen aus Waldgesellschaften kombinieren, so etwa mit Waldanemonen, Eisenhut, Waldgeißbart u. a.

## RIPPENFARN

*Blechnum spicant*

**Wuchs:** Der Rippenfarn bringt aus Wurzelrhizomen bis zu 50 cm hohe Horste mit schmalen, glänzend grünen Wedeln hervor. Er bildet kleine Bestände.

**Blätter:** Die etwa 40 cm langen Wedel sind kammförmig gefiedert. Die sporentragenden Wedel sind schmaler geformt und aufrechter als die nicht sporentragenden.

**Blüten:** Farne blühen nicht, sondern vermehren sich durch Sporen.

**Standort:** Der Farn braucht ein halbschattigen bis schattigen Platz auf humosem, kalkfreiem sowie saurem Boden mit guter Wasserführung. Optimal ist ein Standort am Gehölzrand oder unter Bäumen bei hoher Luftfeuchtigkeit.

**Pflege:** Die Versorgung mit Lauberde fördert die Vitalität und erhält die Bodenfeuchtigkeit.

**Vermehrung:** Bewurzelte Ausläufer lassen sich abtrennen und dann umpflanzen.

**Pflanzendoktor:** Gegen Frostschäden hilft das Anhäufeln mit Laub.

**Zusatzinfo:** Rippenfarne passen gut in Heidebeete oder Rhododendron-Gruppen. Weitere gute Partner sind Waldstauden wie z. B. der Fingerhut und Herbstanemonen.

## ROHR-PFEIFENGRAS

*Molinia*

**Wuchs:** Das europäische Süßgras bildet bis zu 1,50 m hohe Horste mit dichten Blattbüscheln. Seine Form ist locker und aufrecht.

**Blätter:** Die schmalen, langen, kräftig grünen Blätter wachsen überhängend und färben sich im Herbst goldbraun.

**Blüten:** Aus dem Wurzelstock treibt eine Fülle an hohen Blütenständen strahlenförmig aus. Die Rispen sind fein verästelt, zunächst braun, im Herbst schließlich gelb.

**Blütezeit:** Der Flor bildet sich im Spätsommer und wirkt sogar noch im Winter.

**Standort:** Die Gräserhorste brauchen einen sonnigen Platz im Garten auf frischem Boden.

**Pflege:** Nach dem Rückschnitt im Frühjahr verjüngen sich die Gräser wieder aus dem Wurzelstock.

**Vermehrung:** Dieses Gras kann durch Teilung oder auch durch Aussaat vermehrt werden.

**Pflanzendoktor:** Besonders in Heidegärten ist darauf zu achten, dass der Boden nicht austrocknet.

**Zusatzinfo:** Am schönsten wirken die Pflanzen im Herbst durch ihr goldenes Laub.

## RUTENHIRSE

*Panicum virgatum*

**Wuchs:** Bei diesem Süßgras handelt es sich um eine mehrjährige Pflanze, die etwa 1 m hohe Büsche aus senkrechten Halmen bildet und mit der echten Hirse verwandt ist.

**Blätter:** Die langen, schmalen Blätter streben zunächst straff aufrecht und hängen dann über. Es gibt auch braunblättrige Sorten.

**Blüten:** Im Sommer bilden sich lange Blütenrispen, die das Blattwerk weit überragen.

**Blütezeit:** Die Blütezeit dauert von Juli bis September.

**Standort:** Die Rutenhirse braucht einen sonnigen Platz in nährstoffreichem, lockerem Boden.

**Pflege:** In Sommerblumenbeeten werden die Pflanzen einjährig kultiviert. Nach der Pflanzung im Mai sind regelmäßige Wassergaben nötig.

**Vermehrung:** Die Aussaat erfolgt im Frühjahr im Haus. Mehrjährig kultivierte Pflanzen sind auch durch Teilung vermehrbar.

**Pflanzendoktor:** Empfindliche Jungpflanzen kommen erst im Mai in den Garten, wenn keine Fröste mehr zu erwarten sind.

**Zusatzinfo:** Die Züchtungen lassen sich gut in Sommerblumenbeete oder Staudenrabatten einsetzen.

## SCHIRMBAMBUS

*Fargesia murielae*

**Wuchs:** Dieser immergrüne Bambus bildet dichte Horste mit bis zu 4 m langen Trieben.

**Blätter:** Die feinen, hellgrünen Blätter sind schmal und spitz. Sie treiben in Büscheln aus kurzen Seitenzweigen.

**Blüten:** Bambus blüht recht selten, je nach Art alle zwölf bis 120 Jahre. Die Pflanzen sterben nach der Blüte und Samenbildung ab.

**Standort:** Die winterharten Gräser sollten einen geschützten, halbschattigen Platz unter Bäumen auf durchlässigem Boden bekommen.

**Pflege:** Der Schirmbambus darf nicht geschnitten werden. Gestutzte Büsche sehen verstümmelt aus. Bei anhaltender Trockenheit sollten die Flachwurzler gegossen werden.

**Vermehrung:** Die Pflanzen sind durch Wurzelausläufer vermehrbar.

**Pflanzendoktor:** Bei Trockenheit und Frost rollen sich die Blätter ein. Dabei handelt es sich um einen natürlichen Verdunstungsschutz. Im Sommer weisen eingerollte Blätter aber auch auf Wassermangel hin.

**Zusatzinfo:** Dieser Bambus bildet recht kompakte Horste und neigt nicht zum Wuchern durch Wurzelausläufer.

## SILBERÄHRENGRAS

*Achnatherum calamagrostis*

**Wuchs:** Dieses Süßgras (Poaceae), das auch Föhngras genannt wird, entwickelt dichte Horste aus schmalen Blättern, die von hohen Blütenrispen überragt werden.

**Blätter:** Die schmalen, langen Blätter sind blaugrün und hängen über.

**Blüten:** Das Silberährengras bildet goldgelbe Rispen, die auf langen Stängeln stehen.

**Blütezeit:** Im Juni bilden sich die Blüten. Die dekorativen Samenstände bleiben bis zum Frühjahr erhalten.

**Standort:** Die Gräser erhalten bei der Pflanzung einen trockenen, sonnigen Platz auf durchlässigem, kalkhaltigem Boden. Auch auf steinigem Boden gedeiht das Silberährengras.

**Pflege:** Die Gräserhorste erhalten ihren Rückschnitt im Frühjahr vor dem Austrieb. Sie treiben dann wieder kräftig aus.

**Vermehrung:** Das Gras ist durch Teilung vermehrbar.

**Pflanzendoktor:** Eine tiefgründige Bodenlockerung und Verbesserung mit Sand ist auf schweren Lehmböden unbedingt nötig.

**Zusatzinfo:** Die buschigen Gräser lassen sich mit Stauden kombinieren. Als Beiwerk in Blumensträußen kann man die Blütenrispen nutzen.

## STRAUSSFARN

*Matteuccia struthiopteris*

**Wuchs:** Diese heimische Waldpflanze entwickelt aus Wurzelrhizomen lange, hellgrüne Wedel die trichterförmig angeordnet sind. Der Straußfarn wird auch Trichterfarn genannt.

**Blätter:** Die doppelt gefiederten Blätter des Straußfarns erreichen 1,20 m Länge. Aus ihrer Mitte sprießen kleine, den Straußenfedern ähnliche Sporenwedel.

**Blüten:** Farne blühen nicht, sondern vermehren sich durch Sporen.

**Standort:** Der Straußfarn gedeiht im Halbschatten und Schatten hoher Bäume auf kalkarmen, lockeren Humusböden mit guter Nährstoffversorgung. Ideal sind feuchte Böden, z. B. am Rande eines Teichs oder Bachs.

**Pflege:** Die alten Wedel werden im Frühjahr abgeschnitten. Gewässert werden muss nur bei Trockenheit.

**Vermehrung:** Die Pflanzen verbreiten sich durch Ausläufer, die auch ausgegraben werden können.

**Pflanzendoktor:** Gut etablierte Bestände sollten möglichst wenig gestört werden.

**Zusatzinfo:** Dieser Farn ist für kleine Gärten weniger geeignet, denn er wuchert stark. Allerdings ist das Eindämmen leicht mit Wurzelbarrieren möglich.

## TÜPFELFARN

*Polypodium vulgare*

**Wuchs:** Der kleine, immergrüne Waldbewohner bringt aus einem kriechenden Wurzelstock 20–50 cm hohe Wedel hervor. Er bildet dichte, sattgrüne Teppiche.

**Blätter:** Die spitz zulaufenden, gefiederten Wedel sind dunkelgrün und leicht überhängend.

**Blüten:** Farne blühen nicht, sondern vermehren sich durch Sporen.

**Standort:** Der Tüpfelfarn gedeiht vorzugsweise im lichten Schatten von Bäumen und Gehölzen auf kalkfreiem, lockerem Humus.

**Pflege:** Eine Versorgung mit Laubkompost schützt die Wurzelrhizome und trägt zur Humusbildung bei. Zur Verbesserung des Substrats eignet sich eine Mischung aus Rindenhumus, Sand und Rhododendronerde.

**Vermehrung:** Die Pflanzen lassen sich durch bewurzelte Ausläufer vermehren.

**Pflanzendoktor:** Flach wurzelnde Pflanzen, die z. B. auf Felsen gesetzt wurden, müssen ausreichend bewässert werden.

**Zusatzinfo:** Der kleine Farn eignet sich zur Bepflanzung schattiger Bachläufe. Gute Partnerpflanzen sind schatten-liebende Stauden oder Zwiebelblumen.

## WALD-HAINSIMSE

*Luzula sylvatica*

**Wuchs:** Das heimische Binsengewächs breitet sich durch Wurzelausläufer flächig aus und bildet buschige, etwa 20 cm hohe Horste.

**Blätter:** Die immergrünen, glänzenden Blätter sind breit und länglich mit hellen Härchen.

**Blüten:** Im Spätfrühjahr schieben sich rispige Blüten aus dem Boden. Sie sind hellbraun gefärbt und von lockerer Beschaffenheit.

**Blütezeit:** Der Flor dauert von Juni bis Juli.

**Standort:** Die Wald-Hainsimse oder Waldmarbel gedeiht am besten im Halbschatten oder Schatten auf kalkarmen Humusböden. Auch saure Böden verträgt sie gut. Pflanzt man im Frühjahr flächig, bilden sich schöne sattgrüne Teppiche.

**Pflege:** Die Versorgung mit Laubkompost hält die Bestände vital.

**Vermehrung:** Die Gräser sind durch Ausläufer vermehrbar.

**Pflanzendoktor:** Bei Trockenheit sollten die Pflanzen vor dem Winter gewässert werden.

**Zusatzinfo:** Das immergrüne Gras lässt sich gut mit immergrünen Farnen und Stauden in Schattenbeeten einsetzen. Auch unter Bäumen und Sträuchern ist es sehr dekorativ.

## WALDSCHMIELE

*Deschampsia*

**Wuchs:** Dieses Waldgras bildet Horste aus feinen Blättern mit langen, zarten Blütenähren. Es wird etwa 1 m hoch. Die Blüten überragen die Pflanze. Eine nahe Verwandte der Waldschmiele ist die Rasenschmiele.

**Blätter:** Die langen, dünnen Blätter sind glänzend grün, rau auf der Oberseite, flach und scharf gekielt.

**Blüten:** Die silbrigen Blüten stehen in feinen Rispen auf langen Stielen. Sie sind zunächst grün, später gelblich.

**Blütezeit:** Der Flor beginnt im Juni. Aus den Blüten entwickeln sich Samenstände.

**Standort:** Rasenschmielen gedeihen auf nährstoffreichen, feuchten Böden; Waldschmielen kommen besser auf leicht sauren Böden zurecht.

**Pflege:** Der Rückschnitt der Horste erfolgt im Frühjahr vor dem Austrieb.

**Vermehrung:** Die Gräser säen sich selbst aus und sind gezielt durch Teilung vermehrbar.

**Pflanzendoktor:** Wenn sie ungestört bleiben, breiten sich Schmielen flächig aus.

**Zusatzinfo:** Die feinen Gräser kommen besonders zur Blütezeit und danach durch ihre wogenden Samenstände zur Geltung.

## ZITTERGRAS

*Briza media*

**Wuchs:** Die heimische Trockenrasenpflanze bildet etwa 20 cm hohe Horste, die sich durch Wurzelausläufer flächig ausbreiten. Die kleinen Gräser entwickeln ausdauernde lockere Bestände.

**Blätter:** Die Büschel bestehen aus rauen, schmalen Blättern, die aufrecht und leicht bogig stehen.

**Blüten:** An dünnen, festen Stielen bilden sich lockere Rispen aus flachen, länglich-herzförmigen Blütenähren in Braun oder Violett.

**Blütezeit:** Der Flor entwickelt sich im Mai und Juni, bei B. maxima von Juni bis Juli.

**Standort:** Die Gräser lassen sich auf Trockenrasen oder in sonnigen Heidegärten auf durchlässigem Boden ansiedeln. Auch ein steiniger Boden stört das Zittergras nicht.

**Pflege:** Die Gräser erhalten im Frühjahr vor dem Austrieb einen kräftigen Rückschnitt.

**Vermehrung:** Die Pflanzen sind durch Teilung vermehrbar.

**Pflanzendoktor:** Die kleinen Horste werden leicht von wüchsigeren Pflanzen bedrängt. Falls nötig, sollte im Frühjahr umgepflanzt werden.

**Zusatzinfo:** Die Samenstände sehen im Beet attraktiv aus.

Mai–Aug

## BACHBUNGE

*Veronica beccabunga*

**Wuchs:** Die wintergrüne, etwa 40 cm hohe Staude breitet sich stark durch bewurzelte Triebe aus.

**Blätter:** An gut verzweigten Trieben bilden sich frisch grüne ovale Blätter, die sich fleischig anfühlen. Sie sind essbar und schmecken wie Feldsalat.

**Blüten:** Die blauen Blüten machen die Verwandtschaft mit dem Ehrenpreis sichtbar.

**Blütezeit:** Die Staude bringt von Mai bis August ständig neue Blüten hervor.

**Standort:** In der Natur wächst die Bachbunge an Bächen. Sie lässt sich aber auch an Gartenteichrändern oder sogar in Teichbecken ansiedeln. Am besten gedeiht sie an sonnigen bis halbschattigen Plätzen.

**Pflege:** Die schnellwüchsige Wasserpflanze muss gelegentlich reduziert werden, wenn sie zu sehr wuchert.

**Vermehrung:** Neue Pflanzen sind einfach durch bewurzelte Triebe zu bekommen.

**Pflanzendoktor:** Die Stauden sind winterhart und vertragen es, wenn das Wasser des Teichs gefriert.

**Zusatzinfo:** Bachbungen eignen sich besonders als Pionierpflanzen zur Begrünung von Bachläufen und großen Badebecken.

Jun–Aug

## BLUMENBINSE

*Butomus umbellatus*

**Wuchs:** Die heimische Flachwasserpflanze verbreitet sich durch Ausläufer an Teichrändern sowie Sümpfen und bildet kleine Horste. Sie wird 0,50–1 m hoch.

**Blätter:** Die grasartigen Blätter bilden hohe Büschel.

**Blüten:** Aus dem Wurzelrhizom, das in Asien zu Mehl verarbeitet wird, schieben sich lange Stängel mit rosaroten Blütendolden.

**Blütezeit:** Die Stauden blühen von Juni bis August.

**Standort:** Gut gedeiht die Blumenbinse auf schlammigem Boden, bei einem Wasserstand von 10–20 cm und an einem sonnigen bis halbschattigen Standort.

**Pflege:** In kleinen Teichen müssen die Ausläufer eingedämmt werden, wenn sie stark wuchern.

**Vermehrung:** Neue Pflanzen lassen sich durch das Abtrennen von Wurzelrhizomen gewinnen.

**Pflanzendoktor:** Die Blumenbinse, auch Schwanenblume genannt, braucht genügend Nährstoffe. In kiesigem oder sandigem Boden sollte sie regelmäßig gedüngt werden.

**Zusatzinfo:** Die Pflanzen stehen unter Naturschutz. Sie lassen sich gut in großen Teichen ansiedeln.

Jul–Sep

## BLUTWEIDERICH

*Lythrum salicaria*

**Wuchs:** Diese bis 1,50 m hohe Blütenstaude fällt im Sommer schon von Weitem durch ihre pinkfarbenen Blüten auf, die sich an üppigen Büschen bilden.

**Blätter:** Die schmalen, langen Blätter sind denen der Weide ähnlich.

**Blüten:** An langen Ähren sitzen dicht gedrängt kleine, rosarote Blüten.

**Blütezeit:** Der Flor dauert von Juli bis September.

**Standort:** Der Blutweiderich wächst am besten in wechselfeuchten Böden. Die Staude verträgt aber auch einen ständigen Wasserstand von ca. 10–20 cm. Ideal ist ein sonniger bis halbschattiger Standort.

**Pflege:** Der Rückschnitt im Frühjahr vor dem Austrieb und die Versorgung mit Wasser bei Trockenheit sind die wichtigsten Pflegearbeiten im Jahr.

**Vermehrung:** Die Pflanzen sind durch Teilung vermehrbar.

**Pflanzendoktor:** Bei Anzeichen von Pilzkrankheiten sollten die befallenen Pflanzenteile zurückgeschnitten werden.

**Zusatzinfo:** Diese Nektarquelle für Schmetterlinge bildet mit den Jahren ausdauernde Bestände. Als Heilpflanze wird sie beispielsweise gegen Durchfall eingesetzt.

Mai–Jun

## FIEBERKLEE

*Menyanthes trifoliata*

**Wuchs:** Die heimische Wasserstaude kriecht mit kräftigen Rhizomen vom Teichrand weit ins Wasser vor. Sie wird bis zu 40 cm hoch.

**Blätter:** Typisch sind die dreilappigen Blätter (trifoliata), welche vom Frühjahr bis in den Herbst hinein frisch grün wirken.

**Blüten:** Die weißen Rispen setzen sich aus zahlreichen schönen Einzelblüten zusammen.

**Blütezeit:** Der Flor dauert von Mai bis Juni.

**Standort:** Die vitalen Stauden brauchen einen Wasserstand von mindestens 10 cm und nährstoffreichen Boden. Empfehlenswert ist ein sonniger bis halbschattiger Standort. Auch für Sumpfzonen eignet sich der Fieberklee.

**Pflege:** Wenn die Pflanze zu sehr wuchert, lassen sich die Rhizome problemlos einkürzen.

**Vermehrung:** Bewurzelte Rhizome sind zur Vermehrung geeignet.

**Pflanzendoktor:** Der Fieberklee hat selten mit Schädlingen zu kämpfen.

**Zusatzinfo:** Die Blüten der unter Naturschutz stehenden Pflanze werden gern von Libellen angeflogen. Als Bitterstoffdroge wird der Fieberklee als Heilmittel genutzt.

Jun–Sep

## FROSCHLÖFFEL

*Alisma plantago-aquatica*

**Wuchs:** Die Flachwasserstaude bildet kleine Horste mit dichten Blattbüscheln. Sie verbreitet sich durch Ausläufer und erreicht eine Höhe von bis zu 70 cm.

**Blätter:** Die löffelförmigen Blätter ragen senkrecht aus dem Wasser.

**Blüten:** Im Sommer bringen die Stauden lange Stiele mit kleinen weißrosa Blüten hervor.

**Blütezeit:** Der Flor dauert von Juni bis September.

**Standort:** Froschlöffel gedeihen am besten in 10–30 cm tiefem Flachwasser und schlammigem Boden. Sie bevorzugen einen sonnigen bis halbschattigen Platz.

**Pflege:** Im Herbst oder im Frühjahr vor dem Austrieb werden welke Blätter und die Samenstände zurückgeschnitten, damit sich der Froschlöffel nicht selbst aussät.

**Vermehrung:** Neue Pflanzen sind durch Teilung zu bekommen.

**Pflanzendoktor:** Im Sommer machen sich Rostpilze an den Blättern breit. Befallenes Laub sollte unverzüglich entfernt werden.

**Zusatzinfo:** Die unerwünschte Ausbreitung lässt sich verhindern, indem die Pflanzen in kleine Buchten oder Gitterkörbe eingesetzt werden.

Mai–Aug

## GAUKLERBLUME

*Mimulus luteus*

**Wuchs:** Diese etwa 50 cm hohen Rachenblütler aus Südamerika bilden an Bächen oder Teichen ausgebreitete Bestände.

**Blätter:** An aufrechten Trieben sitzen frisch grüne, glatte Blättchen.

**Blüten:** Die gefleckten oder gesprenkelten gelbroten Rachenblüten mit ausgestellten Mündern entfalten sich an den Triebenden. Ein roter Punkt kennzeichnet den Schlund.

**Blütezeit:** Der Flor dauert von Mai bis August.

**Standort:** Das Wurzelwerk sollte stets feucht stehen. Die Pflanzen selbst dürfen nicht überflutet werden. Günstig ist ein sonniger bis halbschattiger Platz bei einer maximalen Wassertiefe von 5 cm.

**Pflege:** Der Rückschnitt welker Blüten verhindert die Samenbildung und damit die unkontrollierte Aussaat.

**Vermehrung:** Die Pflanzen sind durch Teilung vermehrbar. An dauerfeuchten Stellen erhalten sie sich durch Selbstaussaat.

**Pflanzendoktor:** Das Austrocknen des Bodens bei schwankendem Wasserstand sollte vermieden werden.

**Zusatzinfo:** Neben dieser Art gibt es einige andere Gauklerblumen für den Garten.

## GELBE SUMPFSCHWERTLILIE
*Iris pseudacorus*

**Wuchs:** Sumpf- oder Wasserschwertlilien bilden an heimischen Flüssen oder Seen häufig ausdauernde Bestände aus dichten Horsten. Sie werden 0,80–1,20 m hoch.

**Blätter:** Die Wurzelrhizome bringen Büschel aus langen, schwertförmigen Blättern hervor, die mit einer zarten Wachsschicht überzogen sind.

**Blüten:** Im Frühjahr treiben kräftige, straff aufrechte Stängel mit großen, gelben Schwertblüten.

**Blütezeit:** Der Flor dauert von Mai bis Juni.

**Standort:** Ideal ist ein Platz am feuchten Ufer oder im Flachwasser. Die Gelbe Sumpfschwertlilie bevorzugt einen sonnigen bis halbschattigen Standort.

**Pflege:** Im Frühjahr vor dem Austrieb werden alle abgestorbenen Pflanzenteile bis zum Boden zurückgeschnitten.

**Vermehrung:** Die Pflanzen sind durch Teilung am besten nach der Blüte vermehrbar.

**Pflanzendoktor:** Bei Anzeichen von Rostpilzen sind kranke Pflanzenteile zu entfernen.

**Zusatzinfo:** Wasserschwertlilien gedeihen selbst in kleinen Bottichen.

## GELBE TEICHROSE
*Nuphar lutea*

**Wuchs:** Diese heimische Wasserpflanze wächst wild im Altwasser von Flüssen oder in Teichen mit einem Wasserstand von mindestens 1 m.

**Blätter:** Aus einem dicken Wurzelrhizom schieben sich große runde Blätter an die Wasseroberfläche.

**Blüten:** Die gelben Blütenkelche der Gelben Teichrose erheben sich flach über die Wasseroberfläche.

**Blütezeit:** Von Juni bis August treiben ständig neue Blüten aus dem Wurzelrhizom.

**Standort:** Gelbe Teichrosen oder -mummeln brauchen einen Platz im Schlamm eines möglichst ruhigen Gewässers mit ausreichendem Nährstoffgehalt. Im Gegensatz zur Seerose vertragen sie auch etwas Schatten, zumindest jedoch Halbschatten.

**Pflege:** Im Herbst werden die abgestorbenen Blätter abgefischt.

**Vermehrung:** Die Pflanzen sind durch Teilung der dicken Wurzelrhizome vermehrbar.

**Pflanzendoktor:** Die Wasserstauden sollten nicht gestört werden.

**Zusatzinfo:** Damit sie nicht zu sehr wuchern, erhalten die Teichrosen einen Platz in einer kleinen Mulde mit Schlamm am Teichboden oder in einem Gitterkorb.

## HECHTKRAUT
*Pontederia cordata*

**Wuchs:** Die ca. 60 cm hohe Flachwasserstaude aus Nordamerika bildet dichte Horste am Teichrand.

**Blätter:** Die großen, löffelförmigen Blätter des Hechtkrautes ragen senkrecht aus dem Wasser.

**Blüten:** Im Sommer bringt die Staude Ähren mit blauen Blüten hervor, die sie zu einer Besonderheit im Wassergarten machen.

**Blütezeit:** Die Ähren blühen von Juni bis September von unten nach oben auf.

**Standort:** Die Pflanzung erfolgt in Tuffs mit lehmigem Sand in 20–30 cm Wassertiefe, da die Wurzeln in dieser Tiefe im Winter vor Frost geschützt sind. Empfehlenswert ist ein sonniger bis halbschattiger Standort.

**Pflege:** Nach dem Anwachsen dringen die Rhizome vom Flachwasser in den Teich vor. Wuchernde Ausläufer werden entfernt. Pflanzen in Körben sollten im Herbst zum Schutz vor Frost vom Flachwasser in tiefere Zonen gestellt werden.

**Vermehrung:** Neue Pflanzen lassen sich durch das Abtrennen bewurzelter Ausläufer gewinnen.

**Pflanzendoktor:** Zum Schutz vor Pilzinfektionen sollten im Frühjahr abgestorbene Blätter entfernt werden.

Jun–Sep

## HORNKRAUT

*Ceratophyllum demersum*

**Wuchs:** Diese Tauchblattpflanze bildet etwa 2 m lange Triebe mit quirligen Blättern. Sie schwebt frei im Wasser.

**Blätter:** Die rauen, schmalen Blätter laufen spitz zu. Sie sitzen dicht an den Trieben und tragen zur Sauerstoffproduktion bei.

**Blüten:** Die unscheinbaren Blüten bilden sich in den Blattachseln.

**Blütezeit:** Die Blütezeit beginnt im Juni und dauert bis September.

**Standort:** Damit die Pflanze unter Wasser genügend Licht erhält, sollte der Teich sonnig liegen. Günstig ist stellenweise ein Wasserstand von 1 m.

**Pflege:** Zu sehr wuchernde Pflanzen lassen sich einfach von Hand oder mit einem Rechen abfischen.

**Vermehrung:** Die Wasserstaude ist einfach durch Teilung vermehrbar.

**Pflanzendoktor:** Damit die Pflanzen genügend Licht bekommen, darf die Wasseroberfläche nicht völlig durch Schwimmblattpflanzen zugewachsen sein.

**Zusatzinfo:** Das Hornkraut ist eine durchaus nützliche Pflanze, da es zur Verbesserung der Wasserqualität beiträgt. Es filtert Nährstoffe aus dem Wasser und erzeugt Sauerstoff.

Jun–Aug

## IGELKOLBEN

*Sparganium*

**Wuchs:** Diese seltene heimische Flachwasserstaude bringt schilfartige, lange, schmale Blätter hervor. Sie erreicht eine Höhe von etwa 60 cm.

**Blätter:** Die langen, schmalen Blätter bilden dichte Büschel.

**Blüten:** In aufrechten Stängeln entwickeln sich kleine, kugelige Blüten, die cremeweiß gefärbt sind. Daraus reifen keimfähige Samen.

**Blütezeit:** Die Blütezeit beginnt im Juni und endet im August.

**Standort:** Der Igelkolben wächst im flachen Wasser bis 30 cm Tiefe oder in Wasserbecken in sonniger bis halbschattiger Lage.

**Pflege:** Im Frühjahr werden abgestorbene Pflanzenteile bis zum Boden zurückgeschnitten. Zudem sollten wuchernde Ausläufer entfernt werden.

**Vermehrung:** Die Ausläufer eignen sich zur Pflanzung an andere Stellen im Wasserbecken oder auch in andere Teiche.

**Pflanzendoktor:** Die robusten Wildstauden sind selten von Schädlingen und Krankheiten befallen.

**Zusatzinfo:** In kleinen Wasserstellen ist es empfehlenswert, die starkwüchsige Wasserpflanze einzudämmen.

Jun–Jul

## JAPANISCHE SUMPFIRIS

*Iris kaempferi*

**Wuchs:** Diese großblütigen Iris aus Ostasien bilden im Teich kleine Horste mit etwa 70–90 cm hohen Pflanzen.

**Blätter:** Die schwertförmigen, aufrechten Blätter stehen in dichten Büscheln beisammen. Das hellgrüne Laub ist linealnervig.

**Blüten:** An langen Stielen entfalten sich große Blüten in vielen Farben.

**Blütezeit:** Der Flor dauert von Juni bis Juli.

**Standort:** Japanische Iris gedeihen im flachen Wasser oder an feuchten Teichrändern vorzugsweise bei voller Sonnenbestrahlung. Die Sumpfpflanze braucht kalkfreien Boden.

**Pflege:** Neben der Bewässerung bei trockenem Stand sollten im Frühjahr welke Pflanzenteile zurückgeschnitten werden.

**Vermehrung:** Die Pflanzen sind durch Teilung vermehrbar.

**Pflanzendoktor:** Die ostasiatischen Sumpfiris sind nicht ganz winterhart. Ab September sollten die Pflanzen trocken gehalten werden. Dafür können Pflanzkörbe ans Ufer gestellt oder der Wasserstand abgesenkt werden.

Mai–Jul

# KALMUS

*Acorus calamus*

**Wuchs:** Diese buschige, Ausläufer treibende Staude kann etwa 0,80–1 m hoch werden.

**Blätter:** Die schilfartigen, schwertförmigen Blätter duften aromatisch.

**Blüten:** Unauffällig sind die grünlichgelben Kolben, die auf einem blattähnlichen Stiel sitzen und von einem grünen Hochblatt umgeben sind.

**Blütezeit:** Der Flor dauert von Mai bis Juli.

**Standort:** Der Kalmus wächst in flachem, bis zu 20 cm tiefem Wasser, in sumpfigen Uferzonen und am Teichrand. Ideal ist ein sonniger Standort.

**Pflege:** In kleinen Teichbecken sollte für einen ausreichenden Wasserstand gesorgt werden.

**Vermehrung:** Diese Wasserpflanze wird durch Teilung vermehrt.

**Pflanzendoktor:** Als völlig winterharte Staude verträgt der Kalmus selbst das Zufrieren der Wasserstelle.

**Zusatzinfo:** Die wuchernde Staude eignet sich für die Begrünung des Teichrandes. Der Wurzelstock dient als Heilmittel bei Magen-, Leber- und Darmstörungen und als Stärkungsmittel bei Infektionen. In Ostasien wird damit außerdem eine Würzmischung hergestellt.

Mai–Aug

# KREBSSCHERE

*Stratiotes aloides*

**Wuchs:** Die 20–40 cm hohe, heimische Unterwasserpflanze schwimmt im Sommer auf der Wasseroberfläche, im Herbst taucht sie unter.

**Blätter:** Die Blattrosetten setzen sich aus schmalen, gezähnten Einzelblättern zusammen.

**Blüten:** So ungewöhnlich wie die Pflanze selbst sind die weißen Blüten. Es gibt sowohl weibliche als auch männliche Pflanzen.

**Blütezeit:** Zur Blütezeit von Mai bis August erheben sich die Pflanzen aus dem Wasser, um eine Bestäubung zu ermöglichen.

**Standort:** Krebsscheren kommen in Wasserstellen ab 80 cm Tiefe zurecht. Förderlich für den Flor ist ein sonniger Standort.

**Pflege:** Die Schwimmpflanzen schützen sich selbst vor Kälte, indem sie im Herbst eigenständig in frostfreie Zonen abtauchen.

**Vermehrung:** Die Krebsschere vermehrt sich selbst durch Kindel. Jungpflanzen lassen sich erst abtrennen und dann umsetzen.

**Pflanzendoktor:** Behagt ihnen das Wasser nicht, sterben die Pflanzen ab. Das ist z. B. bei hohem Kalkgehalt der Fall.

Mai–Sep

# LAICHKRAUT

*Potamogeton-Arten*

**Wuchs:** Diese immergrünen Schwimmblattpflanzen breiten auf der Wasseroberfläche ein dichtes Blattwerk aus.

**Blätter:** An langen Trieben entfalten sich linealnervige, glänzend grüne Blätter.

**Blüten:** Im Sommer bringen die Pflanzen grüne Blütenähren hervor.

**Blütezeit:** Die Blütezeit beginnt im Mai und erstreckt sich bis September.

**Standort:** Die meisten Laichkrautarten gedeihen in etwa 60 cm tiefen Wasserstellen. Geeignet ist ein sonniger bis halbschattiger Platz.

**Pflege:** Solange die raschwüchsigen Pflanzen nicht stören, sollten sie ungehindert wachsen dürfen. Ist dies nicht erwünscht, können sie in Körbe gesetzt werden.

**Vermehrung:** Neue Pflanzen lassen sich verhältnismäßig einfach aus Triebabschnitten gewinnen.

**Pflanzendoktor:** In kleinen Wasserbecken muss verdunstetes Wasser nachgefüllt werden. Besonders im Winter ist auf einen hohen Wasserstand zu achten.

**Zusatzinfo:** Das Laichkraut ist eine ideale Schutzpflanze gegen störende Algen. Das dichte Blattwerk schattiert und entzieht dem Wasser Nährstoffe.

Jul–Aug

## LIGULARIE

*Ligularia przewalskii*

**Wuchs:** Diese großblättrige, bis zu 1,80 m große Uferstaude ist im Prinzip keine Wasserpflanze. Sie wird allerdings gern am Ufer eingesetzt.

**Blätter:** An langen Stängeln breiten sich große, weiche Blätter aus, die bei Wassermangel rasch schlaff werden.

**Blüten:** Das Asterngewächs bringt an den Triebenden große Blütenstände aus gelben Einzelblüten hervor.

**Blütezeit:** Der Flor dauert von Juli bis August.

**Standort:** Die Blütenstauden brauchen einen halbschattigen bis schattigen Platz auf ständig feuchtem Boden. An sonnigen Plätzen welken sie schnell.

**Pflege:** Neben der Bewässerung erhalten die Pflanzen im Herbst oder Frühjahr einen Rückschnitt bis zum Boden. Bleibt es länger trocken, müssen Ligularien ausreichend gegossen werden.

**Vermehrung:** Neue Pflanzen sind durch Teilung oder auch durch Aussaat zu bekommen.

**Pflanzendoktor:** Den krautigen Pflanzen können besonders im Frühjahr Schnecken zu schaffen machen.

**Zusatzinfo:** Ligularien erhalten am Teich einen Platz im Hintergrund, wo sie eine schöne Kulisse bilden.

Jun–Aug

## MÄDESÜSS

*Filipendula ulmaria*

**Wuchs:** Diese 0,70–1 m hohe Uferstaude siedelt sich an Flüssen und Gräben an und bildet dort ausgedehnte Bestände.

**Blätter:** An stabilen, aufrechten Stängeln sitzen dunkelgrüne, gefiederte Blätter.

**Blüten:** Im Sommer überragen cremeweiße Scheindolden aus winzigen Einzelblüten das Blattwerk.

**Blütezeit:** Von Juni bis August blühen neue Blütenknospen auf.

**Standort:** Das Mädesüß braucht einen sonnigen bis halbschattigen Platz am Ufer, der zeitweise überschwemmt, aber nicht ständig nass sein darf. Wichtig ist ein nährstoffreicher, lehmiger Boden.

**Pflege:** Im Herbst oder Frühjahr ist der Rückschnitt fällig.

**Vermehrung:** Die Pflanzen sind durch Teilung vermehrbar.

**Pflanzendoktor:** Die Blätter sind oft mit Mehltau behaftet. Das Ausputzen verhindert die Ausbreitung.

**Zusatzinfo:** Diese Uferstauden dürfen nicht direkt in den Teich gepflanzt werden. Sie erhalten mit anderen Uferpflanzen einen Platz am Ufer. Gute Partner sind Blutweiderich und Glockenblumen.

Jun–Aug

## PFEILKRAUT

*Sagittaria sagittifolia*

**Wuchs:** Die heimische Flachwasserstaude bildet kleine Horste, die sich durch Ausläufer verbreiten. Sie kann eine Höhe von 1 m erreichen.

**Blätter:** Aus den kriechenden Rhizomen treiben im Frühjahr steile Stängel, die ihre typischen pfeilförmigen Blätter entfalten.

**Blüten:** Die Blütenstände mit kleinen weißen Einzelblüten entwickeln sich im Sommer.

**Blütezeit:** Der Flor dauert von Juni bis August.

**Standort:** Das Pfeilkraut braucht einen sonnigen Platz in Wasser, das sich gut erwärmt. Die Wurzelrhizome dringen 10–30 cm tief ins Wasser vor. Für das Gedeihen förderlich ist ein nährstoffreicher Boden.

**Pflege:** Der Rückschnitt welker Pflanzenteile erfolgt im Frühjahr.

**Vermehrung:** Neue Pflanzen sind durch Ausläufer zu bekommen. Das Pfeilkraut samt sich gelegentlich selbst aus.

**Pflanzendoktor:** Der Wasserstand darf nicht zu hoch sein. Die bodennahen Luftblätter müssen über der Wasseroberfläche sitzen.

**Zusatzinfo:** Es gibt mehrere verschiedene Pfeilkrautarten, die sich im Wuchs voneinander unterscheiden.

## PFENNIGKRAUT

*Lysimachia nummularia*

**Wuchs:** Das kriechende Pfennigkraut breitet dichte Teppiche am Ufer aus und bildet raschwüchsige, oberirdische Ausläufer, die bis zu 5 cm hoch werden können.

**Blätter:** An langen Trieben sitzen dicht gedrängt kleine, grüne Blätter.

**Blüten:** Im Sommer sind die Pflanzen mit kleinen gelben Blüten bedeckt, die denen der Primel sehr ähnlich sehen.

**Blütezeit:** Der Flor dauert von Mai bis Juli.

**Standort:** Anders als der Gilbweiderich (L. thyrsiflora), der im Wasser steht, breitet sich das Pfennigkraut am Ufer aus. Ideal ist ein sonniger bis halbschattiger Platz in nährstoffreichem, feuchtem Boden.

**Pflege:** Wichtig ist eine gute Wasserversorgung bei Trockenheit.

**Vermehrung:** Die Pflanzen sind durch Ausläufertriebe vermehrbar.

**Pflanzendoktor:** Bei Anzeichen von Blattflecken sind kranke Pflanzenteile zu entfernen.

**Zusatzinfo:** Neben dem bodendeckenden Pfennigkraut (L. nummularia) und der Wasserstaude Gilbweiderich (L. thyrsiflora) hat sich der Goldfelberich (L. puncata) als vitale Uferstaude bewährt.

## ROHRKOLBEN

*Typha angustifolia*

**Wuchs:** Der bis zu 2 m hohe Rohrkolben dringt in natürlichen Gewässern vom Flachwasser weit nach innen vor und bildet dichte Bestände. Er treibt dazu kräftige Wurzelausläufer.

**Blätter:** Die langen, schilfartigen Blätter treiben aus kräftigen Stängeln.

**Blüten:** Am Ende der Stängel bilden sich braune Blütenkolben, die nach der Samenreife schließlich auseinanderfallen.

**Blütezeit:** Blütezeit ist von Juli bis August. Die Samenstände bleiben bis zum Frühjahr erhalten.

**Standort:** Die wuchernden Pflanzen brauchen viel Raum zur Ausbreitung oder werden in Betonringen und Wannen im Teich eingedämmt. Sie bevorzugen einen sonnigen Standort.

**Pflege:** Im Frühjahr vor dem Austrieb erhalten Rohrkolben den Rückschnitt. In magerem Substrat brauchen die Stauden Düngergaben.

**Vermehrung:** Die Pflanzen sind durch Wurzelrhizome vermehrbar.

**Pflanzendoktor:** Die Stauden sterben im Herbst oberirdisch ab.

**Zusatzinfo:** Rohrkolben sind neben Schilfrohr ideale Stauden zur Begrünung von Klärteichen oder Biotopzonen in Schwimmteichen.

## WASSER-HAHNENFUSS

*Ranunculus aquatilis*

**Wuchs:** Die heimische, bis zu 10 cm hohe Wasserstaude breitet sich in Bächen mit langen Trieben aus. Sie bildet an günstigen Plätzen im Gartenteich flächige Bestände.

**Blätter:** Die Unterwasserblätter sind feingliedrig. Sie unterscheiden sich von den rundlichen, gebuchteten Schwimmblättern.

**Blüten:** Anders als die meisten Hahnenfußarten entfaltet diese Schwimmblattpflanze im Sommer kleine, weiße Blüten.

**Blütezeit:** Die Blütezeit dauert von Juni bis September.

**Standort:** Der Wasser-Hahnenfuß gedeiht in langsam fließenden Bächen oder im Flachwasser großer Teiche in einer Tiefe von ca. 30 cm an sonnigen bis halbschattigen Plätzen. Er bevorzugt kalkfreies, sandiges Substrat.

**Pflege:** Bei günstigem Standort brauchen die Stauden keine Pflege. Wuchernde Ausläufer können eingekürzt werden.

**Vermehrung:** Die Ausläufertriebe eignen sich zur Vermehrung. Sie werden am Boden verankert.

Jul–Sep

## SCHILFROHR

*Phragmites australis*

**Wuchs:** Mit 1,50 m Höhe ist das Schilfrohr eine der größten heimischen Wasserpflanzen. Das Süßgras breitet dichte Bestände aus und muss eingedämmt werden.

**Blätter:** An stabilen Stängeln sitzen schmale Blätter.

**Blüten:** Am Ende der Triebe bilden sich Blüten. Die fedrigen Grasrispen färben sich silbrig.

**Blütezeit:** Der Flor dauert von Juli bis September. Die Samenstände bleiben im Winter erhalten.

**Standort:** Die Gräser brauchen einen ständig feuchten Boden. Am besten gedeihen sie an sonnigen Plätzen in nährstoffreichem Schlamm. Sie dringen aber auch bis ins 50 cm tiefe Wasser vor.

**Pflege:** Im Frühjahr vor dem Neuaustrieb ist der Rückschnitt fällig.

**Vermehrung:** Die Pflanzen sind durch Teilung vermehrbar.

**Pflanzendoktor:** Die Pflanzen zeigen bereits im Sommer Welkerscheinungen, bleiben aber bis zum Frühjahr erhalten.

**Zusatzinfo:** Das Schilfrohr entzieht durch sein weitreichendes Faserwurzelwerk dem Schlamm Nährstoffe. Es eignet sich dadurch gut zum Einsatz in Klärteichen.

## SCHWIMMFARN

*Salvinia natans*

**Wuchs:** Die kleine Schwimmblattpflanze bildet Triebe mit eiförmigen, behaarten Blättchen, die flach auf dem Wasser aufliegen und ca. 5 cm in die Höhe wachsen.

**Blätter:** Die kleinen, hellgrünen Blättchen sind in der Mitte gefaltet. Sie sitzen in dichten Gruppen eng zusammen.

**Blüten:** Das Farngewächs bildet Sporen. Die Sporenkapseln sinken im Herbst auf den Teichgrund.

**Standort:** Der kleine Schwimmer braucht im Sommer eine Wasserstelle in sonniger bis halbschattiger Lage. Im Winter bevorzugt er ein helles Quartier im Haus.

**Pflege:** In kleinen Wasserbecken muss verdunstetes Wasser erneuert werden. Zu dichte Bestände werden abgefischt und umgesetzt.

**Vermehrung:** Die Vermehrung ist einfach durch das Abtrennen von Blättchen möglich.

**Pflanzendoktor:** Zur Überwinterung der Sporenkapseln muss der Teichgrund frostfrei sein. Bei einer Kultur in Wasserbecken ist auf eine frostfreie Tiefe zu achten.

**Zusatzinfo:** Die Pflanze gedeiht auch in großen Wassergläsern auf der Fensterbank oder im Wintergarten.

Jul–Sep

## SEEKANNE

*Nymphoides peltata*

**Wuchs:** Die kleine Wasserstaude ist mit dem Fieberklee verwandt. Sie bildet aus Wurzelrhizomen gut verzweigte Pflanzen.

**Blätter:** Wegen ihrer kleinen Blättchen ähnelt diese Staude der Zwergseerose, zumal das Laub auf der Wasseroberfläche schwimmt.

**Blüten:** Im Sommer bringt die Seekanne kleine gelbe Blüten hervor, die sich flach über dem Wasser erheben.

**Blütezeit:** Der Flor dauert von Juli bis September.

**Standort:** Ideal sind kleine, sonnig bis halbschattig gelegene Wasserbecken mit frostfreier Tiefe. Aber auch in größeren Teichen mit einer Wassertiefe von 30–50 cm lässt sich die Seekanne ansiedeln.

**Pflege:** Die Pflanzung in lehmigem Boden trägt zur nachhaltigen Nährstoffversorgung bei.

**Vermehrung:** Neue Pflanzen sind in der Regel durch bewurzelte Ausläufer zu bekommen.

**Pflanzendoktor:** In flachen Becken ist die Überwinterung im Haus nötig. Nur in tiefen Becken sind die Wurzeln vor Frostschäden sicher.

**Zusatzinfo:** Die Schwimmblattpflanze ist im Wasserbecken auf dem Balkon eine Alternative zur Seerose.

Mai–Sep

## SEEROSE

*Nymphaea-Hybriden*

**Wuchs:** Die schönsten Schwimmblattpflanzen sind wohl die Seerosen, die aus einem dicken Wurzelrhizom Blätter und Blüten an die Wasseroberfläche schieben.

**Blätter:** Die runden Blätter sitzen auf langen Stielen. Sie können je nach Sorte unterschiedliche Farben haben.

**Blüten:** Im Sommer entfalten sich kelchförmige Blüten in vielen Farben und Formen.

**Blütezeit:** Von Mai bis September bringt die vitale Wasserstaude ständig neue Blüten hervor.

**Standort:** Am besten gedeihen die Pflanzen in nährstoffreichem Substrat in sonnigen Teichen mit idealerweise warmem Wasser.

**Pflege:** Im Herbst sind die welken Blätter zu entfernen, bevor sie zu Boden sinken.

**Vermehrung:** Die Pflanzen sind durch Teilung der Wurzelrhizome vermehrbar.

**Pflanzendoktor:** Der Seerosenzünsler, ein Blattschädling, kann den Pflanzen zu schaffen machen. Die Larven werden abgesammelt.

**Zusatzinfo:** Wer verschiedene Sorten pflanzt, verlängert die Blütezeit und erweitert die Fülle an Farben und Formen.

Mär–Mai

## SUMPFDOTTERBLUME

*Caltha palustris*

**Wuchs:** Die dottergelbe, buschige Sumpfpflanze wächst an Gräben und Bächen. Sie erreicht eine Höhe von etwa 30 cm und verbreitet sich durch Wurzelausläufer.

**Blätter:** Die runden, gezähnten Blätter sind glänzend grün.

**Blüten:** Im Frühjahr entfaltet die Staude eine Fülle an dottergelben Ranunkelblüten. Daneben gibt es auch gefüllte und weiß blühende Albinosorten.

**Blütezeit:** Der Flor dauert von März bis Mai.

**Standort:** Die Uferstauden gedeihen in feuchtem, nährstoffreichem Boden an sonnig bis halbschattig gelegenen Teichen, Bächen oder in Sumpfbecken. Sie vertragen auch eine zeitweise Überflutung des Ufers.

**Pflege:** Der Rückschnitt welker Pflanzenteile erfolgt im Herbst oder Frühjahr vor dem Austrieb.

**Vermehrung:** Sumpfdotterblumen sind durch Teilung vermehrbar. Sie samen sich gelegentlich selbst aus.

**Pflanzendoktor:** Im Sommer sind die Blätter oft von Rostpilzen befallen. Das Ausputzen kranken Laubs schützt vor der Ausbreitung durch Sporen.

**Zusatzinfo:** Als Partner eignen sich kleinere Sumpfpflanzen.

Mär–Apr

## SUMPFPRIMEL

*Primula rosea*

**Wuchs:** Die kleine Uferstaude breitet sich durch „Kindel" aus. Die Mutterpflanze bringt durch Wurzelausläufer mehrere Jungpflanzen hervor. Ihre Blütenstände werden 10–20 cm hoch.

**Blätter:** Die länglichen, welligen Blätter sind frisch grün und rosettenartig angeordnet.

**Blüten:** Die rosaroten Blüten der Sumpfprimel entfalten sich in Büscheln an kurzen Stielen.

**Blütezeit:** Bei mildem Wetter dauert der Flor von März bis April.

**Standort:** Die Stauden brauchen einen ständig feuchten Platz im Halbschatten auf nährstoffreichem Humusboden. Staunässe bekommt ihnen allerdings nicht. Bei Bodenunpässlichkeiten verkümmern die Pflanzen.

**Pflege:** Die kleinen Pflänzchen müssen von starkwüchsigen Konkurrenzpflanzen frei gehalten werden. Im Sommer ist eine Bewässerung nötig. Die Pflanzen dürfen jedoch nicht direkt im Wasser stehen.

**Vermehrung:** Gut bestockte Bestände lassen sich zur Teilung nutzen. Daneben ist eine Vermehrung durch Aussaat möglich.

**Zusatzinfo:** Gut zur Geltung kommen die „Rosenprimeln" in kleinen Gruppen.

Mai–Sep

## SUMPFVERGISSMEIN-NICHT

*Myosotis palustris*

**Wuchs:** Diese bis zu 30 cm hohe Staude bildet ausdauernde Horste aus kriechenden Stängeln.

**Blätter:** Aus den kriechenden Stängeln entwickeln sich aufrechte Triebe mit kleinen, schmalen Blättchen, die weich behaart und frisch grün sind.

**Blüten:** An den Trieben öffnen sich viele kleine Blütchen in verschiedenen hellen oder dunklen Blautönen.

**Blütezeit:** Der Flor beginnt im Mai und dauert bis September an.

**Standort:** Die Sumpfstaude braucht einen ständig feuchten Boden an einem sonnigen Standort.

**Pflege:** Der Rückschnitt abgestorbener Triebe kann im Herbst oder Frühjahr erledigt werden.

**Vermehrung:** Die Pflanzen sind durch Ausläufertriebe vermehrbar.

**Pflanzendoktor:** Die Uferstaude verträgt nur einen flachen Wasserstand bis zu einer Tiefe von 10 cm. Sie lässt sich vorzugsweise am Rand von Teichen oder Bächen ansiedeln oder in Sumpfbecken kultivieren.

**Zusatzinfo:** Die heimische Wildpflanze breitet sich selbst durch Samen aus.

Mai–Aug

## TANNENWEDEL

*Hippuris vulgaris*

**Wuchs:** Aus einem kriechenden Wurzelrhizom bringt die Wasserstaude bis 1 m hohe, senkrechte Triebe mit quirligen Blättern hervor.

**Blätter:** Die vitale Pflanze ähnelt wegen ihrer Blätter dem Schachtelhalm. Die dünnen Blättchen sind waagerecht um den senkrechten Stängel angeordnet.

**Blüten:** Im Sommer bilden sich grüne Blütenstände an den Triebenden.

**Blütezeit:** Der Flor dauert von Mai bis August.

**Standort:** Das Wegerichgewächs lässt sich im Flachwasser größerer Teiche in sonniger bis halbschattiger Lage ansiedeln. Es dringt bis in eine Tiefe von 50 cm vor und eignet sich auch für Sumpfzonen. Ideal ist ein humoser Schlammboden.

**Pflege:** Der Rückschnitt welker Triebe erfolgt im Herbst oder Frühjahr.

**Vermehrung:** Die Pflanzen sind durch Ausläufer vermehrbar.

**Pflanzendoktor:** Gelegentlich welken vereinzelte Triebe vorzeitig. Sie werden zurückgeschnitten.

**Zusatzinfo:** Der Tannenwedel hat sich als attraktive Wasserpflanzen bewährt, die zudem Sauerstoff produziert. Er verträgt auch kalkhaltiges Wasser gut.

Jun–Aug

## TAUSENDBLATT

*Myriophyllum-Arten*

**Wuchs:** Diese kriechende Unterwasserstaude bildet dichte Bestände aus 1–2 m langen Wedeln.

**Blätter:** Die quirligen Triebe sind auf ganzer Länge dicht mit schmalen Blättchen besetzt.

**Blüten:** Im Sommer schieben sich kurze Ähren mit feinen, fiedrigen Blüten in Rosa aus dem Wasser.

**Blütezeit:** Der Flor dauert von Juni bis August.

**Standort:** Das Tausendblatt oder die Papageienfeder wächst in stehenden oder fließenden Gewässern in einer Tiefe ab etwa 50 cm. Die Staude braucht schlammigen Boden in sonniger Lage.

**Pflege:** Im Sommer bilden sich Wintertriebe, die am Boden überdauern. Die abgestorbenen Sommertriebe werden im Herbst abgefischt. Breitet sich die Pflanze zu stark aus, kann sie ausgedünnt werden.

**Vermehrung:** Die Pflanzen sind durch Triebabschnitte vermehrbar.

**Pflanzendoktor:** Damit sie nicht aufschwimmen, werden Jungpflanzen zunächst gebündelt und dann am Boden mit Steinen verankert.

**Zusatzinfo:** Diese Unterwasserpflanze trägt zur Sauerstoffanreicherung bei.

Jun–Aug

## TEICHSIMSE

*Scirpus lacustris*

**Wuchs:** Die Simse oder Binse fällt v. a. im Winter durch ihre grünen, dichten Horste auf, die senkrecht aus dem Wasser ragen. Bei guter Pflege und optimalen Standortbedingungen kann die Pflanze bis zu 3 m hoch werden. Die Teichsimse gehört zur Familie der Sauergräser.

**Blätter:** Die langen, runden Halme bilden üppige Büschel.

**Blüten:** Im Sommer entwickeln sich braune Blütenähren an den Triebenden der Simse.

**Blütezeit:** Der Flor dauert von Juni bis August. Dann reifen auch die Samen der Pflanze.

**Standort:** Binsen brauchen einen sonnigen Platz im flachen Wasser. Sie dringen bis zu 50 cm Tiefe vor. Nährstoffreicher Schlamm fördert die Entwicklung.

**Pflege:** Die wuchernden Gräser sollten in kleinen Teichen eingedämmt werden.

**Vermehrung:** Die Pflanzen sind durch Ausläufer vermehrbar.

**Pflanzendoktor:** Ein Rückschnitt der Triebe sollte erst nach dem Winter erfolgen, zumal sie einen natürlichen Frostschutz bilden.

Mai–Jul

## WASSERFEDER

*Hottonia palustris*

**Wuchs:** Die heimische Unterwasserstaude bildet quirlige Triebe, die sich gut verzweigen und dichte Bestände entwickeln. Die Triebe erreichen eine Länge von etwa 60 cm.

**Blätter:** Die feinen, gefiederten Blättchen sind gleichmäßig rund um die Triebe angeordnet.

**Blüten:** Im Frühjahr schiebt die Staude kleine, weiße bis zartrosa Blüten über die Wasseroberfläche. Sie machen die Verwandtschaft mit den Primeln erkennbar.

**Blütezeit:** Der Flor dauert von Mai bis Juli.

**Standort:** Wasserfedern wachsen im Schlamm bei einem Wasserstand von 10–50 cm. Aber auch in ausreichend tiefen Wasserbecken bilden die Pflanzen dichte Bestände. Sie bevorzugen halbschattige Plätze.

**Pflege:** Die empfindliche Wasserpflanze sollte im Gartenteich möglichst wenig gestört werden.

**Vermehrung:** Die Pflanzen sind durch Ausläufertriebe vermehrbar.

**Pflanzendoktor:** Die Unterwasserstaude braucht zum Überwintern eine frostfreie Tiefe im Teich. Sie überdauert mit Wintertrieben am Boden.

**Zusatzinfo:** Die Wasserfeder steht unter Naturschutz.

Jun–Sep

## WASSERHYAZINTHE

*Eichhornia crassipes*

**Wuchs:** Am Naturstandort in tropischen Gewässern ist diese starkwüchsige Schwimmpflanze eine Plage. Im Garten hält sich der Ausbreitungsdrang in Grenzen. Die einzelnen Pflanzen erreichen eine Höhe von nur 10 cm.

**Blätter:** Die löffelförmigen Blättchen sitzen an dicken Schwimmblasen.

**Blüten:** Im Sommer bringt das Hechtkrautgewächs schöne blaue Blüten hervor.

**Blütezeit:** Der Flor dauert von Juni bis September.

**Standort:** Im Garten braucht die tropische Pflanze einen geschützten Platz im Halbschatten eines bestenfalls ruhigen Teichs.

**Pflege:** Die Überwinterung ist in einem Wasserbecken im Haus möglich. Ideal ist eine Raumtemperatur zwischen 10 und 15 °C.

**Vermehrung:** Die Pflanzen lassen sich durch Kindel, also junge Ausläufer, gut vermehren.

**Pflanzendoktor:** Im Winterquartier sollten die immergrünen Schwimmer möglichst viel Licht bekommen.

**Zusatzinfo:** Die Schwimmpflanzen können zur Schattierung einer neuen Wasserstelle beitragen. Sie entziehen dem Gewässer zudem Nährstoffe und verhindern den Algenwuchs.

Jul–Sep

## WASSERMINZE

*Mentha aquatica*

**Wuchs:** Die wuchernde Staude breitet sich an feuchten Plätzen oder Teichrändern flächig aus und bildet dichte Bestände mit etwa 60 cm hohen Pflanzen.

**Blätter:** Die am Rand gesägten dunkelgrünen Blätter ähneln denen der Pfefferminze.

**Blüten:** Im Sommer bringen die Lippenblütler rosarote Blüten hervor, die in kugeligen Ähren zusammensitzen und durch ihren Duft zahlreiche Insekten anlocken.

**Blütezeit:** Von Juli bis September bilden sich ständig neue Blüten.

**Standort:** Die Stauden brauchen einen ständig feuchten und sonnigen Platz am Teichrand, Bach oder in flachen Wasserbecken.

**Pflege:** Der Rückschnitt erfolgt im Herbst oder Frühjahr vor dem Austrieb.

**Vermehrung:** Die Pflanzen sind durch Ausläufer vermehrbar.

**Pflanzendoktor:** Gegen die Ausbreitung von Rostpilzen hilft das Entfernen befallener Blätter.

**Zusatzinfo:** Die Wasserminze ist ein Elternteil der Pfefferminze. Sie ist vergleichbar starkwüchsig und ausdauernd. Außerdem lässt sie sich gleichermaßen für die Zubereitung von Tee nutzen.

Jun–Sep

## WASSERNUSS

*Trapa natans*

**Wuchs:** Diese 5–20 cm hohe Schwimmpflanze bildet kleine Blattrosetten, die auf Schwimmblasen treiben. Sie verankern sich mit jeweils einem langen Trieb am Boden. Im Herbst entwickelt sich eine Frucht, die am Teichgrund bis zum Frühjahr überdauern kann.

**Blätter:** Die Blattrosetten sind auffällig geformt. Sie färben sich im Herbst stets rötlich.

**Blüten:** In den Blattachseln bilden sich kleine, weiße Blüten.

**Blütezeit:** Der Flor dauert von Juni bis September.

**Standort:** Ideale Bedingungen bieten kleine, sonnig bis halbschattig gelegene Wasserbecken mit ca. 50 cm Tiefe und einem schlammigen, unbewachsenen Boden.

**Pflege:** Der Zyklus der Pflanzen sollte nicht gestört werden.

**Vermehrung:** Mit etwas Glück treiben die Früchte im Frühjahr aus und bringen neue Pflanzen hervor.

**Pflanzendoktor:** Das Absterben der Blattrosetten im Herbst lässt sich nicht verhindern. Die Pflanzen sind von Natur aus einjährig.

**Zusatzinfo:** Die Früchte sind essbar, sollten jedoch für die Vermehrung neuer Pflanzen erhalten bleiben.

Mai–Aug

## WASSERPEST

*Elodea canadensis*

**Wuchs:** Die Unterwasserpflanze entwickelt lange, quirlige Triebe, die sich stark ausbreiten und dichte Bestände bilden. Die Triebe erreichen eine Länge von etwa 1 m.

**Blätter:** Die schmalen Blättchen sind rund um die Triebe verteilt.

**Blüten:** Im Sommer bilden sich kleine, unscheinbare Blüten.

**Blütezeit:** Die Blütezeit beginnt im Mai und endet im August.

**Standort:** In stehenden Gewässern mit 0,50–1 m Tiefe und hohem Nährstoff- sowie Kalkgehalt bilden sich dichte Pflanzenbestände. Für das Gedeihen förderlich ist ein sonniger bis halbschattiger Platz.

**Pflege:** Jungpflanzen werden am Boden verankert. Dichte Bestände lassen sich durch das Abfischen mit einem Rechen ausdünnen.

**Vermehrung:** Ausläufer können an andere Wasserstellen umgesiedelt werden.

**Pflanzendoktor:** Bei starker Algenbildung im Teich müssen die Triebe der Wasserpest davon gereinigt werden.

**Zusatzinfo:** Die vitale Staude trägt zur Sauerstoffanreicherung im Teich bei.

Mai–Jun

## WIESENIRIS

*Iris sibirica*

**Wuchs:** Die 0,50–1 m hohe Schwertlilie ist keine Wasserpflanze, sondern eine schöne Staude für die Ufergestaltung. Sie bildet grasartige, buschige Horste.

**Blätter:** Aus den dicken, kriechenden Wurzelrhizomen treiben lange, schwertförmige Blätter.

**Blüten:** Die blauen, violetten oder weißen Blüten entfalten sich an langen, knotigen Stängeln.

**Blütezeit:** Der Flor dauert von Mai bis Juni.

**Standort:** Wieseniris gedeihen an sonnigen Plätzen am Wasserrand. Wachstumsfördernd sind wechselfeuchte, nährstoffreiche Böden.

**Pflege:** Der Rückschnitt welker Blätter erfolgt im Herbst oder Frühjahr. Samenstände können als zur Vermehrung erhalten bleiben.

**Vermehrung:** Die Pflanzen lassen sich gut durch Teilung der Rhizome vermehren.

**Pflanzendoktor:** Im Sommer siedeln sich oft Pilze an. Alle befallenen Blätter sollten unverzüglich entfernt werden.

**Zusatzinfo:** Anders als die Wasserschwertlilie lässt sich die Wieseniris nur außerhalb der Wasserstelle im Garten ansiedeln.

Mär–Mai

## WOLLGRAS

*Eriophorum*

**Wuchs:** Die 30–50 cm hohe Moorpflanze bildet im flachen Wasser buschige Horste mit auffälligen haarigen Blütenständen. Sie gehört zur Familie der Sauergräser.

**Blätter:** Typisch für dieses Sauergras sind die dichten Büschel aus schmalen, langen Blättern.

**Blüten:** An langen Trieben sitzen silbrige Blütenähren, aus denen sich wollige Samenstände entwickeln.

**Blütezeit:** Nach der Blütezeit von März bis Mai bleiben die Samenstände den Sommer über erhalten.

**Standort:** Die Moorpflanzen brauchen sauren Torfboden, der ständig feucht sein muss. Eine Überflutung vertragen sie allerdings nicht. Der Standort sollte sonnig liegen.

**Pflege:** Wenn der Standort passt, brauchen Wollgräser keine besondere Pflege.

**Vermehrung:** Die Pflanzen sind durch Teilung vermehrbar.

**Pflanzendoktor:** Auf kalkhaltigen oder nährstoffreichen Böden verkümmern die Pflanzen. Falls nötig, ist vor der Ansiedlung ein Bodenaustausch zu bewerkstelligen.

**Zusatzinfo:** Die glänzend weißen, wolligen Samenstände sind auch für Trockensträuße zu gebrauchen.

Jun–Aug

## ZUNGENHAHNENFUSS

*Ranunculus lingua*

**Wuchs:** Der bis zu 1 m hohe Zungenhahnenfuß ist anders als die verwandten Wiesenstauden auf einen ständig nassen Fuß angewiesen. Er breitet sich stark durch Wurzelausläufer aus, die in der Regel weit ins Wasser vordringen.

**Blätter:** Die schmalen, langen Blätter sitzen überhängend an aufrechten Trieben. Der Name weist bereits auf die Form des Laubs hin.

**Blüten:** Aus den Triebachseln bilden sich kugelige, gelbe Blüten.

**Blütezeit:** Die vitale Staude bringt von Juni bis August ständig neue Blüten hervor.

**Standort:** Nach der Pflanzung im sonnig bis halbschattig gelegenen Flachwasser dringt der Hahnenfuß in tiefe Zonen vor.

**Pflege:** Zu sehr wuchernde Ausläufer lassen sich bei der Teichpflege reduzieren. Damit sich die Pflanzen nicht mit anderen Arten vermischen, werden die Stauden in Körben eingedämmt und am Austrieb gehindert.

**Vermehrung:** Bewurzelte Ausläufer eignen sich zur Vermehrung.

**Zusatzinfo:** Eine weitere Ranunculussorte ist der schwimmende, weiß blühende Wasserhahnenfuß (R. aquatilis).

## APFEL

*Malus domestica*

**Wuchs:** Die je nach Sorte bis zu 10 m hohen Bäume entwickeln breitbuschige Kronen auf niedrigen bis hohen Stämmen–je nach Erziehung als Hochstamm, Halbstamm oder Buschbaum.

**Blätter:** Es entfalten sich große eiförmige Blätter mit dunkelgrüner Farbe.

**Blüten:** Die rosaweißen Apfelblüten sind auf Fremdbestäubung durch andere Sorten angewiesen. Der Flor dauert von Ende April bis Mitte Mai.

**Früchte:** Die Erntezeit dauert von Juli (bei Frühsorten) bis Oktober (bei späten Sorten).

**Standort:** Das Kernobst kommt mit sonnigen bis halbschattigen Standorten auf tiefgründigem, frischem und ausreichend feuchtem Boden gut zurecht.

**Pflege:** Für eine gute Kronenentwicklung beim Apfelbaum ist ein regelmäßiger Erziehungsschnitt wichtig.

**Vermehrung:** Apfelsorten werden durch Veredelung vermehrt.

**Pflanzendoktor:** Gegen Schädlinge und Krankheiten sind am besten biologische Mittel zu verwenden.

**Zusatzinfo:** Pflanzt man mehrere Sorten, verbessert dies die Befruchtung und verlängert die Erntezeit.

## APFELBEERE

*Aronia melanocarpa*

**Wuchs:** Der kleine Strauch bildet ein lichtes Zweigwerk. Er erreicht eine Höhe von etwa 1,50 m und verbreitet sich durch Wurzelausläufer.

**Blätter:** Die ledrigen Blätter sind glänzend grün. Sie ähneln den Blättern Apfelbaums.

**Blüten:** Die cremefarbenen Blüten entfalten sich in Büscheln aus vorjährigen Knospen. Nach der Blütezeit im Mai entwickeln sich die kleinen Früchte.

**Früchte:** Die Reife der blauen Früchte beginnt im August. Sie können frisch verzehrt oder auch problemlos konserviert werden.

**Standort:** Apfelbeerenbüsche sind genügsam und gedeihen auf jedem Gartenboden vorzugsweise an sonnigen Plätzen. Sie eignen sich für gemischte, pflegeleichte Obsthecken.

**Pflege:** Die Sträucher brauchen keine besondere Pflege. Damit sie nicht zu sehr wuchern, können die Ausläufer vermindert werden. Ein maßvoller Auslichtungsschnitt trägt zur Verjüngung bei.

**Vermehrung:** Neue Pflanzen sind durch Wurzelausläufer vermehrbar.

**Pflanzendoktor:** Das robuste Obst ist auch für raue Lagen geeignet, zumal es gut frosthart ist.

## APRIKOSE

*Prunus armeniaca*

**Wuchs:** Der kleine sparrige Baum bildet eine etwa 3 m hohe und breite Krone.

**Blätter:** An den Trieben entfalten sich rundliche Blätter mit frisch grüner Farbe.

**Blüten:** Die dicken Knospen bringen weiße oder zartrosa Blüten hervor. Bei mildem Wetter öffnen sich die Blüten schon im März.

**Früchte:** Die Aprikosen können im Juli und August geerntet werden.

**Standort:** Aprikosenbäume brauchen einen möglichst sonnigen, wind- und frostgeschützten Platz auf tiefgründigem, humus- und nährstoffreichem Boden.

**Pflege:** Der regelmäßige Schnitt trägt zur Bildung und zum Erhalt schöner lichter Kronen bei.

**Vermehrung:** Die Sorten werden durch Veredelung vermehrt.

**Pflanzendoktor:** Bei Nachtfrost zur Blütezeit können viele Blüten vernichtet werden, daher ist ein geschützter Standort wichtig. Zudem sind die Steinobstbäumchen anfällig für Scharka, ein Zweigsterben.

**Zusatzinfo:** Aprikosen lassen sich gut als Spalierbäumchen ziehen. Man sollte nur die gut ausgereiften Früchte ernten, da sie nicht nachreifen.

## ASIENBIRNE

*Pyrus pyrifolia*

**Wuchs:** Dieser kleine, etwa 2 m hohe Obstbaum wird meistens als Buschbaum oder Spalier gezogen.

**Blätter:** An den glänzend grünen, länglichen Blättern ist die Verwandtschaft zu den heimischen Birnbäumen erkennbar.

**Blüten:** Die weißen Birnenblüten entfalten sich mit dem Blattaustrieb. Der Flor beginnt bereits Ende April und dauert bis Anfang Mai.

**Früchte:** Die Asienbirne bringt apfelförmige Früchte hervor, die im Herbst reifen.

**Standort:** Ein geschützter, sonniger Platz auf tiefgründigem Sandboden fördert eine gute Entwicklung.

**Pflege:** Wichtig ist ein Erziehungsschnitt in den ersten Jahren nach der Pflanzung. Danach genügt das regelmäßige Auslichten im Winter.

**Vermehrung:** Jungpflanzen werden durch Veredelung vermehrt.

**Pflanzendoktor:** Auf nassen oder verdichteten Böden wachsen die Bäumchen nicht richtig, sie benötigen zudem ein warmes Klima, um gut zu gedeihen.

**Zusatzinfo:** Asienbirnen lassen sich gut an Südwänden als Spalier ziehen. Bekannte Sorten sind Hosui, Kosui, Shinseiki oder Niijisseiki.

## BIRNE

*Pyrus communis*

**Wuchs:** Die meisten Birnensorten bilden schmale Kronen mit steilen Trieben, sie können je nach Sorte bis zu 10 m hoch werden.

**Blätter:** Die Blätter sind glänzend hellgrün und kleiner als beim gewöhnlichen Apfelbaum.

**Blüten:** Ende April öffnen sich die weißen Blüten in dichten Büscheln, sie blühen bis Anfang Mai.

**Früchte:** Die ersten Früchte werden im August reif.

**Standort:** Birnbäume brauchen einen sonnigen Platz auf tiefgründigem, lockerem Boden ohne Staunässe.

**Pflege:** Da Birnbäume von Natur aus steile Triebe bilden, darf man den Schnitt besonders in den ersten Jahren nach der Pflanzung nicht vernachlässigen.

**Vermehrung:** Birnensorten werden durch Veredelung vermehrt.

**Pflanzendoktor:** Vorbeugend helfen gegen Birnengitterrost bereits ab April Austriebspritzungen mit einem biologischen Fungizid.

**Zusatzinfo:** Die Blüten bringen auch ohne Bestäubung Früchte hervor, die aber oft verschrumpelt sind. Man sollte daher für einen passenden Pollenspender als Nachbarbaum sorgen (z. B. 'Williams Christbirne').

## BROMBEERE

*Rubus fruticosus*

**Wuchs:** Die Halbsträucher bringen stachelige Triebe hervor, die bis zu 8 m lang werden und nach der Fruchtreife absterben. Parallel bilden sich neue Fruchttriebe für das nächste Jahr.

**Blätter:** Die Blätter sind dunkelgrün, drei- oder fünfzählig und teilweise wintergrün.

**Blüten:** Im Juni blühen die Brombeeren weiß und in langen Rispen.

**Früchte:** Die schwarzen Früchte reifen von Juli bis Oktober.

**Standort:** Die Waldrandpflanzen brauchen einen sonnigen Platz auf humosem Boden.

**Pflege:** Die Brombeere zieht man am besten am Spalier. Der Pflegeschnitt beschränkt sich auf das Abschneiden alter und das Ausdünnen junger Ruten.

**Vermehrung:** Die Pflanzen sind durch bewurzelte Ausläufer oder Absenker vermehrbar.

**Pflanzendoktor:** Gegen Brombeerlaus (gekräuseltes Brombeerlaub), Brombeermilbe (Hemmung der Fruchtreife) und Pilze (rötliche Flecken an den Ranken) sollten rechtzeitig biologische Mittel angewendet werden.

**Zusatzinfo:** Ein Frostschutz der jungen Triebe ist empfehlenswert.

Jun–Aug

## ERDBEERE

*Fragaria x ananassa*

**Wuchs:** Diese Obstpflanzen gehören zu den Stauden. Sie bilden bodendeckende Bestände (bis zu 20 cm hoch) und verbreiten sich durch Ausläufer.

**Blätter:** Die dreizähligen, dunkelgrünen Blätter können teilweise wintergrün sein.

**Blüten:** An kurzen Stängeln entfalten sich im Mai kleine weiße Blüten.

**Früchte:** Die Ernte der aromatischen roten Früchte beginnt im Juni.

**Standort:** Als Waldpflanzen brauchen Erdbeeren einen lockeren, wasserführenden Humusboden im Halbschatten. Die Züchtungen kommen auch auf sonnigen Plätzen zurecht.

**Pflege:** Ein Standortwechsel alle drei Jahre ist anzuraten, um Krankheiten vorzubeugen.

**Vermehrung:** Die Pflanzen sind in der Regel durch abgetrennte Ausläufer vermehrbar.

**Pflanzendoktor:** Gegen Pilz- oder Viruserkrankungen hilft das Mulchen mit Stroh und ein regelmäßiger Standortwechsel.

**Zusatzinfo:** Zur Reifezeit entwickeln sich die ersten Ausläufer. Diese sollten abgeschnitten werden, da sie von der Mutterpflanze zehren. Bei Trockenheit muss auf ausreichende Bewässerung geachtet werden.

Sep–Okt

## HASELNUSS

*Corylus avellana*

**Wuchs:** Der große Strauch (bis 12 m Höhe) bringt aus dem Wurzelstock meterlange Triebe hervor.

**Blätter:** Die hellgrünen, runden Blätter sind gezähnt. Im Herbst verfärben sie sich gelb.

**Blüten:** Die männlichen Kätzchen hängen neben unscheinbaren weiblichen Fiederblüten am Strauch. Der Flor beginnt bei mildem Wetter bereits im Februar.

**Früchte:** Die von einer holzigen Schale umschlossenen Nüsse reifen ab September.

**Standort:** Haselsträucher brauchen ausreichend Platz. Sie sind genügsam und wachsen auf jedem Boden.

**Pflege:** Der Rückschnitt einiger alter Äste fördert den Austrieb junger Triebe. Die Sträucher sollten aber nicht unnötig gestutzt werden.

**Vermehrung:** Die Pflanzen sind durch Absenker, Steckhölzer oder Aussaat vermehrbar.

**Pflanzendoktor:** Die Nüsse werden oft von einem Käfer (Haselnussbohrer) geschädigt. Schütteln Sie die Tiere deshalb rechtzeitig im Sommer vom Baum.

**Zusatzinfo:** Als Gartengehölze eignen sich die großfrüchtigen Sorten oder die rotlaubige Bluthasel.

Jun–Aug

## HIMBEERE

*Rubus idaeus*

**Wuchs:** Diese Waldpflanzen sind Halbsträucher, die etwa 1 bis 2 m Höhe erreichen.

**Blätter:** An den Ruten entfalten sich im Frühjahr dreizählige, sommergrüne Blätter.

**Blüten:** Je nach Sorte beginnt die Blütezeit Ende Mai und dauert im Sommer an. Die kleinen weißen Blüten der Himbeere sitzen in Rispen an vorjährigen Trieben.

**Früchte:** Erste Früchte bilden sich im Juni am Himbeerstrauch.

**Standort:** Ideal ist ein sonniger bis halbschattiger Platz auf lockerem, feuchtem Humusboden.

**Pflege:** Wichtig ist der Rückschnitt der alten Ruten im Herbst. Die jungen Triebe bleiben für das nächste Jahr erhalten und werden nur ausgedünnt.

**Vermehrung:** Neue Himbeersträucher sind durch bewurzelte Ausläufer zu bekommen.

**Pflanzendoktor:** Gegen Krankheiten und Schädlinge hilft der Schnitt und eine gute Bodenpflege mit Kompost.

**Zusatzinfo:** Neben den einmal- sind zweimaltragende Sorten zu empfehlen. Zur Pflegeerleichterung können die Pflanzen an einem Drahtspalier gezogen werden.

## JOHANNISBEERE

*Ribes*

**Wuchs:** Die 1,50 bis 2 m hohen Beerensträucher bilden Büsche mit vielen steilen Trieben.

**Blätter:** Aus den Blattknospen entfalten sich dreilappige, runzelige Blätter.

**Blüten:** Die grünlichen Blüten hängen in kurzen Rispen an den Trieben. Je nach Wetter dauert die Blütezeit von April bis Mai.

**Früchte:** Die Reife der an Rispen wachsenden kugeligen, je nach Sorte roten, schwarzen oder weißen Früchte beginnt im Juni.

**Standort:** An einem sonnigen bis halbschattigen Platz mit lockerem Humusboden kommen die eher genügsamen Sträucher gut zurecht. Schwarze Sorten bevorzugen allerdings leicht saure Böden.

**Pflege:** Ein Auslichtungsschnitt im Spätwinter fördert die Vitalität.

**Vermehrung:** Die Pflanzen werden durch Stecklinge oder auch durch Steckhölzchen vermehrt.

**Pflanzendoktor:** Gegen Rostpilze und Blasenläuse hilft das Ausputzen befallener Blätter, bei Johannisbeergallmilben verwendet man ein biologisches Insektizid.

**Zusatzinfo:** Johannisbeeren sind, bis auf einige schwarze Sorten, selbstfruchtbar.

## JOSTABEERE

*Ribes x nidrigrolaria*

**Wuchs:** Diese Kreuzung zwischen Stachelbeeren und Schwarzen Johannisbeeren bildet kräftige Büsche. Sie kann 2,50 m hoch werden.

**Blätter:** Aus den Knospen entfalten sich große, dreilappige Blätter, die leicht runzelig sind.

**Blüten:** Die grünlichen Blüten sitzen in kurzen Rispen an den holzigen Zweigen. Der Flor beginnt Ende April und dauert bis zum Mai.

**Früchte:** Die ersten Beeren gibt es im Juni oder Juli.

**Standort:** Jostabeeren brauchen einen sonnigen Platz auf lockerem Humusboden.

**Pflege:** Zur Pflege gehört das Auslichten. Es genügt, einige alte Zweige zu entfernen.

**Vermehrung:** Die Pflanzen sind durch Stecklinge und auch durch Steckhölzchen vermehrbar.

**Pflanzendoktor:** Bei Befall mit Rostpilzen und Blasenläusen erkrankte Blätter entfernen. Das Mulchen des Bodens fördert die Gesunderhaltung.

**Zusatzinfo:** Die aromatischen Früchte ähneln großen, schwarzen Johannisbeeren und sind aufgrund ihres hohen Vitamin-C-Gehaltes sehr gesund.

## KIWI

*Actinidia*

**Wuchs:** Die Kiwi ist eine verholzende Kletterpflanze mit langen schlingenden Trieben, die bis zu 10 m hoch wird.

**Blätter:** Die großen, filzigen Blätter sind eiförmig und sommergrün.

**Blüten:** Die fünfzähligen, bis zu 5 cm großen Blüten entfalten sich im Juni. Sie sind cremefarben und kelchförmig. Die Wildformen der Kiwi und einige Sorten sind zweihäusig. Auf einer Pflanze befinden sich somit entweder männliche oder weibliche Blüten. Zur Fruchtbildung sind beide Geschlechter vonnöten. Deshalb sollte man eine männliche und eine weibliche Kiwi nebeneinanderpflanzen. Daneben sind im Handel auch selbstfruchtbare Züchtungen erhältlich.

**Früchte:** Die Früchte reifen stets im Spätherbst.

**Standort:** Am besten gedeiht die Kiwi an geschützten Orten, z. B. an sonnigen Wänden.

**Pflege:** Da die Kiwi sehr groß werden kann, muss sie regelmäßig zurückgeschnitten werden.

**Vermehrung:** Man kann die Kiwi durch Aussaat oder auch durch Stecklinge vermehren.

**Pflanzendoktor:** Bei Jungpflanzen ist ein Frostschutz zu empfehlen.

## KULTURHEIDELBEERE

*Vaccinium corymbosum*

**Wuchs:** Die kleinen Sträucher bilden gut verzweigte, etwa 1 m hohe Büsche.

**Blätter:** An den Trieben sitzen kleine, dunkelgrüne längliche Blättchen.

**Blüten:** Die Glockenblüten entfalten sich in Büscheln an den Triebenden oder an Seitentrieben. Der Flor dauert von Anfang bis Ende Mai.

**Früchte:** Die kleinen blauen Früchte sind im August erntereif.

**Standort:** Kulturheidelbeeren brauchen einen sonnigen Platz auf saurem Boden (pH-Wert von 3,5–4,5). Zur regelmäßigen Ansäuerung des Bodens eignet sich frisches Moorbeetsubstrat.

**Pflege:** Die Pflege der Kulturheidelbeere beschränkt sich auf die Versorgung mit frischem Substrat.

**Vermehrung:** Die Heidelbeere ist durch Stecklinge vermehrbar.

**Pflanzendoktor:** Auf Kalk im Boden reagieren die Pflanzen mit Blattchlorose. Vorbeugend sollte man kalkhaltigen oder lehmigen Boden vor der Pflanzung austauschen.

**Zusatzinfo:** Die Sträucher sind selbstfruchtbar, dennoch fördert die Pflanzung mehrerer Sorten die Erträge.

## KULTURPREISELBEERE

*Vaccinium macrocarpon*

**Wuchs:** Diese Moorbeetpflanze bildet bodendeckende Büsche, die bis zu 40 cm hoch werden.

**Blätter:** An den jungen Trieben sitzen kleine, glänzend grüne Blättchen.

**Blüten:** Die Glockenblüten entfalten sich in Büscheln an den Triebenden. Je nach Wetter und Sorte dauert die Blütezeit von Mai bis Juni.

**Früchte:** Die fast kirschgroßen, rötlichen Früchte reifen von Juli bis September.

**Standort:** Kulturpreiselbeeren gedeihen an sonnigen Plätzen auf humosem, saurem Boden mit guter Wasserführung.

**Pflege:** Am richtigen Standort brauchen die Pflanzen keine besondere Pflege.

**Vermehrung:** Die Pflanzen sind durch Stecklinge vermehrbar.

**Pflanzendoktor:** Vor Blattchlorosen schützt die Pflanzung in Moorbeetsubstrat (z. B. auf Rhododendronsubstrat)

**Zusatzinfo:** Preiselbeeren lassen sich zur Unterpflanzung von Kulturheidelbeeren nutzen und gedeihen auch gut in Rhododendronbeeten. Der Ertrag kann durch die Pflanzung verschiedener Sorten verbessert werden.

## MISPEL

*Mespilus germanica*

**Wuchs:** Der kleine Baum erreicht eine Höhe von etwa 3 m. Er bildet eine kugelige Krone.

**Blätter:** Die länglichen, großen Blätter des Mispelbaumes sind an der Unterseite filzig. Sie färben sich im Herbst leuchtend gelb.

**Blüten:** Der Mispelbaum blüht ab Mitte Mai. Die Blüten sind dadurch nicht mehr frostgefährdet. Die cremefarbenen Mispelblüten brauchen keinen Pollenspender: Ein Baum genügt, um Früchte zu bekommen.

**Früchte:** Mispeln sind seltene Früchte. Sie schmecken erst nach Frosteinwirkung. Die Erntezeit beginnt im Spätherbst.

**Standort:** Die kleinen Bäume gedeihen auf jedem Gartenboden, vorzugsweise an sonnigen bis halbschattigen Plätzen.

**Pflege:** Zur Erziehung einer geordneten Krone ist der Schnitt in den ersten Jahren hilfreich.

**Vermehrung:** Mispeln werden in den Baumschulen durch Veredelung auf Weißdornunterlagen vermehrt.

**Pflanzendoktor:** Gegen tierische Schädlinge oder Pilzkrankheiten sollten nur biologische Mittel zum Einsatz kommen (z. B. Spritzungen mit Pflanzenbrühen).

Aug–Sep

## PFIRSICH
*Prunus persica*

**Wuchs:** Der bis zu 3 m hohe Steinobstbaum bildet eine kompakte Krone aus wenig geordneten Zweigen.

**Blätter:** Die frisch grünen, länglichen Blätter, die überhängend wachsen, sind glänzend grün.

**Blüten:** Im April entfalten sich die kleinen rosaroten Blüten.

**Früchte:** Die meisten Pfirsichsorten sind selbstfruchtbar: Es genügt ein Exemplar, um Früchte zu bekommen. Die ersten Sorten sind im August reif.

**Standort:** Die wärmebedürftigen, frostempfindlichen Gehölze brauchen einen geschützten, sonnigen Platz auf lockerem, nährstoffreichem Boden. Bei größeren Exemplaren sollten bei Frost zumindest die Stämme einen Anstrich zum Schutz vor schädlichen Rindenrissen erhalten.

**Pflege:** Pfirsichbäume erhalten jeweils im Spätwinter einen Schnitt. Vor allem sind zu eng stehende und dürre Triebe zu entfernen.

**Vermehrung:** Die Pflanzen sind durch Aussaat und auch durch Veredelung vermehrbar.

**Pflanzendoktor:** Zum Schutz vor der Ausbreitung der Kräuselkrankheit müssen befallene Blätter ab dem Austrieb im Frühjahr unbedingt ständig entfernt werden.

Sep–Okt

## PFLAUME
*Prunus domestica*

**Wuchs:** Zur Gattung der Pflaumen gehören neben den Pflaumen auch die Mirabellen, die Renekloden und die Zwetschgen. Sie bilden bis zu 7 m hohe Bäume mit dichten Kronen.

**Blätter:** Die eiförmigen, dunkelgrünen Blätter sind gezähnt.

**Blüten:** Aus dicken Knospen entfalten sich im April und Mai kleine, grünweiße Blüten.

**Früchte:** Die Früchte reifen ab September. Je nach Sorte sind sie rund oder eiförmig, blau, blauviolett oder auch gelb.

**Standort:** Sonnige Plätze mit durchlässigem, nährstoffreichem Boden bevorzugt die Pflaume. Die Erde sollte neutral bis leicht kalkhaltig sein.

**Pflege:** Die Bäume müssen regelmäßig ausgelichtet werden, v. a. sind die Steiltriebe im Kroneninneren unbedingt zu entfernen.

**Vermehrung:** Alle Sorten werden durch Veredelung vermehrt.

**Pflanzendoktor:** Eine gute Gehölzpflege schützt vor Krankheiten; insbesondere kranke Triebe sollte man ausschneiden.

**Zusatzinfo:** Die Bäumchen neigen dazu, viele Wurzelausläufer zu entwickeln. Dies lässt sich durch eine gründliche Entfernung verhindern.

Sep–Nov

## QUITTE
*Cydonia oblonga*

**Wuchs:** Die 1,50 bis 5 m hohen Quittenbäume bilden kugelige Kronen.

**Blätter:** Die runden Blätter ähneln denen des Apfelbaums.

**Blüten:** An den einjährigen Trieben entfalten sich zartrosa Blüten. Der Flor beginnt etwa Mitte Mai und dauert bis zum Ende des Monats.

**Früchte:** Die harten Früchte sind von September bis November erntereif.

**Standort:** Die genügsamen Bäume gedeihen vorzugsweise auf tiefgründigem, lockerem Boden mit guter Wasserführung.

**Pflege:** Der Schnitt ist für die Erziehung symmetrischer, lichter Kronen zu empfehlen. Im Winter erhalten die Kronen der Quittenbäume einen maßvollen Auslichtungsschnitt.

**Vermehrung:** Die Sorten werden auf Quittensämlinge oder Weißdorn veredelt.

**Pflanzendoktor:** Auf kalkhaltigen Böden sind die Blätter durch Chlorose und Stippe gefährdet. Diese Mangelerscheinungen sind durch fleckige oder gelbe Blätter sichtbar.

**Zusatzinfo:** Die Quitte ist selbstfruchtbar. Es gibt Apfelquitten mit apfelförmigen Früchten und Birnenquitten. Im Geschmack unterscheiden sich die Früchte nicht.

## SAUERKIRSCHE

*Prunus cerasus*

**Wuchs:** Diese Steinobstbäume sind kleiner als Süßkirschenbäume, sie werden bis zu 5 m hoch. Je nach Sorte wachsen sie breit buschig oder auch überhängend.

**Blätter:** An den Trieben entfalten sich eiförmige dunkelgrüne Blätter, die gezähnt sind.

**Blüten:** Im April sprießen weiße Kirschblüten aus dicken Blütenknospen.

**Früchte:** Die dunkelroten Früchte reifen im Juli.

**Standort:** Sauerkirschen sind recht genügsam und kommen noch im Halbschatten gut zurecht. Der Boden muss allerdings tiefgründig und staunässefrei sein.

**Pflege:** Wichtig für eine ständige Verjüngung ist ein regelmäßiger Auslichtungsschnitt.

**Vermehrung:** Alle Sorten werden durch Veredelung vermehrt.

**Pflanzendoktor:** Die Bäumchen haben gelegentlich mit Monilia zu kämpfen. Diese Pilzkrankheit kann man durch das Ausschneiden befallener Triebe eindämmen.

**Zusatzinfo:** Es gibt selbstfruchtbare und selbstunfruchtbare Sorten. Bei der Pflanzung ist auf eine gute Sortenwahl zu achten. Sauerkirschen eignen sich gut zum Einkochen.

## SCHWARZER HOLUNDER

*Sambucus nigra*

**Wuchs:** Der große heimische Strauch bildet einen breiten Busch, der bis zu 5 m Höhe erreichen kann.

**Blätter:** Im April treiben die gefiederten, dunkelgrünen Blätter aus.

**Blüten:** Erst im Juni, weit nach dem Blattaustrieb, blüht der Holunder. Die cremefarbenen Blütendolden entfalten sich aus jungen Trieben. Der Flor hält nur wenige Wochen an.

**Früchte:** Die kleinen, kugeligen, schwarzen Früchte reifen erst im Spätsommer.

**Standort:** Holunder siedeln sich von selbst an. Sie gedeihen auf jedem Gartenboden und stehen gerne halbschattig bis sonnig.

**Pflege:** Die lockeren Wildsträucher brauchen keinen Schnitt.

**Vermehrung:** Holunderbüsche sind durch Aussaat oder auch durch Steckhölzer vermehrbar.

**Pflanzendoktor:** Die Pflanzen werden oft von Blattläusen befallen. Ein Rückschnitt kann helfen.

**Zusatzinfo:** Die Früchte sind nur gekocht essbar, denn roh enthalten sie das giftige Sambunigrin, das sich bei einer Temperatur von 80 °C verflüchtigt.

## STACHELBEERE

*Ribes uva-crispa*

**Wuchs:** Diese Beerobststräucher bilden 1 bis 1,50 m hohe Büsche mit dornigen Trieben oder Kronenbäumchen mit niedrigen Stämmchen.

**Blätter:** An den Trieben der Stachelbeere entfalten sich kleine, handförmig gelappte Blätter.

**Blüten:** Die unscheinbaren grünlichen Blüten öffnen sich an den Triebenden oder Seitentrieben im April und Mai.

**Früchte:** Die je nach Sorte gelbgrünen, gelben oder roten Früchte reifen ab Ende Juni. Es gibt unbehaarte und behaarte Stachelbeersorten.

**Standort:** Ein sonniger bis halbschattiger Platz und ein humoser Boden sind ideal für die Stachelbeerbüsche. Damit die Blätter nach einem Regenguss abtrocknen können, sollte ein luftiger Stand gewählt werden.

**Pflege:** Der regelmäßige Schnitt fördert die Verjüngung, das Mulchen hält den Boden feucht.

**Vermehrung:** Die Pflanzen sind durch Stecklinge vermehrbar.

**Pflanzendoktor:** Zum Schutz vor Mehltau sind Austriebspritzungen mit biologischen Fungiziden hilfreich. Vorbeugend können mehltauresistente Züchtungen gepflanzt werden.

Jun–Jul

## SÜSSKIRSCHEN

*Prunus avium*

**Wuchs:** Mit zu den größten Obstbäumen gehören die Süßkirschenbäume. Sie bilden kräftige Stämme mit breiten, lichten Kronen und werden bis zu 30 m hoch.

**Blätter:** Die ovalen, gezähnten Blätter wachsen überhängend und färben sich im Herbst auffällig rot.

**Blüten:** Im Frühjahr sind die Bäume übersät mit strahlend weißen Blüten. Die frühen Sorten blühen ab April.

**Früchte:** Süßkirschen beginnen schon im Juni zu fruchten.

**Standort:** Die großen Bäume brauchen ausreichend Platz zur Entwicklung ihrer breiten Kronen, sie sollten zudem warm und spätfrostgeschützt stehen. Der Boden muss tiefgründig und frei von Staunässe sein.

**Pflege:** Nach der Kronenerziehung in den ersten Jahren sollten die Bäume möglichst wenig geschnitten werden. Keinesfalls dürfen die alten Äste gestutzt werden.

**Vermehrung:** Alle Sorten werden durch Veredelung vermehrt.

**Pflanzendoktor:** Gegen Kirschfruchtfliegenbefall wirkt am besten die Pflanzung früher Sorten.

**Zusatzinfo:** Neue kleinkronige Züchtungen passen auch in kleine Gärten.

Okt

## WALNUSS

*Juglans regia*

**Wuchs:** Der Walnussbaum entwickelt eine mehr als 15 m große Krone.

**Blätter:** Die dunkelgrünen, gefiederten Blätter enthalten einen Duftstoff, der Mücken vertreibt.

**Blüten:** Die Walnuss ist ein Windblütler: Der männliche Pollen wird vom Wind auf die weiblichen Blüten übertragen. Die männlichen Blütenkätzchen und die weiblichen Fiederblütchen entwickeln sich Ende April und blühen bis in den Mai hinein.

**Früchte:** Die braunen Walnusskerne sind von einer grünen Hülle umgeben, die sich zur Reifezeit braun verfärbt und Risse bekommt.

**Standort:** Die Ansiedlung lohnt sich nur in ausreichend großen Gärten in nicht zu rauen Lagen. Der Boden sollte tiefgründig sein.

**Pflege:** Ein Schnitt ist nur zur Erziehung nötig. Später braucht die lichte Krone keine besondere Pflege mehr.

**Vermehrung:** Die Walnuss wird durch Samen vermehrt. Kleinkronige Züchtungen müssen veredelt werden.

**Pflanzendoktor:** In rauen Regionen sind die Bäume frostgefährdet. V. a. Jungpflanzen sollten unbedingt vor Rindenrissen am Stamm bewahrt werden.

Sep–Okt

## WEINREBE

*Vitis vinifera*

**Wuchs:** Die starkwüchsige Auwaldpflanze bringt meterlange Triebe hervor, die sich mit Sprossranken festhalten. Die Kletterpflanze kann bis 20 m hohe Bäume erklimmen.

**Blätter:** Das fächerförmige Weinlaub kann je nach Sorte unterschiedliche Formen und Farben haben.

**Blüten:** Die unscheinbaren Blütenrispen („Gescheine") öffnen sich erst nach dem Blattaustrieb. Die Weinblüte dauert einige Wochen im Juni.

**Früchte:** Die Trauben reifen ab September an der Rebe.

**Standort:** Ein sonniger, windgeschützter Platz auf tiefgründigem, durchlässigem Boden ist Voraussetzung für gutes Gedeihen.

**Pflege:** Die Erziehung und der Pflegeschnitt nehmen verhältnismäßig viel Zeit in Anspruch. Allerdings kann man die Reben auch verwildern lassen (z. B. bei einer Zaunbegrünung).

**Pflanzendoktor:** Vorbeugend sind gegen Pilzkrankheiten Spritzungen mit biologischen Fungiziden wirksam. Zum Schutz vor Vogelfraß helfen Netze.

**Zusatzinfo:** Im Hausgarten sollten möglichst robuste und pilzresistente Sorten gepflanzt werden.

## AUBERGINE

*Solanum melongena*

**Wuchs:** Diese tropische Pflanze ist einjährig und erreicht eine Höhe von etwa 1 m.

**Blätter:** An gut verzweigten Trieben entfalten sich große filzige Blätter.

**Blüten:** Die kleinen, bläulichen Blüten weisen auf die Verwandtschaft mit den Nachtschattengewächsen hin. Der Flor beginnt im Mai und dauert bis zum Spätsommer an.

**Früchte:** Ab Juni reifen die ersten, je nach Sorte länglichen oder eiförmigen, dunkelvioletten Früchte.

**Standort:** Die wärmebedürftigen Pflanzen gedeihen im Gewächshaus auf nährstoffreichem Boden am besten.

**Pflege:** Die Pflanzung der vorgezogenen Sämlinge erfolgt im Mai. Während der Wachstumszeit brauchen Auberginen reichlich Wasser und sollten mehrmals gedüngt werden. Zudem müssen sie unbedingt hochgebunden werden.

**Vermehrung:** Jungpflanzen sind durch Aussaat vermehrbar.

**Pflanzendoktor:** Weiße Fliegen, Blattläuse und andere Schädlinge werden mit biologischen Mitteln (z. B. Leimfallen) abgewehrt.

**Zusatzinfo:** Wenn die Blüten nicht fruchten, kann die Bestäubung mit einem Pinsel helfen.

## BLUMENKOHL

*Brassica oleracea var. botrytis*

**Wuchs:** Diese einjährige Kohlpflanze wird wegen ihrer essbaren Blüten angebaut.

**Blätter:** Große silbrig grüne Blätter ummanteln die endständigen Blütenknospen des Blumenkohls.

**Blüten:** Im Zentrum der Pflanze entwickelt sich der große, weiße Blütenstand, der vor dem Aufblühen ab dem Spätsommer geerntet wird.

**Standort:** Als Starkzehrer braucht der Blumenkohl nährstoffreichen Gartenboden in sonniger Lage.

**Pflege:** Eine regelmäßige Bodenpflege und Wasserversorgung sind wichtig für gutes Gedeihen. Damit die Blütenknospen schön weiß bleiben, sollten sie im Sommer durch das Umknicken oder Zusammenbinden innerer Blätter vor der Sonne geschützt werden.

**Vermehrung:** Die Aussaat ist langwierig. Jungpflanzen sind jedoch in Gartenmärkten erhältlich.

**Pflanzendoktor:** Gegen Kohlweißlinge und deren Raupen helfen Schutznetze.

**Zusatzinfo:** Neben den weißen Sorten kann man auch Züchtungen mit violetten Köpfen anbauen, zudem gibt es Minisorten mit einem Durchmesser von ca. 10 cm.

## BOHNEN

*Phaseolus*

**Wuchs:** Je nach Sorte bilden Bohnen lange, schlingende Triebe oder erreichen nur Kniehöhe.

**Blätter:** An kurzen Trieben bilden sich dünne dreilappige Blätter.

**Blüten:** Von Ende Juni bis August entfalten die Bohnen Schmetterlingsblüten in Weiß, Gelb, Rot oder Blau.

**Früchte:** Aus den Blüten entwickeln sich die Hülsenfrüchte, je nach Sorte mit unterschiedlich gefärbten und geformten Hülsen und Samen.

**Standort:** Alle Arten brauchen einen sonnigen bis halbschattigen Platz. Die Stickstoffsammler kommen auf jedem nicht zu schweren Gartenboden zurecht.

**Pflege:** Gießen und Hacken während der Wachstumszeit gehören zur regelmäßigen Pflege. Stangenbohnen brauchen geeignete Kletterhilfen wie Schnüre, Drahtzäune oder Stangen.

**Vermehrung:** Die Aussaat erfolgt in Torftöpfen im Haus oder ab Mai direkt im Garten.

**Pflanzendoktor:** Die Jungpflanzen brauchen einen wirksamen Schneckenschutz.

**Zusatzinfo:** Roh sind Grüne Bohnen giftig. Die Früchte müssen gekocht werden. Reif sind sie erst, wenn sie beim Biegen brechen.

## BROKKOLI

*Brassica oleracea var. italica*

**Wuchs:** Dieses Kohlgewächs ist dem Blumenkohl ähnlich, bildet allerdings mehrere Blütenstände.

**Blätter:** Die essbaren Blütenstände werden von großen, blaugrünen Blättern ummantelt.

**Blüten:** Die grünen Blütenstände sind bei frühen Sorten im Juni erntereif, die späten Sorten reifen von Juli bis Oktober. Beim Aufblühen bilden sich auf dem Blütenstand des Brokkolis gelbe Kreuzblüten.

**Standort:** Das Kohlgemüse braucht einen sonnigen bis halbschattigen Platz auf nährstoffreichem Boden.

**Pflege:** Eine reichliche Wasserversorgung, Bodenlockerung, Düngung und das Mulchen fördern die Entwicklung des Kohlgewächses.

**Vermehrung:** Die Aussaat erfolgt im Winter im Haus oder von April bis Juni direkt in den Garten.

**Pflanzendoktor:** Brokkoli kann bis Dezember im Beet stehen bleiben, er erträgt Temperaturen bis -7 °C.

**Zusatzinfo:** Bei warmem Wetter blüht der Brokkoli schnell und muss daher rechtzeitig geerntet werden. Nach der Ernte bilden sich Seitentriebe mit neuen Blütenständen. Im Kühlschrank halten sich die Köpfe einige Tage.

## CHINAKOHL

*Brassica rapa ssp. chinensis*

**Wuchs:** Das einjährige Kohlgewächs bildet lockere Köpfe aus großen, weißgrünen Blättern.

**Blätter:** Nach der Pflanzung entwickeln sich die großen Köpfe aus runzeligen, länglichen, weißgrünen Blättern, die eine Länge von etwa 30 cm erreichen.

**Blüten:** Bei zu früher Saat kommen die Pflanzen zum Blühen. Ausgewachsener Chinakohl blüht im Sommer. Vorbeugend erfolgt der Anbau erst ab Spätsommer.

**Standort:** Chinakohl gedeiht auf nährstoffreichem Boden in sonniger bis halbschattiger Lage.

**Pflege:** Eine gute Bodenpflege durch Hacken und Bewässern sind für eine rasche Kopfbildung wichtig. Mulchen hält den Boden feucht.

**Vermehrung:** Der Chinakohl wird im Sommer – von Juni bis August – in Töpfe oder direkt ins Freiland gesät.

**Pflanzendoktor:** Wie andere Kohlgemüse sollte der Chinakohl ein Schutznetz gegen Kohlweißlinge, Kohlfliegen, Blattläuse und Kohlrübenblattwespen erhalten.

**Zusatzinfo:** Das Herbstgemüse kann bis zu den ersten strengen Frösten auf dem Beet bleiben. Ein Vlies lindert die Kälte.

## DICKE BOHNE

*Vicia faba*

**Wuchs:** Die einjährigen Leguminosen bilden kräftige Stängel, die etwa 1 m hoch werden können.

**Blätter:** An den Stängeln sitzen gefiederte Blätter.

**Blüten:** Die Schmetterlingsblüten entwickeln sich aus den Blattachseln. Bei früher Aussaat im April beginnen die Pflanzen schon im Juni zu blühen.

**Früchte:** Die ersten Hülsen mit jeweils drei bis sechs Samen sind dann ab Juli erntereif.

**Standort:** Die genügsamen Pflanzen gedeihen an sonnigen bis halbschattigen Plätzen auf jedem Gartenboden. Ungeeignet sind staunasse Böden.

**Pflege:** Neben der Bewässerung und Bodenpflege ist das Stützen hilfreich.

**Vermehrung:** Die Aussaat erfolgt von April bis Juni im Freiland.

**Pflanzendoktor:** Gegen Bohnenläuse helfen Spritzungen mit einem biologischen Insektizid (z. B. Brennnesseljauche). Der Schwarzen Wickenblattlaus kann man durch eine lockere Pflanzung und das Auskneifen der Triebspitzen vorbeugen, sobald sich die Hülsen ausgebildet haben.

**Zusatzinfo:** Neben Dicken Bohnen werden in der Landwirtschaft zusätzlich flächig die verwandten Ackerbohnen angebaut.

Okt

# ENDIVIE

*Cichorium endivia*

**Wuchs:** Diese Salatpflanze bildet üppige Köpfe aus festen, welligen Blättern, die etwas bitter schmecken.

**Blätter:** Die äußeren Blätter haben eine frisch grüne Farbe. Innen sind zunächst gelbe und danach weiße Blätter angeordnet.

**Blüten:** Die Salatköpfe kommen bei rechtzeitiger Ernte nicht zur Blüte. Ausgewachsene Pflanzen blühen hingegen im Sommer.

**Standort:** Endivienpflanzen gedeihen auf wind- und regengeschützten, sonnigen Plätzen auf nährstoffreichem Boden. Im Herbst ist ein leichter Frostschutz günstig. Hierfür eignet sich z. B. Vlies.

**Pflege:** Die Pflanzen brauchen bis zur Bildung fester, erntereifer Köpfe reichlich Wasser. Zudem sind Bodenlockerung und Schneckenschutz zum Gedeihen notwendig.

**Vermehrung:** Die Aussaat oder Pflanzung erfolgt je nach Sorte von Juni bis August direkt im Freiland. Die Ernte ist dann ab Oktober möglich.

**Pflanzendoktor:** Bei Nässe sind die Blätter anfällig für Fäulnis. Daher sollte man möglichst nicht auf die Pflanzen gießen, sondern nur den Boden bewässern.

Jul–Aug

# ERBSE

*Pisum sativum*

**Wuchs:** Die Erbse bildet schwache Stängel mit gefiederten Blättern und lange Sprossranken. Sie wird bis zu 2 m hoch.

**Blätter:** Aus den Stängeln treiben blaugrüne, paarig gefiederte Blätter.

**Blüten:** Die Blüten entwickeln sich im Mai an kurzen Stielen, die sich aus den Blattachseln entwickeln.

**Früchte:** Aus den Blüten der Erbse bilden sich während des Sommers die essbaren Hülsenfrüchte.

**Standort:** Als Stickstoffsammler sind Erbsen nicht auf nährstoffreichen Boden angewiesen. Vielmehr sollte der Boden durchlässig und locker sein. Eine sonnige Lage fördert die gesunde Entwicklung.

**Pflege:** Erbsen erhalten im Garten eine Kletterhilfe (z. B. Maschendrahtgeflecht). Zudem brauchen sie stets genügend Wasser.

**Vermehrung:** Die Aussaat erfolgt rechtzeitig im Mai im Freiland. Möglich ist auch die Vorkultur im Haus in Torftöpfen.

**Pflanzendoktor:** Wichtig ist ein luftiger Stand, um Mehltau und anderen Pilzkrankheiten vorzubeugen.

**Zusatzinfo:** Die einjährigen Ranker lassen sich auch zur Begrünung von Zäunen nutzen.

Sep–Mär

# FELDSALAT

*Valeriana locusta*

**Wuchs:** Diese Wildpflanze mit kleinen Rosetten aus grünen Blättern wird bei uns erst seit etwa 100 Jahren kultiviert.

**Blätter:** Die rundlichen, wintergrünen Blätter sind frosthart und haben einen feinen sowie nussigen Geschmack.

**Blüten:** Ausgewachsener Feldsalat bringt feingliedrige Blütenstände hervor. Die Blüten bilden sich bei überwinterten Pflanzen im Mai.

**Standort:** Feldsalat siedelt sich auf allen Gartenböden an und wächst auch bei kaltem Wetter (bis 4 °C). Ideal sind humose, kalkhaltige und lehmige Böden.

**Pflege:** Bei einer Herbstpflanzung sollten die Beete im Winter einen Frostschutz erhalten.

**Vermehrung:** Die Aussaat erfolgt von Ende Juli bis Ende September.

**Pflanzendoktor:** Ein sonniger Standort beugt dem Befall durch Mehltau vor.

**Zusatzinfo:** Für den Anbau unter Glas im Herbst sollten als winterhart gekennzeichnete Sorten gewählt werden. Bei Sorten mit großen Blättern erntet man zuerst die äußeren Blätter, damit die inneren noch nachwachsen können.

## FENCHEL

*Foeniculum vulgare*

**Wuchs:** Der Doldenblütler bildet eine oberirdische Knolle aus dicken Blattstielen und wird, wenn er zur Blüte kommt, bis zu 1,20 m hoch.

**Blätter:** Der Fenchel bildet feine, fiedrige Blattspreiten aus.

**Blüten:** In Kultur kommt die Pflanze nicht zur Blüte; nur ausgewachsene oder als Kräuter kultivierte Fenchelpflanzen bringen im Sommer große, gelbe Doldenblüten hervor. Daraus entwickeln sich die Fenchelsamen.

**Früchte:** Die verdickten Scheiden der Grundblätter bilden die Fenchelknolle, die dann ab August geerntet werden kann.

**Standort:** Für eine gute Entwicklung ist ein sonniger Platz in nährstoffreichem, lockerem Boden nötig.

**Pflege:** Neben der Bewässerung trägt das Anhäufeln zur Bildung schöner weißer Knollen bei.

**Vermehrung:** Die Aussaat erfolgt ab März im Haus. Jungpflanzen kommen ins Gewächshaus oder ab Mai ins Freiland. Sie brauchen einen Schnecken- und Frostschutz.

**Zusatzinfo:** Neben dem Gemüsefenchel lohnt sich der Anbau von Gewürzfenchel mit seinen schönen Blüten und dem würzigen Laub.

## FRÜHLINGSZWIEBEL

*Allium fistulosum*

**Wuchs:** Die wintergrüne Zwiebelpflanze, auch Lauch- oder Winterzwiebel genannt, wächst in Büscheln mit aufrechten Schlotten.

**Blätter:** Die hohlen Zwiebelblätter werden wie Schnittlauch genutzt.

**Blüten:** Im Sommer bringen die Pflanzen lange Stängel hervor, an deren Ende sich im Juli bis August kugelige Blüten entfalten. Währenddessen reifen die Samen.

**Früchte:** Die Frühlingszwiebel besitzt eine kleine, weiße, schwach ausgebildete Zwiebel mit grünen, essbaren Röhrenblättern und wird bis zu 40 cm hoch.

**Standort:** Die wintergrünen Pflanzen sollten einen geschützten, sonnigen Platz auf lockerem, humosem Boden erhalten. Das Einarbeiten von Sand trägt zur Verbesserung schwerer Lehmböden bei.

**Pflege:** Neben der Bewässerung in der Wachstumszeit ist im Winter ein luftiger Frostschutz günstig.

**Vermehrung:** Die Aussaat erfolgt im März und April. Steckzwiebeln setzt man im März, April oder September ein. Erntezeit ist dann im September und Oktober.

**Pflanzendoktor:** Ein Gemüseschutznetz hilft gegen Zwiebelfliegen.

## GARTENKRESSE

*Lepidium sativum*

**Wuchs:** Das einjährige Kraut wird gewöhnlich auf der Fensterbank in Schalen kultiviert. Im Garten bilden sich kleine, etwa kniehohe Bestände mit weißen Blüten.

**Blätter:** Die kleinen, würzig-scharf schmeckenden, fiedrigen Blättchen sind zartgrün.

**Blüten:** Der Kreuzblütler (Cruciferae bzw. Brassicaceae) bringt Trauben mit kleinen, weißen Blüten hervor. Bei Freilandpflanzen entwickeln sich die Blütenstände im Sommer.

**Standort:** Die genügsamen Kräuter lassen sich in freien Beeten als Lückenfüller nutzen.

**Pflege:** Nach der Aussaat sind regelmäßige Wassergaben nötig. Die Kressesamen keimen ab etwa 5 °C, das beste Wachstum erfolgt bei ca. 15–25 °C.

**Vermehrung:** Die Samen werden im Beet ausgestreut, dünn mit Erde bedeckt und angedrückt oder im Haus an einem Fensterplatz in Töpfe oder Schalen gesät.

**Zusatzinfo:** Kressesamen keimen innerhalb weniger Tage. Sie bringen auch im Winter frisches Würzkraut mit einem hohen Vitamin-C-Gehalt, Karotin, Kalzium und Eisen hervor und schmecken nicht nur im Salat.

Sep–Mär

## GRÜNKOHL

*Brassica oleracea var. sabellica*

**Wuchs:** Dieses Kohlgemüse hat lange, dunkelgrüne, kräftige, krause Blätter.

**Blätter:** Die blaugrünen oder violetten Blätter des Grünkohls sitzen an einem dicken Stängel.

**Blüten:** Ausgewachsene Pflanzen kommen im zweiten Jahr zur Blüte. Die Blütenstände bilden sich im Frühjahr.

**Früchte:** Grünkohl bildet keine geschlossenen Köpfe, sondern einen straußförmigen, kleinen Busch aus Blättern.

**Standort:** Der Grünkohl braucht einen sonnigen Platz mit nährstoffreichem Boden.

**Pflege:** Neben der Wasserversorgung sollte die Bodenlockerung nicht vernachlässigt werden.

**Vermehrung:** Die Aussaat erfolgt ab Mitte Mai im Freiland.

**Pflanzendoktor:** Grünkohl sollte nicht mit Mist gedüngt werden, dies verschlechtert den Geschmack und vermindert die Frosthärte.

**Zusatzinfo:** Das Wintergemüse kann auch bei Frost im Freien bleiben, dies verfeinert den Geschmack. Lässt man nach dem Ernten die Strünke stehen, kann man im Frühjahr nochmals frische Blätter ernten.

Jul–Sep

## GURKE

*Cucumis sativus*

**Wuchs:** Diese Kletterpflanze breitet sich flächig am Boden aus oder klettert am Spalier nach oben.

**Blätter:** Es entfalten sich große, filzige Blätter.

**Blüten:** Die kleinen, gelben Blüten entwickeln sich aus den Blattachseln. Es gibt selbstfruchtbare Sorten und solche mit weiblichen und männlichen Blüten. Die Blüte der Gurke dauert von Juni bis August.

**Früchte:** Die Früchte sind dunkelgrün und 10–15 cm (Einlegegurken) oder 20–30 cm (Speisegurken) lang.

**Standort:** Gurken brauchen einen geschützten, warmen Platz im Gewächshaus oder Frühbeet.

**Pflege:** Beim Gießen mit warmem Wasser sollten die Blätter nicht nass werden. Das Mulchen hält den Boden feucht.

**Vermehrung:** Die Gurke ist am besten durch Aussaat und Vorkultur im Haus vermehrbar.

**Pflanzendoktor:** Gegen Mehltaubefall sollten vorbeugend resistente Sorten gewählt werden.

**Zusatzinfo:** Das Durchpflücken der jungen Früchte fördert die Blühfähigkeit. Einlegegurken sind auch fächerförmig, etwa an einem Gitter, kultivierbar.

Aug–Sep

## HONIGMELONE

*Cucumis melo*

**Wuchs:** Die Kürbisgewächse bringen an schlingenden Trieben ihre Blätter und Früchte hervor.

**Blätter:** Wie der verwandte Kürbis entfalten Melonen große, fächerförmige Blätter.

**Blüten:** Die kleinen, gelben Blüten sitzen in den Blattachseln. Die Pflanze ist getrenntgeschlechtlich, sie bildet im Juni weibliche und männliche Blüten.

**Früchte:** Nach der Bestäubung reifen im August und September die runden Früchte. Abhängig von der Sorte werden die gelben Früchte zwischen 0,3 und 2,5 kg schwer.

**Standort:** Vorzugsweise werden Melonen im Gewächshaus oder Frühbeet auf nährstoffreichem, lockerem Boden kultiviert.

**Pflege:** Neben der Bewässerung und einem Schutz der Früchte vor Nässe ist eine Kletterhilfe für die schlingenden Triebe wichtig.

**Vermehrung:** Die Aussaat erfolgt im Frühjahr im Haus. Die Jungpflanzen kommen dann im Mai ins Frühbeet oder Gewächshaus.

**Pflanzendoktor:** Die Blätter sind anfällig für Mehltau. Vorbeugend ist ein sonniger, luftiger Platz unter Glas die beste Abwehrmaßnahme.

Mai–Sep

# KAROTTE

*Daucus carota ssp. sativus*

**Wuchs:** Der Pfahlwurzler bringt eine kräftige Wurzel und lange Stängel mit fiedrigen Blättern hervor.

**Blätter:** Die fein gefiederten Blätter bilden dichte Büschel.

**Blüten:** Nur ausgewachsene Pflanzen, die nicht geerntet wurden, blühen in weißen Dolden.

**Früchte:** Je nach Sorte ist die Wurzel gelb, hell- bis dunkelorange oder rot und unterschiedlich dick und lang.

**Standort:** Für eine gute Entwicklung ist ein tiefgründiger, lockerer Boden in sonniger bis halbschattiger Lage ideal.

**Pflege:** Gießen und Hacken sind die wichtigsten Pflegearbeiten. Zudem sollten zu eng stehende Sämlinge vereinzelt werden.

**Vermehrung:** Die Aussaat der Kartoffelpflanze kann schon im zeitigen Frühjahr in Reihen erfolgen.

**Pflanzendoktor:** Ein Gemüseschutzvlies und die Gesellschaft von Zwiebeln bewahrt vor dem Befall durch die Möhrenfliegen. Die Beipflanzung von Tagetes vertreibt zudem Wurzelälchen.

**Zusatzinfo:** Mit Standortwechsel kann man Karotten durchgängig vom Frühjahr bis in den Spätsommer hinein anbauen.

Jun–Jul

# KARTOFFEL

*Solanum tuberosum*

**Wuchs:** Das Nachtschattengewächs bringt aus einer Knolle einen kleinen Busch mit vielen Trieben hervor.

**Blätter:** Die runzligen, gefiederten Blätter sind dunkelgrün.

**Blüten:** Im Sommer bringt die einjährige Pflanze weiße oder violette Blüten hervor.

**Früchte:** Die Früchte der Kartoffel, die sich im Sommer aus den Blüten entwickeln, sind giftig. Nach der Blütezeit sterben die Pflanzen ab. Dann beginnt die Ernte der Knollen.

**Standort:** Kartoffeln brauchen einen lockeren, nährstoffreichen Boden in sonniger Lage.

**Pflege:** Nach der Pflanzung im April werden die Knollen mit Erde angehäufelt, sobald die Pflanze etwa 10 cm groß ist.

**Vermehrung:** Die Pflanzen werden durch Knollen vermehrt. Jede Knolle bringt einen neuen Busch hervor.

**Pflanzendoktor:** Kartoffelkäfer können durch Absammeln oder auch durch biologische Insektizide dezimiert werden. Grüne Knollen enthalten Giftstoffe!

**Zusatzinfo:** Im eigenen Garten sind auch Anbauversuche mit neuen oder ungewöhnlichen Sorten möglich, die selten zu bekommen sind.

Jul–Sep

# KNOBLAUCH

*Allium sativum*

**Wuchs:** Dieses Zwiebelgewächs bringt aus einer Zehe einen aufrechten Stängel hervor, der lange überhängende Blätter bildet.

**Blätter:** Die flachen, schmalen Blätter wachsen überhängend.

**Blüten:** Schaftbildende Knoblauchsorten entwickeln im Sommer lange Stängel mit Brutzwiebeln. Diese sind zur Vermehrung geeignet.

**Früchte:** Aus der gesteckten Knoblauchzehe entwickelt sich eine Zwiebel mit sechs bis zwölf neuen Zehen. Die umhüllenden Häutchen sind weiß, rosa, violett oder grünlich.

**Standort:** Die Steppenpflanze braucht einen lockeren Boden in sonniger Lage.

**Pflege:** Nach dem Stecken der Zehen im Spätsommer oder im Frühjahr auf gute Bewässerung achten!

**Vermehrung:** Die Pflanzen sind durch Teilzwiebeln oder auch durch Brutzwiebel vermehrbar.

**Pflanzendoktor:** Zur Vermehrung sollten nur völlig gesunde Zehen, vorzugsweise von bereits erprobten Gartenpflanzen, benutzt werden.

**Zusatzinfo:** Der Knoblauch lässt sich gut in Mischkultur mit anderen Pflanzen einsetzen, etwa neben Erdbeeren oder unter Obstbäumen.

## KNOLLENSELLERIE

*Apium graveolens var. rapaceum*

**Wuchs:** Der Sellerie bildet runde, größtenteils oberirdisch wachsende Wurzelknollen und sattgrüne Blätter auf dicken Stängeln.

**Blätter:** Seine Blätter sind groß, sattgrün und mehrlappig mit fleischigen Stielen.

**Blüten:** Im Sommer des zweiten Jahres bilden sich gelbe Blütendolden, die Samen tragen.

**Früchte:** Die Knollen sind rundlich und rübenförmig mit glatter, heller Haut und haben einen Durchmesser von 10–20 cm.

**Standort:** Am besten gedeiht der Sellerie auf nährstoffreichem, lockerem Gartenboden.

**Pflege:** Eine gute Bodenpflege, Versorgung mit Spurenelementen und die Bewässerung fördern die Ausbildung kräftiger Knollen.

**Vermehrung:** Im Februar kann die Aussaat im Haus erfolgen. Die Jungpflanzen kommen ab April ins Frühbeet oder ab Mai ins Beet. Zu beachten ist insbesondere ein ausreichender Pflanzabstand.

**Pflanzendoktor:** Bei früher Pflanzung darf der Frostschutz nicht vergessen werden.

**Zusatzinfo:** Zur Lagerung eignen sich nur unversehrte Knollen.

## KOHLRABI

*Brassica oleracea var. gongylodes*

**Wuchs:** Das Kohlgemüse unterscheidet sich von den anderen Kohlsorten durch kleinere Köpfe. Es ist ein ideales Frühgemüse, da sich die Pflanzen bereits im Spätwinter im Frühbeet kultivieren lassen.

**Blätter:** Aus der Knolle treiben an langen Stielen große, grüne oder violette Blätter.

**Blüten:** Die Pflanzen kommen im zweiten Jahr zur Blütenbildung. Im Garten blühen nur ausgewachsene Kohlrabi, die vergessen wurden.

**Früchte:** Die Knolle ist der gestauchte Hauptspross der Pflanze mit weißer, grünlicher oder violetter Schale.

**Standort:** Für eine rasche Bildung der Knollen ist ein geschützter Standort mit nährstoffreichem Boden nötig.

**Pflege:** Neben reichlichen Wassergaben fördert das Hacken des Bodens die rasche Entwicklung.

**Vermehrung:** Kohlrabi wird von Februar bis August durch Aussaat vermehrt. Die Anzucht erfolgt im Haus in Töpfen. Nur dann bleiben die Wurzeln unbeschädigt.

**Pflanzendoktor:** Pflanzen mit Kohlhernie (einer krankhaften Verdickung am Wurzelhals) müssen vernichtet werden.

## KOHLRÜBE

*Brassica napus ssp. rapifera*

**Wuchs:** Die Kohl- oder Steckrübe bildet, anders als andere Kohlsorten, keine Knolle, sondern eine Rübe.

**Blätter:** Aus der Rübe treiben an dicken Stielen große, blaugrüne Blätter.

**Blüten:** Die Pflanzen bringen im zweiten Standjahr typische Kreuzblüten hervor.

**Früchte:** Die bis zu 1,5 kg schweren Rüben sind rund, haben eine gelbe bis rote, feste Schale und weißes bis gelbes Fleisch mit einem angenehm herb-süßen Geschmack.

**Standort:** Die Ackerpflanzen gedeihen am besten im Garten an sonnigen bis halbschattigen Plätzen auf humosen Böden.

**Pflege:** Neben der Bewässerung gehört das Hacken des Bodens zur Pflege während der Saison.

**Vermehrung:** Die Aussaat erfolgt ab Mai direkt im Garten.

**Pflanzendoktor:** Kohlrüben sind anfällig für Kohlhernie und Kohlweißlingraupen. Vorbeugend sollte man sie nicht direkt nach oder neben einer anderen Kohlsorte anbauen.

**Zusatzinfo:** Kohlrüben haben eine verhältnismäßig lange Kulturzeit.

Aug–Okt

## KOPFKOHL

*Brassica oleracea. L. var. capitata*

**Wuchs:** Der Kohl entwickelt große Köpfe aus festen, fleischigen Blättern.

**Blätter:** Die großen fleischigen Blätter bilden dicht geschichtete Rosetten oder kugelige Köpfe.

**Blüten:** Ausgewachsene Kohlköpfe bringen im zweiten Jahr Blütenstände mit gelben Kreuzblüten hervor.

**Früchte:** Das Kohlsortiment ist recht vielfältig. Es gibt hellgrünen Weißkohl, violetten Rotkohl, frisch grünen Wirsing oder zuckerhutförmigen Spitzkohl.

**Standort:** Alle Sorten brauchen einen sonnigen bis halbschattigen Platz auf nährstoffreichem Boden.

**Pflege:** Neben ausreichenden Wassergaben wirkt sich die Bodenlockerung durch Hacken wachstumsfördernd aus.

**Vermehrung:** Die Aussaat erfolgt im Haus, im Frühjahr kommen die Pflanzen ins Beet.

**Pflanzendoktor:** Kohlköpfe sind vor allem anfällig für Kohlhernie und für Kohlweißlingraupen. Ein Fruchtwechsel und günstige Mischkulturen schaffen Abhilfe.

**Zusatzinfo:** Der Kohl ist ein Starkzehrer, der nur einmal alle vier Jahre auf derselben Fläche angebaut werden darf.

Mai–Okt

## KOPFSALAT

*Lactuca sativa var. capitata*

**Wuchs:** Wie der Endiviensalat gehört der Kopfsalat zur Familie der Asterngewächse. Es gibt eine Fülle an verschiedenen Züchtungen wie Eissalat, Pflücksalat oder Römischen Salat.

**Blätter:** Die wohlschmeckenden, großen, welligen oder gekräuselten Blätter bilden einen geschlossenen Kopf. Je nach Sorte sind die Blätter gelbgrün, hell- bis dunkelgrün oder rot, gekräuselt oder glatt.

**Blüten:** Wenn die Pflanzen gelbe Blüten hervorbringen, sind sie ausgewachsen. Aus den Blüten reifen keimfähige Samen.

**Standort:** Für eine rasche Kopfbildung ist ein sonniger bis halbschattiger Platz mit lockerem, gut versorgtem Boden wichtig.

**Pflege:** Das Gießen und Hacken fördern eine rasche Entwicklung.

**Vermehrung:** Neue Pflanzen sind von März bis August durch Aussaat im Haus oder direkt im Freien vermehrbar. Nach acht bis zehn Wochen ist der Salat erntereif.

**Pflanzendoktor:** Nach der Pflanzung ist ein Schutz vor Schnecken nötig. Zur Vermeidung von Welkekrankheiten sollten die Köpfe nicht vernässt werden.

Jul–Okt

## KÜRBIS

*Cucurbita maxima*

**Wuchs:** Die starkwüchsigen Fruchtgemüse bringen Triebe von mehreren Metern Länge hervor, die sich flächig ausbreiten oder an Zäunen ranken.

**Blätter:** An den Trieben entfalten sich große, filzige Blätter mit der Form von Feigenblättern.

**Blüten:** Aus den Blattachseln schieben sich schon im Mai große, gelbe Trichterblüten, die weiblich oder männlich sein können.

**Früchte:** Nach der Bestäubung der Blüten reifen während des Sommers die Früchte. Sie sind weiß, gelb oder grün gefärbt und können bis zu 50 kg schwer werden.

**Standort:** Der Kürbis braucht einen sonnigen bis halbschattigen Platz mit gut gedüngtem Boden (z. B. neben dem Komposthaufen). Von Nutzen ist eine Kletterhilfe.

**Pflege:** Neben der Wasserversorgung kann eine Nachdüngung mit Kompost das Wachstum anregen.

**Vermehrung:** Die Aussaat erfolgt im Frühjahr im Haus oder ab Mai direkt im Freien.

**Pflanzendoktor:** Damit die Früchte trocken bleiben, sollten Brettchen untergelegt werden.

**Zusatzinfo:** Klingen die Kürbisse beim Anklopfen hohl, sind sie reif.

Jul–Dez

## LAUCH

*Allium porrum*

**Wuchs:** Dieses Zwiebelgemüse, auch Porree genannt, bildet einen dicken Schaft. Die Lauchstangen erreichen eine Höhe von 60 cm.

**Blätter:** Der Schaft setzt sich aus langen, weißlich grünen Blättern zusammen, die von dunkelgrünen Blättern umgeben sind. Zum Verzehr sind hauptsächlich die hellen inneren Blätter geeignet.

**Blüten:** Erntet man den Porree nicht, entfalten sich im zweiten Jahr im Juni kugelige Blütenstände.

**Standort:** Der Lauch liebt nährstoffreiche Böden in sonniger bis halbschattiger Lage.

**Pflege:** Eine reichliche Wasserversorgung fördert das Wachstum. Damit sich lange weiße Schäfte bilden, werden die Pflanzen zudem mit Erde angehäufelt.

**Vermehrung:** Sommer- und Herbstsorten werden im Frühjahr im Haus gesät und im April ausgepflanzt, Winterporree kommt im Mai ins Beet.

**Pflanzendoktor:** Gegen Zwiebelfliegen hilft die Mischkultur mit Karotten, sowie das Auflegen von Gemüseschutznetzen.

**Zusatzinfo:** Die Wintersorten können auch bei Schnee problemlos auf dem Beet bleiben.

Jun–Okt

## MANGOLD

*Beta vulgaris ssp. maritima var. cicla*

**Wuchs:** Das Blattgemüse mit seinen bis zu 50 cm langen Blättern ist eine äußerst vielfältige Nutzpflanze. Man unterscheidet Blatt- und Stielmangold, wobei Letzterer dickere Stiele und größere Blätter hat.

**Blätter:** Die Blätter sind groß, glänzend dunkelgrün oder rot, mit roten oder weißen Rippen und fleischigen Stielen. Sie schmecken nussig und sind im Juni erntereif.

**Blüten:** Der Mangold blüht im Sommer des zweiten Anbaujahres und bildet dabei die Samen aus.

**Standort:** Der Anbau dieses Blattgemüses ist auf nährstoffreichen, humosen, tiefgründigen Böden ideal.

**Pflege:** Bewässerung und Düngung sind für gute Erträge wichtig. Bor- und Manganmangel durch zu kalkhaltige oder saure Böden behindern das Wachstum.

**Vermehrung:** Der Mangold wird durch Aussaat im Gemüsegarten von März bis Juni vermehrt.

**Pflanzendoktor:** Zum Schutz vor strengem Frost erhalten die Pflanzen eine Vliesauflage.

**Zusatzinfo:** Schützt man den Mangold vor Frost, kann man im Frühjahr nochmals ernten.

Sep–Nov

## MEERRETTICH

*Armoracia rusticana*

**Wuchs:** Bis zu 1,20 m hoch wird diese kräftige Staude mit ihren essbaren Wurzeln.

**Blätter:** Es entwickeln sich große, ampferartige Blätter.

**Blüten:** Im Mai werden hohe, weiße Blütenrispen ausgebildet.

**Früchte:** Die Wurzel des Meerrettich wird 30–40 cm lang und 4–6 cm dick. Am Ende trägt sie Seitentriebe. Erntezeit ist von September bis einschließlich November.

**Standort:** Am besten gedeiht Meerrettich in tiefgründigen, nährstoffreichen Gartenböden.

**Pflege:** Während des Wachstums wird die Wurzel zwei- bis dreimal freigelegt und von Seitenwurzeln befreit, damit sich eine kräftige Hauptwurzel bildet.

**Vermehrung:** Bei der Ernte trennt man die etwa 2 cm dicken verbliebenen Seitentriebe ab und bewahrt sie im Keller auf. Im Frühjahr werden diese Wurzelausläufer schräg in die Erde gesetzt, daraus bildet sich die neue Meerrettichpflanze. Beim Setzen dürfen oberes und unteres Ende nicht verwechselt werden.

**Pflanzendoktor:** Die ausdauernden Kreuzblütler sollten nicht neben Kohlgewächse gepflanzt werden.

## PAPRIKA

*Capsicum annuum*

**Wuchs:** Das einjährige Fruchtgemüse aus der Familie der Nachtschattengewächse entwickelt ein kleines, verholzendes Stämmchen mit grünen Seitentrieben.

**Blätter:** Die glatten, grünen Blätter sind spitz und länglich.

**Blüten:** In den Blattachseln öffnen sich von Mai bis September kleine weiße Blüten.

**Früchte:** Aus den Blüten entwickeln sich die roten, gelben, grünen, weißen oder violetten Früchte–je nach Sorten in vielen Formen.

**Standort:** Die tropischen Pflanzen benötigen einen geschützten Platz, vorzugsweise im Gewächshaus oder auch im Frühbeet.

**Pflege:** Neben der Wasserversorgung und Düngung ist das Stäben und Heften der Stämmchen nötig.

**Vermehrung:** Die Aussaat erfolgt im Spätwinter im Haus. Kräftige Sämlinge erhalten ihren Platz ab April im Gewächshaus oder ab Mai im Garten.

**Pflanzendoktor:** Im Gewächshaus ist besonders an heißen Sommertagen für eine gute Belüftung und Schatten zu sorgen.

## PASTINAKE

*Pastinaca sativa*

**Wuchs:** Diese Doldenblütler bringen aus einer weißen Wurzel kleine Büschel aus frisch grünen, gefiederten Blättern hervor.

**Blätter:** Die gefiederten Blätter entfalten sich an langen Stielen.

**Blüten:** Erntet man die Pastinake nicht, bilden sich im zweiten Jahr ab Juni gelbe, bis zu 1,20 m hohe Doldenblüten aus.

**Früchte:** Die weiße, pfahlförmige Pastinakwurzel wird bis zu 40 cm lang. Die Ernte der würzigen Wurzeln ist bei einer Pflanzung im März ab Oktober möglich.

**Standort:** Die Wildpflanze braucht in Kultur einen sonnigen bis halbschattigen Platz auf tiefgründigem, lehmigem, nährstoffreichem Boden.

**Pflege:** Für eine gute Wurzelbildung sollte der Boden regelmäßig gehackt werden. Da die Pastinake leicht von Unkraut überwuchert wird, ist es wichtig, die Pflanzen immer frei zu halten.

**Vermehrung:** Die Aussaat kann bereits im März im Freiland beginnen.

**Pflanzendoktor:** Schädlinge wie Wurzelälchen und Möhrenfliegen können durch das Einhalten einer vierjährigen Anbaupause in der Regel vermieden werden.

## RADICCHIO

*Chicorium intybus var. foliosum*

**Wuchs:** Der Radicchio stammt wie der Chicorée, der Zuckerhut und der Endiviensalat von der Wegwarte ab. Er bildet eine ca. 15 cm lange, unterirdische Rübe und je nach Sorte lockere Rosetten aus großen, festen Blättern oder einen festen Kopf.

**Blätter:** Die großen, langen Blätter sind rot, grün oder panaschiert. Die Blattrippen können bitter schmecken.

**Blüten:** Ausgewachsene, auf dem Beet vergessene Pflanzen blühen im Sommer des zweiten Jahres und sollten dann nicht mehr gegessen werden.

**Standort:** Für gutes Wachstum benötigt der Radicchio einen sonnigen bis halbschattigen Platz auf tiefgründigem, feuchtem und nährstoffreichem Boden.

**Pflege:** Die Pflanzen brauchen viel Wasser und eine gute, regelmäßige Bodenlockerung.

**Vermehrung:** Die Aussaat richtet sich nach der Sorte. Sie erfolgt ab Mai im Freiland in Reihen. Nach der Keimung werden die Sämlinge schließlich vereinzelt.

**Pflanzendoktor:** Späte Sorten können im Winter mit einem Frostschutz auf dem Beet bleiben. Im Frühjahr treiben sie frische Blätter.

## RADIESCHEN

*Raphanus sativus*

**Wuchs:** Das Radieschen bildet kleine, rote Speicherknollen, die angenehm scharf schmecken. Die Blätter sind als Heilmittel nützlich (z. B. als Tee bei Husten)

**Blätter:** Die langen, ovalen Blätter sind rau behaart.

**Blüten:** Nur ausgewachsene Pflanzen, die nicht geerntet wurden, blühen im Sommer.

**Früchte:** Die Knollen haben unterschiedliche Farben und Formen: Sie sind weiß, rosa, rot, violett und rund oder länglich.

**Standort:** Radieschen gehören zu den Schwachzehrern und kommen auf jedem lockeren und humosen Gartenboden in sonniger Lage zurecht.

**Pflege:** Hacken und regelmäßiges Gießen sorgt für schöne und nicht holzige Knollen.

**Vermehrung:** Die Aussaat ist im Freiland von März bis September möglich, unter Glas mit speziellen Sorten auch den Winter hindurch. Die Radieschen müssen nach der Reihensaat vereinzelt werden, damit sich große Wurzelknollen bilden.

**Pflanzendoktor:** Gegen Erdflöhe hilft das regelmäßige Hacken des Gartenbodens.

## RETTICH

*Raphanus sativus var. niger*

**Wuchs:** Das Knollengemüse bildet unterirdische, bis zu 60 cm lange Rüben mit langen, gefiederten Blättern.

**Blätter:** Die Blätter des Rettichs sind lang, gefiedert und behaart.

**Blüten:** Nicht geernteter Rettich blüht im Sommer, wenn er ausgewachsen ist.

**Früchte:** Die Rüben können weiß, braun, schwarz oder violett und rund oder spitz zulaufend sein.

**Standort:** Rettiche brauchen tiefgründigen, lockeren Boden in sonniger Lage.

**Pflege:** Gießen und Hacken sind wichtig für eine rasche Rübenbildung.

**Vermehrung:** Die Aussaat erfolgt von April bis August. Im Winter sind spezielle Sorten kultivierbar. Man erntet von August bis Oktober.

**Pflanzendoktor:** Gegen Erdflöhe hilft regelmäßiges Hacken. Rettichfliegen vermeidet man durch Gemüseschutznetze. Gründliches Gießen beugt holzigen Rettichen vor.

**Zusatzinfo:** Winterrettiche sollte man vor dem ersten Frost ernten, denn sie beginnen sonst leicht zu faulen. Für die Lagerung sollte man die Blätter entfernen und die Rüben kühl aufbewahren.

## RHABARBER

*Rheum rhaponticum*

**Wuchs:** Das Knöterichgewächs bringt aus einem mehrjährigen Wurzelstock kräftige, bis zu 50 cm lange Stängel mit großen Blättern hervor.

**Blätter:** Die Blätter des Rhabarbers sind fächerförmig und glänzend grün.

**Blüten:** Blütenstände schieben sich im Mai aus dem Wurzelstock.

**Früchte:** Die langen, fleischigen, je nach Sorte roten oder grünen Blattstängel des Rhabarbers schmecken angenehm säuerlich.

**Standort:** Ein sonniger bis halbschattiger Platz mit tiefgründigem, nährstoffreichem Boden ist ideal für den Rhabarber.

**Pflege:** Eine gute Wasserversorgung im Frühjahr fördert die Entwicklung kräftiger Stängel. Ernten sollte man nur bis Ende Juni, damit die Pflanze nicht geschwächt wird.

**Vermehrung:** Die Pflanzen sind durch Teilung vermehrbar. Da dabei die alte Pflanze beschädigt wird, sollte man besser Jungpflanzen aus der Gärtnerei besorgen.

**Pflanzendoktor:** Die Blütenstände sollten frühzeitig ausgebrochen werden, da sie die Pflanze schwächen.

**Zusatzinfo:** Der Rhabarber lässt sich auch als Zierpflanze einsetzen.

Aug–Feb

# ROSENKOHL

*Brassica oleracea var. gemmifera*

**Wuchs:** Diese Kohlzüchtung bringt Stängel hervor, die bis 1 m hoch werden können. An diesen entwickeln sich die Röschen.

**Blätter:** Gut verteilt am Stängel entfalten sich die großen, blaugrünen Kohlblätter.

**Blüten:** Die Pflanzen kommen erst im zweiten Jahr im Sommer zur Blüte.

**Früchte:** Die Röschen haben bis zu 4 cm Durchmesser und schmecken aromatisch und leicht bitter. An einem Stängel können bis zu 70 Röschen wachsen.

**Standort:** Als Starkzehrer braucht der Rosenkohl einen nährstoffreichen Boden in sonniger Lage.

**Pflege:** Zur Ausbildung kräftiger Röschen sollte ab September ordentlich gewässert werden. Zudem sollte man die Triebspitze kappen.

**Vermehrung:** Die Aussaat erfolgt bereits im April oder Mai direkt in den Garten, da die Röschen viel Zeit zur Entwicklung brauchen; die Sämlinge werden vereinzelt. Die Ernte kann von August bis März dauern.

**Pflanzendoktor:** Faulige Röschen und welke Blätter werden entfernt.

**Zusatzinfo:** Die Röschen schmecken erst richtig, wenn sie Frost abbekommen haben.

Okt–Nov

# ROTE BETE

*Beta vulgaris*

**Wuchs:** Dieses zweijährige Fuchsschwanzgewächs wird einjährig kultiviert. Es bildet dicke, rübenförmige Wurzeln und ein Büschel an großen, roten Blättern.

**Blätter:** Vor der Wurzelentwicklung bringen die Jungpflanzen glänzend rote Blätter hervor.

**Blüten:** Bei nicht geernteten Rüben schieben sich im Sommer des Pflanzjahres bzw. im Frühjahr des zweiten Jahres Blütenstängel aus der Wurzel nach oben.

**Früchte:** Je nach Sorte bilden sich bis zu 600 g schwere, runde, platte oder längliche Rüben in Rot, Orange, Weiß oder Gelb.

**Standort:** Rote Rüben brauchen einen sonnigen Platz auf tiefgründigem, humosem, lockerem Boden.

**Pflege:** Damit sich dicke Wurzeln bilden, muss regelmäßig gegossen und gehackt werden. Dies hilft auch gegen Erdflöhe.

**Vermehrung:** Die Aussaat erfolgt im Mai direkt ins Freiland.

**Zusatzinfo:** Die Ernte der Pflanzen erfolgt im Spätherbst, sobald die ersten Blätter gelb werden, vor dem ersten Frost. Bei der Ernte sind Verletzungen der Rübe zu vermeiden, damit sie nicht blutet.

Jun–Nov

# RUCOLA

*Eruca sativa*

**Wuchs:** Der Rucola (auch Rauke genannt) bildet Rosetten aus Blättern.

**Blätter:** Die schmalen, langen Blätter schmecken würzig-scharf.

**Blüten:** Im Sommer blüht die Rauke in kleinen, gelben oder weißen Kreuzblüten, die essbar sind.

**Standort:** Rucola braucht einen sonnigen Platz auf lockerem Boden.

**Pflege:** Neben einer ausreichenden Bewässerung ist keine besondere Pflege nötig. Vor allem darf das Gießen bei Pflanzen unter Glas oder in Balkonkästen auf keinen Fall vernachlässigt werden.

**Vermehrung:** Die Aussaat ist vom Frühjahr bis zum Herbst im Garten möglich. Die genügsamen Gewächse lassen sich im Winter auch im Gewächshaus kultivieren.

**Pflanzendoktor:** Gegen Erdflöhe hilft meist das regelmäßige Lockern des Bodens.

**Zusatzinfo:** Die Salatrauke zeichnet sich durch eine kurze Kulturzeit aus. Sie eignet sich zur kurzfristigen Nutzung von Brachflächen oder auch zur Unterpflanzung von Tomaten und Gurken im Gewächshaus. Man sollte die Salatblätter bei einer Länge von ca. 15 cm ernten.

Aug–Okt

## SCHWARZWURZEL

*Scorzonera hispanica*

**Wuchs:** Dieser Korbblütler bildet Horste, die viele Jahre Blätter und Blüten treiben.

**Blätter:** Die Blätter sind lang, schmal und schwach gezähnt.

**Blüten:** Kräftige Exemplare bringen im Mai und Juni an langen Stängeln gelbe Blüten hervor.

**Früchte:** Die langen, fleischigen, außen schwarzen Wurzeln werden bis zu 35 cm lang und 2–4 cm dick.

**Standort:** Für die Entwicklung langer, fleischiger Wurzeln ist ein tiefgründiger, lockerer Boden in sonniger Lage nötig.

**Pflege:** Wer auf die Blütenbildung verzichten möchte, um lieber mehr Wurzeln zu ernten, sollte die Blütentriebe rechtzeitig ausbrechen. Zudem ist das Wässern und Hacken nötig.

**Vermehrung:** Die Pflanzen sind durch Aussaat oder durch Teilung vermehrbar. Ebenso lassen sich einige noch austriebfähige Wurzeln zur Vermehrung nutzen und in den Garten auspflanzen.

**Pflanzendoktor:** Bei Nässe sind die Blätter anfällig für Pilzkrankheiten. Ein luftiger, sonniger Stand schafft Abhilfe.

**Zusatzinfo:** Die frostharten Pflanzen können im Winter im Boden bleiben.

Apr–Jun

## SPARGEL

*Asparagus officinalis*

**Wuchs:** Die Spargelpflanze ist eine mehrjährige buschige Staude mit langen, krautigen Trieben.

**Blätter:** Die Blätter sind fein gefiedert und hellgrün.

**Blüten:** Im Sommer bilden sich kleine unscheinbare Blüten.

**Früchte:** Der Wurzelstock besteht aus vielen dickfleischigen Wurzeln. Die Sprosse, die nach oben treiben, werden schließlich als „Spargelstangen" im Frühjahr geerntet.

**Standort:** Spargel gedeiht nur auf durchlässigen Sandböden und bei mildem Klima gut.

**Pflege:** Die Pflanzung des Spargels erfolgt in Rillen, danach wird bei Weißem Spargel angehäufelt. Grüner Spargel ist weniger pflegeintensiv. Die Ernte erfolgt von Ende April bis Juni. Dabei wird der Weißspargel unterirdisch gestochen, der oberirdisch wachsende Grünspargel etwa bei einer Länge von 20 cm über der Erde.

**Vermehrung:** Die Spargelpflanze vermehrt sich durch Wurzelausläufer

**Pflanzendoktor:** Gegen die Spargelfliege muss das welke Kraut abgeschnitten werden.

**Zusatzinfo:** Das Bedecken der Beete mit Folie kann die Ernte um etwa zwei Wochen vorziehen.

Jun–Sep

## SPEISERÜBE

*Brassica rapa ssp. rapa*

**Wuchs:** Von diesem Kohlgewächs sind viele Varianten in Kultur, z. B. Mairüben, Teltower und Stoppelrüben.

**Blätter:** Die langen, eingebuchteten sowie rauen Blätter ähneln denen des Rettichs.

**Blüten:** In der Regel kommen Rüben nicht zur Blüte, da sie einjährig kultiviert werden. Bei nicht geernteten Früchten treiben im zweiten Jahr Stiele mit Kreuzblüten hervor.

**Früchte:** Die verschiedene Arten bilden runde, plattrunde oder längliche Rüben mit weißer, gelber, grüner oder roter Schale.

**Standort:** Im Garten gedeihen die Rübensorten auf jedem gut versorgten, lockeren Boden.

**Pflege:** Zur Ausbildung dicker Wurzeln ist eine ausreichende Bewässerung nötig.

**Vermehrung:** Die Aussaat erfolgt je nach Sorte von März bis August, die Ernte je nach Aussaattermin von Juni bis September.

**Pflanzendoktor:** Zum Schutz vor Krankheiten sind Misch- und Folgepflanzungen mit anderen Kreuzblütlern zu vermeiden.

**Zusatzinfo:** Rüben brauchen von der Aussaat bis zur Ernte verhältnismäßig wenig Zeit und Pflege.

Mai–Sep

# SPINAT

*Spinacia oleracea*

**Wuchs:** Das einjährige Fuchsschwanzgewächs bildet Rosetten mit frisch grünen, rundlichen Blättern.

**Blätter:** Aus einer kräftigen Hauptwurzel entwickeln sich die sattgrünen Spinatblätter, die viele Vitamine und Mineralstoffe enthalten.

**Blüten:** Die Pflanzen sollten nicht zur Blüte kommen, da sie dann an Geschmack verlieren. Ausgewachsene Pflanzen bringen ihre Blütenstände im Sommer hervor.

**Standort:** Für eine rasche Entwicklung ist ein sonniger bis halbschattiger Platz auf lockerem, humosem Boden nötig.

**Pflege:** Neben der Bewässerung ist die Bodenlockerung nicht zu vernachlässigen. Überwinternde Pflanzen benötigen einen Frostschutz.

**Vermehrung:** Die Aussaat erfolgt von März bis Mai oder von August bis September. Die Ernte ist drei Monate später möglich.

**Pflanzendoktor:** Spinat reichert Nitrat in den Blättern an, deshalb sollte man ihn nicht mit Stickstoffdünger, sondern besser mit organischem Dünger (z. B. mit Kompost) versorgen. Bekommt er gelbe Blätter, findet er allerdings zu wenig Stickstoff im Boden.

Aug–Nov

# STAUDENSELLERIE

*Apium graveolens var. dulce*

**Wuchs:** Der zweijährige Staudensellerie bildet bis zu 1 m hohe Pflanzen mit essbaren Blattstielen. Im Gegensatz zum Knollensellerie entfaltet er keine Wurzelknollen.

**Blätter:** Seine Blätter sind groß und mehrlappig mit fleischigen Stielen.

**Blüten:** Im Sommer des zweiten Jahres bilden sich gelbe Blütendolden, die Samen tragen.

**Früchte:** Je nach Sorte sind die Stängel gelblich bis grün in unterschiedlichen Stärken.

**Standort:** Am besten gedeiht der Sellerie auf nährstoffreichem, lockerem Gartenboden.

**Pflege:** Eine gute Bodenpflege, Versorgung mit Kalium und ausreichende Bewässerung lassen kräftige Stauden entstehen.

**Vermehrung:** Im Februar erfolgt die Aussaat im Haus, ab April kann ins Frühbeet oder ab Mai ins Beet gepflanzt werden. Es ist wichtig, ausreichende Abstände einzuhalten.

**Pflanzendoktor:** Bei früher Pflanzung darf der Frostschutz nicht vergessen werden.

**Zusatzinfo:** Sellerie sollte unbedingt vor dem ersten Frost geerntet werden. Das würzige Gemüse ist sehr gesund, es wirkt z. B. harntreibend.

Aug–Okt

# TOMATE

*Lycopersicon esculentum*

**Wuchs:** Dieses Nachtschattengewächs entwickelt ein schwaches Stämmchen oder einen kleinen Busch.

**Blätter:** Am Stämmchen treiben paarig gefiederte, runzelige Blätter aus, die fein behaart sind.

**Blüten:** Die gelben Blüten entfalten sich im Mai in Büscheln an kurzen Seitentrieben.

**Früchte:** Es gibt viele Tomatensorten, die kirsch- bis apfelgroße, runde, ovale oder birnenförmige, rote, gelbe, weiße, rosa, violette, grüne oder schwarze Früchte tragen.

**Standort:** Tomaten brauchen einen geschützten, sonnigen Stand vorzugsweise im Regenschatten auf lockerem Humusboden.

**Pflege:** Neben der reichlichen Wasserversorgung ist das Ausgeizen von Seitentrieben und das Heften des Hauptstämmchens nötig.

**Vermehrung:** Die Aussaat erfolgt bereits im Spätwinter im Haus.

**Pflanzendoktor:** Obwohl sie viel Wasser brauchen, sollten die Blätter trocken bleiben. Vorbeugend gegen Krautfäule sind resistente Züchtungen zu bevorzugen.

**Zusatzinfo:** Bei Frostgefahr kann man die Pflanzen mit Plastikhauben effektiv schützen.

## ZUCCHINI

*Cucurbita pepo*

**Wuchs:** Das Kürbisgewächs bildet im Gegensatz zum Kürbis keine rankenden Triebe, sondern einen Busch.

**Blätter:** Wie der Kürbis entfaltet die Zucchini große, fächerförmige Blätter.

**Blüten:** Die gelben Trichterblüten sind weiblich oder männlich und erscheinen von Mai bis in den Spätsommer. Nur bestäubte weibliche Blüten fruchten.

**Früchte:** Die gurkenähnliche Zucchini kann über 50 cm lang werden, je nach Sorte ist sie hell- bis dunkelgrün, gelb, dunkelbraun oder schwarz.

**Standort:** Zucchini bevorzugen einen geschützten, sonnigen bis halbschattigen Platz und lockeren, nährstoffreichen Boden.

**Pflege:** Während der Wachstumszeit sind ausreichende Wassergaben nötig. Wichtig ist das Durchpflücken der jungen Früchte, so bleiben die Pflanzen blühfähig.

**Vermehrung:** Die Aussaat erfolgt im Frühjahr im Haus oder ab Mai direkt im Freiland.

**Pflanzendoktor:** Die Pflanzung in schwarze Mulchfolie hält den Boden warm und feucht.

**Zusatzinfo:** Am schmackhaftesten sind Früchte mit einer Größe von 10–20 cm.

## ZUCKERMAIS

*Zea mays conv. saccharata*

**Wuchs:** Die einjährige Graspflanze bringt kräftige Stängel hervor, die 2 m Höhe erreichen.

**Blätter:** Am Stängel sitzen gleichmäßig verteilt lange, schmale Blätter, die bogig überhängen.

**Blüten:** Am oberen Teil der Maispflanze entfalten sich im Juni die männlichen Rispenblüten. Die weiblichen Blüten sitzen in Form mehrerer Kolben in den Blattachseln, die von den sogenannten Lieschblättern umgeben sind.

**Frucht:** Nach der Blütezeit reifen die Fruchtkolben. Sie werden 10–35 cm lang und tragen 8–16 Reihen von Maiskörnern.

**Standort:** Der Mais braucht einen nährstoffreichen Boden.

**Pflege:** Neben der Bewässerung ist eine Nachdüngung förderlich.

**Vermehrung:** Die Aussaat erfolgt im Frühjahr im Haus oder im April direkt im Garten.

**Pflanzendoktor:** Gelegentlich werden die Pflanzen von einer typischen Pilzkrankheit befallen. Vorbeugend sollte man die Wucherungen gründlich ausschneiden oder befallene Kolben vernichten.

**Zusatzinfo:** Die schöne Nutzpflanze lässt sich als Sichtschutz einsetzen.

## ZWIEBEL

*Allium cepa*

**Wuchs:** Die 30–40 cm hohe Zwiebel wächst als aufrechte, büschelige Pflanze im Gemüsebeet.

**Blätter:** Es bilden sich lange, dunkelgrüne Laubblätter.

**Blüten:** Die Blüten sitzen kugelförmig und weiß auf langen Stielen. Sie entfalten sich im Sommer des zweiten Jahres nach der Pflanzung.

**Früchte:** Die Zwiebel ist eine fleischige Verdickung der röhrenförmigen Blätter mit weißem und rotem Fleisch und runder, länglicher oder plattrunder Form.

**Standort:** Die Zwiebel mag einen sonnigen Platz auf durchlässigem, nicht zu stickstoffhaltigem Boden.

**Pflege:** Während der Wachstumszeit ist die Bewässerung nicht zu vernachlässigen. Zudem sollte der Boden zwischen den Reihen regelmäßig gehackt werden.

**Vermehrung:** Man vermehrt die Zwiebel durch Aussaat oder Steckzwiebeln im März oder April bzw. im September (Wintersteckzwiebeln). Die Ernte erfolgt ab August (bei Steckwiebeln bereits ab Juli).

**Pflanzendoktor:** Gegen Zwiebelfliegen hilft ein Schutznetz.

## BASILIKUM
*Ocimum basilicum*

**Wuchs:** Das einjährige Kraut aus dem Mittelmeerraum bildet Büsche mit guter Verzweigung, die 30–60 cm hoch werden können.

**Blätter:** An den jungen Trieben entfalten sich glänzend grüne oder violette, rundliche Blätter mit einem würzigen, leicht pfeffrigem Geschmack. Man sollte sie vor der Blüte ernten, trocknen und später zerstoßen.

**Blüten:** Die weißen Blütenstände entwickeln sich von Juni bis September an den Triebenden. Wenn die Pflanzen nicht zu stark gerupft werden, blühen sie im Sommer.

**Standort:** Das mediterrane Gewürz braucht einen sonnigen, geschützten Platz auf lockerem, gut versorgtem Gartenboden.

**Pflege:** Neben der Bewässerung ist besonders im Frühjahr ein Schutz vor Spätfrost nötig. Die Ernte der Triebspitzen begünstigt einen buschigen Wuchs des Krauts.

**Vermehrung:** Jungpflanzen werden durch Aussaat herangezogen. Daneben ist auch die Vermehrung durch Stecklinge möglich.

**Pflanzendoktor:** Jungpflanzen müssen vor Schnecken geschützt werden.

## BEIFUSS
*Artemisia vulgaris*

**Wuchs:** Diese mehrjährige Staude wächst an Wegrändern oft wild. Sie bildet üppige Büsche mit 2 m hohen Blütenständen.

**Blätter:** Die silbrigen, mehrlappigen Blätter sind stark gebuchtet. Sie schmecken herb-würzig und dienen zur Geschmacksverbesserung von Braten. Die Ernte des Beifußes erfolgt vor der Blütezeit.

**Blüten:** Die hohen Blütenstände des Beifußes bilden sich im Sommer. Daraus entwickeln sich keimfähige Samen, die sich durch den Wind in der Umgebung ausbreiten.

**Früchte:** Die winzigen braunen Samen sitzen in großen Mengen an langen, aufrechten Stielen.

**Standort:** Der Beifuß siedelt sich auf Brachland an. Im Garten lässt sich die Staude an ungenutzten Ecken pflanzen. Sie wächst auf jedem Gartenboden in sonniger Lage.

**Pflege:** Nach dem Rückschnitt der abgestorbenen Pflanzenteile im Frühjahr, bringt die Staude wieder frische Triebe hervor.

**Vermehrung:** Beifuß ist durch Aussaat vermehrbar.

**Pflanzendoktor:** Die robuste Wildstaude wird selten von Schädlingen oder Krankheiten heimgesucht.

## BOHNENKRAUT
*Satureja hortensis*

**Wuchs:** Anders als das ausdauernde Bergbohnenkraut ist das Gartenbohnenkraut einjährig. Die krautigen Büsche bringen etwa 40 cm lange Triebe hervor.

**Blätter:** An den jungen Trieben sitzen gleichmäßig verteilt fast nadelförmige Blätter, die waagerecht abstehen. Dank ihres würzigen Geschmacks sind sie beliebt für verschiedene Gerichte.

**Blüten:** Die Lippenblüten in Weiß, Rosa oder Blasslila bilden sich an den Triebenden von Juli bis Oktober.

**Standort:** Ein sonniger Platz auf durchlässigem, lockerem Boden ist eine gute Wachstumsgrundlage.

**Pflege:** Besonders an heißen Tagen sollte das Bohnenkraut ausreichend gewässert werden. Die Ernte der jungen Triebspitzen bewirkt einen buschigen Wuchs.

**Vermehrung:** Die Pflanzen werden durch Aussaat ab Mai direkt im Kräutergarten vermehrt.

**Pflanzendoktor:** Das Bohnenkraut ist ein guter Nachbar von Bohnen, da es Läuse vertreibt.

**Zusatzinfo:** Neben dem Gartenbohnenkraut dient das mehrjährige Bergbohnenkraut als Küchenkraut. Es bildet holzige Triebe.

## BORRETSCH

*Borago officinalis*

**Wuchs:** Diese einjährige, krautige Pflanze wird im Garten bis zu 50 cm hoch und ist an Stängeln und Blättern borstig behaart.

**Blätter:** Der Borretsch bildet dunkelgrüne, silbrige, eiförmige Blätter, die etwa 10–15 cm lang werden.

**Blüten:** Vom Frühjahr bis zum Spätsommer blüht die Pflanze in blauen Büscheln.

**Standort:** Am besten wächst der Borretsch auf nährstoffreichen Böden, in sonniger bis halbschattiger Lage.

**Pflege:** Eine besondere Pflege ist nicht nötig. Die Pflanze ist anspruchslos und verwildert leicht. In diesem Fall sollte man die Blüten vor der Samenreife entfernen.

**Vermehrung:** Der Borretsch sät sich selbst aus. Um immer wieder ernten zu können, sollte man zwei- bis dreimal im Jahr aussäen.

**Pflanzendoktor:** Ein luftiger Stand bewahrt vor Mehltaubefall.

**Zusatzinfo:** Das einjährige Küchenkraut eignet sich gut für eine Mischkultur zwischen Gemüse und anderen Kräutern. Es passt mit seinem gurkenähnlichen Geschmack beispielsweise zu frischen Salaten, Kräutersoßen, Mangold und Spinat.

## DILL

*Anethum graveolens*

**Wuchs:** Der einjährige Doldenblütler treibt bis zu 1 m hohe Stängel mit feinen Blättern und gelben Blüten.

**Blätter:** Am hohlen Stängel entfalten sich fein gefiederte Blätter mit würzigem Geschmack.

**Blüten:** Die gelben Doldenblüten stehen am Ende der Triebe. Sie werden mit den Blättern geerntet. Dillblüten stehen im Juli und August aufrecht in den Beeten.

**Standort:** Die einjährige Pflanze siedelt sich besonders an sonnigen Plätzen mit lockerem Boden an.

**Pflege:** Neben der Bewässerung ist keine besondere Pflege des Dills nötig. Damit sich Samen entwickeln können, sollten einige Pflanzen ungehindert ausreifen.

**Vermehrung:** Der Dill samt sich selbst aus oder kann gezielt vom Frühjahr bis zum Sommer gesät werden.

**Pflanzendoktor:** Eine Mischkultur oder Folgepflanzung mit anderen Doldenblütlern wie Karotten, Fenchel oder Petersilie sollte vermieden werden.

**Zusatzinfo:** Die schöne Blütenpflanze darf sich gern im Garten verbreiten. Selbst in den Blumenbeeten wirken die gelben Dolden sehr attraktiv.

## ESTRAGON

*Artemisia dracunculus*

**Wuchs:** Die mehrjährige Staude wird im Garten bis zu 1,50 m hoch und bildet kräftige Triebe. Sie ist in den südrussischen und mongolischen Steppengebieten beheimatet.

**Blätter:** Die Blätter sind mattglänzend, grün und gefiedert und stehen von den Stängeln ab.

**Blüten:** Von Juli bis Oktober erscheinen unscheinbare grünliche Blüten an langen Rispen.

**Standort:** Der Estragon braucht einen sonnigen, warmen und geschützten Platz auf nährstoffreichem Humusboden.

**Pflege:** Im Frühjahr sollte ein Rückschnitt erfolgen, damit die Pflanze kräftig austreiben kann.

**Vermehrung:** Der Estragon bildet im mitteleuropäischen Klima meist keine Samen und muss daher vegetativ durch Teilung oder Stecklinge vermehrt werden.

**Pflanzendoktor:** Der herbe Geruch vertreibt tierische Schädlinge und schützt deshalb auch andere, benachbarte Pflanzen.

**Zusatzinfo:** Kurz vor der Blüte ist der Gehalt an ätherischen Ölen am höchsten. Deswegen sollte zu diesem Zeitpunkt geerntet werden. Estragon passt gut zu Salaten, Fleisch und Fisch.

Jun–Okt

## KERBEL

*Anthriscus cerefolium*

**Wuchs:** Die einjährige Pflanze aus Südosteuropa gehört zu den Doldenblütlern und bringt bis zu 1,50 m hohe Büsche mit gefurchten Stängeln und weißen Blüten hervor.

**Blätter:** Die gefiederten, feinen Blättchen sind hellgrün und schmecken sehr würzig.

**Blüten:** An den langen Stielen des Kerbels stehen von Mai bis Juni kleine, weiße Blütendolden.

**Standort:** Die genügsame Jahrespflanze wächst auf tiefgründigem sowie humusreichem Gartenboden in sonniger bis halbschattiger Lage am besten.

**Pflege:** Neben der Bewässerung ist keine besondere Pflege nötig. Die Ernte der Blättchen erfolgt vor der Blütezeit. Sie schmecken süßlich.

**Vermehrung:** Jungpflanzen werden vom Frühjahr bis zum Herbst durch Aussaat im Freien vermehrt.

**Pflanzendoktor:** Der Kerbel sollte nicht in Gemeinschaft mit Dill und anderen Doldenblütlern gesät werden.

**Zusatzinfo:** Es lohnt sich, bereits im zeitigen Frühjahr zu säen. Die Sämlinge bilden mehr Blattwerk und kommen nicht so schnell zur Blüte wie Sommersaaten. Kerbel passt gut zu Fisch und Meeresfrüchten.

Jul–Okt

## KORIANDER

*Coriandrum sativum*

**Wuchs:** Wie viele andere Kräuter gehört auch dieses mediterrane Gewächs zu den Doldenblütlern. Es bildet 40–60 cm hohe Büsche.

**Blätter:** Die feingliedrigen, gefiederten Blättchen des Korianders sitzen an dünnen Stängeln.

**Blüten:** Am Ende der Stängel entfalten sich im Juni kleine weiße Dolden. Danach reifen die würzigen Samen des Doldenblütlers, die geerntet und verwertet werden.

**Standort:** Das wärmebedürftige Kraut braucht einen geschützten, sonnigen Platz auf lockerem, durchlässigem Boden.

**Pflege:** Neben dem Gießen ist die Bodenlockerung wichtig.

**Vermehrung:** Die Aussaat erfolgt im April direkt im Freiland, die Pflänzchen sollten vereinzelt werden.

**Pflanzendoktor:** Wie bei anderen Doldenblütlern ist eine Mischkultur mit Pflanzen aus anderen Familien zu bevorzugen: Man sollte Koriander somit auf keinen Fall neben Dill, Kerbel etc. kultivieren.

**Zusatzinfo:** Die reifen Samenstände müssen geerntet werden, bevor die Samen ausfallen. Auch die jungen Blättchen finden z. B. in Suppen und Fleischgerichten Verwendung.

Mai–Okt

## LIEBSTÖCKEL

*Levisticum officinale*

**Wuchs:** Dieser mehrjährige Doldenblütler bringt aus einem ausdauernden Wurzelstock einen kräftigen Busch hervor, der 2 m Höhe erreicht.

**Blätter:** Die großen, gefiederten Blätter sind glänzend dunkelgrün. Sie schmecken würzig nach Maggi-Würze, daher auch der gängige Beiname „Maggikraut".

**Blüten:** Im zweiten Jahr von Juli bis August gelbe Doldenblüten.

**Früchte:** Die Blätter werden im Sommer, die Rübenwurzeln im Herbst geerntet.

**Standort:** Das Maggikraut braucht einen sonnigen Platz auf nährstoffreichem Boden.

**Pflege:** Neben reichlichen Wassergaben ist im Frühjahr der Rückschnitt fällig. Kleine Exemplare sollten nicht zu stark abgeerntet werden.

**Vermehrung:** Die Pflanzen sind durch Teilung vermehrbar.

**Pflanzendoktor:** Mit Blattläusen befallene Pflanzenteile werden einfach abgeschnitten.

**Zusatzinfo:** Diese üppige Würzpflanze sollte einen Stammplatz im Kräutergarten bekommen. Sie lässt sich besonders gut im Hintergrund eines Beets platzieren.

## MAJORAN

*Origanum majorana*

**Wuchs:** Diese von Natur aus mehrjährige Pflanze wird 20–30 cm hoch und ist nicht ganz winterhart. Sie wird daher im Garten vorwiegend einjährig kultiviert (anders als der wilde Oregano).

**Blätter:** An kurzen, zum Teil holzigen Trieben sitzen kleine, ovale Blättchen.

**Blüten:** Die Lippenblütler bringen im Sommer kleine, unauffällige, weiße Blüten hervor. Kurz vor und während der Blütezeit von Juli bis September ist Erntezeit.

**Standort:** Die mediterrane Pflanze braucht einen geschützten, sonnigen Platz auf lockerem, humosem Boden.

**Pflege:** Nach der Direktaussaat oder Auspflanzung vorkultivierter Sämlinge im Mai ist neben der Wasserversorgung die Bodenlockerung für gutes Gedeihen wichtig.

**Vermehrung:** Die Pflanzen werden durch Aussaat im Haus oder ab Mai im Freiland vermehrt.

**Pflanzendoktor:** Besonders zum Schutz der Jungpflanzen sind Schneckenbarrieren nötig.

**Zusatzinfo:** Im Sommer kann noch einmal geerntet werden. Die heilsame Majoranpflanze wirkt nervenstärkend und krampflösend, lindert Husten und Darmkoliken.

## OREGANO

*Origanum vulgare*

**Wuchs:** Der mehrjährige Lippenblütler aus dem Mittelmeerraum bildet bis zu 50 cm hohe Büsche mit teilweise verholzenden Trieben.

**Blätter:** Die aufrechten, unverzweigten Triebe sind gleichmäßig mit kleinen, ovalen Blättchen besetzt. Diese finden vor allem in der mediterranen Küche Verwendung.

**Blüten:** Am Ende der Triebe entfalten sich lilaweiße Lippenblüten. Der Flor beginnt im Juli und dauert bis zum Herbst an.

**Standort:** An ungestörten, sonnigen Plätzen auf durchlässigem, lockerem Boden bildet die Oreganopflanze ausdauernde Horste.

**Pflege:** Neben der Wasserversorgung bei anhaltender Trockenheit erhalten die kleinen Büsche im Frühjahr einen radikalen Rückschnitt.

**Vermehrung:** Die Pflanzen sind durch Teilung vermehrbar. Langwieriger ist die Aussaat.

**Pflanzendoktor:** An ungeschützten Plätzen tut den Pflanzen ein luftiger Winterschutz mit Fichtenreisig gut.

**Zusatzinfo:** Die Ernte erfolgt während der Blütezeit. Das blühende Kraut kann frisch genutzt oder getrocknet werden.

## PETERSILIE

*Petroselinum crispum*

**Wuchs:** Die Schnittpetersilie wird zweijährig kultiviert. Sie bringt Blätter hervor, die bis zu 30 cm hoch werden können.

**Blätter:** Die feinen, fiedrigen oder gekrausten Blätter schmecken würzig.

**Blüten:** Im zweiten Jahr treiben im Juni gelbe Blütendolden.

**Standort:** Blattpetersilie lässt sich an sonnigen bis halbschattigen Plätzen mit lockerem, durchlässigem Boden kultivieren.

**Pflege:** Neben der Bewässerung ist ein Winterschutz nötig. Die Pflanzen dürfen nicht zu stark abgeerntet werden, damit sie weiterhin austriebfähig bleiben.

**Vermehrung:** Jungpflanzen sind durch Aussaat ab März im Freiland vermehrbar. Schneller ist Schnittgrün durch die Auspflanzung vorkultivierter Topfpflanzen zu bekommen.

**Pflanzendoktor:** Der Nachbau und die Mischkultur mit anderen Doldenblütlern ist zu vermeiden. Der Anbau muss auf wechselnden Plätzen erfolgen.

**Zusatzinfo:** Für die Ernte im Winter kann man im Herbst kleine Horste ausgraben und anschließend in Töpfe setzen. Nach dem Rückschnitt treiben sie im Haus aus.

# PFEFFERMINZE

*Mentha x piperita*

**Wuchs:** Dieser Lippenblütler wird 50–80 cm hoch und entstand durch Kreuzung verschiedener Wildarten.

**Blätter:** An den jungen Trieben entfalten sich dunkelgrüne Blätter mit aromatischem Geschmack. Die Ernte ist vom Frühjahr bis zum Herbst möglich. Allerdings verlieren sie mit der Samenreife an Geschmack.

**Blüten:** Die kleinen, bläulichen Blüten entwickeln sich von Juli bis einschließlich September.

**Standort:** Für gutes Gedeihen braucht die Minze einen sonnigen bis halbschattigen Platz auf frischem, gut versorgtem Boden.

**Pflege:** Besonders bei Trockenheit ist die Wasserversorgung nicht zu vernachlässigen. Der Rückschnitt abgestorbener Triebe erfolgt im Frühjahr vor dem Austrieb.

**Vermehrung:** Neue Pflanzen werden durch Teilung oder Wurzelausläufer gezogen.

**Pflanzendoktor:** Gelegentlich breiten sich Pilzkrankheiten wie etwa Mehltau auf den Blättern aus. Befallene Pflanzenteile müssen umgehend beseitigt werden.

**Zusatzinfo:** Da die Pfefferminze schnell wuchert, sind unbedingt Wurzelbarrieren nötig.

# PIMPINELLE

*Sanguisorba minor*

**Wuchs:** Die Pimpinelle, auch als Kleiner Wiesenknopf bekannt, ist eine bis zu 50 cm hohe Wildstaude, die ausdauernde Horste bildet.

**Blätter:** Die unpaarig gefiederten Blättchen sind wintergrün. Sie schmecken leicht nussig und würzig und werden für Salate und Soßen verwendet.

**Blüten:** Auf den kurzen Stängeln der Pimpinelle bilden sich im Mai kleine, rötliche Blütenköpfchen.

**Standort:** Pimpinellen wachsen am besten am besten an sonnigen bis halbschattigen Plätzen auf durchlässigem, auch steinigem Boden.

**Pflege:** Bei Kulturpflanzen im Garten ist die Wasserversorgung wichtig. Zudem werden die Blütenstände ausgebrochen, damit die Blätter weiterhin kräftig wachsen.

**Vermehrung:** Pimpinellen werden im Frühjahr durch Aussaat ins Freiland oder auch durch Teilung vermehrt.

**Pflanzendoktor:** Ein Frostschutz im Herbst macht eine erfolgreiche Ernte weiterhin möglich.

**Zusatzinfo:** Der gesunde Kleine Wiesenknopf hat frisch einen sehr hohen Vitamin-C-Gehalt.

# PORTULAK

*Portulaca oleracea var. sativa*

**Wuchs:** Die einjährige Pflanze ist an den fleischigen Blattrosetten erkennbar und an der enormen Vermehrungsfähigkeit. Die Sämlinge können flächige Bestände bilden.

**Blätter:** An den Stängeln sitzen kleine, dicke Blättchen, die oval geformt sind.

**Blüten:** In den Blattachseln blühen kleine, gelbliche Blütchen auf. Der Flor beginnt im Mai und dauert bis zum Herbst.

**Standort:** An sonnigen Plätzen auf durchlässigem Boden bildet der Portulak dichte Bestände, von denen man zwei- bis dreimal ernten kann.

**Pflege:** Eine Bewässerung ist nur bei anhaltender Trockenheit nötig.

**Vermehrung:** Die Mutterpflanzen samen sich selbst aus. Ebenso ist die gezielte Aussaat ab Mai möglich.

**Pflanzendoktor:** Die Pflanzen sind zwar sehr vermehrungsfreudig und können selbst zum Unkraut werden, allerdings sterben sie im Winter ab.

**Zusatzinfo:** Die Blätter schmecken leicht säuerlich und werden vorwiegend für Kräutersoßen verwendet. Auch für Rohkost sind sie aufgrund ihres leicht nussigen Geschmacks gut geeignet.

## ROSMARIN

*Rosmarinus officinalis*

**Wuchs:** Dieser bis zu 2 m hohe Strauch aus dem Mittelmeerraum bringt immergrüne Triebe hervor.

**Blätter:** An den holzigen Trieben sitzen schmale, silbrige Blättchen.

**Blüten:** Die kleinen, blauen oder rosaroten Lippenblüten öffnen sich von März bis Juni in den Blattachseln, gelegentlich auch im Winterquartier.

**Standort:** Im Sommer braucht der Strauch einen sonnigen Platz. Im Winter sollte er in einen Topf gesetzt werden und an einem kühlen, hellen Ort überwintern. Das optimale Substrat ist durchlässig und locker.

**Pflege:** In milden Gegenden kann der Strauch auch ausgepflanzt werden. Dann braucht er einen geschützten Platz und einen wirksamen, aber luftigen Frostschutz.

**Vermehrung:** Neue Pflanzen kann man durch Stecklinge ziehen oder im März aussäen.

**Pflanzendoktor:** Im Winterquartier darf der Wurzelballen nicht vernässen. Regelmäßiges Lüften schützt vor Schädlingsbefall.

**Zusatzinfo:** Der schöne Strauch kann alt werden, wenn er von Zeit zu Zeit einen neuen Kübel mit frischem Substrat erhält.

## SALBEI

*Salvia officinalis*

**Wuchs:** Der medizinische Salbei ist anders als die vielen Arten an Stauden- und Ziersalbei ein kleiner, winterharter, 40–60 cm hoher Strauch.

**Blätter:** An den gut verzweigten Büschen entfalten sich ovale, silbrige Blätter, die behaart sind.

**Blüten:** Die blauen Lippenblüten sitzen in Scheinähren an den Triebenden. Der Salbei blüht von Mai bis Juni.

**Standort:** An einem geschützten, sonnigen Platz auf durchlässigem Boden kann der Strauch alt werden.

**Pflege:** Im Winter schwächt ein luftiger Schutz mit Fichtenreisig strenge Fröste ab. Ein Rückschnitt im Frühjahr hat einen kräftigen Austrieb zur Folge.

**Vermehrung:** Die Pflanzen sind durch Stecklinge oder durch Aussaat im April und Mai vermehrbar.

**Pflanzendoktor:** Bei Nässe sind die Blätter anfällig für Pilzkrankheiten wie Mehltau. Kranke Pflanzenteile sollten entfernt werden.

**Zusatzinfo:** Die Blätter enthalten kurz vor dem Aufblühen die meisten Wirkstoffe. Nutzen lassen sich frische Blätter vom Frühjahr bis in den Herbst hinein.

## SCHNITTLAUCH

*Allium schoenoprasum*

**Wuchs:** Das Zwiebelgewächs bildet ausdauernde Horste mit aufrechten, bis zu 30 cm hohen Blättern.

**Blätter:** Typisch sind die hohlen, röhrenförmigen Blätter, die oben spitz zulaufen.

**Blüten:** An röhrenförmigen Stängeln entwickeln sich im Mai und Juni blaue, kugelige Blüten.

**Standort:** Die ausdauernde Staude lässt sich auf einem sonnigen Platz im Kräutergarten auf nährstoffreichem Boden mehrjährig kultivieren.

**Pflege:** Im Frühjahr ist das Ausputzen alter Blätter die erste Pflegearbeit. Danach braucht die genügsame Pflanze nur bei anhaltender Trockenheit genügend Wasser.

**Vermehrung:** Die Pflanzen sind durch Aussaat ab April oder auch durch Teilung im Frühjahr und Herbst vermehrbar.

**Pflanzendoktor:** Die Teilung und Umpflanzung auf frischen Boden fördert die Verjüngung.

**Zusatzinfo:** Man sollte nie mehr als ⅔ der Blätter einer Pflanze auf einmal ernten. Für die Ernte im Winter kann der Schnittlauch in einem Topf im Haus überwintert werden. Schnittlauch hat einen hohen Gehalt an Vitamin C und Mineralstoffen.

Mai–Sep

## THYMIAN

*Thymus vulgaris*

**Wuchs:** Der 20–30 cm hohe, zum Teil holzige Strauch breitet einen niedrigen Busch mit aufrechten Trieben aus.

**Blätter:** An den wenig verzweigten Trieben sitzen nadelförmige, immergrüne, aromatische Blätter. Man erntet sie das ganze Jahr hindurch, zum Trocknen vor und zu Beginn der Blüte.

**Blüten:** Von Mai bis Juli entfalten sich am Triebende kleine, blaue Blüten in Scheinähren.

**Standort:** Als mediterraner Strauch braucht der Thymian einen sonnigen Platz auf durchlässigem Boden.

**Pflege:** Außer der Bewässerung bei anhaltender Trockenheit ist keine besondere Pflege nötig.

**Vermehrung:** Neue Pflanzen sind durch Aussaat oder auch durch Teilung erhältlich.

**Pflanzendoktor:** Die Ernte der jungen Triebe sollte mit einer scharfen Schere erfolgen. Ein Rückschnitt ins Holz sollte vermieden werden.

**Zusatzinfo:** Neben dem Gewöhnlichen Thymian lohnt sich auch die Kultur anderer Arten, etwa des Zitronenthymians. Thymian hilft wegen seiner desinfizierenden Wirkung bei Erkältungen und Magen-Darm-Erkrankungen.

Jun–Sep

## YSOP

*Hyssopus officinalis*

**Wuchs:** Der Halbstrauch aus dem Mittelmeerraum kann etwa kniehohe Büsche aus teilweise verholzenden, aufrechten Trieben entwickeln.

**Blätter:** An den jungen Trieben sind gleichmäßig verteilt schmale, wintergrüne Blätter angeordnet.

**Blüten:** Von Juli bis zum Herbst bringt der Ysop an den Triebenden blaue Scheinähren hervor.

**Standort:** Als wärmebedürftige Pflanze ist der Ysop auf einen geschützten, sonnigen Platz und durchlässigen, kalkhaltigen und tiefgründigen Böden angewiesen.

**Pflege:** Ein Frostschutz im Winter lindert strenge Kälte. Im Frühjahr wird durch einen Rückschnitt des Ysops zum Austrieb frischer Blütentriebe angeregt.

**Vermehrung:** Die Pflanzen sind im Frühjahr durch Aussaat im Haus oder durch Teilung des Wurzelstocks vermehrbar.

**Pflanzendoktor:** Beim Schnitt der Blütentriebe zum Trocknen darf nicht ins alte Holz geschnitten werden.

**Zusatzinfo:** Die schönen blauen Blüten sind eine wertvolle Bienenweide. Das ist besonders im Sommer der Fall, wenn sonst wenig Nektarspender zu finden sind.

Jul–Okt

## ZITRONENMELISSE

*Melissa officinalis*

**Wuchs:** Diese vitale Staude bildet breite, üppige Büsche mit teilweise wintergrünen Blättern. Sie kann 60–70 cm hoch werden.

**Blätter:** An den jungen Trieben entfalten sich frischgrüne, zart behaarte Blätter, die nach Zitrone duften. Man verwendet sie frisch oder getrocknet (z. B. als Würzkraut oder Tee).

**Blüten:** Der Lippenblütler bringt an den Triebenden kleine, weiße Scheinquirle hervor. Der Flor dauert von Juli bis August.

**Standort:** Im Garten lässt sich die mediterrane Staude an sonnigen oder halbschattigen Plätzen auf lockeren, durchlässigen Böden ansiedeln.

**Pflege:** Neben der Wasserversorgung ist ein Rückschnitt, insbesondere im Frühjahr, nötig.

**Vermehrung:** Die Pflanzen sind durch Teilung oder auch durch Ausläufer vermehrbar.

**Pflanzendoktor:** Gelegentlich werden die Pflanzen von Pilzkrankheiten befallen. Ein Rückschnitt hat einen gesunden Austrieb zur Folge.

**Zusatzinfo:** Die Erntezeit kann bereits im Frühjahr nach dem Austrieb beginnen. Am wertvollsten sind immer die jungen Blätter.

Jun–Sep

## AGAVE

*Agave*

**Wuchs:** Die immergrüne, ca. 1 m hohe Agave gehört zu den Sukkulenten. Charakteristisch für das Wüstenkind ist ihr rosettenförmiger Wuchs.

**Blätter:** Agaven zeichnen sich durch ihre fleischigen Blätter aus, die mit spitzen Dornen besetzt sind.

**Blüten:** Erst nach über 15 Jahren bilden Agaven einen kräftigen Blütenstand aus. Dann sterben die Pflanzen ab.

**Standort:** Die genügsame Agave braucht einen sonnigen Platz im Garten. Überwintern sollte sie an einem hellen Ort im Haus.

**Pflege:** Während der Sommermonate sollte die Agave ein- bis zweimal wöchentlich gegossen werden. Im Winter genügt es, der Pflanze gerade so viel Wasser zu geben, dass die Erde nicht ganz austrocknet. Gedüngt wird von April bis August alle 14 Tage.

**Vermehrung:** Die Agave bildet Wurzelausläufer. Wenn diese eine Größe von etwa 15 cm erreicht haben, werden sie dicht an der Mutterpflanze abgeschnitten. Die Schnittstellen sollten ein paar Tage trocknen. Danach kann man die Ausläufer in ein sandiges Substrat stecken und warm stellen.

Jan–Dez

## AKAZIE

*Acacia*

**Wuchs:** Die immergrünen Sträucher werden zwischen 2 und 12 m groß.

**Blätter:** Kennzeichnend für die Akazie sind ihre paarig gefiederten, schmalen Blätter.

**Blüten:** Die kugelförmigen, gelben Blüten haben weit nach außen ragende Staubfäden, was ihnen ein wolliges Aussehen verleiht.

**Blütezeit:** Je nach Sorte blüht die Pflanze fast ganzjährig.

**Standort:** Die Akazie schätzt im Sommer einen sonnigen Platz. Im Winter bevorzugt sie es hell und kühl bei einer Temperatur von 5 °C.

**Pflege:** Die Pflanze braucht viel Wasser und sollte auch im Winter nicht austrocknen; von März bis August muss wöchentlich Dünger zugegeben werden. Jungpflanzen sollten jährlich, ältere Pflanzen alle zwei bis drei Jahre umgetopft werden. Am besten eignet sich eine lockere Erdmischung.

**Vermehrung:** Die Vermehrung erfolgt in der Regel durch Stecklinge, die abgerissen und zum Bewurzeln an einem hellen sowie warmen Ort platziert werden.

**Pflanzendoktor:** Bei Nässe brauchen die Pflanzen einen Standort im Regenschatten.

Apr–Aug

## AUKUBE

*Aucuba*

**Wuchs:** Der immergrüne Strauch wächst langsam und kann bis zu 2 m groß werden.

**Blätter:** Die großen Blätter der Aukube sind entweder grün oder gelb gesprenkelt.

**Blüten:** Die Aukuben bilden im Frühjahr unscheinbare Blüten, aus denen ausschließlich an den weiblichen Pflanzen im Herbst giftige, rote Früchte reifen.

**Blütezeit:** Bei blühfähigen Pflanzen sind die Blüten von April bis August in den Blattachseln zu finden.

**Standort:** Wer eine Kübelpflanze für einen schattigen Platz sucht, hat es mit der Aukube gut getroffen. Am besten gedeihen kann der Strauch an einem geschützten, halbschattigen oder schattigen Ort. Im Winter sollte die Aukube in einem hellen, frostfreien und kühlen Raum stehen, der häufig gelüftet wird.

**Pflege:** Aukuben sind genügsam. Sie brauchen aber ausreichend Wasser und gelegentliche Düngergaben. Die immergrüne Pflanze muss auch im Winter versorgt werden. Staunässe ist aber zu vermeiden.

**Vermehrung:** Die Vermehrung der Aukube erfolgt durch Stecklinge, die meist im August geschnitten werden.

## BAMBUS

*Bambusoideae*

**Wuchs:** Im Kübel sind verschiedene Bambusarten kultivierbar. Als hohe Sichtschutzpflanzen eignen sich z. B. Phyllostachysarten, die auch im Topf über 2 m hoch werden.

**Blätter:** Die schmalen, langen Blätter sind wintergrün.

**Blüten:** Blüten sind unerwünscht, zumal die Pflanzen nach der Samenreife absterben.

**Standort:** Als Kübelpflanze braucht der Bambus einen geschützten Platz im Halbschatten oder Schatten. In voller Sonne und bei Bodentrockenheit rollen sich die Blätter ein.

**Pflege:** Bambus benötigt stets einen feuchten Boden. Achten Sie jedoch darauf, dass überflüssiges Wasser gut abfließen kann. Neben Wasserversorgung und Düngung ist im Winter ein luftiger Frostschutz nötig. Im Frühjahr wird umgetopft.

**Vermehrung:** Die Pflanzen sind durch Wurzelausläufer vermehrbar.

**Pflanzendoktor:** Bei strengem Frost kommt es zu Blattschäden. Die Triebe bringen im Frühjahr wieder frische Blätter hervor.

**Zusatzinfo:** Neben Phyllostachysarten lassen sich auch Fargesia-Arten in Kübeln kultivieren.

## BLAUER HIBISKUS

*Alyogyne huegelii*

**Wuchs:** Der Blaue Hibiskus wird bis zu 2 m hoch. Der von Natur aus vieltriebige Strauch lässt sich auch als Hochstämmchen ziehen.

**Blätter:** Die Blätter sind behaart und tief in mehrere Segmente gelappt.

**Blüten:** Die großen, violettblauen Blüten sehen denen des Echten Hibiskus ähnlich.

**Blütezeit:** Der Flor dauert von April bis November. Unermüdlich bringt die Pflanze neue Einzelblüten hervor, die jedoch nur wenige Tage halten.

**Standort:** Der Blaue Hibiskus gedeiht an einem sonnigen, windgeschützten, warmen Ort. Im Herbst sollte er in ein helles, luftiges Quartier mit Temperaturen um 5–10 °C gebracht werden.

**Pflege:** Im Sommer ist der Wasserbedarf sehr groß. Der Ballen sollte stets feucht sein. Staunässe ist jedoch zu vermeiden. Von April bis August sollte die Kübelpflanze wöchentlich gedüngt werden. Im Spätwinter erfolgt der Rückschnitt älterer Pflanzen.

**Vermehrung:** Die Vermehrung durch Stecklinge ist möglich.

## BLEIWURZ

*Plumbago auriculata*

**Wuchs:** Dieser, etwa 2 m hohe Strauch aus Südafrika lässt sich als breiter Busch oder Hochstämmchen ziehen. Die langen Triebe wachsen überhängend.

**Blätter:** Bei heller Überwinterung bleiben die kleinen Blätter teilweise auch im Winter erhalten.

**Blüten:** An den jungen Trieben des Bleiwurzes entfalten sich Büschel aus hellblauen Blüten.

**Blütezeit:** Der Flor dauert von Mai bis Oktober und hält sogar im Winterquartier an.

**Standort:** Die Sträucher lassen sich im Sommer an einem geschützten Platz in der Sonne, vorzugsweise im Regenschatten, kultivieren.

**Pflege:** Das Heften der Triebe trägt zur Formgebung bei. Um die Blühfähigkeit der Pflanze zu fördern, muss sie reichlich bewässert und von Anfang April bis Ende August gedüngt werden. Ein Rückschnitt im Frühjahr sollte maßvoll geschehen, zumal er die Blütezeit verzögert.

**Vermehrung:** Die Pflanzen sind im Sommer durch halbreife Stecklinge vermehrbar.

**Pflanzendoktor:** In einem hellen, warmen Wintergarten bleibt die Pflanze auch im Winter grün.

Apr–Aug

## BOUGAINVILLEE

*Bougainvillea*

**Wuchs:** Die bis zu 3 m hohe Kletterpflanze entwickelt sehr lange Ranken und braucht daher eine Kletterhilfe.

**Blätter:** Neben glänzend grünen Blättern schmückt sich die Bougainvillee mit farbenprächtigen Hochblättern, die wie Blüten wirken.

**Blüten:** Die kleinen Blüten der Bougainvillee wirken neben den violettblauen oder roten Hochblättern nahezu unscheinbar.

**Blütezeit:** Blütezeit ist von April bis August.

**Standort:** Die Bougainvillee kann ihre volle Blütenpracht nur bei Sonne und Wärme an einem geschützten Platz entfalten. Im Winter ist ein heller und frostfreier, aber dennoch kühler Standort bei einer Temperatur von 8–10 °C ideal.

**Pflege:** In der warmen Jahreszeit sollte man die Kletterpflanze gut feucht halten und von April bis Juli regelmäßig düngen. Im Winter genügt ihr wenig Wasser. Vor dem Austrieb im Frühjahr ist ein günstiger Termin für den Rückschnitt.

**Vermehrung:** Da die Stecklinge nicht leicht bewurzeln, bleibt die Vermehrung den Gärtnern überlassen.

Jun–Okt

## BRAUTMYRTE

*Myrtus communis*

**Wuchs:** Der immergrüne Strauch aus dem Mittelmeerraum lässt sich auch als Bäumchen ziehen, das im Topf nur etwa 1 m hoch wird.

**Blätter:** Die winzigen Blättchen sind glänzend grün und bleiben im Winter erhalten. Zerreibt man sie zwischen den Fingern, entfaltet sich ein herber Duft.

**Blüten:** An jungen Trieben bilden sich kleine, weiße Blüten.

**Blütezeit:** Der Flor dauert von Juni bis Oktober.

**Standort:** Myrten brauchen einen sonnigen, geschützten Platz und kalkfreies Substrat.

**Pflege:** Der Wurzelballen darf nie austrocknen. Selbst im Winter muss reichlich gegossen werden, damit das Laub nicht eintrocknet. Stehen die Pflanzen allerdings nass, bekommen sie gelbe Blätter.

**Vermehrung:** Die Pflanzen sind durch reife Sommerstecklinge gezielt vermehrbar.

**Pflanzendoktor:** Zum Gießen ist kalkfreies Regenwasser ideal. Die ersten Wochen nach dem Ausquartieren ist auf einen absonnigen Stand zu achten.

**Zusatzinfo:** Die Sträucher lassen sich auch als Kugelformen ziehen.

Mär–Okt

## CHINESISCHER ROSENEIBISCH

*Hibiscus rosa-sinensis*

**Wuchs:** Dieser bis zu 3 m hohe Strauch aus China wird oft als Zimmerpflanze kultiviert. Dennoch verträgt er die Sommerfrische gut und bildet im Freien einen gesunden, kräftigen Busch.

**Blätter:** Die großen, glänzend grünen Blätter sind wintergrün.

**Blüten:** Je nach Sorte entfalten sich die großen, trichterförmigen Blüten in vielen Farben.

**Blütezeit:** Der Strauch bringt von März bis Oktober Blüten hervor.

**Standort:** Im Sommer braucht der Roseneibisch einen geschützten Platz im Halbschatten oder lichten Schatten. Den Winter überdauert er in einem hellen Quartier.

**Pflege:** In der warmen Jahreszeit benötigt der Roseneibisch viel Wasser. Staunässe sollte jedoch unbedingt vermieden werden. Ein Rückschnitt im Frühjahr bewirkt einen buschigen Wuchs.

**Vermehrung:** Die Pflanzen sind durch Stecklinge vermehrbar.

**Pflanzendoktor:** Ist das Winterquartier zu dunkel, verliert der Strauch viele Blätter. V. a. in einem warmen Quartier ist genügend Licht nötig.

Jun–Okt

## ENGELSTROMPETE

*Brugmansia*

**Wuchs:** Die Engelstrompete wächst strauchförmig mit hohlen Trieben und wird bis zu 4 m hoch.

**Blätter:** Die Blätter der Pflanze sind groß und filzig.

**Blüten:** Schon allein wegen ihrer stattlichen Größe sind die hängenden, trompetenförmigen Blüten eine Augenweide. Es gibt gelb, weiß und rötlich blühende Sorten. Alle Pflanzenteile dieser Schönheit sind giftig.

**Blütezeit:** Von Juni bis Oktober blüht die Pflanze.

**Standort:** Im Sommer stehen Engelstrompeten am besten in der Sonne, im Winter frostfrei im Haus.

**Pflege:** An warmen Tagen benötigt die Pflanze reichlich Wasser, von März bis August zweimal die Woche einen speziellen Flüssigdünger. In der kalten Jahreszeit genügt so viel Wasser, dass der Ballen nicht austrocknet. Ein Rückschnitt ist im Spätwinter möglich.

**Vermehrung:** Die Pflanze lässt sich durch Stecklinge vermehren.

**Pflanzendoktor:** Damit die Engelstrompete nicht von Schädlingen befallen wird, sollte das Winterquartier bei mildem Klima regelmäßig gelüftet werden.

Jun–Aug

## EUKALYPTUS

*Eucalyptus*

**Wuchs:** Der immergrüne Baum aus Australien erreicht als Kübelpflanze eine Höhe von 3 m. Er lässt sich als Strauch oder Kronenbäumchen ziehen.

**Blätter:** Die ledrigen Blätter sind je nach Art und Altersform länglich oder rundlich geformt.

**Blüten:** Im Sommer entfalten sich in den Blattachseln cremeweiße, fiedrige Blüten.

**Blütezeit:** Die Blütezeit dauert von Juni bis August. Im Anschluss reifen kugelige Früchte.

**Standort:** Im Sommer braucht der Eukalyptus einen geschützten, sonnigen Platz. Im Winter bleibt das Gehölz in einem hellen, kühlen Quartier grün. Gefährlich werden kann dort insbesondere Staunässe.

**Pflege:** Eine reichliche Wasserversorgung ist v. a. an heißen Sommertagen wichtig. Dünger wird sparsam gegeben. Hohe Pflanzen sollten vor Windwurf geschützt werden. Im Winter darf der Wurzelballen weder völlig austrocknen noch vernässen.

**Vermehrung:** Eukalyptus ist durch Aussaat vermehrbar.

**Pflanzendoktor:** In der Heimat ernährt sich der Koalabär von Eukalyptusblättern. Bei uns hat der Baum keine Fraßfeinde.

## FEIGENBAUM

*Ficus carica*

**Wuchs:** Das Gehölz aus dem Mittelmeerraum erreicht als Kübelpflanze eine Höhe von 2–3 m. Die Erziehung ist als Strauch oder Baum möglich.

**Blätter:** Die großen, sommergrünen Blätter sind filzig.

**Blüten:** Blüten bilden sich nicht. Die Früchte wachsen direkt aus den Knospen heraus.

**Standort:** Im Sommer sollten die Gehölze sonnig stehen. Jungpflanzen sind jedoch vor direkter Sonneneinstrahlung zu schützen. Im Winter ist ein kühles, helles Quartier empfehlenswert.

**Pflege:** Der Feigenbaum ist zwar recht genügsam, dennoch sollte er gleichmäßig feucht gehalten werden. Außerdem empfiehlt es sich, die Pflanze von April bis August regelmäßig zu düngen.

**Vermehrung:** Die Pflanzen lassen sich im Winter durch Steckhölzer vermehren. Hierbei ist es wichtig, auf gesunde und fruchtbare Mutterpflanzen zu achten.

**Pflanzendoktor:** Um einem Schädlingsbefall vorzubeugen, sollte die Pflanze so lange wie möglich im Freien bleiben. Erst wenn ihr strenger Frost zu schaden droht, empfiehlt sich ein Standortwechsel.

# FUCHSIE

*Fuchsia*

**Wuchs:** Die strauchartigen Pflanzen aus Südamerika lassen sich auch als Stämmchen ziehen und werden bis zu 2 m groß.

**Blätter:** Aus holzigen Trieben sprießen eiförmige, dunkelgrüne sowie leicht gezackte Blätter, die im Winter zum Teil erhalten bleiben.

**Blüten:** Die hängenden Blüten sind rot, weiß oder blau und entfalten sich aus den jungen Trieben.

**Blütezeit:** Die kleinen Bäumchen bringen von Mai bis Oktober frische Blüten hervor.

**Standort:** Fuchsienstämmchen brauchen einen absonnigen Platz und kommen auch im Schatten auf einem nordseitigen Balkon zurecht.

**Pflege:** Die Erde sollte immer leicht feucht gehalten und von Anfang Mai bis Ende August wöchentlich gedüngt werden. Damit sich buschige Kronen bilden, erhalten die Stämmchen im Spätwinter zudem einen kräftigen Rückschnitt.

**Vermehrung:** Die Vermehrung erfolgt im Frühjahr oder Sommer durch Stecklinge, die bei 15–20 °C in etwa drei bis vier Wochen wurzeln.

**Pflanzendoktor:** Damit im Winterquartier Schädlinge ausbleiben, sollte es an milden Tagen gelüftet werden.

# GELBE STRAUCHMARGERITE

*Euryops*

**Wuchs:** Dieses Asterngewächs wird bis zu 1,5 m hoch und bildet kleine, holzige Büsche.

**Blätter:** Die immergrünen, fiedrigen Blätter bleiben bei hellem Stand im Winterquartier erhalten.

**Blüten:** Das kleine Gehölz bringt im Sommer gelbe, sternförmige Blüten hervor.

**Blütezeit:** Der Flor dauert von Mai bis Oktober und hält im Winterquartier an.

**Standort:** Im Sommer begünstigt ein sonniger Stand die Blühfähigkeit. Vor dem ersten Frost sollten die Pflanzen in ein helles Quartier gebracht werden.

**Pflege:** An heißen Tagen müssen Strauchmargeriten täglich gegossen, von Mai bis August zwei- bis dreimal im Monat gedüngt werden. In der kalten Jahreszeit genügt es, die Pflanzen mäßig zu gießen. Der Rückschnitt im Winter fördert einen buschigen Wuchs.

**Vermehrung:** Neue Pflanzen werden durch reife Spätsommerstecklinge gezogen.

# HAKENLILIE

*Crinum*

**Wuchs:** Diese Zwiebelpflanze aus Südafrika lässt sich ausdauernd in Kübeln kultivieren und wird bis zu 1 m hoch.

**Blätter:** Die langen, linealnervigen Blätter bilden üppige Büschel.

**Blüten:** Im Sommer treiben kräftige Stängel mit großen, weißen Blüten aus den dicken Zwiebeln.

**Blütezeit:** Der Flor dauert von Juli bis September.

**Standort:** Der Platz im Freien sollte sonnig bis halbschattig sein. Die Überwinterung erfolgt in einem frostfreien Raum. Günstig ist ein kühler Keller mit Überwinterungstemperaturen von 5–10 °C.

**Pflege:** Den Sommer über braucht die Pflanze reichlich Wasser. Staunässe sollte jedoch vermieden werden. Von April bis August empfiehlt es sich, die Hakenlilie wöchentlich zu düngen.

**Vermehrung:** Neue Pflanzen lassen sich aus Zwiebeln ziehen.

**Pflanzendoktor:** Im Winterquartier ist eine Ruhephase ohne Bewässerung nötig, damit die Pflanzen einziehen können.

**Zusatzinfo:** Eine günstige Zeit zum Umtopfen in größere Kübel mit frischem Substrat ist das Frühjahr.

Mai–Okt

## HAMMERSTRAUCH

*Cestrum*

**Wuchs:** Der 1–3 m hohe Strauch bildet lange Jahrestriebe.

**Blätter:** Die großen, grünen Blätter sind vorn zugespitzt.

**Blüten:** In Büscheln sitzen röhrenförmige kleine Blüten in Gelb oder Rot an den Triebenden.

**Blütezeit:** C. elegans blüht von Mai bis September, C. aurantiacum von Juli bis Oktober.

**Standort:** Der Hammerstrauch gedeiht an sonnigen und halbschattigen Plätzen. Im Winter bleibt er grün, wenn das Quartier hell ist und Temperaturen von 10–15 °C bieten kann.

**Pflege:** Die Sträucher brauchen in der Wachstumszeit reichlich Wasser und Düngergaben. Im Winter werden sie mäßig feucht gehalten. Vor dem Ausräumen vertragen Pflanzen einen Rückschnitt.

**Vermehrung:** Die Pflanze ist durch Aussaat oder auch durch Kopfstecklinge vermehrbar.

**Pflanzendoktor:** Wird das Winterquartier gelüftet, bleiben die grünen Blätter von Spinnmilben und Blattläusen verschont.

**Zusatzinfo:** Nach dem Berühren der giftigen Pflanze sollten die Hände gründlich gewaschen werden.

Jul–Sep

## KASSIE

*Cassia*

**Wuchs:** Die Sträucher erreichen als Kübelpflanzen eine Höhe von ca. 2 m. Sie bleiben bei heller Überwinterung ganzjährig grün.

**Blätter:** Die gefiederten Blätter betonen die Verwandtschaft mit den Schmetterlingsblütlern.

**Blüten:** An den Triebenden bilden sich sattgelbe Blütenkerzen, die nussig duften.

**Blütezeit:** Der Flor dauert von Juli bis September. Einzelne Blüten entfalten sich im Winterquartier.

**Standort:** Kassien brauchen einen sonnigen, aber geschützten Platz im Garten und im Winter ein helles, kühles Quartier.

**Pflege:** Während der Wachstumszeit sollten Kassien v. a. bei Hitze ausreichend bewässert werden. Eine gelegentliche Düngung fördert die Blühfähigkeit. Im Winter darf der Wurzelballen nicht austrocknen.

**Vermehrung:** Kassien sind im Frühjahr durch Aussaat vermehrbar.

**Pflanzendoktor:** Gegen Schädlinge im Winterquartier hilft Lüften.

**Zusatzinfo:** Diese Gehölze werden in tropischen Ländern als Nutzpflanzen kultiviert. Bei uns bereichern sie mit ihren schönen Blüten die Gartenflora.

Mai–Jun

## KEULENLILIE

*Cordyline*

**Wuchs:** Die mehrere Meter hohe Pflanze bildet einen holzigen Stamm mit einem Büschel aus Blättern.

**Blätter:** Mit ihren immergrünen, lang gestielten Blättern ähnelt sie einer Palme.

**Blüten:** Alte Pflanzen bringen im Frühsommer Rispen aus weißen, duftenden Blüten hervor.

**Blütezeit:** Aus dem Blattschopf entwickeln sich von Mai bis Juni die Blütenrispen der Keulenlilie.

**Standort:** Die Pflanzen brauchen im Sommer einen sonnigen Platz und im Winter ein helles, frostfreies Quartier. Wichtig ist ein beständig lockeres Substrat. Bei hohen Exemplaren empfiehlt sich eine Sicherung gegen Windwurf.

**Pflege:** Im Sommer brauchen die Keulenlilien reichlich Wasser, damit sich die Blattspitzen nicht braun verfärben. Zusätzlich fördert wöchentliches Düngen das Wachstum.

**Vermehrung:** Die Pflanzen sind durch Kopfstecklinge vermehrbar.

**Pflanzendoktor:** Die ersten Wochen nach dem Ausquartieren müssen die Pflanzen absonnig im Garten platziert werden.

Apr–Jul

## KLEBSAME

*Pittosporum*

**Wuchs:** Der kleine Strauch erreicht als Kübelpflanze eine Höhe von ca. 2 m.

**Blätter:** Die glänzend grünen sowie welligen Blätter sind eiförmig und immergrün.

**Blüten:** Bei heller Überwinterung bringt der Strauch bereits im April büschelweise kleine, cremefarbene Blüten hervor, die stark duften.

**Blütezeit:** Die Blütezeit dauert von April bis Juli. Vereinzelt gehen auch im Winter Blüten auf.

**Standort:** Das subtropische Gewächs braucht im Sommer einen geschützten, sonnigen Platz und im Winter ein helles, kühles Quartier.

**Pflege:** Nach dem Ausquartieren braucht der immergrüne Strauch zunächst einen Sonnenschutz oder einen schattigen Platz. Während der Wachstumszeit sind regelmäßige Wasser- und Düngergaben nötig.

**Vermehrung:** Der Klebsame ist durch Aussaat oder auch durch Stecklinge vermehrbar.

**Pflanzendoktor:** Die ledrigen Blätter sind recht widerstandsfähig gegen saugende und beißende Insekten. Im Winter fördert das Lüften die Vitalität.

**Zusatzinfo:** Der Strauch lässt sich auch als Bäumchen erziehen.

Jul–Sep

## KORALLENSTRAUCH

*Erythrina crista-galli*

**Wuchs:** Der ca. 2 m hohe Schmetterlingsblütler bildet lange Triebe.

**Blätter:** Die großen Fiederblätter bestehen aus länglichen, sattgrünen Einzelblättern.

**Blüten:** Auffällig sind die leuchtend roten Schmetterlingsblüten des Korallenstrauches, die sich in langen Trauben an den Triebenden entfalten.

**Blütezeit:** Die Blütezeit dauert von Juli bis September.

**Standort:** Ein geschützter, sonniger Stand fördert die Blütenbildung. Im Winter ist ein frostfreies, aber kühles Quartier nötig.

**Pflege:** Während der Überwinterung sollte der Wurzelballen nicht vernässt werden, aber auch nicht völlig austrocknen. In der Wachstumszeit braucht der Korallenstrauch mäßig Wasser und gelegentlich etwas Dünger. Im Herbst vor dem Einräumen ist ein Rückschnitt möglich.

**Vermehrung:** Die Pflanze ist durch Aussaat vermehrbar.

**Pflanzendoktor:** Im Winterquartier werden die Blätter gelegentlich von Blattläusen und Spinnmilben befallen. Vorbeugend dürfen die Pflanzen im Spätsommer nicht mehr gedüngt werden, damit die Triebe gut ausreifen.

Mär–Apr/Nov

## LAURUSTINUS

*Viburnum tinus*

**Wuchs:** Der bis zu 2,5 m hohe Laurustinus aus dem Mittelmeerraum ist mit den Schneeballarten verwandt, die im Garten kultiviert werden.

**Blätter:** Die kleinen, länglichen Blättchen sind immergrün.

**Blüten:** Bereits im Winterquartier entfalten sich die weißen bis rosaweißen, duftenden Blüten.

**Blütezeit:** Nach dem Flor im März und April kommt es im November zu einer zweiten Blüte.

**Standort:** Im Sommer gedeihen die Büsche an einem geschützten, sonnigen Platz. Im Winter brauchen sie ein frostfreies, helles Quartier.

**Pflege:** Der Laurustinus braucht in der Wachstumszeit reichlich Wasser. Pflanzen in kleinen Töpfen müssen häufig gegossen werden. Von April bis Mai empfiehlt es sich, die Sträucher zu düngen. Im Sommer erhalten insbesondere Stämmchen zudem einen Pflegeschnitt.

**Vermehrung:** Die Pflanzen sind gezielt durch Spätsommerstecklinge vermehrbar.

**Pflanzendoktor:** Im Winter hilft Lüften gegen Schädlinge. Die Sträucher sollten so lange wie möglich im Freien stehen.

Apr–Mai

## LORBEERBAUM

*Laurus nobilis*

**Wuchs:** Der immergrüne, buschige Strauch aus dem Mittelmeerraum wird als Kübelpflanze bis zu 2 m hoch.

**Blätter:** Die großen, dunkelgrünen Blätter werden häufig auch als Gewürz genutzt.

**Blüten:** An ungeschnittenen Pflanzen bilden sich kleine gelbe Blüten.

**Blütezeit:** Der Flor dauert von April bis Mai.

**Standort:** Lorbeerbüsche kommen an sonnigen und schattigen Plätzen zurecht. Als Winterquartier eignet sich ein kühler, gut gelüfteter und frostfreier Raum mit Temperaturen zwischen 2 und 6 °C.

**Pflege:** Der Lorbeer braucht reichlich Wasser und beständig lockeres Substrat. Selbst im Winter muss regelmäßig, aber vorsichtig gegossen werden. Bei Formschnittpflanzen beginnt der Schnitt bereits beim Austrieb. Dabei dürfen die Blätter nicht beschädigt werden. Bei Lorbeerstämmchen sind Stamm- und Stockaustriebe zu entfernen.

**Vermehrung:** Neue Pflanzen sind durch Spätsommerstecklinge zu bekommen.

**Pflanzendoktor:** Der Strauch sollte zum Schutz vor Schädlingen lange im Freien bleiben.

Jul–Aug

## MAGNOLIE

*Magnolia grandiflora*

**Wuchs:** Dieses immergrüne, starkwüchsige Gehölz kann zwischen 3 und 10 m hoch werden.

**Blätter:** Die großen Blätter sind unterseits braun bereift.

**Blüten:** Die Magnolie schmückt sich mit großen, weißen Blüten.

**Blütezeit:** Der Flor entfaltet sich im Juli und August.

**Standort:** Wie in mediterranen Gärten gedeiht die Magnolie vorzugsweise an sonnigen, geschützten Plätzen. Im Winter eignet sich ein heller Ort mit Temperaturen bis 5 °C als Quartier. Die Pflanze verträgt leichten Frost.

**Pflege:** Keinesfalls darf die Magnolie durch den Schnitt verstümmelt werden. Die Erziehung beschränkt sich auf gezielte Eingriffe wie das Ausschneiden steiler Triebe. Im Sommer benötigt sie viel, im Winter sehr wenig Wasser. Von April bis August sollte sie regelmäßig gedüngt werden. Ab und an empfiehlt sich ein größerer Kübel mit frischem Substrat.

**Vermehrung:** Die Pflanzen sind durch Stecklinge vermehrbar.

**Pflanzendoktor:** Bei Spätfrostgefahr sollten die Kübel beim Ausräumen geschützt platziert werden.

Mär–Mai

## ÖLBAUM

*Olea europea*

**Wuchs:** Der bis zu 8 m hohe, mediterrane Baum lässt sich im Kübel auch als Strauch kultivieren.

**Blätter:** An langen Trieben entfalten sich schmale graugrüne Blätter, die immergrün sind.

**Blüten:** Die weißen oder gelblichen Blüten treiben in Rispen aus den Blattachseln. Daraus entwickeln sich Steinfrüchte in verschiedenen Farben.

**Blütezeit:** Der Flor dauert von März bis Mai.

**Standort:** Ölbäume gedeihen vorzugsweise an geschützten, sonnigen Plätzen. Die robusten Pflanzen sollte möglichst lange im Freien bleiben.

**Pflege:** Ein Schnitt zur Formgebung ist möglich. Schön wirken aber auch unsymmetrische, knorrige Bäume. Im Sommer sollte der Baum maßvoll gedüngt werden. Beim Gießen ist Zurückhaltung geboten. Die Wurzelballen dürfen jedoch nicht ganz austrocknen. Bester Termin zum Umpflanzen in einen größeren Kübel ist das Frühjahr.

**Vermehrung:** Die Pflanzen sind durch Stecklinge vermehrbar. Kräftige Jungpflanzen sind vor allem im Frühjahr preisgünstig in den meisten Gartenmärkten erhältlich.

## OLEANDER

*Nerium oleander*

**Wuchs:** Einer der besten Sträucher für die Kultur im Kübel ist der Oleander, der eine Höhe von 2–4 m erreicht. Er kann breite Büsche bilden oder auch als Kronenbäumchen gezogen werden.

**Blätter:** Die schmalen, ledrigen Blätter sind immergrün.

**Blüten:** An jungen Trieben entfalten sich rote, rosarote, weiße oder gelbe Blüten, die zart duften.

**Blütezeit:** Bei sonnigem Wetter dauert der Flor von Juni bis einschließlich September.

**Standort:** Die mediterrane Pflanze braucht einen regengeschützten, sonnigen Standort. Sie verträgt jedoch auch geringen Frost und sollte möglichst lange im Freien bleiben. Im Winter braucht der tolerante Strauch ein helles, kühles Quartier, das gut gelüftet werden sollte.

**Pflege:** Während der Blütezeit sollte der Wurzelballen stets gut feucht gehalten und wöchentlich gedüngt werden. Bei Trockenheit verliert die Pflanze Blätter. Im Winter ist jedoch sparsam zu gießen. Der Rückschnitt im Frühjahr fördert einen buschigen Wuchs.

**Vermehrung:** Neue Pflanzen lassen sich aus Stecklingen ziehen.

## PALMLILIE

*Yucca filamentosa*

**Wuchs:** Die Palmlilie ist weder Lilie noch Palme. Die immergrüne Sukkulente aus Mittelamerika gehört zu den Agavengewächsen. Als Kübelpflanze eignet sich auch die winterharte, bis zu 1,50 m hohe Y. filamentosa.

**Blätter:** Die schwertförmigen, spitzen Blätter der Palmlilie bilden einen buschigen Schopf.

**Blüten:** Die Y. filamentosa gehört zu den wenigen Palmlilienarten, die glockenförmige, weiße Blütenrispen hervorbringen.

**Blütezeit:** Der Flor entfaltet sich von Juni bis August.

**Standort:** Im Freiland ist diese robuste Sukkulente auf einen vollsonnigen Stand angewiesen. Das Substrat sollte durchlässig und beständig locker sein. Die frostharte Y. filamentosa ist im Gegensatz zur Y. elephantipes ganzjährig im Freien kultivierbar.

**Pflege:** Im Sommer braucht die Pflanze genügend Wasser und gelegentlich Düngergaben. Im Winterquartier muss sparsam gegossen werden. Die Gießintervalle richten sich nach dem Standort und der Zimmertemperatur.

**Vermehrung:** Die Pflanzen sind durch Stammstecklinge vermehrbar.

## PANDOREA

*Pandorea*

**Wuchs:** Diese immergrüne Kletterpflanze aus Australien bildet schlingende Triebe und erreicht eine Höhe von etwa 5 m.

**Blätter:** Die gegenständigen Blätter sind glänzend grün.

**Blüten:** Aus den jungen Trieben entwickeln sich Rispen mit röhrenförmigen, rötlichen Blüten.

**Blütezeit:** Der Flor dauert von Juli bis August.

**Standort:** Die Kletterpflanze braucht ein Spalier an einem halbschattigen, geschützten Platz. Sie lässt sich in Einheitssubstrat kultivieren. Überwintern sollte sie in einem kühlen Raum. Wichtig ist ein heller Standort. Die Temperaturen sollten außerdem nicht unter 5 °C absinken.

**Pflege:** Der Rückschnitt im Frühjahr hat einen kräftigen Austrieb frischer Triebe zur Folge. Im Sommer müssen die Pflanzen regelmäßig gegossen und wöchentlich gedüngt werden.

**Vermehrung:** Die Pflanzen sind durch Aussaat oder auch durch Stecklinge vermehrbar.

**Pflanzendoktor:** Besonders im Winterquartier können sich tierische Schädlinge ausbreiten. Befallene Triebspitzen sind zu entfernen.

Feb–Aug

# PARADIESVOGEL-BLUME

*Strelitzia reginae*

**Wuchs:** Die staudenartige Pflanze bildet buschige Horste aus großen Blättern und wird bis zu 2 m hoch.

**Blätter:** Die immergrünen langen Blätter ähneln denen der Bananenpflanze.

**Blüten:** Schon im Winterquartier bringen die Pflanzen ungewöhnliche, mehrfarbige Blüten hervor, die eine Vogelform aufweisen.

**Blütezeit:** Die Strelitzia kann bereits ab Februar blühen. Eine Nachblüte im Freien ist bis August möglich.

**Standort:** Im Winterquartier ist ein heller, kühler Platz günstig. Im Sommer sollten die Kübelpflanzen geschützt und halbschattig stehen.

**Pflege:** Während die Pflanze im Sommer reichlich gegossen und gedüngt werden sollte, braucht die Paradiesvogelblume im Winter weniger Wasser. Gelegentlich brauchen die Stauden einen neuen Kübel mit nährstoffreichem, durchlässigem Substrat. Das Entfernen welker Blätter muss ohne Beschädigung gesunder Pflanzenteile erfolgen.

**Vermehrung:** Die Pflanzen sind durch Aussaat oder bewurzelte Ausläufer vermehrbar.

Jun–Okt

# PRINZESSINNEN-BLUME

*Tibouchina urvilleana*

**Wuchs:** Die immergrüne Tropenpflanze bildet einen reich verzweigten, 1,50–3 m hohen Strauch.

**Blätter:** Die samtig behaarten Blätter bleiben im Winterquartier teilweise erhalten.

**Blüten:** An den jungen Trieben entfalten sich große, violette Blüten.

**Blütezeit:** Der Strauch blüht von Juni bis Oktober.

**Standort:** Im Garten braucht die Tropenpflanze einen halbschattigen, geschützten Platz. Das Substrat sollte kalkfrei sein. Bei hellem Stand im Winterquartier bilden sich nach dem Einräumen weiterhin Blüten.

**Pflege:** Im Sommer braucht die Pflanze kalkfreies Wasser und Düngergaben. Im Winter ist sparsam zu gießen. Ein Rückschnitt im Spätwinter hat einen kräftigen Austrieb zur Folge. Jungpflanzen lassen sich durch Einkürzen der Triebe zu buschigem Wuchs anregen.

**Vermehrung:** Die Pflanzen werden durch Stecklinge vermehrt.

**Pflanzendoktor:** Im Winterquartier verliert der Strauch viele Blätter. Nach dem Rückschnitt verjüngt er sich wieder.

Jul–Aug

# SCHMUCKLILIE

*Agapanthus*

**Wuchs:** Diese buschige Staude stammt aus Südafrika und erreicht eine Höhe von maximal 1 m.

**Blätter:** Die schmalen Blätter wachsen überhängend und zeichnen sich durch ihre Länge aus.

**Blüten:** Etwas fürs Auge sind die großen, trichter- oder trompetenförmigen Blüten in Blau oder Weiß.

**Blütezeit:** Die Blütezeit dauert von Juli bis August.

**Standort:** Im Sommer sind sonnige, windgeschützte Terrassen oder Staudenbeete günstige Standorte für Schmucklilien. Den Winter sollten sie in einem hellen, kühlen Quartier verbringen, das gut zu lüften ist.

**Pflege:** Gelegentlich sollte die Schmucklilie umgetopft werden. Im Sommer fördert großzügiges Gießen die Blütenbildung. Allerdings sollte kein Wasser im Untersetzer stehen bleiben. Ab August vermindert sich der Wasserbedarf. Von April bis Juli empfiehlt es sich, die Pflanze regelmäßig zu düngen.

**Vermehrung:** Die Schmucklilie ist im Frühjahr durch Teilung gezielt vermehrbar.

**Pflanzendoktor:** Zum Schutz vor Spätfrost kommen die Pflanzen erst im Mai ins Freiland.

## SEIDENBAUM

*Albizia*

**Wuchs:** Der Schmetterlingsblütler bildet eine kleine Schirmkrone und kann in freier Natur bis zu 5 m hoch werden. Im Kübel bleibt er niedriger.

**Blätter:** Die doppelt gefiederten, feinen Blätter machen die Verwandtschaft zu den Akazien deutlich.

**Blüten:** Elegant sehen die feinen, seidigen Blüten mit ihren langen Staubgefäßen aus.

**Blütezeit:** Die Blüten entfalten sich von August bis September.

**Standort:** Im Garten braucht der Baum einen geschützten, sonnigen Platz. Im Winter bevorzugt er ein helles Quartier bei Temperaturen um 10 °C.

**Pflege:** Besonders wenn die Pflanze im Regenschatten steht, sollte darauf geachtet werden, dass der Wurzelballen stets ausreichend feucht ist. Im Winter genügt wenig Wasser. Während der Blüte empfiehlt sich eine wöchentliche Düngung. Falls nötig, können zu groß gewordene Pflanzen im Frühjahr nach dem Ausräumen zurückgeschnitten werden.

**Vermehrung:** Die Pflanzen sind durch Aussaat vermehrbar. Dafür eignen sich insbesondere die Samen aus reifen Fruchthülsen.

## STERNJASMIN

*Trachelospermum*

**Wuchs:** Die bis zu 3 m hohe Kletterpflanze aus Ostasien bildet im Kübel schlingende Triebe.

**Blätter:** Die glänzenden, dunkelgrünen Blätter bilden einen schönen Hintergrund für die weißen Blüten.

**Blüten:** Im Sommer bringt der Strauch eine Fülle an sternförmigen Blüten hervor, die stark duften.

**Blütezeit:** Der Flor dauert von Juni bis September an.

**Standort:** Ein sonniger, geschützter Standort fördert die Blütenbildung. Die stark wachsenden Pflanzen brauchen gelegentlich einen größeren Kübel mit lockerem Substrat. Damit sie auch im Winter grün bleiben, empfiehlt sich ein helles, kühles Winterquartier.

**Pflege:** Von April bis Juli sollte der Sternjasmin wöchentlich gedüngt werden. Zusätzlich braucht er während der Wachstumszeit viel Wasser. Je größer der Kübel, desto länger hält sich die Bodenfeuchtigkeit. Im Winter hingegen reicht der Pflanze mäßiges Gießen.

**Vermehrung:** Die Pflanzen sind durch Stecklinge vermehrbar.

**Pflanzendoktor:** Das Lüften des Winterquartieres ist zur Vorsorge gegen Schädlinge hilfreich.

## STRAUCHMARGERITE

*Argyranthemum frutescens*

**Wuchs:** Die Halbsträucher von den Kanarischen Inseln werden bis zu 1,50 m hoch und lassen sich als Büsche oder Stämmchen ziehen.

**Blätter:** Die graugrünen, feingliedrigen Blätter bleiben bei heller Überwinterung zum Teil erhalten.

**Blüten:** An den jungen Trieben entfalten sich kleine, weiße oder gelbe Korbblüten.

**Blütezeit:** Von Mai bis Oktober bilden sich ständig neue Blüten.

**Standort:** Ein sonniger Platz im Regenschatten fördert die Blühfähigkeit. Das Substrat muss locker sein. Gegen Schädlingsbefall im Winterquartier hilft regelmäßiges Lüften bei mildem Wetter.

**Pflege:** Im Sommer braucht die Pflanze ausreichend Wasser und gelegentliche Düngergaben. In der kalten Jahreszeit genügt sparsames Gießen. Nötig ist zudem ein Pflegeschnitt im Spätwinter. Der Schnitt fördert den Austrieb und bewirkt einen buschigen Wuchs.

**Vermehrung:** Die Pflanzen sind durch Stecklinge vermehrbar.

**Zusatzinfo:** Die Erziehung von Stämmchen muss rechtzeitig bei ausgewählten Jungpflanzen erfolgen.

Sep–Nov

## STRAUCHVERONIKA

*Hebe-Arten*

**Wuchs:** Die immergrünen Kleinsträucher aus Neuseeland bilden kompakte Büsche und werden je nach Sorte 0,20 bis 1 m hoch.

**Blätter:** Die kreuzständigen, ledrigen Blätter stehen sehr dicht. Form, Farbe und Größe sind abhängig von der Sorte.

**Blüten:** Die weißen, rosaroten oder violetten Blütenstände der Strauchveronika setzen sich aus vielen Einzelblüten zusammen.

**Blütezeit:** Der Flor dauert von September bis November.

**Standort:** Die immergrünen Sträucher gedeihen am besten an absonnigen, wintermilden Plätzen am Haus. Robuste Arten lassen sich geschützt im Freien überwintern. Sicherer ist es jedoch, die Pflanzen vor dem ersten strengen Frost in einen hellen und kühlen Raum einzuquartieren.

**Pflege:** Im Sommer sollte die Strauchveronika ausreichend gegossen und gelegentlich gedüngt werden. Auch im Winter braucht sie ein wenig Wasser.

**Vermehrung:** Die Vermehrung ist durch Stecklinge möglich.

Mai–Sep

## VEILCHENSTRAUCH

*Iochroma*

**Wuchs:** Das Nachtschattengewächs aus Mittelamerika bildet im Kübel einen Strauch mit langen Trieben, der bis zu 3 m hoch werden kann. Ausgewählte Jungpflanzen mit einem kräftigen, aufrechten Trieb lassen sich auch als Hochstämmchen ziehen. Alle Pflanzenteile des Veilchenstrauchs sind giftig.

**Blätter:** An den Trieben des Strauches sitzen große Blätter.

**Blüten:** Die Büschel aus röhrenförmigen Blüten in verschiedenen Farben entfalten sich am Ende der Triebe.

**Blütezeit:** Von Mai bis September blüht die Pflanze.

**Standort:** Der Strauch braucht im Sommer einen windgeschützten, halbschattigen Platz. Im Winter sorgt eine Raumtemperatur über 10 °C dafür, dass das Nachtschattengewächs seine Blätter nicht abwirft.

**Pflege:** Im Sommer muss der Strauch regelmäßig gegossen und gedüngt werden. Fast trocken kann er hingegen im Winter bleiben. Daneben gehört ein kräftiger Rückschnitt zur Pflege der Pflanzen. Dieser fördert einen kräftigen Austrieb, verzögert aber auch die Blütenbildung.

**Vermehrung:** Die Pflanzen sind durch Stecklinge vermehrbar.

Mai–Okt

## WANDELRÖSCHEN

*Lantana*

**Wuchs:** Das immergrüne, bis zu 1 m hohe Verbenengewächs lässt sich als Strauch oder Stämmchen ziehen.

**Blätter:** Die rauen Blätter bleiben bei heller Überwinterung erhalten.

**Blüten:** An den jungen Trieben entfalten sich halbkugelförmige Blüten in Orange, Gelb oder Rosa, an denen sich Schmetterlinge sammeln. Bei günstigen Wachstumsbedingungen sind die Pflanzen im Hochsommer reichlich mit Blüten übersät.

**Blütezeit:** Der Flor dauert von Mai bis Oktober.

**Standort:** Die tropischen Pflanzen bevorzugen im Sommer einen geschützten, sonnigen Platz, im Winter ein helles, luftiges Quartier.

**Pflege:** Das Ausputzen welker Blüten sowie ausreichende Wassergaben und Nährstoffe während der Wachstumszeit fördern die Nachblüte.

**Vermehrung:** Lantanen lassen sich durch Stecklinge vermehren. Die Erziehung zu Stämmchen muss rechtzeitig mit ausgewählten Jungpflanzen erfolgen.

**Pflanzendoktor:** Im Winterquartier werden die Pflanzen von saugenden Insekten befallen. Dagegen hilft Lüften und das Ausschneiden befallener Triebe.

Sep–Nov

## WOLLMISPEL

*Eriobotrya japonica*

**Wuchs:** Die immergrünen Sträucher lassen sich als Bäumchen ziehen, die im Kübel über 2 m groß werden.

**Blätter:** Die großen, glänzenden Blätter sind unten filzig behaart. Der Strauch bleibt auch im Winter grün.

**Blüten:** Erwachsene Pflanzen bringen im Herbst kleine, cremeweiße Blüten hervor, aus denen essbare Früchte in Orange oder Gelb reifen.

**Blütezeit:** Der Flor beginnt erst im September und dauert bis November.

**Standort:** Im Freien erhält die Wollmispel einen geschützten Platz im Halbschatten.

**Pflege:** Im Sommer muss die Pflanze reichlich mit Wasser versorgt und gelegentlich gedüngt werden. Im Winterquartier braucht sie hingegen weniger Wasser.

**Vermehrung:** Die Pflanzen sind durch Samen vermehrbar.

**Pflanzendoktor:** Nach dem Ausquartieren im Mai muss die Wollmispel absonnig stehen. Ansonsten ist sie eine recht pflegeleichte Pflanze. Schädlinge sind selten.

**Zusatzinfo:** Die Bäumchen können sehr alt werden. Sie fruchten allerdings nur bei optimalen Wachstumsbedingungen, zumal sie spät blühen.

Mai–Jun

## ZIERBANANE

*Ensete ventricosum*

**Wuchs:** Diese bis zu 3 m hohen, großblättrigen Stauden gehören nicht zu den Fruchtbananen.

**Blätter:** Wegen ihrer großen Blätter dienen die Zierbananen gerne als Sichtschutzpflanzen.

**Blüten:** Nur erwachsene Pflanzen bringen große, gelbliche Blüten hervor. Nach der Samenreife sterben sie ab.

**Blütezeit:** Die Blüten bilden sich von Mai bis Juni.

**Standort:** Zierbananen brauchen einen halbschattigen, geschützten Platz, damit der Wind keine Blätter einreißt. Als Erde eignet sich gewöhnliches Einheitssubstrat. Im Winter sollte darauf geachtet werden, dass die immergrünen Pflanzen genügend Licht bekommen.

**Pflege:** Neben dem Abschneiden welker Blätter ist eine ausreichende Bewässerung und Düngung nötig. Während der Wachstumszeit empfiehlt es sich, die Pflanzen mit kalkfreiem, erwärmtem Wasser gründlich zu tränken. Staunässe ist jedoch stets zu vermeiden.

**Vermehrung:** Neue Pflanzen können durch Aussaat im Frühjahr vermehrt werden. Bereits im ersten Jahr erreichen die Sämlinge eine Größe von 1 m.

Mai–Jul

## ZISTROSE

*Cistus*

**Wuchs:** Die immergrünen Sträucher werden etwa 1 m groß. Kräftige Arten lassen sich als Stämmchen ziehen. Strauchformen sind zur Pflanzung in mediterranen Beeten geeignet.

**Blätter:** An schwachen Trieben bilden sich glänzend grüne Blätter.

**Blüten:** Die seidigen Blüten sind rot, rosa oder weiß mit gelber Mitte. Bei heller, kühler Überwinterung bringen die kleinen Sträucher schon im Spätwinter Blüten hervor.

**Blütezeit:** Ein imposantes Schauspiel wiederholt sich von Mai bis Juli Tag für Tag: Jeden Morgen bildet die Zistrose neue, noch knittrige Blüten, die sich innerhalb kürzester Zeit zu ihrer vollen Pracht entfalten. Mittags beginnen sie bereits zu welken und nachmittags fallen sie ab.

**Standort:** Der Strauch braucht einen möglichst sonnigen Platz und ein lockeres Substrat.

**Pflege:** Während der Blütezeit sollte die Pflanze reichlich gegossen werden. Staunässe ist zu vermeiden. Im Winter brauchen die mediterranen Gewächse weniger Wasser.

**Vermehrung:** Die Pflanzen lassen sich durch Stecklinge vermehren.

Jan–Dez

## ZITRUSPFLANZE

*Citrus*

**Wuchs:** Die etwa 3 m hohen Zitrusbäumchen gehören zu den schönsten Kübelpflanzen, zumal sie immergrüne Blätter haben, duftende Blüten entfalten und daraus im Anschluss essbare Früchte entwickeln.

**Blätter:** Das Bäumchen zeichnet sich durch glänzend grüne, ledrige Blätter aus.

**Blüten:** Die weißen Blüten duften.

**Blütezeit:** Bei guten Bedingungen bringt das Bäumchen ganzjährig Blüten hervor.

**Standort:** Im Sommer fördert ein geschützter, sonniger Stand die Vitalität. Das Bäumchen lässt sich aber auch in einem hellen Zimmer ganzjährig kultivieren.

**Pflege:** Neben Nährstoffen braucht die Pflanze gelegentlich einen größeren Kübel mit kalkfreiem Substrat. In einem warmen Quartier darf die Wasserversorgung auch im Winter nicht vernachlässigt werden.

**Vermehrung:** Die Pflanzen sind durch Stecklinge oder durch Veredelung vermehrbar.

**Pflanzendoktor:** Bei hohem Kalkgehalt bekommt die Pflanze gelbe Blätter. Dagegen hilft Eisendünger. Vorbeugend empfiehlt es sich, nur mit Regenwasser gießen.

Mär–Mai

## ZWERGPALME

*Chamaerops humilis*

**Wuchs:** Die breitbuschige Palme erreicht eine Höhe von 1–2 m.

**Blätter:** Typisch sind die immergrünen, großen, fächerförmigen Blätter, die sich an dornigen, langen Stielen ausbreiten.

**Blüten:** Erwachsene Exemplare bringen gelbe Blütenstände hervor.

**Blütezeit:** Die Blüten schieben sich von März bis Mai aus dem Stämmchen.

**Standort:** Im Sommer ist ein sonniger bis halbschattiger Stand günstig; im Winter braucht die Pflanze ein helles, frostfreies Quartier.

**Pflege:** Neben der Versorgung mit Nährstoffen ist gelegentlich Umtopfen nötig, sobald die Palme das alte Gefäß völlig durchwurzelt hat. Der Wasserbedarf ist verhältnismäßig gering, zumal eine Wachsschicht auf den Blättern der Zwergpalme die Verdunstung vermindert.

**Vermehrung:** Die Pflanzen sind durch Samen vermehrbar.

**Pflanzendoktor:** Die robuste Palme braucht ein helles, kühles Winterquartier. Sie sollte so lange wie möglich im Freien bleiben.

**Zusatzinfo:** Das Einsenken der Kübel in den Gartenboden ist die beste Sicherung gegen Windwurf.

Mai–Jun

## ZYLINDERPUTZER

*Callistemon*

**Wuchs:** Der bis 2 m hohe Zylinderputzer bildet aus holzigen Zweigen lange, elastische Triebe, die zum Teil überhängend sind.

**Blätter:** Die Triebe des Strauches sind gleichmäßig mit schmalen, spitzen Blättern bestückt, die sich ledrig und fest anfühlen.

**Blüten:** Am Ende der Triebe entfalten sich große, walzenförmige Blütenstände mit langen, roten Staubfäden. Sie sehen aus wie Flaschenbürsten.

**Blütezeit:** Die Pflanze blüht im Frühsommer von Mai bis Juni.

**Standort:** Das australische Myrtengewächs braucht im Sommer einen sonnigen, geschützten Platz und im Winter ein helles, kühles Quartier.

**Pflege:** Wie die verwandten Myrten brauchen Zylinderputzer in der Wachstumszeit viel Wasser und Dünger. Während der Überwinterung darf der Wurzelballen nicht austrocknen.

**Vermehrung:** Die immergrünen Gehölze sind durch Spätsommerstecklinge vermehrbar.

**Pflanzendoktor:** Im Winterquartier werden die Blätter gelegentlich von Spinnmilben befallen. Bei Kontrollen sind die betroffenen Pflanzenteile unverzüglich zu entfernen.

Jun–Sep

## BECHERBLUME

*Nierembergia hippomanica*

**Wuchs:** Das etwa 10 cm hohe Nachtschattengewächs aus Südamerika bildet ausdauernde Horste. Als Balkonblume wird die Blütenstaude einjährig kultiviert.

**Blätter:** Die feingliedrigen Blätter sitzen an gut verzweigten Stielen.

**Blüten:** Wegen der großen Blüten, die eine Verwandtschaft mit Petunien andeuten, wurden die Pflanzen auch züchterisch behandelt. Es gibt Sorten in Weiß, Rot, Rosa oder Violett.

**Blütezeit:** Von Juni bis September schieben sich neue Blüten ans Licht.

**Standort:** Die Pflanzen vertragen sonnige bis halbschattige Plätze. Das Substrat muss locker sein.

**Pflege:** Es genügt, die Becherblume mäßig zu gießen und sparsam zu düngen. Nicht zu vernachlässigen ist jedoch das Ausputzen welker Blüten.

**Vermehrung:** Neue Pflanzen sind durch Aussaat oder auch durch Stecklinge zu bekommen.

**Pflanzendoktor:** Vorbeugend gegen Staunässe sollte auf einen guten Wasserabzug geachtet werden.

**Zusatzinfo:** Die Dauerblüher lassen sich gut in Blumenampeln einsetzen, in denen ihre überhängenden Triebe zur Geltung kommen.

Mai–Sep

## BIDENS

*Bidens ferulifolia*

**Wuchs:** Dieses etwa 30 cm hohe, subtropische Asterngewächs bildet überhängende Triebe.

**Blätter:** Die feingliedrigen, hellgrünen Blätter sind fast völlig von den Blüten überdeckt.

**Blüten:** Den ganzen Sommer hindurch entfalten sich gelbe Korbblüten, die bei jedem Wetter blühen.

**Blütezeit:** Die Blütezeit dauert von Mai bis September.

**Standort:** Der Zweizahn, so der deutsche Name, braucht einen sonnigen Platz vorzugsweise in südseitigen Balkonkästen oder Ampeln, in durchlässigem sowie nährstoffreichem Substrat.

**Pflege:** Neben der Wasserversorgung, die sich nach Wetter und Standort richtet, fördern gelegentliche Düngergaben die Blühfähigkeit.

**Vermehrung:** Die Pflanze wird durch Aussaat im Haus ab März oder durch Direktsaat im Mai vermehrt. Auch durch Samen von eigenen Pflanzen, die im Sommer geerntet und trocken aufbewahrt werden, lässt sich der Bidens vermehren.

**Pflanzendoktor:** Der Bidens braucht viel Wasser, verträgt aber keine Staunässe. Gegen Schädlinge helfen biologische Mittel.

Mai–Okt

## BLAUE FÄCHERBLUME

*Scaevola saligna*

**Wuchs:** Diese von Natur aus mehrjährige Pflanze wird gewöhnlich einjährig gezogen. Sie bildet lange, überhängende Blütentriebe, die etwa 30 cm Länge erreichen.

**Blätter:** Die graugrünen Blätter werden fast völlig von den kleinen Blüten verdeckt.

**Blüten:** An den Triebenden entfalten sich kleine lilafarbene Einzelblüten mit gelber Mitte, die fächerförmig angeordnet sind.

**Blütezeit:** Der Flor erneuert sich von Mai bis Oktober.

**Standort:** Fächerblumen gedeihen an sonnigen bis halbschattigen Plätzen in durchlässigem sowie kalkfreiem Substrat.

**Pflege:** Nach dem Auspflanzen im Mai brauchen die Dauerblüher reichlich Wasser und gelegentliche Düngergaben.

**Vermehrung:** Kräftige Pflanzen sind im Frühjahr in Gartenmärkten zu bekommen. Die langwierige Vermehrung durch Stecklinge muss bereits im Dezember beginnen.

**Pflanzendoktor:** Das Ausputzen welker Blüten und kranker Pflanzenteile trägt zur Gesundhaltung der Bestände bei.

Jun–Okt

# BLAUE MAURITIUS

*Convolvulus sabatinus*

**Wuchs:** Dieses mehrjährige Windengewächs wird meist einjährig kultiviert. Im Balkonkasten bilden sich überhängende Büsche mit etwa 20 cm langen Trieben.

**Blätter:** Die silbrig grünen Blätter entfalten sich an langen, dünnen Trieben.

**Blüten:** Im Sommer bringt die Pflanze ständig neue blaue Trichterblüten hervor.

**Blütezeit:** Der Flor dauert von Juni bis Oktober. Bei Regen bleiben die Blüten geschlossen.

**Standort:** Ein sonniger Platz im Regenschatten fördert die Blütenbildung. Das Substrat muss durchlässig und beständig locker sein.

**Pflege:** Neben der regelmäßigen Wasserversorgung und Düngung hält das Ausputzen welker Pflanzenteile die Balkonblume vital.

**Vermehrung:** Die Pflanzen sind durch Stecklinge vermehrbar. Hierfür werden drei bis fünf fingerlange Triebstücke in einen Topf gesetzt. Die Bewurzelung erfolgt in ca. drei Wochen.

**Pflanzendoktor:** Werden die Winden überwintert, ist auf Schädlinge zu achten.

Mai–Sep

# BLAUES GÄNSEBLÜMCHEN

*Brachycome*

**Wuchs:** Diese Polsterstaude kann im Garten bis zu 30 cm hoch werden. Je nach Sorte eignet sie sich für Tröge, Balkonkästen oder Blumenampeln.

**Blätter:** Die Blätter des Blauen Gänseblümchens sind fein und fiedrig.

**Blüten:** Die Balkonblume bildet lilablaue, strahlenförmige Blüten.

**Blütezeit:** Die Blüte dauert von Mai bis September, bei guter Nährstoff- und Wasserversorgung gelegentlich auch länger.

**Standort:** Das Asterngewächs bevorzugt einen sonnigen, luftigen Platz.

**Pflege:** Der Wurzelballen sollte nie ganz austrocknen. Zum Gießen wird kalkfreies Wasser benötigt. Zweimal im Monat ist sparsames Düngen angebracht. Zusätzlich fördert das Ausputzen welker Blüten die Bildung neuer Knospen.

**Vermehrung:** Blaue Gänseblümchen lassen sich durch Aussaat oder Stecklinge vermehren.

**Pflanzendoktor:** Staunässe sollte vermieden werden, da sie Krankheiten wie Stängelgrundfäule und gelbe Blätter verursacht.

Jun–Sep

# ELFENSPIEGEL

*Nemesia fruticans*

**Wuchs:** Das südafrikanische Braunwurzgewächs fällt durch seine üppigen Blütentriebe auf, die im Balkonkasten dichte Büschel bilden. Es wird zwischen 25 und 30 cm hoch.

**Blätter:** Die kleinen Blättchen des Elfenspiegels werden fast vollständig von den Blüten verdeckt.

**Blüten:** Je nach Sorte entfalten sich rote, gelbe, orangefarbene, weiße oder blaue Blüten, die kleinen Gesichtern ähnlich sehen.

**Blütezeit:** Die Pflanze blüht von Juni bis September.

**Standort:** Günstig ist ein sonniger bis halbschattiger und warmer Platz in durchlässigem Substrat.

**Pflege:** Nach der Pflanzung im Mai braucht die Balkonblume regelmäßige Wassergaben und Dünger. Bei Trockenheit wirft sie ihre Blüten ab. Wird der Elfenspiegel nach dem ersten Flor zurückgeschnitten, blüht er ein zweites Mal im September.

**Vermehrung:** Die Pflanzen werden im März durch Samen vermehrt.

**Pflanzendoktor:** Das Ausputzen welker Pflanzenteile hilft gegen Erkrankungen.

**Zusatzinfo:** Es lohnt sich, diesen Dauerblüher in Gruppen mit verschiedenen Sorten zu arrangieren.

## ELFENSPORN

*Diascia barberae*

**Wuchs:** Der Rachenblütler bildet etwa 30 cm hohe Büsche mit überhängenden Trieben.

**Blätter:** Die kleinen, länglichen Blätter sind dunkelgrün und sitzen locker verteilt an langen Trieben.

**Blüten:** Im Sommer entfalten sich rosafarbene Rachenblüten, die von Insekten bestäubt werden.

**Blütezeit:** Die Blütezeit dauert bei früher Aussaat im Haus von Mai bis Oktober.

**Standort:** Ein Platz an der Sonne fördert die Entwicklung der Blütentriebe. Das Substrat sollte beständig locker und nährstoffreich sein.

**Pflege:** Die Pflanzen brauchen v. a. an heißen Tagen viel Wasser. Das Substrat darf weder vernässen noch austrocknen. Das Ausputzen welker Blüten fördert die Nachblüte.

**Vermehrung:** Elfensporn wird durch Aussaat im Haus vermehrt. Die Auspflanzung erfolgt im Mai.

**Pflanzendoktor:** Tierische Schädlinge sind während der Anzucht durch Lüften zu vermeiden. Staunässe verursacht Wurzel- und Stängelfäule.

**Zusatzinfo:** Die rosaroten Balkonblumen lassen sich gut mit anderen Arten in Pastellfarben kombinieren.

## ERIKA

*Erica*

**Wuchs:** Diese Moorbeetpflanze bildet in Wäldern bodendeckende Bestände. Im Kasten lassen sich die etwa 30 cm hohen Sträucher mit wintergrünen Trieben in Gruppen pflanzen.

**Blätter:** Die nadelförmigen, silbrigen Blätter der Winterheide (E. carnea) unterscheiden sich deutlich von denen der Sommerheide: Sie sind länger und stechen.

**Blüten:** Je nach Sorte bringt die Heide kleine Glockenblüten in Weiß oder Rot hervor.

**Blütezeit:** Die ersten Sorten der Sommerheide (E. gracilis) blühen im September, die letzten der Winterheide (E. carnea) erst im April bzw. Mai.

**Standort:** Eriken brauchen saures Substrat und einen sonnigen bis halbschattigen Platz.

**Pflege:** Das Substrat muss regelmäßig feucht gehalten werden.

**Vermehrung:** Neue Pflanzen sind gezielt durch halb verholzte Stecklinge vermehrbar.

**Pflanzendoktor:** Die Sommerheide ist nicht sehr beständig, obwohl sie kaum von Schädlingen befallen wird. Bei Nässe breiten sich Pilzkrankheiten aus. Die Winterheide kann in großen Pflanzgefäßen ausdauernde Büsche bilden.

## GAUCHHEIL

*Anagallis monelli*

**Wuchs:** Die einjährige Pflanze bildet etwa 20 cm hohe Büsche.

**Blätter:** Die schmalen, grünen Blätter sind sternförmig an den Trieben angeordnet.

**Blüten:** Im Sommer bringen die Pflanzen leuchtend blaue Blüten hervor, die sich allerdings nur bei Sonnenschein öffnen.

**Blütezeit:** Der Flor dauert von Mai bis September.

**Standort:** Besonders gut gedeiht die Pflanze an einem sonnigen und warmen Platz auf dem Balkon in durchlässigem Substrat.

**Pflege:** Die Balkonpflanze muss großzügig gegossen und gedüngt werden. Zudem sollten welke Pflanzenteile stets entfernt werden.

**Vermehrung:** Gauchheil ist durch Aussaat vermehrbar.

**Pflanzendoktor:** Die mediterrane Jahresblume ist empfindlich gegen Nässe. Daher sollte sie vorzugsweise im Regenschatten platzieren werden. Außerdem ist es wichtig, auf einen guten Wasserabzug zu achten.

**Zusatzinfo:** Die leuchtend blauen Sommerblumen passen gut zu weiß blühenden Arten. Sie lassen sich aber auch mit bunten Balkonblumen arrangieren.

## GOLDTALER

*Asteriscus maritimus*

**Wuchs:** Diese ausdauernden Stauden aus dem Mittelmeerraum bilden kleine, etwa 30 cm hohe Büsche mit aufrechten Trieben.

**Blätter:** An den Trieben entfalten sie kleine, schmale Blättchen, die glänzend grün sind.

**Blüten:** Das Asterngewächs bringt große, gelbe Blüten hervor.

**Blütezeit:** Der Flor dauert von Mai bis Oktober.

**Standort:** Die mediterranen Pflanzen brauchen einen sonnigen Platz und ein beständig lockeres, nährstoffreiches Substrat.

**Pflege:** Das Substrat sollte während der Wachstumszeit immer ausreichend feucht sein. Förderlich für die Blütenbildung ist es, nachzudüngen und welke Blüten regelmäßig zu entfernen.

**Vermehrung:** Neue Pflanzen lassen sich durch Stecklinge ziehen.

**Pflanzendoktor:** Besonders im Winterquartier sind die Stauden anfällig für tierische Schädlinge. Vorbeugend hilft das Lüften und eine helle, kühle Platzierung.

**Zusatzinfo:** Zur Überwinterung sollten nur gesunde Exemplare ausgewählt werden. Diese dienen dann als Mutterpflanzen für die Nachzucht durch Stecklinge.

## KAPASTER

*Felicia amelloides*

**Wuchs:** Dieses Asterngewächs aus Südafrika wächst am Naturstandort halbstrauchartig und wird bis zu 50 cm hoch. Als Balkonpflanze wird der kleine Busch einjährig kultiviert.

**Blätter:** Die gut verzweigte Pflanze bringt feine, immergrüne Blätter hervor. Eine Sorte beeindruckt mit gelbgrün panaschiertem Laub.

**Blüten:** An kurzen Stielen bilden sich strahlend blaue Asternblüten mit gelber Mitte.

**Blütezeit:** Der kleine Busch erneuert seinen Flor von Mai bis Oktober.

**Standort:** Ein sonniger Platz behagt der Balkonblume am besten. Das Substrat sollte durchlässig sein.

**Pflege:** Neben der Wasserversorgung und Düngung ist das Ausputzen welker Blüten für die Knospenbildung förderlich. Die Pflanze ist gegenüber Staunässe sehr empfindlich. Gießfehler sollten daher vermieden werden.

**Vermehrung:** Die Pflanzen lassen sich durch Stecklinge vermehren.

**Zusatzinfo:** Gesunde und kräftige Pflanzen kommen in einem hellen, kühlen Raum durch den Winter. Sie eignen sich als Mutterpflanzen für die Stecklingsvermehrung.

## KAPKÖRBCHEN

*Osteospermum ecklonis*

**Wuchs:** Dieser einjährige, 10–30 cm hohe Halbstrauch ist häufig auch unter den Namen Polarstern oder Kapmargerite bekannt.

**Blätter:** Der gut verzweigte Busch bildet kleine, schmale Blättchen.

**Blüten:** Im Sommer entfalten sich an kurzen Stielen große, sternförmige Blüten, die je nach Sorte in vielen Farben erstrahlen.

**Blütezeit:** Bereits nach dem Auspflanzen im Mai öffnen sich die ersten Blüten. Der Flor dauert bis Oktober an.

**Standort:** Der subtropische Dauerblüher braucht einen vollsonnigen Platz in durchlässigem, beständig lockerem Substrat. Gesund durch den Winter kommt er in einem hellen, kühlen Quartier.

**Pflege:** Im Balkonkasten sind die sonst genügsamen Pflanzen auf eine ausreichende Wasserversorgung und regelmäßige Düngergaben angewiesen. Gegen Staunässe ist eine gute Dränage des Substrats mit Blähtongranulat nützlich. Welke Blüten werden ausgeputzt.

**Vermehrung:** Die Pflanzen sind durch Stecklinge vermehrbar.

**Pflanzendoktor:** Gegen tierische Schädlinge helfen biologische Mittel.

Jun–Sep

## KAPRINGELBLUME

*Dimorphotheca*

**Wuchs:** Diese Balkonblume aus Südafrika ist dem Kapkörbchen und der Mittagsblume ähnlich. Sie bildet einen etwa 30 cm hohen Busch.

**Blätter:** Die länglichen, dunkelgrünen Blätter sind gleichmäßig an den Blütenstielen angeordnet.

**Blüten:** Am Ende der Stiele entfalten sich große, sternförmige Blüten in Weiß, Orange, Gelb oder Lila.

**Blütezeit:** Die Blüte beginnt im Juni und dauert bis September.

**Standort:** Ein sonniger Stand fördert die Blütenbildung und Gesunderhaltung der Kapringelblume.

**Pflege:** Insbesondere in kleinen Kübeln oder Balkonkästen sind die Pflanzen auf regelmäßige Wassergaben angewiesen. Sie vertragen allerdings keine Nässe. Dünger erhalten sie alle drei bis vier Wochen.

**Vermehrung:** Die Anzucht durch Samen erfolgt im März.

**Pflanzendoktor:** Besonders bei hoher Luftfeuchtigkeit sind die Pflanzen anfällig für Mehltau. Ein luftiger Standort fördert die Gesunderhaltung der Kapringelblume.

**Zusatzinfo:** Die großblütigen Sommerblumen lassen sich auch zur Unterpflanzung verschiedener Kübelpflanzen einsetzen.

Mai–Okt

## KNOLLENBEGONIE

*Begonia tuberhybrida*

**Wuchs:** Von diesem Gewächs gibt es aufrecht wachsende oder hängende Pflanzen. Sie bilden bis zu 50 cm große Büsche.

**Blätter:** Die Pflanzen bringen große, dunkelgrüne Blätter hervor, die spitz zulaufen.

**Blüten:** Knollenbegonien gibt es in vielen Blütenfarben, von Weiß über Rosa, Gelb und Orange bis hin zu verschiedenen Rottönen. Zudem sind Sorten mit einfachen und gefüllten Blüten erhältlich.

**Blütezeit:** Der Flor dauert von Mai bis Oktober.

**Standort:** Die Knollenbegonie bevorzugt einen halbschattigen Platz und ein nährstoffreiches Substrat. Zur Überwinterung kommen die Knollen in einen trockenen Keller.

**Pflege:** Während der Saison fördern regelmäßige Düngergaben die Blühfähigkeit. Zum Gießen eignet sich kalkfreies Regenwasser.

**Vermehrung:** Knollenbegonien lassen sich am einfachsten durch Teilung der Wurzelknollen vermehren.

**Pflanzendoktor:** Das Ausputzen welker Blüten und Blätter hält die Pflanze blühfähig und hilft gegen Mehltau.

Mai–Okt

## KÖCHERBLÜMCHEN

*Cuphea*

**Wuchs:** Von diesem Weiderichgewächs aus Mittelamerika gibt es einige Arten, die als Balkonpflanzen geeignet sind. C. ignea bildet beispielsweise etwa 30 cm hohe Büsche mit aufrechten Trieben.

**Blätter:** Die länglichen, kreuzweise angeordneten Blätter des Köcherblümchens sind glänzend grün.

**Blüten:** In den Blattachseln bilden sich röhrenförmige, rote Blüten.

**Blütezeit:** Die Pflanzen blühen von Mai bis Oktober.

**Standort:** Köcherblümchen lassen sich sowohl sonnig als auch halbschattig und sogar schattig platzieren. Als Substrat eignet sich Einheitserde oder eine andere beständig lockere Mischung mit Vorratsdünger.

**Pflege:** Nach dem Auspflanzen im Mai brauchen die Pflanzen regelmäßige Wassergaben und im Sommer gelegentlich eine Nachdüngung.

**Vermehrung:** Die Aussaat sollte rechtzeitig ab März im Haus erfolgen.

**Pflanzendoktor:** Insbesondere im Anzuchtquartier helfen biologische Mittel gegen tierische Schädlinge.

**Zusatzinfo:** Die Pflanzen sind von Natur aus mehrjährig und können in einem hellen, kühlen Raum überwintert werden.

Mai–Okt

## LEBERBALSAM

*Ageratum houstonianum*

**Wuchs:** Die 15–25 cm hohe, einjährige Sommerblume bildet kleine Polster mit gut verzweigten Trieben.

**Blätter:** An den Trieben entfalten sich ovale bis herzförmige, filzige Blättchen, die im Sommer fast völlig von den Blüten bedeckt sind.

**Blüten:** Die kugelförmigen Blüten sitzen in dichten Büscheln an kurzen Stielen und sind meist blau. Es gibt aber auch Züchtungen mit weißen oder rosafarbenen Blüten.

**Blütezeit:** Der Flor dauert vom Auspflanzen im Mai bis zum Abräumen im Oktober.

**Standort:** Die mittelamerikanischen Asterngewächse brauchen einen sonnigen Platz und ein lockeres Substrat mit gutem Wasserabzug. Auf einem Platz im Regenschatten bleiben die Pflanzen von Nässe verschont.

**Pflege:** V. a. an heißen Sommertagen brauchen die Balkonpflanzen reichlich Wasser. Dünger erhalten sie alle zwei bis drei Wochen. Außerdem werden welke Blüten ausgeputzt.

**Vermehrung:** Die Pflanzen sind durch Samen vermehrbar. Kräftige Jungpflanzen sind im Frühjahr in Gartenmärkten preiswert erhältlich.

Mai–Sep

## MÄNNERTREU

*Lobelia erinus*

**Wuchs:** Die zwischen 10 und 20 cm hohen Sommerblumen aus Südafrika bilden im Kasten auf dem Balkon überhängende Polster.

**Blätter:** An gut verzweigten Trieben sitzen kleine, schmale Blätter, die unter der beeindruckenden Blütenfülle kaum zu sehen sind.

**Blüten:** Die kleinen, fächerförmigen Blüten in Blau, Violett oder Rosa haben meist ein weißes Auge. Daneben gibt es rein weiße Sorten.

**Blütezeit:** Nach dem Auspflanzen im Mai blühen die Pflanzen bis September durch.

**Standort:** Die Sommerblüher kommen an sonnigen oder halbschattigen Plätzen zurecht. Sie brauchen ein durchlässiges, lockeres Substrat.

**Pflege:** Das Gießen, Düngen und Ausputzen welker Blüten gehört zur Pflege während der Wachstumszeit. Der Ballen sollte nie austrocknen.

**Vermehrung:** Die Pflanzen werden durch Aussaat vermehrt.

**Pflanzendoktor:** Bei Nässe machen sich Pilzkrankheiten breit. Vorbeugend hilft es, die Pflanzen im Regenschatten zu platzieren.

**Zusatzinfo:** Neben diesen kleinen Lobelien sind auch andere hohe Arten als Balkonpflanzen kultivierbar.

Jun–Aug

## MITTAGSBLUME

*Dorotheanthus*

**Wuchs:** Dieser kleine Sommerblüher wird nur 10–15 cm hoch und bildet kriechende Polster.

**Blätter:** An flachen Trieben bilden sich blaugrüne, fleischige Blätter.

**Blüten:** Die sternförmigen Blüten können je nach Sorte weiß, rot, lila, orangefarben oder gelb sein.

**Blütezeit:** Der Flor dauert von Juni bis August. Die Blüten öffnen sich jedoch nur bei sonnigem Wetter.

**Standort:** Die Pflanzen brauchen einen geschützten, sonnigen Platz im Regenschatten.

**Pflege:** Nach dem Auspflanzen ab Mitte Mai ist sparsam zu gießen. Das Düngen der genügsamen Gewächse ist nicht nötig.

**Vermehrung:** Mittagsblumen werden durch Aussaat ab März im Haus vermehrt.

**Pflanzendoktor:** Bei Dauerregen oder kühlem, feuchtem Wetter sind die Pflanzen anfällig für Pilzkrankheiten. Vorbeugend sollten sie einen geschützten, warmen Platz erhalten.

**Zusatzinfo:** Die südafrikanischen Wüstenpflanzen weisen Ähnlichkeit mit den Asterngewächsen auf. Sie gehören aber der Familie der Eiskrautgewächse an.

## PELARGONIE

*Pelargonium-Hybriden*

**Wuchs:** Bei Pelargonien, auch bekannt als Geranien, sind zwei Wuchsformen zu unterscheiden: Hängegeranien (P. Peltatum-Hybriden) und stehende Sorten (P. Zonale-Hybriden). Beide Formen lassen sich auch als Stämmchen erziehen.

**Blätter:** Die fächerförmigen Blätter der stehenden Sorten haben schöne Zeichnungen. Die Blätter der Hängeformen sind glänzend grün.

**Blüten:** Das Storchschnabelgewächs bringt rote, rosarote, lilafarbene oder weiße Blüten hervor, die in Gruppen an kurzen Stielen sitzen.

**Blütezeit:** Pelargonien blühen von Mai bis Oktober. Im hellen Winterquartier dauert der Flor an.

**Standort:** In voller Sonne blühen die Sträucher am besten. Sie vertragen aber auch einen halbschattigen Stand. Überwintern sollten die Blumen in einem hellen, kühlen Raum.

**Pflege:** Die Sommerblüher sind auf eine regelmäßige Bewässerung und Düngung angewiesen. Den Winter über können sie trocken stehen.

**Vermehrung:** Alle Sorten sind durch Stecklinge vermehrbar.

**Pflanzendoktor:** Welke, kranke und von Schädlingen befallene Pflanzenteile sollten entfernt werden.

## PETUNIE

*Petunia-Hybriden*

**Wuchs:** Diese klassischen Balkonblumen wachsen vorwiegend überhängend und entwickeln bis zu 80 cm lange Triebe.

**Blätter:** Die ovalen, hellen Blätter sind leicht klebrig.

**Blüten:** An den jungen Trieben bilden sich dichte Büschel aus trichterförmigen Blüten, die je nach Sorte unterschiedlich groß und farbig sind.

**Blütezeit:** Der Flor beginnt im Mai und dauert bis Oktober.

**Standort:** Ein sonniger Platz, vorzugsweise im Regenschatten, fördert die Blühfähigkeit ebenso wie ein beständig lockeres Substrat.

**Pflege:** Maßvolles Gießen mit Regenwasser und gelegentliche Düngergaben gehören zur Pflege während der Saison. Zudem ist das Ausputzen welker Blüten nötig.

**Vermehrung:** Petunien werden durch Aussaat vermehrt.

**Pflanzendoktor:** Die empfindlichen Nachtschattengewächse erhalten ihren Platz im Freien erst dann, wenn kein Frost mehr zu erwarten ist.

**Zusatzinfo:** Neben den großblütigen Petuniensorten sind vor allem die Surfinia-Hybriden zu empfehlen, die lange Triebe mit fingerhutgroßen Blüten bilden.

## SCHWARZÄUGIGE SUSANNE

*Thunbergia alata*

**Wuchs:** Diese 1,50 m hohe Schlingpflanze ist von Natur aus mehrjährig. Sie wird jedoch oft nur einjährig kultiviert. Die Triebe der Pflanze benötigen eine Kletterhilfe.

**Blätter:** Die glänzend grünen, herzförmigen Blätter laufen spitz zu. Sie bleiben in einem hellen Winterquartier zum Teil erhalten.

**Blüten:** Das Akanthusgewächs bringt eine Fülle an tellerförmigen orangefarbenen Blüten mit schwarzer Mitte hervor.

**Blütezeit:** Die Pflanze blüht bis in den Herbst. Auch im Winterquartier dauert der Flor an.

**Standort:** Im Sommer brauchen die Tropenpflanzen einen sonnigen Platz im Regenschatten. Den Winter verbringen sind hell und kühl.

**Pflege:** Während der Wachstumszeit sind reichliche Wassergaben und gelegentlich Düngergaben nötig.

**Vermehrung:** Die Aussaat erfolgt bereits im Februar im Haus. Die Sämlinge kommen erst im Mai ins Freie.

**Pflanzendoktor:** Der Gartenboden sollte gründlich gelockert werden. Staunässe ist zu vermeiden.

## SCHNEEFLOCKENBLUME

*Sutera diffusa*

**Wuchs:** Das mehrjährige Braunwurzgewächs aus Südafrika bildet etwa 30 cm große, überhängende Polster mit kleinen Blüten. Neben den kleinblütigen Sorten sind auch neue Züchtungen mit ungewöhnlich großen Blüten erhältlich.

**Blätter:** Die winzigen Blättchen sitzen gut verteilt an langen Trieben.

**Blüten:** An den Trieben bilden sich viele kleine Blütchen, die in etwa Primelblüten ähneln. Neben den weißen Sorten sind auch lilafarbene erhältlich.

**Blütezeit:** Die vitalen Dauerblüher bringen von März bis Oktober neue Blüten hervor.

**Standort:** Ein sonniger oder halbschattiger Platz behagt den Pflanzen gleichermaßen gut. Das Substrat muss beständig locker sein. Nässe ist schädlich und sollte durch eine günstige Standortwahl vermieden werden.

**Pflege:** Regelmäßiges Gießen mit abgestandenem Wasser, mäßiges Düngen und das Ausputzen welker Pflanzenteile halten die Dauerblüher vital. Die Erde sollte nicht austrocknen.

**Vermehrung:** Die Pflanzen sind durch Aussaat oder auch durch Stecklinge vermehrbar.

## TAUBNESSEL

*Lamium maculatum*

**Wuchs:** Diese wintergrünen Stauden bilden im Garten flächige Bestände, die bis zu 20 cm hoch werden. Durch ihre Ausläufer verbreiten sie sich schnell. Taubnesseln lassen sich auch in Pflanzgefäßen kultivieren.

**Blätter:** Die großen, filzigen Blätter sind schön gezeichnet.

**Blüten:** Am Triebende bilden sich die Blütenstände aus blauen, weißen oder gelben Lippenblüten.

**Blütezeit:** Die Hauptblütezeit erstreckt sich von April bis Juni. Züchtungen blühen länger.

**Standort:** Als tolerante Waldpflanzen kommen die Taubnesseln an sonnigen und schattigen Plätzen auf dem Balkon zurecht. Sie brauchen eine lockeres Substrat.

**Pflege:** Besonders in sonnigen Kästen darf die Wasserversorgung nicht vernachlässigt werden. Düngergaben fördern die Vitalität.

**Vermehrung:** Die Pflanzen sind durch Stecklinge oder auch durch Teilung vermehrbar.

**Pflanzendoktor:** Wenn sie einen geschützten Platz erhalten, bleiben die Pflanzen bis in den Winter grün.

**Zusatzinfo:** Mit ihren schön gezeichneten Blättern passen die Taubnesseln gut zu Sommerblumen.

## ZIERWEIHRAUCH

*Plectranthus*

**Wuchs:** Dieser wintergrüne Halbstrauch aus Südafrika wird einjährig als Balkonpflanze gezogen. Er bildet mehr als 1 m lange, überhängende Triebe und lässt sich gut mit blühenden Gewächsen kombinieren.

**Blätter:** Die hellgrünen, filzigen Blätter haben weiße Ränder. Sie duften streng.

**Blüten:** Im Frühjahr bringt der Zierweihrauch kleine, unauffällige Lippenblüten hervor.

**Blütezeit:** Der Flor dauert bei überwinterten Pflanzen von März bis Mai.

**Standort:** Die tolerante Pflanze lässt sich an sonnigen und schattigen Plätzen einsetzen. Das Substrat muss beständig locker sein.

**Pflege:** Wichtig für die Versorgung ist ausreichendes Gießen. Bei Trockenheit wird das Laub braun. Die Erde sollte stets mäßig feucht sein, nie nass. Düngergaben fördern die Bildung langer Triebe.

**Vermehrung:** Die Pflanzen sind durch Stecklinge vermehrbar.

**Pflanzendoktor:** Der Zierweihrauch vertreibt Schädlinge durch seine Aromastoffe und bewahrt auf diese Weise auch benachbarte Pflanzen vor dem Befall. Daher wird er oft Mottenkönig genannt.

# GRÜNES WOHNEN – DIE SCHÖNSTEN ZIMMERPFLANZEN

# GESTALTUNG, PFLEGE UND VERMEHRUNG

Damit die Blatt- und Blütenpracht Ihrer Zimmerpflanzen so richtig üppig ausfällt und gebührend zur Geltung kommt, sind die richtige Auswahl, die geschickte Platzierung und Präsentation und nicht zuletzt die fachkundige Pflege sehr wichtig.

# ZIMMERPFLANZEN FÜR JEDEN WOHNSTIL

Die große Vielfalt und das reiche Angebot an verschiedenen Zimmerpflanzen machen es möglich, Räume unterschiedlichster Stilrichtungen mit üppigem Grün zu beleben, durch Wuchsform, Blüten- und Blattfarben gezielt Akzente zu setzen und die spezielle Note eines Raums mit ihnen gestalterisch zu unterstreichen.

Dabei finden sich die Pflanzen nicht länger auf Fensterbänke verbannt, sondern fügen sich in passend zum Wohnstil gewählten Töpfen oder Gefäßen harmonisch ins Ambiente ein. Pflanzen haben sich damit zu einem wichtigen gestalterischen Mittel in der Inneneinrichtung entwickelt.

Doch Vorsicht: Exotische Grünpflanzen passen nicht unbedingt in eine rustikale Umgebung und eine zart blühende Pflanze wirkt in einem unterkühlt-modernen Ambiente eher fehl am Platz. Farbe und Stil der Einrichtung sowie Wände, Fußböden und Vorhänge müssen bei der Kaufentscheidung berücksichtigt werden, um das Blattwerk auf den Gesamtcharakter des Raums abzustimmen.

Moderner Wohnstil

Klassischer Wohnstil

## KLASSISCHER EINRICHTUNGSSTIL

Zum gediegenen Mobiliar dieses Einrichtungsstils, das meist aus antiken Möbeln bzw. Stil- oder Schleiflackmöbeln besteht, passen besonders gut Pflanzen mit nostalgischer Ausstrahlung, wie sie etwa Zierspargel, Steckenpalme, Fensterblatt oder Gummibaum besitzen.

Die genannten Pflanzen harmonieren auch farblich mit den in dieser Stilrichtung vorherrschenden Beige-, Gold-, Weiß- und Silbertönen und unterstreichen die klaren, dezenten Formen und hochwertigen Materialien. Darauf abgestimmt sollten Übertöpfe aus Porzellan, glänzend glasierter Keramik, Messing oder Silber gewählt werden.

## MODERNES DESIGN

Helle Einrichtung, klare Formen, Mobiliar aus Holz, Glas, Kunststoff, Korb und Metall, dazu Einzelstücke im Design der 50er- oder 70er-Jahre – in dieses Raumkonzept passen charaktervolle, ausdrucksstarke

Bei den Zimmerpflanzenporträts (→ ab S. 391) werden einige Pflanzen als Grünpflanzen bezeichnet, eine genaue Angabe zur Blüte fehlt. Natürlich bilden auch diese Pflanzen in ihrer Heimat regelmäßig Blüten (ausgenommen Palmfarn, Zimmertanne und Zimmerzypresse) – sind also ebenfalls Blütenpflanzen. Als Topfpflanzen bleiben viele von ihnen aber in einem Jungpflanzenstadium und kommen nie zur Blüte. Andere als Grün- oder Blattpflanzen bezeichnete Gewächse haben sehr unscheinbare Blüten und werden hauptsächlich wegen ihrer auffälligen und schönen Blätter oder Wuchsform geschätzt.

Jeder Raum, mag er auch noch so schön eingerichtet sein, erscheint ohne lebendes Grün nüchtern. Pflanzen bringen Leben und Atmosphäre in jeden Wohnbereich und sind mehr als nur Dekoration. Will man Pflanzen im Wohnbereich wirkungsvoll in Szene setzen, müssen Farbe und Stil der Einrichtung sowie Wände, Fußböden, Vorhänge etc. mit in die Entscheidungsfindung bei der Wahl der richtigen Pflanzen einbezogen werden.

Blattpflanzen wie Alokasie, Dieffenbachie, Fensterblatt, Bogenhanf oder Fiederblatt ebenso wie filigrane Gewächse, etwa Fingeraralie, Eukalyptus oder Birkenfeige. Diese unterstreichen die Leichtigkeit und Helligkeit des Wohnstils. Farbtupfer, die in dieses Ambiente passen, sind Buntnessel, Calla, Flamingoblume, Orchidee und Schönmalve. Für alle Pflanzen ein absolutes Muss sind modische Übertöpfe in aktuellen Farben.

## RUSTIKALES WOHNEN

Beständig erfolgreich weil zeitlos schön ist dieser Wohnstil, der unterschiedliche Ausprägungen zeigt: Mal präsentiert er sich in bäuerlich-rustikalem Stil, mal im skandinavischen Natur-Look, mal als britischer Landhausstil oder als südlichmediterranes Wohnkonzept.

Rustikaler Wohnstil

Als Pflanzenschmuck passen vor allem blühende Pflanzen, etwa Schiefteller, Primel, Alpenveilchen, Pentas, Gerbera, Blaues Lieschen und kleinblättrige Grünpflanzen wie Zwergpfeffer, Leuchterblume, Bubiköpfchen und Kletterfeige.

## ETHNO-STIL

Fremdländische und exotische Einrichtungsgegenstände und Accessoires prägen diesen Wohnstil, der dem Fernweh und der Sehnsucht nach fremden Kulturen entspringt. Zu den geheimnisvollen Masken, Figuren, Skulpturen und Fetischen aus Afrika und Asien, die das gewünschte Flair in den Wohnraum zaubern, passen ausgefallene Zimmerpflanzen wie Zebrakraut, Neoregelie, Marante, Croton, Philodendron und Palmen. Mit entsprechenden Übertöpfen unterstreichen sie den fremdländischen Charakter des Raums.

Ethno-Stil

## FERNÖSTLICHER WOHNSTIL

Dieses Raumkonzept zeichnet sich durch sparsame Möblierung, wenige, einfache Formen und eine übersichtliche Anordnung aus. Mobiliar und Zubehör bestehen aus naturbelassenen Materialien wie Rattan, Bambus, Holz, Seide und Baumwolle. Mit den Farben Schwarz, Weiß und Rot werden sparsam Akzente gesetzt.

Pflanzen, die mit dem fernöstlichen Flair harmonieren und dieses reizvoll beleben, sind Orchideen, Bambusgras, Mooskraut sowie die Simse.

# TRENDPFLANZEN

Pflanzen, die im Trend liegen, sind nicht unbedingt Neuentdeckungen, die erst seit kurzem auf dem Pflanzenmarkt erhältlich sind, wie etwa der Elefantenfuß, die Pachira oder das Fiederblatt.
Vielmehr sind Trendpflanzen meist alte Bekannte, die ein plötzliches und unerwartetes Comeback feiern und auf einmal aus den Wohnzimmern nicht mehr wegzudenken sind.

Die Tillandsie ist eine sehr aparte Pflanze

## WIEDERENTDECKUNG BEKANNTER PFLANZEN

Ein besonders einprägsames Beispiel, wie eine Pflanze aus einem lange währenden Schattendasein plötzlich heraustritt, ist der Bogenhanf.
Galt er lange Zeit als unverwüstlicher Pflanzenschmuck vor allem für Gaststätten und Büroräume, spielt er heute in modernen Wohnräumen eine Hauptrolle. Seine aufrecht wachsenden, schwertförmigen Blätter, die klar und grafisch wirken, passen als gestalterisches Element perfekt zum modernen Einrichtungsstil.
Vorbei sind die Zeiten, da er in einem braunen oder grauen Plastiktopf die Fensterbank belagerte und den Blick aus dem Fenster bis auf wenige Lücken versperrte. Heutzutage zeigt sich der Bogenhanf in hohen dekorativen Gefäßen, die farblich auf die Blattzeichnung der Pflanze abgestimmt sind.
Die gelb gerandete Sorte mit den interessanten Querstreifen sieht in einem hohen schlanken Tongefäß, bei dem der Ansatz der Blätter im Topf verschwindet, sehr apart aus. Die Sorte mit den silbrig schimmernden Blättern wirkt hingegen in hohen Metallgefäßen oder Tontöpfen in pudrigen Farben besonders attraktiv.

## PFLANZGEFÄSSE AUSWÄHLEN

Entscheidend für die richtige Wahl des Pflanzgefäßes ist, dass die Größe stimmt, dass die Pflanze bequem hineinpasst und der Topf auch der ausgewachsenen Pflanze ausreichend Platz bietet. Und schließlich muss der Stil stimmen.

### Stimmige Kombinationen

Stimmen Sie die Farbe des Topfs auf die Blatt- oder Blütenfarbe ab. Pflanzen mit silbrig überhauchten Blättern sehen hinreißend in Pflanzgefäßen aus Aluminium, Zink oder Emaille aus, wenn sich die dekorative silbrig graue Farbe der Blätter auch in den Töpfen wiederholt.
Auch Blütenpflanzen, deren Farbe der Übertopf aufgreift, wirken harmonisch und ausgewogen. Perfekt wirkt eine Pflanze mit Quer- oder Längsstreifen auf dem Laub in einem Übertopf, der Blattmuster und -farbe wiederholt.

Beachten Sie auch die Gestaltung der Topfoberfläche – ist sie glänzend oder matt – und wählen Sie darauf abgestimmt eine Pflanze mit glänzendem, lackiert

Der Bogenhanf hat längst die Fensterbank verlassen und steht repräsentativ als Einzelpflanze oder in der Gruppe an prominenten Stellen im Zimmer.

Bogenhanf

Mit ihrem Facettenreichtum, was Farben und Formen betrifft, dienen Pflanzen als gestalterische Elemente. Sie sind jedoch ebenso dem Zeitgeist unterworfen wie andere Einrichtungsgegenstände, Dekorationsstoffe oder Accessoires.

wirkendem Blattwerk oder mit samtig behaarter Oberfläche. Ein stimmiges Bild sind exotische Pflanzen in exotischen Gefäßen, etwa aus Teak und Mahagoni.

### Gegensätze ziehen sich an

Sie können auch einen Topf wählen, der in Farbe oder Material bewusst kontrastiert, um einen spannungsvollen Gegensatz zwischen Pflanze und Gefäß zu erzeugen. So wirken etwa glänzend grüne Blätter sehr apart in einem hell gehaltenen, sachlichen Tontopf. Hochglänzend oder matt glasierte Töpfe in Schwarz, Weiß oder Creme sehen edel aus und bilden einen eleganten Kontrast zu vielen grün- oder auch buntblättrigen Pflanzen. Reizvoll sind auch liebliche Blüher in extrem schlicht und sachlich gehaltenen Ton- oder Betontöpfen, Metallgefäßen oder auch Emaillekübeln.

Um Gegensätze zu erzielen, können Sie auch mit den Proportionen spielen und für eine kleine Pflanze ein übergroßes Gefäß wählen oder eine kugelige Pflanze in einen eckigen Topf setzen.

## PFLANZENPRÄSENTATION

Stellen Sie die Pflanze nicht einfach auf die Fensterbank, ein Beistelltischchen oder ins Regal. Arrangieren Sie z. B. ein Stillleben mit einer hübschen Obstschale, fügen Sie andere dekorative Ziergegenstände hinzu oder platzieren Sie die Pflanze auf einem unkonventionellen Einzelmöbel.

Sehr apart wirkt auch eine Gruppe gleichartiger Pflanzen in gleichen Übertöpfen, die Sie auf einem Sideboard nebeneinander anordnen oder ins Regal in drei Etagen übereinanderstellen.

Pflanzen können durch bewusste Reihung in Szene gesetzt werden. Artenweise arrangiert in denselben Gefäßen ziehen sie die Aufmerksamkeit auf sich und eröffnen neue, überraschende Perspektiven.

Kakteensammlung

# PFLANZEN UND WOHLBEFINDEN

Das dekorative Grün ist mehr als nur schmückendes Beiwerk: Es verbessert zugleich das Raumklima und wirkt so unmittelbar auf das Wohlbefinden der Bewohner des Zimmers.

## LUFTFEUCHTIGKEIT

Pflanzen mit großer Blattoberfläche haben einen höheren Stoffwechsel und bewirken daher eine höhere Luftfeuchte. Dabei kommt es nicht auf die Größe des einzelnen Blatts an, sondern auf die Blattoberfläche, die alle Blätter zusammen ergeben.
Pflanzen mit großer Blattoberfläche sind beispielsweise Bananenstaude, Kastanienwein und alle Ficusarten (z. B. Birkenfeige, Gummibaum). Aber auch Pflanzen, die einen hohen Wasserbedarf haben, wie etwa Nestfarn, Zimmerlinde und Zypergras, erhöhen auf natürliche Weise die Luftfeuchtigkeit.

## WOHNGIFTE

Einige Pflanzen sind speziell zum Abbau von Wohngiften geeignet.
Formaldehyd, das in Farben, Lacken und Klebstoffen von Teppichen und Möbeln enthalten ist, lässt sich beispielsweise mit Aloe, Grünlilie, Drachenbaum oder auch Gerbera abbauen.
Trichloräthylen, das in Kunststoffen, Klebstoffen und Tonern von Kopierern und Druckern vorkommt, ist mit Einblatt, Bogenhanf oder Efeu zu bekämpfen.
Für den Abbau von Benzol, das in Nikotin enthalten ist, eignen sich Efeu, Einblatt, Efeutute oder Kolbenfaden.
Grünlilie und Efeutute bauen besonders gut Kohlendioxid ab.

Birkenfeige

# PFLANZEN FÜR DEN BÜRO- UND WOHNBEREICH

Pflanzen wirken nicht nur positiv auf das körperliche, sondern auch auf das psychische Wohlbefinden.
Das Grün strahlt Ruhe aus und schafft eine entspannte Atmosphäre, in der man sich gern aufhält und die zugleich Geist und Seele anregt.

## BÜROPFLANZEN

Nachgewiesenermaßen steigern Grünpflanzen die Effizienz und Effektivität – Grund genug, Büro- und Arbeitsbereich mit einigen ausgewählten Pflanzen zu versehen. Damit die grüne Pracht den mitunter tristen Arbeitsalltag lange beleben kann, sollten für den Bürobereich möglichst robuste, pflegeleichte Pflanzen gewählt werden.

Pflanzendekoration im Schlafzimmer

Büropflanzen können wie Büromöbel abgeschrieben werden. Sie gelten als Betriebsausgaben, die sich steuerlich absetzen lassen. Betriebsinterne Dekoration mit Grünpflanzen sind effektive Werbung nach innen und nach außen.

Geeignet sind deshalb alle Pflanzen, die es nicht übel nehmen, wenn die Versorgung mit Wasser an stressigen Arbeitstagen einmal vergessen wird, und die auch die wasserlosen Wochenenden ohne Probleme überstehen können.

Unter den Grünpflanzen gibt es zahlreiche bürotaugliche Exemplare wie etwa Aralie, Blattbegonie, Efeu, Efeuaralie, Gummibaum, Hanfpalme, Königswein, Säulenkaktus, Segge oder Zimmerlinde.

Auch viele Blühpflanzen gedeihen hervorragend in Büro- und Arbeitsräumen und beleben diese mit Farbtupfern, beispielsweise Amaryllis, Duftgeranie, Einblatt, Elefantenfuß, Flammendes Käthchen, Neoregelie, Osterkaktus, Pachira oder auch das Usambaraveilchen.

Bambus im Badezimmer

## NASSRAUMPFLANZEN

Für das feuchtwarme Klima in Bad und Küche eignen sich Nassraumpflanzen, z. B. Bambusgras, Bananenstaude, Efeutute, Gardenie, Microlepie, Nestfarn, Sonnentau, Speerfarn, Stromanthe oder Zypergras.

Diese Pflanzen vertragen die feuchte Luft ausgezeichnet, die in Küche und Bad zwangsläufig anfällt. Oftmals kann man sich sogar durch die Wahl eines der beiden Standorte das für das Gedeihen notwendige Besprühen der Pflanzen ganz sparen.

## SCHLAFZIMMERPFLANZEN

Pflanzen im Schlafzimmer tragen zu einer entspannten Atmosphäre bei, verbessern das Raumklima und erhöhen so den Schlafgenuss. Die Pflanzen ihrerseits gedeihen in Schlafräumen besonders gut, da diese in der Regel kühler sind als der übrige Wohnbereich.

Damit sich die Vorteile, die das Grün ins Schlafzimmer bringt, nicht ins Gegenteil verkehren, sollte man jedoch die richtigen Pflanzen wählen. Stark duftende Pflanzen etwa stören den Schlaf und haben in Schlafräumen nichts verloren. Das Gleiche gilt für Pflanzen, die Allergien auslösen können. Auch Pflanzen, die große Blätter aufweisen, sind für Schlafzimmer ungeeignet, da sie beim täglichen Bettenaufschütteln stark einstauben.

Die richtige Pflanzenwahl für das Schlafzimmer sind beispielsweise Akazie, Drachenbaum, Echeveria, Glücksklee, Hibiskus, Spitzblume, Venusfliegenfalle oder Fiederblatt.

## KINDERZIMMERPFLANZEN

Bei der Auswahl von Pflanzen für das Kinderzimmer ist vor allem darauf zu achten, dass es sich um keine giftigen Pflanzen handelt.

Pflanzen im Kinderzimmer können außerdem noch einen erzieherischen Wert haben, indem man die Kinder für die Pflege und Gesunderhaltung der Pflanzen selbst verantwortlich sein lässt.

Besonders gut geeignet für Kinderzimmer sind folgende Pflanzen: Avocado, Baumwolle, Bubiköpfchen, Elefantenohr, Haworthie, Kreuzkraut, Tillandsie, Tradeskantie, Versteckblüte oder auch Zwergpfeffer.

# PFLEGE DER ZIMMERPFLANZEN

Das gute Gedeihen hängt im Wesentlichen von drei Kriterien ab: vom richtigen Standort mit den für die Pflanze günstigen Licht- und Temperaturverhältnissen, vom richtigen Gießen und korrekten Düngen und schließlich von der Wahl der Pflanzerde und des passenden Pflanzgefäßes.

## LICHT

Die Lichtansprüche der einzelnen Pflanzen sind je nach Herkunft und natürlichem Standort sehr verschieden. Des Weiteren bestehen Unterschiede zwischen Blüten- und Blattpflanzen.
Blütenpflanzen benötigen in der Regel mehr Licht im Zimmer als Blattpflanzen. Bei den Blattpflanzen ist wiederum zu beachten, dass buntblättrige und hell gefleckte Pflanzen mehr Licht brauchen als reine Grünpflanzen.
Reicht das Sonnenlicht, das einer Pflanze aufgrund ihres Standorts zur Verfügung steht, nicht aus, muss künstliches Licht Ersatz liefern. Dieses gibt es in Form spezieller Pflanzenleuchten. Die Beleuchtungsstärke wird dem Lichtbedürfnis der jeweiligen Pflanze angepasst.

Pflanzen, die nicht ausreichend Licht erhalten, bekunden ihr Unwohlsein durch lange, dünne, blasse Triebe. Bei hell gefleckten oder buntblättrigen Arten verschwindet infolge mangelnder Lichteinstrahlung die Blattzeichnung, das heißt die Pflanzen „vergrünen“.

### STANDORTFRAGE

Manche Zimmerpflanzen vertragen fast jeden Standort: Das Fensterblatt, das am besten an einem hellen, absonnigen Platz gedeiht, wächst an einem Südfenster genauso wie in einem nordseitigen Treppenhaus.
Die Yucca, die vorzugsweise an einem sonnigen Fenster steht, kommt selbst in einer dunklen Zimmerecke noch zurecht.

## TEMPERATUREN

Die Temperaturansprüche der einzelnen Pflanzen sind sehr unterschiedlich. Ob sich die Pflanze bei stets gleichbleibenden Temperaturen wohl fühlt, oder ob sie einen nächtlichen Temperaturabfall wünscht, hängt wiederum von der Herkunft der jeweiligen Pflanze ab.

### Warmhauspflanzen

Tropische Pflanzen, die aus ihrer Heimat gleichbleibend warme Temperaturen und hohe Luftfeuchtigkeit gewöhnt sind, bevorzugen konstante Raumtemperaturen zwischen 18 und 22 Grad bei ausreichender Luftfeuchtigkeit.
Manche Arten dieser auch als Warmhauspflanzen bezeichneten Gewächse verkraften Temperaturschwankungen, etwa einen nächtlichen Temperaturabfall unter 18 Grad, äußerst schlecht. Sie sollten daher ihren Standort in einem Wohnraum haben, der ihnen das ganze Jahr über eine gleichbleibende Temperatur bietet, etwa ein im Winter beheiztes Wohnzimmer.

### Kalthauspflanzen

Andere Vorlieben haben subtropische Pflanzen: Ihrer Herkunft entsprechend haben sie zwar keine Probleme, wenn die Temperatur nachts sinkt. Was sie hingegen schätzen und brauchen, ist eine Winterruhe, bei der die Temperaturen teilweise unter zehn Grad liegen sollten.
Diese sogenannten Kalthauspflanzen nutzen diese Zeit der Ruhe, um sich gleichsam für das Wachsen und Blühen im nächsten Jahr zu stärken. Tatsächlich fördert eine streng eingehaltene Winterruhe die Blütenbildung und das Wachstum der Pflanzen. Zugleich mit den niedrigen Temperaturen sollte auch die Luftfeuchtigkeit geringer werden.

Vielen Zimmerpflanzen bekommt ein Sommeraufenthalt im Freien gut. Grünpflanzen wie Philodendron, Grünlilie, Birkenfeige etc. bevorzugen einen Platz im Halbschatten, Blütenpflanzen wie Hibiskus oder auch Kakteen einen vollsonnigen Standort. Das Ausquartieren geschieht am besten bei trübem Wetter. Wenn die Sonne scheint, ist selbst für Sukkulenten und Kakteen eine Schattierung nötig, bis sie sich an die Umstellung gewöhnt haben.

Spezielle Pflanzenlampen ersetzen im Winter das mangelnde Sonnenlicht. Die optimale Beleuchtungsstärke wird in Lux angegeben. Je nach Pflanze liegt sie zwischen 1.000 Lux (Schattenpflanzen) und 5.000 Lux (Kakteen).

In normalen Haushalten ist es oft nicht einfach, den Ansprüchen der Kalthauspflanzen gerecht zu werden. Meist ist ein Standortwechsel im Winter nur schwer zu realisieren. Geeignet zur Überwinterung dieser Pflanzen sind beispielsweise trockene, helle Kellerräume, Treppenhäuser, kühle Gewächshäuser oder kühle Wintergärten. Lässt sich die Umsiedelung in ein Winterquartier nicht bewerkstelligen, sollten Sie das Gewächs besonders sorgfältig pflegen, ausreichend gießen und an einem hellen Standort platzieren, damit die Kalthauspflanze den Winter im Warmen trotzdem übersteht.

Korallenkaktus (*Rhipsalis cassutha*)

## GIESSEN

Beim Gießen der Zimmerpflanzen gilt es, das richtige Maß zu finden, was Häufigkeit und Menge anbelangt.

### Weder Trockenheit noch Staunässe

Die wenigsten Pflanzen, mit Ausnahme von Kakteen und Bogenhanf, verkraften es, wenn sie vollkommen trocken stehen. Die zarten Wurzelspitzen trocknen ein und können in der Folge weder Wasser noch Nahrung aufnehmen.
Ebenso wenig wird Staunässe vertragen. Sie bewirkt bei den meisten Pflanzen Fäulnis an den Wurzelspitzen und verhindert wiederum die wichtige Wasser- und Nahrungsaufnahme.

Das Sprühen mit dem Zerstäuber ist allerdings nur eine kurzfristige Erfrischung, da die so erzeugte Feuchtigkeit in der Luft nicht sonderlich lange vorhält.

### FINGER- UND KLOPFPROBE

Sind Sie unsicher, wie viel und wie oft Sie gießen sollen, können Sie eine einfache Fingerprobe machen: Drücken Sie einen Finger mindestens einen Zentimeter tief in die Erde. Je nachdem, ob sich die Erde noch feucht oder schon trocken anfühlt, wird gegossen oder auch nicht. Dabei gilt: Lieber öfter weniger gießen als sehr viel auf einmal.
Auch durch Klopfen an das Pflanzgefäß können Sie den Wasserbedarf ermitteln. Klingt der Topf hohl, müssen Sie gießen.

### Grundregel des Gießens

Entscheidend für das Wohlergehen der grünen Mitbewohner ist ein ausgeglichener Wasserhaushalt ohne nennenswerte Schwankungen. Als Grundregel für das Gießen kann gelten: Je wärmer eine Pflanze steht, desto häufiger muss man sie gießen, je kühler die Temperaturen, desto geringer die Wassergaben.
Hat eine Pflanze zu lange gedurstet, hilft auch das Gießen nicht mehr. Versuchen Sie, das Gewächs wieder fit zu bekommen, indem Sie es so lange ins Wasser tauchen (nicht die Blätter), bis keine Luftbläschen mehr aufsteigen.

Pflanzen in beheizten Räumen sollte man häufig mit ausreichend Wasser besprühen

### Luftbefeuchter

Die meisten Pflanzen lieben hohe Luftfeuchtigkeit und sollten mit lauwarmem Wasser aus dem Zerstäuber verwöhnt werden. Nicht alle Pflanzen wollen jedoch direkt besprüht werden, sie reagieren sonst mit hässlichen Flecken auf Blättern und Blüten.
Füllen Sie in den Zwischenraum zwischen Übertopf und Pflanzgefäß Kieselsteine, und halten Sie diese immer gut feucht. Die Kieselsteine geben die Feuchtigkeit langsam an die Luft ab und sorgen so für eine gleichmäßige Luftfeuchte.

### Wasserqualität

Die wenigsten Pflanzen gedeihen bei extrem kalkhaltigem Wasser. Damit das Wasser weich und auch für empfindliche Pflanzen verträglich wird, können Sie das

Gießwasser entweder abkochen, ihm spezielle Enthärtungsmittel beifügen oder ein Päckchen Torfmull in die Gießkanne legen.
Die richtige Temperatur liegt bei etwa 20 Grad. Wärmen Sie das Wasser vor dem Gießen an, oder füllen Sie nach dem Gießen das Gießgefäß gleich wieder auf und stellen es auf die Fensterbank.

## DÜNGEN

Für ein gesundes Wachstum benötigen die Pflanzen Nährstoffe, die sie in dem kleinen Erdreich ihres Topfs auf Dauer nicht finden.

### Düngemittel

Fester Dünger, der als Granulat oder Stäbchen erhältlich ist, löst sich im Verlauf einiger Monate auf und gibt die Nährstoffe allmählich ab. Mit diesem muss man nur ein- bis zweimal pro Jahr düngen.
Flüssigdünger wird dem Gießwasser beigemischt und bei der Wassergabe an die Pflanze abgegeben.
In der Regel verwendet man für Zimmerpflanzen einen Universaldünger, nur bestimmte Arten, etwa Kakteen, Orchideen oder Moorbeetpflanzen, benötigen einen Spezialdünger, der genau auf die besonderen Bedürfnisse dieser Pflanzen abgestimmt ist.

### Düngezeitraum

Gedüngt wird vor und während der Blütezeit bzw. in der Wachstumsperiode, was zeitlich meist in die lichtreichen Monate von März bis September fällt. Während der Wintermonate hingegen legen die meisten Pflanzen eine Ruhezeit ein und benötigen keine zusätzlichen Nährstoffe.
Auch frisch gepflanzte oder umgesetzte Pflanzen werden zunächst nicht gedüngt. Lassen Sie ihnen etwa vier Wochen Zeit, dann sind sie richtig angewachsen und vertragen eine Düngegabe. Das Gleiche gilt für Pflanzen mit einem trockenen Topfballen: Diese dürfen niemals gedüngt werden, bevor sie nicht gegossen sind und der Wurzelballen anschließend wieder durchfeuchtet ist.

## DIE RICHTIGE PFLANZERDE

Die ideale Pflanzerde sollte ausreichend locker sein, damit der Wurzelballen gut durchlüftet wird und sich durch Gießen nicht zu leicht verdichtet. Sie sollte außerdem einen ausreichend großen Anteil an

Wenn Sie im Winter Zimmerpflanzen kaufen, sollten Sie diese vor dem Transport in eine Lage Zeitungspapier einschlagen. Zuhause angekommen, benötigen die Pflanzen Zeit, um sich allmählich an die Wärme zu gewöhnen. Also nicht gleich mit ihnen in die warme Stube, sondern lieber zunächst an einen hellen Platz im Schlafzimmer!

Auf der Verpackung finden sich die Vorschriften über Dosierung und Düngehäufigkeit aufgedruckt, an die Sie sich im Interesse Ihrer Pflanzen halten sollten.

Auch Tontöpfe können dekorativ sein

Humus enthalten, damit eine gute Wasserhaltefähigkeit gewährleistet ist.
Die im Handel erhältlichen Fertigerden erfüllen in der Regel die genannten Anforderungen. Sie können beim Einpflanzen und Umtopfen der meisten Zimmerpflanzen verwendet werden.
Einige Gewächse haben besondere Ansprüche und benötigen daher Spezialsubstrate (z. B. Moorbeetpflanzen wie Azaleen, Gardenien oder Heidekraut, Ananasgewächse, Orchideen und Kakteen).
Gewächse, die an ihrem natürlichen Standort Waldbewohner sind, gedeihen besonders gut, wenn durch Beimischen von zerkleinerten Rindenabfällen der Waldboden imitiert wird.
Spezielle Erdmischungen gibt es auch für Aussaat und Stecklinge. Diese weisen eine niedrigere Düngerkonzentration auf, die von den empfindlichen Jungpflanzen besser vertragen wird.

## PFLANZGEFÄSSE

Üblicherweise befinden sich Zimmerpflanzen in porösen, unglasierten Tontöpfen oder Plastiktöpfen, die meist durch schmucke Übertöpfe kaschiert werden. Während Tontöpfe in der Lage sind, Feuchtigkeit zu speichern, und durch das höhere Gewicht eine bessere Standfestigkeit aufweisen, besteht der Vorteil der Plastiktöpfe darin, dass sie keine Algen ansetzen und dadurch sauberer bleiben.
Wenn Sie neue Tongefäße verwenden, sollten Sie diese vor ihrer Verwendung eine Nacht lang ins Wasser legen. Gebrauchte Tontöpfe sollten gründlich gesäubert werden. Achten Sie außerdem darauf, dass zwischen Pflanzgefäß und Übertopf reichlich Luftraum bleibt.

Jüngere Pflanzen benötigen in der Regel jährlich ein größeres Pflanzgefäß und müssen umgetopft werden.
Bei ausgewachsenen Pflanzen muss lediglich das Substrat etwa alle zwei bis drei Jahre erneuert werden.

## JUNGPFLANZEN EINSETZEN

Geben Sie auf den Topfboden eine zwei bis drei Zentimer dicke Schicht aus Tonkügelchen, Tonscherben oder grobem Kies gegen Staunässe. Dann füllen Sie etwas Substrat in den Topf und setzen das Pflänzchen ein.

Pflanzen sollten rechtzeitig umgetopft werden.

Wichtig ist, dass Sie das zarte Gewächs nicht „vergraben". Wird die Pflanze zu tief in den Topf gesetzt, beginnen die Blätter zu faulen. Die Oberseite des Wurzelballens sollte ungefähr zwei bis drei Zentimer unter dem Topfrand liegen. Füllen Sie rundum Erde auf und drücken Sie diese gut an.

## UMTOPFEN

Pflanzen, die ein größeres Gefäß benötigen, sollten vor dem Umtopfen gründlich gewässert werden. Der Wurzelballen wird dann vorsichtig aus dem alten Topf gelöst. Entfernen Sie die obere Schicht des Topfballens und lockern Sie den Wurzelballen behutsam auf.
Überprüfen Sie das Aussehen der Wurzeln: Gesunde Wurzeln sind hellbraun, die Spitzen sind weiß. Sind die Wurzelspitzen hingegen braun und leicht faulig, müssen sie entfernt werden. Bereiten Sie den Topf wie für die Jungpflanzen mit einer Dränageschicht vor und gehen Sie auch beim Einsetzen wie vorher beschrieben vor.
Ausgewachsene Pflanzen, die nur neues Substrat benötigen, werden aus den Töpfen genommen, von möglichst viel Erde befreit, ohne die Wurzeln zu verletzen, und mit frischem Substrat in den alten Topf oder auch in ein neues Gefäß gleicher Größe gesetzt.

# VERMEHRUNG

Es gibt verschiedene Arten der Vermehrung: durch Stecklinge, Kindel, Brutknollen, Teilung oder Aussaat. Welche Methode zur Anwendung kommt, hängt von der Pflanze ab.

## STECKLINGE

Stecklinge, umgangssprachlich auch Ableger genannt, werden aus Trieben (Kopfstecklinge), Blättern (Blattstecklinge) oder Stammstücken geschnitten. Kopfstecklinge werden immer aus der Sprossspitze geschnitten. Blattstecklinge sind Einzelblätter mit kurzem Stiel und bei Stammstücken handelt es sich um beblätterte Stängelstücke ohne Spitze.

Zum Schneiden verwenden Sie am besten ein scharfes Messer oder eine Rasierklinge. Warten Sie hierfür die jeweilige Wachstumsperiode der Pflanzen ab, also in der Regel die Monate zwischen März und September.

Vermehrung über Stecklinge

Nach dem Schneiden werden die Stecklinge zum Bewurzeln in gute Pflanzerde gesteckt. Die Stecktiefe beträgt drei bis vier Zentimeter, sodass der Steckling Halt findet. Sorgen Sie für gleichbleibende Feuchtigkeit und Wärme. Oft ist es hilfreich, eine durchsichtige Plastikfolie über den Steckling zu stülpen.

Auch eine Bewurzelung im Wasserglas ist möglich. Damit die Stiele der Blatt- oder Kopfstecklinge nicht faulen, sollten Sie aber unbedingt Holzkohlestückchen in das Wasser geben.

Achten Sie auf die Kulturhinweise, die auf der Samenpackung angegeben sind.

## TEILUNG

Eine einfache, schnelle Methode zur Vermehrung, die sich vor allem bei älteren und sehr üppigen Pflanzen anbietet, ist die Teilung des Wurzelballens. Die beste Gelegenheit zur Teilung ist das Umtopfen. Die Teilstücke werden jeweils in einen eigenen Topf eingepflanzt.

## KINDEL UND BRUTKNOLLEN

Als Kindel bezeichnet man kleine, fertige Tochterpflänzchen, die zahlreiche Pflanzen praktischerweise bilden. Diese werden vorsichtig von der Mutterpflanze abgetrennt und anschließend in einen eigenen Topf gepflanzt.

Zwiebel- und Knollenpflanzen bilden in der Regel Nebenzwiebeln oder Nebenknollen, sogenannte Brutzwiebeln bzw. Brutknollen. Auch diese lassen sich vorsichtig abtrennen und extra einpflanzen.

## AUSSAAT

Die Aufzucht aus Samen ist bei zahlreichen Pflanzen eine einfache und Erfolg versprechende Methode der Vermehrung. Die wichtigsten Voraussetzungen für ein Gelingen ist in der Regel gleichmäßige Feuchtigkeit und Wärme. Einige Pflanzen benötigen sehr hohe Anzuchttempera-

turen, die man am besten durch kleine, beheizbare Zimmergewächshäuser gewährleisten kann. Eine über die Samen gespannte Folie oder eine darüber gelegte Glasscheibe leisten ähnlich gute Dienste und sind kostengünstiger.
Bei manchen Gewächsen ist es dagegen notwendig, den Samen zur besseren Keimung in handwarmem Wasser vorquellen zu lassen. Bei anderen wiederum muss der Samen so frisch wie möglich sein.
Sind die Sämlinge herangewachsen und kräftig genug, werden sie pikiert, das heißt sie werden auf größeren Abstand gesetzt. Wenn sie dann einen festen Wurzelballen ausgebildet haben, kann man die Jungpflanzen vereinzeln und anschließend in extra Töpfe setzen.

# PFLEGEFEHLER, KRANKHEITEN UND SCHÄDLINGE

Die Grünlilie (Chlorophytum) sollte man mäßig feucht halten, denn bei zu viel Nässe faulen die fleischigen Wurzeln

## PFLEGEFEHLER

Beginnt eine Ihrer Pflanzen zu kränkeln, sollten Sie zunächst überprüfen, ob ein Pflegefehler vorliegt. Denn nur sehr robuste und pflegeleichte Gewächse verzeihen dies auf Dauer.

### Staunässe

Wenn die Pflanze welkt, obwohl die Erde nass ist und Sie beim Austopfen feststellen, dass die Wurzeln braun und faulig sind, leidet die Pflanze höchstwahrscheinlich unter „nassen Füßen".
Entfernen Sie in diesem Fall alle fauligen Wurzelteile, bestäuben Sie die gesunden Wurzeln mit Holzkohlestaub und geben Sie der Pflanze neue Erde. Gießen Sie fortan mäßig und sorgen Sie, wenn möglich, für Unterwärme.

### Austrocknung

Wird Ihre Pflanze zunehmend gelb, verliert teilweise ihre Blätter und zeigt beim Austopfen eingetrocknete, braune Wurzelspitzen, haben Sie sie nicht ausreichend gegossen.
Stellen Sie das Gewächs zur Erholung in einen Eimer mit Wasser. Tauchen Sie den Erdballen (nicht die Blätter) so lange unter Wasser, bis schließlich keine Luftblasen mehr aufsteigen.
Halten Sie die Pflanze in der Folge gleichmäßig feucht, übertreiben Sie aber nicht,

damit die Pflanze nicht zu viel Wasser abbekommt.

### Überdüngung

Wenn Ihr grüner Mitbewohner gelbe Blattränder aufweist und zu welken beginnt, wurde die Pflanze mit großer Wahrscheinlichkeit überdüngt (Chlorose oder Bleichsucht).
Als Gegenmaßnahme stellen Sie das betroffene Gewächs einige Stunden in lauwarmes Wasser und gießen es kräftig, damit die Düngesalze ausgeschwemmt werden. Sorgen Sie für einen guten Abfluss des Gießwassers.

### Nährstoffmangel

Bei gleichmäßig gelber Blattfärbung und mangelhaftem Wachstum fehlen Ihrer Pflanze Nährstoffe. Dieser Mangel lässt sich leicht durch regelmäßige, richtig dosierte Düngung beseitigen.

### Ungeeigneter Standort

Wenn Ihre Pflanze lange, dünne Triebe bildet, Blätter und Spross blassgrün und durchscheinend wirken, leidet sie unter Lichtmangel.
Abhilfe schafft ein Standortwechsel an einen helleren, aber vor direkter Sonneneinstrahlung geschützten Platz.

## KRANKHEITEN

Auch Pflanzen können erkranken. Meist sind Pilze, seltener auch Bakterien oder Viren die Ursache.
Während ein durch Pilze hervorgerufenes Schadbild leicht zu identifizieren ist, gibt es für Bakterien und Viren keine eindeutigen Erkennungsmerkmale.

### Pilze

Pilze sind eindeutig zu diagnostizieren: Werden die Blätter Ihrer Pflanze grau und schimmelig oder bräunlich und faulig, ist das Gewächs an Grauschimmel erkrankt.
Wenn die Blätter grau überhaucht sind, einen weißen, mehligen Belag zeigen und sich auf der Unterseite gelblich mit Schimmelflecken färben, hat sie Mehltau.

Orangefarbene bis braune, teils erhabene Flecken auf den Blättern, Gelbfärbung auf der Blattoberseite und braune Flecken auf der Unterseite weisen auf Rost hin.

Versuchen Sie am besten die genannten Pilzerkrankungen auf folgende Weise in den Griff zu bekommen:

- Wechseln Sie den Standort und sorgen Sie für eine bessere Durchlüftung.
- Halten Sie die Pflanze nicht zu feucht und achten Sie darauf, dass die Blätter beim Gießen nicht nass werden.
- Beseitigen Sie befallene Pflanzenteile und isolieren Sie die Pflanze.
- Günstig ist zudem ein Bestäuben mit Holzkohlestaub.

Nützt das alles nichts, wenden Sie ein pilztötendes Schwefelpräparat an.

### Bakterien und Viren

Erste Anzeichen für eine bakterielle oder virale Erkrankung können mangelndes Wachstum und gelbe oder auch missgestaltete Blätter sein.
Derartige Pflanzen oder Pflanzenteile sollten sogleich vernichtet werden, um ein weiteres Ausbreiten der Krankheit effektiv zu verhindern.

## SCHÄDLINGE

Das beste Mittel zur Vorbeugung von Schädlingsbefall ist das Beobachten und Überprüfen der Pflanze. Sollten die unliebsamen Bewohner dennoch einmal auftreten, sind rechtzeitig begonnene Bekämpfungsmaßnahmen in allen Fällen am erfolgreichsten.

### Blattläuse

Die grünen bis dunkelbraunen Insekten, die sich rasch vermehren, sind besonders leicht zu erkennen.
Bei schwachem Befall lassen sich die Tierchen absammeln. Ansonsten hilft stark verdünnter Spiritus oder eine Schmierseifenlösung (in zehn Liter Wasser 300 Gramm Schmierseife auflösen, je einen Esslöffel Kalk und Salz sowie einen halben

Nasse Füße mögen in der Regel nur Sumpfpflanzen wie etwa das Zypergras.

Zypergras

Auch das Bepinseln mit Schachtelhalmbrühe hilft bei der Bekämpfung von Pilzen: 150 Gramm getrockneten Schachtelhalm und fünf Liter Wasser einen Tag lang ansetzen und eine halbe Stunde lang köcheln lassen.

Die Kannenpflanze (Nepenthes) verlangt einen hellen, warmen Standort ohne direkte Sonne

Pflanzenhygiene ist wichtig bei der Kultur von Zimmerpflanzen. Abgestorbene Pflanzenteile müssen regelmäßig eingesammelt und welke Blütenstiele an der Ansatzstelle mit einem scharfen Messer oder einer Schere abgeschnitten werden. Außerdem sollte darauf geachtet werden, dass Töpfe und Untersetzer sauber sind.

Liter Spiritus beimischen), die mit dem Pinsel aufgebracht werden.
Helfen die Hausmittel nicht, sollten Sie ein Insekten tötendes Mittel aus dem Fachhandel anwenden.

### Schildläuse

Die schwer zu bekämpfenden und hartnäckigen Schildläuse haben einen braunen, ovalen Panzer und sehen auf der Pflanze wie kleine Warzen aus.
Bei schwachem Befall entfernen Sie die Insekten mit Stäbchen. Bei stärkerem Befall können Sie es mit Abwaschen der Blätter mit Schmierseife (Rezept siehe vorherige Seite) versuchen. Eine zuverlässige Hilfe ist außerdem das natürliche Pflanzenspray Pyrethrum.

### Wollläuse

Die den Schildläusen verwandten Wollläuse sind an einer weißen Schutzschicht erkennbar, die wie ein kleiner Wattebausch aussieht. Um sie zu bekämpfen, wenden Sie eine Spirituslösung (Spiritus im Verhältnis 1:1 mit Wasser vermischt) an.

### Weiße Fliege

Die bis zu zwei Millimeter großen weißen sowie fliegenden Insekten lieben Wärme und Trockenheit.
Zu ihrer Bekämpfung ist der mehrmalige Einsatz von Spezialmitteln (z. B. Pyrethrum) erforderlich. Senken Sie außerdem die Zimmertemperatur auf 15 bis 20 Grad ab.

### Spinnmilbe (Rote Spinne)

Dieser unliebsame Gast, der vor allem bei trocken stehenden und schlecht gedüngten Pflanzen auftritt, befällt die Blattunterseite und wird daher oft übersehen. An den geschädigten Stellen bildet sich korkiges Gewebe.
Als Gegenmaßnahme setzt man, vor allem bei starkem Befall, Insektizide aus dem Fachhandel ein.

# ZIMMERPFLANZEN-PORTRÄTS

Interessante Pflanzen bringen so richtig Leben in die Wohnung! Doch welche Pflanze passt zu den Gegebenheiten der Wohnung? Welche Pflege benötigen die einzelnen Blumen? Wie kann ich sie vermehren? Was tun bei Schädlingsbefall? Diese Porträts informieren Sie über die Besonderheiten der schönsten Zimmerpflanzen.

## ALLAMANDE

*Allamanda cathartica*

**Wuchs:** Die rankende Blütenpflanze wird in der Natur 6–8 m, im Gewächshaus kultiviert bis zu 2 m hoch. Als Zimmerpflanze muss sie regelmäßig beschnitten werden.

**Blätter:** Die stark glänzenden Blätter sind länglich zugespitzt und sitzen in Quirlen am Stängel.

**Blüten:** Die gelben, trompetenförmigen Blüten werden bis zu 10 cm groß.

**Blütezeit:** Von Juni bis September entwickeln die duftenden Blüten ihre volle Pracht.

**Standort:** Die exotische Pflanze gedeiht besonders bei hoher Luftfeuchtigkeit in warmen, sonnigen Räumen; auch im Winter einen hellen Platz bei 16–18 °C wählen.

**Pflege:** Die Allamande ist nicht ganz pflegeleicht und braucht in der Wachstums- und Blütephase viel Wasser und regelmäßige Düngung; alle zwei Jahre im Frühjahr in Einheitserde umtopfen.

**Vermehrung:** Ältere Triebe können beim Zurückschneiden im zeitigen Frühjahr als Stecklinge genutzt werden.

## ALOE

*Aloe*

**Wuchs:** Sukkulente Pflanze mit rosettenförmig angeordneten fleischigen Blättern; bis zu 1 m hoch.

**Blätter:** Aloen haben dicke silbrige, weiß gepunktete oder mattgrüne Blätter, bei einigen Arten an den Rändern mit spitzen Dornen besetzt.

**Blüten:** Die Blüten in kräftigen rötlichen Farbtönen sind glockenförmig und sitzen an langen Rispen.

**Blütezeit:** Aloen blühen in den Wintermonaten; kein Absterben nach der Blüte.

**Standort:** Im Sommer sonnig und heiß, im Winter kühl, bei etwa 5 °C.

**Pflege:** Erst gießen, wenn sich die Erde trocken anfühlt. Von März bis Oktober alle zwei Wochen düngen; alle drei Jahre im Frühjahr in ein Gemisch aus Einheitserde und Sand umtopfen.

**Vermehrung:** Die Seitensprossen am Wurzelhals der Pflanze können beim Umtopfen abgetrennt und neu eingepflanzt werden.

**Pflanzendoktor:** Absterbende, vergilbte Blätter weisen auf Pilzbefall hin. Befallene Blätter müssen entfernt werden.

**Zusatzinfo:** Die bekannteste Art ist die Aloe vera, die, mit der Schnittfläche auf Wunden gelegt, keimtötend wirkt.

## ALOKASIE

*Alocasie*

**Wuchs:** Die Alokasie erreicht im Lauf der Zeit eine stattliche Größe.

**Blätter:** Die großen gewellten, bis zu 40 cm langen Blätter haben weiße Blattadern, die bei manchen Arten metallisch schimmern.

**Blüten:** Grünpflanze

**Standort:** Das ganze Jahr über ist ein heller Platz ohne direkte Sonne bei gleichmäßigen Temperaturen ideal, z. B. in einem Gewächshaus oder Blumenfenster bei tagsüber 22 °C, nachts bei 18 °C.

**Pflege:** Tägliches Besprühen und regelmäßiges Gießen mit kalkfreiem Wasser sind wichtig. Von Mai bis Oktober alle zwei Wochen Flüssigdünger geben. Im Frühjahr in eine Mischung aus Lauberde, Torf und Sphagnum-Moos umtopfen. Dränageschicht nicht vergessen.

**Vermehrung:** Ein Wurzelstück mit kleinen Triebansätzen abtrennen und zum Antreiben auf Torf legen.

**Pflanzendoktor:** Bei zu trockener Luft werden die Blattspitzen und -ränder braun und Spinnmilben treten auf. Zur Vorbeugung häufig mit Wasser besprühen und gelegentlich lüften.

**Zusatzinfo:** Die Alokasie wird auch Tropenwurz genannt.

Sep–Feb

# ALPENVEILCHEN

*Cyclamen persicum*

**Wuchs:** Blüten und Blätter entspringen einer Knolle.

**Blätter:** Die herzförmigen Blätter sind einfarbig grün, marmoriert oder gezeichnet.

**Blüten:** Je nach Sorte sind die Blütenblätter glatt, gekraust oder gewellt in den verschiedensten Farbschattierungen von Weiß über Orange und Rosa bis Rot und Violett.

**Blütezeit:** Bei richtiger Pflege dauert die Blütenpracht den ganzen Winter über.

**Standort:** Das Alpenveilchen bevorzugt einen kühlen, hellen Standort. Ideal sind kühle Schlafzimmer oder ein helles Treppenhaus. Die Temperaturen sollten während der Blüte zwischen 12 °C und 15 °C liegen.

**Pflege:** Während der Blütezeit hat die Pflanze einen hohen Wasserbedarf, nach dem Abblühen im Februar ist das Gießen zu reduzieren. Die Knolle sollte beim Gießen trocken bleiben. Sorgen Sie für eine hohe Luftfeuchtigkeit und regelmäßige Düngegaben. Es folgt eine zwei- bis dreimonatige Ruhepause.

**Vermehrung:** Die Vermehrung erfolgt durch Knollenteilung oder Aussaat.

# ARALIE

*Fatsia japonica*

**Wuchs:** Die anspruchslose, dekorative Aralie wächst schnell zu einem Prachtexemplar heran, für das Sie viel Platz einplanen sollten.

**Blätter:** Die üppige Grünpflanze hat handförmige, sieben- bis neunfingrige, glänzend grüne Blätter, die an langen Stielen sitzen.

**Blüten:** Grünpflanze

**Standort:** Ein absonniger bis halbschattiger, kühler Platz ist ideal für die wuchsfreudige Blattpflanze. Um den Frischluftbedarf zu befriedigen, kann man die Aralie den Sommer über auch im Freien platzieren. Zur Überwinterung muss man ein sehr kühles Quartier mit Temperaturen um 10 °C finden.

**Pflege:** Der Wasserbedarf ist sehr hoch, da über die großen Blätter viel Feuchtigkeit verdunstet. Während der Sommermonate sollte die Aralie daher gut feucht gehalten werden. Die Pflanze freut sich auch über gelegentliches Abbrausen und Abwaschen der Blätter. Wöchentliches Düngen ist von April bis September erforderlich.

**Vermehrung:** Die Aralie lässt sich problemlos aus Samen oder durch Stecklinge vermehren.

Feb–Apr

# ASCHENBLUME

*Senecio-Cruentus-Hybriden*

**Wuchs:** Die Aschenblume ist aufgrund ihres kompakten Wuchses für jede Fensterbank geeignet.

**Blätter:** Den Namen erhielt die Pflanze wegen der aschgrauen Unterseite ihrer Blätter.

**Blüten:** Die margeritenähnlichen Blüten mit und ohne Augen leuchten in Weiß, Blau, Rosa, Rot, Purpur oder auch zweifarbig.

**Blütezeit:** Von Februar bis April zeigt sich die Blütenpracht.

**Standort:** Die Aschenblume mag einen hellen, luftigen, kühlen Platz bei 16–18 °C, damit die Blüte möglichst lange hält.

**Pflege:** Die Pflanze sollte gleichmäßig feucht stehen und gelegentlich ein Tauchbad erhalten. Dafür warmes, weiches Wasser verwenden. Während der Blüte wöchentlich düngen. Abgeblühte Teile sollten möglichst gleich entfernt werden.

**Vermehrung:** Nach der Blüte wird die einjährige Pflanze meist entsorgt.

**Pflanzendoktor:** Die Aschenblume, die im Volksmund auch Läuseblume heißt, ist stark anfällig für Läusebefall. Deshalb immer auf ausreichende Wasserzufuhr und einen kühlen Standort achten.

## AZALEE

*Rhododendron simsii*

**Wuchs:** Die Zimmerpflanze ist ein kleiner, dicht verzweigter Strauch.

**Blätter:** Die ledrigen Blätter sind dunkelgrün.

**Blüten:** Die Azalee kann je nach Art einfache und gefüllte Blüten in Weiß-, Rosa- und Rottönen haben oder kleinere Blüten in Hellrosa.

**Blütezeit:** Als Winterblüher bringt die Azalee farbige Abwechslung in graue Wintertage.

**Standort:** Azaleen sollten hell und kühl, bei höchstens 18 °C stehen; im Sommer auch an einem halbschattigen Platz im Freien. Im Herbst sollten sie im Haus wieder einen kühlen und luftigen Platz einnehmen.

**Pflege:** Anstelle von regelmäßigem Gießen die Pflanze bis zum Topfrand in kalkfreies Wasser versenken. Für eine besonders schöne Blütenpracht Flüssigdünger zugeben. Verblühtes ebenso wie grüne Triebspitzen umgehend entfernen. Nach der Blüte kräftig zurückschneiden und alle zwei bis drei Jahre in spezielle Azaleenerde umtopfen.

**Vermehrung:** Beim erneuten Austrieb im Frühjahr können Triebspitzen in einer Länge von 10 cm abgeschnitten und in Anzuchterde gesteckt werden.

## BAMBUSGRAS

*Bambusa aspera*

**Wuchs:** Die in China beheimatete Grünpflanze mit den klaren Linien gibt es niedrig wachsend oder mit Stamm. Im Laufe der Jahre kann das Bambusgras bis zu 3 m hoch werden.

**Blätter:** Der Zimmerbambus hat schmale Blätter, die an holzigen langen Halmen sitzen.

**Blüten:** Grünpflanze

**Standort:** Die elegante Grasart bevorzugt helle, absonnige Standorte mit hoher Luftfeuchtigkeit. Deshalb schmückt sie viele Badezimmer. Im Sommer kann das Bambusgras auch im Freien stehen. Das Winterquartier im Haus sollte ca. 16 °C haben.

**Pflege:** Aufgrund ihres hohen Wasserbedarfs sollte die Pflanze im Sommer mindestens zweimal wöchentlich gegossen werden. Für ein schönes, saftiges Blattgrün sollte während der Wachstumsphase alle 14 Tage gedüngt werden. Im Winter sparsam gießen, nicht mehr düngen. Jedes Jahr im Frühjahr ist der geeignete Zeitpunkt umzutopfen.

**Vermehrung:** Beim Umtopfen lässt sich der Bambus durch Teilung vermehren. Nachwuchs erhält man auch durch Wurzelausläufer.

## BANANENSTAUDE

*Musa*

**Wuchs:** Die Bananenstaude erreicht eine stattliche Größe; selbst Zwergbananen werden bis zu 2 m hoch.

**Blätter:** Die dekorative Pflanze hat breite, überhängende, sattgrüne Blätter.

**Blüten:** Blüte und süße Früchte gedeihen nur, wenn die Pflanze im Wintergarten gehalten wird.

**Blütezeit:** Die Bananenstaude blüht von Juli bis August.

**Standort:** Die tropischen Stauden gedeihen an einem hellen Standort am Fenster. Ideal ist eine beständige Temperatur zwischen 20 °C und 23 °C, auch im Winter.

**Pflege:** Die Bananenpflanze benötigt im Sommer viel und möglichst weiches Wasser; im Winter etwas weniger gießen. Im Frühjahr und Sommer wöchentlich, im Herbst und Winter monatlich düngen. Im Frühjahr umtopfen; besonders eignet sich mit Lehm vermischte Einheitserde.

**Vermehrung:** Die Fortpflanzung erfolgt über Seiten- und Wurzelsprosse.

**Zusatzinfo:** Die Züchtung von Bananenstauden stellt auch für erfahrene Hobbygärtner eine Herausforderung dar – deshalb am besten dem Profigärtner überlassen!

## BAUMFREUND
*Philodendron*

**Wuchs:** Der Baumfreund kann von kletterndem, aufrecht wachsendem oder kriechendem Wuchs sein. Besonders bekannt und pflegeleicht ist die Ampelpflanze Philodendron scandens.

**Blätter:** Es gibt unterschiedlichste Blattformen: von riesigen gelappten über pfeilförmige bis hin zu länglich-herzförmigen Blättern.

**Blüten:** Grünpflanze

**Standort:** Die unkomplizierte Orchidee steht gern hell, aber absonnig. Ist der Standort allzu schattig geht die kompakte Wuchsform verloren. Kalte Zugluft verträgt der Baumfreund nicht, dafür kann er den Winter in beheizten Räumen verbringen. Bei sehr hoher Raumtemperatur gelegentlich besprühen.

**Pflege:** Die anspruchslose Pflanze gedeiht bei ausreichender Wasserzufuhr und Düngung, im Sommer alle zwei, im Winter alle vier Wochen. Blätter regelmäßig von Staub und Schmutz befreien. Ältere Pflanzen nur noch alle zwei Jahre in Blumenerde umtopfen.

**Vermehrung:** Die Vermehrung erfolgt durch Triebspitzen, Abmoosen oder durch Samen und Blattstecklinge.

## BAUMWUCHERER
*Dendrobium*

**Wuchs:** Der Baumwucherer hat einen bis zu 60 cm hohen, bambusähnlichen Stängel.

**Blätter:** An dem langen, fleischigen Stängel sitzen kleine, schmale Blätter.

**Blüten:** Die Farbschattierungen der filigranen Blüten, die auf dem Stängelknoten sitzen, reichen von Weiß bis zu einem kräftigen Rosa.

**Blütezeit:** Die attraktiven Blüten zeigen sich von März bis Juni.

**Standort:** Der Standort sollte hell, kühl und vor praller Sonne geschützt sein. Während der Blütezeit sollten die Temperaturen nicht über 10 °C, während der Vegetationsphase nicht über 20 °C liegen. Sorgen Sie immer für hohe Luftfeuchtigkeit.

**Pflege:** Der Baumwucherer benötigt im Sommer viel, im Winter wenig kalkfreies Wasser. Die Pflanze regelmäßig mit abgestandenem Wasser besprühen, im Sommer alle zwei Wochen mit speziellem Dünger behandeln; alle zwei Jahre umtopfen.

**Vermehrung:** Kleine Pflanzentriebe an der Mutterpflanze werden nach der Blütezeit abgetrennt.

**Zusatzinfo:** In der chinesischen Medizin werden Dendrobien als Heilmittel eingesetzt.

## BERGPALME
*Chamaedorea elegans*

**Wuchs:** Die Palme wächst langsam und erreicht nach vielen Jahren ihre Endgröße von 80–100 cm.

**Blätter:** Sie weist lange, gefiederte, leicht abwärts gebogene Blätter auf.

**Blüten:** Schon junge Pflanzen bekommen Rispen mit kleinen gelben Blüten.

**Blütezeit:** Die Blüten erscheinen unabhängig von der Jahreszeit.

**Standort:** Die Palme sollte hell stehen, ohne direkte Sonnenbestrahlung. Im Sommer verträgt sie normale Temperaturen, im Winter nicht mehr als 15 °C.

**Pflege:** Im Sommer braucht die Pflanze viel Wasser, im Winter nur gießen, um sie vor dem Austrocknen zu schützen. Von März bis September alle zwei Wochen düngen. Im März umtopfen in ein Gemisch aus Einheitserde und Sand.

**Vermehrung:** Die Bergpalme vermehrt sich durch Samen und Schösslinge.

**Pflanzendoktor:** Um Spinnmilben zu vermeiden, sollte man die Palme regelmäßig besprühen.

**Zusatzinfo:** Wer der Pflanze etwas Gutes tun möchte, gönnt ihr ein wöchentliches Tauchbad, damit sich der Erdballen richtig vollsaugen kann.

## BETELPALME

*Areca*

**Wuchs:** Die dekorative tropische Pflanze kann in ihrer südostasiatischen Heimat eine Höhe von 20 m erreichen.

**Blätter:** Ab dem zweiten Jahr entwickeln diese Fächerpalmen gefiederte Wedel.

**Blüten:** Grünpflanze

**Standort:** Die Palme benötigt einen warmen, halbschattigen Standort mit hoher Luftfeuchtigkeit (60 %). Die Raumtemperatur sollte das ganze Jahr über 18 °C nicht unterschreiten. Tagsüber ist eine Temperatur bis zu 25 °C ideal.

**Pflege:** Die Pflanze verträgt nur zimmerwarmes, kalkfreies Wasser. Von April bis Ende August sollte die Betelpalme gedüngt werden. Alle zwei bis drei Jahre wird die Pflanze umgetopft.

**Vermehrung:** Sie können die Betelpalme aus Samen heranziehen, die im Frühjahr ausgesät werden (Keimzeit zwei bis drei Monate). Achten Sie auf eine gleichmäßige Bodentemperatur von etwa 25 °C.

**Zusatzinfo:** Betelnüsse, die hühnereigroßen Früchte dieser Palme, wirken berauschend. Von den zahlreichen Areca-Arten eignet sich nur die Areca catechu als Topfpflanze.

## BIRKENFEIGE

*Ficus benjamina*

**Wuchs:** Das tropische Gehölz entwickelt sich zu einem bis zu 2 m hohen, stattlichen Baum.

**Blätter:** Die blütenlose Birkenfeige hat zierliche dunkelgrüne oder weiß gefleckte Blätter.

**Blüten:** Grünpflanze

**Standort:** Um zu gedeihen, braucht sie das ganze Jahr über sehr viel Licht, keine Zugluft und eine gleichmäßig warme Umgebung mit hoher Luftfeuchtigkeit. Auch im Winter sollte die Temperatur nicht unter 16–18 °C fallen.

**Pflege:** Während der Wachstumsphase benötigt die Pflanze viel Wasser, im Winter wird die Gießmenge reduziert. Dabei sollte man die Erde immer wieder abtrocknen, aber nicht austrocknen lassen. Von März bis September wöchentlich düngen. Die beste Zeit zum Umtopfen ist der Frühling.

**Vermehrung:** Die Vermehrung erfolgt über Stecklinge, die in Torfsubstrat bei Zimmertemperatur herangezogen werden.

**Zusatzinfo:** Bei den verschiedenen Formen des Ficus benjamina werden oft auch drei Pflanzen zu einem Stamm zusammengebunden und in einem Topf zum Verkauf angeboten.

## BISCHOFSMÜTZE

*Astrophytum*

**Wuchs:** Das hübsche Kakteengewächs hat einen kugeligen Wuchs und erreicht ca. 25 cm Höhe und 12 cm Breite.

**Blätter:** Es gibt die Pflanze mit Stacheln und stachellos. Unbestachelte Exemplare sind mit unzähligen weißen Pünktchen überzogen.

**Blüten:** Die dekorative gelbe Blüte sitzt auf der Mitte des runden Kakteenkörpers.

**Blütezeit:** Der Kaktus blüht im Hochsommer.

**Standort:** Die verschiedenen Arten stellen unterschiedliche Ansprüche an den Standort. Während die Kakteen mit Dornen hell, aber ohne direkte Sonneneinstrahlung stehen wollen, bevorzugen Gewächse ohne Dornen einen halbschattigen Platz. Während der Sommermonate vertragen die Kakteen Temperaturen von 20 °C, im Winter sollte es mit ca. 8 °C deutlich kühler sein.

**Pflege:** Als Überlebenskünstler benötigen Kakteengewächse wenig Wasser. Selbst im Sommer wird sparsam gegossen, während im Winter gar nicht gewässert wird. Die Pflanze benötigt so gut wie keine Nährstoffgaben.

**Vermehrung:** Die Bischofsmütze kann durch Samen vermehrt werden.

## BLATTBEGONIE

*Begonia-Rex-Hybriden*

**Wuchs:** Die Blattbegonie, berühmt wegen ihrer prachtvoll gemusterten Blätter, kann 10–80 cm hoch werden.

**Blätter:** Die Musterung der Blätter kann violett, violettrot, rot, rosa, bronze und grün, oft auch von metallischem Glanz sein.

**Blüten:** Die Blüten sind zart, klein und eher unscheinbar.

**Blütezeit:** Die Pflanze blüht von Juni bis August.

**Standort:** Die Blattbegonie mag es das ganze Jahr über hell und warm, die Temperatur sollte 18 °C nicht unterschreiten. Einen Platz in Heizkörpernähe verträgt sie ebenso wenig wie Zugluft. Wichtig ist auch eine hohe Luftfeuchtigkeit von 50–60 %.

**Pflege:** Die Pflanze mag weder „nasse Füße" noch Ballentrockenheit. Um die hohe Luftfeuchtigkeit zu erreichen, sollten Sie sie indirekt besprühen oder einen Luftbefeuchter aufstellen. Während des Wachstums alle 14 Tage mäßig düngen. Im Winter kann die Pflanze trockener stehen. Zum Umtopfen verwenden Sie ein torfreiches Erdgemisch.

**Vermehrung:** Die Vermehrung erfolgt durch Blattstecklinge.

## BLATTKAKTUS

*Epiphyllum*

**Wuchs:** Die Kakteen bilden Sträucher mit blattähnlichen, hängenden Trieben.

**Blätter:** Die Blätter des Blattkaktus sind in der Regel flach, selten auch dreikantig.

**Blüten:** Die Pflanze blüht in Rosa, Rot und Weiß.

**Blütezeit:** Die Kakteengewächse blühen von April bis Juni.

**Standort:** Blattkakteen bevorzugen helle, absonnige, luftige Plätze. Die ideale Temperatur im Sommer liegt bei 20 °C. Zudem benötigt das Gewächs eine hohe Luftfeuchtigkeit von 50–60 %. Im Winter sollten die Temperaturen deutlich niedriger sein und 8–10 °C betragen.

**Pflege:** Gießen Sie die Pflanze von März bis September regelmäßig mit warmem Wasser. Alle 14 Tage sollte sie mit Kakteendünger versorgt werden. Im Winter wird das Düngen eingestellt und das Gießen reduziert. Wenn Sie die Pflanze umtopfen, was erst nach Jahren nötig ist, verwenden Sie mit etwas Torf vermischte Kakteenerde.

**Vermehrung:** Neue Blattkakteen lassen sich durch Samen heranziehen. Einfacher ist die Vermehrung durch Blattstücke, die in Kakteenerde gesteckt werden.

## BLAUES LIESCHEN

*Exacum affine*

**Wuchs:** Die einjährige Pflanze ist von äußerst zierlichem Wuchs.

**Blätter:** Sie hat herzförmige, glänzend grüne Blätter.

**Blüten:** Die winzigen, duftenden Blüten können nicht nur blauviolett (z. B. 'Zwerg Blau', siehe Foto), sondern auch gefüllt und weiß blühen.

**Blütezeit:** Die Blütezeit dauert von Juli bis September.

**Standort:** Das Blaue Lieschen steht gern hell, aber vor Hitze geschützt. Mit viel frischer Luft lässt sich die Dauer der Blütenpracht verlängern. Ein kühler Platz ist notwendig, um sie nach der Blüte über den Winter zu bringen und Stecklinge schneiden zu können.

**Pflege:** Nicht zu viel und nicht zu wenig gießen! Verwelkte Blüten regelmäßig auszupfen. Dann kann sich die zarte Pflanze auf die Bildung neuer Blüten konzentrieren, ohne Kräfte für die Samenbildung zu vergeuden.

**Vermehrung:** Die Samen des Blauen Lieschen sind sogenannte Lichtkeimer: Sie dürfen nicht mit Erde bedeckt werden.

**Zusatzinfo:** Das Blaue Lieschen kann in warmen und trockenen Sommermonaten auch im Freien stehen.

## BLEISTIFTPFLANZE

*Euphorbia tirucallii*

**Wuchs:** Bei guter Pflege wächst die sukkulente Pflanze zu einem imposanten Baum mit zahlreichen bleistiftdicken Ästen heran.

**Blätter:** Anstelle von Blättern und Blüten weist die Bleistiftpflanze äußerst bizarr wirkende, feine Verästelungen auf.

**Blüten:** Grünpflanze

**Standort:** Die außergewöhnliche Pflanze steht gern hell und sonnig und gedeiht im Sommer an warmen Orten, während man sie zum Überwintern an einen etwas kühleren Platz bringen sollte.

**Pflege:** Selbst im Sommer braucht die Pflanze nur wenig Wasser. Vor jedem erneuten Gießen sollte die Erde gut abgetrocknet sein. Im kühlen Winterquartier kann das Gewächs nahezu trocken gehalten werden. An günstigen Standorten wächst die Pflanze sehr rasch. Sollte sie zu groß werden, kann sie unkompliziert mit der Schere zurückgeschnitten werden.

**Vermehrung:** Die beim Rückschnitt anfallenden Triebspitzen lassen sich zur Stecklingsvermehrung verwenden.

**Zusatzinfo:** Die Pflanze ist in allen Teilen giftig und sollte daher für Kinder unzugänglich stehen.

## BLÜTENBEGONIE

*Begonia-Elatior-Hybriden*

**Wuchs:** Die Pflanze wächst kompakt mit dichtem Blattwerk.

**Blätter:** Die schild- bis herzförmigen Blätter sind dunkelgrün und glänzend.

**Blüten:** Diese Begoniensorte besticht vor allem durch ihre hübschen Blüten. Je nach Sorte sind die Blüten einfach, halb gefüllt oder gefüllt und schmücken sich mit verschiedensten leuchtenden Farben.

**Blütezeit:** Die Pflanze blüht unermüdlich von März bis Oktober.

**Standort:** Wie in ihrer tropischen und subtropischen Heimat steht die Begonie auch als Zimmerpflanze gern halbschattig bis schattig. Voraussetzung für gutes Gedeihen sind viel frische Luft, mäßig warme Temperaturen und hohe Luftfeuchtigkeit.

**Pflege:** Die Begonie möchte reichlich gegossen werden. Blüten und Blätter dürfen dabei nicht nass werden. Staunässe verkraftet die Pflanze nicht. Durch indirektes Besprühen sorgen Sie für eine hohe Luftfeuchtigkeit. Eine Düngegabe ist während der Blütezeit alle zwei Wochen notwendig.

**Vermehrung:** Begonien lassen sich nach der Blüte durch Triebstecklinge vermehren.

## BOGENHANF

*Sansevieria*

**Wuchs:** Der im tropischen Westafrika beheimatete Bogenhanf wächst sehr langsam und erreicht erst nach vielen Jahren eine Höhe von 1 m.

**Blätter:** Die Pflanze hat lange, aufrecht wachsende, schwertförmige dunkelgrüne Blätter. Diese können hell- oder weißlich-grüne Querbänder entwickeln. Die beliebte Sorte Laurentii hat hellgelbe Längsstreifen entlang der Blattränder.

**Blüten:** Grünpflanze

**Standort:** Der Bogenhanf liebt Licht und Sonne, kann sich aber auch mit halbschattigen Standorten abfinden. Geheizte Räume sind für die anspruchslose Pflanze kein Problem, was sie jedoch gar nicht mag, sind Temperaturen unter 15 °C und Zugluft.

**Pflege:** Vermeiden Sie übermäßige Feuchtigkeit. Gegossen wird, wenn die Erde oberflächlich abgetrocknet ist. Außerdem alle vier Wochen Flüssigdünger – mehr Pflege ist nicht nötig. Wenn das Pflanzgefäß sichtbar zu klein ist, wird die Pflanze umgetopft.

**Vermehrung:** Die Vermehrung ist problemlos und erfolgt durch das Teilen einer großen Pflanze.

## BRASSIE
*Brassia*

**Wuchs:** In ihrer Heimat Mittel- und Südamerika wachsen diese Orchideengewächse epiphytisch (siehe S. 462) auf Bäumen.

**Blätter:** Brassien haben längliche, ledrige Blätter.

**Blüten:** Die Orchidee hat lange, dekorative Blütenstiele. Die Blüten sind sehr lange haltbar.

**Blütezeit:** Die Brassie blüht meist das ganze Jahr über.

**Standort:** Die elegante Orchidee schätzt einen luftigen Platz im Halbschatten. Die Temperaturen sollten tagsüber zwischen 17 °C und 20 °C liegen, nachts und im Winter bei etwa 15 °C. Eine hohe Luftfeuchtigkeit ist entscheidend für das Gedeihen der Orchidee.

**Pflege:** Die Brassie sollte mit weichem, temperiertem Wasser gegossen und besprüht werden. Von März bis Oktober sollten Sie sie wöchentlich mit einem Orchideendünger versorgen. Im Winter wird das Düngen eingestellt und das Gießen und Besprühen reduziert. Beim Umtopfen (etwa alle zwei Jahre) sollten Sie Orchideensubstrat verwenden.

**Vermehrung:** Die Vermehrung kann durch Teilung oder Aussaat erfolgen.

## BROWALLIE
*Browallia speciosa*

**Wuchs:** Die Pflanze gehört zu den Halbsträuchern und kann eine Höhe von bis zu 50 cm erreichen.

**Blätter:** Sie hat dunkelgrüne, längliche Blätter.

**Blüten:** Durch ihre zarten, leuchtend blauen Blüten ist die Browallie ein hübscher Farbtupfer in jeder Wohnung.

**Blütezeit:** Die Blütezeit dauert von Juni bis September.

**Standort:** Browallien bevorzugen einen luftigen, hellen Platz; im Sommer windgeschützt auch auf Balkon oder Terrasse. Im Winter kühl platzieren.

**Pflege:** Im Sommer die Erde gleichmäßig feucht halten und während der Wachstumszeit alle zwei Wochen düngen. Welke Blüten umgehend abschneiden, damit sich neue Blüten bilden können. Im Frühjahr in Einheitserde umtopfen.

**Vermehrung:** Browallien lassen sich durch Aussaat leicht vermehren. Dabei auf eine Keimtemperatur von 20–25 °C achten.

**Pflanzendoktor:** Bei trockener Raumluft können Weiße Fliegen auftreten. Dagegen gelbe Leimtafeln in die Erde stecken.

**Zusatzinfo:** Beim Kauf darauf achten, dass sich die Blütenknospen gerade erst öffnen.

## BRUNFELSIE
*Brunfelsia pauciflora*

**Wuchs:** Die zierliche, strauchartige Brunfelsie gehört zur Familie der Nachtschattengewächse.

**Blätter:** Die langen, schmalen Blätter sind dunkelgrün und ledrig.

**Blüten:** Die Brunfelsie hat große lilafarbene, tellerförmige Blüten, die einen gewellten Rand aufweisen und auf langen Röhren sitzen.

**Blütezeit:** Die zarten Blüten kann man von März bis Juli bewundern.

**Standort:** Ideal ist ein heller, sonniger bis absonniger Standort mit hoher Luftfeuchtigkeit. Die Raumtemperatur sollte im Sommer bei 20 °C, im Winter zwischen 10 °C und 12 °C liegen.

**Pflege:** Während der Wachstumsphase und Blütezeit wird die Brunfelsie regelmäßig mit weichem Wasser gegossen und wöchentlich gedüngt. Durch regelmäßiges Besprühen sollten Sie für hohe Luftfeuchtigkeit sorgen. Im Winterquartier wird nicht mehr gedüngt und auch weniger gegossen.

**Vermehrung:** Die Vermehrung durch Stecklinge ist schwierig und langwierig. Voraussetzung für das erfolgreiche Bewurzeln ist eine gleichbleibende Temperatur von mindestens 25 °C.

## BUBIKÖPFCHEN

*Soleirolia*

**Wuchs:** Die Pflanze wächst im Topf kugelförmig, kann aber auch als Hängepflanze oder Bodendecker gezogen werden.

**Blätter:** Das Bubiköpfchen entwickelt an kriechenden, verzweigten Trieben zahlreiche kleine, frischgrüne Blätter.

**Blüten:** Grünpflanze

**Standort:** Die gefällige Pflanze kommt mit allen Bedingungen gut zurecht, am besten ist jedoch ein Platz im Halbschatten, bei Temperaturen um 20 °C im Sommer und 16–18 °C im Winter. Überwintert das Bubiköpfchen in einem wärmeren Zimmer, muss man auf einen hellen Standort achten.

**Pflege:** Gießen Sie das Bubiköpfchen nie von oben auf das Blattpolster, sondern nur von unten. Es ist eine der wenigen Pflanzen, die gern im Feuchten stehen. In kühlen Räumen und an dunklen Standorten reicht meist weniger Wasser. Versorgen Sie die Pflanze von April bis September alle 14 Tage mit Flüssigdünger. Bubiköpfchen gedeihen sehr gut in Einheitserde.

**Vermehrung:** Die Pflanze lässt sich problemlos durch Stecklinge vermehren, die schnell Wurzeln bilden.

## BUCKELKAKTUS

*Notocactus*

**Wuchs:** Dieses Kakteengewächs begeistert durch seine dekorative Kugelform.

**Blätter:** Der Buckelkaktus ist ringsherum mit spitzen und kräftigen Dornen bewehrt.

**Blüten:** Der Zimmerkaktus besticht durch große, gelbe oder rote Blüten.

**Blütezeit:** Im März zeigen sich die herrlichen, auffallenden Blüten.

**Standort:** Der Kaktus möchte hell, aber sonnengeschützt im Halbschatten stehen. Im Gegensatz zu vielen Kakteengewächsen ist der Wechsel an ein kühles Winterquartier für das gute Gedeihen und die Blütenbildung des Buckelkaktus nicht unbedingt erforderlich.

**Pflege:** Der Buckelkaktus möchte gleichmäßig feucht gehalten werden. Das Gießwasser sollte kalkarm sein. Gelegentliches Besprühen ist für das gute Gedeihen ebenso förderlich wie das regelmäßige Düngen. Jüngere Pflanzen müssen jährlich, ältere nur noch alle zwei bis drei Jahre umgetopft werden. Das geeignete Pflanzsubstrat ist spezielle Kakteenerde.

**Vermehrung:** Die Vermehrung durch Aussaat oder Stecklinge stellt kein Problem dar.

## BUNTNESSEL

*Coleus-Blumei-Hybriden*

**Wuchs:** Die buntblättrige Tropenpflanze bildet kleine Büsche.

**Blätter:** Die Blätter erscheinen je nach Sorte in verschiedenen Farben (Rot, Gelb, Weiß) und Mustern (z. B. marmoriert, geädert, gerandet).

**Blüten:** Diese Pflanze entwickelt unscheinbare blaue Lippenblüten.

**Blütezeit:** Die Buntnessel blüht von Juni bis September.

**Standort:** Das Feuerwerk an Farben ist umso fulminanter, je heller und sonniger die Pflanze steht. Zu grelle Mittagssonne ist allerdings zu vermeiden. Die Buntnessel verträgt im Sommer normale Zimmertemperaturen, im Winter sollte sie kühler stehen (ca. 18 °C).

**Pflege:** Je sonniger die Buntnessel steht, desto mehr Wasser benötigt sie. Ideal ist kalkarmes Wasser. Wenn Sie der Pflanze etwas Gutes tun wollen, gönnen Sie ihr im Sommer ein wöchentliches Tauchbad. Während der Wachstumsphase benötigt die Pflanze einmal wöchentlich Dünger.

**Vermehrung:** Da die Buntnessel im zweiten Jahr ihre dekorative Farbgebung verliert, lohnt sich das Überwintern kaum. Schneiden Sie im August Stecklinge, die Sie bewurzeln und in Töpfen überwintern.

## BUNTWURZ
*Caladium*

**Wuchs:** Dieses Aronstabgewächs kann 20–40 cm hoch werden.

**Blätter:** Die breiten, fast pfeilförmigen Blätter sind kräftig rot mit grünem Rand, weiß mit hellgrünen Blattnerven, marmoriert oder fast durchscheinend.

**Blüten:** Der Buntwurz bildet Stiele mit Hochblättern und Blütenkolben.

**Blütezeit:** Die Blüten entwickeln sich zwischen März und April.

**Standort:** Die Pflanze bevorzugt einen hellen, absonnigen Standort. Sie liebt Wärme (am besten über 22 °C). Gut sind auch eine hohe Bodenwärme und hohe Luftfeuchtigkeit. Die Knolle sollte bei etwa 18–20 °C überwintern.

**Pflege:** Der Buntwurz benötigt im Frühjahr und Sommer viel Wasser, hohe Luftfeuchtigkeit und eine wöchentliche Düngung. Im Herbst zieht die Pflanze ihre Blätter ein, die Knolle bleibt bis Ende Januar im kühleren Winterquartier trocken stehen. Sobald sich die ersten Triebe zeigen, wird sie in frische Erde gesetzt und an den wärmeren Standort übergesiedelt.

**Vermehrung:** Die Pflanze wird durch Teilung vermehrt.

## CALLA
*Zantedeschia aethiopica*

**Wuchs:** Mächtige Hochblätter kennzeichnen den Wuchs.

**Blätter:** Die lang gestielten, herz- oder pfeilförmigen Blätter haben einen hohen Blütenschaft, auf dem der lange, gelbe Blütenkolben sitzt.

**Blüten:** Um den Blütenkolben greift trichterförmig das weiße, orangefarbene oder rote Hochblatt.

**Blütezeit:** Die Blütezeit dauert von Januar bis Mai.

**Standort:** Die Calla entfaltet ihre Pracht an einem sonnigen bis halbschattigen, warmen Standort. Während der zweimonatigen Ruhezeit ab Mai einen hellen, kühlen Platz wählen.

**Pflege:** In der Wachstumsphase im Dezember viel wässern, einmal wöchentlich düngen; in der Ruhezeit ab Juni wenig Wasser und keinen Dünger geben. Im August umtopfen, falls ein größerer Topf nötig ist.

**Vermehrung:** Zur Vermehrung den Wurzelstock oder die Seitenknolle teilen und flach in die Erde stecken.

**Pflanzendoktor:** Bei zu hohen Temperaturen stellen sich Spinnmilben oder Blattläuse ein. Diese Schädlinge können meist durch einfaches Abspülen in der Badewanne beseitigt werden.

## CATHARANTHUS
*Catharanthus*

**Wuchs:** Kleine, buschige, mit der Zeit recht ausladende Pflanze.

**Blätter:** Die dicht wachsenden, dunklen Blätter haben eine weiße Mittelrippe.

**Blüten:** Das Hundsgiftgewächs zeichnet sich durch zahlreiche, oft zu zweit oder zu dritt zusammenstehende weiße Blüten aus.

**Blütezeit:** Die Blütezeit dauert von Mai bis Oktober.

**Standort:** Die Pflanze mag es zwar hell und sonnig, aber keine Mittagshitze. Zum Überwintern ist eine Temperatur von 12–18 °C ideal.

**Pflege:** Die dekorative Zimmerpflanze sollte regelmäßig mit weichem, lauwarmem Wasser gegossen werden. An heißen Tagen besprühen. Von April bis September Flüssigdünger einsetzen. Zur Überwinterung die Pflanze im Herbst auf 5–10 cm herunterschneiden und wenig gießen. Im Frühjahr in Einheitserde umtopfen. Damit die Pflanze buschig wächst, müssen die neuen Triebe mehrmals entspitzt werden.

**Vermehrung:** Die Vermehrung erfolgt durch Stecklinge.

**Zusatzinfo:** Die Pflanze gedeiht auch in Balkonkästen oder in großen Schalen auf der Terrasse.

## CATTLEYE

*Cattleya maxima*

**Wuchs:** Die Pflanzen können bis zu 50 cm hoch werden.

**Blätter:** Die Cattleye hat hellgrünes Blattwerk, das sehr gut mit den leuchtenden Blüten kontrastiert.

**Blüten:** Die Orchidee hat die für diese Gewächse typischen detailreichen Blüten mit intensivem Farbton.

**Blütezeit:** Die Pflanze zeigt ihre Blüten meist ganzjährig.

**Standort:** Sie verträgt keine direkte Sonneneinstrahlung, möchte hell, warm und bei hoher Luftfeuchtigkeit stehen. Ideal ist ein feuchtwarmes Klima mit Temperaturen von 24 - 32 °C, im Winter um 16 °C.

**Pflege:** Während der Vegetationsphase umfasst die Pflege häufiges Gießen mit weichem Wasser. Staunässe ist jedoch unbedingt zu vermeiden. Außerdem ist alle 14 Tage eine Düngegabe erforderlich.
Die Cattleye muss mehrmals täglich indirekt besprüht werden. Nach der Blüte müssen Sie der Pflanze eine Ruhepause von sechs bis acht Wochen gönnen, in der das Gießen reduziert, das tägliche Besprühen aber fortgesetzt wird.

**Vermehrung:** Die Vermehrung sollte man besser dem Fachmann überlassen.

## CENTRADENIE

*Centradenia*

**Wuchs:** Diese Pflanze besitzt eine halb hängende Wuchsform, die sich gut für Ampeln eignet.

**Blätter:** Die an der Unterseite rötlich überhauchten Blätter sitzen sich an vierkantigen Zweigen gegenüber und bilden einen reizvollen Kontrast zu den leuchtenden Blüten.

**Blüten:** Die zarten Blüten sind rosa und sehr farbintensiv.

**Blütezeit:** Die Pflanze blüht von Dezember bis März.

**Standort:** Die Centradenie fühlt sich im Schatten wohl, Sonne verträgt sie nicht. Sie möchte warm stehen. Ideal sind Temperaturen um 25 °C, die im Winter etwas niedriger sein können.

**Pflege:** Das ganze Jahr über wird die Pflanze reichlich gegossen und alle 14 Tage mit Dünger versorgt. Ruhephase gibt es keine. Nach der Blüte im Frühjahr bringt man die Centradenie durch einen Rückschnitt in Form, damit sie umso kräftiger wieder austreibt.

**Vermehrung:** Die Stecklinge, die beim Rückschnitt anfallen, können Sie zur Vermehrung verwenden. Stecken Sie sie zum Bewurzeln in Einheitserde und überspannen Sie sie mit einer Folie.

## CHRISTUSDORN

*Euphorbia milli*

**Wuchs:** Die Pflanze bildet lange, mit Dornen bewehrte Treibe, die man am Bogen oder Spalier ziehen kann. Mit der Zeit wächst sie zu einem üppigen Busch heran.

**Blätter:** Die Farbtupfer, die der Betrachter für Blüten hält, sind keine Blüten, sondern rote, rosa, gelbe oder weiße Hochblätter.

**Blüten:** Die Blüten sind unscheinbar und sitzen in der Mitte des Hochblattpaares.

**Blütezeit:** Der Christusdorn blüht ganzjährig.

**Standort:** Die Pflanze mag viel Wärme, volle Sonne und trockene Luft. Wünschenswert, doch nicht unbedingt erforderlich sind zur Zeit der Blütenbildung Temperaturen von 15–18 °C.

**Pflege:** Die anspruchslose Pflanze sollte im Sommer regelmäßig gegossen werden. Von April bis September sollte der Christusdorn wöchentlich mit Kakteendünger versorgt werden.

**Vermehrung:** Im Frühjahr gelingt die Vermehrung durch Stecklinge besonders gut.

**Zusatzinfo:** Als Verwandter des Weihnachtssterns ist wie bei diesem der weiße Milchsaft, den alle Wolfsmilchgewächse in den Trieben haben, giftig.

Feb–Jun

## CLIVIE

*Clivia*

**Wuchs:** Fächerförmiger Blattschopf; Höhe bis zu 45 cm.

**Blätter:** Die langen, spitz zulaufenden Blätter treiben paarweise aus; nach ein paar Jahren bilden sie einen Stamm.

**Blüten:** Die Clivie besticht durch prächtige Blütendolden aus vielen kleinen orangefarbenen Blüten.

**Blütezeit:** Die Blütezeit dauert von Februar bis Juni.

**Standort:** Die Pflanze sollte möglichst immer am selben Platz hell und sonnig stehen, aber keine Mittagssonne abbekommen. Ideale Temperaturen im Sommer 15–20 °C, im Winter 10 °C.

**Pflege:** Im Sommer fleißig gießen, damit der Wurzelballen nicht austrocknet. Während der Ruhezeit nur wenig gießen, nicht düngen. Ist der Blütenstängel ca. 15 cm hoch, wieder mehr Wasser zuführen und alle 14 Tage düngen. Alle zwei Jahre nach dem Abblühen umtopfen.

**Vermehrung:** Am Fuß der Pflanze können die sogenannten Kindel abgenommen werden.

**Pflanzendoktor:** Bei Schädlingsbefall die Blätter und insbesondere die Blattachseln mit Pflanzenschutzmittel abspritzen und kühl stellen.

Mär–Apr

## COLUMNEA

*Columnea*

**Wuchs:** Diese aus den tropischen Urwäldern Amerikas stammende Hänge- oder Kletterpflanze ist ein Prunkstück für jede Fensterbank.

**Blätter:** Das Gesneriengewächs hat kleine, harte, sich paarweise gegenüberstehende Blätter.

**Blüten:** Die Columnea bildet feuerrote Röhrenblüten.

**Blütezeit:** Die Blüten entwickeln sich im März und April.

**Standort:** Die Pflanze eignet sich für helle, absonnige, zimmerwarme Standorte. Sie ist hohe Luftfeuchtigkeit gewöhnt, die bei über 60 % liegt. Im Winter sollte die Columnea unbedingt eine Ruhepause einhalten. Dazu steht sie an einem kühlen Platz (ca. 8 °C). Sobald sie zu blühen beginnt, wechselt sie wieder an den warmen Standort.

**Pflege:** Während der Vegetationszeit wird die Pflanze ausreichend feucht gehalten und wöchentlich gedüngt. Die hohe Luftfeuchtigkeit wird durch indirektes Besprühen erzeugt. Zum Umtopfen verwenden Sie saure, humusreiche, lockere Blumenerde.

**Vermehrung:** Im Frühjahr kann die Vermehrung durch harte Triebstecklinge erfolgen.

Mär–Jun

## COTYLEDON

*Cotyledon*

**Wuchs:** Die Blütenstängel der Pflanze können bis zu 45 cm hoch werden.

**Blätter:** Das Dickblattgewächs hat fleischige, blau geränderte Blätter.

**Blüten:** Die glockenförmigen, orangeroten Blüten sitzen endständig auf den langen Stängeln. Jeweils zehn Staubblätter stehen dekorativ aus der Blüte heraus.

**Blütezeit:** Die Blütezeit dauert von März bis Juni.

**Standort:** Die Pflanze steht gern sonnig und luftig. Im Sommer verträgt sie normale Raumtemperatur, im Winter zieht sie einen kühlen Standort bei 5–10 °C vor.

**Pflege:** Im Sommer sollte die Sukkulente regelmäßig gegossen und alle vier Wochen gedüngt werden. Während der Ruhezeit im Winter nur wenig gießen. Junge Pflanzen jährlich, ältere alle drei bis vier Jahre im Februar umtopfen. Ideal ist ein Gemisch aus Einheitserde und Sand.

**Vermehrung:** Die Pflanze kann aus Samen herangezogen oder durch Stecklinge vermehrt werden.

**Pflanzendoktor:** Bei Schädlingsbefall die Blätter und insbesondere die Blattachseln mit Pflanzenschutzmittel abspritzen. Vorbeugend nicht zu warm stellen.

## CROSSANDRE

*Crossandra*

**Wuchs:** Die zierliche Crossandre hat einen kompakten Wuchs und kann bis zu 20 cm groß werden.

**Blätter:** Dieses Akanthusgewächs hat dunkelgrüne, glänzende Blätter.

**Blüten:** Die in Indien beheimatete Pflanze blüht in einem aparten Lachsrosa. Auffällig sind hierbei die bis zu 10 cm langen Blütenähren.

**Blütezeit:** Die kräftige Blütenfarbe kann man von Juni bis August bewundern.

**Standort:** Die Crossandre bevorzugt einen hellen, halbschattigen Standort ohne direkte Sonneneinstrahlung. Die Temperaturen sollten im Sommer bei 20 °C liegen und im Winter 13–15 °C nicht unterschreiten. Das ganze Jahr über ist auf eine hohe Luftfeuchtigkeit zu achten.

**Pflege:** In Frühjahr und Sommer sollte die Pflanze mit weichem Wasser versorgt und alle 2 Wochen gedüngt werden. Die hohe Luftfeuchtigkeit wird durch indirektes Sprühen erreicht. Der richtige Zeitpunkt zum Umtopfen ist der März. Verwenden Sie Einheitserde und nicht zu tiefe Töpfe.

**Vermehrung:** Die Pflanze kann durch Stecklinge vermehrt werden.

## CURCUMA

*Curcuma domestica*

**Wuchs:** Die krautige Pflanze erreicht eine Größe von bis zu 1 m.

**Blätter:** Die großen Blätter sind spiralförmig angeordnet.

**Blüten:** Auf einem 15–20 cm langen Stängel wachsen rosafarbene, zapfenförmig angeordnete Blüten. Nach der Blüte zieht die Curcuma ihre Blätter ein. Überwintert wird nur die Knolle.

**Blütezeit:** Die Curcuma blüht nur im August.

**Standort:** Im Sommer einen hellen, warmen Standort ohne direkte Sonneneinstrahlung wählen; Überwinterung bei einer Temperatur von 18 °C.

**Pflege:** Im Sommer sollte die Curcuma leicht feucht bei ausreichender Luftfeuchtigkeit stehen; häufiger besprühen. Zur Überwinterung wird die Knolle ausgetopft und trocken gehalten. Ende Februar die Knolle einpflanzen, heller und wärmer stellen, mäßig gießen. Sobald sich die Blätter vollständig gebildet haben, regelmäßig düngen und gießen.

**Vermehrung:** Zur Vermehrung die Brutknollen von der Mutterknolle trennen und einpflanzen.

**Zusatzinfo:** Die Wurzelknolle wird getrocknet und gerieben als Gewürz verwendet.

## CYMBIDIE

*Cymbidium*

**Wuchs:** Dieses elegante Orchideengewächs ist in Ostindien und Australien beheimatet.

**Blätter:** Die Pflanze hat lange, riemenförmige Blätter.

**Blüten:** Die großen Blüten erscheinen je nach Art in den verschiedensten Farben und sind ungewöhnlich lange haltbar.

**Blütezeit:** Die Blütezeit dieser Orchideenart ist meist ganzjährig.

**Standort:** Die exotische Schönheit ist lichthungrig, verträgt aber keine direkte Sonnenbestrahlung. Im Sommer, bei Temperaturen zwischen 16 °C und 24 °C, erfreut sie durch besonders lange Blühdauer. Möchte man auch im Folgejahr mit einer reichen Blütenpracht verwöhnt werden, sollte man ab Herbst für niedrige Nachttemperaturen von 12 °C sorgen.

**Pflege:** Im Frühjahr und Sommer sollten Sie die Orchidee reichlich gießen und düngen. Optimalerweise verwenden Sie zum Gießen weiches Wasser und zur Nährstoffgabe speziellen Orchideendünger. Beim Umtopfen sollte eine spezielle Orchideenmischung verwendet werden.

**Vermehrung:** Die Vermehrung per Teilung sollte man einem Fachmann überlassen.

## DATTELPALME

*Phoenix dactylifera*

**Wuchs:** In ihrer Heimat erreicht die Dattelpalme eine imponierende Größe, auch im Zimmer wächst sie kräftig und sollte einen ausreichend großen Platz bekommen.

**Blätter:** Charakteristisch sind ihre stark gefalteten sattgrünen Fiederwedel.

**Blüten:** Grünpflanze

**Standort:** Die Dattelpalme bevorzugt einen hellen, luftigen Platz. Im Sommer steht sie gern auf Balkon oder Terrasse und genießt die Frischluft. Zum Überwintern ist ein Standort mit Temperaturen von 8–10 °C ideal.

**Pflege:** Im Sommer benötigt die Palme reichlich Wasser und einen wöchentlichen Düngeguss. Sehr kalkhaltiges Leitungswasser sollten Sie enthärten. Wenn Sie die Dattelpalme häufig mit einem Schwamm abwischen, revanchiert sie sich mit gesunden grünen Wedeln. Wenn Sie ein jüngeres Exemplar haben, sollten Sie es alle zwei Jahre umtopfen, ältere nur noch alle drei bis vier Jahre.

**Vermehrung:** Die Pflanze wird durch Samen vermehrt.

**Pflanzendoktor:** Stehen die Palmen im Winter zu warm, besteht die Gefahr eines Schildläusebefalls.

## DICKBLATT

*Crassula brevicaule*

**Wuchs:** Dickblattgewächse gibt es in kriechender Wuchsform oder höher wachsend.

**Blätter:** Gemäß seines Namens hat das Gewächs dicke, grün glänzende Blätter.

**Blüten:** Die Crassula brevicaule besticht durch zarte weiße Blüten.

**Blütezeit:** Sie blüht zwischen Juni und August.

**Standort:** Dickblattgewächse sollten an einem Südfenster platziert werden. Über den Winter in einen Raum bei ca. 15 °C stellen.

**Pflege:** Aufgrund ihrer Eigenschaft, Wasser speichern zu können, benötigt die Sukkulente auch im Sommer nur mäßig Wasser. Von Mai bis August einmal im Monat Kakteendünger anwenden. Alle zwei bis drei Jahre in Kakteenerde umtopfen.

**Vermehrung:** Das Dickblatt lässt sich durch Stecklinge vermehren; Schnittstelle vor dem Einsetzen einige Zeit abtrocknen lassen.

**Pflanzendoktor:** Bei einem Befall mit Wollläusen helfen Spritzungen mit Spiritus-Schmierseifen-Lösung.

**Zusatzinfo:** Dickblätter können im Sommer, vor Regen geschützt, auch draußen platziert werden.

## DIEFFENBACHIE

*Dieffenbachia*

**Wuchs:** Die attraktive Grünpflanze erreicht eine Höhe von 0,5–1,5 m.

**Blätter:** Je nach Art sind die großen Blätter weiß gefleckt, grün gerändert, gelb marmoriert oder schlicht grün.

**Blüten:** Grünpflanze

**Standort:** Die Dieffenbachie benötigt viel Licht, verträgt aber keine direkte Sonne. Im Sommer gedeiht sie am besten bei 20 °C, im Winter bei 15–18 °C. Die Arten mit dünnen Blättern verlangen nach hoher Luftfeuchtigkeit, während die mit dickeren, ledrigen Blättern auch trockene Zimmerluft vertragen.

**Pflege:** Im Sommer muss häufig gegossen werden. Dazu und auch zum Besprühen der Pflanze sollten Sie kalkfreies Wasser verwenden. Von April bis September muss wöchentlich gedüngt werden. Der günstigste Zeitpunkt zum Umtopfen ist der März. Im Frühsommer können Sie die Pflanze durch einen Rückschnitt in Form bringen.

**Vermehrung:** Sie können die Dieffenbachie durch Kopfstecklinge vermehren, die beim Zurückschneiden der Pflanze anfallen. Alternativ kann man durch Stammstücke für Nachwuchs sorgen.

## DIPLADENIE

*Mandevilla*

**Wuchs:** Eigentlich eine Schlingpflanze, heute meist als gedrungenes Exemplar für die Fensterbank gezüchtet.

**Blätter:** Das Hundsgiftgewächs hat dunkelgrüne, glänzende Blätter.

**Blüten:** Die kelchförmigen Blüten sind weiß, rosa oder dunkelrot.

**Blütezeit:** Die Blütezeit dauert von März bis September.

**Standort:** Die tropische Schönheit sollte hell, warm und vor der Mittagshitze geschützt stehen. In der Ruhezeit von November bis März sollte die Raumtemperatur nicht über 15 °C liegen.

**Pflege:** Die Pflanze ist gleichmäßig feucht zu halten; von April bis August düngen. Während der Ruhephase nicht düngen, nur mäßig gießen. Vor Beginn der Wachstumsphase im Februar stark zurückschneiden. Zum Umtopfen im Frühjahr eignet sich eine Mischung aus Lauberde, Lehm, Torfmull, Sand.

**Vermehrung:** Die Dipladenie lässt sich durch Stecklinge vermehren; am besten in ein Bewurzelungspulver stippen.

**Pflanzendoktor:** Rollen sich die Blätter ein, steht die Dipladenie entweder zu trocken oder zu hell.

## DRACHENBAUM

*Dracaena dremensis*

**Wuchs:** Es gibt Exemplare mit und ohne Stamm. Sie können bis zu 2 m groß werden.

**Blätter:** Die Blätter können breit oder schmal sein und grüne, silberne, weiße oder rosafarbene Streifen tragen.

**Blüten:** Grünpflanze

**Standort:** Der Drachenbaum steht gern hell und verträgt problemlos das ganze Jahr über Zimmertemperatur. Nicht direkt ans Fenster oder die Heizung stellen. Pralle Sonne und Zugluft vermeiden.

**Pflege:** Im Sommer wird der Drachenbaum normal gegossen, im Winter sparsamer. Wichtig ist, dass der Wurzelballen nie austrocknet. Von März bis August alle zwei Wochen düngen und ab und zu besprühen. Umgetopft wird alle zwei Jahre.

**Vermehrung:** Je nach Art werden Drachenbäume durch Samen, Stecklinge, Abmoosen oder Stammabschnitte vermehrt.

**Pflanzendoktor:** Verliert ein Blatt seine schöne Zeichnung, steht die Pflanze zu dunkel.

**Zusatzinfo:** Sollte der Drachenbaum braune Blattspitzen bekommen, lassen sich diese einfach mit der Schere abschneiden, ohne dass dabei das gesunde Gewebe verletzt wird.

## DREHFRUCHT

*Streptocarpus*

**Wuchs:** Die grazile Drehfrucht ist mit ihren farbenprächtigen Blüten eine der schönsten Zimmerpflanzen.

**Blätter:** Die großen, dunkelgrünen Blätter sitzen ohne Stiel in einer Rosette. Sie sind etwas empfindlich und brechen leicht.

**Blüten:** Die Blütenfarben reichen von Zartlila über Hellblau und Weiß bis hin zu Rosa und Rot.

**Blütezeit:** Die Drehfrucht zeigt ihre farbenprächtigen Blüten unermüdlich vom Frühjahr bis zum Herbst.

**Standort:** Die Pflanze darf weder zu rauchig noch zu kalt oder zu warm stehen. Auch sollte der Platz nicht mehr gewechselt werden. Ideal ist ein Ost- oder Westfenster mit milder Sonneneinstrahlung. Im Sommer verträgt die Pflanze normale Zimmertemperaturen, im Winter ist ein kühler Standort (10–12 °C) vorzuziehen.

**Pflege:** Wichtig ist regelmäßiges Gießen von unten mit möglichst kalkfreiem Wasser. Werden die Blätter nass, beginnen sie leicht zu faulen. Gedüngt wird von April bis Oktober einmal pro Woche.

**Vermehrung:** Die Drehfrucht wird durch Blattstecklinge vermehrt.

## DYCKIA
*Dyckia*

**Wuchs:** Die einjährige Dyckia ist eine anspruchslose Pflanze, die lange Trockenzeiten problemlos übersteht und dekorative Blüten ausbildet.

**Blätter:** Die Blätter der Dyckia sind graugrün, länglich-spitz und überhängend. Sie bilden eine Rosette.

**Blüten:** An einem etwa 20 cm langen Stängel entwickeln sich mehrere glockenförmige, leuchtend orangefarbene Blüten.

**Blütezeit:** Die Blüte dauert von Juni bis August.

**Standort:** An einem vollsonnigen Südfenster fühlt sich dieses Ananasgewächs wohl. Nach der Blütezeit stirbt die Mutterpflanze ab, doch haben sich vorher meist Nebenrosetten gebildet, aus denen neue Pflanzen gezogen werden können.

**Pflege:** Die Pflanze mit der interessanten Wuchsform sollte nur sparsam gewässert werden. Nasse Füße nimmt sie sehr übel. Dem kann man am besten durch eine Drainageschicht aus Tonscherben vorbeugen. Gedüngt wird alle zwei Wochen.

**Vermehrung:** Im Spätsommer werden die Nebenrosetten umgepflanzt. Überwintern sollten sie bei Temperaturen um 5 °C.

## ECHEVERIE
*Echeveria*

**Wuchs:** Kleine fleischige Blattrosetten mit kugeligem Wuchs. Einige Arten bilden Stämmchen.

**Blätter:** Die dickfleischigen kleinen Blätter wachsen in Rosettenform.

**Blüten:** Im Gegensatz zu den niedrig wachsenden Blättern sitzen die roten oder gelben Blüten auf langen Blütenstielen und bilden einen interessanten farblichen Kontrast zu den blassgrünen Blattrosetten.

**Blütezeit:** Die Blütezeit dauert von März bis Juli.

**Standort:** Der Echeverie kann es nie warm genug sein. Für gutes Gedeihen empfiehlt sich ein Platz am Südfenster, viel Licht und Temperaturen von mindestens 15 °C.

**Pflege:** Die Echeverie sollte sparsam und nie ins Herz der Rosette gegossen werden. Düngen ist selten und nur in der Wachstumsphase erforderlich. Im Winter sollte die Wasserzufuhr verringert werden. Die Pflanze in Lauberde mit Lehm- und Sandzusatz umtopfen.

**Vermehrung:** Seitensprosse zum Bewurzeln in sandig-humose Erde setzen.

**Pflanzendoktor:** Anzeichen von Fäulnis sind ein Hinweis auf einen zu feuchten Standort.

## EFEUARALIE
*Fatshedera Lizei*

**Wuchs:** Diese hübsche, in Korea und Japan beheimatete Solitärpflanze, kombiniert die aparte Blattform der Aralie mit dem kletternden Wuchs des Efeus.

**Blätter:** Es gibt eine grüne und eine bunt gescheckte Sorte, wobei die bunte Efeuaralie etwas mehr Wärme und Licht schätzt.

**Blüten:** Grünpflanze

**Standort:** Die Pflanze gedeiht an Orten, wo andere Pflanzen unweigerlich eingehen: Nordfenster, Treppenhäuser etc. Direkte Sonne verträgt sie jedoch nicht. Im Winter sollte sie kühl bei Temperaturen unter 10 °C stehen.

**Pflege:** Die Pflanze wird mäßig gegossen. Vor jedem Gießen muss die Erde angetrocknet sein. Von Ende März bis Ende September wöchentlich düngen. An besonders warmen Tagen oder im geheizten Zimmer mit Wasser übersprühen. Umgetopft wird im März. Jüngere Pflanzen jedes Jahr umtopfen, ältere nur alle drei bis vier Jahre.

**Vermehrung:** Triebstecklinge werden von März bis Juni in ein Erde-Sand-Gemisch gesteckt. Die Bodentemperatur sollte etwa 18–20 °C betragen.

## EFEUTUTE

*Epipremnum*

**Wuchs:** Die Efeutute ist ein flinker Ranker, der als Bodendecker, Kletterpflanze oder Hängepflanze eingesetzt wird.

**Blätter:** Ovale, zugespitzte Blätter mit dunkelgrünen und weißen Flecken.

**Blüten:** Grünpflanze

**Standort:** Die Efeutute bevorzugt einen hellen, absonnigen Standort. Steht die Pflanze zu dunkel, verliert sie schnell ihre hübsche Blattzeichnung. Ganzjährig normale Zimmertemperaturen sind kein Problem, wenn man auf eine hohe Luftfeuchtigkeit achtet.

**Pflege:** Die Efeutute steht das ganze Jahr über gern feucht. Ideal ist kalkfreies Gießwasser. Die erforderliche Luftfeuchtigkeit erreichen Sie durch regelmäßiges Besprühen. Dem Wohlergehen förderlich ist auch das gelegentliche Abwaschen der Blätter. Während der Wachstumsphase von März bis September sollte alle zwei Wochen gedüngt werden.

**Vermehrung:** Um Nachwuchs heranzuziehen, werden zu lange, kahl gewordene Triebe geschnitten und zum Bewurzeln in ein Glas mit Wasser gesteckt, dem Sie ein kleines Stück Holzkohle hinzufügen.

## EIDECHSENWURZ

*Sauromatum venosum*

**Wuchs:** Die Eidechsenwurz ist eine faszinierende Pflanze. Als Trockenblüher kommt sie ganz ohne Wasser und Erde aus.

**Blätter:** Die Blätter entwickeln sich nach der Blüte. Sie stehen an einem langen, gefleckten Stängel und sind schwertförmig und dunkelgrün.

**Blüten:** Die hohe, kelchförmige Blütenscheide der Pflanze ist grünlich violett und weinrot gefleckt.

**Blütezeit:** Von März bis April blüht die Pflanze. Wenn die Blüte zu welken beginnt, muss die Knolle in die Erde gesetzt werden.

**Standort:** Die Eidechsenwurz bevorzugt einen halbschattigen Standort ohne Zugluft. Nach dem Eintopfen kann man sie auch auf Balkon oder Terrasse stellen. Vor dem ersten Frost muss die Pflanze an einen kühlen Platz ins Haus gestellt werden.

**Pflege:** Während der Blütezeit kann man die Pflanze minimal gießen. Soll sie im Folgejahr wieder blühen, sollte mäßig weitergegossen und einmal im Monat gedüngt werden. Im Winterquartier wird die Knolle erdlos und trocken gehalten.

**Vermehrung:** Die Pflanze vermehrt sich durch Brutknollen.

## EINBLATT

*Spathiphyllum*

**Wuchs:** Ausgesprochen elegante Erscheinung mit horstartigem Wuchs.

**Blätter:** Die Blätter sind langstielig, dunkelgrün und glänzend.

**Blüten:** Gelblich grüne Blütenkolben mit einem dekorativen weißen Hüllblatt.

**Blütezeit:** Die zart duftenden Blüten erscheinen von März bis Juli.

**Standort:** Das Einblatt gedeiht gut an einem halbschattigen bis schattigen Platz bei Temperaturen von 20–23 °C. Sonne verträgt das Gewächs schlecht. Je wärmer der Standort, desto höher sollte die Luftfeuchtigkeit sein.

**Pflege:** Reichlich gießen mit möglichst zimmerwarmem und kalkfreiem Wasser. Die Blätter regelmäßig besprühen. Im Frühjahr und Sommer sparsam düngen. Steht die Pflanze auch im Winter warm, das Düngen einmal im Monat fortsetzen.

**Vermehrung:** Üppige Pflanzen beim Umtopfen teilen. Das Einblatt lässt sich auch aus Samen bei einer Temperatur von 25 °C und hoher Luftfeuchtigkeit heranziehen. Ideal ist ein Anzuchtkasten oder eine Folienhaube.

**Pflanzendoktor:** Staunässe kann Wurzelfäule verursachen!

## ELEFANTENFUSS
*Beaucarnea recurvata*

**Wuchs:** Die Pflanze wächst langsam, bis sie Kübelformat erreicht; es entwickelt sich ein holziger Stamm.

**Blätter:** Der grüne Schopf aus langen, schmalen Blättern ragt bei jungen Pflanzen aus der Knolle, dem „Elefantenfuß", bei älteren aus dem Stamm.

**Blüten:** Grünpflanze

**Standort:** Der Elefantenfuß wird am besten am warmen und hellen Südfenster platziert. Den Sommer kann die Pflanze an einer windgeschützten Stelle im Freien verbringen. Im Winter braucht sie einen kühlen Standort um 7 °C.

**Pflege:** Der Elefantenfuß wird im Sommer reichlich gegossen. Vor jedem Gießen aber erst prüfen, ob die Erde schon angetrocknet ist. Von April bis September wöchentlich düngen. Im Frühjahr wird in normale Blumenerde umgetopft.

**Vermehrung:** Diese Pflanze lässt sich aus Samen heranziehen.

**Pflanzendoktor:** Schildläuse können mit dem Messer abgekratzt, Spinnmilben mit der Handbrause entfernt werden.

**Zusatzinfo:** Herangewachsene Elefantenbäume benötigen viel Platz, damit der lange Blätterschopf zur Geltung kommt.

Aug–Sep

## ELEFANTENOHR
*Haemanthus albiflos*

**Wuchs:** Auffallend sind die weißen Staubfäden mit gelben Stempeln, die weit aus den Blütenblättern herausragen.

**Blätter:** Das Elefantenohr hat breite, dickfleischige, dunkelgrüne Blätter.

**Blüten:** Die Blüten mit den weit herausragenden Staubfäden ähneln einem Rasierpinsel.

**Blütezeit:** Die Blütezeit dauert von August bis September.

**Standort:** Die robuste Pflanze stellt wenig Ansprüche an ihren Stellplatz; der sollte viel Licht und frische Luft spenden.

**Pflege:** Das Elefantenohr braucht vor und während der Blüte reichlich Wasser; Düngung alle zwei Wochen. Während der Ruhezeit von November bis Februar weniger gießen. Ideal zum Umtopfen ist das Frühjahr.

**Vermehrung:** Zur Vermehrung Nebentriebe bzw. Brutzwiebeln abtrennen und eintopfen; erst nach drei Wochen gießen.

**Pflanzendoktor:** Verlieren die Blätter ihre kräftige grüne Farbe, ist der Standort zu dunkel.

**Zusatzinfo:** Das Elefantenohr verträgt das Umpflanzen nur schlecht. Unbedingt darauf achten, dass der Ballen nicht verletzt wird.

Jan–Dez

## EPIDENDRUM
*Epidendrum*

**Wuchs:** Von eleganter Erscheinung ist dieses mehrjährige Orchideengewächs, das eine Höhe von 30 cm erreicht.

**Blätter:** Typisch sind die länglichen Blätter.

**Blüten:** Die verschiedenen Arten unterscheiden sich in Form und Farbe der Blüten. Allen gemeinsam ist der angenehme Duft und die Intensität der Blütenfarbe.

**Blütezeit:** Ganzjährig

**Standort:** Bei der Standortwahl ist auf Helligkeit und hohe Luftfeuchtigkeit zu achten. Zum Gedeihen sind Tagestemperaturen von 18–22 °C nötig. In der Nacht sollte die Temperatur auf 15 °C abgesenkt werden.

**Pflege:** Halten Sie die Orchidee vor und während der Blüte immer leicht feucht und düngen Sie sie regelmäßig. Damit die Pflanze ihre Blütenpracht entfalten kann, braucht sie nach der Blüte eine Ruhezeit, in der sie weder gegossen noch gedüngt werden soll.

**Vermehrung:** Epidendren bilden Kindel aus. Trennen Sie diese kleinen, bereits bewurzelten Tochterpflänzchen vorsichtig von der Mutterpflanze ab und pflanzen Sie sie in einen eigenen Topf.

## FEIGENKAKTUS

*Opuntia*

**Wuchs:** Je nach Art erreichen Kakteengewächse eine Größe von wenigen Zentimetern bis zu mehreren Metern.

**Blätter:** Charakteristisch sind die runden, fleischigen Blätter.

**Blüten:** Einige Arten schmücken sich mit großen Blüten in Rot oder Rosa.

**Blütezeit:** Die Blütezeit dauert von Juli bis August.

**Standort:** Der Feigenkaktus braucht einen hellen, luftigen Platz, damit sich die Blüten entwickeln können. Im Winter an einen hellen Ort mit Temperaturen zwischen 4–10 °C stellen.

**Pflege:** Während der Vegetationszeit hin und wieder gießen; wöchentlich einmal mit Kakteendünger pflegen. Im Winter kann das Gießen sogar eingestellt werden.

**Vermehrung:** Zur Vermehrung der Kakteen die abgebrochenen Ohren in Kakteenerde bewurzeln. Die Bruchstellen sollten vorher ca. zwei Wochen trocknen.

**Zusatzinfo:** Wegen ihrer Stacheln und den sogenannten Glochiden – winzigen, stechenden Borsten mit Widerhaken – sollte man den Feigenkaktus vorsichtig behandeln.

## FENSTERBLATT

*Monstera deliciosa*

**Wuchs:** Fensterblätter können bis zu 2,5 m hoch werden. Charakteristisch sind die eingeschnittenen Blätter und die Luftwurzeln, die vom Stamm herabhängen.

**Blätter:** Die riesigen Blätter sind an jüngeren Pflanzen zunächst herzförmig und bekommen erst im fortgeschrittenen Alter die typischen Einkerbungen.

**Blüten:** Grünpflanze

**Standort:** Ideal ist ein heller bis halbschattiger Standort, doch auch an einem schattigen Platz gedeiht das Fensterblatt. Es kann auch im geheizten Zimmer überwintern. Wenn es allerdings sehr warm ist, sollten Sie die Luftfeuchtigkeit erhöhen.

**Pflege:** Das Fensterblatt muss im Sommer viel gegossen und einmal pro Woche gedüngt werden. Sie sollten die großen Blätter außerdem regelmäßig besprühen und gelegentlich mit einem weichen Schwamm entstauben. Steht das Fensterblatt auch im Winter warm, sollten Sie mäßig gießen und weiterhin einmal im Monat düngen.

**Vermehrung:** Die Vermehrung erfolgt durch Triebstecklinge, Stammstücke oder Aussaat.

## FIEDERBLATT

*Zamioculcas zamiifolia*

**Wuchs:** Das rasch wachsende, ausladende Gewächs sollte einen Einzelplatz bekommen.

**Blätter:** Die sattgrünen Blätter, die fächerartig angeordnet sind, sitzen an dicken, fleischigen Stängeln.

**Blüten:** Grünpflanze

**Standort:** Das Fiederblatt bevorzugt einen hellen, absonnigen Standort. Im Sommer gedeiht es bei normalen Zimmertemperaturen, im Winter freut es sich über einen kühleren Platz bei etwa 15 °C.

**Pflege:** Die Pflanze sollte im Sommer immer feucht gehalten werden, verträgt aber keine Staunässe. Dankbar ist das Gewächs, wenn Sie hin und wieder die Blätter entstauben oder sie gelegentlich abduschen. Während der Wachstumsphase sollten Sie die Exotin einmal pro Woche düngen. Wenn die Pflanze im Winter kühler steht, ist das Gießen zu reduzieren.

**Vermehrung:** Das Fiederblatt lässt sich leicht vermehren, indem man es beim Umtopfen teilt. Dazu sollte die Pflanze entsprechend üppig sein.

**Pflanzendoktor:** Ein Zeichen für zu häufiges Gießen sind gelbe und braune Blätter.

## FINGERARALIE

*Dizygotheca elegantissima*

**Wuchs:** Die anmutige Pflanze mit dem filigranen Aussehen passt gut zu modern eingerichteten Räumen.

**Blätter:** Die schmalen, fein gezähnten Fiederblätter sind von einem aparten Olivgrün. Einen reizvollen Kontrast dazu bildet die rötliche Mittelrippe. Mit zunehmendem Alter verbreitert sich das schlanke Laub etwas.

**Blüten:** Grünpflanze

**Standort:** Die hübsche Pflanze mag keine pralle Sonne, bevorzugt einen halbschattigen Platz und steht am liebsten an einem Ost- oder Westfenster. Die Temperaturen sollten im Sommer bei 20–25 °C liegen und im Winter auf 15–20 °C absinken. Zugluft und Temperaturschwankungen sind unbedingt zu vermeiden.

**Pflege:** Die Fingeraralie muss vorsichtig gegossen werden: Steht sie zu nass, faulen die Wurzeln, steht sie zu trocken, fallen die Blätter. Auch liebt die Pflanze hohe Luftfeuchtigkeit (über 60 %). Zwischen März und August sollte sie alle 14 Tage gedüngt werden.

**Vermehrung:** Die Vermehrung durch Stecklinge oder Aussaat ist für Hobbygärtner relativ schwierig.

## FITTONIE

*Fittonia*

**Wuchs:** Die niedrig wachsende Pflanze macht sich am besten in flachen Schalen.

**Blätter:** Das schön gefärbte Laub hat ein markantes Netzmuster, das je nach Sorte weiß oder rot ist.

**Blüten:** Die nicht ganz pflegeleichte Fittonie trägt unscheinbare Rachenblüten.

**Blütezeit:** Die Blüten erscheinen von Mai bis Juni.

**Standort:** Die Fittonie verlangt nach einem halbschattigen Standort mit hoher Luftfeuchtigkeit und ohne Zugluft. Die Temperaturen sollten das ganze Jahr über bei 20 °C liegen.

**Pflege:** Da die Fittonie nicht sehr tief wurzelt, braucht sie häufige Wassergaben. Doch zu viel des Guten verträgt sie auch nicht. Das Gießwasser sollte lauwarm und kalkfrei sein, ebenso das Wasser, mit dem Sie die an hohe Luftfeuchte gewohnte Pflanze besprühen. Von April bis September ist alle drei Wochen eine Düngegabe erforderlich. Die richtige Zeit zum Umtopfen ist das zeitige Frühjahr. Dabei sollten Sie auch zu lange Triebe stutzen.

**Vermehrung:** Für Nachwuchs sorgen Sie durch Kopfstecklinge.

## FLAMINGOBLUME

*Anthurie*

**Wuchs:** Flamingoblumen können bis zu 60 cm hoch werden.

**Blätter:** Die dekorative Blume hat große, dunkelgrüne, glänzende Blätter.

**Blüten:** Die schwanzförmigen Blütenkolben werden von einem farbigen Hochblatt umgeben. Dieses erblüht cremefarben, zartrosa oder dunkelrot.

**Blütezeit:** Die Flamingoblume blüht fast das ganze Jahr über.

**Standort:** Die tropische Pflanze liebt einen hellen bis halbschattigen, absonnigen Platz. Die durchschnittlichen Temperaturen sollten zwischen 18 °C und 22 °C liegen. Zur Zeit der Knospenbildung benötigt die Pflanze im Dezember/Januar eine Ruhezeit von sechs bis sieben Wochen, die sie an einem kühlen Platz bei etwa 15 °C zubringen sollte.

**Pflege:** Gießen Sie die Blume reichlich mit lauwarmem, kalkfreiem Wasser, das Sie auch zum Besprühen benutzten sollten. Das ganze Jahr über wird alle 14 Tage gedüngt. Während der Ruhephase wird das Düngen eingestellt und das Gießen reduziert.

**Vermehrung:** Die Vermehrung erfolgt durch Aussaat, ist jedoch langwierig und schwierig.

## FLAMMENDES KÄTHCHEN

*Kalanchoe*

**Wuchs:** Das kleinwüchsige Dickblattgewächs wird ca. 10–15 cm hoch.

**Blätter:** Die dicken, dunkelgrünen Blätter kontrastieren reizvoll mit den farbintensiven Blüten.

**Blüten:** Je nach Sorte sind die Blüten gelb, rot, rosa oder orange. Sie stehen in dichten Dolden zusammen, sodass der Blütenschmuck sehr üppig wirkt.

**Blütezeit:** Das Flammende Käthchen blüht von Januar bis Juli.

**Standort:** Egal ob die Pflanze am hellen, warmen Südfenster oder am dunkleren, kühlen Nordfenster steht, sie gedeiht immer. Es bilden sich nur dann Knospen, wenn sie ab November sechs Wochen lang nicht mehr als neun Stunden Licht bekommt.

**Pflege:** Es reicht dem genügsamen Dickblattgewächs ein- bis zweimal pro Woche mit wenig weichem Wasser gegossen zu werden. Zwischen April und August 14-tägig Flüssigdünger zugeben.

**Vermehrung:** Flammende Käthchen lassen sich durch Stecklinge vermehren. Etwa 10 cm lange Triebspitzen abschneiden, antrocknen lassen und zum Bewurzeln in ein Erde-Sand-Gemisch stecken.

## FLASCHENPFLANZE

*Jatropha podagrica*

**Wuchs:** Der flaschenförmige Körper von bizarrem Wuchs ist bei Jungpflanzen braun, später graubraun und rissig; bis zu 50 cm hoch.

**Blätter:** Die spärlichen, feigenblattähnlichen Blätter sprießen im Frühjahr und fallen im Herbst wieder ab.

**Blüten:** Leuchtend rote, verzweigte Blütenstände sitzen an langen Stielen, die sich im Frühjahr aus der Knolle schieben.

**Blütezeit:** Die Flaschenpflanze blüht von Mai bis Juli.

**Standort:** Sie braucht einen Platz am Südfenster, sollte aber vor greller Mittagssonne so lange geschützt werden, bis die im Frühjahr neu gebildeten Blätter groß genug sind.

**Pflege:** Im Sommer braucht die pflegeleichte Pflanze wenig Wasser; alle drei Wochen düngen. Im Herbst und Winter noch sparsamer gießen, das Düngen einstellen. Ab März Wassergaben steigern, um den Blattaustrieb anzuregen.

**Vermehrung:** Die Vermehrung erfolgt durch Aussaat, Keimung bei 20–25 °C.

**Pflanzendoktor:** Beginnt der Körper zu faulen, wurde die Pflanze zu viel gegossen. Schädlinge treten kaum auf.

## FRAUENHAARFARN

*Adiantum raddianum*

**Wuchs:** Die elegante Pflanze mit den drahtartigen, schwarzbraunen Stielen ist ein sehr dekorativer Blickfang.

**Blätter:** Die leuchtend grünen Wedel des Frauenhaarfarns mit den winzigen, zarten Blättchen sind ein beliebter Schmuck fürs Badezimmer.

**Blüten:** Grünpflanze

**Standort:** Als Regenwaldbewohner steht die Pflanze gern warm, feucht und halbschattig. Die Temperaturen sollten im Sommer bei 20–25 °C liegen, im Winter 10 °C keinesfalls unterschreiten.

**Pflege:** Der Frauenhaarfarn möchte regelmäßig und reichlich gegossen werden. Die Erde sollte einerseits nicht austrocknen, es darf andererseits auch keine Staunässe entstehen. Die Pflanze verträgt nur kalkfreies, temperiertes Wasser. Von Mai bis Ende August wird sie mit einer verdünnten Düngerlösung versorgt. Im Winter wird das Düngen eingestellt und das Gießen reduziert.

**Vermehrung:** Ältere, üppige Pflanzen lassen sich beim Umtopfen relativ problemlos durch Teilung vermehren.

**Zusatzinfo:** Die mehrjährige Pflanze wird auch Venushaar genannt.

Dez–Mär

## GARDENIE
*Gardenia jasminoides*

**Wuchs:** Der schmucke Blütenstrauch kann bis 1,5 m hoch werden.

**Blätter:** Die Pflanze hat glänzend dunkelgrüne Blätter.

**Blüten:** Die Blüten sind cremeweiß und dicht gefüllt und verbreiten einen berauschenden Duft.

**Blütezeit:** Die Gardenie erblüht von Dezember bis März.

**Standort:** Die Gardenie bevorzugt einen hellen, absonnigen Standort und Zimmertemperaturen. Wichtig für das Wohlergehen der Pflanze ist eine hohe Luftfeuchtigkeit von etwa 60 %. Sobald sich Knospen zeigen, stellt man die Pflanze etwas kühler (18 °C). Von Oktober bis Februar ist ein kühler Platz bei Temperaturen von 10–16 °C wünschenswert.

**Pflege:** Von März bis September sollten Sie die Erde stets feucht, aber nicht nass halten. Die Gardenie verträgt nur kalkfreies, temperiertes Gießwasser. Während der Wachstumsphase sollte auch gedüngt werden. Das exotische Gewächs liebt eine hohe Luftfeuchtigkeit. Besprühen Sie die Pflanze häufig, insbesondere in der Zeit der Knospenbildung.

**Vermehrung:** Die Vermehrung erfolgt mit Stecklingen.

Mär–Apr

## GEISSKLEE
*Cytisus*

**Wuchs:** Der mehrjährige Strauch kann im Laufe der Jahre die Höhe von 1 m erreichen.

**Blätter:** Die Pflanze hat viele kleine, gefiederte Blätter an langen Stielen.

**Blüten:** Das leuchtende Gelb der kleinen Blüten kann bei guter Pflege und richtigem Standort bis zu sechs Wochen vorhalten.

**Blütezeit:** Die Blüten schmücken bereits im zeitigen Frühjahr mit ihrer Pracht die Fensterbank.

**Standort:** Der Geißklee sollte während der Blütezeit bei kühlen 12–18 °C stehen. Den Sommer kann die Pflanze an einem leicht schattigen Platz im Zimmer oder im Freien zubringen. Zum Überwintern sollten Sie dem Geißklee einen kühlen Platz bei 6–10 °C zuweisen.

**Pflege:** Während der Blüte und im Sommer möchte die Pflanze reichlich gegossen werden. Von Februar (Beginn des Austriebs) bis Anfang September sollten Sie sie außerdem alle 14 Tage düngen. Nach der Blüte im Frühsommer wird die Pflanze jedes Jahr in frische Erde gesetzt.

**Vermehrung:** Weitere Exemplare des hübschen Blühers erhalten Sie durch Stecklinge.

Apr–Sep

## GERBERA
*Gerbera*

**Wuchs:** Gerbera sind als Topfpflanzen kompakt niedrig wachsend.

**Blätter:** Die dunkelgrünen, geschwungenen Blätter bilden einen reizvollen Kontrast zur Blütenpracht.

**Blüten:** Die großen Strahlenblüten der Gerbera sind von unvergleichlicher Leuchtkraft.

**Blütezeit:** Die Blüten erscheinen von April bis September.

**Standort:** Das Asterngewächs braucht viel Licht und Wärme und verträgt volle Sonne. Im Winter kühl platzieren, aber nicht unter 12 °C.

**Pflege:** Wichtig ist regelmäßiges Gießen mit kalkfreiem Wasser; die Erde nie austrocknen lassen. Von April bis September wöchentlich düngen. Im Winter wenig gießen, nicht mehr düngen. Im Frühjahr wird in Einheitserde umgetopft.

**Vermehrung:** Gerbera können im Februar aus Samen gezogen werden.

**Pflanzendoktor:** Bei der Gerberafäule verfärben sich die Blätter graubraun, bis die Pflanze am Stammansatz und an der Wurzel fault. Ursachen können zu saurer Boden, zu wenig Wärme oder zu viel Dünger sein. Erkrankte Pflanzen müssen sofort weggeworfen werden.

## GEWEIHFARN

*Platycerium alcicorne*

**Wuchs:** Langsam wachsende Pflanze, die ein stattliches Alter erreichen kann.

**Blätter:** Charakteristisch sind die geweihartig verzweigten Blätter und die rundlichen Mantelblätter, die zunächst grün sind und später braun werden.

**Blüten:** Grünpflanze

**Standort:** Der Geweihfarn bevorzugt einen halbschattigen bis schattigen Standort. Vor Sonne muss er geschützt werden. Mit ihrer Wachsschicht auf den Blättern verträgt die Pflanze auch trockene Zimmerluft in beheizten Räumen. Die Temperaturen können 20–22 °C betragen, im Winter sollten sie auf 16–18 °C absinken.

**Pflege:** Mäßig gießen, denn der Geweihfarn braucht weniger Wasser als seine Farnkollegen. Von April bis August alle zwei Wochen düngen. Etwa alle drei Jahre wird das Gewächs umgetopft.

**Vermehrung:** Die kleinen Ableger zwischen den Mantelblättern abtrennen und in flache Töpfe setzen.

**Zusatzinfo:** Optimal ist ein wöchentliches Tauchbad in temperiertem, kalkfreiem Wasser. Die Blätter dürfen dabei nicht nass werden.

## GLANZKÖLBCHEN

*Aphelandra squarrosa*

**Wuchs:** Das Akanthusgewächs wird etwa 30 cm hoch.

**Blätter:** Die charakteristischen großen, dunkelgrünen Blätter haben weiße Blattadern.

**Blüten:** Leuchtend gelbe Blütenähren lassen das Glanzkölbchen besonders attraktiv erscheinen.

**Blütezeit:** Die farbenprächtigen Blüten erscheinen von April bis Dezember. Meist wird die Pflanze nach der Blüte weggeworfen. Wenn das Gewächs jedoch einen geeigneten Winterplatz hat, kann es seine gelbe Blütenpracht erneut entfalten.

**Standort:** Wichtig für das Gedeihen sind ein heller Standort mit hoher Luftfeuchtigkeit und Temperaturen zwischen 18–25 °C, im Winter 10–14 °C. Zur Anregung des Austriebes ab Januar die Temperatur auf 18–20 °C erhöhen.

**Pflege:** Während der Wachstumsphase regelmäßig und reichlich, im Winter sparsam gießen; zusätzlich besprühen und die Blätter ab und zu abwaschen. Einmal pro Woche düngen und im Januar stark zurückschneiden.

**Vermehrung:** Die beim Rückschnitt anfallenden Kopfstecklinge unter Glas bei 25 °C bewurzeln lassen.

## GLOCKENBLUME

*Campanula isophylla*

**Wuchs:** In jungen Jahren wächst die Pflanze buschig und kompakt, mit zunehmendem Alter entwickelt sie lange Triebe und eignet sich dann als Ampelpflanze.

**Blätter:** Die Pflanze hat fast runde bis herzförmige, gestielte Blätter.

**Blüten:** Die kleinen, zarten Blütenglocken blühen je nach Art weiß oder hellblau.

**Blütezeit:** Die Blütezeit dauert von Mai bis September.

**Standort:** Der Wunschplatz der Glockenblume ist hell, luftig und leicht schattig. Förderlich für das Gedeihen ist ein Sommeraufenthalt im Freien. Bereits Anfang September sollte die frostempfindliche Pflanze wieder ins Haus und kann dann gleich ins Winterquartier übersiedeln, bei kühlen Temperaturen von 6–10 °C.

**Pflege:** Im Frühjahr und Sommer sollten Sie die Pflanze reichlich – wenn möglich mit kalkhaltigem Wasser – gießen und alle 14 Tage düngen. Im Winter ist nur so viel zu gießen, dass der Ballen nicht austrocknet.

**Vermehrung:** Sie können die Glockenblume durch Teilung, Aussaat oder Stecklinge vermehren.

## GLORIOSE

*Gloriosa rothschildiana*

**Wuchs:** Die Kletterpflanze wächst aus einer Knolle heran. Die zierlichen Triebe, an denen die Blüten sitzen, werden bis zu 1 m lang, sodass ein Spalier im Blumentopf vonnöten ist.

**Blätter:** Die sattgrünen Blätter bilden einen schönen Kontrast zur Blütenpracht.

**Blüten:** Die feuerroten, gelb geränderten Blüten sind mit den weit zurückgeschlagenen Blütenblättern einer Krone ähnlich.

**Blütezeit:** Die Blüten erscheinen von Juni bis September. Dann stirbt die Pflanze komplett ab; nur die Knolle überwintert.

**Standort:** Das Liliengewächs braucht einen hellen, sonnigen, vor Mittagshitze geschützten Platz. Zum Überwintern einen kühlen Standort bei ca. 10 °C wählen.

**Pflege:** Reichlich gießen und regelmäßig düngen ist vor und während der Blütezeit unerlässlich. Vor dem Überwintern alle welken Blätter abschneiden.

**Vermehrung:** Die Gloriose lässt sich durch kleine Nebenknollen vermehren.

**Zusatzinfo:** Beim Kauf auf eine unbeschädigte Vegetationsspitze am Ende der Knolle achten.

## GLOXINIE

*Sinningia*

**Wuchs:** Die Gloxinie kann bis zu 30 cm groß werden und ist von samtiger Struktur und Leuchtkraft.

**Blätter:** Sattgrüne Blätter bilden einen Kranz, auf dem sich die Blüten erheben.

**Blüten:** Die gekrausten Blütenkelche in Rot- oder Violetttönen treten auch zweifarbig gerändert oder gefleckt auf.

**Blütezeit:** Die Blütezeit dauert von Juni bis August. Im Herbst verliert die Pflanze Blüten und Blätter; überwintert wird nur die Knolle.

**Standort:** Die Gloxinie gedeiht an einem hellen bis halbschattigen Platz bei hoher Luftfeuchtigkeit und Temperaturen zwischen 18–24 °C. Die Knolle im Winter bei 10–15 °C lagern.

**Pflege:** Die Gloxinie braucht viel entkalktes Wasser und wöchentliche Düngung. Nach der Blüte das Gießen reduzieren; die Knolle überwintert trocken. Im Februar in frische Erde setzen, bei 20 °C kann sie neu austreiben.

**Vermehrung:** Gloxinien lassen sich durch Knollen vermehren.

**Pflanzendoktor:** Zu hohe Temperatur und trockene Luft vermeiden, um dem Befall von Thripsen und Spinnmilben vorzubeugen.

## GLÜCKSKLEE

*Oxalis deppei*

**Wuchs:** Der Glücksklee ist eine zierliche Pflanze.

**Blätter:** Charakteristisch für das Glückssymbol sind seine viergeteilten Blätter in hellem Grün mit einem dunklen Fleck in der Mitte.

**Blüten:** Rosafarbene Blüten an langen Stielen schmücken die Glücksbringer.

**Blütezeit:** Die Blütezeit dauert von Oktober bis Dezember.

**Standort:** Glücksklee gedeiht am besten an einem sonnigen Platz. Den Sommer kann die Pflanze auch im Freien verbringen. Vor Frostbeginn sollte sie jedoch wieder zurück ins Haus geholt werden.

**Pflege:** Der Glücksklee ist nicht sonderlich anspruchsvoll. Regelmäßiges Gießen und Düngen während der Blütezeit reichen aus, damit der Glücksbringer seine Wirkung entfalten kann.

**Vermehrung:** Die Vermehrung erfolgt durch Brutzwiebeln im September. Diese müssen eine künstliche Kälteperiode durchmachen, bevor man sie in kleinen, mit Erde bedeckten Töpfchen antreibt.

**Pflanzendoktor:** Steht die Pflanze an einem zu dunklen und warmen Ort, bilden sich weiche Blattstiele mit wenigen Blättern.

## GOLDÄHRE

*Pachystachys lutea*

**Wuchs:** Die Goldähre ist eine buschige Pflanze und erreicht eine Größe von 40 cm.

**Blätter:** Die großen, immergrünen Blätter bilden einen schönen Kontrast zur Blütenpracht.

**Blüten:** Zwischen intensiv gelben Deckblättern, die lange Ähren bilden, treten weiße Blüten hervor; ähnlich der Blüte des Glanzkölbchens.

**Blütezeit:** Die Blütezeit dauert von April bis September.

**Standort:** Die Goldähre braucht viel Licht, Wärme und Sonne. In den Wintermonaten dagegen kühl stellen bei Temperaturen zwischen 12–15 °C.

**Pflege:** Der Wasserbedarf ist im Sommer hoch, im Winter geringer; dann nur so viel gießen, dass die Blätter nicht vertrocknen. Im Frühjahr in lehmig-humose Erde umtopfen und zurückschneiden.

**Vermehrung:** Zur Vermehrung können die beim Rückschnitt anfallenden Triebstecklinge verwendet werden; Bewurzelung bei 25 °C.

**Pflanzendoktor:** Die robuste Goldähre wird nur selten von Krankheiten und Schädlingen befallen, wenn sie am richtigen Platz steht und ihr die richtige Pflege zuteil wird.

## GRÜNLILIE

*Chlorophytum comosum*

**Wuchs:** Die Grünlilie bildet einen dichten Blattschopf und entwickelt an günstigen Standorten 30–60 cm lange Blütenschäfte mit kleinen weißlichen Einzelblüten.

**Blätter:** Die überhängenden schmalen, langen Blätter sind von weißen Streifen durchzogen, die perfekt mit dem zarten Grünton harmonieren.

**Blüten:** Die weißen Blüten bilden sich an langen Trieben.

**Blütezeit:** Die Grünlilie blüht ganzjährig.

**Standort:** Die Grünlilie ist anspruchslos, sie sollte allerdings nicht zu dunkel stehen, sonst verliert sie ihre hübschen Blattstreifen.

**Pflege:** Je nach Raumtemperatur sollte die Grünlilie mehr oder weniger gegossen werden, idealerweise mit kalkarmem Wasser. Diese an sich unempfindliche Pflanze verträgt keine Staunässe. Wenn Sie die aparte Blattpflanze regelmäßig düngen, belohnt sie Sie mit besonders üppigem Wuchs.

**Vermehrung:** Die Vermehrung erfolgt durch Kindel, die am Ende der langen Ausläufertriebe wachsen.

**Pflanzendoktor:** Bei trockener Luft reagiert sie mit braunen Blattspitzen.

## GUMMIBAUM

*Ficus elastica*

**Wuchs:** Die großblättrige Pflanze kann bis zu 2 m hoch werden.

**Blätter:** Der Gummibaum hat glänzende, dunkelgrüne Blätter, die oval und spitzzulaufend sind.

**Blüten:** Grünpflanze

**Standort:** An einem Ost-, West- oder auch Nordfenster fühlt sich die tropische Pflanze wohl. Aus ihrer Heimat an feuchtwarmes Klima gewöhnt bevorzugt die Pflanze eine hohe Luftfeuchtigkeit von über 50 % und normale Zimmertemperaturen, die im Winter nicht über 20 °C steigen sollten.

**Pflege:** Der Gummibaum möchte im Sommer gleichmäßig mit möglichst kalkfreiem Wasser versorgt werden. Alle zwei Wochen sollte man ihn mit einer Düngegabe verwöhnen. Auch regelmäßiges Besprühen ist für das Wohlergehen förderlich. Die großen Blätter müssen gelegentlich entstaubt werden, damit die Pflanze ungehindert atmen kann.

**Vermehrung:** Die übliche Methode der Vermehrung ist das Abmoosen.

**Pflanzendoktor:** Was der Gummibaum nicht mag, ist eine Veränderung des Lichteinfalls – Sie sollten ihn also nicht drehen – und Zugluft.

Jan–Dez

## GUZMANIE

*Guzmania*

**Wuchs:** Die Guzmanie ist mit ihrer ausladenden Blattrosette ebenso breit wie hoch.

**Blätter:** Die Blätter sind rosettenförmig, schlank, sattgrün oder auch gemustert.

**Blüten:** Für einen kräftigen Farbtupfer in einem hellen Ambiente sorgt der gelbrote oder rote Blütenstand, der aus der Mitte der Blätter emporragt.

**Blütezeit:** Die Guzmanie blüht das ganze Jahr über.

**Standort:** Die farbige Schönheit sollte hell, aber absonnig stehen. Temperaturen zwischen 18 und 20 °C sind ideal für die Pflanze. Dem heimatlichen Klima entsprechend sollte auch die Luftfeuchtigkeit sehr hoch sein.

**Pflege:** Gießen und besprühen Sie die Pflanze ausreichend und regelmäßig. In der Rosette sollte immer etwas Wasser stehen. Nur im Winter, wenn sich der Blütenstand bildet, wird das Gießen vorübergehend eingestellt. Flüssigdünger benötigt die Pflanze von Frühjahr bis Herbst alle 2 Wochen, im Winter alle 6 Wochen.

**Vermehrung:** Guzmanien bilden in der Regel Kindel, aus denen sich neue Pflanzen heranziehen lassen.

Aug

## GYNURE

*Gynura acandens*

**Wuchs:** Buschig wachsende Pflanze.

**Blätter:** Ein violetter Schimmer überzieht die Blätter der Gynure und verleiht ihr ein interessantes Aussehen.

**Blüten:** Die Blüten sollten am besten vor dem Öffnen entfernt werden, da sie äußerst unangenehm riechen.

**Blütezeit:** Die Pflanze blüht im August.

**Standort:** Voraussetzung für die aparte Blattfärbung ist ein heller Standort, die Pflanze sollte jedoch vor Mittagshitze geschützt werden. Im Sommer verträgt die Gynure normales Raumklima, das Winterquartier sollte kühler, bei 15–18 °C sein. Auch im Winter ist ein heller Standort wichtig, sonst verliert die Gynure ihre Farbe.

**Pflege:** Die Pflanze braucht sehr viel Wasser, alle drei Wochen Dünger und hohe Luftfeuchtigkeit. Nie auf die Blätter gießen oder sprühen. Im Frühjahr in normale Einheitserde umtopfen.

**Vermehrung:** Die Stecklinge sollten bei einer Bodenwärme von 20–25 °C bewurzeln.

**Zusatzinfo:** Bereits nach zwei Jahren verliert die Pflanze die Farbe ihrer Blätter und wird unansehnlich.

Mär–Jun

## HAWORTHIE

*Haworthia*

**Wuchs:** Diese sukkulente Rosettenstaude ist besonders dekorativ aufgrund ihrer hübschen Blätter.

**Blätter:** Dickfleischig, quer weiß gestreift, am Rand mit Zähnen bewehrt.

**Blüten:** Die Haworthie bildet unscheinbare kleine Blüten.

**Blütezeit:** Die Blüten erscheinen von März bis Juni.

**Standort:** Ideal ist ein heller, absonniger Standort. Im Gegensatz zu vielen anderen Pflanzen bevorzugt die Haworthie trockene Zimmerluft. Die Temperaturen sollten im Sommer um 20 °C betragen, im Winter etwas kühler bei 10–12 °C.

**Pflege:** Das Gewächs benötigt wenig Feuchtigkeit und wird nur gegossen, wenn die Erde angetrocknet ist. „Nasse Füße" verträgt die Sukkulente überhaupt nicht. Von April bis September wird alle vier Wochen gedüngt. Die Pflanze möchte alle zwei Jahre umgetopft werden. Die Haworthie stößt in regelmäßigen Abständen ihre Wurzeln ab, die, wenn Sie sie nicht rechtzeitig umtopfen, im Pflanzgefäß faulen.

**Vermehrung:** Die Vermehrung der Haworthie erfolgt durch Blattstecklinge oder Tochterrosetten.

## HENNE MIT KÜKEN

*Tolmiea menziesii*

**Wuchs:** Die kleine Staude eignet sich sehr gut als Ampelpflanze.

**Blätter:** Am Grund der herzförmigen, frischgrünen Blätter entstehen fertige Tochterpflänzchen. Die Blätter sitzen an langen, schlanken Stielen, die ebenso wie die Blätter mit weichen Haaren bedeckt sind.

**Blüten:** Nur gelegentlich bildet die Pflanze kleine und unscheinbare Blüten.

**Blütezeit:** Die Pflanze blüht im Frühling.

**Standort:** Sie bevorzugt einen leicht schattigen Standort. Die Temperaturen sollten eher kühl sein (ca. 15–18 °C). Sorgen Sie für sehr viel Frischluft.

**Pflege:** Im Sommer sollte die Pflanze reichlich gegossen werden. Wird das Gießen einmal vergessen, können Sie die Pflanze durch ein Tauchbad wieder auf Vordermann bringen. Während der Wachstumsphase sollte alle zwei Wochen gedüngt werden.

**Vermehrung:** Für die Vermehrung werden die Tochterpflanzen abgetrennt.

**Zusatzinfo:** Der Name dieser Zierpflanze (auch Huckepackpflanze oder Kind im Schoß genannt) ist auf die außergewöhnliche Kindelbildung zurückzuführen.

## HERZENSKELCH

*Eucharis*

**Wuchs:** Der Herzenskelch ist ein Zwiebelgewächs, dessen Stiele etwa 30 cm hoch werden; er wird auch als Schnittblume kultiviert.

**Blätter:** An den Stielen sitzen breite, dunkelgrüne Blätter.

**Blüten:** Die anmutigen, narzissenähnlichen, weißen Blüten verströmen einen intensiven Duft.

**Blütezeit:** Die dekorative Pflanze blüht im Juli und August.

**Standort:** Der Herzenskelch sollte hell und sonnig bei 15–20 °C stehen; vor praller Sonneneinstrahlung schützen.

**Pflege:** Das Amaryllisgewächs braucht nur wenig Wasser, hohe Luftfeuchtigkeit und sollte während der Wachstumsphase einmal wöchentlich gedüngt werden. Nach der Blüte sollte man eine einmonatige Ruhepause bei niedrigen Temperaturen einhalten, nicht düngen und kaum gießen. Nach dem Ende der Ruhephase vermehrt gießen und wärmer stellen, damit die Pflanze wieder austreiben kann.

**Vermehrung:** Die Vermehrung erfolgt durch Brutzwiebeln.

**Zusatzinfo:** Bei konstanten Temperaturen kann die Pflanze sogar mehrmals im Jahr blühen.

## HIBISKUS

*Hibiscus*

**Wuchs:** Das Malvengewächs bildet einen breit buschigen Strauch und wächst rasch.

**Blätter:** Glänzende, dunkelgrüne Blätter zieren die Pflanze.

**Blüten:** Die leuchtenden Trompetenblüten können je nach Sorte weiß, gelb, rosa, dunkelrot oder auch zweifarbig sein; halten meist nur einen Tag, werden aber immer wieder nachgebildet.

**Blütezeit:** Die Blütezeit dauert von Februar bis Oktober.

**Standort:** Junge Pflanzen vor allzu greller Sonne schützen, ansonsten sehr warm und hell stellen. Für das Winterquartier einen kühlen Standort bei ca. 12 °C wählen, sonst lässt die Blütenpracht zu wünschen übrig.

**Pflege:** Während der Blüte viel kalkfreies Wasser zuführen, wöchentlich düngen, gelegentlich besprühen bzw. ein Tauchbad gönnen. Im Frühjahr umtopfen: junge Pflanzen jährlich, ältere alle zwei bis drei Jahre.

**Vermehrung:** Der Hibiskus lässt sich durch Stecklinge vermehren.

**Zusatzinfo:** Sobald der Hibiskus Knospen hat, sollte er nicht mehr gedreht werden, da er den veränderten Lichteinfall nicht verträgt.

## HOHLNARBE
*Coelogyne cristata*

**Wuchs:** Mehrjähriges Orchideengewächs von eleganter Erscheinung.

**Blätter:** Die Pflanze hat 15–30 cm lange, schmale, dunkelgrüne Blätter.

**Blüten:** Die weißen Blüten, von denen sich die gelbe Lippe farblich absetzt, erscheinen zu mehreren an langen Stielen.

**Blütezeit:** Die Pflanze blüht von April bis Juli.

**Standort:** Ideal für das Wohlergehen der Orchidee ist ein halbschattiger bis schattiger Standort. Die Pflanze fühlt sich im Sommer auch im Freien wohl. Die Temperaturen sollten im Sommer bei 20 °C liegen und im Winter auf 15 °C absinken. Die Hohlnarbe ist außerdem an eine hohe Luftfeuchtigkeit gewöhnt.

**Pflege:** Wichtig ist regelmäßiges Gießen im Sommer mit kalkfreiem Wasser. Für Luftfeuchtigkeit sorgen Sie durch Besprühen. Nach der Blütezeit sollte die Hohlnarbe in ein Orchideensubstrat umgetopft werden. Es folgt eine Ruhephase von sechs bis acht Wochen, während der sich die Pflanze erholen kann.

**Vermehrung:** Die Vermehrung ist kompliziert und wird deshalb besser dem Fachmann überlassen.

## HORNKLEE
*Lotus*

**Wuchs:** Die zarte Pflanze ist von hängender Wuchsform. Die sich neigenden Stängel sind weiß behaart.

**Blätter:** An den Stängeln sitzen kleine, nadelförmige feine Blätter.

**Blüten:** Drei bis zehn Blüten stehen jeweils in Trauben an der Spitze des Stängels, die Hochblätter an der Basis. Die Schmetterlingsblüten wirken anmutig und exotisch. Sie sind leuchtend gelb, oft mit rötlicher Fahne.

**Blütezeit:** Die Blütezeit dauert von April bis Mai.

**Standort:** Der Schmetterlingsblütler gedeiht an luftigen, hellen, sonnigen Standorten, im Sommer auch auf Balkon oder Terrasse. Während der Wachstumsphase benötigt er normale Raumtemperatur, in der Vegetationspause um 12 °C.

**Pflege:** Dem von März bis September reichlichen Gießwasser wöchentlich Flüssigdünger zugeben. Im Winter nur sparsam gießen, sodass die Pflanze nicht austrocknet; nicht mehr düngen. Nach der Blüte umtopfen.

**Vermehrung:** Der Hornklee lässt sich beim Umtopfen teilen, aber auch durch Stecklinge vermehren: im Herbst abtrennen und bewurzeln.

## IRESINE
*Iresine herbstii*

**Wuchs:** Die Pflanze entwickelt sich in wenigen Monaten zu einem dichten, ca. 30 cm hohen Busch.

**Blätter:** Die braunroten, etwas unebenen Blätter haben violette Blattnerven von enormer Leuchtkraft, die umso intensiver ausfallen, je sonniger die Pflanze steht.

**Blüten:** Grünpflanze

**Standort:** Am wohlsten fühlt sich die Iresine an einem hellen, sonnigen Platz, im Sommer auch gern im Freien. Steht die Pflanze zu schattig, werden die Blätter blass. Überwintert wird die Pflanze an einem hellen Standort bei Temperaturen von 15 °C.

**Pflege:** Die anspruchslose Iresine macht wenig Mühe. Im Sommer möchte sie mäßig mit zimmerwarmem, entkalktem Wasser gegossen und monatlich gedüngt werden. Damit die Iresine eine füllige Wuchsform erhält, sollten Sie sie gelegentlich zurückschneiden.

**Vermehrung:** Sehr dekorativ wirkt auch eine Gruppe mehrerer dieser Pflanzen. Sie können sie problemlos vermehren, indem Sie im Herbst einige Pflanzentriebe abschneiden und diese ins Wasser stellen.

# IXORE

*Ixora*

**Wuchs:** Die buschige Pflanze kann 80–100 cm erreichen.

**Blätter:** Die dunkelgrünen, länglichen, lederartigen Blätter bringen die Blüten optimal zur Geltung.

**Blüten:** Die Dolden blühen in leuchtendem Rot, Gelb oder Orange.

**Blütezeit:** Die tropische Pflanze blüht von Mai bis September.

**Standort:** Sie steht am liebsten in einem Wintergarten. Auch im normalen Wohnraum gedeiht sie bei einer das ganze Jahr über gleichmäßigen Temperatur um 20 °C, hoher Luftfeuchtigkeit, viel Licht und ohne direkte Sonneneinstrahlung.

**Pflege:** Die Ixore darf nur mäßig, im Winter noch weniger gegossen werden (prüfen, ob die Erde schon abgetrocknet ist). Von April bis September wöchentlich düngen; junge Pflanzen jährlich, ältere alle zwei Jahre im Frühjahr in leicht saure Erde umtopfen.

**Vermehrung:** Die Triebspitzenstecklinge bei 25–30 °C Bodenwärme und hoher Luftfeuchtigkeit bewurzeln lassen.

**Pflanzendoktor:** Fallen Blüten und Blätter ab, liegt das an einem Temperaturwechsel oder verändertem Lichteinfall.

# JAKOBINIE

*Jacobinia carnea*

**Wuchs:** Dieses aufrecht wachsende Akanthusgewächs kann eine Höhe von 1 m erreichen.

**Blätter:** Die Pflanze hat große, sattgrüne Blätter, die eiförmig und leicht behaart sind.

**Blüten:** Die großen, dekorativen Blütenstände der Jakobinie weisen eine Farbpalette auf, die von Rosa bis Orange reicht.

**Blütezeit:** Die prächtigen Blüten erscheinen von April bis September.

**Standort:** Die Jakobinie gedeiht am besten an einem hellen, sonnengeschützten Platz, der ihr viel Frischluft und auch eine hohe Luftfeuchtigkeit bietet. Gleichmäßig warme Zimmertemperaturen verträgt sie das ganze Jahr über, auch im Winter mag sie keine Temperaturen unter 18 °C.

**Pflege:** Ihr Wasserbedarf ist recht hoch und wird umso höher, je wärmer sie steht. Düngen Sie die Pflanze von April bis September einmal wöchentlich. Im Frühjahr sollten Sie die Triebe zurückschneiden und die Pflanze umtopfen. Geeignet ist normale Einheitserde.

**Vermehrung:** Die Jakobinie lässt sich durch Stecklinge vermehren.

# JASMIN

*Jasminum officinale*

**Wuchs:** Die langen, dünnen Triebe der schnell wachsenden Kletterpflanze benötigen zum Festhalten eine Rankhilfe.

**Blätter:** An den Trieben sitzen kleine, dunkelgrüne Blätter.

**Blüten:** Aus den weißen, duftenden Sternchenblüten wird das für die Parfümherstellung wichtige Öl gewonnen.

**Blütezeit:** Das Ölbaumgewächs blüht von Juni bis September.

**Standort:** Der grazile Strauch verträgt volle Sonne, im Sommer auch einen windgeschützten Platz auf Balkon oder Terrasse. Der Winterplatz sollte etwa 10 °C kühl und hell sein.

**Pflege:** Zum Gedeihen ist frische Luft, hohe Luftfeuchtigkeit, viel kalkfreies Wasser und 14-tägige Düngung nötig; im Winter weniger gießen. Junge Pflanzen jährlich, ältere alle zwei bis drei Jahre im Frühjahr umtopfen.

**Vermehrung:** Zum Bewurzeln der Stecklinge ist eine Bodentemperatur von ca. 20 °C notwendig.

**Pflanzendoktor:** Pflanzenschutzzäpfchen in der Erde beugen Blattläusen vor.

**Zusatzinfo:** Beim Kauf darauf achten, dass der Jasmin viele Knospen von weißer Farbe hat.

Jun–Aug

## JUDENBART

*Saxifraga stolonifera*

**Wuchs:** Der Judenbart wächst rosettenartig und bildet zahlreiche Ausläufer.

**Blätter:** Je nach Sorte sind die gestielten Blätter einfarbig grün oder haben einen hellrosa Rand, der sich später weiß verfärbt.

**Blüten:** Zarte, weiße Blütenrispen ragen über die Blätter.

**Blütezeit:** Der Judenbart blüht von Juni bis August.

**Standort:** Damit die Blattfärbung nicht verblasst, braucht die Pflanze viel Licht, Luft und keinesfalls pralle Sonne. Überwinterung der grünblättrigen Sorte bei 5–10 °C, der bunten Sorte bei 16–20 °C. Wegen der nach unten hängenden Ausläufer am besten auf einem Regal oder in einer Ampel platzieren.

**Pflege:** Die exotische Pflanze darf weder zu viel noch zu wenig Wasser bekommen; im Frühjahr und Sommer alle zwei Wochen düngen. Im Winter ist die grünblättrige Pflanze kaum, die bunte regelmäßig zu gießen. Im Frühjahr in normale Einheitserde umtopfen.

**Vermehrung:** Die Ausläufer haben oft schon Wurzeln und müssen nur noch abgeschnitten und eingetopft werden.

Aug–Sep

## KAFFEESTRAUCH

*Coffea arabica*

**Wuchs:** Der Strauch wird im Zimmer 1–1,5 m hoch, in seiner Heimat, in Afrika und Asien, erreicht er eine Größe von 6–10 m.

**Blätter:** Die Pflanze hat dunkelgrüne, elliptisch geformte Blätter.

**Blüten:** Die weißen Sternblüten verbreiten einen Wohlgeruch, der an Jasmin erinnert. Die Früchte, die den Blüten folgen, sind leuchtend rot und enthalten je zwei Bohnen, aus denen sich Nachwuchs heranziehen lässt.

**Blütezeit:** Der Strauch blüht im Sommer.

**Standort:** Der Kaffeestrauch sollte hell und luftig stehen. Grelle Sonne und Zugluft verträgt die Pflanze nicht. Die Temperaturen sollten im Sommer bei etwa 20 °C, im Winter bei 12–15 °C liegen.

**Pflege:** Die Pflanze möchte im Sommer reichlich mit weichem Wasser gegossen werden, allerdings mag sie keine „nassen Füße". Gedüngt wird während der Wachstumsphase jede Woche. Die ideale Zeit zum Umtopfen ist das zeitige Frühjahr.

**Vermehrung:** Die Vermehrung erfolgt durch Aussaat. Die Bohnen müssen jedoch ganz frisch sein, damit ihre Keimfähigkeit erhalten bleibt.

Dez–Apr

## KAMELIE

*Camellia sinensis*

**Wuchs:** Der immergrüne Strauch bringt einen Hauch von Fernost in Ihre Wohnung.

**Blätter:** Die elliptischen Blätter sind dunkelgrün glänzend.

**Blüten:** Die Kamelie blüht in Weiß, Rosa oder Rot, mit einfachen oder gefüllten Formen.

**Blütezeit:** Die Pflanze öffnet ihre Blüten bereits, wenn andere Pflanzen noch überwintern.

**Standort:** Die Kamelie bevorzugt einen hellen, absonnigen Standort bei 6–16 °C (z. B. in hellem Treppenhaus, Veranda oder Wintergarten). Temperaturschwankungen, Wechsel von trockener Luft zu hoher Luftfeuchtigkeit und Zugluft bekommen der Pflanze nicht. Wohnraumtemperaturen bis zu 20 °C verträgt die Kamelie nur kurzzeitig zur Blütezeit.

**Pflege:** Die Kamelie möchte mäßig, aber regelmäßig mit abgestandenem Wasser gegossen werden. Während der Blütezeit ist der Wasserbedarf höher. Anfang August werden die Knospen angesetzt, jetzt muss das Gießen eingeschränkt werden. Von Blütenbeginn bis Ende Juli wird wöchentlich gedüngt.

**Vermehrung:** Die Vermehrung erfolgt durch Stecklinge.

Jun–Jul

## KÄNGURUBLUME

*Anigozanthos flavidos*

**Wuchs:** Die exotisch und sehr extravagant wirkende Pflanze ist von zartem, filigranem Wuchs.

**Blätter:** Auffallend grazile, schlanke Blätter sind die Begleiter der farbintensiven Blüten.

**Blüten:** Die wollig behaarten Blüten entfalten ihre Pracht in Gelbgrün und Rot. In ihrer Form sind sie tatsächlich einer Kängurupfote ähnlich.

**Blütezeit:** Die Blütezeit dauert von Juni bis Juli.

**Standort:** Die exotische Schönheit sehr hell, aber vor direkter Sonneneinstrahlung geschützt stellen. Im Sommer fühlt sie sich auch auf Balkon oder Terrasse wohl. Überwinterung bei 10 °C.

**Pflege:** Zur Prachtentfaltung ist reichlich kalkfreies Wasser vonnöten; alle 14 Tage Flüssigdünger zugeben. Während der Ruhephase im Winter nur so viel gießen, dass der Ballen nicht austrocknet. Wenn die Pflanze ein größeres Pflanzgefäß benötigt, topfen Sie sie im Frühjahr in sauer-humoses Erdsubstrat um.

**Vermehrung:** Die Vermehrung erfolgt durch Samen und Kopfstecklinge, die Sie bei 20 °C Bodenwärme bewurzeln lassen.

Jul–Aug

## KANNENPFLANZE

*Nepenthes-Hybriden*

**Wuchs:** Das originelle, insektenfressende Gewächs braucht als Ampelpflanze einen erhöhten Standort, um sich frei entfalten zu können.

**Blätter:** Blickfang sind die zu Kannen umgeformten, herabhängenden, rot leuchtenden Blätter, die Insekten zum Verhängnis werden können.

**Blüten:** Die Blüten der Kannenpflanze sind recht unscheinbar.

**Blütezeit:** Die Blütezeit dauert von Juli bis August.

**Standort:** Die Kannenpflanze möchte ohne direkte Sonneneinstrahlung, aber hell stehen. Voraussetzung für gutes Gedeihen sind hohe Luftfeuchtigkeit und Temperaturen von mindestens 20 °C.

**Pflege:** Die insektenfressende Pflanze liebt das ganze Jahr über eine feuchtwarme Umgebung und will mit viel kalkfreiem Wasser gegossen werden; regelmäßig besprühen und gelegentlich ein Tauchbad vornehmen. Die in den Kannen zersetzten Insekten liefern der Pflanze Nährstoffe; deshalb nur düngen, wenn keine Insekten in die Falle gegangen sind.

**Vermehrung:** Die Vermehrung sollte einem Fachmann überlassen werden.

Mär–Jun

## KANONIERBLUME

*Pilea*

**Wuchs:** Das Nesselgewächs bleibt relativ klein und wird ca. 30 cm hoch.

**Blätter:** Die zart behaarten, samtig weichen Blätter weisen je nach Art unterschiedliche Grüntöne und Blattmuster auf.

**Blüten:** Im Frühjahr bildet die Pflanze kleine unscheinbare Blüten. Sie verschießen einer Kanone gleich ihren Blütenstaub und gaben der Blattschönheit ihren ungewöhnlichen Namen.

**Blütezeit:** Die zarten Blüten erscheinen von März bis Juni.

**Standort:** Die Kanonierblume bevorzugt einen halbschattigen Platz, der dennoch nicht zu dunkel sein sollte, sonst verliert das bunte Laub seine hübsche Färbung. Die Raumtemperaturen sollten konstant sein und auch im Winter nicht unter 12 °C absinken. Die Pflanze liebt Frischluft, verträgt aber keine Zugluft.

**Pflege:** Die Kanonierblume sollte mäßig mit möglichst weichem Wasser versorgt und regelmäßig besprüht werden. Damit die Pflanze schön buschig bleibt, sollte man sie im Frühjahr in Form schneiden.

**Vermehrung:** Die Vermehrung erfolgt durch Stecklinge.

Jan–Mär

## KAP-HYAZINTHE

*Lachenalia*

**Wuchs:** Die mehrjährige Zwiebelpflanze besticht durch ihren hohen, schlanken Wuchs.

**Blätter:** Die Blätter der Kap-Hyazinthe sind leuchtend grün, schmal und hängen meist über.

**Blüten:** An langen, röhrenförmigen Stängeln sitzen kleine, kurzstielige, gelbe Blüten, die jeweils Ähren bzw. Trauben bilden.

**Blütezeit:** Die Blütezeit dauert von Januar bis März.

**Standort:** Hell, sonnig, aber kühl sollte das Liliengewächs stehen. Beginnt die Pflanze zu blühen, sollte die Raumtemperatur ca. 15 °C betragen; ist es wärmer, wird die Blütenpracht von nur kurzer Dauer sein. Nach dem Abblühen zieht die Pflanze ihre Blätter ein, bevor sie sie verliert, dann kann die Temperatur auch höher sein; Ruhepause von Mai bis September bei ca. 13 °C.

**Pflege:** Während der Ruhephase sollte die Pflanze weder gegossen noch gedüngt werden, bis die ersten Triebe im September oder Oktober erscheinen.

**Vermehrung:** Von der Mutterzwiebel abgenommene kleine Seitenzwiebeln werden eingepflanzt und bewurzelt.

## KASTANIENWEIN

*Tetrastigma vionierianum*

**Wuchs:** Für frisches Grün sorgen die Blätter des Kastanienweins, der viel Platz benötigt, denn er wächst bis zu 2 m pro Jahr.

**Blätter:** An langen Trieben bringt er große, glänzende, am Rand grob gesägte Blätter hervor.

**Blüten:** Grünpflanze

**Standort:** Die anspruchslose Pflanze ist unkompliziert. Sie gedeiht an absonnigen bis halbschattigen Standorten. Ideal sind Temperaturen von etwa 18 °C.

**Pflege:** Der Kastanienwein sollte im Frühjahr und Sommer reichlich, im Winter nur wenig gegossen und im Sommer wöchentlich gedüngt werden. Gelegentlich können im Frühjahr die Blätter besprüht werden. Die Pflanzen sollten regelmäßig umgetopft werden.

**Vermehrung:** Durch Augenstecklinge kann die Pflanze vermehrt werden. Dabei wird ein Trieb dicht unter einem Blattansatz – dem Auge – abgetrennt. Die Stecklinge brauchen zum Bewurzeln eine Temperatur von etwa 25 °C.

**Zusatzinfo:** Wird die Pflanze zu groß, sollte sie einen entsprechenden Rückschnitt bekommen. Zudem ist eine Rankhilfe notwendig.

Jul–Aug

## KATZENSCHWANZ

*Acalypha*

**Wuchs:** In der Natur wird der Katzenschwanz bis zu 3 m hoch, als Zimmerpflanze ist er von hängendem Wuchs und ca. 80 cm hoch.

**Blätter:** Die großen, weichen Blätter können einfarbig grün, bunt gemustert oder farbig gerändert auftreten.

**Blüten:** Die bis zu 50 cm langen, weichen Blüten gleichen tatsächlich Katzenschwänzen. Je nach Art blühen sie rot oder weiß.

**Blütezeit:** Die Blütezeit dauert von Juli bis August.

**Standort:** Wichtig ist ein heller, feuchtwarmer Standort ohne direkte Sonneneinstrahlung; ganzjährige Raumtemperatur von mindestens 16 °C.

**Pflege:** Die nicht ganz pflegeleichte Pflanze braucht hohe Luftfeuchtigkeit, sonst ist die Pracht dahin und es droht Schädlingsbefall. Deshalb häufig besprühen, wöchentlich von April bis September düngen und mit viel weichem Wasser gießen. Nach Bedarf im Frühjahr in Einheitserde umtopfen.

**Vermehrung:** Neue Pflanzen gewinnt man aus Stecklingen.

**Zusatzinfo:** Welkende Blüten sofort abschneiden, sonst entsteht ein idealer Nährboden für Krankheiten.

## KENTIA-PALME

*Howeia fosteriana*

**Wuchs:** Die formschöne Pflanze wächst etwa 20 cm im Jahr und kann sehr alt werden.

**Blätter:** Schmale, leuchtend grüne, gleichmäßig gefiederte Blätter.

**Blüten:** Grünpflanze

**Standort:** Die Kentia-Palme gedeiht an schattigen Plätzen, die auch weiter vom Fenster entfernt sein können. Direkte Sonnenbestrahlung verträgt die Pflanze nicht. Sie kann ganzjährig bei normaler Zimmertemperatur gehalten werden. Idealerweise überwintert sie aber bei 14–18 °C.

**Pflege:** Im Sommer gleichmäßig feucht halten. Staunässe unbedingt vermeiden. Von Mai bis August freut sich die Pflanze über eine wöchentliche Düngegabe. Im Winter wird das Gießen eingeschränkt und das Düngen entfällt. Die langsam wachsende Pflanze muss lediglich alle zwei bis drei Jahre in lehmige Einheitserde umgetopft werden.

**Vermehrung:** Die Vermehrung erfolgt durch Aussaat. Damit sie Erfolg hat, muss der Samen sehr frisch sein.

**Zusatzinfo:** Ein gelegentliches Tauchbad ist förderlich für das Gedeihen.

## KIRSCHMYRTE

*Eugenie*

**Wuchs:** Für das aparte Gewächs etwas Platz einplanen, da es in kurzer Zeit eine stattliche Größe erreicht.

**Blätter:** Das Myrtengewächs hat kleine, zart duftende Blättchen.

**Blüten:** Im Frühsommer erscheinen hübsche, büschelartige Blüten mit weichen, abstehenden Staubblättern. Darauf folgen kleine rote Beeren.

**Blütezeit:** Die Blütezeit dauert von April bis Mai.

**Standort:** Die Kirschmyrte gedeiht an einem hellen, sonnigen Platz mit viel frischer Luft; im Sommer auch auf Balkon oder Terrasse. Die Temperatur kann im Sommer mehr als 20 °C, im Winter 8 °C betragen.

**Pflege:** Während des Wachstums reichlich mit kalkfreiem Wasser gießen, alle zehn Tage düngen. In der Winterzeit das Gießen einstellen. Bei Bedarf in humose Einheitserde umtopfen.

**Vermehrung:** Neue Pflanzen gewinnt man aus Stecklingen.

**Pflanzendoktor:** Schildläuse am besten mit einem Messer Stück für Stück abkratzen.

**Zusatzinfo:** Die Kirschmyrte nach der Blüte zurückschneiden, um eine formschöne, buschige Pflanze zu bekommen.

## KLETTERFARN

*Lygodium*

**Wuchs:** Dieses in den Tropen und Subtropen beheimatete Gewächs erklimmt mit seinen zarten Ranken andere Pflanzen oder Stützen und kann Höhen von 2–3 m erreichen.

**Blätter:** Der rankende Wuchs entsteht durch die kontinuierlich weiterwachsenden Spitzen der fein gefiederten Blattwedel.

**Blüten:** Grünpflanze

**Standort:** Der Kletterfarn steht gern an einem halbschattigen, dennoch hellen Platz. Die Pflanze kann das ganze Jahr über am selben Ort bleiben. Auch im Winter fühlt sich das Tropengewächs bei Zimmertemperaturen von 20 °C sehr wohl.

**Pflege:** Der Farn sollte mäßig gegossen und täglich besprüht werden. Verwenden Sie kalkfreies Wasser und benetzen Sie nur die Luft, nicht die Blätter. Während der Wachstumsphase sollte alle 14 Tage gedüngt werden. Die Kletterpflanze tut sich leichter, wenn Sie ihr eine Rankhilfe geben. Im Frühjahr sollten Sie sie umtopfen. Für den Kletterfarn geeignet ist eine sandige Einheitserde.

**Vermehrung:** Überlassen Sie die Vermehrung des Kletterfarns am besten einem Fachmann.

## KLETTERFEIGE

*Ficus pumila*

**Wuchs:** Das Maulbeerbaumgewächs hat Haftwurzeln, mit denen es sich an Wänden oder Stäben emporranken kann.

**Blätter:** Die kleinen, herzförmigen Blätter können einfarbig grün oder weiß gerändert sein, sodass die als Unterbepflanzung von Schalenarrangements beliebte Pflanze auch als Solistin schön ist.

**Blüten:** Grünpflanze

**Standort:** Je nach Art werden unterschiedliche Standorte bevorzugt: Die wärmebedürftige weiß geränderte Art bevorzugt einen hellen und sonnigen Standort, die grünblättrige Art einen halbschattigen Platz. Temperaturschwankungen zwischen 10 °C und 25 °C sind im Sommer kein Problem, im Winter sind 5 °C ideal.

**Pflege:** Die Kletterfeige braucht das ganze Jahr über reichlich kalkarmes Wasser. Im Sommer alle 14 Tage düngen, im Winter alle vier bis sechs Wochen.

**Vermehrung:** Die Vermehrung erfolgt durch Stecklinge.

**Pflanzendoktor:** Bei zu trockener Luft können Spinnmilben, Thripse und Schildläuse auftreten. Steht die Pflanze im Winter zu nass, kann dies Blattfall zur Folge haben.

## KLIMME

*Cissus antarctica*

**Wuchs:** Die immergrüne, in Australien beheimatete Klimme, ist eine anspruchslose Kletterpflanze, die auch für Zimmerpflanzeneinsteiger gut geeignet ist.

**Blätter:** Die Pflanze hat große, sattgrüne, glänzende Blätter, deren Form sich je nach Art unterscheidet. Die populärste Sorte, Cissus antarctica, weist nahezu herzförmige Blätter auf. Daneben gibt es Arten mit dreilappigen Blättern oder bunt gefärbtem Laub.

**Blüten:** Grünpflanze

**Standort:** Die Klimme möchte hell, aber absonnig stehen. Sie gedeiht in normal beheizten Räumen ebenso wie in kühlen Zimmern. Fällt die Temperatur allerdings unter 10 °C, stellt die Kletterpflanze das Wachstum ein.

**Pflege:** Je wärmer der Standort, desto höher ist der Wasserbedarf. Das gilt auch für das Besprühen der Pflanze. Gedüngt werden sollte während der Wachstumsphase alle acht bis 14 Tage.

**Vermehrung:** Zur Vermehrung können Sie im Mai oder September Kopfstecklinge schneiden.

**Zusatzinfo:** Die Ranken der Klimme sind empfindlich, behandeln Sie diese beim Umpflanzen vorsichtig.

## KÖCHERBLÜMCHEN

*Cuphea*

**Wuchs:** Das Köcherblümchen ist ein langsam wachsender Halbstrauch.

**Blätter:** Die länglichen, spitz zulaufenden Blätter bilden einen aparten Hintergrund für die Blütenpracht.

**Blüten:** Die leuchtend roten Blütenröhren sind bis zu 4 cm lang und geben der Pflanze ihren Namen.

**Blütezeit:** Die Blütezeit dauert von Mai bis Oktober.

**Standort:** Im Sommer ist ein heller, nicht zu sonniger Platz bei konstanten Temperaturen ideal. Als Frischluftliebhaber steht die Cuphea im Sommer auch gern auf Balkon oder Terrasse. Das Winterquartier sollte kühl sein, um 12 °C.

**Pflege:** Die Pflanze sollte reichlich gegossen, aber nicht nass gehalten werden. Im Winter sollte das Gießen weitgehend eingestellt werden. Für eine kontinuierliche Farbpracht während der Blühzeit wöchentlich düngen, im Frühjahr in nährstoffreiche Einheitserde umtopfen.

**Vermehrung:** Die Vermehrung durch Stecklinge ist das ganze Jahr möglich, am besten jedoch nach der Blüte im Oktober. Die Jungpflanzen dann mit ins Winterquartier stellen.

Mär–Okt

## KOHLERIE

*Kohleria*

**Wuchs:** Aufrecht wachsende tropische Pflanze.

**Blätter:** Die Blätter sind dunkelgrün und samtig.

**Blüten:** Die fingerhutartigen Blütenglocken sitzen an kurzen Stängeln, sind intensiv rosa und am Saum gesprenkelt.

**Blütezeit:** Die Blüten erscheinen von März bis Oktober.

**Standort:** Die Kohlerie ist nicht ganz einfach im Zimmer zu halten. Sie benötigt einen halbschattigen bis schattigen Standort mit feuchtwarmem Klima. Im Sommer sollten die Temperaturen bei 24 °C liegen, im Winter auf 15–18 °C sinken.

**Pflege:** Im Frühjahr und Sommer die Erde stets feucht halten und wöchentlich düngen. Zum Ende der Blütezeit die Wassergaben reduzieren. In den Wintermonaten wird ebenfalls sparsam gegossen.
Im Frühjahr ist das Umtopfen möglich. Dazu legen Sie die Rhizome in frische Erde und stellen die Pflanze wärmer, damit sie kräftig austreibt.

**Vermehrung:** Beim Umtopfen werden die Rhizome geteilt und Teilstücke 1–2 cm tief in eine humose Erdmischung gelegt. Benutzen Sie eine Folie als Verdunstungsschutz.

## KOKOSPÄLMCHEN

*Microcoelum weddelianum*

**Wuchs:** Das Kokospälmchen hat einen nicht allzu ausladenden Wuchs und ist deshalb gut geeignet für kleinere Räume. Der sich im Laufe der Jahre ausbildende Stamm ist dicht mit braunen Fasern besetzt. Das Kokospälmchen wächst sehr langsam und erreicht erst nach etwa 20 Jahren seine Endgröße von 1,5 m.

**Blätter:** Die Palme hat filigrane Wedel, deren Fiederblättchen eine grauweiße Unterseite haben.

**Blüten:** Grünpflanze

**Standort:** Das Kokospälmchen steht gern hell und absonnig, auch in der dunklen Jahreszeit. Als tropische Pflanze liebt sie das ganze Jahr über gleichmäßige Temperaturen, die nicht unter 18 °C fallen dürfen, und hohe Luftfeuchtigkeit.

**Pflege:** Das Kokospälmchen sollte häufig mit weichem Wasser gegossen werden. Auch zum Besprühen der Pflanze nehmen Sie entkalktes Wasser. Im Winter können Sie das Gießen ein wenig einschränken, nicht jedoch das Besprühen. Von Mai bis Ende August sollten Sie der Pflanze alle 14 Tage Dünger geben.

**Vermehrung:** Die Vermehrung erfolgt durch Samen.

## KOKOSPALME

*Cocos nucifera*

**Wuchs:** Die aus einer Kokosnuss wachsenden echten Kokospalmen erreichen an tropischen Stränden eine gigantische Höhe von 30 m. Im Zimmer ist ihnen aber kein ewiges Leben beschieden, nach drei bis vier Jahren gehen sie ein.

**Blätter:** Die langen, schmalen Blätter sind von einem dekorativen Grün und beleben jeden Wohnraum.

**Blüten:** Grünpflanze

**Standort:** Die Palme sollte das ganze Jahr über bei 18 °C, viel Licht, extrem hoher Luftfeuchtigkeit von 70–80 % und ohne pralle Sonneneinstrahlung platziert werden.

**Pflege:** Um die nötige Luftfeuchtigkeit zu erreichen, sollte die Palme täglich besprüht werden. Von Mai bis September stark gießen, ab Oktober reduzieren. Im Frühjahr und Sommer alle 14 Tage düngen. Alle zwei Jahre umtopfen, wobei die Nuss zur Hälfte aus der Erde schauen muss.

**Vermehrung:** Die Vermehrung ist schwierig und sollte einem professionellen Gärtner überlassen werden.

**Zusatzinfo:** Steht die Palme in einer dunklen Ecke, muss Kunstlicht das fehlende Tageslicht ersetzen.

## KOLBENFADEN
*Aglaonema*

**Wuchs:** Langsam wachsende Pflanze, die Stämmchen bis zu 50 cm Höhe bildet.

**Blätter:** Gemustertes Laub, je nach Art silbergraue, weißgelb gefleckte oder gescheckte Farbnuancen.

**Blüten:** Grünpflanze

**Standort:** Der Kolbenfaden bevorzugt einen halbschattigen oder schattigen Standort bei Temperaturen, die ganzjährig zwischen 18 °C und 24 °C liegen und auch im Winter nicht unter 18 °C fallen sollten. Sonne, Zugluft und Kälte bekommen dem Gewächs nicht.

**Pflege:** Im Sommer reichlich mit temperiertem, kalkarmem Wasser gießen und alle 14 Tage düngen. Zur Erhöhung der Luftfeuchtigkeit das ganze Jahr über häufig Wasser sprühen, jedoch nicht direkt auf die Blätter. Im Winter weniger gießen und einmal im Monat düngen. Zum Umtopfen im Frühjahr normale Einheitserde verwenden.

**Vermehrung:** Der Kolbenfaden lässt sich durch Teilen, durch Stecklinge oder durch Aussaat vermehren.

**Zusatzinfo:** Vorsicht ist geboten, wenn im Haushalt Kinder leben, denn der Kolbenfaden ist in allen Teilen giftig.

## KÖNIGIN DER NACHT
*Selenicereus*

**Wuchs:** Das kletternde Kakteengewächs hat lange, schlanke Triebe.

**Blätter:** Die grünen Triebe haben fünf bis acht Rippen, an deren Kanten 1 cm lange Dornen in kleinen Büscheln sitzen.

**Blüten:** Ihren klangvollen Namen verdankt sie den prachtvollen, bis zu 30 cm großen, orange-weiß gefärbten Blüten, die nur eine Nacht lang blühen: Sie öffnen sich mit Beginn der Nacht, schließen sich vor Morgengrauen. Die roten Früchte sind als Delikatesse geschätzt.

**Blütezeit:** Die Pflanze blüht im Juni und Juli.

**Standort:** Im Sommer sollte die Pflanze vor praller Sonne und Zugluft geschützt, aber warm, hell und luftig stehen. Im Winter hell und kühl bei 12 °C platzieren.

**Pflege:** Reichlich Wasser und einmal im Monat Kakteendünger sind das A und O der Pflege. Während der Winterruhe nur minimal gießen, im Sommer gelegentlich besprühen. Alle zwei Jahre in mit Sand vermischte Einheitserde umtopfen.

**Vermehrung:** Nach drei Wochen Trocknungszeit die Stecklinge zum Bewurzeln in ein stark torfhaltiges Substrat setzen.

## KÖNIGSWEIN
*Cissus rhombifolia*

**Wuchs:** Der Königswein ist eine aparte Kletterpflanze, die bis zu 3 m hoch werden und dabei ein stattliches Alter erreichen kann. Er ist ideal, um eine Wand zu beleben oder einen grünen Raumteiler zu errichten.

**Blätter:** Die dunkelgrünen Blätter sind dreigeteilt und auf der Unterseite rötlich behaart.

**Blüten:** Grünpflanze

**Standort:** Der Königswein fühlt sich im Halbschatten oder auch im Schatten wohl. Das Wärme liebende Gewächs gedeiht das ganze Jahr über bei normalen Zimmertemperaturen. Im Winter sollte die Temperatur keinesfalls unter 8 °C fallen.

**Pflege:** Die Pflanze braucht viel Wasser, verträgt aber keine Staunässe. Alle ein bis zwei Wochen düngen. Im Winter ist das Düngen nur noch in größeren Abständen erforderlich. Wird die Pflanze zu groß, schneiden Sie sie auf das gewünschte Maß zurück. Nach Bedarf wird in lehmighumose Erde umgetopft.

**Vermehrung:** Am einfachsten ist die Vermehrung durch Kopfstecklinge. Schneiden Sie diese am besten zwischen April und Juni.

## KORALLEN-BÄUMCHEN

*Solanum*

**Wuchs:** Das strauchartige Nachtschattengewächs ist mit der Tomate verwandt.

**Blätter:** Die grünen, spitz zulaufenden Blätter kontrastieren mit den hübschen Früchten.

**Blüten:** Die unscheinbaren weißen Blüten bringen aparte Früchte in leuchtendem Rot, Gelb oder Orange hervor.

**Blütezeit:** Die Pflanze blüht im Mai und Juni.

**Standort:** Vollsonnig, hell und luftig sollte der Standort sein, die Temperaturen sollten aber 20 °C nicht überschreiten. Der Platz zum Überwintern sollte hell und kühl sein, zwischen 10 °C und 15 °C.

**Pflege:** In der Vegetationsphase muss das Bäumchen wöchentlich gedüngt und regelmäßig gegossen werden. Während der Ruhepause nur wenig gießen, nicht mehr düngen.

**Vermehrung:** Im März oder April erfolgt die Aussaat. Werden sie gleichmäßig (bei 20 °C) warm und feucht gehalten, keimen die Samen nach ca. drei Wochen; Jungpflanzen in humusreiche Erde setzen.

**Zusatzinfo:** Die Pflanze ist in allen Teilen giftig!

## KORALLENMOOS

*Nertera granadensis*

**Wuchs:** Nicht höher als 10 cm wird das Korallenmoos und bildet einen dichten grünen Teppich.

**Blätter:** Mit seinen kleinen grünen Blättern ähnelt es einem Bubiköpfchen.

**Blüten:** Die unzähligen winzigen Blüten werden im Sommer von hübschen Beerenfrüchten abgelöst.

**Blütezeit:** Die Pflanze blüht im April und Mai.

**Standort:** Während der Blütezeit im Frühjahr ist ein warmer, heller Platz ideal, erscheinen die Beeren, sollte die Pflanze an einem hellen, aber kühlen Platz stehen, damit der Beerenschmuck lange hält; Überwinterung ebenfalls hell, bei etwa 10 °C.

**Pflege:** Zur warmen Jahreszeit regelmäßig, aber nicht zu viel gießen. Niemals von oben auf die Blättchen gießen! Während der Vegetationszeit alle zwei Wochen düngen. Im Winter nicht düngen, wenig gießen. Im Frühjahr in Blumenerde umtopfen.

**Vermehrung:** Die Pflanze lässt sich leicht durch Teilung vermehren, am besten im September.

**Pflanzendoktor:** Alle welken Pflanzenteile stets umgehend entfernen, um Grauschimmel vorzubeugen.

## KORBMARANTE

*Calathea crocata*

**Wuchs:** Stark wachsende Pflanze mit langstieligen Blättern.

**Blätter:** Lebhaft gezeichnete große Blätter mit rötlicher Unterseite.

**Blüten:** Gelborange, kelchförmige Blütenstände.

**Blütezeit:** Die Korbmarante blüht von April bis Juni.

**Standort:** Die Korbmarante bevorzugt einen halbschattigen bis schattigen Standort mit feuchtwarmem Klima. Ideal ist ein Wintergarten, ein Gewächshaus oder ein geschlossenes Blumenfenster. Die Temperaturen sollten im Sommer bei 21 °C und mehr liegen, im Winter nicht unter 18 °C fallen.

**Pflege:** Die Pflanze muss das ganze Jahr über mäßig gegossen und täglich besprüht werden. Sie darf nie auf kaltem Untergrund stehen. Bodenwärme ist für die Korbmarante ebenso unerlässlich wie hohe Luftfeuchtigkeit. Während der Wachstumsphase braucht sie alle 14 Tage, im Winter einmal im Monat eine Portion Dünger. Die optimale Zeit zum Umtopfen ist das Frühjahr. Die Erde sollte humos und durchlässig sein.

**Vermehrung:** Große Exemplare lassen sich beim Umtopfen teilen. Vorsicht mit den empfindlichen Wurzeln.

Jun–Sep

## KRANZSCHLINGE

*Stephanotis floribunda*

**Wuchs:** Die starkwüchsige Rankpflanze braucht viel Raum und Luft. Am besten steht sie als Solitärpflanze.

**Blätter:** Die dunkelgrünen, glänzenden Blätter kontrastieren hübsch mit den hellen Blüten.

**Blüten:** Die Blüten der ausdauernden Blüherin sind schneeweiß und duften.

**Blütezeit:** Die Blütezeit dauert von Juni bis September.

**Standort:** An einem luftigen, hellen, vor praller Sonne geschützten Standort darauf achten, dass die Pflanze nicht gedreht wird. Nach der Blütezeit eine Ruhephase bei 10–15 °C einhalten.

**Pflege:** Im Sommer reichlich mit temperiertem, kalkfreiem Wasser gießen und besprühen. Von April bis September alle 14 Tage düngen. Im Winter nur so viel gießen, dass der Ballen nicht austrocknet. Jährlich in Einheitserde umtopfen.

**Vermehrung:** Im Frühjahr Stecklinge schneiden; Bewurzelung bei 20–25 °C.

**Pflanzendoktor:** Werden junge Blätter gelb, leidet die Pflanze an Chlorose. Deshalb immer mit kalkfreiem Wasser gießen.

Mär–Mai

## KREISFAHNE

*Chorizema*

**Wuchs:** Der langsam wachsende, in Australien beheimatete Kletterstrauch, kann bis zu 1,5 m hoch werden.

**Blätter:** Das dunkle Grün der länglichen, leicht gezähnten Blätter, bietet einen perfekten Hintergrund für die hübschen Blüten.

**Blüten:** Die schmucke Pflanze hat gelb-orange Blütentrauben.

**Blütezeit:** Die Kreisfahne blüht im Frühjahr.

**Standort:** Die Pflanze gedeiht im Halbschatten, direkte Sonne verträgt sie nicht. Wenn sie reichlich frische Luft hat, fühlt sie sich besonders wohl. Ein Platz im Freien ist daher im Sommer eine gute Alternative zum Zimmer. Im Winter steht die Kreisfahne gern kühl bei Temperaturen um 8 °C.

**Pflege:** Die Pflanze sollte während der Sommermonate gleichmäßig gegossen werden, im Winter werden die Wassergaben reduziert. Während der Wachstumsphase sollten Sie die Kreisfahne wöchentlich düngen. Die Pflanze wird alle zwei bis drei Jahre umgetopft. Als Substrat sollten Sie normale Einheitserde verwenden.

**Vermehrung:** Die Vermehrung der Pflanze erfolgt durch Stecklinge.

Apr–Mai

## KREUZKRAUT

*Senecio*

**Wuchs:** Je nach Art gibt es dieses Gewächs als Blatt- oder Stammsukkulente bzw. Kletterpflanze.

**Blätter:** Die Blätter variieren in ihrer Form je nach Sorte von rund bis spitz zulaufend und fallen insbesondere durch ihre interessante silberne Musterung auf.

**Blüten:** Die kleinen, gelben Blüten sind denen des Huflattichs ähnlich und erscheinen erst im zweiten Kulturjahr.

**Blütezeit:** Die Blütezeit dauert von April bis Mai.

**Standort:** Trockene Raumluft und pralle Sonne machen der anspruchslosen Pflanze nichts aus; sie kann das ganze Jahr über im beheizten Raum stehen. Allerdings sollte sie es auch im Winter sehr hell haben.

**Pflege:** Wenig Wasser und einmal im Monat düngen reichen während der Vegetationsphase zum Gedeihen der Pflanze aus. Im Winter kann das Gießen bei ca. 10 °C sogar eingestellt werden. In mit Sand vermischte Einheitserde im Februar oder März umtopfen.

**Vermehrung:** Die Schnittfläche der Stecklinge sollten etwas abtrocknen, bevor sie zum Bewurzeln eingesetzt werden.

## KROTON

*Codiaeum variegatum*

**Wuchs:** Dieser in Malaysia beheimatete Strauch kann bis zu 2 m hoch werden.

**Blätter:** Je nach Sorte zeigen die ledrigen Blätter dekorative goldgelbe, rote, weiße oder braune Streifen- und Tupfenzeichnung. Auch die Blattformen variieren: von großen, eichenblattähnlichen bis hin zu langen, riemenförmigen Blättern reicht die Bandbreite.

**Blüten:** Grünpflanze

**Standort:** Damit die herrliche Blattfärbung nicht verblasst, muss die Pflanze sehr hell stehen. Direkte Sonneneinstrahlung verträgt das Gewächs nicht. Zum Wohlergehen des Kroton trägt auch eine gleichmäßige Zimmertemperatur bei, die nie unter 18 °C fallen sollte.

**Pflege:** Während der Vegetationsphase sollte die Pflanze reichlich gegossen und einmal wöchentlich gedüngt werden. Zusätzlich zum Gießen sollte man die tropische Pflanze regelmäßig besprühen und ein gelegentliches Tauchbad vornehmen. Verwenden Sie stets kalkfreies, temperiertes Wasser.

**Vermehrung:** Weitere Exemplare dieser schmucken Pflanze können Sie aus Stecklingen heranziehen.

## KUSSMÄULCHEN

*Hypocyrta glabra*

**Wuchs:** Das Kussmäulchen hat eine kriechende oder kletternde Wuchsform und eignet sich für höhere Standorte oder als Ampelpflanze.

**Blätter:** Die Pflanze hat kleine, fleischige, dunkelgrün glänzende, eiförmige Blätter.

**Blüten:** Die roten oder orangefarbenen Blüten erinnern an Lampions. Sie sitzen über die Pflanze verstreut in den Blattachseln.

**Blütezeit:** Die zarten Blüten erscheinen im Hochsommer.

**Standort:** Die schmucke Pflanze bevorzugt einen hellen, warmen, absonnigen Standort. Im Sommer sollten die Temperaturen um 18 °C liegen, im Winter idealerweise auf 10–14 °C absinken. Die an feuchtwarmes Klima gewöhnte Pflanze schätzt hohe Luftfeuchtigkeit.

**Pflege:** In den Sommermonaten wird die Pflanze regelmäßig gegossen, besprüht und gedüngt. Im Winter wird das Gießen eingeschränkt und das Düngen ganz eingestellt. Die beste Zeit für das Umtopfen ist das Frühjahr. Als Substrat verwenden Sie leicht saure, humose Erde.

**Vermehrung:** Die Vermehrung erfolgt durch Stecklinge.

## LAELIE

*Laelia*

**Wuchs:** Die Laelie wächst in ihrer südamerikanischen Heimat auf Bäumen oder Steinen.

**Blätter:** Die Pflanze besitzt je Trieb nur ein längliches, starres Blatt.

**Blüten:** Die farbintensiven Blüten bezaubern in Rot, Gelb, Orange, Weiß oder Violett. Die länglichen Blütenblätter sitzen einzeln oder zu mehreren an einem Stiel, der aus einer Blütenscheide hervortritt.

**Blütezeit:** An der Blütenpracht kann man sich das ganze Jahr erfreuen.

**Standort:** Je nach Art bevorzugt das Orchideengewächs einen sonnigen bis halbschattigen, hellen Platz. Voraussetzung für gutes Gedeihen ist eine gleichmäßige Temperatur: im Sommer 18–35 °C, im Winter 15 °C.

**Pflege:** Während der Blütezeit ist die Laelie mit abgestandenem Wasser zu gießen und wöchentlich mit Orchideendünger zu versorgen. In der Ruhephase sollte sie hell und trocken stehen. Zum gelegentlichen Umtopfen Orchideensubstrat verwenden.

**Vermehrung:** Da die Vermehrung anspruchsvoll ist, sollte sie einem Fachmann überlassen werden.

Mai–Okt

## LANZENROSETTE

*Aechmea*

**Wuchs:** Die etwas steife Lanzenrosette wächst als Epiphyt ebenso wie im Topf.

**Blätter:** Die Blätter sind graugrün und weiß gefleckt.

**Blüten:** Die Blüte hat rosaviolette, rote oder orange Blütenstände.

**Blütezeit:** Wie alle Bromeliengewächse blüht sie nur einmal, von Mai bis Oktober, und geht dann ein.

**Standort:** Ein heller, vor praller Sonne geschützter Platz mit gleichbleibenden Temperaturen von 18–20 °C ist ideal.

**Pflege:** Mit zimmerwarmem, weichem Wasser mäßig gießen. In der Blattrosette sollte immer Wasser stehen. Besprühen sorgt für hohe Luftfeuchtigkeit. Während der Blütezeit wöchentlich düngen.

**Vermehrung:** Stirbt die Pflanze ab, bilden sich am Fuß der Blattrosette „Kindel". Halb so groß wie die Mutterpflanze werden sie abgenommen und eingepflanzt; Blüte nach zwei bis drei Jahren.

**Zusatzinfo:** Blüht die Pflanze nicht, den Topf zusammen mit reifen Äpfeln in eine Plastiktüte stecken. Die Blütenbildung wird durch das von den Äpfeln produzierte Ethylengas eingeleitet.

Jul–Aug

## LEBENDE STEINE

*Lithops*

**Wuchs:** Die Sukkulenten sehen Steinen zum Verwechseln ähnlich. Sie bestehen aus zwei bis auf einen Spalt in der Mitte verwachsenen, dickfleischigen Blättern.

**Blätter:** Die Blattoberfläche kann einfarbig sein oder auch kunstvolle Musterungen aufweisen.

**Blüten:** Die strahlenförmigen Blüten erscheinen in Weiß und Gelb.

**Blütezeit:** Die Blütezeit dauert von Juli bis August.

**Standort:** Für die Wüstenpflanzen ist ein Südfenster im Sommer der ideale Platz. Während der Ruhephase im Winter empfiehlt sich ein heller, kühler Standort.

**Pflege:** Selbst im Sommer benötigen sie kaum Wasser. Im Winter kann man das Gießen vollständig einstellen. In sehr durchlässiger, humusarmer Erde gedeihen die kleinen Sukkulenten am besten.

**Vermehrung:** Eine Sammlung an Lebenden Steinen ist eine schöne Dekoration für die Fensterbank. Sie lassen sich ganz einfach aus Samen heranziehen.

**Zusatzinfo:** Sollte man das Gießen einmal längere Zeit vergessen, schrumpfen die Steine zum Schutz vor dem Vertrocknen.

Mai–Okt

## LEUCHTERBLUME

*Ceropegia woodii*

**Wuchs:** Als Ampelpflanze braucht sie einen erhöhten Platz, um ihre fadendünnen, hängenden Stängel frei entfalten zu können; am besten frei hängen lassen.

**Blätter:** An den langen Stängeln sitzen kleine, marmorierte Blätter.

**Blüten:** Die lampionähnlichen, fleischfarbenen Blüten verleihen ein fernöstliches Flair.

**Blütezeit:** Die Blütezeit dauert von Mai bis Oktober.

**Standort:** Sie gedeiht in der Sonne ebenso wie im Halbschatten, egal ob bei hoher oder niedriger Temperatur.

**Pflege:** Von April bis Oktober ein- bis zweimal gießen, wöchentlich mäßig düngen. Ab November das Gießen reduzieren und das Düngen einstellen. Nach der Ruhezeit im März zurückschneiden, in mit Sand gemischte Blumenerde umtopfen.

**Vermehrung:** Nach dem Abtrennen der Triebstecklinge die Schnittfläche einige Tage abtrocknen lassen; zum Bewurzeln in ein sandiges Substrat setzen.

**Zusatzinfo:** Zu viel Wasser lässt die Wurzeln faulen. Deshalb den Topf mit einer Dränageschicht aus Kies ausstatten, damit überschüssiges Wasser ablaufen kann.

Apr–Mai

## LOBIVIE

*Lobivia*

**Wuchs:** Lobivien gibt es als kleine kugelige oder längliche Gewächse.

**Blätter:** Am Kakteenkörper sitzen entweder sehr dichte, feine oder harte Dornen.

**Blüten:** Die hübschen, farbintensiven Blüten können weiß, gelb oder rot sein.

**Blütezeit:** Das Kakteengewächs blüht von April bis Mai.

**Standort:** Zum Gedeihen bevorzugt die Lobivie Sonne, Wärme, trockene und viel frische Luft. Von Mai bis September kann sie ein sonniges, vor Zugluft geschütztes Plätzchen auf Balkon oder Terrasse einnehmen. Das Winterquartier sollte hell und kühl um 7 °C sein: Ideal ist ein Südfenster in einem unbeheizten Raum.

**Pflege:** Während der Blüte- und Wachstumszeit braucht sie ausreichend Wasser und eine wöchentliche Gabe Kakteendünger. Staunässe jedoch unbedingt vermeiden! Im kühlen Winter kann das Gießen eingestellt werden. Die Einhaltung einer strengen Winterruhe wird mit kräftigem Wachstum und reicher Blüte belohnt.

**Vermehrung:** Weitere Exemplare können aus Samen oder Seitensprossen gezogen werden.

Apr–Aug

## LOSBAUM

*Clerodendrum thomosoniae*

**Wuchs:** Aufgrund seiner Ausmaße steht der Blüher am besten allein. An Kletterhilfen rankt er sich bis zu 4 m in die Höhe. Es gibt aber auch buschig gezüchtete Exemplare.

**Blätter:** Die dunkelgrünen Blätter bilden einen schönen Kontrast zu den Blüten.

**Blüten:** Scharlachrote Blütenkronen sind von schneeweißen, aufgeplusterten Kelchen umgeben.

**Blütezeit:** Von April bis August dauert die Blütezeit.

**Standort:** Im Sommer steht der Losbaum hell und luftig, ohne pralle Sonne, im Winter bei 10–15 °C. Im Winter verliert der Baum teilweise Blätter; im Frühling, nach dem Zurückschneiden und an einem warmen, hellen Standort, entfaltet er seine Pracht aufs Neue.

**Pflege:** Im Sommer ist die Pflanze reichlich zu gießen und alle 14 Tage zu düngen. Im Winter das Düngen einstellen, die Wasserzufuhr reduzieren.

**Vermehrung:** Die Vermehrung kann durch Stecklinge oder Samen im März erfolgen.

**Zusatzinfo:** Für üppiges Gedeihen ist der deutliche Temperaturunterschied zwischen Sommer- und Winterquartier entscheidend.

## MADAGASKARPALME

*Pachypodium lamerei*

**Wuchs:** Die zierliche Madagaskarpalme ist am Stamm mit spitzen Dornen bewehrt. Sie gleicht daher eher einem Kaktus als einer Palme.

**Blätter:** Am Stamm wächst ein Schopf sattgrüner, lanzettförmiger Blätter.

**Blüten:** Grünpflanze

**Standort:** Diese Sukkulente kann problemlos das ganze Jahr über im Zimmer stehen und muss nicht vom Sommer- ins Winterquartier wechseln. Günstig für das Wohlbefinden ist ein heller und warmer Standort. Die Temperaturen dürfen nicht unter 16 °C fallen, können jedoch ruhig auf 30 °C klettern. Auch oder gerade über einem Heizkörper fühlt sich die Pflanze, die Bodenwärme liebt, wohl.

**Pflege:** Die Pflanze sollte gleichmäßig gegossen und in der Wachstumsphase alle 14 Tage gedüngt werden.

**Vermehrung:** Weitere Exemplare der zierlichen Sukkulente erhalten Sie durch Aussaat, die im Frühjahr erfolgen sollte.

**Pflanzendoktor:** Wenn die Pflanze plötzlich ihre Blätter abzuwerfen beginnt, sollten Sie sie eine Zeit lang weniger gießen und kühler stellen.

Jan–Dez

## MALAIENBLUME

*Phalaenopsis*

**Wuchs:** Die Orchidee hat einen kurzen Stiel, der von vier bis fünf Blättern umgeben ist.

**Blätter:** Die Blätter sind groß, breit und dunkelgrün glänzend.

**Blüten:** Die weißen und rosa Blüten sitzen auf Stielen, die den unteren Blattachseln entspringen.

**Blütezeit:** Bei guter Pflege kann sie zweimal jährlich ohne Ruhezeit Blüten treiben.

**Standort:** Die Malaienblume ist eine anpassungsfähige Pflanze, die sich auch mit beheizten, trockenen Räumen arrangieren kann. Sie möchte an einem hellen, halbschattigen Platz stehen. Zu Winterbeginn sollten Sie ihr ein kühleres Quartier (ca. 16 °C) zuweisen.

**Pflege:** Halten Sie die Malaienblume gleichmäßig feucht und vermeiden Sie Staunässe. Im Sommer tut es der Pflanze gut, wenn sie indirekt besprüht wird. Verwenden Sie nach Möglichkeit Regenwasser. Im Sommer sollten Sie regelmäßig einmal pro Woche düngen. Das Gewächs möchte möglichst selten umgetopft werden.

**Vermehrung:** Die Vermehrung ist kompliziert und sollte einem Fachmann überlassen werden.

## MARANTE

*Maranta*

**Wuchs:** Diese immergrüne Pflanze kann eine Höhe von 30 cm erreichen.

**Blätter:** Die Blätter dieser Pflanze sind auffällig gezeichnet, z. B. smaragdgrün, dunkel gefleckt oder mit roten Seitenadern.

**Blüten:** Grünpflanze

**Standort:** Wichtig für das Wohlergehen ist ein gleichmäßig warmer, heller, absonniger Standort. Die Temperaturen sollten kontinuierlich bei 18–20 °C liegen. Auf kalte Füße reagiert die empfindliche Marante allergisch. Auch trockene Luft verkraftet sie nicht, ebenso wenig einen Platz nahe der Heizung.

**Pflege:** Während der Sommermonate möchte das Tropengewächs reichlich, im Winter nur mäßig gegossen werden. Für die notwendige hohe Luftfeuchtigkeit sollten Sie durch Besprühen der Pflanze oder Aufstellen von Wasserschalen sorgen. Von März bis September freut sich die Marante über wöchentliches Düngen. Beim Umtopfen verwenden Sie humose, durchlässige Erde unter Zugabe von Styromull.

**Vermehrung:** Vermehren lässt sich die Pflanze durch Teilung oder durch Kopfstecklinge.

Mai–Jul

## MEDINILLE

*Medinilla magnifica*

**Wuchs:** Der Strauch wird bis zu 2 m hoch, die Blüten können 60 cm lang werden.

**Blätter:** Die dreirippigen, hellgrünen Blätter sind von ausladendem Wuchs.

**Blüten:** Die hängenden, rosafarbenen Blüten tragen bis zu 100 Einzelblüten. Diese werden von hellrosa Tragblättern überdeckt, die sich wochenlang halten.

**Blütezeit:** Die rosa Blütenpracht erscheint von Mai bis Juli.

**Standort:** Die Pflanze braucht viel Platz und möchte hell und luftig stehen; während der Vegetationszeit bei normaler Zimmertemperatur. Zum Überwintern an einen kühlen, hellen Ort stellen.

**Pflege:** Im Sommer braucht die Medinille viel Wasser und ein wöchentliches Tauchbad. Für gutes Gedeihen täglich besprühen, wöchentlich düngen. Frühestens alle zwei Jahre in Einheitserde mit Fasertorf umtopfen.

**Vermehrung:** Bei hoher Luftfeuchtigkeit ist im März und April die Vermehrung durch Abmoosen möglich.

**Pflanzendoktor:** Bilden sich keine Blüten, kann das an einer zu warmen Überwinterung liegen.

## MELONENKAKTUS

*Melocactus*

**Wuchs:** Der Melonenkaktus ist von kompaktem, kugeligem Wuchs. Typisch ist das sogenannte Cephalium, ein mützenförmiger Aufsatz auf dem Körper ausgewachsener Kakteen.

**Blätter:** Die eindrucksvollen Dornen sind spitz wie Nadeln und haben im Sonnenlicht einen warmen Goldschimmer.

**Blüten:** Auf dem Cephalium erscheinen erst nach sechs bis acht Jahren zierliche, farbenprächtige Blüten.

**Blütezeit:** Der Melonenkaktus blüht das ganze Jahr über.

**Standort:** Der Kaktus ist nicht ganz einfach zu kultivieren. Für sein gutes Gedeihen müssen alle Rahmenbedingungen stimmen. Dazu gehören ein warmer, heller, vor praller Sonne geschützter Standort im Sommer und ab September ein helles, ca. 9 °C kühles Winterquartier.

**Pflege:** Das Kaktusgewächs kommt mit sehr wenig Wasser aus: Im Sommer kaum, im Winter gar nicht gießen. Am besten mit kalkarmem Wasser besprühen. In spezielle sandhaltige Kakteenerde umtopfen.

**Vermehrung:** Die Vermehrung ist schwierig und sollte dem Profi überlassen werden.

## MICROLEPIE

*Microlepia speluncae*

**Wuchs:** Eine rasch wachsende, grazile Farnpflanze.

**Blätter:** Die gefiederten, stark gezackten, weichen Blattwedel sind von einem unvergleichlichen, leuchtenden Grün.

**Blüten:** Grünpflanze

**Standort:** Der Farn bevorzugt einen halbschattigen bis schattigen Standort. Das Raumklima sollte möglichst feuchtwarm sein. Trockene Luft bekommt der Microlepie nicht. Im Sommer verträgt sie die üblichen Zimmertemperaturen, im Winter sollte die Temperatur etwas sinken, jedoch nicht unter 15 °C.

**Pflege:** Voraussetzung für gutes Gedeihen ist, dass die Pflanze ganzjährig gleichmäßig feucht steht. Sie darf weder zu nass noch zu trocken gehalten werden, Staunässe unbedingt vermeiden! Besprühen Sie den Farn häufig, damit er nicht an zu trockener Luft leidet. Während der Wachstumszeit möchte die Microlepie alle zwei Wochen gedüngt werden. Umgetopft wird nach Bedarf in Einheitserde, der Sie Torf und Sand zusetzen.

**Vermehrung:** Sorgen Sie für Nachwuchs, indem Sie die Sporen aussäen oder die Pflanze teilen.

## MIMOSE

*Mimosa pudica*

**Wuchs:** Der kleine Halbstrauch ist von zierlichem Wuchs.

**Blätter:** Die zarten, fiedrigen Blätter klappen bei der geringsten Berührung fächerartig zusammen; nach wenigen Minuten richten sie sich wieder auf.

**Blüten:** Die Blüten sind kleine, duftige Kugeln aus rosafarbenen Staubfäden.

**Blütezeit:** Die Mimose blüht im Juli und August.

**Standort:** Die sensible Pflanze reagiert nicht nur auf Berührung: Bei Zugluft und Rauch fällt sie in sich zusammen und geht ein. Der ideale Sommerstandort muss deshalb zugluftfrei, hell, warm und von hoher Luftfeuchtigkeit sein, das Winterquartier sollte feucht, aber ca. 18 °C kühl sein.

**Pflege:** In einem kleinen Pflanzengefäß wird die Mimose mäßig feucht gehalten. In zu großen Töpfen kann die Erde versauern und dem empfindlichen Pflänzchen schaden.

**Vermehrung:** Jeweils drei bis fünf Samen in einen Topf mit lockerer, leichter Erdmischung setzen. Bei 20 – 25 °C erscheinen nach zwei bis drei Wochen die ersten Pflänzchen, die in einzelne Töpfe gepflanzt werden.

## MISTELFEIGE
*Ficus deltoidea*

**Wuchs:** Die zierliche, strauchartige Pflanze wächst rasch zu einem Bäumchen heran, das sich durch hübsche Proportionen und einen schlanken Wuchs auszeichnet.

**Blätter:** An den grazilen Zweigen sitzen kleine, dunkelgrüne Blättchen, die durch ihre ungewöhnliche Form auffallen.

**Blüten:** Grünpflanze

**Standort:** Die fernöstliche Pflanze liebt das ganze Jahr über gleichbleibende Temperaturen, die auch im Winter nicht unter 18 °C fallen sollten. Ideal ist ein heller,absonniger Standort, an dem es nicht zieht. Trockene Zimmerluft kann der Blattschönheit nichts anhaben.

**Pflege:** Die Pflanze benötigt eine gleichmäßige Bodenfeuchte, ohne dass es zu Staunässe kommt. Vor jedem erneuten Gießen sollten Sie sich vergewissern, dass die Erde angetrocknet ist. Die hübschen Blättchen grünen noch üppiger, wenn Sie sie gelegentlich mit einem feuchten Tuch abwischen. Die richtige Zeit zum Umtopfen ist das Frühjahr.

**Vermehrung:** Im Frühjahr kann die Pflanze durch Kopf- oder Triebstecklinge vermehrt werden.

## MOOSKRAUT
*Selaginella*

**Wuchs:** Krautige Pflanze, die sich bei Trockenheit zusammenrollt.

**Blätter:** Die feinen Fiederblättchen leuchten intensiv grün.

**Blüten:** Grünpflanze

**Standort:** Das Mooskraut gedeiht an einem halbschattigen bis schattigen Platz. Wichtig ist frische und feuchte Luft, wie die Pflanze es aus ihrer tropischen Heimat gewöhnt ist. Temperaturen um 18 °C sind ideal, im Winter nicht unter 15 °C.

**Pflege:** Gleichmäßig feucht möchte das Kraut das ganze Jahr über stehen, ohne jedoch nasse Füße zu bekommen. Steht die Pflanze zu trocken, reagiert sie mit braunen Blattspitzen. Gießen Sie zu viel des Guten, beginnt sie zu faulen. Während der Wachstumsphase sollte alle 14 Tage gedüngt werden. Die richtige Zeit zum Umtopfen ist das Frühjahr. Als Substrat eignet sich sandighumose Erde.

**Vermehrung:** Üppige Exemplare können Sie durch Teilen vermehren. Die andere Möglichkeit besteht darin, Triebe, die bereits bewurzelt sind, von der Mutterpflanze abzutrennen und extra einzutopfen.

## NEOPORTERIE
*Neoporteria*

**Wuchs:** Die Pflanze hat einen säulenförmigen bis kugeligen Körper.

**Blätter:** Die langen Dornen sitzen büschelweise auf dem Kaktus.

**Blüten:** Der Kaktus hat große, farbintensive Blüten in Rosatönen oder Weiß.

**Blütezeit:** Je nach Sorte blüht er im Frühjahr und Frühsommer bzw. im Herbst und Winter.

**Standort:** Wie alle Kakteen bevorzugt die Neoporterie im Sommer einen vollsonnigen, luftigen Standort. Auch im Freien fühlt sie sich wohl, wenn man ihr einen windgeschützten Platz zuweist. Den Winter möchte sie an einem hellen, kühlen Platz bei Temperaturen um die 5 °C verbringen.

**Pflege:** Der stachelige Wüstenbewohner sollte im Sommer einmal pro Woche mit nicht zu hartem Wasser gegossen und alle 14 Tage mit einem speziellen Kakteendünger verwöhnt werden. Umgetopft werden Kakteen in der Regel alle zwei Jahre in spezielle Kakteenerde. Die beste Umtopfzeit ist das Frühjahr.

**Vermehrung:** Die Vermehrung erfolgt durch Aussaat von Samen im Frühjahr. Zur Keimung benötigen die Samen viel Wärme.

## NEOREGELIE

*Neoregelia*

**Wuchs:** Die stammlose Pflanze hat zwölf bis 15 Blätter.

**Blätter:** Die glänzend grünen, rosa überhauchten, weiß gestreiften Blätter wachsen rosettenförmig. Die in der Mitte entspringenden Herzblätter der Rosette sind leuchtend rot.

**Blüten:** In die Blattrosette eingesenkt befindet sich die violette Blüte.

**Blütezeit:** Die Blüte erscheint im Sommer.

**Standort:** Für die Blattfärbung ist ein heller, nicht zu sonniger Standort ideal. Im Sommer gedeiht die Pflanze bei normaler Zimmertemperatur, im Winter sollte es ein kühler Platz mit etwa 15 °C sein.

**Pflege:** Im Sommer ist die regelmäßige Versorgung mit weichem Wasser wichtig. In der Zisterne, der Vertiefung in der Mitte der Blattrosette, sollte stets Wasser stehen. Im Winter ausschließlich in die Zisterne und mäßig gießen.

**Vermehrung:** Die Kindel werden vorsichtig mit einem Messer abgetrennt und eingepflanzt.

**Zusatzinfo:** Im Sommer wird das Wasser in der Zisterne alle zwei Wochen abgeschüttet und erneuert, damit es nicht fault.

## NESTFARN

*Asplenium nidus*

**Wuchs:** Die üppig grünende Blattpflanze hat einen trichterförmigen Wuchs. Ihre Wedel können bis zu 45 cm lang werden.

**Blätter:** Anstelle gefiederter Wedel mit feinen Blättchen weist die Pflanze breite, hellgrün glänzende, an den Rändern leicht gewellte, in Rosettenform wachsende Blätter auf. Mit zunehmendem Alter wächst die Rosette immer schöner und gleichmäßiger.

**Blüten:** Grünpflanze

**Standort:** Der Farn schätzt einen halbschattigen, warmen Platz mit hoher Luftfeuchtigkeit. Die üblichen Zimmertemperaturen sind für die Pflanze ideal und sollten auch im Winter nicht unter 18 °C fallen. Wechseln Sie den einmal gefundenen Standort möglichst nicht.

**Pflege:** Die Pflanze braucht im Sommer reichlich Wasser. Auch ein gelegentliches Tauchbad bekommt ihr gut. Das Wasser sollte abgestanden und kalkfrei sein. Von April bis Ende August sollten Sie alle zwei Wochen düngen.

**Vermehrung:** Der Nestfarn lässt sich durch Aussaat der Sporen vermehren, die an der Unterseite der Blätter sitzen.

## NESTROSETTE

*Nidularium*

**Wuchs:** Die Pflanze kann bis zu 20 cm hoch und 40 cm breit werden.

**Blätter:** Die dunkelgrünen, hochglänzenden Blätter mit den gezahnten Rändern sind in einer flachen Rosette um rote Herzblätter angeordnet.

**Blüten:** Die Herzblätter umschließen die blauvioletten Blütenstände.

**Blütezeit:** Das Ananasgewächs blüht in den Sommermonaten.

**Standort:** Die Nestrosette bevorzugt einen luftigen, hellen, sonnigen oder halbschattigen Standort. Starke Sonneneinstrahlung und trockene Luft sind zu vermeiden. Der einmal gewählte Platz sollte das ganze Jahr über nicht gewechselt werden. Die ideale Raumtemperatur beträgt etwa 20 °C.

**Pflege:** Gießen Sie die Pflanze mit kalkfreiem, zimmerwarmem Wasser und düngen Sie sie im Sommer einmal wöchentlich. Gießen Sie so viel, dass in der Blattrosette etwas Wasser stehen bleibt. Im Winter sollte die Blattrosette wasserfrei sein, damit das Wasser nicht zu faulen beginnt.

**Vermehrung:** Die Vermehrung ist etwas kompliziert und sollte dem Fachmann überlassen bleiben.

## ORANGENBLUME

*Choisya*

**Wuchs:** Die Orangenblume ist ein kleiner Strauch von zierlichem Wuchs.

**Blätter:** Die sattgrünen, lanzettförmigen Blätter haben eine lederartige Oberfläche und verströmen beim Zerreiben einen verführerischen Zitrusduft.

**Blüten:** Auch die hübschen weißen Dolden duften intensiv nach Orangen.

**Blütezeit:** Die Blüten erfreuen von Mai bis Juni.

**Standort:** Der ideale Standort ist ein sonniger, luftiger Platz. In den Sommermonaten sollten die Temperaturen bei 20 °C liegen, im Winter bei 5 °C.

**Pflege:** Voraussetzung für gutes Gedeihen in der warmen Jahreszeit ist regelmäßiges und reichliches Gießen mit kalkhaltigem Wasser. Einmal im Monat düngen. Im Winter nur sparsam gießen und das Düngen ganz einstellen. Februar ist die beste Zeit zum Umtopfen; dazu Einheitserde verwenden.

**Vermehrung:** Die Orangenblume wird durch Stecklinge vermehrt, die im Frühjahr geschnitten werden. Am besten eignen sich etwas härtere, leicht abgetrocknete Stecklinge, um sie bei Zimmertemperatur bewurzeln zu lassen.

## OSTERKAKTUS

*Rhipsalidopsis x graeseri*

**Wuchs:** Der kleine Kakteenbusch besteht aus blattähnlichen, hängenden Gliedern, deren Spitzen Blüten zieren.

**Blätter:** Der Kaktus hat ovale, flache Glieder.

**Blüten:** Der Osterkaktus erblüht leuchtend rot bis violett.

**Blütezeit:** Die Blüten erscheinen um die Osterzeit und geben der Pflanze ihren Namen.

**Standort:** Der richtige Standort ist ein heller, absonniger Platz bei frischer Luft und Temperaturen zwischen 15 und 20 °C. Das Winterquartier sollte zwischen 10 und 15 °C aufweisen. Die Temperaturabsenkung ist Voraussetzung für die Knospenbildung und für eine reiche Blütenpracht im nächsten Jahr.

**Pflege:** Während der Blüte und in der Wachstumsphase von August bis November benötigt die Pflanze reichlich Wasser und Dünger. Dazwischen sollten Sie ihr eine Ruhepause gönnen und sie nur minimal gießen. Topfen Sie die Pflanze nach Bedarf in lockere, durchlässige Einheitserde um. Die richtige Zeit zum Umtopfen ist nach der Blüte.

**Vermehrung:** Die Vermehrung erfolgt durch Stecklinge.

## PACHIRA

*Pachira aquatica*

**Wuchs:** Das dekorative Bäumchen hat eine buschige Krone und wird häufig mit einem besonders attraktiven geflochtenen Stamm angeboten, der als Wasserspeicher dient.

**Blätter:** Die dunkelgrünen, ledrigen Blätter sind handförmig in bis zu neun Fiederblättchen geteilt.

**Blüten:** Grünpflanze

**Standort:** Die exotische Pflanze liebt Licht, aber keine pralle Sonne. Während der Mittagshitze schattieren.

**Pflege:** Das Gewächs sollte regelmäßig, aber nicht zu reichlich gegossen werden. Zwischen den Gießvorgängen die Erde abtrocknen lassen. Von Mai bis August alle zwei Wochen düngen. Im Winter wenig gießen, da die Pachira Trockenheit besser als Staunässe verträgt. Wichtig ist vor allem im Winter eine Befeuchtung der Luft um die Pflanze mit einem Wassersprüher.

**Vermehrung:** Die beim Rückschnitt anfallenden Triebspitzen werden zum Bewurzeln in Erde gesetzt. Die Vermehrung ist auch durch Aussaat möglich.

**Zusatzinfo:** Das exotische, in Mittel- und Südamerika beheimatete Gewächs wird auch Glückskastanie genannt.

## PALMFARN

*Cycas revolta*

**Wuchs:** Der Palmfarn ist von ausladendem Wuchs. Langsam in großen Rosetten wachsend entwickelt er erst nach Jahren einen beschuppten Stamm. Zwar sieht er einer Palme sehr ähnlich, gehört aber zur Familie der Palmfarngewächse.

**Blätter:** Die gefiederten Blätter sind hart und ledrig – ein Zeichen, dass er trockene Luft verträgt.

**Blüten:** Grünpflanze

**Standort:** Der ideale Standort ist hell, sonnig, aber vor praller Sonne geschützt. Der Palmfarn verträgt auch Halbschatten. Im Winter sollte er etwas kühler stehen, aber auch beheizte Räume sind kein Problem.

**Pflege:** Der pflegeleichte Farn möchte es im Sommer mäßig feucht, im Winter eher trocken. Für üppige, sattgrüne Wedel nur im Sommer wöchentlich düngen. Alle zwei bis drei Jahre in humose, durchlässige Erde umtopfen.

**Vermehrung:** Die Vermehrung durch Samen ist sehr langwierig. Bevor er in die Erde gesetzt wird, muss er einen Tag in warmem Wasser weichen. Keimung bei 30–35 °C Bodenwärme und hoher Luftfeuchtigkeit. Erst nach Monaten zeigt sich eine Keimspitze.

Jan–Mai

## PANTOFFELBLUME

*Calceolaria-Hybriden*

**Wuchs:** Das einjährige Gewächs mit seinen zahlreichen großen Blättern und den auffälligen Blüten sorgt im Frühjahr für Aufsehen.

**Blätter:** Die Pflanze hat leicht behaarte, fleischige Blätter.

**Blüten:** Die Blüten haben eine zu einem breiten Schuh aufgeblasene Unterlippe, die ihnen ein pantoffelartiges Aussehen verleiht. Sie erscheinen in vielen Farben: Gelb, Orange (z. B. 'Cinderella Orange Töne', siehe Foto), Braun und Rot, einfarbig, gefleckt oder auch getigert.

**Blütezeit:** Die Blütezeit dauert von Januar bis Mai.

**Standort:** Die Pantoffelblume bevorzugt einen hellen, halbschattigen, kühlen Standort. Zu warme Plätze verkürzen die Blühdauer. Auch zu trockene Luft macht der Pflanze zu schaffen und verkürzt die ohnehin kurze Lebensdauer.

**Pflege:** Da über die großen Blätter viel Wasser verdunstet, sollte man reichlich gießen. Staunässe ist jedoch zu vermeiden. Um die Blütenpracht und deren Leuchtkraft zu unterstützen, wird während der Blütezeit alle zehn Tage gedüngt.

**Vermehrung:** Die Pflanzen werden aus Samen gezogen.

Jan–Dez

## PARODIE

*Parodia*

**Wuchs:** Die ideale Anfängerpflanze, wenn Sie unter die Zimmergärtner gehen wollen, ist dieses kleine Kakteengewächs.

**Blätter:** Die anspruchslose Pflanze ist an ihrem kugeligen Körper über und über mit Dornen besetzt.

**Blüten:** Die Blüten, die ohne großen Pflegeaufwand erscheinen, sind leuchtend rot oder von goldgelber Tönung.

**Blütezeit:** Die Blüten erfreuen das ganze Jahr über.

**Standort:** Die Parodie bevorzugt einen warmen, vollsonnigen und luftigen Platz. Die Pflanze steht den Sommer über auch gern im Freien, allerdings an einer windgeschützten Stelle. Das Winterquartier sollte Temperaturen von 5–10 °C nicht übersteigen.

**Pflege:** Das Kakteengewächs benötigt selbst im Sommer nur wenig Wasser und kann im Winter ganz trocken stehen. Einmal pro Woche können Sie es im Sommer mit speziellem Kakteendünger verwöhnen. Alle zwei bis drei Jahre möchte die Pflanze umgetopft werden. Verwenden Sie dazu Kakteenerde.

**Vermehrung:** Die Vermehrung ist nicht ganz einfach und daher dem Fachmann zu überlassen.

Apr–Okt

## PASSIONSBLUME

*Passiflora caerulea*

**Wuchs:** Die Passionsblume hat dünne Triebe und bildet Ranken, die um einen Drahtbogen oder an einem Spalier klettern können.

**Blätter:** Sattgrüne, drei- bis siebenlappige Blätter bilden den Hintergrund der Blüten.

**Blüten:** Absoluter Blickfang sind die kurzlebigen Blüten mit reinweißen Blütenblättern und leuchtend blauem Strahlenkranz.

**Blütezeit:** Die Blütezeit dauert von April bis Oktober.

**Standort:** Die Passionsblume gedeiht an einem hellen, sonnigen, luftigen Platz, wenn möglich von Mai bis September auf Balkon oder Terrasse. Überwinterung bei 4–6 °C in einem hellen, gut gelüfteten Raum.

**Pflege:** In der Vegetationsphase mit viel kalkarmem Wasser gießen, wöchentlich düngen. Im Winter das Düngen einstellen, sparsam gießen; die Ruhezeit ist wichtig für eine reiche Blüte. Regelmäßig im Frühjahr in humose Erde umtopfen.

**Vermehrung:** Die Vermehrung erfolgt durch Kopfstecklinge oder Samen.

**Zusatzinfo:** Ist die Pflanze frisch umgetopft, nur mäßig gießen und noch nicht in die pralle Sonne stellen.

Sep–Mär

## PAVONIE

*Pavonia multiflora*

**Wuchs:** Der Strauch ist von sparrigem, wenig verzweigtem Wuchs.

**Blätter:** Das Laub ist sattgrün mit drei- bis siebenlappigen Blättern.

**Blüten:** Die dekorativen dunkelroten Kelche öffnen sich leider nicht im Raum: Das rotblaue Blüteninnere mit langen Staubgefäßen bleibt unsichtbar.

**Blütezeit:** Von Herbst bis Frühjahr sind die Blüten schöne Farbtupfer.

**Standort:** Im Sommer ist ein heller, sonniger Standort mit hoher Luftfeuchtigkeit ideal. Die Pavonie kann das ganze Jahr über bei ca. 20 °C stehen; besser ist es, sie überwintert bei 15 °C.

**Pflege:** Die Winterschönheit ist stets feucht zu halten; alle 14 Tage düngen. Bei Bedarf im Frühjahr nach der Blüte in saures Substrat umtopfen, zurückschneiden.

**Vermehrung:** Abgeschnittene Triebspitzen mit Bewurzelungspräparat behandeln; bei 25–30 °C Bodenwärme bewurzeln lassen.

**Pflanzendoktor:** Wird die Pavonie im Sommer nicht vor direkter Sonneneinstrahlung geschützt, bekommt sie „Sonnenbrand“, braune, scharf begrenzte Blattflecken.

Apr–Mai

## PEITSCHENKAKTUS

*Aporocactus*

**Wuchs:** Der stark verzweigte Epiphyt wächst in seiner mexikanischen Heimat kriechend oder hängend; im Zimmer als Ampelgewächs bestens geeignet.

**Blätter:** Die rundlichen, langen Triebe sind mit starken Dornen besetzt.

**Blüten:** Leuchtend violette Blüten zieren den Peitschenkaktus.

**Blütezeit:** Die Blütezeit dauert von April bis Mai.

**Standort:** Viel Licht und Wärme lässt den Kaktus gedeihen, vor Zugluft und praller Sonne muss er aber geschützt werden. Während der Ruhepause im Winter sollte die Temperatur an einem hellen Platz nicht mehr als 10 °C betragen.

**Pflege:** Während der Wachstumsphase im Sommer sollte mäßig gegossen und alle 14 Tage Kakteendünger gegeben werden. Sobald Knospen sichtbar sind, darf der Standort nicht mehr gewechselt werden, sonst kommt es zum Blütenfall. Im Winter nur wenig gießen und nicht mehr düngen. In Kakteenerde mit hohem Torfanteil umtopfen.

**Vermehrung:** Stecklinge abtrennen und zum Bewurzeln einsetzen, nachdem die Schnittstelle etwas abgetrocknet ist.

## PENTAS

*Pentas lanceolata*

**Wuchs:** Beim Kauf meist klein und gedrungen, wird die Pentas bis zu einem halben Meter hoch.

**Blätter:** Die großen, länglich-ovalen, sattgrünen Blätter sind behaart.

**Blüten:** Hellrosa bis karminrote (z. B. 'Graffiti® Red Lace', siehe Foto) Sternblüten stehen in 6–8 cm großen Trugdolden.

**Blütezeit:** Die Pentas blüht von September bis Januar.

**Standort:** Sie gedeiht an einem hellen, gleichmäßig warmen und luftigen Standort.

**Pflege:** Vor der Blüte mäßig gießen – die Oberfläche sollte vor jedem Gießen abgetrocknet sein –, während der Blüte reichlich, danach sparsamer gießen. Wöchentliches Düngen fördert die Blütenbildung. In humusreiches Erdsubstrat umtopfen.

**Vermehrung:** Stecklinge bei einer Bodentemperatur von 20–25 °C bewurzeln.

**Pflanzendoktor:** Ursache für vergilbte, herunterhängende Blätter ist zu viel Feuchtigkeit. Beim nächsten Umtopfen eine dicke Drainageschicht in den Topf geben.

**Zusatzinfo:** Bei regelmäßigem Schnitt der Spitzen werden Jungpflanzen buschiger.

## PFEFFER

*Piper*

**Wuchs:** Die attraktive Kletterpflanze, von der es in den Tropen rund 700 verschiedene Arten gibt, kann grün- oder buntblättrig sein.

**Blätter:** Die Blätter der Pfeffergewächse sind ledrig und dunkelgrün: Exemplare mit bunten Blättern sind anspruchsvoller, die grünblättrigen dagegen pflegeleicht.

**Blüten:** Grünpflanze

**Standort:** Zur Erhaltung der Blattzeichnung benötigen die buntblättrigen Exemplare einen sehr hellen Platz. Der grünblättrige Pfeffer gedeiht auch im Halbschatten. Im Sommer sollte die Raumtemperatur 20 °C betragen. Im Winter liegt die ideale Temperatur für grünblättrige Exemplare bei 12 °C, für buntblättrige bei 16 °C.

**Pflege:** Dem Pfeffer bekommt nur gefiltertes, temperiertes Wasser – im Sommer viel, im Winter weniger. Alle 14 Tage ist eine Düngegabe wünschenswert.

**Vermehrung:** Zwischen März und Juni Kopf- oder Triebstecklinge mit zwei Augen abschneiden und bei einer Bodentemperatur von 20–25 °C am besten in einem kleinen Gewächshaus bewurzeln lassen.

## PFEILWURZ

*Maranta leuconeura*

**Wuchs:** Die exotische Pflanze bildet lange Triebe und kann auch an einem kurzen Stab gezogen werden.

**Blätter:** Je nach Art variieren die Blattmuster und -farben von breitelliptisch und smaragd- oder dunkelgrün über braun gefleckt bis hin zu Blättern mit roten Seitenadern.

**Blüten:** Grünpflanze

**Standort:** Der Pfeilwurz möchte, im Gegensatz zu vielen anderen buntblättrigen Pflanzen, im Halbschatten stehen. Außerdem benötigt er ein feuchtwarmes Klima. Die Pflanze verträgt es gut, wenn sie das ganze Jahr über im Wohnzimmer steht, vorausgesetzt Sie sorgen beständig für hohe Luftfeuchtigkeit.

**Pflege:** Gießen Sie die Pflanze im Sommer reichlich, im Winter sparsam mit temperiertem, kalkfreiem Wasser. Von April bis Ende August sollte alle 14 Tage gedüngt werden. Entscheidend für das Wachstum ist eine Bodenwärme von 20 °C und eine hohe Luftfeuchtigkeit, die Sie durch regelmäßiges indirektes Besprühen erreichen.

**Vermehrung:** Die Pflanze kann durch Teilung oder Stecklinge vermehrt werden.

Jul–Aug

## PUNKTBLUME

*Hypoestes*

**Wuchs:** Der Strauch ist eine ausgesprochene Blattschönheit, der mit hübschen Pünktchenmustern aufwartet.

**Blätter:** Die Blätter weisen die unterschiedlichsten Farbvariationen auf: grüne Blätter mit rosa Tupfen, rosa Blätter mit grünen Tupfen, weiße Blätter mit grünem Muster oder dunkelviolette Blätter mit grünen Punkten.

**Blüten:** Die kleinen rosa Blüten sitzen in den Blattachseln.

**Blütezeit:** Die relativ unscheinbaren Blüten erscheinen im Hochsommer.

**Standort:** Die Pflanze bevorzugt einen hellen, luftigen, absonnigen Platz. Dieser sollte nicht zu schattig sein, sonst vergrünen die Blätter. Die Punktblume kann das ganze Jahr über bei normalen Zimmertemperaturen stehen.

**Pflege:** Gießen und besprühen Sie die Punktblume das ganze Jahr über regelmäßig. Hierfür sollten Sie weiches, temperiertes Wasser verwenden. Von April bis Mitte September sollten Sie die Pflanze düngen. Bringen Sie sie durch regelmäßigen Rückschnitt in Form.

**Vermehrung:** Die Pflanze wird durch Stecklinge vermehrt.

## RHOEO

*Rhoeo*

**Wuchs:** Das Laub dieser Blattpflanze wächst aus einem kurzen Spross und erreicht eine Länge von etwa 30 cm.

**Blätter:** Während die Blattoberseite mit einem satten Grün aufwartet, das von hellen Längsstreifen durchzogen ist, überrascht die Unterseite mit einer tiefen, dunkelvioletten Färbung, ebenfalls durchsetzt mit aparten hellen Streifen.

**Blüten:** Grünpflanze

**Standort:** Ideal ist ein heller, absonniger Platz. Im Sommer schätzt die Pflanze normale Zimmertemperaturen, im Winter sollte sie an einen kühleren Platz wechseln (ca. 15 °C).

**Pflege:** Halten Sie die Pflanze mäßig feucht und verwenden Sie hierfür temperiertes, weiches Wasser. Während der Wachstumsphase schätzt das Gewächs eine wöchentliche Düngegabe, die im Winter auf einmal in drei Wochen reduziert wird. Auch das Gießen sollte im Winter eingeschränkt werden. Zum Umtopfen in ein eher flaches Gefäß mit Einheitserde warten Sie das Frühjahr ab.

**Vermehrung:** Rhoeo lässt sich durch Kopfstecklinge, Seitentriebe oder Samen vermehren.

Dez–Apr

## RITTERSTERN

*Hippeastrum vittatum*

**Wuchs:** Je nach Zwiebelgröße ein oder zwei Blütenschäfte mit je vier Blüten.

**Blätter:** Die Blätter sind lang und schwertförmig.

**Blüten:** Die oftmals auch als Amaryllis bezeichnete Pflanze hat Trompetenkelchblüten in Weiß, (Wein-)Rot oder Rosa, die bis zu drei Wochen blühen.

**Blütezeit:** Sie blüht vom Winter bis zum Frühjahr.

**Standort:** Einen hellen, aber vor praller Sonne geschützten Fensterplatz wählen; während der Ruhezeit auch dunklerer Standort möglich.

**Pflege:** Ab September allmählich das Gießen einstellen, während der achtwöchigen Ruhezeit ab Oktober nur so viel gießen, dass sie nicht austrocknet. Umtopfen, bevor die Zwiebel im Winter austreibt.

**Vermehrung:** Beim Umtopfen können kleine, an der Zwiebel gebildete Brutzwiebeln abgetrennt und eingepflanzt werden.

**Pflanzendoktor:** Um der Pilzkrankheit Roter Brenner vorzubeugen, die Zwiebel beim Einpflanzen zu zwei Dritteln aus der Erde ragen lassen.

Apr–Sep

## RUHMESBLUME

*Clianthus*

**Wuchs:** Der einjährige, in Neuseeland beheimatete Kletterstrauch wächst äußerst langsam. Eine Rankhilfe gibt ihm Halt.

**Blätter:** Die Ruhmesblume hat gefiederte Blätter.

**Blüten:** Mit ihren außergewöhnlichen Blüten ist die Ruhmesblume ein Blickfang auf der Fensterbank. Die bizarre Form der hängenden, weißen, rosafarbenen oder roten Blütentrauben gleicht einem Papageienschnabel.

**Blütezeit:** Die Blüten erscheinen von April bis September.

**Standort:** Die Ruhmesblume sollte an einem hellen, sonnigen, luftigen und vor Mittagshitze geschützten Platz stehen. Ideal ist die milde Morgen- bzw. Abendsonne. Im Sommer sollte die Raumtemperatur konstant sein, im Winter bei 5 °C liegen.

**Pflege:** Das ganze Jahr über sollte die Pflanze sparsam gegossen werden. Während der Sommermonate wöchentlich düngen, damit die Blume üppig blüht.

**Vermehrung:** Die Ruhmesblume lässt sich durch Aussaat im Frühjahr vermehren. Alternativ können Stecklinge geschnitten und zum Bewurzeln in die Erde gesetzt werden.

Jul–Aug

## SAUERKLEE

*Oxalis regnellii*

**Wuchs:** Grazile Pflanze mit zarten Blättchen.

**Blätter:** Es gibt grünblättrige Arten, aber auch solche mit purpurnen Blättern. Abends oder bei schlechtem Wetter klappen die Blätter nach unten und nehmen eine „Schlafposition" ein.

**Blüten:** Je nach Art grazile, weiße oder rosa Glockenblüten.

**Blütezeit:** Die Pflanze blüht im Juli und August.

**Standort:** Der Sauerklee sollte halbschattig, feucht, kühl und frei von Zugluft stehen. Am besten geben Sie ihm einen Platz in einem ungeheizten Raum, etwa dem Schlafzimmer, oder in einem zugluftfreien Hausflur.

**Pflege:** Im Frühjahr und Sommer braucht die Pflanze reichlich Wasser. Im Herbst werden die Knollen zum Überwintern ausgetopft und an einem kühlen, trockenen Platz im Keller gelagert. Im Frühjahr werden die Knollen angetrieben und ziehen dann an einen hellen, wärmeren Standort um.

**Vermehrung:** Die Vermehrung des Sauerklees erfolgt durch Brutknöllchen, die die Pflanze während der Sommermonate in der Regel reichlich entwickelt.

Jul–Sep

## SÄULENKAKTUS

*Cereus*

**Wuchs:** Die säulenförmigen Körper wirken wie grüne Skulpturen. Die ausgewachsenen Exemplare können gewaltige Höhen von 15–20 m erreichen.

**Blätter:** Der Säulenkaktus ist mit teilweise kräftigen Dornen bewehrt.

**Blüten:** Die trichterförmigen, weiß oder rosa gefärbten Blüten können acht bis 30 cm groß werden, haben in ihrer Mitte viele Staubgefäße und einen langen Griffel. Herrlich duftend blühen sie nur eine Nacht. Fallen die Blütenblätter ab, bleibt der Griffel auf dem Fruchtknoten stehen. Die fleischigen Früchte können teilweise Apfelsinengröße erreichen und sind bei vielen Arten essbar.

**Blütezeit:** Die Blütezeit dauert von Juli bis September.

**Standort:** Der Kaktus sollte im Sommer sonnig und warm stehen, im Winter bei 6–10 °C und leicht feuchter Luft.

**Pflege:** Im Sommer braucht die schnell wachsende Pflanze reichlich Wasser, einmal pro Woche Kakteendünger. Im Winter kann der Säulenkaktus nahezu trocken stehen.

**Vermehrung:** Die Vermehrung erfolgt durch Seitentriebe oder durch Aussaat.

# SAUMFARN

*Pteris*

**Wuchs:** Eine üppig wachsende, elegante Zimmerpflanze.

**Blätter:** Je nach Art hängende Fiederblättchen, dreieckige Wedel oder doppelt bis dreifach gefiederte Wedel mit einem breiten Silberstreifen.

**Blüten:** Grünpflanze

**Standort:** Saumfarne bevorzugen warme, halbschattige Standorte mit hoher Luftfeuchtigkeit und ohne Zugluft. Grüne Arten vertragen Schatten und Wintertemperaturen um 10 °C. Buntblättrige Arten benötigen mehr Licht und im Winter mindestens 16 °C.

**Pflege:** Gießen Sie im Sommer reichlich mit temperiertem weichem Wasser. Für eine hohe Luftfeuchtigkeit sollten Sie durch häufiges Besprühen sorgen. Einmal wöchentlich düngen. Im Winterquartier das Gießen einschränken und das Düngen einstellen. Im Frühjahr nach Bedarf in mit Torf gemischte Einheitserde umpflanzen.

**Vermehrung:** Üppige Pflanzen können Sie beim Umtopfen teilen.

**Zusatzinfo:** Der Name leitet sich von den Sporen ab, die sich in dicken braunen Streifen an den Blattsäumen entlangziehen.

# SCHAMBLUME

*Aeschynanthus*

**Wuchs:** Die Schamblume ist eine immergrüne Hängepflanze. Die als Zimmerpflanze am häufigsten vorkommende Art Aeschynanthus speciosus wächst aufrecht.

**Blätter:** Dunkelgrüne, lederartige Blätter bilden einen schönen Kontrast zu den Blüten.

**Blüten:** Am Ende der herabhängenden Triebe sitzen einzeln oder in Gruppen lange, rote oder gelb-rote Röhrenblüten mit weit herausragenden Staubgefäßen.

**Blütezeit:** Die Blütezeit dauert von April bis August.

**Standort:** Der Platz sollte ganzjährig 18–20 °C warm und hell bis halbschattig und von hoher Luftfeuchtigkeit sein; ab Februar zur Blütenentwicklung vorübergehend bei 12–14 °C stellen.

**Pflege:** Sie verträgt nur temperiertes, kalkfreies Wasser; mäßig gießen, regelmäßig besprühen. Für eine reiche Blüte wöchentlich düngen. Im Frühjahr oder nach der Blüte in leichte Erde umtopfen. Eine dicke Dränageschicht beugt Wurzelfäulnis vor.

**Vermehrung:** Im Februar 10 cm lange Stecklinge schneiden und zum Bewurzeln in Torfmull mit Sand setzen; Bodenwärme von 25–30 °C.

# SCHATTENRÖHRE

*Episcia*

**Wuchs:** Anmutige Pflanze mit langen Trieben.

**Blätter:** Je nach Art sind die Blätter grün oder auch bronzefarben mit hellen oder dunklen Blattadern.

**Blüten:** Auch die Blüten sind je nach Art unterschiedlich gefärbt: rot, weiß oder auch blau.

**Blütezeit:** Die Schattenröhre blüht von April bis August.

**Standort:** Die Schattenröhre bevorzugt einen halbschattigen Platz mit hoher Luftfeuchtigkeit und ohne Zugluft. Die Temperaturen sollten das ganze Jahr über konstant sein und im Winter nicht unter 16 °C fallen.

**Pflege:** In den Sommermonaten gleichmäßig feucht halten und alle 14 Tage düngen. Verwenden Sie zum Gießen zimmerwarmes, kalkfreies Wasser. Im Winter nicht mehr düngen und kaum noch gießen. Wenn nötig, im März in humose Erde umtopfen.

**Vermehrung:** Zur Vermehrung Triebspitzen, Blattstecklinge oder Ausläufer abtrennen und einpflanzen.

**Pflanzendoktor:** Um die nötige Luftfeuchtigkeit zu erreichen, z. B. einen elektrischen Luftbefeuchter verwenden. Keinesfalls die Blätter besprühen!

## SCHEFFLERE

*Schefflera*

**Wuchs:** Dieser baumartige, verholzte Strauch, auch Strahlenaralie genannt, wächst in wenigen Jahren zu einem stattlichen Exemplar heran.

**Blätter:** Die handförmigen Blätter mit drei bis neun Fiedern sitzen auf langen Stielen. Sie sind dunkelgrün und glänzen wie mit Lack beschichtet. Reizvoll sind die Sorten mit panaschierten (weißgrünen oder gelbgrünen) Blättern oder feinen, hellen Blatträndern.

**Blüten:** Grünpflanze

**Standort:** Vor allem die buntblättrigen Sorten bevorzugen helle und luftige, aber absonnige Standorte. Im Sommer steht die Pflanze auch gern im Freien an einem luftigen, sonnengeschützten Platz. Im Winter ist ein kühles Quartier mit 13–16 °C ideal.

**Pflege:** Wichtig für gutes Gedeihen ist reichliches Gießen im Frühjahr und Sommer und 14-tägiges Düngen. Ideal ist zimmerwarmes, kalkfreies Gießwasser.

**Vermehrung:** Stecklinge bilden nur schwer Wurzeln – behandeln Sie die Stecklinge vor dem Eintopfen deshalb mit einem Bewurzelungspräparat. Die Alternative ist die Vermehrung aus Samen.

## SCHIEFTELLER

*Achimenes grandiflora*

**Wuchs:** Buschige Sommerpflanze, die im Herbst Blüten und Blätter verliert.

**Blätter:** Grüne, auf der Unterseite rötliche Blätter.

**Blüten:** Tellerförmige Blüten in Rot- und Blautönen, in Weiß und Orange. Sie sitzen etwas schief in den Blattachseln, daher der ungewöhnliche Name.

**Blütezeit:** Der Schiefteller blüht von Juni bis Oktober.

**Standort:** Die Pflanze möchte einen halbschattigen Standort und verträgt die üblichen Zimmertemperaturen. Auch im Winter sollten die Temperaturen höchstens 2–3 °C niedriger liegen.

**Pflege:** Im Sommer gleichmäßig mit temperiertem, entkalktem Wasser gießen. Alle 14 Tage düngen. Nach der Blüte, wenn die Blätter zu welken beginnen, das Gießen reduzieren. Die Rhizome in der Erde trocken überwintern. Ab Februar frisch eintopfen und wieder mit dem Gießen beginnen.

**Vermehrung:** Bei älteren Pflanzen 5 cm lange Rhizomstücke abtrennen und in sandiger Erde antreiben lassen. Alternativ Stecklinge schneiden und bei einer Bodentemperatur von 22 °C bewurzeln lassen.

## SCHILDBLUME

*Aspidistra*

**Wuchs:** Aufrecht wachsende Pflanze mit üppigem Grün.

**Blätter:** Die dunkelgrünen Blätter können bis zu 70 cm lang werden. Neben der grünblättrigen Art gibt es auch weiß- oder gelblich gestreifte Varianten.

**Blüten:** Grünpflanze

**Standort:** Die anspruchslose Pflanze fühlt sich im Halbschatten wohl. Idealerweise liegen die Temperaturen tagsüber bei 20 °C und nachts bei 12 °C. Doch selbst wenn die Schildblume in einer dunklen Ecke steht oder die Temperaturen höher oder niedriger sind, gedeiht die robuste Pflanze unverdrossen. Auch zugige Plätze und trockene Zimmerluft können der Schildblume nichts anhaben. Direkte Sonneneinstrahlung ist unbedingt zu vermeiden.

**Pflege:** Gießen Sie das Gewächs regelmäßig mit nicht zu hartem Wasser. Topfen Sie nach Bedarf um. Als Substrat ist besonders mit Kalk angereicherte Erde geeignet.

**Vermehrung:** Beim Umtopfen können Sie üppige Pflanzen teilen. Gehen Sie dabei behutsam vor und pflanzen Sie die beiden Hälften in normale Blumenerde.

Jan–Dez

## SCHNAPSKOPF

*Lophophora williamsii*

**Wuchs:** Das originelle Kakteengewächs hat einen kugelförmigen, blaugrünen Pflanzenkörper.

**Blätter:** Die kugelige Oberfläche weist charakteristische Filzfetzchen auf.

**Blüten:** Auf der Oberseite bilden sich feinblättrige weiße, teils rosarote Blüten.

**Blütezeit:** Die Blüten erscheinen das ganze Jahr über.

**Standort:** Im Sommer gedeiht der Schnapskopf am besten an einem vollsonnigen, warmen Ort, nach Möglichkeit auch auf Balkon oder Terrasse. Wichtig für kräftiges Wachstum und reiche Blüte ist die Winterruhe in einem kühlen Raum bei 5 °C.

**Pflege:** Der Kaktus sollte im Sommer stets feucht gehalten werden. Er verträgt aber ausschließlich kalkfreies Wasser. Im Winter wird das Gießen eingestellt. Beim Umtopfen mineralhaltige Kakteenerde verwenden und für eine Dränageschicht sorgen.

**Vermehrung:** Die Vermehrung geschieht ganz leicht durch Samen, die im Frühjahr ausgesät werden.

**Zusatzinfo:** Der Schnapskopf trägt seinen Namen zu Recht, enthält das Kakteengewächs doch das Rauschgift Meskalin.

Jul–Aug

## SCHNEEBUSCH

*Breynia*

**Wuchs:** Das mehrjährige Gewächs ist ein locker verzweigter, langsam wachsender Strauch.

**Blätter:** Wie überzuckert wirken die weiß gezeichneten, runden, nicht symmetrisch angeordneten Blätter.

**Blüten:** Die kleinen Blüten sind von grüner Farbe.

**Blütezeit:** Die Pflanze blüht im Juli und August.

**Standort:** Ein sonniger bis halbschattiger Platz mit hoher Luftfeuchtigkeit und Temperaturen von 20–25 °C ist ideal. Im Winter hell und etwas kühler, bei mindestens 15 °C, stellen.

**Pflege:** Die Pflanze benötigt sehr viel Wasser; regelmäßig besprühen. Während des Wachstums alle 14 Tage düngen. Im Winter kaum gießen, nicht mehr düngen. Im März nach Bedarf in Einheitserde mit Lehm- und Sandzusatz umtopfen.

**Vermehrung:** Im Frühjahr Trieb- und Kopfstecklinge bei 22 °C Bodentemperatur wurzeln lassen. Eine über den Topf gespannte Folie schafft die nötige Luftfeuchtigkeit.

**Zusatzinfo:** Vorsicht bei Kleinkindern: Der Schneebusch gehört zur Familie der in allen Pflanzenteilen giftigen Wolfsmilchgewächse!

Apr–Sep

## SCHÖNMALVE

*Abutilon*

**Wuchs:** Der kleine, im Zimmer verholzende Strauch wächst aufrecht mit lockerer Krone und filigranen Trieben.

**Blätter:** Die grünen oder gelbgrünen Blätter sind von weicher, samtiger Struktur.

**Blüten:** Die glockenförmigen Blüten sind verschiedenfarbig: gelb, orange oder rot.

**Blütezeit:** Die Pflanze blüht im Juli und August.

**Standort:** Im Sommer sollte die Pflanze an einem vollsonnigen Platz stehen, auch auf Balkon oder Terrasse. Im Herbst kühler platzieren, bei mindestens 15 °C.

**Pflege:** Von März bis August viel gießen, einmal wöchentlich düngen. Ansonsten weniger gießen, nicht düngen. Stark gewachsene Pflanzen vor der Winterpause zurückschneiden. Im Frühjahr in Einheitserde mit Lehmzusatz umtopfen.

**Vermehrung:** Im Frühjahr oder Spätherbst Stecklinge zum Bewurzeln einsetzen.

**Pflanzendoktor:** Werden die Triebe im Winter lang und dünn, steht die Pflanze zu dunkel und/oder zu warm.

**Zusatzinfo:** Bei großen Pflanzen sind hängende Triebe normal, sie sollten aber hochgebunden werden.

Jan–Dez

## SCHOPFCEREUS

*Scephalocereus senilis*

**Wuchs:** In seiner Heimat Mexiko erreicht der Säulenkaktus eine Höhe von 12 m; als Zimmerpflanze wird er immerhin bis zu 1 m hoch.

**Blätter:** Der Beiname „Greisenhaupt" beschreibt das Aussehen des Kaktus treffend, ist er doch von bis zu 10 cm langen, wallend weißen Haaren umgeben.

**Blüten:** Erst nach einigen Jahren zeigen sich dekorative Blüten.

**Blütezeit:** Der Kaktus blüht das ganze Jahr über.

**Standort:** Ideal ist ein heller, warmer Standort mit hoher Luftfeuchtigkeit. Zugluft verkraftet der kleine „Greis" nur schlecht. Im Winter sollte die Temperatur bei mindestens 18 °C liegen.

**Pflege:** Für das gute Gedeihen ist regelmäßiges Gießen notwendig. Um die gewünschte Luftfeuchtigkeit zu erreichen, sollte der Kaktus indirekt besprüht werden; alle 14 Tage Kakteendünger geben. Im Winter kann der Kaktus fast trocken stehen. Umtopfen ist nur alle paar Jahre nötig; dann sollte unbedingt Kakteenerde verwendet werden.

**Vermehrung:** Die Vermehrung erfolgt im Frühjahr durch Aussaat von Samen.

Jul–Aug

## SCHOPFLILIE

*Eucomis*

**Wuchs:** Lange Blätter treiben rosettenartig aus der Zwiebel.

**Blätter:** Die dunkelgrünen Blätter haben gewellte Ränder.

**Blüten:** Die kleinen, hellgrünen Blüten sitzen auf einem langen Schaft.

**Blütezeit:** Die Blüten zeigen sich im Juli und August.

**Standort:** Die Schopflilie bevorzugt einen warmen, hellen, luftigen Standort, sie kann im Sommer auch im Freien stehen. Überwintert wird die Zwiebel kühl bei 10 °C. Die Pflanze sollte erst ab Mitte Mai wieder warm stehen.

**Pflege:** Topfen Sie die Zwiebel im Februar in Einheitserde, wobei sie nur bis zur Hälfte mit Erde bedeckt werden sollte. Zuerst mäßig gießen, die Wassermenge steigern, sobald sich die ersten Blätter zeigen. Während der Sommermonate reichlich gießen und wöchentlich düngen. Sind die Blüten verwelkt, wird das Gießen wieder eingeschränkt und während der winterlichen Ruhezeit vollständig eingestellt.

**Vermehrung:** Die Mutterzwiebel bildet oft Brutzwiebeln, die man beim Umtopfen vorsichtig abnehmen und eintopfen kann. Die Vermehrung ist auch durch Aussaat möglich.

## SCHRAUBENBAUM

*Pandanus*

**Wuchs:** Der sich mit den Jahren ausbreitende Schraubenbaum benötigt viel Platz.

**Blätter:** Die langen, schmalen Blätter sind mit feinen oder groben Stacheln besetzt. Je nach Art sind die Blätter weißgrün gestreift, gelblich grün oder einfarbig blaugrün mit roten Stacheln. Allen gemeinsam ist die spiralenförmige Anordnung der Blätter wie an einem Schraubgewinde.

**Blüten:** Grünpflanze

**Standort:** Der Standort sollte das ganze Jahr über hell, aber vor praller Sonne geschützt sein. Eine Zimmertemperatur von 20–22 °C ist ideal; sie sollte nicht unter 18 °C sinken.

**Pflege:** Die anspruchslose Pflanze wird nur gegossen, wenn sich die Erde trocken anfühlt. Direkt auf die Erde, nie auf die Blätter gießen! Während des Wachstums wöchentlich düngen. Umtopfen ist nur alle drei bis vier Jahre notwendig.

**Vermehrung:** Kleine Nebentriebe können problemlos abgenommen und eingepflanzt werden.

**Zusatzinfo:** Für den Schraubenbaum einen kippsicheren Tontopf verwenden, dieser hält schwere Pflanzen besser als Kunststoffgefäße.

## SCHWERTFARN
*Nephrolepis*

**Wuchs:** Der Schwertfarn wächst rasant und wird sehr ausladend.

**Blätter:** Die gefiederten Wedel werden bis zu 1 m lang.

**Blüten:** Grünpflanze

**Standort:** Das tropische Gewächs gedeiht am besten an einem halbschattigen Platz mit hoher Luftfeuchtigkeit. Direkte Sonne und Zugluft verträgt der Farn nicht. Im Sommer kommt der Schwertfarn mit normalen Zimmertemperaturen gut zurecht. Im Winter steht er gern etwas kühler.

**Pflege:** Der Farn möchte gleichmäßig feucht stehen. Auch ein gelegentliches Tauchbad tut ihm gut. Das verwendete Wasser sollte kalkfrei sein. Für eine erhöhte Luftfeuchtigkeit das ganze Jahr über regelmäßig besprühen oder einen Luftbefeuchter aufstellen. Von März bis Oktober ist eine wöchentliche Düngegabe erforderlich. Junge Pflanzen sollten jährlich, ausgewachsene Farne alle drei Jahre umgetopft werden.

**Vermehrung:** Um den Schwertfarn zu vermehren, können Sie üppige Pflanzen beim Umtopfen teilen. Sie können auch Ausläufer abtrennen und in lockere, humose Erde setzen.

## SEEIGELKAKTUS
*Echinopsis*

**Wuchs:** Mit seinem kugeligen Körper erinnert der Kaktus an einen Seeigel.

**Blätter:** Der Kaktus ist mit langen, spitzen Dornen bewehrt.

**Blüten:** Die zart duftenden, dekorativen, trichterförmigen Blüten können weiß, zartrosa, gelb oder rot sein.

**Blütezeit:** Der Kaktus blüht von Mai bis Juli.

**Standort:** Wie alle Kakteen steht der Seeigelkaktus gern sonnig und luftig, im Sommer auch auf Balkon oder Terrasse. Ab Oktober an einen kühlen, hellen und vor allem trockenen Platz mit Temperaturen um 6–10 °C stellen. Die Winterruhe gewährleistet für das Folgejahr ein kräftiges Wachstum und reiche Blüte.

**Pflege:** Von März bis Oktober sollte der Seeigelkaktus sparsam gegossen und wöchentlich mit Kakteendünger versorgt werden. Im Winter kann das Kakteengewächs trocken stehen. Sobald sich die ersten Knospen zeigen, sollte wieder mit dem Gießen begonnen werden. Alle zwei bis drei Jahre in Kakteenerde umtopfen.

**Vermehrung:** Die Vermehrung erfolgt im Frühjahr durch Stecklinge oder Aussaat.

## SEIDENPFLANZE
*Asclepias tuberosa*

**Wuchs:** Die bis zu 90 cm große Pflanze hat ihren Namen von den seidenweichen Anhängseln des Samens.

**Blätter:** Die länglichen, spitz zulaufenden Blätter haben eine dunkelgrüne Ober- und eine bläuliche Unterseite.

**Blüten:** An den Triebspitzen sprießen Trugdolden mit orangeroten Blüten.

**Blütezeit:** Die Blütezeit dauert von Juni bis August.

**Standort:** Der Standort sollte hell, sonnig und luftig sein; im Sommer gerne auch im Freien. Im Winter hell und kühl, bei 12 °C, stellen.

**Pflege:** Im Sommer reichlich gießen, alle 2 Wochen Flüssigdünger zugeben. Im Winter weniger gießen. Im April zurückschneiden, nach Bedarf in lehmighumose Erde umtopfen.

**Vermehrung:** Im Februar oder März durch Aussaat vermehren.

**Pflanzendoktor:** Hängende Blätter zeugen von mangelnder Wasserzufuhr: Den Topf so lange in einen Eimer mit Wasser stellen, bis keine Luftblasen mehr aufsteigen.

**Zusatzinfo:** Selbst gezogene Jungpflanzen sollten zu mehreren in einen Topf gesetzt werden. Dann sieht die Pflanze buschiger aus.

## SICHELFARN

*Cyrtomium*

**Wuchs:** Der rasch wachsende Sichelfarn breitet sich schnell aus; deshalb den Platz reichlich bemessen.

**Blätter:** Die langen, gefiederten Wedel weisen ilexähnliche, kräftig grüne Blättchen auf.

**Blüten:** Grünpflanze

**Standort:** Der ideale Platz ist hell bis halbschattig und vor praller Sonne geschützt. Die optimale Temperatur beträgt im Sommer 15 °C, im Winter 7–10 °C. Aber auch trockene Heizungsluft übersteht der Sichelfarn.

**Pflege:** Die anspruchslose Pflanze sollte im Sommer häufig mit kalkfreiem Wasser gegossen, wöchentlich gedüngt und regelmäßig besprüht werden. Der Wurzelballen sollte immer leicht feucht sein; Staunässe vermeiden. Im Winter das Gießen verringern, nicht mehr düngen. In humose, mit etwas Torf vermischte Erde umtopfen.

**Vermehrung:** Üppige Pflanzen können beim Umtopfen geteilt werden. Die Anzucht aus Sporenaussaat sollte dem Fachmann überlassen werden.

**Zusatzinfo:** Bei mildem Klima kann der Farn – im Herbst vor Frost geschützt und mit Laub bedeckt – sogar im Garten wachsen.

## SILBERKERZE

*Cleistocactus*

**Wuchs:** Die langsam wachsende, säulenförmige Silberkerze hat einen majestätischen, schlanken Wuchs. Der meist gerippte Körper ist an der Basis verzweigt.

**Blätter:** Die Kakteensäulen sind dicht behaart und mit feinen, weißen Dornen besetzt, was ihnen ein fast filziges Aussehen verleiht.

**Blüten:** Die orangeroten, röhrenartigen Blüten blühen nur vier bis fünf Tage. Dabei öffnen sie sich nie ganz.

**Blütezeit:** Es kann Jahre bis Jahrzehnte dauern, bis es zur Blüte kommt. Blütezeit ist dann von Februar bis März.

**Standort:** Die Silberkerze sollte warm, sonnig und luftig stehen. Im Winter ist ein heller, kühler Standort bei 10–12 °C ideal.

**Pflege:** Von Frühjahr bis Oktober benötigt die Silberkerze mäßig Wasser. Die wöchentliche Zugabe von Kakteendünger lässt sie gedeihen. Im Winter das Düngen einstellen, aber weiterhin sparsam gießen.

**Vermehrung:** Für Nachwuchs lässt sich durch Aussaat oder Stecklinge sorgen. Die Schnittflächen der Stecklinge sollten vor dem Bewurzeln in Erdsubstrat antrocknen.

## SIMSE

*Scirpus cernuus*

**Wuchs:** Die grazile Simse wächst in langen, anmutigen, herabfließenden Halmen.

**Blätter:** Die grünen, fadendünnen Halme kommen besonders dekorativ in einer Hängeampel zur Geltung.

**Blüten:** Die winzigen, doldenförmigen Blütenähren sind zuerst bräunlich, dann weiß gefärbt.

**Blütezeit:** Die Simse blüht von Juli bis September.

**Standort:** Ein heller bis halbschattiger Platz bei hoher Luftfeuchtigkeit ist ideal; im Sommer bei 20 °C, im Winter bei 12 °C.

**Pflege:** Im Sommer reichlich mit weichem Wasser gießen, da der Pflanze „nasse Füße" bekommen. Im Winter nur so viel gießen, dass die Erde leicht feucht bleibt. Von März bis August alle zwei Wochen düngen. Im Frühjahr in Einheitserde umtopfen.

**Vermehrung:** Üppige Pflanzen können geteilt werden. Auch durch Aussaat ist die Vermehrung möglich.

**Pflanzendoktor:** Ältere, vergilbte Pflanzen sollten geteilt und von den unansehnlichen Teilen befreit werden.

**Zusatzinfo:** Den Topf ab und zu drehen, damit die Simse nicht nur in eine Richtung wächst.

## SMITHIANTHE

*Smithiantha*

**Wuchs:** Die oberirdischen Pflanzenteile der kleinen Staude sterben im Herbst ab und die Pflanze treibt im Frühjahr neu.

**Blätter:** Die Blätter sind wie mit Samt überzogen und dunkel gefleckt.

**Blüten:** Die zweifarbigen Blüten sind zierliche Glöckchen. Sie sind außen rot, rosa oder gelb gefärbt, die Innenseiten hell mit dunklen Punkten.

**Blütezeit:** Von Juli bis Oktober erscheinen die Blüten.

**Standort:** Die Smithianthe steht gern an einem lichten Schattenplatz. Vom Antreiben bis zur Knospenbildung sollten die Temperaturen zwischen 20 °C und 25 °C bei hoher Luftfeuchtigkeit liegen, nach dem Aufblühen sind 16–18 °C, im Winter 10–12 °C ideal.

**Pflege:** Im Frühjahr und Sommer mäßig mit temperiertem, abgestandenem Wasser gießen. Zur Erhöhung der Luftfeuchtigkeit die Pflanze nur indirekt besprühen, da die Blätter nicht nass werden dürfen. Stellen Sie im Herbst das Gießen allmählich ein. Die Rhizome überwintern dunkel und trocken im Topf.

**Vermehrung:** Kräftige Rhizome können geteilt werden. Einfacher ist die Vermehrung durch Blattstecklinge.

## SONNENTAU

*Drosera*

**Wuchs:** Der kleine, fleischfressende Sonnentau ist von rosettenartigem Wuchs.

**Blätter:** Die Blätter sind je nach Art spatelförmig oder lang gestielt und haben auffällige rote Verdauungshaare. Sie sondern eine klebrige, an winzige Tautropfen erinnernde Substanz ab, an der Insekten haften bleiben. Der Pflanze fallen neben Mücken auch große Insekten zum Opfer.

**Blüten:** Die kleinen Blüten können weiß, rosa oder purpurfarben sein.

**Blütezeit:** Die Blütezeit dauert von Juli bis August.

**Standort:** Sonnig und luftig, aber vor Zugluft geschützt sollte der Sonnentau stehen; im Sommer auch gern auf Balkon oder Terrasse. Vor dem ersten Frost ins Haus stellen und in einem kühlen Raum überwintern lassen.

**Pflege:** Die Pflanze liebt es feucht, deshalb niemals austrocknen lassen. Zum Gießen ausschließlich weiches Wasser verwenden. Nicht düngen oder umtopfen.

**Vermehrung:** Im Frühjahr den Samen auf Torf auslegen und nicht bedecken, da der Sonnentau ein Lichtkeimer ist.

## SPEERFARN

*Doryoptris palmata*

**Wuchs:** Grazile Pflanze mit aufrecht wachsenden Blättern.

**Blätter:** An dünnen Blattstielen sitzen feine, sattgrüne Blätter, die je nach Art verschieden gestaltet und in der Regel tief eingeschnitten sind.

**Blüten:** Grünpflanze

**Standort:** Ideal ist ein schattiger Platz, der dem tropischen Gewächs eine hohe Luftfeuchtigkeit bietet. In den Sommermonaten bevorzugt der Speerfarn eine Temperatur zwischen 18 °C und 22 °C, im Winter möchte er hingegen kühler bei 12 °C stehen.

**Pflege:** Gießen Sie die Pflanze regelmäßig mit kalkarmem Wasser und übersprühen Sie sie. Eine Düngegabe ist während der Wachstumszeit alle 14 Tage notwendig. Im Winter, wenn die Pflanze kühler steht, wird die Wasserzufuhr reduziert. Wenn der Farn ein größeres Gefäß benötigt, topfen Sie ihn im Frühjahr in leicht saure, mit Torf gemischte Einheitserde um.

**Vermehrung:** Der Speerfarn lässt sich zwar durch Sporen vermehren, doch ist dies für den Laien sehr schwierig und sollte daher am besten dem Fachmann überlassen werden.

## SPITZBLUME

*Ardisia*

**Wuchs:** Ein hübsches Bäumchen, das sich in den frühen Wintermonaten mit aparten roten Beeren schmückt.

**Blätter:** Die länglichen Blätter sind dunkelgrün und ledrig.

**Blüten:** Die weißen, zart duftenden Blüten erscheinen im Frühsommer.

**Blütezeit:** Die Pflanze blüht im Mai und Juni.

**Standort:** Im Sommer bevorzugt die Spitzblume einen hellen, vor direkter Sonne geschützten Platz bei normalen Zimmertemperaturen. Im Winter sollten die Temperaturen auf 12–16 °C abgesenkt werden. Sorgen Sie für eine hohe Luftfeuchtigkeit.

**Pflege:** In den Sommermonaten regelmäßig mit kalkfreiem Wasser gießen und alle zwei Wochen düngen. Im Winter reduzieren Sie die Wassergaben und stellen das Düngen ein. Umgetopft wird im Frühjahr in durchlässige, humose Blumenerde. Dann ist auch die richtige Zeit, das Bäumchen zu stutzen und in Form zu bringen.

**Vermehrung:** Die Vermehrung können Sie im Frühjahr durch Stecklinge vornehmen. Die zum Bewurzeln notwendige Temperatur liegt bei 24–26 °C. Verwenden Sie dafür ein beheizbares Minigewächshaus.

## STACHELPELZ

*Oplismenus*

**Wuchs:** Der grazile Stachelpelz ist ein schnell wachsendes kriechendes Grasgewächs, das sich auch als Ampelpflanze eignet.

**Blätter:** Die kleinen, oft hängenden, lanzettlichen Blätter weisen dekorative, unregelmäßige weiße Streifen auf.

**Blüten:** Grünpflanze

**Standort:** Im Sommer ist ein sonniger bis halbschattiger Platz mit hoher Luftfeuchtigkeit und viel frischer Luft ideal. Auch im Winter sollte der Standort zwar kühl, um die 12 °C, aber auch hell sein, damit die Blätter ihre hübsche Zeichnung nicht verlieren.

**Pflege:** Der Stachelpelz sollte mit temperiertem Wasser gegossen und im Sommer einmal wöchentlich gedüngt werden. Um die erforderliche Luftfeuchtigkeit zu erreichen, die Pflanze gelegentlich besprühen.

**Vermehrung:** Die sich im Frühjahr bildenden Triebspitzen abtrennen und bei 20 °C in Anzuchterde mit Sandzusatz bewurzeln lassen. Auch Ableger können auf die Erdoberfläche gelegt werden, wo sie schnell Wurzeln entwickeln.

## STECKENPALME

*Rhapis*

**Wuchs:** Die Steckenpalme ist mit ihren schlanken, bambusähnlichen Stängeln eine ideale Solitärpflanze.

**Blätter:** Die Blätter sind fächerartig gefiedert.

**Blüten:** Grünpflanze

**Standort:** Die Pflanze steht gern hell bis halbschattig, gedeiht aber auch an dunkleren Standorten. Sie schätzt frische Luft. Zum Überwintern sind Temperaturen von 10–12 °C ideal.

**Pflege:** Während der Wachstumszeit sollte die Erde stets feucht sein. Gedüngt wird von April bis September alle 2 Wochen. Je wärmer Sie die Steckenpalme überwintern, desto mehr Wasser braucht sie. Bei kühlen 10–12 °C muss man nur wenig gießen. Die Wedel gelegentlich mit lauwarmem Wasser besprühen und mit einem feuchten Tuch entstauben. Erst wenn sich die Wurzeln oben aus dem Topf schieben, ist es an der Zeit, umzutopfen. Warten Sie dazu das Frühjahr ab und verwenden Sie lehmige Erde.

**Vermehrung:** Die Steckenpalme lässt sich aus Samen heranziehen oder durch Ableger vermehren, die sich am Fuß der Mutterpflanze bilden.

Jan–Dez

## STIEFMÜTTERCHEN-ORCHIDEE

*Miltonia-Hybriden*

**Wuchs:** Die Stiefmütterchen-Orchidee, von der es etwa 20 verschiedene Arten gibt, ist von schlankem, edlem Wuchs.

**Blätter:** Lange, sattgrüne Blätter umrahmen die große Blüte auf äußerst dekorative Weise.

**Blüten:** Die herrlichen Blüten von üppiger Farbigkeit sind denen der Stiefmütterchen sehr ähnlich.

**Blütezeit:** Die Pflanze blüht ganzjährig; die einzelne Blüte hält bis zu sechs Wochen.

**Standort:** Die wärmebedürftige, lichthungrige Pflanze verträgt keine direkte Sonneneinstrahlung. Ihr Platz sollte luftig, aber nicht zugig sein; im Sommer bei maximal 25 °C, im Winter nicht unter 16 °C.

**Pflege:** Im Sommer muss der Ballen immer gleichmäßig feucht gehalten werden. Kalkarmes und temperiertes Wasser verwenden, womit die Pflanze auch indirekt besprüht werden kann. Im Winter weniger gießen. Von März bis Oktober Orchideendünger verwenden. Im Frühjahr in Orchideensubstrat umtopfen.

**Vermehrung:** Die Vermehrung erfolgt nach der Blüte durch Teilung der Scheinzwiebel.

Dez–Feb

## STROMANTHE

*Stromanthe*

**Wuchs:** Die tropische Pflanze hat schlanke Blätter auf hohen Stielen.

**Blätter:** Die Blätter haben eine außergewöhnliche Blattzeichnung in verschiedenen Grüntönen und Gelb oder Weiß.

**Blüten:** Rote Kelche mit den weißen Innenblüten.

**Blütezeit:** Die Stromanthe entfaltet ihre Blüten im Winter.

**Standort:** Zum Gedeihen der tropischen Pflanze sind Temperaturen nötig, die auch im Winter nie unter 18 °C fallen. Sie wächst am besten an einem halbschattigen Standort, der frei von Zugluft ist und eine hohe Luftfeuchtigkeit aufweist.

**Pflege:** Die Stromanthe benötigt viel Wasser, Staunässe ist aber zu vermeiden. Besprühen Sie die Pflanze täglich mit lauwarmem, kalkfreiem Wasser und wischen Sie das Gewächs gelegentlich mit einem feuchten Tuch ab. Gedüngt wird das ganze Jahr über, im Frühjahr und Sommer alle 14 Tage, im Herbst und Winter in größeren Abständen von etwa einem Monat. Das Frühjahr ist die richtige Zeit zum Umtopfen.

**Vermehrung:** Sie können die Blattschönheit vermehren, indem Sie füllige Pflanzen einfach teilen.

Jun–Sep

## SÜDSEEMYRTE

*Leptospermum scoparium*

**Wuchs:** Die hübsche Pflanze ist von zierlichem Wuchs.

**Blätter:** Die spitz-ovalen Blättchen können dunkelgrün, bräunlich grün gefärbt oder bronzerot getönt sein.

**Blüten:** Die grazilen, weißen, rosafarbenen oder roten Blüten stehen in apartem Kontrast zu den Blättern. Zur Erhaltung ihrer Schönheit bedarf es ganz besonderer Pflege.

**Blütezeit:** Die Blüten erfreuen von Juni bis September.

**Standort:** Die Myrte gedeiht an einem hellen, luftigen Standort. Im Sommer empfiehlt es sich, sie auf Balkon oder Terrasse zu stellen. Im Winter möchte die anspruchsvolle Pflanze sehr kühl, bei 8 °C, stehen. Der Platz sollte aber dennoch hell und luftig sein.

**Pflege:** Die sensible Pflanze verträgt nur weiches, zimmerwarmes Wasser, der Ballen muss im Sommer stets feucht gehalten werden; wöchentlich düngen. Im Winter das Düngen einstellen und das Gießen reduzieren. Nach Bedarf in humose, durchlässige Fertigerde umtopfen.

**Vermehrung:** Im Sommer Stecklinge schneiden und zum Bewurzeln eintopfen.

Jul–Sep

## SWAINSONA

*Swainsona*

**Wuchs:** Der Schmetterlingsblütler ist von zierlich kleinem Wuchs, dennoch aber nicht zu übersehen.

**Blätter:** An gefiederten Zweigen sitzen winzige, dunkelgrüne Blätter.

**Blüten:** Die grazilen roten Blütentrauben bringen Farbe in die Wohnung. Später entwickeln sie sich zu roten und weißen Hülsenfrüchten.

**Blütezeit:** Die Blütezeit dauert von Juli bis September.

**Standort:** Sonne, Licht und Frischluft sind wichtig für ein gutes Gedeihen der Pflanze. Im Sommer bekommt ihr auch ein windgeschützter Platz auf Balkon oder Terrasse. Im Winter kühl stellen, nicht über 10 °C.

**Pflege:** In den Sommermonaten regelmäßig und reichlich gießen, im Winter die Wasserzufuhr reduzieren.

**Vermehrung:** Die Swainsona ist eine einjährige Pflanze, doch wer rechtzeitig für Nachwuchs sorgt, hat auch im Folgejahr wieder ein Exemplar. Die Stecklinge werden im Herbst geschnitten und zum Bewurzeln in Einheitserde gesetzt. Die ideale Temperatur liegt bei 20 °C.

**Zusatzinfo:** Jungpflanzen werden am besten mit weichem Wasser gegossen.

Jan–Dez

## TILLANDSIE

*Tillandsia cyanea*

**Wuchs:** Die Pflanze bildet eine dichte Blattrosette.

**Blätter:** Die Blätter sind sehr schmal und von einem satten Grün.

**Blüten:** Aus der Pflanzenmitte entwickelt sich ein Blütenstand mit schuppenartig angeordneten rosa Hochblättern, aus denen blauviolette Blüten erscheinen.

**Blütezeit:** Die Tillandsie blüht ganzjährig.

**Standort:** Das Ananasgewächs bevorzugt einen hellen Standort ohne direkte Sonne. Die Pflanze verträgt im Sommer Temperaturen zwischen 21 °C und 24 °C, im Winter sollten sie nicht unter 15 °C fallen. Wichtig ist eine hohe Luftfeuchtigkeit. Wenn die blauen Blüten nicht erscheinen, kann das an zu trockener Luft liegen.

**Pflege:** Die Tillandsie möchte das ganze Jahr über gleichmäßig feucht gehalten werden. Gern lässt sich die Pflanze mit weichem Wasser besprühen. Während der Wachstumsphase sollte das Gewächs alle vier Wochen gedüngt werden. Umgetopft wird im Frühjahr nach Bedarf.

**Vermehrung:** Um die Tillandsie zu vermehren, können Sie beim Umtopfen von üppigen Exemplaren die Rhizome teilen.

Mär–Sep

## TOPFROSE

*Rosa*

**Wuchs:** Die Rose ist auch in buschiger Miniaturausgabe von edler und zeitloser Schönheit.

**Blätter:** Die Topfrose hat kleine, ovale, spitz zulaufende Blätter.

**Blüten:** Die Rosenblüten gibt es in verschiedensten Rot-, Gelb- und Weißtönen.

**Blütezeit:** Die Pflanze blüht von März bis September.

**Standort:** Ideal ist ein Platz an einem sonnigen Fenster oder ein geschützter Standort auf Balkon oder Terrasse, da es die Topfrose hell und luftig, aber keine pralle Sonne mag. Ideal ist eine Temperatur von 20 °C. Nach Möglichkeit sollte sie nicht im Haus, sondern im Wintergarten oder Garten überwintern. Um die Pflanze im Garten vor Frost zu schützen, wird Erde angehäufelt und sie wird mit Fichtenreisig abgedeckt.

**Pflege:** Während der Sommermonate ist reichliches und regelmäßiges Gießen angesagt. Alle 14 Tage sollte die Topfrose gedüngt werden. Im Winter kann das Düngen wegfallen, das Gießen wird reduziert.

**Vermehrung:** Die Topfrose ist einfach durch Stecklinge vermehrbar.

Jan–Dez

## TRADESKANTIE

*Tradescantia*

**Wuchs:** Die Pflanze entwickelt rasch lange Triebe und kommt am besten in einer Ampel zur Geltung.

**Blätter:** Das auffällige Blattwerk kann bunt gezeichnet sein. Neben rein grünen Sorten gibt es auch weiß, gelb oder silber gestreifte.

**Blüten:** Die Tradeskantie entwickelt nur unscheinbare Blüten.

**Blütezeit:** Die Tradeskantie blüht ganzjährig.

**Standort:** Die robuste Pflanze fühlt sich an halbschattigen bis schattigen Plätzen wohl. Buntblättrige Arten benötigen etwas mehr Licht und Wärme. Normale Zimmertemperaturen verträgt die Tradeskantie das ganze Jahr über gut, auch trockene Heizungsluft beeinträchtigt das Gedeihen der Pflanze nicht.

**Pflege:** In Maßen gießen. Die Erde sollte vor jedem erneuten Gießen leicht abgetrocknet sein. Alle zwei Wochen düngen. Zu lange Triebe werden mit der Schere gekürzt. Umgetopft wird im Frühjahr in Einheitserde.

**Vermehrung:** Abgeschnittene Triebspitzen können in Wasser oder Erde bewurzelt werden.

**Zusatzinfo:** Die Tradeskantie ist auch unter dem Namen Dreimasterblume bekannt.

## TÜPFELFARN

*Phlebodium aureum*

**Wuchs:** Die dekorative Farnpflanze kann sehr üppig werden.

**Blätter:** Die gefiederten Wedel haben gekrauste Blätter.

**Blüten:** Grünpflanze

**Standort:** Der Tüpfelfarn verträgt das ganze Jahr über normale Zimmertemperaturen, aber keine direkte Sonne. Sie können die Pflanze im Winter auch kühler stellen, jedoch nicht unter 16 °C.

**Pflege:** Der Tüpfelfarn kommt auch mit trockener Zimmerluft zurecht, er schätzt es aber, wenn er gelegentlich indirekt besprüht wird. Damit die Pflanze gut gedeiht, muss sie das ganze Jahr über gleichmäßig feucht stehen. Das Gießen erfordert etwas Fingerspitzengefühl: Das Gewächs verträgt weder Ballentrockenheit noch Staunässe. Das Gießwasser sollte außerdem möglichst kalkarm sein. Während der Wachstumsphase ist alle zwei Wochen eine Düngegabe notwendig. Zum Umtopfen warten Sie das Frühjahr ab. Es wird nach Bedarf in Einheitserde gepflanzt.

**Vermehrung:** Am einfachsten ist der Tüpfelfarn zu vermehren, indem Sie beim Umtopfen den Wurzelstock teilen.

Jan–Dez

## USAMBARAVEILCHEN

*Saintpaulia*

**Wuchs:** Krautige, fast stängellose Pflanze.

**Blätter:** Die Blätter sind fleischig und samtig behaart.

**Blüten:** Zahlreiche Blütenvarianten mit glatten, gekrausten oder gefüllten Blüten, ein- oder mehrfarbig in Weiß, Violett und Rosa.

**Blütezeit:** Das Usambaraveilchen blüht ganzjährig.

**Standort:** Ideal ist ein heller bis halbschattiger Standort ohne direkte Sonnenbestrahlung. Doch auch am Nordfenster gedeiht die robuste Pflanze. Gleichmäßige Raumtemperaturen, die das ganze Jahr über bei 20 °C liegen und nicht unter 16 °C fallen, sind optimal.

**Pflege:** Gießen Sie mäßig, am besten in den Topfuntersatz, und verwenden Sie zimmerwarmes, weiches Wasser. Achten Sie darauf, dass kein Wasser auf die Blätter gelangt. Von März bis September wöchentlich, von Oktober bis Februar monatlich düngen.

**Vermehrung:** Zur Vermehrung des Usambaraveilchens genügt ein Blatt, das Sie vorsichtig abschneiden und in ein Glas Wasser stellen oder in einen Topf mit Erde stecken. Innerhalb von vier bis acht Wochen zeigen sich erste Wurzeln.

Jan–Dez

## VANDA
*Vanda coerula*

**Wuchs:** Die Vanda weist eine einsprossige Wuchsform auf.

**Blätter:** Die zweizeilig angeordneten Blätter sind ledrig, fast fleischig und meist flach.

**Blüten:** Einen intensiven Duft verströmen die hellblauen Blüten mit dunkelvioletter Lippe.

**Blütezeit:** Die Vanda blüht meist ganzjährig.

**Standort:** Die Orchideenart gedeiht bei viel Wärme, Licht, hoher Luftfeuchtigkeit und ganzjährig mindestens 20 °C. Empfindlich reagiert sie auf direkte Sonneneinstrahlung, Temperaturschwankungen und trockene Luft.

**Pflege:** Zum Gießen ausschließlich kalkarmes Wasser verwenden und regelmäßig besprühen, um die notwendige Luftfeuchtigkeit zu erreichen. Im Winter das Gießen reduzieren. Wichtig ist die regelmäßige Versorgung mit Orchideendünger. Das Umtopfen erfordert viel Fingerspitzengefühl, da die Wurzeln leicht brechen und daraufhin faulen; Orchideenerde verwenden und eine Dränageschicht einbringen.

**Vermehrung:** Die Vanda entwickelt bewurzelte Seitentriebe, die abgetrennt und in Orchideenerde eingetopft werden können.

Mai–Jun

## VENUSFLIEGENFALLE
*Dionaea*

**Wuchs:** Die fleischfressende Pflanze ist klein und von zierlichem Wuchs.

**Blätter:** Die in einer Bodenrosette stehenden Blätter haben ca. 3 cm lange rundliche Spreiten mit steifen Wimpern am Rand. Die Innenfläche der Klappfallen lockt durch ihre rosarote Färbung Insekten an. Bei Berührung klappen die nierenförmigen Blätter in Sekundenschnelle zusammen: Das Insekt sitzt in der Falle, wo es durch Sekretbildung zersetzt wird.

**Blüten:** Die weißen Kronblätter der ca. 2 cm langen Blüten welken, fallen aber nicht ab.

**Blütezeit:** Die Venusfliegenfalle blüht im Mai und Juni.

**Standort:** Ein heller, luftiger, sehr feuchter Standort ist ideal; im Sommer bei Wärme, im Winter bei 3–10 °C.

**Pflege:** Im Sommer einmal wöchentlich mit Regenwasser gießen. Die Ruhezeit beginnt im November, wenn die Grünteile absterben.

**Vermehrung:** Die Vermehrung sollte einem Fachmann überlassen werden.

**Zusatzinfo:** Wenn der Pflanze regelmäßig Insekten in die Falle gehen, ist eine Düngung nicht notwendig.

Mär–Aug

## VERSTECKBLÜTE
*Cryptanthus*

**Wuchs:** Die Versteckblüte besteht aus sternförmig angeordneten Rosetten. Durch ihre Ausläufer kann sie nach allen Seiten hin größere Bodenflächen besiedeln.

**Blätter:** Die Blätter sind leicht gewellt und weisen vielfältige, reizvolle Muster auf.

**Blüten:** Die kleinen, weißen Blüten sind so unscheinbar, dass man sie tatsächlich suchen muss.

**Blütezeit:** Die Blütezeit dauert von März bis August.

**Standort:** Damit die hübsche Blattfärbung erhalten bleibt, sollte die Pflanze sehr hell, bei gleichmäßiger Wärme und Luftfeuchtigkeit stehen. Die Temperaturen können im Sommer zwischen 20 °C und 25 °C liegen, im Winter nicht unter 18 °C.

**Pflege:** Die Erde muss stets gleichbleibend feucht gehalten werden. Zum Gießen kalkarmes Wasser verwenden, mit dem die Versteckblüte auch besprüht werden kann, um die notwendige Luftfeuchtigkeit zu erzeugen. Alle zwei bis drei Wochen düngen.

**Vermehrung:** Die Seitensprosse wird vorsichtig abgetrennt und extra eingetopft. Die ideale Temperatur beträgt etwa 25 °C.

Feb–Jul

## VRIESEA

*Vriesea splendens*

**Wuchs:** Die Pflanze bildet trichterförmige Blattrosetten.

**Blätter:** Lange, einfarbig grüne oder auch gezeichnete Blätter.

**Blüten:** Die auffällige Blütenähre setzt sich aus dachziegelartig angeordneten roten Schutzblättern zusammen. Zwischen diesen schieben sich kleine gelbe Blüten heraus.

**Blütezeit:** Die Blüten erscheinen von Februar bis Juni.

**Standort:** Die Vriesea bevorzugt einen hellen, halbschattigen Platz mit sehr hoher Luftfeuchtigkeit. Die Temperatur sollte das ganze Jahr über bei 18–20 °C liegen.

**Pflege:** Die hohe Luftfeuchtigkeit imitieren Sie, indem Sie die Pflanze zweimal täglich besprühen. Verwenden Sie dazu, wie auch zum Gießen, temperiertes, kalkfreies Wasser. Gegossen wird von oben in die Rosette, in der vor allem in den warmen Sommermonaten etwas Wasser stehen sollte. Gedüngt wird im Sommer alle zwei, im Winter alle drei Wochen.

**Vermehrung:** Am Fuß der Vriesea bilden sich Ableger, die Sie zur Vermehrung abtrennen können, sobald sie etwa ein Drittel der Größe der Mutterpflanze erreicht haben.

Jan–Dez

## WARZENKAKTUS

*Mammilaria*

**Wuchs:** Je nach Art sind die Gewächse kugelig oder länglich.

**Blätter:** In Farbe und Form der Bedornung sind die Arten des Warzenkaktus sehr vielseitig; oftmals feine grau-weiße Dornen auf kegelförmigen Warzen.

**Blüten:** Die aparten Blüten können kurz- oder langröhrig, glockig oder trichterförmig in den Farben Weiß, Rot, Gelb, Violett auftreten.

**Blütezeit:** Diese Kakteen blühen das ganze Jahr über.

**Standort:** Entscheidend für Blütenanzahl und Farbintensität ist ein Standort am Südfenster in einem auch im Winter unbeheizten Raum. Der kleine Sonnenanbeter sollte das ganze Jahr über am selben Platz stehen; im Winter bei 10–12 °C.

**Pflege:** Das stachelige Gewächs ist im Sommer sparsam, im Winter gar nicht zu gießen. Während der Wachstumsphase im Sommer wöchentlich mit Kakteendünger versorgen. Beim Umtopfen spezielle Kakteenerde verwenden.

**Vermehrung:** Nachwuchs erhält man durch Samenaussaat oder Seitensprosse, die zum Bewurzeln in sandiges Substrat gesetzt werden; Keimtemperatur 20–25 °C.

## WASHINGTON-PALME

*Washingtonia*

**Wuchs:** Die Palme kann bis zu 2 m hoch und ebenso breit werden.

**Blätter:** Große, leuchtend grüne, fast kreisrunde Wedel.

**Blüten:** Grünpflanze

**Standort:** Hell, jedoch nicht in der direkten Sonne möchte die Palme stehen. Darüber hinaus schätzt die Pflanze viel frische Luft. Nach Möglichkeit sollte sie den Sommer auf dem Balkon oder der Terrasse verbringen. Zum Überwintern sollten Sie ihr einen kühlen Platz mit Temperaturen zwischen 5 °C und 8 °C suchen.

**Pflege:** Im Sommer ist der Wasserbedarf sehr hoch. Die Erde sollte jedoch nicht dauernass sein. Im Winterquartier kann die Palme nahezu trocken stehen. Von April bis August alle zwei Wochen düngen. Wenn die Pflanze einen größeren Topf benötigt, warten Sie zum Umtopfen das Frühjahr ab.

**Vermehrung:** Die Washington-Palme wird aus Samen herangezogen. Bevor Sie diesen in die Erde setzen, müssen Sie ihn zwei Tage lang einweichen. Haben Sie etwas Geduld. Bis der Samen keimt, kann es ein paar Monate dauern.

Okt–Feb

## WEIHNACHTSKAKTUS

*Schlumbergera-Hybriden*

**Wuchs:** Der Weihnachtskaktus gehört zu den Glieder- oder Blattkakteen; wird als hängende Topfpflanze ebenso angeboten wie als Hochstämmchen.

**Blätter:** An den Enden der blattartigen Glieder öffnen sich die Blüten.

**Blüten:** Die Blüten können weiß, rot, gelb, rosa und violett sein.

**Blütezeit:** Der Kaktus blüht nicht nur zur Weihnachtszeit – bei sorgfältiger Pflege kann die Blüte bis zu dreimal wiederholt werden.

**Standort:** Ein heller bis halbschattiger Standort ist ideal; im Sommer auch im Freien. In der Herbstzeit vor der Blüte sollten die Temperaturen zwischen 10 °C und 15 °C liegen, danach darf der Kaktus wieder bei normaler Zimmertemperatur stehen.

**Pflege:** Während der Wachstums- und Blütezeit mit reichlich weichem, zimmerwarmem Wasser versorgen. Regelmäßig Volldünger verwenden. Vor und nach der Blüte nur sparsam gießen. In der Ruhephase nicht düngen. Nach der Blüte in Fertigerde umtopfen.

**Vermehrung:** Gliederstecklinge abtrennen, Schnittflächen vor dem Bewurzeln abtrocknen lassen.

Okt–Mär

## WEIHNACHTSSTERN

*Euphorbia pulcherrima*

**Wuchs:** Als Busch oder auch als Hochstamm erhältlich.

**Blätter:** Die leicht gezackten Blätter sind intensiv dunkelgrün.

**Blüten:** Rote, rosa- oder cremefarbene Hochblätter, zwischen denen winzige gelbe Blüten erscheinen.

**Blütezeit:** Die Blüten zeigen sich von Oktober bis März.

**Standort:** Während der Blüte hell, aber nicht sonnig bei maximal 20 °C stellen. Im Sommer sollte die Pflanze einen warmen, absonnigen Platz, nach Möglichkeit auch im Freien bekommen. Um eine erneute Blüte anzuregen, ab Mitte September für acht Wochen an einen etwas kühleren Ort stellen, an dem sie 14 Stunden täglich völlig dunkel sein muss.

**Pflege:** Von Mai bis September regelmäßig mit temperiertem, möglichst weichem Wasser gießen und alle zwei Wochen düngen. Im Winter erst gießen, wenn die Erde auszutrocknen beginnt. Nach der Blüte benötigt die Pflanze einen Rückschnitt und eine kurze Ruhepause.

**Vermehrung:** Abgeschnittene Triebspitzen zum Bewurzeln in die Erde setzen.

**Zusatzinformation:** Der Weihnachtsstern ist in allen Teilen giftig.

Okt–Mär

## WHITFIELDIE

*Whitfieldia lateritia*

**Wuchs:** Die buschige Wuchsform kann durch regelmäßigen Schnitt erhalten werden.

**Blätter:** Die Pflanze hat eiförmige, glänzende Blätter.

**Blüten:** Weiße, leicht behaarte Blüten, die relativ lange halten.

**Blütezeit:** Die Blüten erscheinen von Oktober bis März.

**Standort:** Die Pflanze bevorzugt einen halbschattigen, feuchtwarmen Standort. Im Sommer verträgt das Gewächs die üblichen Zimmertemperaturen, im Winter sollten Sie durch Sprühen für die nötige Luftfeuchtigkeit sorgen. Zugluft und Temperaturschwankungen verträgt die Whitfieldie ebenfalls nicht.

**Pflege:** Gleichmäßig feucht halten, Staunässe und Ballentrockenheit vermeiden. Verwenden Sie zum Gießen und Sprühen temperiertes, entkalktes Wasser. Im Sommer alle zwei Wochen düngen, in der Ruhephase nach der Blüte alle vier Wochen.

**Vermehrung:** Stecklinge bei hoher Luftfeuchtigkeit und Bodenwärme bewurzeln lassen. Für buschiges Wachstum regelmäßig Triebspitzen schneiden.

## WINTERRAKETE

*Veltheimia*

**Wuchs:** Der Name beschreibt treffend das Aussehen des Liliengewächses: Aus der blauroten Zwiebel wachsen kerzengerade hohe, kahle Stängel, an deren Ende Blütenschäfte sitzen.

**Blätter:** Die Stängel sind von stark gewellten Blättern umgeben.

**Blüten:** Die Blütenschäfte leuchten in hell- bis dunkelrosafarbener Schattierung und bestehen aus gelblich grünen, rot gepunkteten Röhrenblüten.

**Blütezeit:** Die Winterrakete blüht von Januar bis März.

**Standort:** Das Liliengewächs benötigt zum Gedeihen einen hellen, kühlen Platz bei 12 °C. Nur im Sommer, während der Ruhephase, kann die Winterrakete wärmer stehen. Zugluft unbedingt vermeiden!

**Pflege:** An einem kühlen Standort ist nur minimales Gießen und Düngen notwendig. Während der Ruhezeit noch weniger gießen, nicht mehr düngen. Zu Beginn des Wachstums ab September die Zwiebel zum Antreiben in neue lockere, humose Erde setzen, regelmäßig gießen und düngen.

**Vermehrung:** Beim Umsetzen der Zwiebel kleine Brutzwiebeln abtrennen und separat einsetzen.

## WÜSTENROSE

*Adernium obesum*

**Wuchs:** Aufgrund professioneller Züchtung zeigt die obere Hälfte einen verdickten, verzweigten Stamm, die untere einen dünnen Oleanderstamm als Pfropfunterlage, da die Wüstenrose auf ihren eigenen Wurzeln langsamer wächst und empfindlicher gegenüber Staunässe ist.

**Blätter:** Am Stamm sitzen länglich ovale Blätter in silbrig schimmerndem Grün.

**Blüten:** Die zarten Blüten bestechen durch rosarote Randzeichnungen.

**Blütezeit:** Bei guter Pflege folgt auf die erste Blüte im Frühjahr eine zweite im Herbst.

**Standort:** An einem vollsonnigen Platz bei 18–25 °C muss nur zur Mittagszeit etwas schattiert werden. Steht sie im Winter warm, wächst sie weiter; an einem kühleren Platz hält sie Ruhepause und verliert ihre Blätter.

**Pflege:** Den Wurzelballen mit nicht zu hartem Wasser feucht halten. Im Frühjahr und Herbst in geringer Menge düngen. Auf Frischluftzufuhr achten. Alle zwei Jahre im Juli oder September in sandiges Substrat umtopfen.

**Vermehrung:** Die Vermehrung erfolgt durch Kopfstecklinge oder durch Veredelung.

## YUCCA

*Yucca elephantipes*

**Wuchs:** Das palmenähnliche Gewächs braucht ausreichend Platz. Rasch wachsend wird sie bis zu 1 m hoch. Die Yucca elephantipes hat einen kräftigen Stamm mit Blattschopf.

**Blätter:** Der Schopf besteht aus dunkelgrünen, überhängenden Blättern.

**Blüten:** Grünpflanze

**Standort:** Die Yucca steht gern hell, sonnig und das ganze Jahr über bei normaler Zimmertemperatur. Im Sommer kann sie nach draußen gestellt werden. Wenn möglich im Winter einen kühlen, hellen Platz bei 10–15 °C wählen.

**Pflege:** Ist die Erdoberfläche etwas angetrocknet, mit nicht zu hartem Wasser gießen. Im kühlen Winterquartier braucht sie kaum Wasser. Von April bis August einmal wöchentlich düngen.

**Vermehrung:** Die Vermehrung erfolgt durch Seitentriebe. Nach Antrocknung der Schnittfläche zum Bewurzeln in die Erde setzen.

**Zusatzinfo:** Wird regelmäßig der Staub von den Blättern entfernt, tut das der Yucca zusätzlich gut. Bei über zehn Jahre alten Pflanzen kann es zu einer Blüte kommen, die an riesige Maiglöckchen erinnert.

## ZEBRAKRAUT

*Zebrina*

**Wuchs:** Die langen Triebe kommen am besten hängend zur Geltung.

**Blätter:** Die Blätter haben auffällige weiße, silbrig schimmernde Streifen, manche Arten zeigen rötliche Unterseiten.

**Blüten:** Grünpflanze

**Standort:** Die Pflanze schätzt einen sehr hellen Platz, sonst verblasst ihre Blattzeichnung. Sie scheut aber die direkte Sonne. Den Sommer über steht das Zebrakraut gern warm, im Winter bevorzugt es ein kühles Quartier bei 12 °C.

**Pflege:** Das Zebrakraut braucht auch im Sommer nur mäßig Wasser und möchte alle zwei bis drei Wochen mit Dünger versorgt werden. Im Winter wird noch sparsamer gegossen und nicht gedüngt. Um eine schöne, verzweigte Wuchsform zu erzielen, sollten Sie die Pflanze regelmäßig zurückschneiden.

**Vermehrung:** Die beim Rückschnitt anfallenden Triebspitzen können Sie zur Vermehrung verwenden. Zur Bewurzelung werden diese entweder in Wasser oder in ein Sandgemisch gesteckt. Die Jungpflanzen werden in eine lockere, humose Einheitserde gesetzt.

## ZIERANANAS

*Ananas comosus*

**Wuchs:** Die Ziernananas wächst langsam als ausladende, 80–120 cm große Blattrosette.

**Blätter:** Je nach Art sind die langen, an den Rändern dornigen Blätter rosa-weiß-grün oder grün-gelb-weiß gestreift.

**Blüten:** Grünpflanze

**Standort:** Die Zierananas steht bevorzugt an einem hellen, vor praller Sonne geschützten Standort mit relativ geringer Luftfeuchtigkeit. Im Sommer kann es der Pflanze nicht warm genug sein, ideal sind Temperaturen zwischen 25 °C und 30 °C. Im Winter legt die Zierananas eine Ruhepause ein. Die Temperaturen sollten dann bei 17 °C liegen.

**Pflege:** Im Sommer sollte die Pflanze mit viel weichem, temperiertem Wasser gegossen werden. Von März bis September wöchentlich düngen. Während der Ruhepause im Winter kann das Gießen reduziert, das Düngen eingestellt werden. In Einheitserde umtopfen.

**Vermehrung:** Den Blattschopf der Ananas vorsichtig abschneiden, 24 Stunden austrocknen lassen und in sandige Erde einpflanzen. Allerdings ist die Vermehrung durch Kindel einfacher.

## ZIERHOPFEN

*Justitia brandegeana*

**Wuchs:** Der Zierhopfen hat eine gedrungene, buschige Form.

**Blätter:** Die kleinen, oval-spitzigen Blätter bilden einen hübschen Kontrast zu den Blüten.

**Blüten:** Die Blütenstände erinnern in Form und Farbe an die Ähren des Hopfens. Die gelben und rotbraunen Hüllblätter der Blütenähren halten sehr lange, die weißen Blüten an der Spitze fallen schnell ab.

**Blütezeit:** Ganzjährig bilden sich neue Blütenstände.

**Standort:** Erhält der Zierhopfen viel Licht, leuchtet die Farbe der Hüllblätter besonders kräftig. Pralle Mittagssonne und Zugluft verträgt er aber nicht. Im Sommer bei 25 °C, im Winter bei 12–15 °C stellen.

**Pflege:** Im Gegensatz zur Ruhephase wird von April bis August reichlich gegossen und regelmäßig gedüngt. Im Frühjahr umtopfen, regelmäßig zurückschneiden.

**Vermehrung:** Die beim Rückschnitt anfallenden Stecklinge in einem Torf-Sand-Gemisch bewurzeln lassen.

**Zusatzinfo:** Am besten immer fünf bewurzelte Jungpflanzen zusammen in einen Topf setzen, dann wird die neue Pflanze buschiger.

## ZIERSPARGEL
*Asparagus*

**Wuchs:** Hängepflanze mit frisch grünen, langen Trieben.

**Blätter:** An den schlanken Stängeln sitzen unzählige, je nach Art nadelfeine oder borstenförmige Blättchen.

**Blüten:** Grünpflanze

**Standort:** Der Zierspargel bevorzugt einen halbschattigen Standort mit viel Frischluft. Im Sommer gedeiht er bei Temperaturen um 20 °C, im Winter sollte die Temperatur auf 12 °C fallen. Auch eine warme Überwinterung übersteht die Pflanze.

**Pflege:** Die hübsche Pflanze möchte im Sommer mäßig mit zimmerwarmem Wasser gegossen werden. Von Mai bis September wöchentlich düngen. Im kühlen Winterquartier kann das Gießen reduziert und das Düngen eingestellt werden. Überwintert die Pflanze in einem warmen Raum, muss sie auch weiterhin regelmäßig gegossen werden. Umgetopft wird im Frühjahr in lockere, etwas lehmhaltige Erde.

**Vermehrung:** Füllige Pflanzen können Sie beim Umtopfen teilen.

**Pflanzendoktor:** Sollten Sie einmal vergessen haben, das Gewächs zu gießen, kann es durch ein Tauchbad gerettet werden.

## ZIMMEREFEU
*Hedera helix*

**Wuchs:** Diese Kletterpflanze gibt es in vielerlei Arten für drinnen und draußen. Die rankenden Triebe des Zimmerefeus kommen hängend oder an einer Kletterhilfe am besten zur Geltung.

**Blätter:** Die drei- bis fünflappigen Blätter auf bis zu 10 cm langen Stielen sind je nach Sorte einfarbig dunkelgrün oder weiß-grün gemustert.

**Blüten:** Grünpflanze

**Standort:** Der Efeu bevorzugt einen halbschattigen bis schattigen Standort mit viel frischer Luft. Im Sommer bei normaler Raumtemperatur, im Winter sehr kühl bei 1 °C.

**Pflege:** Im Sommer reichlich gießen. Allerdings sollte vor jedem erneuten Gießen die oberste Erdschicht schon angetrocknet sein. Verwenden Sie möglichst kalkfreies Wasser. Während der Wachstumsphase wird alle 14 Tage gedüngt. Im kühlen Winterquartier wird wenig gegossen und nicht gedüngt.

**Vermehrung:** Ganzjährig lassen sich Stecklinge in einem Glas Wasser oder in einem Torf-Sand-Gemisch bewurzeln.

**Zusatzinfo:** Interessante Zuchtformen sind Hedera helix ssp. canariensis und Hedera colchica.

## ZIMMERESCHE
*Radermachera*

**Wuchs:** Hübsche, buschig verzweigte, strauchähnliche Blattpflanze.

**Blätter:** Die zweifach gefiederten Blätter sind dunkelgrün und glänzend.

**Blüten:** Grünpflanze

**Standort:** Die Zimmeresche braucht einen hellen, vor direkter Sonneneinstrahlung geschützten Platz. Bei direkter Sonne verbrennen die empfindlichen Blätter. Die üblichen Raumtemperaturen werden im Sommer problemlos vertragen. Im Winter sollte die Temperatur deutlich absinken, 15 °C sind dann ideal.

**Pflege:** Gießen Sie erst, wenn die Erde leicht angetrocknet ist. „Nasse Füße" mag die Pflanze gar nicht. Ein gelegentliches Tauchbad weiß die Zimmeresche hingegen sehr zu schätzen. Von April bis September sollten Sie alle 14 Tage düngen. Im Winter wird das Düngen eingestellt und das Gießen reduziert. Wenn Sie umtopfen, sollten Sie nährstoffreiche Einheitserde verwenden. Bringen Sie in den Topf eine Dränageschicht ein.

**Vermehrung:** Im Frühjahr können Kopfstecklinge geschnitten werden.

## ZIMMERHAFER

*Billbergia nutans*

**Wuchs:** Mit seinen langen, überhängenden Blättern und Blüten kommt der Zimmerhafer am besten in Ampeln zur Geltung.

**Blätter:** Die graugrünen, rosettenförmigen Blätter haben weiße Querstreifen.

**Blüten:** Die gebogene Blütenähre hat rosa gefärbte Hochblätter und kleine, grünblaue Blüten.

**Blütezeit:** Die Blütezeit dauert von September bis Februar.

**Standort:** Ein helles Ost- oder Westfenster ist der perfekte Standort. Im Sommer warm, im Winter kühler stellen, um 12 °C.

**Pflege:** Mit temperiertem, weichem Wasser gleichmäßig feucht halten und besprühen; wöchentlich düngen. Im Winter sparsam gießen, nicht düngen.

**Vermehrung:** Kindel von der Mutterpflanze abtrennen und in Blumenerde eintopfen.

**Pflanzendoktor:** Steht der Zimmerhafer am falschen Platz, bilden sich Schildläuse. Dagegen helfen Pflanzenschutzzäpfchen.

**Zusatzinfo:** Um Platz für neue Ähren zu schaffen, werden welke Blüten tief unten abgeschnitten.

## ZIMMERLINDE

*Sparmannia*

**Wuchs:** Für die baum- oder strauchartige Zimmerlinde ist genügend Platz einzuplanen, da sie schnell wächst.

**Blätter:** Die großen, lindgrünen Blätter sind samtig weich behaart.

**Blüten:** Hat die Pflanze eine Höhe von etwa 1 m erreicht, zeigen sich weiße, zart duftende Blütendolden.

**Blütezeit:** Die Blütezeit dauert von Januar bis August.

**Standort:** Die Pflanze gedeiht an einem hellen, kühlen, luftigen Platz ohne pralle Sonne. Im Winter sollte sie bei 6–10 °C stehen.

**Pflege:** Im Sommer muss reichlich gegossen werden; Staunässe vermeiden. In der Vegetationsphase alle zwei Wochen düngen. Alle zwei Jahre in Fertigerde mit Lehmzusatz umtopfen.

**Vermehrung:** Nachwuchs erhält man durch Kopfstecklinge.

**Pflanzendoktor:** Ist der Standort zu dunkel, entwickelt die Pflanze lange Triebe, blüht nicht und die Blätter bleiben klein.

**Zusatzinfo:** Die behaarten Blätter sollten mit einem weichen Pinsel regelmäßig gesäubert werden. Im Sommer kann die Pflanze dazu auch in den warmen Regen gestellt werden.

## ZIMMERZYPRESSE

*Cupressus macrocarpa*

**Wuchs:** Die pyramidenförmige Pflanze wächst rasch in die Breite und Höhe; 30–40 cm pro Jahr. Es gibt sie auch als Hochstämmchen.

**Blätter:** Die Zimmerzypresse hat hellgrüne Nadeln.

**Blüten:** Grünpflanze

**Standort:** Der ideale Standort ist sehr hell und vor praller Sonne geschützt, im Sommer auch im Freien. Im Winter in einen kühlen, aber hellen Raum bei 10–12 °C stellen.

**Pflege:** Vor jedem Gießen vergewissern, ob die Erde schon angetrocknet ist. Von April bis Oktober alle 14 Tage düngen. Im Winter nur so viel gießen, dass der Ballen nie austrocknet. Im Frühjahr in normale Blumenerde umtopfen; für eine Dränageschicht sorgen.

**Vermehrung:** Triebstecklinge in einem Erde-Sand-Gemisch bei 20–25 °C bewurzeln lassen.

**Pflanzendoktor:** Aus der Form geratene Zypressen, die mit weit auseinandersitzenden Zweigen in die Höhe schießen, stehen zu dunkel. Die Wuchsform kann nachträglich nicht mehr korrigiert werden.

**Zusatzinfo:** Zerreibt man ein paar Blätter der Pflanze, entfaltet sich ein intensiver Zitronenduft.

Mai–Jun

## ZUNGENBLATT

*Glottiphyllus*

**Wuchs:** Das Zungenblatt ist von kriechendem Wuchs.

**Blätter:** Die dickfleischigen, an den Rändern rötlich getönten Blätter der Sukkulente können für Trockenzeiten Wasser speichern. Sie sind tatsächlich zungenförmig gewachsen.

**Blüten:** Die Blüte des Zungenblatts ist kräftig goldgelb gefärbt.

**Blütezeit:** Die Blütezeit dauert von Mai bis Juni.

**Standort:** Um die Blütenpracht möglichst lange zu erhalten, sollte das Zungenblatt vor praller Sonne geschützt, aber hell stehen. Die Winterruhepause gilt es bei 7 °C einzuhalten, damit die Pflanze im Folgejahr umso kräftiger gedeihen und blühen kann.

**Pflege:** Auch während der Sommermonate kommt die Sukkulente mit extrem wenig Wasser aus und muss nicht gedüngt werden. Im Winter kann sie ganz trocken stehen. In eine Mischung aus Erde, Sand und Lehm umtopfen.

**Vermehrung:** Einen jungen Trieb abtrennen und zum Bewurzeln in eine flache Schale setzen.

**Zusatzinfo:** Zur Belüftung der Wurzeln sollte hin und wieder die Erde aufgelockert werden.

Mär–Apr

## ZWERGPFEFFER

*Peperomia*

**Wuchs:** Es gibt herabhängende und aufrecht wachsende Formen.

**Blätter:** Die Blätter sind herzförmig, dick- oder weichblättrig, von grüner oder bunter Färbung.

**Blüten:** Je nach Art bilden sich unscheinbare Blüten in Kolbenform.

**Blütezeit:** Das Gewächs blüht im Frühjahr für kurze Zeit.

**Standort:** Der Platz sollte hell bis halbschattig sein. Die weichblättrige Art mag es kühler, die dickblättrige gedeiht in beheizten Räumen. Die Temperatur sollte aber ganzjährig nicht unter 18 °C fallen. Buntblättrige Pflanzen benötigen einen hellen, warmen Standort.

**Pflege:** Im Sommer mäßig gießen, gelegentlich abbrausen, alle drei Wochen düngen. Im Winter nur sparsam gießen, nicht düngen. In humose Erde mit Sand umtopfen.

**Vermehrung:** Die Vermehrung erfolgt ganzjährig durch Kopf- und Blattstecklinge.

**Pflanzendoktor:** Verliert die Pflanze im Winter Blätter, ist das kein Pflegefehler, sondern ein natürlicher Vorgang.

**Zusatzinfo:** Aufgrund seiner winzigen Wurzeln fühlt sich der Zwergpfeffer nur in kleinen Töpfen wohl.

## ZYPERGRAS

*Cyperus*

**Wuchs:** Es gibt groß- und kleinwüchsige Arten zwischen 40 und 150 cm Höhe mit langen Stielen.

**Blätter:** Schlanke Blätter bilden bei manchen Arten am Ende der Stiele schirmförmige Quirle.

**Blüten:** Grünpflanze

**Standort:** Der ideale Platz sollte hell und sonnig, vor Mittagshitze geschützt sein, aber auch ein schattiger Standort ist möglich. Die Temperatur des Winterquartiers sollte 10 °C nicht unterschreiten, ideal sind 15–18 °C.

**Pflege:** Das Zypergras liebt es nass, im Untersetzer sollte stets Wasser stehen. Durch Besprühen für feuchte Luft sorgen, damit die Blattspitzen nicht braun werden. Im Sommer alle 14 Tage düngen. Die schnell wachsende Pflanze jedes Frühjahr in Einheitserde mit Lehm und Sand umtopfen.

**Vermehrung:** Die Blattschöpfe können abgetrennt, eingekürzt und umgedreht in ein Wasserglas gesteckt werden, wo sie neue Triebe und Wurzeln bilden. Füllige Pflanzen lassen sich beim Umtopfen teilen.

**Zusatzinfo:** Das Zypergras ist ideal für Gärtneranfänger, verzeiht es doch viele Pflegefehler.

# GLOSSAR

**Abmoosen**
Vermehrungsmethode besonders bei Gehölzen. Dabei wird ein Trieb der Pflanze eingeschnitten und die Schnittstelle mithilfe eines kleinen Keils offen gehalten. Die Stelle wird mit saugfähigem Material (z. B. Torfmoos) umwickelt und feucht gehalten. Nach einigen Wochen bilden sich an der Schnittstelle Wurzeln. Der Ableger kann nun abgetrennt und eingepflanzt werden.

**Absonnig**
Bezeichnung für einen Standort mit hoher Lichtintensität aber ohne direkte Sonnenbestrahlung

**Anhäufeln**
Winterschutz bei frostempfindlichen Pflanzen, wobei die Gartenerde rund um die Pflanze angehäufelt wird. Bei Gemüse wird die Erde angehäufelt, um den Knollenansatz zu verbessern; bei Lauch führt das Anhäufeln zur Bildung weißer Schäfte.

**Ausgeizen**
Entfernen von Seitentrieben aus den Blattachseln einer Pflanze (z. B. bei Tomaten), um den Ertrag zu steigern.

**Auskoffern**
Abtragen von Erdreich.

**Ausläufer**
Methode der Selbstvermehrung von Pflanzen. Ausläufer sind Neutriebe, die aus dem Wurzelbereich herauswachsen und sich zu selbstständigen Jungpflanzen entwickeln (z. B. Erdbeere, Hauswurz).

**Ausputzen**
Entfernen von verblühten, verwelkten oder kranken Pflanzenteilen.

**Balgfrucht**
Fruchtform, die mehrere Einzelsamen enthält (z. B. bei Rittersporn).

**Baumschule**
Betrieb, der auf größerer Anbaufläche Gartengehölze kultiviert.

**Bestäubung**
Übertragung männlicher Pollen auf den weiblichen Blütenstempel z. B. durch Insekten.

**Bodenhilfsstoffe**
Stoffe, die der gezielten Verbesserung des Gartenbodens dienen, z. B. Gesteinsmehl.

**Bodenmüdigkeit**
Nachlassen der Qualität des Gartenbodens durch einseitigen Nährstoffentzug und Wurzelausscheidungen der angebauten Pflanzen.

**Brutknolle/Brutzwiebel**
Von den Zwiebel- und Knollenpflanzen gebildete Nebenzwiebeln oder Nebenknollen. Die Brutknollen bzw. Brutzwiebeln lassen sich vorsichtig abtrennen und extra einpflanzen.

**Dolde**
Lockere Frucht- oder Blütentraube an einem Stiel.

**Dränage**
Entwässerung von Bodenschichten.

**Durchpflücken**
Abernten aller reifen Früchte eines gesamten Pflanzenbestands.

**Einheitserde**
Pflanzsubstrat von bestimmter Zusammensetzung, in dem fast alle Pflanzen optimal gedeihen. Es besteht aus Kompost, Ton, Torf und beigemengten Nährstoffen.

**Entspitzen**
Abschneiden oder ausbrechen von Triebspitzen um die Verzweigung einer Pflanze anzuregen.

**Epiphyten**
Pflanzen, die zum Teil in großer Höhe auf anderen Pflanzen wachsen (Aufsitzerpflanzen).

**Flor**
Bezeichnung für Blüte, Blütezeit, Blütenfülle.

**Formschnittgehölze**
Gehölze, die kunstvoll in Form geschnitten sind. Geeignet sind vor allem Pflanzen mit sehr kleinen Blättern wie etwa Buchsbaum oder Eibe. Der Formenreichtum umfasst geometrische Formen, Tierformen und Formschnitthecken.

**Frosthärte**
Widerstandsfähigkeit einer Pflanze gegen Frost.

**Frosttrocknis**
Austrocknung und Absterben von Teilen immergrüner Pflanzen. Aus dem gefrorenen Boden können Pflanzen im Winter kaum Wasser aufnehmen. Liegt keine schützende Schneeschicht, so sind Zweige und Blätter bzw. Nadeln der Sonne und dem Wind ausgesetzt und verdunsten Wasser, können diesen Verlust aber nicht ausgleichen.

**Gehölze**
Mehrjährige Pflanzen, die verholzen; z. B. Bäume, Sträucher.

**Guttation**
Abgabe von Wasser in Tropfenform an den Spitzen oder an den Zähnen von Blättern.

**Herzblätter**
Die innersten, jüngsten Blätter einer Pflanze.

**Hochblätter**
Blätter einer Pflanze, die meist kleiner sind als die normalen Blätter und eine andere Farbe haben. In den Blattachseln der Hochblätter sitzen die Blüten (z. B. bei Weihnachtsstern, Flamingoblume).

**Honigtau**
Klebrige Ausscheidung verschiedener Insekten (z. B. Blattläuse, Schildläuse).

**Humus**
Im Boden enthaltenes, abgestorbenes organisches Material, das aus Blättern, Wurzeln, Exkrementen etc. besteht und von Mikroorganismen zersetzt wird.

**Integrierter Pflanzenschutz**
Kombination verschiedener Pflanzenschutzmaßnahmen (z. B. biologische und kulturtechnische), die die Notwendigkeit von Pflanzenschutzmitteln auf ein Minimum reduzieren soll.

**Kahlfrost**
Wetterlage im Winter, bei der hohe Minusgrade herrschen, aber kein Schnee liegt (→ Frosttrocknis).

**Kindel**
Bezeichnung für die Ableger bestimmter Pflanzen wie z. B. Kakteen, Bromelien, Orchideen.

**Korbblüten**
Blütenform, bei der auf einem Blütenboden viele Einzelblüten stehen, die von einem gemeinsamen Hüllkelch umgeben sind; z. B. bei Sonnenblume, Kamille, Aster.

**Luftwurzel**
Wurzel, die aus dem Stamm einer Pflanze wächst, aber nicht in die Erde eindringt. Sie nimmt Feuchtigkeit aus der Luft auf.

**Mulchen**
Bedeckung des Bodens mit organischem Material wie Rinde, Rasenschnitt, Stroh zur Düngung und zum Schutz des Bodens vor Austrocknung.

**Mutterboden**
Die oberste und fruchtbarste Schicht des Erdbodens, die mineralische Bestandteile, → Humus und Mikroorganismen enthält.

**Panaschiert**
Gefleckt; Bezeichnung für die Blattmusterung mit weißen, gelben oder grünlichen Flecken.

**Pfostenanker**
Vorrichtung aus Metall, die in den Erdboden eingeschlagen wird und in der ein Holzpfosten sicheren Halt findet.

**Pikieren**
Verpflanzen von Sämlingen in größere Behälter.

**Quirl**
Bezeichnung für eine Wuchsform, bei der die Blätter auf einer Höhe rund um den Stängel angeordnet sind.

**Rabatte**
Rechteckiges Beet vor Mauern, Wegen oder Rasenflächen.

**Rasenfilz**
Schicht im Rasen, die sich aus abgestorbenen Pflanzenteilen und Moosen bildet; wird sie nicht entfernt, bekommt der Rasen nicht genügend Luft.

**Rhizom**
Unterirdisch oder dicht über dem Boden wachsende Sprosse, von denen aus Wurzeln nach unten in die Erde und Triebe an die Oberfläche wachsen.

**Solitärpflanze**
Pflanze, die aufgrund ihrer Größe oder ihres Aussehens besonders für eine Einzelstellung geeignet ist.

**Stäben**
Befestigen einer Pflanze an einem Stab, um einen geraden und aufrechten Wuchs zu erzielen.

**Staunässe**
Entsteht, wenn Wasser nicht richtig abfließen kann (z. B. wenn der Boden verdichtet ist oder bei Zimmerpflanzen in einem Übertopf); in der Folge faulen die Wurzeln.

**Steckling**
Pflanzenteil, das zum Zweck der Vermehrung geschnitten und bewurzelt wird.

**Sukkulente**
Pflanze, die in ihrem Gewebe Wasser speichern (lateinisch succus = Saft) und dadurch an extrem trockenen Standorten gedeihen kann. Der Pflanzenkörper erscheint dickfleischig (z. B. Kakteen, lebende Steine, Agaven).

**Thrips**
Saugender Pflanzenschädling, der auf der Blattunterseite sitzt; Merkmal an befallenen Blättern sind silbrige Streifen und Flecken.

**Topiary**
Formschnitt bei Gehölzen.

**Trugdolde**
Bezeichnung für die Form bestimmter Blüten (z. B. bei Holunder).

**Veredelung**
Vermehrungsmethode bei verholzenden Pflanzen (z. B. Rosen, Obstbäume); dabei wird auf eine weniger wertvolle Wurzelunterlage (z. B. Sämling) ein Edelreis der eigentlich gewünschten Sorte gesetzt.

**Verjüngung**
Erneuerung einer Pflanze durch die Bildung von Sprossen, Trieben etc., die mit der Mutterpflanze in Verbindung bleiben, sich bewurzeln und so weitere Pflanzen bilden.

**Vertikutieren**
Einschneiden der Grasnarbe mit einem scharfen Messer, um den → Rasenfilz zu entfernen.

**Vitalität**
Wuchskraft einer Pflanze.

**Vorkultur**
Aussaat von Blumen und Gemüsepflanzen zeitig im Jahr im Haus.

## Pflanzenregister

## T

# Sachregister

# Register

# Register

# BILDNACHWEIS

**aboutpixel.de:** 127 u.; Rolf van Melis 43; Thomas Pentenrieder 122 u.; Heidrun Schindler 201; Walter Christ 215 r., 279 M.; wuzelina 217 r.; Benzo 324 l.; Endimiller 418 l.

**Appelt, Ralf, www.farndatenbank.de:** 305 l.

**baumkunde.de:** 213 r., 218 M.

**Baumschule Horstmann GmbH & Co. KG, Bergstraße 5, 25582 Hohenaspe, www.baumschule-horstmann.de:** 212 M., 222 r., 225 r., 230 r., 267 l., 280 M., 283 M., 304 l., 306 r.

**Bildagentur Friedrich Strauss**: 408 M., 445 l.

**Blumenbüro Holland:** 374/375, 376, 377 (2), 378 (2), 379 (2), 380, 381 (2), 382, 383, 384, 388, 389, 390, 391, 392 M., 392 r., 394 M., 395 l., 397 l., 398 l., 398 M., 398 r., 405 l., 406 M., 406 r., 409 l., 410 r., 411 M., 411 r., 412 M., 412 r., 414 l., 415 l., 416 M., 417 l., 422 l., 422 M., 429 l., 431 M., 431 r., 432 r., 433 r., 435 l., 437 r., 452 M., 453 l., 453 r., 454 M., 456 l., 459 l., 459 M., 460 M., 461 M., 461 r.

**CMA:** 342 M., 343 M., 399 r., 400 l., 401 l., 405 M., 407 M., 408 l., 415 M., 423 r., 428 r., 430 l., 444 l., 452 r.

**EDV-Beratungsring für Gärtner und Floristen, Heisterbergallee 12, 30453 Hannover:** 429 r., 444 M., 457 M., 460 r.

**eggert-baumschulen.de:** 232 M.

**Ernst Benary Samenzucht GmbH, Hann, Münden:** 236 l., 236 M., 237 M., 237 r., 300 M., 397 r., 434 r., 438 M., 440 l., 447 r.

**fotolia.com:** Michael Shake 38 o.; Tomo Jesenicnik 97; Martina Chmielewski 338 r.; Garry Woo 340 l.; jlye 340 M.; Vollertsen 347 l.; Mandy Kuckuck 347 r.; brigg 349 l.; Monique Pouzet 446 l.

**Gardena AG, Hans-Lorenser-Str. 40, 89079 Ulm, www.gardena.com:** 23

**Gartenfreunde GmbH, Postfach CH-8355 Aadorf, Tel. + 41 52 376 47 00, Fax. + 41 52 376 39 70, info@gartenfreunde.ch, gartenfreunde.ch:** Zürcher 10 o., 15 o., 63, 95, 185 u.; Reiter 12, 52, 123, 161 (2); Schmidt 19, 162

**Gust, Michael. Brannenweg 21, 25499 Tangstedt bei Pinneberg, www.rosen-direct.de:** 283 l.

**Häring, Anna:** 21, 101

**ifa Bilderteam:** 359 M.

**IZB:** 8, 11, 105, 112, 288 r.

**Klosterfrau Gesundheitsdienst:** 132, 226 l., 229 M., 272 l., 326 l.

**Knecht, A., Privatgarten, Bücklistraße 15, CH-5300 Vogelsang, www.garten-traeume.ch:** 14, 17, 20, 22, 24, 47, 48 u., 56, 62, 66, 68 (2), 72 o., 78, 79, 80, 81 u., 83, 88 o., 98 (2), 100, 102 u., 103, 124, 125, 137 o., 142, 149 o., 150, 156 o., 159, 186 o., 302 r.

**Launer, Annette, pflanzenliebe.de:** 244 l., 254 l., 254 r., 257 r., 260 M., 262 l., 265 l., 265 r., 271 r., 272 M., 275 M., 279 r., 291 l., 295 r., 309 l., 324 M., 330 l., 332 M., 336 M., 340 r., 345 M., 346 l., 400 r., 408 r., 416 r., 428 l., 442 M., 458 r.

**Lux, C., Privatgarten:** 10 u., 45 o., 59 o., 82

**mauritius images:** 6/7, 44 o., 399 l., 445 M.

**neogard.ch:** 15 M., 115, 182, 183

**NOVA PHOTO GRAPHIK Bildverwertungsgesellschaft mbH**: 396 l., 402 M., 407 l., 407 r., 411 l., 416 l., 423 l., 424 l., 424 r., 426 l., 426 M., 429 M., 434 l., 434 M., 437 l., 438 r., 439 M., 439 r., 442 l., 443 r., 448 r., 449 r., 452 l., 454 r., 457 l., 459 r.

**PdM:** 42 u.

**Pelargonien Fischer**: 425 r.

**Photocase.de:** Christian Felder 417 r.; H. Zimmermann 451 l.

**Picture Alliance:** picture-alliance/ OKAPIA KG, Germany 404 M., 436 r., 450 M., 453 M., 455 l.; Picture-Alliance/ Klett GmbH 448 M.

**Pixelio.de:** 320 r.; Bernd Sterzl 16, 287 M.; Verena Nagel 28 o., 111, 249 M., 255 r.; Marion Löffler 33 u., 281 M.; JoBo 35; Christa van Scharrel 36; Tanja Lidke 44 u.; Helene Tissen 58; Brigitta Moser 59 u., 235 l., 278 r.; Klaus-Peter Wolf 67; Maria Lanznaster 69, 70, 166, 263 M.; C. Nöhren 74 o.; Eva Riedhammer 74 u., 421 r.; Kurt Michel 77 o., 175 o.; Uschi Streeck 77 u.; Sylvia Perkiewicz 81 o., 223 l.; Beate Broianigo 88 u.; aksel 89; Brit Berlin 91, 126, 221 M., 224 M., 233 l., 253 M., 372 l.; Bobby Metzger 99, 395 M.;

Kischkel 106; Bernd Reimann 120; Maren Beßler 121; Waltraud Zechner 137 u.; Katrin Häusser 138; M. Schnider 139, 250 r.; Thomas Scholz 141; Mario Mensinger 143 u., 286 r.; virra 144; Jörg Klein 145; Peter Kirchhoff 146; Karl Kaiser 147 l.; Jutta Schammler, Sankt Augustin 147 r.; Christina Höhne 157; Michael Ottersbach 148; Siegfried Manleitner 149 M.; Peter Röhl 149 u., 277 l., 257 l., 342 M., 373 M., 414 r.; Doris Rennekamp, Havixbeck 158; Kunstart.net 165, 250 M., 315 M.; Torsten Mutz 167 o., 334 M.; Sebastian Lange 172; Karin Jähne 181, 247 l., 290 M., 348 r., 410 M.; Tom Leddin 184 l.; Carla Knoblauch 184 r.; Christine Sickau, Dipl. Grafikerin (FH) 185 o.; Dirk Strausmeier 188; Edith Ochs 229 l., 412 l.; Gänseblümchen 241 M.; Michael Berger 241 r., 259 l.; Christiane Wittich 244 M.; Ingeborg 246 M.; Gert Merklinger 249 r.; Kassandra 252 l., 271 M.; Eva Kaliwoda 252 r., 274 r.; Rüdiger Uwe Eichler 253 r., 286 l., 323 M., 337 l., 353 r., 445 r.; Robert Emmerich 259 r.; Marlies Folkens 263 r.; Elke Sawistowski 266 l., 447 l.; Marco Barnebeck 268 M., 289 r.; Ilse Dunkel 268 r.; Julien Fabien Dirk 270 l; Heinz Alenfelder 291 M.; Klaus-Jürgen Andrä 277 M.; Dirk Scheffel 285 r.; Dagmar Ribbeck-Vogel 291 r.; Anja Vorthmann 293 r.; Steffi Pelz 323 r.; magicpen 325 M.; Stefan Göthert 328 M.; Claudia Hautumm 329 l., 402 r., 437 M.; Helga Gross 331 M., 415 r.; Elke Müller 333 M., 335 l.; Styx 334 l.; Harald Gebel 335 M.; Paul-Georg Meister 335 r., 339 M., 343 r.; Johann Lüken 337 r.; Sieglinde Bauknecht 338 M.; Simone Hess 339 l.; Nathalie Dulex 339 r.; Markus Hein 341 r., 456 M.; Martina Gade 345 l., 367 r.; Siegfried Springer 351 r.; Michael Krause 353 l.; Sabine Schwindling 354 r.; espana-elke 360 l.; Alexandra Müller 362 r.; Gisela Lothar 363 r.; Danny Zaffarana 365 l.; Andreas Reuter 365 r.; Michael Graf 367 l.; Dirk Schmidt 368 M.; Norbert Schmitz 371 r.; Andreas Steidten 372 M.; Marita 372 r.; Monika Sidoli 373 r.; Peter Behrens 301 r.; A. Milkowa 393 l.; Sonja Winzer 394 l.; Willy Schmitz 397 M.; Dr. R. Sagl 401 M.; D. Wendelke 402 l., 432 M.; Sergej Stroh 405 r.; A. Kriewel 410 l.; Helga Ahrens 413 r.; Walter Huber 419 M., 421 l.; C. Dotzauer 420 r.; B. Reim 427 M.; Angelika Lutz 441 r.; Anja Moustakas 455 M.

**Stein + Design:** 53

**Stock.xchng:** jarsem 26 o.; Palmer W. Cook 38 u.; Dylan Parker 39; Michael Micheletti 46; Les Watts, Großbritannien 49; Louise Docker 50; Marcin Rybarczyk 54 u.; Russell Jones 55; Jorc Navarro 59 M.; Malte Zugermeier 84; Jen Trimmer 102 o.; Jesper Markward Olsen 122 u.; Alek von Felkerzam 131; Julia Freeman-Woolpert 133, 200; Christa Richert 153; Max Mitenkov 180 u.; Wolf Friedmann 189 o.; Mateusz Atroszko 193; Simon Catando 202; Ruben Joye 207 M.; Rob Waterhouse 210 r.; Mira Pavlakovic 246 l.; Richard Styles 264 M.; Judy Smith 278 l.; Peter Smith 324 r.; Emanuel Lobeck 325 r.; Carol Kramberger 327 r.; Per Hardestam 328 r.; Dria Peterson 330 M.; Maciey Latocha 333 r.; Rico Jensen 337 M.; Francesca Antichi 355 r.; Ute Carter 357 M.; Wilhjelm 392 l.; Katinka Kober 396 M.; Thad Zajdowicz 400 M.; Charlene Sprong 403 l.; Margan Zajdowicz 404 r.; Gaston Thauvin 406 l.; Carmen Cordelia 418 r.; Miwa 420 l.; Cleferson Comarela Barbosa 430 r.; Nellie Buir 431 l.; Rawuks 433 l.; Deon Staffelbach 435 r.; Mark Nikelis 442 r.; Miklós Müller 447 M.; Guillaume Despont 449 M.

**teichpflanzen-shop.de, Harald Tuchtenhagen:** 139 l., 310 r., 311 l., 317 M., 317 r., 318 l., 320 l., 321 M.

**zimmerpflanzenlexikon.info, Harald Kreuzer:** 393 M., 396 r., 414 M., 419 r., 420 M., 422 r., 425 l., 425 M., 427 l., 428 M., 433 M., 436 M., 438 l., 441 M., 443 M., 450 r., 451 M., 457 r., 458 M.

**Alle übrigen Bilder stammen von Peter Himmelhuber.**

Wir bedanken uns bei allen Bildlieferanten, die uns durch die Bereitstellung von Abbildungen freundlicherweise unterstützt haben.